历史学堂

美国 1960 年代

[美] 特里 · H. 安德森 著
宋琳 译 徐玉梅 校

上海译文出版社

献给罗斯

目 录

前言　美国1960年代

很难想到还有什么更令人沮丧的消息，但现在你们看到了：1960年代回来了。

——乔纳森·雅德利，《华盛顿邮报》，1987

我们那时很年轻，我们莽撞、傲慢、愚蠢、顽固——可我们是对的。我毫不后悔！

——艾比·霍夫曼[①]最后的演讲，1989

自那些波澜起伏的时代起，美国人一直在争论这个始于1960年的格林斯伯勒终于1970年代初的时代，1970年代初，国会通过了《平权修正案》(Equal Rights Amendment)，美国军队也结束越战回到了国内。在那个漫长的十年里，政治与文化抗议活动层出不穷，小到午餐柜台前的静坐[②]，大到伤膝谷之围[③]。那些抑制不了的议题、骇人的事件，让公民不得不思考一些令人不安的问题——美国人是种族歧视者、帝国主义者、性别歧视者吗？还有那些无止境的示威活动、街头火拼，都在迫使人们表明立场，公开决定一系列与新话题——从民权到妇女解放——有关的政策。美国现在任人审视。没有什么是神圣的，一切都受到了挑战，其结果就是一个我们随口所称的“1960年代”。

这是一本关于1960年代的书，而对大多数经历过那段时期的人来说，这十年并没有在70年代初结束。那些伤痕刻骨铭心。在1980年代，一名休斯敦的居民指责“高犯罪率都是60年代时发生的那些事导致的”，另一人补充道，就因为那个年代，“现在毒品泛滥，性病患者数量和青少年怀孕率都达到了历史最高水平”。力挺那十年的人也情绪激动。“把过去20

年里出现的所有问题都归咎于我们这代人，我都听烦了。”达拉斯一男子在 1989 年写道，“当时我们许多人都有工作，上过大学，参加过和平队，也为我们的民权游行过，甚至为国捐躯了。”另一人表示赞同，并且回忆说：“在同样的价值观下做同一件事时的那种精力充沛、归属感和愉悦……令我们怀念”。

知识分子也为 1960 年代吵得不可开交。在那段充满激情的日子里，西摩·马丁·李普塞、内森·格雷泽、丹尼尔·贝尔、欧文·豪、西德尼·胡克④以及其他一些人将学生抗议者说成不理智、不负责的反智主义极端分子。威廉·奥尼尔为那个年代写下了一部批判性历史著作《崩裂》（*Coming Apart*），历史学家理查德·霍夫施塔特称那个年代为“垃圾时代”。其他学术界人士的看法则要正面一些。历史学家霍华德·津恩在南方与民权运动志愿者待了一段时间，记录下了他们“不屈的精神”。社会学家海伦·斯威克·佩里在旧金山体验了反主流文化并被嬉皮哲学所吸引，西奥多·罗萨克则补充道：“他们年轻而且受教育程度很低，反主流文化带给他们的只有蓬勃的本能，几乎再无其他。”⑤

---

① 美国反主流文化人士，雅皮士领袖，“芝加哥七君子”之一。——译者

② 始于北卡罗来纳州格林斯伯勒的美国民权时代的非暴力运动。1960 年 2 月 1 日，4 名北卡罗来纳州农业技术学院的非裔美国大学生走进了当地的伍尔沃斯百货公司用午餐，坐上了“仅限白人”的台子，餐馆拒绝为他们服务，4 人便在位子上坐到打烊，次日他们带来了十几名学生静坐。1960 年至 1961 年，餐馆静坐在南部蔓延，影响了 20 个州，亦有白人参与，以致不少企业取消了种族隔离的做法。——译者

③ 受美国民权运动的启发，1960 年代，美国原住民开始为各种条约中规定的权利而战。1973 年 2 月 27 日，约 200 名“美国印第安人运动”（AIM）成员强行占领南达科他州 1890 年伤膝谷保留地村庄，要联邦政府满足其要求，更换部落首领，审查与原住民签订的所有条约，调查美洲原住民待遇。联邦政府派人围攻，其间双方进行了谈判也交过火，占领于 5 月 18 日结束，AIM 投降。——译者

④ 西摩·马丁·李普塞，美国著名政治社会学家，代表作之一是当代政治社会学领域中的一部重要著作《共识与冲突》。内森·格雷泽，美国著名城市社会学家，曾将美国描述为“永远未完成的国家”。丹尼尔·贝尔，美国著名的社会学家和未来学家，在战后西方的社会学、未来学与发达资本主义研究诸领域占有重要地位，代表作为《后工业社会的来临：对社会预测的一项探索》。欧文·豪，美国著名左翼批评家。西德尼·胡克，美国著名政治哲学家、西方马克思主义学者，杜威的得意门生。——译者

⑤ *Houston Chronicle*, 24 May 1984; *Dallas Times-Herald*, 16 Sept. 1989; *NYT*, 17 April 1988 and 5 March 1989; Roszak, *Making of the Counter-culture*, 41.

这场争执持续并贯穿了下一个世代。1970 年代，像薇妮·布雷恩斯、萨拉·伊万斯和乔治·威克斯等这样的前社运人士完成了研究生学业，写出了质疑负面观点的重要专著，而在新保守主义盛行的 1980 年代，各种各样的书如百花齐放。一些作者的目的是吸引正在老去的婴儿潮一代，后者曾经把守街垒，大概想重温自己的过去；有 5 本书的主题都是生机勃勃、令人难以忘怀的 1968 年。另外一些人，比如前大学管理者威廉·麦吉尔，指责了激进分子的放肆行为，而汤姆·海登、托德·吉特林、玛丽·金等社运人士则出版了各自的“亲历者史”，对那个年代的描述基本集中在积极的社会变革上。不少前激进分子，包括彼得·科利尔、大卫·霍洛维兹等则公开宣布与自己的过去决裂，声称他们是“毁灭的一代”，那个世代把美国引向了犯罪、贫穷甚至是艾滋病蔓延的迷途，这也让那段历史变得更加难以解读。

有关 1960 年代的纷争还将持续一段时间。那个年代的社运人士亮出了问题并发起了搅动人心的示威行动。这本书同样也将讲述他们的行为，也就是通常称为“运动”（The Movement）的社会行动主义。

总体来说，学术界从 4 个方面研究了运动。社会科学家通过研究那类成为运动先锋的呼风唤雨的人物，发展出了所谓的领袖研究路径。历史学家研究了各类组织的兴衰浮沉，尤其是学生争取民主协会①、学生非暴力调解委员会（Student Nonviolent Coordinating Committee）、南方基督教领袖会议（Southern Christian Leadership Conference）及神职人员与平信徒关注越南小组（Clergy and Laymen Concerned about Vietnam）。学者们强调了新左派意识形态的重要性，另有一些人则专注于社会行动主义的某一重要斗争领域，对 1964 年的密西西比、1968 年的芝加哥及伯克利

① Students for a Democratic Society（SDS），美国 1960 年代兴起的组织，由密歇根大学百名学生自发迅速发展壮大，其核心想法是让人民来决定国家政治和经济，自称“新左派”。后因是否采取暴力而导致分歧，1969 年 6 月分裂。——译者

与麦迪逊进行了研究。①

这些研究方法十分重要，但本书有所不同。首先，这不是一本回忆录或亲历者史。虽然我亲历了那十年，对之非常着迷，但我并不是任何运动组织的领袖或者成员。尽管如此，我还是和当时的许多学生及现在的部分读者一样，认为自己是这场“运动”和“六十年代人”的一部分。其次，本书做的是全国性研究。当美国某些区域显然较其他地区更频繁、更卖力地举行示威活动时，社会行动几乎变成了一种全国现象，最终牵扯到了各类各年龄段的美国人。那些在艾奥瓦城、亚特兰大、新奥尔良、雷诺、西雅图或是奥斯汀示威的人，他们对运动的归属感不亚于在伯克利、纽约和华盛顿特区的人。所以，本书不是关于一帮朋友的小圈子的历史，也不是住在东海岸或湾区的几个直言不讳的激进分子的历史。

因此，我的研究与以往的作者不同，我不会用组织、领袖或是意识形态来定义这次运动，而是会用更宽泛的概念。定义、追溯及解释运动和 1960 年代是本书的主题，但首先，我必须要做些提醒及导言性的评述。

要讨论这个主题，有两种可用的方法。作者可以先追溯 1960 年至 1970 年代初社会行动（social activism）的某一形式，然后开始记述运动的另一层面。虽然这样做十分有效，但会断章取义。因此，本书对社会行动的探究将随着运动的展开变得如同万花筒，随着 60 年代的复杂性日益扩大、情绪日益膨胀，按照时间顺序，一件事接着一件事地展开。其次，“社运人士”这个词无关种族和性别。所有种族和各种性取向的人都参加了游行，只有在必要时，我才会提及那些示威人士的性别和种族。本书的焦点并不在某一种族或性别上，而是放在了这十年的社会行动上。书中以“公民”

① 有关领袖的研究，参见书后“精选参考文献”中 Lewis Feuer，Kenneth Keniston，Larry Kerpelman，James Miller，以及 Stanley Rothman 和 S. Robert Lichter 的条目；有关组织的研究，参见 Edward Bacciocco，Chyoorne Carson，Adam Fairclough，Mitchell Hall 以及 Kirkpatrick Sale 的著述。Peter Clecak，Maurice Isserman 以及 Nigel Young 强调了意识形态的重要性，Tom Bates，David Farber，Doug McAdam，and W. I. Rorabaugh 集中讨论了某一区域的情况。

（citizen）一词来指代主流社会，指的是大多数总体而言没有抗议过的人，也是最终被标为“沉默的大多数”的人。另外，今天的部分读者可能会觉得书中用来暗示种族或民族背景的术语并不恰当，但我所用的术语在 1960 年代是恰当的。

最后，本书中的“运动”指代所有为改变社会而进行示威活动的社运人士。任何人都能参加：不需要什么会员卡。社运人士通常是因为对某个问题持有相同立场，所以才会在抗议活动中现身。民权运动志愿者萨拉·伊万斯后来写道：“最重要的是，‘运动’这个词是自我描述性的，没有什么加入的途径；你只需宣布或者认为自己是运动的一部分——通常是通过某一举动，比如参加一次抗议游行，你就成为其中一员了。‘运动’几乎是个神秘的词，它暗示了一种经历，一种集体感和共同的目标。”

在那个年代，社运人士一直在定义和重新定义他们的运动。早年间，示威人士称其为争取民权的“斗争”，而另外一些人后来认为自己是“学生力量”或“和平运动”的一部分，如果他们拒绝应征入伍，那就是“反抗”组织的一分子。1968 年期间，尤其是之后，疏离感飙升，抗议者队伍不断壮大，反主流文化势头蓬勃发展。政治活动家开始称自己为“密谋者”“地下工作者”，而留着长发的嬉皮士在谈论“人民”。运动失去了焦点，1971 年时，一名参与者将其定义为“一个巨大的网格状穹顶，是用一片片马克思、弗洛伊德、禅、阿尔托[①]、凯西[②]、列宁、利里[③]、金斯堡、切、甘地、马尔库塞、莱恩[④]、菲德尔和老子拼起来的……顶上吊着一个

① 也译为阿铎，法国戏剧家、诗人。——译者
② Ken Kesey，多才多艺的美国作家，嬉皮士，属于“垮掉的一代”，其黑色幽默作品在美国文化中留下深刻印记，因其首部小说《飞越疯人院》一举成名，该小说后被拍成了电影。——译者
③ Timothy Leary，一生充满传奇的哈佛大学心理学教授，同时也是先锋艺术家、嬉皮士、瘾君子、双面间谍……。晚年沉迷于迷幻药研究，后被哈佛开除。——译者
④ R. D. Laing，苏格兰精神病学家，曾在伦敦北部某农场参加题为“解放辩证法”的会议，与马尔库塞和金斯堡等来自各个领域的专家讨论了全球奴役的现状。后来，他成为反精神病学人士，并将他的研究应用到精神病学和学术机构之外的社会问题上。——译者

40 瓦的摇滚乐扩音器——这是个花里胡哨的令人眼花缭乱的场面，一个难以想象的知识分子复合体”。

于是，整个十年间，运动是一个不固定的词，一直在变，但即便如此，它和它的参与者还是有些相同之处。社运人士质疑现状，通常认为它不公正，接着，他们做出了回应。学生争取民主协会的托德·吉特林表示：“运动并不单是发出诉求，是它‘诉诸行动’了。”一些社运人士付诸了行动：甘冒生命危险！抗议！另一些人以“拒绝”的方式参与了运动，拒不接受老一辈的价值观和道德观。有些人摇摆不定，但总体来说，参与运动者拒绝接受他们认为有缺陷的体制。

各种运动是一个松散的联合体，通常视之为联盟。学生、神职人员和知识分子通常先开始游行，接着，其他许多群体会加入，从生态学家到嬉皮士再到妇女解放运动人士，不一而足。“全国结束越战动员委员会”包含了无数个组织，而当密歇根州安娜堡的文化社运人士聚在一起讨论市内的毒品问题时，来自“白豹党”“黑色贝雷帽”“上帝之子摩托车俱乐部”“桑尼古迪街公社”和“刚果拳击家”的代表们出现在会上，这是一个“艺术家、音乐家和通常所称的怪胎的集合体”。①

社会行动主义在 60 年代急速膨胀，到了 60 年代末，各种运动几乎批判了每个群体——从武装部队到宗教界，从商界到政界。它成了一场“群众运动”，是众多公民的共同行为，但它和美国历史上所有类似的运动一样，只有少数人曾参与其中。确切人数不得而知，但在 1965 年到 1968 年间，似乎只有 2%或 3%的学生认为自己是社运人士，仅有 20%的人参加过至少一场示威。1970 年的肯特州立大学惨案②引发了规模最大的大学抗议

① Evans, *Personal Politics*, 102; Learner, *Paper Revolutionaries*, 13; Gitlin, *The Sixties*, 84; Bent UC, *Ann Arbor Argus*, 13-29 Aug. 1969.

② 直接导火索是尼克松总统在 1970 年 4 月 30 日宣布授权美军入侵柬埔寨。5 月 1 日，肯特州立大学抗议活动开始。数百名学生聚集在校园空地上高举反战标语，高呼口号，开始时是和平的，但很快演变成暴力抗议，警察和消防员赶到后与学生发生了激烈冲突。俄亥俄州州长调来国民警卫队并宣布实施紧急状态和宵禁，5 月 4 日，学生继续抗议活动，士兵开枪，导致学生 4 死 9 伤，引发了全国性的反战运动和学生抗议。——译者

活动，约有 200 万学生参加了示威，而当时大学生人数是这个数字的 4 倍，规模最大的示威行动“地球日”（Earth Day）有 2 000 万人参加，而当时美国的总人口是 2 亿。

运动始终比较小众，也总是有特定的时间和地点，有行动主义的地理分布。它始于南方，从格林斯伯勒发展到塞尔玛，然后扩散到东西海岸，接着来到精英大学，那里的学生常常会结成或加入新左派组织。在 1965 年以前，大多数中西部人认为运动是“南方人搞的民权活动”，但随着男性去参战，行动主义扩散到美国腹地拥有大型大学的开明城市——安娜堡、布鲁明顿、芝加哥、哥伦布、东兰辛、劳伦斯、麦迪逊、密尔沃基、明尼阿波利斯。中西部的行动主义极其自然地反映出了当地人的特性。它并不像沿海一带的行动主义那样咄咄逼人，或者说，它“少了些意识形态，多了些懒散随和”，这是一名布朗大学学生在造访明尼苏达大学时注意到的。当社运人士的焦点逐渐从民权转移到其他问题上时，运动在以所谓的传统价值观为荣的山地诸州和南方的吸引力最小。虽然其中也有例外——比如博尔德、奥斯汀、新奥尔良和亚特兰大这样的孤岛——但《生活》杂志的一名记者报道说，南方人认为反战抗议者“对国家不忠，兴风作浪，粗鲁无礼，几乎与罪犯无异”。1968 年时两部电影非常流行：一部是《毕业生》，它在风气开明的大城市风靡一时，一部是《绿色贝雷帽》①，它迎合了美国小城镇的芸芸众生。没有几所南方大学见证过民权抗争以外的示威活动；杨百翰、贝勒等教会大学并没有经历太多的社会运动，而埃默里和莱斯等风气自由的大学直到 60 年代后期才出现抗议者。1966 年，普林斯顿的一名教授兼前民权社运人士到莱斯大学任教时，被那里的“宁静惊呆了”。②

运动的另一特点——参与者始终在变化，也使得对运动的研究变得复

---

① 约翰·韦恩导演，歌颂了美国特种部队，在越战片中称得上是主战鹰派的扛鼎之作。——译者

② TA：Michael Levy interview，12 June 1988；*Life*，10 Nov. 1967，p. 4；Chandler Dividson interview in *Sallyport*，Fall 1988，pp. 9–10.

杂了。虽然很难进行概述，但其中还是有些主题是不变的。第一波社运人士是 50 年代的那帮孩子，大多数人在 30 年代末、40 年代初出生，50 年代进高中，60 年代初上大学。他们通常有学识，有理想，也有自己的思想。他们起草纲领，结成组织，和 30 年代“老左派”的各类老一辈政治家讨论想法。他们中的一些人认为自己属于先头部队的一员，正在为一个全新的美国输出领袖。他们赌上自己的事业甚至性命，在他们的激励下，美国走出了 50 年代。这批老社运人士的可贵之处在于他们暴露了问题、结成了组织并开始动员群众、对抗现状——而且打破了冷战共识。是他们开启了运动。

第一波浪潮奔涌向前，到达顶峰，把美国带进了 1968 年的激流中。

在那动荡的一年中以及之后的一段时间里，第二波社运人士逐渐开始参与运动，一直持续到了 1970 年代初。60 年代的孩子是战后的婴儿潮一代，他们是看着电视上的哥哥姐姐们的示威活动成长起来的。60 年代中期他们开始上大学，1968 年后陆续毕业。他们认同哥哥姐姐们的看法，认为这个国家存在种族主义、性别歧视，是个帝国主义国家。既然他们反对这些弊病，那就没有什么必要去争辩。他们提出了新的问题，运动的范围变得如此宽广，以至于这些社运人士不参加任何组织，甚至不参加反战游行，就能感觉到自己是运动的一部分。理查德·尼克松担任总统期间，人们的疏离感飙升。这些社运人士认为，多年来，统治美国的是愚蠢的国家级政客，他们几乎反对所有形式的领导。反抗权威几乎成了“正常”行为，以反主流文化的举止和态度行事也是如此。第二波浪潮随着两种潮流而来——赋权和解放。社运人士发现他们对一个保守的总统的影响微乎其微，于是许多人解决了本地问题，在社区中对自己赋权，另一些人则抛下主流传统，解放自己，跃入反主流文化的海洋，试图打造一个新美国。

当然，在任何群众运动中，总会有一些不符合第一波和第二波浪潮模式的例外。一些社运人士在运动中进进出出，或是在表明一个立场后又继续早前的追求。另一些人则被困在时光里，再也没能离开安娜堡、博尔德、麦迪逊以及很多伯克利式的城市。60 年代后期，随着运动的蔓延，社运人士发现了新的问题，因而产生了新的组织、网络和宣言。美国某些地区在不同时期经历了不同的阶段或面临过紧迫的地方问题，但这些并没有在全国范围内引起社运人士的关注。

尽管如此，第二波浪潮还是在 70 年代初攀上了巅峰。它粉碎了美国白人男性统治的基石，带来了翻天覆地的变化，创造了一个不同的美国。

接受“运动”的这个更广义、更易变的定义，就意味着本书将挑战以往那些突出领袖、组织与意识形态的解读。社会科学家曾假设社会行动主义会吸引特定的人格类型，他们提供了一系列答案，解释为什么有些人会参与其中。一些领袖受到精英主义和平民主义的强烈驱使，不得不起来反对权威；另一些则是全情投入的年轻人，他们在为一项事业示威中找到了团结的力量与自我价值；还有一些人家教开明，父母从小就教他们质疑和思考。

这些想法都非常有趣，它们或许解释了像学生争取民主协会这样的团体内少数领袖的个人品质和动因。然而，这些理论都无法解释为什么美国在 60 年代后期经历了一场群众运动。谁会相信，因为有学识的父母培养了几千个聪明的学生，所以这个国家才见证了史上最大的几次示威活动？有人会说，从古至今，所有社会运动都是由这样的人领导的。好学生总是会上最好的大学，但他们为什么没在其他年代造反，为什么他们在 60 年代这么做了？为什么另外几百万人会参与进来？

并不是因为有几个魅力超凡的领袖。本书不会采取领袖研究的路径，它的一个基本主题是运动基本上没有领袖。在运动的早期阶段，当那些组织还很小的时候，的确有一些在全国有威望的领袖。假如小马丁·路德·金缄口不言，没有发表“我有一个梦想”的演说来启迪众人，没人知道会发生什么事。在 60 年代早期，当运动聚焦于单个议题时，领袖十分重要，但随着社会行动主义蔓延开来，他们就失去了影响力。而且，在几位美国名人 1968 年遇刺后，行动主义继续扩大。在 1971 年得克萨斯州奥斯汀的反战抗议活动期间，官方要求社运人士特里·杜博斯疏散人群。“我做不到，”杜博斯回答，“我们没有领袖……我们都认同自己正在做的事。每个个体都对自己负责。如果我让他们散开……他们会嘲笑我。”杜博斯和其他几千人都是“协作者”。他们组织示威、确定日期、构建联系网，如果他们有煽动性，媒体就会在晚间新闻里说起。“我们不是领袖，”艾比·霍夫曼称，“我们是啦啦队队长。”

本书也无关组织机构史。虽然我查阅了上百个团体发表的文件，但本书的焦点并不在于追溯这十年间颇具影响力的组织的崛起与解体。毫无疑问，这些组织十分重要，因为它们把人聚在一起讨论议题、交流思想并建立了联系。它们的创建时间或许可以解释为对某个全国性问题做出的集体回应，但它们的发展历程以及解体的原因却无法揭示太多有关社会行动主义的真相，尤其是在第二波浪潮期间。60 年代初，运动比较有组织性，特别是在人们只关注民权问题时，但随着议题范围的扩大，随着社运人士开始涌上街头，这场运动变得如此声势浩大，以至于没人能够将它组织起来。到 1968 年，第一波浪潮的社运人士已经厌倦了有组织的活动，没完没了的会议、讨论和报告。“组织就是拖后腿的代名词。”抗议的大学生马克·路德说，其他人反对人为组织的想法是因为这样不自由，过于官僚主义，太像当权派了。“《杀出狂人镇》① 里有一条规定，”保罗·克拉斯纳说，“那就是要成为其中一员，人们必须先毁掉自己的会员卡。”第一波浪潮中的重要组织学生争取民主协会和学生非暴力调解委员会解散了，但第二波浪潮的社运人士又创立了关心新议题的新组织，他们组建了数千个专门委员会和地方联盟。到 1969 年，邮寄名单上有 1 700 个本地和全国性运动组织的地址。这些组织大多是草根团体，而且大多存续时间很短，某个地方性问题解决后就会解散。并不能以团体的消亡来衡量社会行动主义的成败：那些组织并不能定义运动。

意识形态也不能定义运动。学者们往往会寻找将松散的问题联系在一起的智识线索，尤其是在像运动这种广阔而模糊的社会现象中。因此，他

① *The Crazies*，1973 年的一部美国电影。——译者

们写出了关于 60 年代初新左派思想兴起的著作。许多人认为，保罗·古德曼[①]、赫伯特·马尔库塞[②]或威廉·阿普尔曼·威廉姆斯[③]在其著作中所持的观点为形成连贯的思想体系奠定了基础，而这种思想体系启迪并激励了社运人士。这在 60 年代初的精英大学里或许更有意义，那里的学生确实会阅读当代著作并讨论想法；在成立学生争取民主协会之类的组织时，他们会在《休伦港宣言》[④] 这样的文件中展现自己的思想传承。然而，随着运动的扩散，新左派意识形态逐渐被冲淡，其影响力也减弱了。1969 年的一项调查发现，超过 80%的大学生自称为“我这一代人”，但是只有 13%的人说自己是新左派，而在没上大学的人群中，新左派只有 3%。确实，社运人士对美国抱有相似的看法，他们中的大多数人认为美国有种族歧视，是个帝国主义国家，一些人认为美国有性别歧视。但只有少数人阅读了马尔库塞沉闷乏味的著作或《休伦港宣言》，而当少数激进分子高喊“革命”时，他们的说辞没能动摇这一代人的看法，因为普通示威者很少支持革命。正如一名地下记者在谈及一位朋友时写道：“他没读过津恩[⑤]、拉古杜尔[⑥]、佛尔（Fall）、罗伯特·希尔[⑦]、汤姆·海登[⑧]或者斯托顿·林德[⑨]，但他认定越战就是‘瞎扯淡’，他不想参与其中。”事实上，如果运动真有什么意识形态，那它可能会被更精确地描述为传统的美国哲学——实用主义。这种可鄙的大喊大叫的实用主义，大多数社运人士会用在街头来对抗当权派并解决 60 年代的问题。

---

① 20 世纪六七十年代美国去学校化思潮中的重要代表人物之一。——译者
② 德裔美国哲学家、社会学家，法兰克福学派代表人物之一，代表作之一是《单向度的人》。——译者
③ 美国新左派史学的大家，“威斯康星学派”的创立者和领导者。——译者
④ 1962 年 6 月，45 名新左派青年在密歇根州休伦港集会，通过了一份 62 页的《休伦港宣言》（*Port Huron Statement*），该宣言被称为“美国新左派的第一篇宣言”。——译者
⑤ 霍华德·津恩，美国历史学家，反战人士，社运人士，关心种族问题、阶级问题。——译者
⑥ 法国学者让·拉古杜尔。——译者
⑦ 报道越战的美国著名记者。——译者
⑧ 起草《休伦港宣言》的 45 名学生之一，美国激进的民权和反战运动领导人。——译者
⑨ 美国新左派历史学家，劳工记者。——译者

因此，这并不是一本讲述新左派意识形态、各色领导人及各类组织的历史书。虽然这些研究路径不可或缺且信息丰富，但它们只审视了运动的一部分，而这样做是无法解释其动因的：为什么数百万公民成了社运人士，走上街头，参与到运动中？因为社运人士认为美国现存的问题与美国理想相悖，与《独立宣言》及美国《宪法》中体现的理念相悖，关于这一点的阐述将贯穿本书始终。在美国，并非所有的男性都生来平等，女性亦非如此。出于书中将解释的一些原因，社会行动主义的发展是对美国多年来不断恶化的众多问题的回应，抗议者们用自己的方式反抗，试图改革他们认为腐败的制度。不管 60 年代的社运人士在一时激愤下喊出了什么话，他们都与美国其他重大变革时代——独立革命时期、杰克逊民主年代、平民主义和进步时代及 1930 年代——的反叛者十分相似。虽然这些时代关注的问题不同，但他们都向当权派发起了挑战，尝试改变这个共和国。60 年代也是如此。正如社运人士米奇·考斯所说："我们想重造美国，而不是毁了它。"①

我之所以得出这些和其他一些想法，是因为我用了绝大多数记述 60 年代历史的评论家及历史学家用过的部分原始资料，也用了许多他们不曾用过的资料。

70 年代初，一位资深社运人士写道他非常烦恼。乔治·威克斯刚读完许多有关运动的热门书籍和文章，他抱怨"绝大多数人都在猛烈批判新左派，而且基本上都在试着说明新左派不过是一小撮有心理缺陷的个体"。这些分析让威克斯既不安又不快，因为它们听起来并不真实。

为了纠正这种情况，威克斯决定把自己的研究写下来，这与我决定写这本书的原因相似。60 年代后期及 70 年代的大部分时间里，我在读本科和研究生，其间，我读了不少有关 60 年代的热门历史书，当时我就发现这些作者误解或曲解了运动。这些评论者的年龄较大，也可能是对那十年的

---

① TAMU：DuBose interview，5 March 1989；Hoffman，*Revolution for the Hell of lt*，167–58；Rudd in Gitlin，*The Whole World Is Watching*，234；Yankelovich，*New Morality*，128；Mungo，*Famous Long Ago*，30；Kaus in *Newsweek*，5 Sept. 1988，pp 24 and 28.

强烈情感让他们自然而然地产生了那样的解读，但这也是他们使用的资料造成的。他们总是依赖主流媒体，这些媒体资料或许可以用来讨论许多话题，但并不适用于评论 60 年代所有形式的社会行动。这是一场反抗当权派的运动，而主流报刊是当权派地基上的一个支柱。编辑们经常会发表有失偏颇的报道，尤其是那十年中期关于反战示威者和校园活动人士的文章，以及后来关于反主流文化、黑人力量和妇女解放的文章。例如，在“伯克利言论自由运动”期间，《旧金山观察家报》和《奥克兰论坛报》曾撰文称，学生社运人士是受到了共产党影响的狂热分子。后来，当 800 名身着制服的军人与社运人士在得克萨斯州胡德堡外的街道上进行反战游行时，《奥斯汀美国政治家报》报道称，当地的爱国居民与示威者对峙，阻止他们完成游行，社运人士指出这并不是事实，是“媒体谎言”的又一例证。① 由于社运人士并不信任媒体，所以他们创办了自己的媒体，地下报刊的数量超过 600 家，到 1970 年时，这些报刊的发行量已超过 500 万份。他们创办了至少三家全国性的通讯社，同时印刷了大量的海报、传单和简报。当然，我们不能忽视主要的全国性报刊。通常来说，它们在报道自己支持的议题时质量上佳，比如说民权斗争，60 年代后期，它们的文章对政府进行了更多批判，对行动主义变得更加包容。本书使用了这些当权派的资料。然而，我们也不能忽视地下资料，到目前为止几乎所有作者都忽视了这点，这就相当于书写美国革命时仅调查英国的文献，而不调查反叛者的文献。

结合这两种资料以及众多珍贵的回忆录、亲历者史和专著，最终成就了这本书，它探究的是一场奔流不息的运动及其兴盛衰亡。当然，这本单本书籍并没有试着涵盖所有方面，而较长的篇幅也很可能会让读者厌倦，因为社会行动往往趋于重复。但这个研究确实在尝试描述最关键的事件并审视它们发生的原因，以及它们是如何塑造运动和 60 年代的。

---

① Vickers, *Formation of the New Left*, ix; SPP, serials: *Fatigue Press*, May 1970.

我把战后年代的研究作为本书的开篇，因为这是未来行动主义产生的温床，接着，研究针对冷战文化的两种回应——民权抗争以及学生新左派的兴起，这两者在 60 年代初融合在一起。然后，我将焦点转向 60 年代中期，那时，大学校园里出现了新生代，社运人士继续为民权问题抗议，开始为学生力量罢工并举行游行反对越战。最后，两个必须面对的问题——种族和战争——促使更多的美国人参与进来，越来越多的年轻人开始远离当权派的价值观。第一波浪潮奔涌而来，在 1968 年，这个年代经历了一次惊涛骇浪，一场运动和一个分崩离析的国家，左派还是右派，是我们还是他们。第二波浪潮由此产生，汹涌地冲进了 70 年代初，最后，结尾的几个章节讨论了最为重要的主题——文化反叛和解放运动，它们常常与政治赋权交融在一起。

通过研究社会行动主义，本书也将探索60 年代的玄妙之处。这个时代向 20 世纪最重要的时期——美国进步时代、大萧条及第二次世界大战发起了挑战，而我们可以说，60 年代最为重要的一面就是社会行动主义。毕竟，大多数人在审视那十年时想到的是示威和抗议。而当我们思考共和国的历史时，我们很难再找到比社运人士提出和面对的问题更重要的议题了：平等还是不平等，战争还是和平，国家利益还是个人权利，个人行为还是社会标准。事实上，抗议者拷问了美国的本质和含义。

和所有社会行动主义一样，此间的运动具有易变性，参与者五花八门。一概而论是十分危险的——但它也是必要的，因为虽然许多作家都写过关于那个年代某些方面的亲历者史和书籍，但现在，是时候把这些碎片拼在一起，研究一下“60 年代美国风云”中的重大事件和问题了。

得克萨斯大学城
特里·安德森
1994 年 5 月

引言　孵化地：冷战文化

> 1960年代危机的种子是在40年代埋下的。
>
> ——戈弗雷德·豪格森，《我们这一代的美国》
>
> 我将把50年代看作温床，也看作墓地。
>
> ——托德·吉特林，《六十年代》

1960年1月，汤姆·马修斯正在加州竞选高中班级的班长。他承认，自己的竞选口号并不鼓舞人心："投汤姆一票——他是个真正的好人。""我们当时就是这样的，"马修斯回忆说，"60年代的第一批人都很单纯……在我就读的高中，男生们还穿着马鞍鞋在走廊里一边蹑手蹑脚地走路，一边哼着《人生如梦》(*Sh-Boom*)。好女孩儿是处女，不吸烟。意识形态？甚至都没人听说过这个。那也没有问题，我们当时暂停在更接近辛纳屈时代的地方，而不是水瓶座时代。"①

自60年代以来，很多人都好奇为什么在那动荡的十年里出现了社会行动主义，许多社运人士写下了回忆录或亲历者史，一开篇他们都会审视自己早年、战后时代的经历，试图回答并研究50年代的哪些事件或问题对他们在60年代成为社运人士产生了影响。这是一种个人化的努力，因为，对一个1960年就读于北卡罗来纳农工大学的黑人大学生非常重要的东西，对其他人来说可能没有意义，比如密歇根大学1965年春季学期参加宣讲会的白人学生，1968年芝加哥民主党全国代表大会上的雅皮士，1970年洛杉矶暴乱中的"奇卡诺棕色贝雷帽"成员，或是在1973年为批准《平权修正案》而游行的职业女性。所有人都以自己的方式将自己视作运动的一部分。为什么有人参与其中，为什么个体会形成一种社会与政治意识，在其指引下对某个议题做出回应去参加抗议，是一个复杂的过程，永远无法完完全全弄明白。所有参加过示威的人，那些认为自己是60年代人的人，都能对运动的起源发表自己的看法。然而，没人生活在真空状态里。所有社运人士都经历了50年代，我们必须通过研究战后年代的一些共同特点来调查这场运动的起源，因为战后年代影响了后来的社运人士。因此，这种方法并不是在辩论50年代是不是一段“快乐时光”，这十年是好是坏，而是在试着回答如下问题：40年代末和50年代的哪些主题为后来的变革创造了环境？或者说，是什么孕育了1960年代运动的发展？

在美国卷入第二次世界大战初期，亨利·卢斯在《生活》杂志上发表社论说，历史的下一个时代将会是“美国世纪”。随着我们的部队横扫欧洲平原，随着我们的海军进军日本，这种命运感、目标感在膨胀。大部分美国人都很自豪，因为他们的国家即将进入一个处于领导地位的伟大新时代。在史上最大的较量中，美国胜利了：我们粉碎了轴心国集团。

第二次世界大战一目了然。希特勒和东条英机是侵略者，他们攻击了我们：勿忘珍珠港！我们进行反击，并打了一场很好理解的战争——第一批占领敌人首都的军队取得了胜利。我们的舰队在太平洋击败日本海军，驶向东京，我们的陆军穿过北非，北上意大利半岛，经法国进入柏林。我们提出恢复和平，要求对方“无条件投降”。战场上我们与敌人交锋，光明正大地打败了他们。回来的男人都成了英雄，而那些没有回来的人，他们的牺牲也是值得的：没有一个美国人白白牺牲。

从某种意义上来说，第二次世界大战是一场“合宜的战争”。它结束了国内的大萧条，同时还扩大了我们在国外的势力。此外，这次势不可挡

---

① 辛纳屈时代，源于辛纳屈主义（Sinatra Doctrine），是苏联戈尔巴乔夫政府用来戏称其允许周边华约组织成员国自己决定自己内政的政策的名称。水瓶座时代，水瓶座标志着自由、理智主义和人道主义。在这个时代，人们会感到成长的动力，并共同努力实现和平。社会可能会开始质疑现状，并做出积极的改变。因此，社会可能会经历一段动荡和变革的时期。对平等的追求、性少数群体的权利和种族正义等都与水瓶座时代相关联。——译者

的胜利巩固了大多数美国人在战前就拥有的信念，这些信念据说在战争中得到了验证，在战后年代也得到了老兵们的极力维护。美国很强大，强大到可以打败任何敌人。我们只需要足够努力，团队合作，发挥我们美国佬的聪明才智。凭借优越的技术，取胜只在于合理运用我们的力量以及我们使用这种力量的意愿。1945 年的胜利如此勿庸置疑，以至于美国人接受了“美国从未输过战争”的迷思。尽管这种错觉粉饰了 1812 年战争①的情况，但当老兵们将它教给自己的孩子时，当总统们安抚大众说他们不会是第一个输掉战争的人时，这一迷思成了一种信条。这场胜利也强化了美国的传统信念，即在一个善恶并存的世界里，我们的极权主义敌人代表了邪恶，而我们是善良的榜样。这场战争也巩固了美国自封的地位，它是自由的灯塔，是明媚的光，是“山巅之城”。

对于在大萧条时期长大、打过仗的二战一代来说，这些就是“真相”。这些老兵希望自己的儿子能够了解这些真相，理解自己的生活，所以在战后年代，他们带着自己的孩子去看电影。通过观看美化这场合宜的战争的电影：《孤岛浴血战》(*Guadalcanal Diary*)、《白昼进攻》(*A Walk in the Sun*)、《巴坦战役》(*Bataan*)、《复活岛》(*Wake Island*)、《战场》(*Battle Ground*) 和《孤岛突击队》(*Gung Ho*)，一大批婴儿潮时期出生的人开始接受有关父辈的教育——也是有关美国的教育。“我永远忘不了《百战荣归》(*To Hell and Back*) 里的奥迪·墨菲，”越战老兵罗恩·科维克回忆说，“电影最后，他跳上一架就要爆炸的着火的坦克，抓住机关枪对准德军防线扫射。他太勇敢了，以至于我的后背阵阵发凉，真希望站在那里的是我自己。”约翰·韦恩主演了大量的电影，从《硫磺岛浴血战》(*The Sands of Iwo Jima*, 1949) 到《绿色贝雷帽》(*The Green Berets*, 1968)，它们和其他电影一样，都突出了同样的主题：美国男人言出必行，他们对抗邪恶、

① 亦称美国第二次独立战争，指 1812 年 6 月 18 日美国总统詹姆斯·麦迪逊以维护航海自由为由，正式对英国宣战。——译者

维护正义，经过一场艰苦的战斗，他们总会取得胜利。为正义而战是值得赴汤蹈火的，因为它保住了美国人的生活方式。“还是孩子的时候，”一个越战老兵后来写道，“我和朋友玩打仗游戏时就模仿电影里的情节。我爸爸会给我买我想要的枪和装备，这样我在玩的时候就能表现得最好。我会一遍遍地杀死想象中的日本人和纳粹分子，而且乐在其中。如果受伤了，我会坚强地继续战斗。如果死了，我总有时间抽上最后一支烟，总有时间告诉伙伴替我向我妈妈爸爸告别。然后妈妈会叫我去吃饭，战争就结束了，第二天再继续，那时我会杀掉更多可恨的日本人和纳粹分子。这就是我的第一堂基础训练课。”①

当然，老一辈已经赢得了战争，但到了40年代末，有人似乎开始不安分了。一个新的敌人——苏联，把“美国世纪”变成了幻想。在对日战争胜利几个月后，英美苏同盟因欧洲问题和亚洲问题逐渐瓦解。苏联人拒不同意在他们从纳粹德国手中解放出来的东欧地区进行民主选举，共产主义蔓延到匈牙利、罗马尼亚、保加利亚、南斯拉夫、阿尔巴尼亚、波兰和东德地区。到了1946年3月，首相温斯顿·丘吉尔宣布：“从波罗的海的斯德丁②到亚得里亚海的的里雅斯特，横贯欧洲大陆的铁幕已经拉下。”第二年，哈里·杜鲁门总统正式发表冷战宣言，即杜鲁门主义，旨在“遏制”共产主义向希腊和土耳其扩张，而且美国以马歇尔计划重返欧洲，以保卫和重建它。1948年，共产主义者控制了捷克斯洛伐克政府，苏联关闭了通往德国首都的道路，美国因此发起“柏林空运行动”③。在亚洲，共产

---

① Mathews in *Newsweek*, 5 Sept. 1988, pp. 17-21; Kovic, *Born on the Fourth of July* (New York, 1977), 54; Thomas Bird, “Man and Boy Confront the Images of War,” *NYT*, 27 May 1990.

② 历史上被波兰、瑞典、丹麦、普鲁士和德国先后统治，二战后划归波兰，今为波兰什切青，是波兰西波美拉尼亚省的首府。——译者

③ 二战后，苏军占领了柏林东部，美、英、法三国占领了柏林西部。1948年6月24日，苏联突然封锁了通往柏林西部的地面交通，企图赶走美英法三国势力。为维持柏林西部250万居民的生存，美英空军出动军用运输机运送基本生活物资达10个多月，平均每分钟有一架飞机降落，日运输量最高时达1.2万吨。直到1949年5月苏联解除地面封锁后为止。——译者

党军队在中国内部战争中取得了胜利。1950 年，在过了不到 5 年的太平日子后，美国军队再次投入战斗，这次他们来到了朝鲜山区。

美国再次陷入战争，而且现在它要面临更加凶险的后果，因为世界已经进入了原子时代。1945 年，美国开启了这个时代；1949 年，苏联成功试爆了其第一颗原子弹。此后不久，两国都开始研发洲际弹道导弹。由于苏联拥有了原子弹和火箭，大西洋和太平洋再也无法为美国挡住敌人。有史以来美国第一次感到自己很容易被毁灭。

在整个冷战时期，原子时代和随后的核军备竞赛引发了很多人对美国生活方式的未来的思考。“现在唯一可以发动的战争是全面战争，”一个社会科学家写道，“而这需要全面防御，并且会助长生活和政治中的极权主义想法。”民主可能会受到威胁，诺尔曼·卡森斯疑惑“我们所理解的自由制度能否维系下去”。其他社会思想家在思量核灾难的危害是否会影响美国特色中的独立性，一位作者预测，未来会“让个体待得不舒服”。大多数人似乎都同意这个观点，记者约瑟夫·奥尔索普和斯图亚特·奥尔索普评论道，未来会有“持续的、痛苦的、与日俱增的恐惧”。原子时代将会引发“世界性的精神崩溃”。

核弹引发了焦虑。热门电影《X 放射线》(*Them*) 中的主角在问及那些显然掌控了美国的巨蚁时说：“如果那些怪物是 1945 年第一颗原子弹的产物，那未来我们会遇见什么？”科学家的回答令人顿生不祥之感：“不知道。没人能未卜先知。”

随着冷战的升级，国际事件也引起了人们的恐慌。杜鲁门总统宣称：“克里姆林宫里的共产党人正在策划一场可怕的阴谋，要在全世界范围内消灭自由。”为了对付他们，他为盟友提供了经济及军事援助，并采取了遏制政策。然而，总统想做的不仅仅是遏制“红色威胁”。当朝鲜攻击了南边邻国后，他命令美国军队越过原来的国境线进入朝鲜。虽然此举使美国人与中国人发生了冲突，但这项行动得到了美国国内的支持，尤其是保守党派。国会议员约瑟夫·马丁宣称“胜利是无可取代的”，而在 1953

年，艾森豪威尔总统的国务卿约翰·福斯特·杜勒斯主张实施一项更为激进的政策。他指责说，遏制政策就像一台跑步机，它会“让我们一直停在原地，直到我们筋疲力尽地倒下”。共和党人认为把“无数的人丢进独裁和无神论的恐怖主义里”是“消极、徒劳和不道德的行为”。美国应“击退”红色浪潮，应该从莫斯科手中“解放”东欧。杜勒斯措辞强硬地表示要在国际事务上走自己的路，即使这意味着与俄国人对抗，走到战争“边缘”。他的政策所主张的观点是使用传统武力太过昂贵。美国需要“重新审视”自己的政策，而这就意味着这个国家应当依赖核武器，依赖“大规模报复”。这些武器更便宜，“更划算”。

杜勒斯的外交政策听起来很强硬，但它的核心基础不是行动，而是恐惧。一位历史学家后来写道，艾森豪威尔执政期间，外交政策是“一种几乎不假思索的反共意识形态和一种不愿将这种意识形态化作行动的极为实际的念头的混合体”。美国拉响警报，发表强硬言论，然后开始故弄玄虚，把全球一分为二——共产主义者和“自由世界”——并与任何可能站在我们这边的国家结盟。美国加入了众多安全组织，以至于记者们戏称这种政策是“条约癖”。60 年代时，美国对 47 个国家做出了军事承诺，此举强化了世界两极分化的假设：莫斯科对抗华盛顿。东方阵营对抗西方阵营。红色分子对抗白人。那个年代几乎没有中立的国家，没有一个是可以信任的，而《时代》周刊和《美国新闻与世界报道》等杂志发布的地图上，世界上 140 个国家中的大多数都被标上了红色或白色：非友即敌。我们或他们。当时人们认为，共产主义是铁板一块，而且像水滴荡起涟漪一样，所有那些“红色”国家都想征服世界。好莱坞通过制作有红色敌人的科幻电影如《世界大战》（红色火星人对抗白色美国人），突显了这一观点，与此同时，一些国家级出版物多年来也一直在宣扬这种思想。迟至 1972 年，《美国新闻与世界报道》仍旧称越南境内的敌对武装部队为“红色分子”。

在 50 年代，很少有人质疑这种简单的世界观，因为他们根本无法脱离从二战中得到的所谓教训。战争是由目的不纯的邪恶势力引发的，我们不能姑息他们，我们必须抵抗一切形式的侵略——纳粹分子或共党分子——因为如果我们不这样做，一个个国家就会如“多米诺骨牌般倒下”，直到敌人来到我们家门口。“现在我们在朝鲜作战，”杜鲁门总统告诉全国人民，“那么将来我们才不会在威奇托，或芝加哥，或新奥尔良，或旧金山湾作战。”艾森豪威尔和他的顾问们同意这个看法，因为他们是“一群不知反思的人”，一位历史学家得出如此结论。对他们而言，“从世界大战转向冷战，只需要将他们自己对希特勒和法西斯分子的认知转移到斯大林及共产主义者身上。希特勒的目标是征服世界，那么，斯大林一定也是如此”。①

在一个被冷战冻结的世界里，大多数美国人开始接受另一种观念：革命没有正义的理由。美国人显然忘记了 1776 年发生的事，还得出了这样的结论，即殖民地或发展中国家发生叛乱的原因不再是民族主义、贫困或社会及政治压迫。相反，所有叛乱都是“共产党鼓动的”。鉴于此种情况，大部分公民认为，无论是在国外还是国内，维持现状都符合国家利益。近两个世纪前，詹姆斯·麦迪逊是这样说的：“或许这是一个普遍真理，即国内自由的失去，应当归咎于对来自国外的真实或虚假的危险的防范。”麦迪逊谈论的是《客籍法和镇压叛乱法案》，但这一观点也同样适用于一战后的“红色恐慌”以及冷战时代。

杜鲁门总统在宣布打击海外共产主义的计划（即杜鲁门主义）的当月，公布了对内打击共产主义的计划，即“第 9835 号行政命令”。该行政命令确立了一系列流程，用来调查联邦员工并以“不忠的正当理由”解雇他们。这些理由自然包括像叛国罪及间谍活动这样的犯罪，还包括与法西斯、共产主义、极权主义或颠覆组织有关联的新类别。对这个来自密苏里的男人来说，测试忠诚度很简单。他曾经这样说过：“你要么忠于美国，

---

① 有关核恐惧，请参考 Paul Boyer, By the Bomb's Early Light: American Thought and Culture at the Dawn of the Atomic Age (New York, 1985), 144-46, 280-81；历史学家的发言出自 H. W. Brands, Jr., Cold Warriors: Eisenhower's Generation and American Foreign Policy (New York, 1988), xi, chap. 1, p. 204。

要么就不忠于美国。”到了1951年，这项命令的内容有所扩展，只要对一个人的忠诚度有“合理的怀疑”，就能将其解雇。艾森豪威尔同意这个做法，而且其政府扩充了该计划，假如一名员工的任何“行为、活动或人际关系……显示其不可靠或不值得信任”，那么就会被解雇。50年代期间，个人行为可能被判定为“不符合国家利益”。

杜鲁门与艾森豪威尔政府开展了美国历史上对雇员忠诚度最全面的调查。1947年至1956年间，联邦政府解雇了约2 700名员工，另有1.2万名雇员因害怕被调查和解雇而辞职。理查德·尼克松在成为副总统后夸口说：“我们正在把共产主义者和他们的同路人以及危险分子踢出政府……大批大批地剔除。”

这是一场清洗，但对包括杜鲁门的司法部长汤姆·克拉克在内的许多人来说，仅调查政府远远不够。对他和当时的大部分美国人而言，“不信奉美国意识形态的人不能留在美国”。要么爱它，要么离开。为了找到那些应该离开的人，政府开始调查公众。他们组建了无数个委员会、小组委员会和特别委员会。他们授予联邦调查局（FBI）更多的权力，还依赖线人提供信息。这些线人通常有报酬，他们秘密作证，提出指控，并暗地里传递小道消息。据说线人知道内幕，能够答出谁是或谁不是颠覆分子及红色分子。告发朋友或邻居的做法被大众接受。民意调查显示，三分之二的受访者认同以下说法，即就算一些无辜的人会受到伤害，人们也应该告发某人。I. F. 斯通在1951年写道，政府已将“整整一代美国人变成了密探”。①

政府需要法律依据，所以官员们利用了《史密斯法案》。起初，《史密斯法案》在1940年通过时是为了阻止纳粹的渗透，该法案规定，教唆或鼓吹推翻联邦政府的行为是犯罪。40年代末，杜鲁门政府利用这项法案起诉了美国共产党的领导层。11名领导人全数获罪，他们缴纳了罚金，50年代在

---

① Stanley I. Kutler, *The American Inquisition*: *Justice and Injustice in the Cold War* (New York, 1982), xi, 36-38; David Caute, *The Great Fear: The Anti-Communist Purge Under Truman and Eisenhower* (New York, 1978), 49; 斯通的发言出自 *New York Daily Compass*, 11 July 1951。

联邦监狱里服刑。其中一名领导人格斯·霍尔服刑超过 5 年，最终有 100 多名共产党人被起诉，60 人入狱。1950 年，国会通过了《麦卡伦法案》，规定共产党员必须在联邦政府登记，2 年后，国会又通过了《麦卡伦-沃尔特移民法案》，制定了 33 项排他性条款，旨在禁止移民，甚至是禁止来自自由国度的游客。游客们不能支持“极权主义”，也不能是“性变态”，他们必须签署声明，表明自己不是卖淫者、同性恋者或共产主义者。1954 年，艾森豪威尔总统签署了《共产党控制法案》，此法终止了该党的“一切权利、特权和豁免权”。此外，政府还拒绝承认共产主义者的护照，终止了他们的社会保障及军事伤残补贴，并将非本国公民者驱逐出境。

当搜寻颠覆分子的行动正在进行时，它最伟大的倡导者、来自威斯康星的新晋共和党参议员约瑟夫·麦卡锡加入了这场讨伐。1950 年 2 月，他向西弗吉尼亚州惠灵市的共和党妇女俱乐部宣布：“我手上有一份 205 人的名单，国务卿早就知道这些人是共产党员，但他们现在依旧在制定和影响国务院的政策。”当面对记者时，他玩起了数字游戏，这 205 人成了“严重的安全隐患”，而后来在盐湖城，他又宣称只有 57 人是“正式的共产党员”。惊恐的国会成立了委员会调查这些指控，数月后得出结论，麦卡锡的指控是“一场骗局，是欺诈……企图用无边的疯狂和恐惧激怒美国人”。

如果在更理性的时代，这份报告可能会终结麦卡锡的职业生涯，但 1950 年并不是一个理性的年代。同年 6 月，朝鲜内战爆发，不久之后，美国军队加入了对抗共产主义的战斗。因此，没有哪个政客愿意被称为是“对共产主义心慈手软”的人，麦卡锡也就为所欲为地继续他的肆意指控，给人扣红色分子的帽子，诋毁任何妨碍他的人。他抨击杜鲁门政府，谴责国务卿迪恩·艾奇逊是“红色迪恩”，并指责说，“不可否认的是，那些戴着民主党标牌的人，其身上也带着在历史关头背叛的污点”。当他谈到红色间谍参与了“一场规模大到令此前人类史上所有类似冒险都相形见绌的阴谋”时，听众们都为之着迷。

民主党人也不甘示弱，他们不再质疑麦卡锡的野蛮指控，而是加入了这种疯狂的行动。麦卡锡在西弗吉尼亚发表演讲 2 个月后，杜鲁门的最后一任司法部长 J. 霍华德·麦格拉斯声称："当今美国有许多共产党人。他们无处不在——工厂、办公室、肉店、街角旮旯、私营企业——每个人身上都带着能致社会死亡的病菌。这些共产党人十分忙碌——他们忙于暗中破坏你的政府，密谋摧毁每一位公民的自由，疯狂地、无所不用其极地去尝试帮助苏联。"①

据称，这个国家充斥着共产主义者，而一大堆指控中唯一缺少的就是证据：共和国陷入了被称为麦卡锡主义的含沙射影的统治中。

州与地方政府急切地加入到清洗运动中。几乎所有的州都推行了雇员忠诚保证书，尤其是教师。在印第安纳，甚至职业摔跤手都必须宣誓。大部分州还通过了反颠覆法或煽动叛乱法。宾夕法尼亚的党员斯蒂夫·尼尔森违反了该州的煽动叛乱法，被判处 25 年徒刑。各州将共产党排除在选举之外，并通过法律，将主张推翻政府或加入这样一个组织的行为定为刑事犯罪。在康涅狄格，如果居民使用"侮辱性语言谈及美国政体、军队、国旗或制服"，那么他就违反了法律。在密歇根，发表或撰写颠覆性言论可能会被判处终身监禁，而在田纳西，那可能是死刑。共产党员面对的惩罚各有不同，有些荒诞，有些残暴：在纽约，他们不能购买钓鱼执照；在俄亥俄，他们没有资格领取失业救济金；而在得克萨斯，他们可能会被判处 20 年的监禁。印第安纳的官方目标是"消灭共产主义者"。

如何发现潜伏在美国社会中的"颠覆分子"呢？为此，政府开始了一场调查。批评人士称这是政治迫害。仅在杜鲁门执政期间，FBI 就实施了 2.5 万次全方位调查，但与那些年间所有州和联邦机构进行的调查相比，这只是冰山一角：650 万美国人接受了忠诚度调查。遭指控的官员并没有

---

① Kutler, *American Inquisition*, 190; Caute, *Great Fear*, 26-45; 还可参考 Robert Griffith, *The Politics of Fear: Joseph R. McCarthy and the Senate* (Lexington, Ky., 1970), 45-57, Richard Rovere, *Senator Joe McCarthy* (New York, 1960 ed.), 125-40, 及 Victor S. Navasky, *Naming Names* (New York, 1980), 24。

从法官或陪审团那里得到一点好处——他们没有法律追索权。500 人因“可能不忠诚”而丢了工作。①

这场调查的对象包括大学和好莱坞。这本是意料之中的事，因为大学和好莱坞有相似之处，他们都创造了各自版本的美国梦，而且教授和导演们所推介的理念，常常激发观众去分析社会及他们自身。事实上，很少有观众第二天还能记得其中的要点，但一般民众通常认为，课堂里和银幕上潜伏着极具说服力的力量。

公众压力越来越大，大学管理者畏缩了。他们禁止校外讲演者使用学校的设施以及在校园内演讲。小型州立大学尤其如此，像密歇根、明尼苏达和北卡罗来纳大学等更为著名的自由主义院校也是如此。俄亥俄州立大学对讲演者采取了最严格的限制，甚至拒绝为讲授凯恩斯主义的教授及贵格教和平主义者提供平台。随着公众关注度的上升，管理者开始搜寻暗中搞破坏的教授及前共产党员。1948 年，华盛顿大学辞退了 3 名教员，第二年，加州大学解雇了 26 名因拒绝签署忠诚保证书的教员。大学允许“安保专员”坐在教室里听讲座，这些人通常是前 FBI 探员。那些被传唤到国会委员会作证的教员，以及拒绝或利用《宪法》第五修正案反对自证有罪的教员，在大多数学校都被辞退了，这些学校包括俄亥俄州立大学、坦普尔大学、哥伦比亚大学、罗格斯大学、麻省理工大学以及在密歇根和纽约的大学。出于这个原因，54 名教授被哈佛解雇或停职。圣地亚哥州立大学的一名心理学教授因拒绝在众议院非美活动调查委员会（HUAC）作证，遭到了当地美国退伍军人协会的攻击，直到他被大学开除。在接下来 26 年里，他没有得到任何法律赔偿或退休金。

这是一场大屠杀：一名历史学家计算过，由于忠诚宣誓、州法律及制度性压力，超过 600 名教师及教授丢了工作。仅在纽约市就有 380 人被迫

---

① 参见 Alan D. Harper, *The Politics of Loyalty* (New York, 1969), 及 Athan Theoharis, *Seeds of Repression* (Chicago, 1971)。

辞职。在加州大学，忠诚宣誓不仅导致26人被辞退，还引得另外37人以辞职表示抗议，校外学者拒绝工作邀约的事有47起，55门大学课程被取消。一位历史学家总结说，学术界在50年代遭遇了一场“集体性退缩”。由于允许解雇教员，允许进行审查和无尽的调查，“学界并没有反抗麦卡锡主义。这也是原因之一”。①

好莱坞也被折磨得精神崩溃了。众议院非美活动调查委员会之所以选择娱乐业作为特殊目标，是因为在30年代及战争时期，洛杉矶的共产党成员很多，而且这个行业十分有魅力和影响力。好莱坞是“梦工厂”，不仅仅是因为导演们制造美梦，还因为演员们似乎就生活在跑车和豪宅的美梦里。“他们就是我们的皇室，”当地的民权委员会负责人评论说，“如果你想吓唬一个国家，你就攻击她的皇室。”1947年，众议院非美活动调查委员会出击了，他们传召“友好的”证人，即那些愿意“指名道姓地供出”他们认为可能是共产党人的演员，还传召了拒绝与委员会合作的“不友好的”证人。众议院非美活动调查委员会给后者中的一部分人发了传票，这部分人后来被称为“好莱坞十君子”。他们大多是编剧，拒绝回答有关自身政治立场的问题。国会以藐视为由传唤了他们，向好莱坞发出了一个令人不寒而栗的信号。电影制片人协会发表了一份声明，称十君子“对不起雇主”，除非他们宣誓自己不是共产党员，否则将解雇他们。十君子在监狱服刑6个月到1年期间，保守派演员、导演和电视台经理雇用了游说团体和治安维持团体，如“保护美国理想电影联盟”(Motion Picture Alliance for the Preservation of American Ideals)，该联盟的主席是约翰·韦恩，他们还推行了忠诚保证书和黑名单。虽然美国演员工会的主席罗纳德·里根表示，“我们不会成为黑名单上的一方”，但他所在的工会还是采取了“清洗制度”，禁止疑似共产主义者和不友好证人成为会员。最后，电视台和电

---

① 历史学家的发言出自 Ellen W. Schrecker, *No Ivory Tower: McCarthyism and the Universities* (New York, 1986), 89-119, 309, 340；也可参考 McGill, *Year of the Monkey*, 247 n. 14; Caute, *Great Fear*, 406, Chap. 22。

台的制作人也加入其中。他们解雇了 1 500 名员工，同时，黑名单使得 350 名演员和作家在好莱坞失业。就算是在梦工厂，也没人能逃过红色噩梦。

电影制片厂试图通过制作反共电影来展示自己的“爱国主义”，比如《铁幕》(*The Iron Curtain*)、《联邦调查局的大红人》(*I Was a Communist for the FBI*)、《欺诈》(*This Deception*)、《我的十年反间谍生涯》(*My Ten Years as a Counterspy*)、《颠覆之网》(*The Web of Subversion*)、《红色伪装》(*Red Masquerade*)、《我嫁给了共产党人》(*I Married a Communist*) 和《红色威胁》(*The Red Menace*)。罗纳德·里根在《香港盗宝案》(*Hong Kong*) 中扮演了一个在中国旁观了血色革命的美国人。约翰·韦恩出演了《檀岛歼谍记》(*Big Jim McClain*)，演的是众议院非美活动调查委员会的一名探员，在夏威夷调查一个共产主义分子网。不过，《我的儿子约翰》(*My Son John*) 一片更受欢迎，它讲述的是三个儿子的故事，其中两个是高中橄榄球运动员，他们渴望去朝鲜与共产党作战，而约翰上了大学，成了知识分子。约翰蔑视传统的道德标准，奚落当地的牧师，而且电影情节暗示他尝试过毒品，是一名同性恋。他顺理成章地加入了共产党，但在影片尾声，他幡然悔悟，向 FBI 坦白认罪。约翰的共产主义同志发现他的背叛之后，在林肯纪念堂的台阶上刺杀了他，地点十分合宜。所有这些电影都有相同的道德情节和相同的主旨：苏俄企图统治世界，而为了达成这个目的，他们的间谍正在暗中破坏社会，渗入美国。

那十年的新技术——电视，在黄金时段里播起了反共内容。“大蓝图”系列 (The Big Picture) 展现了苏联人是如何欺骗美国，以及苏联红军是如何击垮民主国家并建立起苏维埃卫星国的。更受欢迎的是《我曾有过三种生活》(*I Led Three Lives*)，它改编自赫伯特·菲尔布里克作为 FBI 线人时的经历，而这导致了 1949 年的美国共产党审判案。白天菲尔布里克是一名广告代理商。“晚上和节假日，他和共产党人一起工作，天将亮未亮时，他会在家中密室内为 FBI 打印报告、冲洗照片。”这些肆无忌惮的红色分子和他们不择手段的同伙们胡子拉碴，身穿深色风衣，策划阴谋破坏伟大的共和国。接下来，菲尔布里克会通知胡子刮得干干净净、穿白衬衫打领带的 FBI 探员，后者会在节目的最后几分钟拯救这个国家。这部情节剧在那十年间不停播放，菲尔布里克的书也在 500 多份报纸上连载。①

报纸编辑与电视和电台展开了竞争，他们急切地刊出了这样的标题：《俄国人如何监视他们的盟友》《红色分子盯上了你的孩子》《共产党是如何掌权的》《受训在美国进行愤怒抗议：莫斯科国际列宁学校》，甚至还有《共产党打入华尔街》。这样的文章主宰了那十年，并且影响了下个十年。1960 年 11 月，《美国新闻与世界报道》刊登了《始于美国边境的红色地下铁路》一文，称“在美国隔壁的墨西哥，一条高效的共产主义地下铁路正在运行”，在那里，俄罗斯人能“偷偷把间谍和叛国者从美国转移到苏维埃的保护之下”，还能“在墨西哥和世界各地的红色基地之间来回输送共产党特工”。

显然，颠覆分子无处不在：美国陷入了红色歇斯底里（Red Hysteria）。一天晚上，一名记者走进休斯敦的一家中餐厅。她想写一篇有关中国近代史的故事，于是就向店主打听信息。一名顾客无意间听到他们的对话，冲向电话机就报了警，这名记者因“谈论共产主义”被捕，并被关进监狱 14 个小时，直到官方认定他们并无真凭实据才将其释放。曼格兰电影公司（Monogram Pictures）取消了一部有关朗费罗的电影，理由是海华沙②曾试图阻止印第安战争，观众可能会认为这部电影拥护红色的“和平攻势”。一家基金会悬赏 10 万美元奖励发明叛徒检测仪的人。一个 3 岁的小女孩受雇做了模特，却没有拿到报酬，因为她不会写字，所以无法在忠诚保证书上签上自己的名字。在圣安东尼奥，“美国女民兵”组织（Minutewomen of

---

① Navasky, *Naming Names*, 81–87, 346; Lou Cannon, *Reagan* (New York, 1982), 83–85; 也可参考 Larry Ceplair and Steven Englund, *The Inquisition in Hollywood: Politics in the Film Community*, 1930–1960 (Berkeley, 1979), chaps. 8–11; dust jacket for Herbert A. Philbrick, *I Led Three Lives* (New York, 1952)。

② Hiawatha，海华沙是美国著名诗人朗费罗的原住民史诗《海华沙之歌》中的主角。——译者

America）的一名成员列出了当地图书馆的600本“颠覆性”的书籍，其中包括《白鲸》和爱因斯坦的《相对论》，而印第安纳的一位居民则要求立法机关下令禁播《罗宾汉》。“他劫富济贫，那就是共产主义。”在俄克拉何马的巴特尔斯维尔，当地一个居民委员会控告公共图书馆馆长在30年间一直出借《新共和》（*New Republic*）和《国家》（*The Nation*）等“颠覆性文学读物”。随后，她被解雇，这些杂志也都被扫地出门。

“当心！”萨特宣称，“美国有狂犬病。”这就是红色歇斯底里、麦卡锡主义，而这种大恐慌就是冷战文化发展的主要原因。

从某些方面来看，每一代人都是独一无二的。那些30年代长大、40年代打过仗的人，把自己从对抗法西斯和暴政中学到的东西转而用于新的宿敌——共产主义。这些人是婴儿潮一代的父母，他们看待外交政策是非黑即白。世界充满了正义与邪恶的力量。我们从前是好人，将来也会是好人。这就是“真相”：我的国家，不论是对是错，要么爱它，要么离开它。这种心态为60年代最重大的事件——美国卷入越南战争——奠定了基础，许多老一辈的人认为这是又一场二战或者朝鲜战争，阻止侵略是又一项义务。当儿女们质疑并抗议美国的政策时，他们很难理解其中的原因，而且，他们通常很难承认这种异议会有正当的理由。相反，他们的第一反应是重复自己在50年代时的做法——寻找替罪羊。这样的寻找，有些变得十分荒唐，比如父母们指责在水里加入氟化物以预防蛀牙其实是共产主义的阴谋。但大多数的寻找更为严肃，而且老一辈也形成了一种被称为集体否认的心理。战后的婴儿潮自然而然地导致了青少年犯罪率和怀孕率的上升，父母们偶尔会怪罪于“在职母亲”，但更多的时候，他们在怪罪家庭外的因素，例如电视、漫画书、电影，当然还有共产主义。①

① 有关红色歇斯底里，参见 Douglas T. Miller and Marion Nowak, *The Fifties: The Way We Really Were* (New York, 1975), 21-22; Emerson Greenaway, “An Informed Public,” *Library Journal*, July 1952, p. 1125; James Gilbert, *A Cycle of Outrage: America's Reaction to the Juvenile Delinquent in the 1950s* (New York, 1986), 75-76。

对老一辈来说，“共产主义”成了一个通称，指代任何不受欢迎的事物、任何被认为反美的事物。这是可以理解的，因为国家领导人准许他们将国家问题怪罪在共产主义头上。是谁把原子弹的秘密给了俄罗斯？罗森伯格兄弟。是谁丢了中国？国务院内的共产党同情者。不胜枚举。1958年，FBI局长J. 埃德加·胡佛出版了《欺诈大师》(*Masters of Deceit*)，销量超过200万册，1962年，又出版了《共产主义研究》(*A Study of Communism*)。胡佛早已成为老一辈人心中的国家英雄，因为他那些知名的密探把那么多匪徒送进了监狱。他的话在当时就是法律与秩序，但到了50年代，胡佛有了一个不寻常的敌人。“共产主义是我们这个时代的主要威胁，”他写道，“它威胁着我们西方文明的存在。”他和其他人声称，爱国公民有责任曝光颠覆分子，正如参议员巴里·戈德华特在1959年所宣称的那样：“我不愿接受这个国家已经一个共产党人也不剩的观点。我认为，只要我们搬起足够多的石头，就还会找到一些。”①

对共产主义的恐惧，加上冷战的紧张局势，导致老一辈人对安全格外关注，这也是在大萧条时期长大的后果之一。战后，几乎所有父母都记得自己挨饿的时候，据一位作者说，“萧条让人们学会降低风险”。大多数人的做法是积累财富，拥有足够多的钱财进行储蓄或消费。对于那一代中的一些人来说，节俭几乎成了一种精神上的需求，这种习惯跟了他们几十年。“在70年代的通货膨胀时期，”婴儿潮一代中有人回忆道，“我爸爸仍旧能告诉你1955年工匠牌扳手的价格。他就是一份行走的西尔斯罗巴克产品目录。”还有一些30年代的人则炫耀着自己刚到手的战后财富，并买下了在大萧条时期他们只能梦想的地位象征。多数消费是给孩子们的，这些礼物一方面可能表达了爱意，另一方面也增强了家庭的分量，让孩子们规规矩矩，让家庭幸福。成为一个“幸福的家庭”并不只是一个美好的想

① J. Edgar Hoover, *Masters of Deceit* (New York, 1958), foreward, chap. 22；戈德华特的发言出自Donner, *Age of Surveillance*, 11。

法——它是一种要求。父母们会举办“家庭之夜”，到时会适当地问孩子一些他们已经知道答案的问题，或者周末带孩子去公园或湖边。冷战期间，幸福的家庭起到了保护个体的作用。稳固的家庭能够直面来自内部和外部的威胁。那时的目标就是过上“美好的生活”，而对在大萧条时期长大又打过仗的那代人来说，50 年代美好生活的终极意义就是安全感。

国内的麦卡锡主义和国外的朝鲜战争增强了人们对安全感的渴望，50 年代初期这种渴望在国内营造了一种令人胆战心惊的氛围——冷战文化。大多数美国人自然变得犹豫不决，不愿表明立场，特别是那些可能有争议的立场。一位评论员指出，自主性和独特性受到了压制，传统的不屈不挠的个人主义已经成了“不屈不挠的美国集体主义”。没人愿意被怀疑。一名市郊居民对一名新来的住户这样说道：“如果你有脑子，就把它们放在后面的口袋里备用。”1955 年，基于对 165 所大学的近 2 500 名社会科学人士的采访所做的一项研究显示，三分之二的人认为学术活动面临着威胁，更多的人认为这种威胁与共产党人等具体问题无关，而是反映出了一些模糊的担心，例如生怕成为颠覆分子或反美人士。这里传达的信息非常明确：融入其中，成为团队的一员。大多数公民接受了最终的结果——一种旨在维持现状的共识和顺从文化。①

美国人在许多方面都很顺从，郊区的兴起就证明了这一点。可以肯定的是，无数个莱维敦②、里奇菲尔德或戴利市的兴起，为归来的老兵和他们怀孕的新娘提供了廉价的住所。政府通过联邦住房管理局和退伍军人局提供担保贷款，为美国的郊区化提供支持。结果导致房地产行业的蓬勃发

---

① Loren Baritz, *The Good Life: The Meaning of Success for the American Middle Class* (New York, 1989), 164-65; TA: J. D. Anderson interview, 1 June 1990; 也可参考 Peter Filene, *Him/Her/Self* (New York, 1975), 169; Harry Henderson, “Rugged American Collectivism,” *Harper's*, Dec. 1953, p. 81; Paul F. Lazarsfeld and Wagner Thielens, *The Academic Mind: Social Scientists in a Time of Crisis* (New York, 1958), chaps. 8 and 9。

② Levittown，指的是莱维特父子建造的郊区城镇。二战后大批美国大兵返回国内，需要购买住房。莱维特父子建造的郊区城镇解决了他们的安居问题，而这种城镇的发展引起了美国城市化格局的重大转变，大大促进了美国城市的郊区化。——译者

展，50 年代的每一天里都有约 3 000 英亩的农田被开发商铲平变成郊区。大量家庭从城区涌来。郊区人口在 1950 年至 1970 年间翻了一番，这是美国人口增长最快的一段时期。政府政策也支持种族隔离，因为联邦住房管理局拒绝为综合住房项目提供贷款担保。因此，1957 年时约有 6 万人生活在宾夕法尼亚的莱维敦，但没有一个黑人。居住在郊区的都是带着孩子的白人夫妇、中等收入的中年人、天主教徒、新教徒及犹太人。其他人并不受欢迎。“在美国历史上，”两位作家曾说过，“除了反常的军旅生活或集体宿舍生活之外，从来没有出现过这样统一的单一阶级社区。”一排排一模一样的房子在全国各地拔地而起，1962 年时，民谣歌手马尔维纳·雷诺兹边弹边唱起了《小盒子》，这些小盒子“看起来都一样……房子里的人都上了大学……他们都有漂亮的孩子……他们都长成了一样的人”。

美国似乎同质化了，成了没有阶级的中产阶级社会。郊区居民觉得生活在一个人人外表和行为都与自己相似的社区里很舒服。男人们崇拜约翰·韦恩，或许也崇拜威廉·霍尔登，女人们模仿女演员琼·阿利森、黛比·雷诺兹，或是奥黛丽·赫本，她们扮演的甜美女孩后来都成了如戴娜·绍尔般纯良乐观的妻子。①50 年代是“神奇面包”② 的十年：金宝汤、斯帕姆午餐肉和威维塔奶酪（Velveeta）。郊区居民接受了同一性，很多人惧怕改变。“那是一个非常经典的小镇，我在那儿长大，”音乐人布鲁斯·斯普林斯汀回忆说，“它一心维持现状，一切事物都被视作威胁。”

为了遏制威胁，父母们把子女送入了几百所新学校，他们将在那里接受教育成为优秀的美国人。老师和教育委员会以开设爱国主义课程来应对冷战。1951 年，当美军正在朝鲜与“无神论的共产主义者”作战时，纽约

---

① 威廉·霍尔登是演员，尤擅爱情文艺片，获得过奥斯卡最佳男主角奖。琼·阿利森，成名于百老汇歌舞剧，30 年代开始主演电影，多扮演恬静、忠贞的女性。黛比·雷诺兹，选美出道的电影演员，多扮演清纯、健康、活泼的女性，获奥斯卡终身成就奖。戴娜·绍尔，金发女歌手。——译者

② Wonder Bread，1921 年创立的工业面包品牌，成为占据餐桌的美国国民面包。1960 年代开始失宠。——译者

在公立学校引入了晨祷，将民族主义与对权威的敬畏融合在一起："全能的上帝，我们承认自己全然仰仗于您，我们恳请您赐福于我们、我们的父母、老师和国家。"许多州都通过了类似的法律，因此，每日锻炼变成了祷告和宣誓效忠。艾森豪威尔总统建议父母提醒他们的孩子牢记"我们国家的光荣事迹和理想主义传统"，教育家麦克斯·莱弗提则更进一步，他警告道，如果我们不给学生们灌输爱国热情，他们将在"面对红色军队的残酷现实时变成叛徒"。①从未有哪个教师定义过"公民学"这个词，它实际上是民族主义，学生花许多时间去背《人权宣言》和《独立宣言》。学生们学习历史时，他们的课本只会讲"伟大的总统""意志坚定的征西先锋"或是"为建设美国而辛勤工作的**男人**"。对历史的一致看法，所有人显然都同意了，而高中历史老师在给青少年上课时，听起来就像是在吹嘘自己队伍的教练，他们告诉学生，这些有钱有权的男人、这些上世纪最优秀最聪明的人如何"成就了今天的美国——她是地球上最伟大的国家"!

那是舒缓人心的精神食粮，令人感到宽慰，在冷战文化中成为某个团体中的一员也是如此。美国人加入了各种组织——俱乐部、联谊会、社团、兄弟会、姐妹会、协会和联盟。教会成员人数增加，打破了以往的纪录。葛培理牧师警告人们小心无神论的共产主义，称其"受撒旦引导"，并敦促公民做忠实的基督教徒，成为忠实的美国人。做完礼拜后，母亲们去俱乐部，父亲们则会去少年棒球联盟或贝比鲁斯棒球联盟当教练。在高中，几乎所有人都想进入球队或成为啦啦队队长，因为这是全面发展和融入环境的关键。"做个普通人，"爸爸会这样告诉孩子们，"你就会受欢迎。"并且要参加体育运动，因为做游戏就需要父亲们当年赢得战争所用

① Miller and Nowak, *The Fifties*, 135; Benita Eisler, *Private Lives: Men and Women of the Fifties* (New York, 1986), chap. 3; Springsteen in *Rolling Stone*, 5 Feb. 1981, p. 21; "Church and State: Religion in New York Public Schools," *For the Record*, Fall 1989, pp. 1-2; Rafferty in *Reader's Digest*, Oct. 1961, pp. 107-10.

到的那种团队合作与决心。在一个独自锻炼受人蔑视的时代，十几岁的男孩们会一遍又一遍地说：“我一定要进入球队”。50 年代里，看一眼路边慢跑的人可能就会引发交通事故。

人多就有安全感，没有人比小威廉 · H. 怀特更痛惜个人主义的消亡了。1956 年，他出版了《组织人》（*The Organization Man*），他在书中提到，初级主管就是组织人的一例，但这种组织人还包括那些正准备为教会等级制度工作的神学院学生、企业诊所中的医生、政府实验室里的博士、洛克希德公司大型制图室里的工程师以及华尔街的执业律师。怀特很想知道，勤奋、节俭、独立和竞争等理念都去哪儿了。他担心企业及公职机构中的集权现象，也担心“可能会出现某个支配我们其余人的管理阶层”。怀特害怕个体已变得孤立且毫无价值，团体已成为创造力的源头，也害怕美国大学正在培养一代官僚主义者。他认为，学生们很保守，但不是哲学意义上的保守：“他们的保守是被动的。他们并不想为什么东西奋斗。”他们对加入企业大军非常感兴趣。“我觉得美国电话电报公司（AT&T）很没劲，”一个高年级学生说，“但我想进那种公司。如果大萧条来了，世界上总还会有一家美国电话电报公司。”当然，他们的另一个最爱就是为大型食品集团工作，因为“人总要吃饭的”。怀特深感痛心：“这种令人不齿的物质成功的代价是什么？”

麦卡锡主义自然也吓到了一些学生。1952 年，密歇根大学的九成学生都害怕签署一份文件，那就是少了第一句话的《独立宣言》。当一名社运人士在耶鲁大学组织起“工业民主学生联盟”（Student League for Industria' Drmocracy）的分会时，他发现，少数参加会议的学生并不愿意把自己看作是会员。这个团体只有 5 名活跃的会员，并且“每个人都已经准备好了要向众议院非美活动调查委员会发表的讲话”。

但是，大多数学生根本不关心那些可能引发争论甚至是抗议的问题——比较不受欢迎的朝鲜战争，不断扩大的核武库，大气核试验，公民自由受限，以及妇女和少数族裔的不平等待遇。50 年代时，5 万名高等院校学生去五角大楼游行的想法是非常荒唐的。一名学生后来写道，虽然在1954 年至 1958 年，也就是她上大学的 4 年间，报纸上写满了各种问题，但她只会“扫一眼标题，或是偶尔浏览一下写这些事件的文章。当然，它们所呈现的问题，从来就不会是我的朋友们讨论的话题，即使是几分钟的讨论也没有”。1957 年，一名教授质问他的学生并抱怨他们随大流、安于稳定时，其中一个学生回答说：“我们为什么要去冒险呢？我们知道那些冒险的人是什么下场。”另有学生感激麦卡锡参议员，因为他给他们这代人上了宝贵的一课：“闭上嘴巴”。

“今天的美国大学生，”一名社会科学家在 1957 年写道，“倾向于拥有类似的想法，类似的感受和类似的信仰……大部分人都像是从同一个模子里刻出来的。”该教授曾在 16 所大学做过一项调查，他总结说：“当代学生的主要特性是他们**极其满意**。”他们的父母把他们教得很好——有其父必有其子。在一组全国性的采访中，40%的年轻男性想不出自己想在什么方面和父亲不同。他们向往职业生涯，特别是“稳定”的职业。这些未来的组织人宣誓加入兄弟会；这些未来的高管就读于商学院，学商业和贸易的男生数量超过了学理科和文科的总和。当女生被要求用短文描写心目中未来十年的生活时，50 名大二学生中有 46 人勾画出了几乎一模一样的场景：与一名成功的职业男性或初级主管结婚，住在郊区，开着旅行车接送三四个孩子，并参加各类公民组织。对大多数学生来说，校园里最令人振奋的活动就是橄榄球赛，闯女生宿舍抢内裤活动，或是露天汽车电影院之旅。一名学生后来回忆道，我们“将兄弟会的徽章喷涂在了一座立交桥上。1954 年，他们称这一行为为反叛”。那时没有人反抗，得克萨斯的一名教授哀叹道，他的学生是“没有反应的一代——冷漠、寡言，没有刻骨铭心的爱，也没有深切的恨，热情少得可怜”。

他们被称为“沉默的一代”。教授们称他们为“倾听者”，甚至是“守门员”。一名教授抱怨，“他们几乎就像是画在墙上的人”，另一位教授也在疑惑，“他们真的在听吗？他们的思维毫无波澜”。50 年代末，一名年轻的教授想证明学生们其实并不少言寡语，他们其实是有看法的，因此，他采访了普林斯顿的高年级学生。“我想尽可能提升自己的社会地位，”一名学生说，“但一到冒险的时候，我就是一个懦夫。我不想赌。我就想有一个可以好好工作的安稳环境，不至于变得一无所有。”另一名学生谈了自己的计划：“我想有足够多的钱，能舒适地生活，稍微富裕点。……我想要一个舒服和睦的家，能够安心地过日子，有一个我爱并且爱我的妻子，几个孩子，还有一条可以让我挠它耳朵的狗。”这些学生带着顽强的坚忍，冷静地迈向灰色法兰绒的成年生活。①

或许给他们贴上“沉默的一代”的标签并不公正，因为他们确实会发言，但他们听起来就和他们的父母一样，太缺乏思想，或许他们应该屏住呼吸默默等待。大概十年后，当整个国家因抗议而愤怒时，当沉默的一代开始舒适地步入中年时，他们中的许多人又合乎情理地得到了一个新标签——沉默的大多数。

人们尤其要求“合校女生”保持沉默，男教授就是这么称呼自己的女学生的。越来越多的年轻女性开始涌入大学，顾问们小心地将她们引到教育和护理这类传统的女性学科上，这样一来，她们就不会和男性竞争。大学管理人员还认为合校女生需要一门服务于社会需求的课程，即女孩们要成长为快乐的家庭主妇，这门课程是：家政学。伊利诺伊大学引导男生学习商业和工程课程，却建议女生学习家政学第 182 课：“服装选择”。专业行当是留给男人的，大多数大学的管理层都会用定额分配来为他们留好位子。比如，在得克萨斯大学，法学院和医学院招收的 95%的学生是男性，

① Stephen J. Whitfield, *The Culture of the Cold War* (Baltimore, 1991), chap. 4 on religion; VD: Roger Wilkins interview on Michigan, 2 June 1989; Andre Schiffrin interview, 19 June 1983, in Isserman, *If I Had a Hammer*, 59; survey in Philip E. Jacob, *Changing Values in College: An Exploratory Study of the Impact of College Teaching* (New York, 1957), 1, 12; Eisler, *Private Lives*, 8, 84; Stanley Kunitz, "The Careful Young Men," *The Nation*, 9 March 1957, p. 200; Harrison Smith, "Report on a Generation," *Saturday Review*, 1 Dec. 1951, p. 22; "The 'Unsilent Generation' Breaks Silence," *Life*, 17 Feb. 1958, p. 112; and see Filene, *Him/Her/Self*, 204–7, and Joseph Satin, ed., *The 1950s: America's "Placid" Decade* (Boston, 1960).

而牙科每个新生班级中的 100 个学生里，只能有 2 名女生。直到 1970 年，该院的男院长才承认，这么做的理由是“女孩们力气太小，拔不动牙齿”。该州的女性无法成为兽医，因为兽医学院位于得克萨斯农工大学，它是国内唯一一所只招收男性的赠地大学①。此外，如果合校女生拿到了学位，她们就会面临不公平的就业竞争。玛德莱娜·库宁毕业于哥伦比亚大学，拥有新闻学学位，但给她工作的是一家报社的自助餐厅而不是新闻编辑室，另一家公司拒绝聘用她，因为之前曾有一名女记者在公司停车场被人强奸。受聘的女性起薪比男性低，而且在困难时期，她们总是第一个被解雇。

面对有限的教育和就业机会，合校女生意识到迎合传统角色对自身有利。史密斯大学的学生报在 1961 年时指出：“或许我们落伍了，但我们觉得对大部分女性来说，她们该待的地方就是‘家里’。”编辑们继续说道，婚姻就是一种职业。想当医生的“愿望不合时宜”，所以，“我们为什么不停止和男人竞争，转而协助他们呢？”。在一个缺乏安全感的时代，如意郎君就是安全感，因为他会成为一个好父亲，而且能养家糊口。一项研究表明，与她们的母亲相比，50 年代的合校女生结婚更早，她们离开大学的时候，往往没有拿到学位，却有了个有学位的丈夫。事实上，50 年代中期，半数的合校女生从大学辍学去结婚了。一名教育家称，对女性来说，大学是“世界上最好的婚姻市场”，史密斯大学的一名高年级学生在被问到自己未来的理想时，直截了当地说：“我想嫁给普林斯顿的毕业生。”无法在大学最后一年订婚意味着“大四恐慌”，一名合校女生承认：“每次相亲，我们都希望能遇见那个英俊、聪明、诙谐的年轻人——他前途光明，心地善良——我们就要嫁这样的人。”高年级学生会加紧寻找丈夫的步伐，一名观察者说：“新入学的女孩会遇上一群比 FBI 更想抓住男人的

① land grant university，1862 年美国国会通过《莫雷尔法案》，规定各州凡有国会议员一名，就拨联邦土地 3 万英亩，土地出售所得资金用于资助建立一所或多所学院，教授“农业和机械技能”。——译者

女生。”

合校女生是从她们的母亲那里得到了经验。战争结束后，年长的女性离开国防工厂，回到家乡，在婚姻和家庭中找到了安全感。正如一名学者指出的那样，由于冷战引发的焦虑，女性开始寻找温暖的栖息地——家和家庭生活。在一个没有保障的世界里，家庭给人带来了安全感，一种“责任感，一种归属于某个集体的感觉”，一位爸爸承认说，这些总能让人“一起面对外部敌人”。①

因此，在50年代，青少年以创纪录的速度“走向稳定”，女性的结婚年龄比本世纪任何时候都要小，离婚率也急剧下降。婚姻等于成功。《妇女家庭杂志》《麦考尔》《红皮书》和其他女性杂志不停地刊发文章：《婚姻是长久的》《经营婚姻》《如何维持不幸福的婚姻》《这段婚姻还有救吗？》。离婚等于失败。1957年，民意调查显示，只有9%的人认为未婚人士能够得到幸福：没有哪个女性愿意单身，变成“老处女”。“除了病人、重度残疾人、畸形人、性情扭曲和智力有缺陷的人，”一位作者写道，“几乎每个人都有机会结婚。”

然后就有了孩子，那个时代广为人们接受的看法是，孩子让女性有了成就感。母亲主义的神话认为每一个正常女人都有母性本能（但奇怪的是，父亲没有父性本能），而母亲就应该待在家里照顾孩子。1956年《生活》杂志在圣诞特辑中声称：“在美国女性的所有成就中，最了不起的成就就是生孩子。”她们照做了。出生率飙升到每年400万新生儿——婴儿潮来了。三孩家庭的数量翻了一番，四孩家庭翻了两番，情景喜剧与电影这样鼓吹生育和家庭生活——“成打的更便宜”。对于一般的大学生来说，生育很有吸引力；正如一名哈佛商学专业的学生所说：“我想要6个孩子。

---

① 有关牙科学院，请参考TA：Dick Bath interview，15 May 1987；库宁的发言出自*NYT*，2 August 1993；Filene，*Him/Her/Self*，206-7；Eisler，*Private Lives*，9；VD：Sara Evans interview，3 June 1989 on senior panic；有关温暖的栖息地，请参考Elaine Tyler May，*Homeward Bound: American Families in the Cold War Era*（New York，1988），chap. 1，pp. 78-91。

我不知道我为什么会这么说——它听起来只是一个最低生育目标。”

美国接受了传统的角色分配，丈夫主外，妻子主内。一项调查发现，对于清洗和打扫这样重复枯燥但必不可少的家务来说，只有 10%的丈夫会帮助他们幸福的家庭主妇。她将家中布置一番，还要再为晚餐想出一份食谱。1955 年最热销的两本非小说类书籍是《美好家园和花园装饰读本》及《贝蒂·克罗克食谱》。结果就有了“幸福家庭公司”，帕特·布恩在《在 12 岁和 20 岁间》里就是这么称呼自己的家庭的。布恩任命妻子为副总裁，很自然地把最高职位留给了自己，因为“在关键时刻……它必须是这样”。男人肩负责任，他们自觉地走向自己命中注定的角色。有人回忆说：“我们这些 50 年代过来的人没有选择。你必须是一个丈夫，一个养家糊口的人，一个成功的人。”①

对许多美国人来说，50 年代是“快乐时光”。从老一辈的角度来看，相较于从前的大萧条和战争年代，这十年是一个巨大的进步。1957 年的一项民意调查问：“综合所有因素，你如何评价现在的生活——你认为自己是非常幸福、比较幸福还是不太幸福？”高达 89%的人感到非常或比较幸福。

为什么？在 50 年代的下半段，朝鲜冲突已成历史，政治开始重回正常。麦卡锡主义日薄西山，艾克爷爷②或在高尔夫球场，或在白宫休息。此外，50 年代的幸福还有两个原因——孩子和金钱。《生活》杂志称：“孩子：内在萧条的疗法”。《时代》周刊称：“暴涨的出生率：商业兴旺的机遇”，“1955 年是美国资本主义的鼎盛时期”，而且它还在继续蓬勃发展。在这十年间，国民生产总值翻了一番，通货膨胀率保持在低位，美国

---

① Beth L. Bailey, *From Front Porch to Back Seat: Courtship in Twentieth-Century America* (Baltimore, 1989), 49-53; Miller and Nowak, The Fifties, chap. 6; Landon Y. Jones, *Great Expectations: America and the Baby Boom Generation* (New York, 1980), chap. 2; Boone, *Twixt Twelve and Twenty* (Englewood Cliffs, N. J., 1959), 83-84; 过来人这句话引自 Eisler, Private Lives, 14。

② 艾克是艾森豪威尔的昵称。——译者

人的消费迅猛增长。随着孩子们慢慢长大，廉价商品时代成了一场盛宴——“大型烧烤派对”。普通家庭的设备数量是 20 年代家庭的 7 倍。父母不停地给自己或孩子买礼物，使得时尚物品源源不断地流入千家万户——马鞍鞋、芭比娃娃和一摞摞数不尽的 45 转唱片。在 50 年代的下半段，父母们购买了价值近 3 亿美元的玩具枪、皮靴、皮套裤和套索，这些商品因卡西迪牛仔、吉恩·奥特里、罗伊·罗杰斯、怀亚特·厄普和思科小子一类的形象而风靡一时。仅关于大卫·克罗克特①的电视连续剧就让人们买下了 100 万顶浣熊皮帽子，而孩子们在 1958 年短短几个月的时间里就买了 2 000 万个呼啦圈。与之前所有的时代相比，更多高中男孩拥有了汽车，女孩们衣着更精致，也买得起更多化妆品。“我们是世界上有史以来最幸运的青少年，”乔弗瑞·欧布瑞恩写道，“我们得到了舒适且安全的套房……我们继承了无与伦比的居住空间。”

一路走高的市场舒缓了冷战带来的压力，让老年人拥有了充足的睡眠，也让许多年轻人涌现了乐观的情绪。“如果你在 50 年代长大，”罗伯特·J. 萨缪尔森回忆说，“你会不断见识那个时代的奇迹。在学校，你接种了预防小儿麻痹症的疫苗，在那以前，它是一种可怕的疾病。在家里，你能看电视。当你抬头望向天空，时常会看到一架新型喷气式飞机和它留下的白色蒸汽尾迹。你盯着飞机看，直到它消失不见。那时有数不尽的新鲜玩意儿和机器。似乎没有什么问题解决不了。这是美国技术带来的美好时光和力量：这些不是我们学到的东西，而是我们吸取的经验。你认为繁荣是理所当然……我们开始相信繁荣是必然。”

在那个时代，热门电视节目一直在传播“快乐时光”的思想，一开始是《我爱露西》(*I Love Lucy*)、《逍遥鬼侣》(*Topper*)、《天才小麻烦》(*Leave it to Beaver*) 和《唐娜·里德秀》(*The Donna Reed Show*)，最后是《我的三个儿子》(*My Three Sons*) 和《贝弗利山人》(*The Beverly Hillbillies*)。最受欢迎的

① 美国政治家和战斗英雄，在得克萨斯独立运动中死于阿拉莫战役。——译者

两部情景喜剧是《OZ 家庭秀》(*The Adventures of Ozzie and Harriet*) 和《老爸最知道》(*Father Knows Best*)。奥兹会穿着考究的羊驼毛开衫，展示做“爸爸”的本事，当哈丽特、大卫和里奇出场时，尼尔森一家就成了 1952 年至 1966 年间完美家庭的典范。这就是美国郊区的家庭生活，有砖砌的壁炉，壁炉架上挂着鹰，有两个儿子，还有一个总端着一盘新做的饼干或一壶热咖啡的妻子。没发生什么大事：里奇会不问就借走大卫的毛衣，然后拒绝归还。解决这个危机需要 30 分钟，因为奥兹的脑袋像大人物一样灵光。家庭矛盾只是简单的误会，而且郊区的人们从来不用思考结果。一位批评家指出，只要看看故事，观众就自然会知道“奥兹和哈丽特是共和党人，她会买冷冻蔬菜，奥兹从未出轨”。“尼尔森一家的冒险故事并不是很冒险，或者说是很真实的。”然而，这并没有什么关系，因为大多数观众都希望能和他们一样。

它的竞争对手——1954 年播出的《老爸最知道》，亦是如此。在一个讲究家庭和睦的时代，父亲是超级老爸，他可以且愿意做任何事。吉姆·安德森（罗伯特·杨饰）聪明温暖，善解人意。他的妻子玛格丽特（简·怀亚特饰）是一位完美的母亲和周到的家庭主妇。一名批评家写道，这部剧“似乎既是弥漫在整个国家的氛围的缩影，又将其加以发挥。艾森豪威尔是总统，罗伯特·杨是父亲。他们随时可以交换工作，没人会注意到其中的差别……《老爸最知道》巩固了 50 年代的美国神话。正是这一现实，迫使简·怀亚特在某场与罗伯特·杨的卧室戏中，在睡衣里穿上了一件胸罩。那似乎成了节目的特色，它就像睡衣里的胸罩一样真实”。

两部剧都不现实，都没有触及社会问题，但那不重要。观众们收看这些电视节目，无非是因为它们反映出了大多数人所想的——或是希望看到的——是真实存在的：世上有一种美国方式。每个人都如出一辙，生活在郊区，已婚且幸福。然而，也有少数公民对美国的现状感到担忧。他们意识到，就算是在快乐时光里，国内也存在问题，到了 50 年代末，三个问题逐渐显现：原子时代的生活，女性的角色和黑人的地位。

1955年，由于地面核试验的进行，芝加哥下了含有放射性物质的雨。接着，2年之后，苏联发射人造卫星斯普特尼克，震惊了全世界。这个飞行器会旋转并能反射来自美国上空的光线，在某些夜晚，电台会告诉听众哪里能看到这颗卫星。婴儿潮一代的某人回忆说："'快看，'在我们住的郊区我母亲会对我说，'俄国人从那儿过去了。'看着它飘在上空忽闪忽闪的，我感到背脊一阵发凉。"另一位补充道："我们可能不记得广岛事件，但我们记得放射性坠尘避难所、民防局、空袭警报。我们躲在学校桌子底下，储存紧急口粮。我们把电台调到电磁发射管制的频道。我们生活在核灾难的余波中，却没想过这种情况有多荒唐……我们的噩梦就是永远生活在地下，生活在混凝土地堡里，一个人孤孤单单。"①

斯普特尼克重燃了人们对核的恐惧。"俄国人成功发射卫星这件事的影响力与'珍珠港事件'不相上下，"英国大使哈罗德·麦克米伦写道，"美国人的自以为是被打击到了。"2年后的1959年，牛奶中开始出现致命的锶-90，三分之二的美国人将核战争列为美国最紧迫的问题，这一主题在沃尔特·米勒的《莱伯维茨的赞歌》(*A Canticle for Leibowitz*)等成功之作以及后来的热门电影《海滨》《奇幻核子战》和《奇爱博士》中都有描述。《海滨》的最后一幕是一座空荡荡的城市，一面横幅在带有放射性的微风中飘扬，上面写着："还有时间，兄弟"。《花花公子》的第一期另辟蹊径：玛丽莲·梦露几乎毫无遮掩的胸部登上了封面，编辑们说，这将为男性提供"一点消遣，好从原子时代的焦虑中解脱出来"。

对女性来说，几乎没有什么消遣，一些妇女开始质疑她们的角色。二战后，《财富》在一次调查中询问女性，如果你可以重生，你更愿意选择成为男性还是女性？令人吃惊的是，25%的人选了男性。人们常说，这是

---

①"大型烧烤"出自 Jones, *Great Expectations*, chap. 3; O'Brien, *Dream Time*, 38; Samuelson in *Newsweek*, 2 March 1992, p. 32；批评家的发言出自 Rick Mitz, *The Great TV Sitcom Book* (New York, 1980), 63-67, 107-11; TA: J. D. Anderson interview, 1 June 1990；孤单一段出自 Toby Thompson, *The '60s Report*, xii。

"男人的世界"，而在 50 年代，一些女性发现自己身处困境之中——她们自学成才，很多人在工作，但她们做管理工作的唯一机会是在家里的熨衣板上或者餐桌上。她们无时无刻不在被像心理学家克莱奥·道森这样的"专家"的建议轰炸，道森的文章《如何管理女人》被登在了《读者文摘》上。她的研究发现了"两个真相：第一，所有女人都喜欢在权威的限制下工作。简单来说，她们喜欢被指挥。第二，所有女人都必须感觉自己为人所需要。这些真相源自这样一个事实，即基本上来说，女人**感受**，而男人**思考**"。道森的报告只是数百篇类似文章中的一篇，而这样的观点迫使许多女性开始质疑自己的大众形象。60 年代早期，贝蒂·弗里丹①就提出了质疑。②

这种奇怪的差异也出现在性研究中。40 年代后期，阿尔弗雷德·C. 金赛进行了他那著名的研究，结果表明性行为比公共道德更为宽容。虽然这一发现震惊了老一辈人，但当时大多数未来的社运人士还太年轻，不知道紧闭的卧室门背后发生了什么事。他们正受着卧室外现行道德观念的影响，即"双重标准"，一种适用于男性，另一种适用于女性。根据双重标准，一个男人被压抑的冲动偶尔需要得到释放。某个深夜，他会到城市的贫困地带找个放荡的女孩释放欲望；在女孩为他"服务"之后，他会跟自己的兄弟吹牛，称她为淫妇或荡妇。就和冷战时期的国家一样，女性要么是好的，要么就是坏的。"好女孩"不一样，因为她们背负着贞洁的重任，维护着男孩们的还有美国的道德品质。好女孩会说，"不"，"我会失去我的名誉"，"等我们结婚了才行"，即使荷尔蒙失控，她们也会喘息着忍到婚礼钟声响

① 美国当代著名的女权运动家和社会改革家。——译者

② *Fortune*, Aug. 1946, pp. 6–14; John P. Robinson and Phillip R. Shaver, *Measures of Social Psychological Attitudes* (Ann Arbor, 1973), 13; *Reader's Digest*, Dec. 1957, pp. 212–13; Betty Friedan, *The Feminine Mystique* (New York, 1963), 9.

起。50 年代时，一半的新娘和新郎都才十几岁。

绝大多数美国人都支持这种道德准则，民意调查显示，80%的人赞同这样的观点，即一个女人在结婚时应当是处女。婚礼钟声响过之后，她就成了他的财产。一名年轻男性这样解释："结婚之后，某个男人跟我妻子约会就如同抢走了我的车，去开上几公里。可能用完之后它的性能会更好，但我还是喜欢自己来开。"

由于权威部门会对未经批准的行为处以高额罚款，所以这些准则得到了严格的执行。在全国的高校里，校长们都像警察一样。"我们的校长只有一个任务，"婴儿潮一代有人回忆说，"就是维护法律与秩序。他秃顶，我们都叫他秃驴。他能把拇指伸进你的肌肉里并戳中你的神经，仿佛他学过如何让人疼痛的课程。"另一人写道："校方对学生的不信任几乎到了偏执的地步。如果我们在上课的时候去洗手间，我们就必须带着巨大的木制通行证……学校大楼一个街区之内不准吸烟，不是因为这样不健康，而是因为他们认为，抽烟对青少年而言是不得体的行为。"学校董事会会开除怀孕的女孩，让她们无法毕业。大学会在宿舍或校园之外的地方监视合校女生的行为。1960 年，密歇根州立大学的行政人员开除了一名遭到强奸的学生，然后对行凶者提起诉讼，将此事公之于众。在那时，大多数美国人都认为，遭这份罪的女性真的是"自找的"。2 年后，在斯坦福，一名合校女生和男朋友参加了一个派对。两个人都喝多了，醉倒在了草坪上，之后，男生被停课一学季，但女生被停了两学季。罪名是："在男性面前让自己处于毫无防范的状态。"①

政府出台了法律和法令，并做出裁决。许多州都禁止使用避孕手段，甚至已婚夫妇也不能使用，而在马萨诸塞州，发放一罐避孕泡沫会被判处

① "自己来开"一句引自 *Time*, 5 Nov. 1951, p. 48；吸烟相关的内容出自 Jane Alpert, *Growing Up Underground*, 35；VD：Judith Karpova-interview on rape, 8 Nov. 1989；David Harris, *Dreams Die Hard*, 21。

5 年监禁。堕胎在全国都是违法行为。在一些城市，未婚情侣同居是不合法行为，一些州的法律与亚拉巴马的相似，都将婚外性行为定为犯罪。在佛罗里达，公共场合给孩子喂奶在法律上属于淫秽行为，“是有伤风化的暴露，是粗野淫荡的行为”。一些地方政府甚至制定法令，禁止出售比基尼，以此来“控制男女乱交”。当联邦政府审查《芬妮·希尔》《北回归线》和《查泰莱夫人的情人》等不雅书籍时，电视制片人也审起了自己的媒体。1956 年，埃尔维斯·普莱斯利①上《埃德·沙利文秀》时，这位扭胯的表演者在播出的镜头里只有腰部以上的半个身体。60 年代早期，芭芭拉·伊登在《民谣大王佛斯特》（*I Dream of Jeanie*）中扮演的露脐精灵，其肚脐从未出镜，她的肚脐被剪掉了。电影也坚持了这一标准，因为大多数公民显然认为，在“两性之战”中，性绝不应该出现，只能有《枕边细语》（*Pillow Talk*）。奥托·普雷明格拍摄了《俏女怀春》（*The Moon Is Blue*）后，一名法官对其下了禁令，宣称以当代的标准来看，这部电影含有不雅用语。这些可耻的用词是“诱惑”“怀孕”和“处女”。

当然，性标准仅仅体现了 50 年代美国的虚伪。实际上，在这十年间，有一半的少女新娘都怀了孕——她们“不得不结婚”。显然，青少年除了在 57 年款雪佛兰轿车的后座上看电影之外，还做了别的事。然而，老一辈拒绝面对这样的事实。因为，在美国看到令人不快的事几乎就是不爱国。

许多家长都告诉自己的孩子，有些事情最好不要宣之于口，其中就包括有关种族的讨论。50 年代期间，大部分黑人生活在南方，其中绝大多数生活在小镇或乡村地区。对他们而言，现状离做奴隶只有一步之遥，那就是被称为吉姆·克劳法的种族隔离制度。1896 年，最高法院对“普莱西诉弗格森案”做出判决，允许两个种族“隔离但平等”使用公共设施，基于这一判决，17 个南方州与边境州制定法律确立了吉姆·克劳隔离制度，公共设施按种族隔离开来。在教育方面，南方人没在黑人学校花多少钱，这

① 即猫王。——译者

些学校通常是一些简陋的棚屋，教师的收入只有白人教师的三分之一。1950 年，南卡罗来纳克拉伦登县的官员在每个白人学生身上花费 179 美元，而在每个黑人学生身上只花费 43 美元。14 年后，在密西西比的霍利布拉夫，在每个白人学生身上的花费超过了 190 美元，而在每个黑人学生身上则是 1.26 美元。少数仍留在学校并坚持到毕业的黑人在高等教育中也面临同样的处境。根据得克萨斯的法律，四分之三的联邦赠地基金被用于白人学校得克萨斯农工大学，只有四分之一的基金流向了黑人学校普雷里维尤农工大学。这就是南方对“隔离但平等”的阐释。

在整个南方，黑人的选举权受到了诸如白人初选、读写能力测试、人头税甚至是良好品行测试等法律噱头的限制。白人登记员会直接问潜在的黑人选民一个无法回答的问题。在亚拉巴马，一名官员这样问凯里·考利：“一块 4 盎司的象牙牌肥皂里有多少泡泡？”考利答不上来，就被判定为文盲，无法进行登记。1958 年，民权委员会发现，亚拉巴马州只有 9%的黑人进行了选民登记，而密西西比的相关数据只有 4%。委员会还发现，横贯南方的 16 个县里，大部分居民是黑人，却没有一个投票者是黑人。

然而，吉姆·克劳法所触及的远不止教育和选举权，还渗入了社会之中。前邦联各州通过立法建立起了隔离医院、监狱以及贫民院、聋人院、哑人院，甚至是盲人院。“仅限白人”或“有色人种用”的标识被挂在了公交车站和火车站、运动场、游泳池以及马桶和饮水器上方。在亚特兰大，法庭上的白人和黑人证人不能用同一本《圣经》起誓。在亚拉巴马，黑人和白人一起玩西洋跳棋是非法行为，而在新奥尔良，官方对性工作者和红灯区进行了种族隔离。得克萨斯餐馆协会分发给会员的橱窗标语恰如其分地描述了南方黑人的社会地位：“我们不招待墨西哥人、黑鬼和狗。”

可以肯定的是，黑人境况在杜鲁门执政期间有了一些进步，而且，他们在北方过得好些了。总司令下令取消武装部队的种族隔离，但该命令执行得缓慢；最高法院裁定公立研究生院不能因为种族原因将黑人拒之门外。在职业体育运动中，杰基·罗宾森为布鲁克林道奇队上阵比赛，由此打破了肤色的界限。北方的情况要好些，但那绝不是平等。事实上，学校通常是实行种族隔离的，因为学区是按照歧视性住房供给惯例来划分的。哪里有贫民区，哪里就有黑人学校。近 90%的芝加哥黑人上的是全黑人学校，而费城 27 所公立学校几乎全都是实行种族隔离的。北方黑人确实有投票权，但因为鲜有政客会处理他们的议题，所以他们的登记率非常低，选举日的投票率通常也很低。

无论是在北方还是南方，大部分美国白人都是种族主义者。民意调查显示，97%的南方白人和 90%的北方白人反对跨种族约会，四分之三的南方白人和一半的北方白人反对与黑人为邻。西部乡村歌手通过录制题为《卡津 3K 党》(*Kajun Ku Klux Klan*) 或者《寻找救济品》(*Looking for a Handout*) 的歌曲获利，还有一首是关于如何将黑人赶出社区的，名为《有色人种协会 105 号航班》(*NAACP Flight No. 105*)，这张唱片卖了 100 万张。种族歧视语和“黑鬼笑话”在全国都很常见。白人可能会将阳台叫做“黑鬼天堂”，或把巴西坚果叫做“黑鬼脚趾”；面对慷慨之举，他们可能会回应说“你真是又白又善良”。如果被人竖中指，年轻男性可能会回答：“那是你的智商还是你白人爹妈的数量？”一旦他们成年，他们就是“自由的 21 岁白人”。种族主义甚至跟随黑人走进坟墓，因为当他去世时，为了表达敬意，仁慈的白人会在讣告栏中写道：“他是个黑人，但他有一颗白人的心。”

这样的言论造成了伤害。浅肤色黑人的父母不希望自己的孩子和肤色深的黑人约会，而许多人仅因为自己是黑人就感到羞耻。罗杰·威尔金斯后来写下了 1950 年代的成长经历：“我为自己感到羞耻，为我整个人感到羞耻。我为我的肤色、卷发、阔鼻和厚嘴唇感到羞耻……有时我会平躺在地上，盯着空中飘过的云朵，思考为什么上帝要玩这样卑劣的把戏，让我成为一个黑人。”①

① Richard Kluger, *Simple Justice: The History of Brown v. Board of Education and Black America's Struggle for Equality* (New York, 1975), 9; William McCord, *Mississippi: The Long, Hot Summer* (New York, 1965), 152; TAMU: Carey Cauley interview, 29 April 1991; Wilkins, *A Man's Life*, 47, 55.

美国社会排斥所有少数族群，不过歧视程度要弱一些。在少数族群聚居的城市里，特别是只住了白人家庭的郊区，种族歧视语很常见：墨西哥人被称为上油佬[①]，波多黎各人被称为西班牙佬，亚洲人被称为中国佬，犹太人被称为犹太鬼、犹太佬或犹太仔。送出一样东西然后又想要回来的人叫做“印第安给予者”（indian giver），当时可能还有很多关于“印第安佬”的歧视语，但是美国人对“红皮佬”知之甚少，就像在下个十年中，他们也不了解被称为“越南佬”“东方佬”的越南人一样。种族歧视甚至影响到了受过教育的富人。常春藤盟校经常限制犹太学生的数量，犹太社群因此建立了布兰迪斯大学。公立大学容许校内歧视行为。“1961 年的时候，伯克利有四十几个姐妹会，”萨拉·戴维森写道，“但只有三个接纳犹太女孩。”在贵族学校乔特中学，为数不多的几名犹太学生中有一人打开自己的几何课本，发现了一张便条，写着：“去你妈的，你这个犹太鬼”。“在乔特，”他后来写道，“种族歧视言论是日常生活的一部分，就像我们每晚必须参加的教堂礼拜一样。”

然而，和谋生问题相比，歧视语不过是件小事，因为黑人身份就意味着贫穷。1960 年，劳工部报告称，黑人工人的平均收入不到白人工人的 60%。黑人做着最糟糕的工作。他们中在专业或管理岗位的人不足 7%，约为白人的四分之一，而大约一半的黑人男性是非技术工人或者劳工。在纽约，三分之一的黑人女性是家政工。那些受过教育的人同样遭遇了薪资歧视。在南方，黑人大学毕业生的收入大约是白人大学毕业生的一半；在北方，这个数字大约是三分之二。“假如美国所有的歧视性法律都立即废止，”迈克尔·哈灵顿写道，“种族问题也仍将是国内最紧迫的道德和政治问题之一。黑人和其他少数族群不只是一系列不公正法规的受害者。美国

---

① greasers，指涂油/上油工人，也指二战后北美出现的一些穿皮衣皮裤、长发飞车、掏出折刀满街吓唬人、调戏年轻姑娘的小流氓。——译者

经济、美国社会、美国无意识都是种族主义的。”①

种族主义是一个全国性的问题，但南方的情况更为残酷。大批政客靠“让他们安分守己”来为自己谋仕途，另一些人则是不顾后果。1955 年，北卡罗来纳州州长卢瑟·霍奇斯在一所黑人大学做嘉宾演讲，他错把“黑人”（Negro）说成了“黑佬”（nigra），不止一次，而是三次。人们可能会想，一个在黑人群体面前演讲的南方政客怎么会对那个种族了解得那么少，连“黑人”的发音也不清楚。1959 年，得克萨斯白人约翰·霍华德·格里芬染黑自己的皮肤，深入南方腹地游历，他给出了答案：“虽然在整个南方我们肩并肩地生活，但这两个种族间的交流已不复存在。双方都不知道另一个种族到底发生了什么。南方黑人不会告诉白人真话。黑人很早以前就知道，如果他说了一句白人不喜欢听的真话，白人就会让他的生活一团糟。”

那些试图越过“肤色界限”的人，试图行使《宪法》保障的权利的人，得到的是生硬的警告或恶毒的回应。1955 年，当亚拉巴马州蒙哥马利的黑人决定抵制必须坐在公交车后排的侮辱时，当地白人散发传单称：“在人类发展的进程中，当消灭黑人种族变得必要时，我们应当使用恰当的方法。这些武器包括枪支、弓箭、弹弓和刀。我们认为这些真理不证自明，即所有白人生来平等，享有特定权利：其中包括生命权、自由权和追捕死黑鬼的权利。”这些相较于殴打，相较于杀害，都算是轻的了。殴打和杀害的例子数不胜数，但最骇人听闻的是 14 岁的芝加哥黑人男孩艾米特·提尔在造访密西西比时遭受的不公审判。据说由于不了解“南方习俗”，他对一名白人女性说了“再见，宝贝”。不久，当地白人抓住了他，割下了他的睾丸，朝他的头部开枪，然后将他血肉模糊的尸体扔进了当地

① Davidson, *Loose Change*, 9；乔特的情况出自 Gowan, *Making of an Un-American*, 4–5；Michael Harrington, *The Other America: Poverty in the United States* (New York, 1962), chap. 4。

的河中。虽然凶手们后来供认不讳，但白人陪审团宣布他们无罪。①这样残忍的谋杀并非特例——在1880年代至1950年代间，3 800多名黑人被南方人私刑处死。

1945年初，记者沃尔特·温切尔问一名年轻的黑人女性——希特勒的战争罪应如何惩罚，她的回答十分贴切地反映了人权运动前南方的境况：“把他涂成黑色，然后送到这儿来。”

最高法院意识到了非裔美国人的困境，1954年，法官们对“布朗诉教育委员会案”做出了一个具有里程碑意义的决定。全国有色人种进步协会（NAACP）代表琳达·布朗提起诉讼，她是一名黑人学生，要乘公交车从她所在的白人社区出发，前往堪萨斯托皮卡的一所黑人学校上学。首席大法官厄尔·沃伦宣读了判决意见书：“即使硬件设施和其他有形因素可能平等，但公立学校全然根据种族对儿童进行隔离，这是否剥夺了少数族裔儿童接受平等教育的机会？我们一致认为是的。”法院裁定，教育设施实行隔离“从根本上来说是不平等的”，首席大法官下令，种族隔离区要“全心全力并迅速地”取消种族隔离。

南方迅速做出了激烈的反应——大规模的抵抗。密西西比州参议员詹姆斯·O. 伊斯特兰警告道，南方“不会遵守或服从一个从政治出发的法庭做出的这一立法决定”，法规、社论、信件和民意调查证实了这些话。南方议员签署了一份《宪法准则宣言》（Declaration of Constitutional Principles）以示反对，宣言称法院无权要求结束种族隔离，同时通过了450多项阻止或限制种族融合的法规和决议，重申了州权。南方各州还通过了旨在摧毁全国有色人种进步协会的各项法律。路易斯安那、亚拉巴马和得克萨斯的首席检察官发布禁令，禁止全国有色人种进步协会在州内活

① Miles Wolff, *How it All Began*, 67; John Howard Griffin, *Black Like Me* (New York, 1976 ed.), 7－8; flyer in Herbert S. Parmet, *Eisenhower and the American Crusades* (New York, 1972), 442; Stephen J. Whitfield, *A Death in the Delta: The Story of Emmett Till* (New York, 1988), 51.

动。阿肯色和田纳西试图通过立法取缔该组织，亚拉巴马则已经通过了这项法律。在佛罗里达，立法机关拨款 5 万美元，用以调查全国有色人种进步协会内是否有“共产党人涉足”。南方人的感受被刊登在了报纸上。休斯敦的一名工程师写道，大多数“从没在南方生活过的人并不知道我们必须要面对什么问题。除了和他们一起生活，一起做礼拜，让他们来我们学校上学外，肯定还有其他帮助有色人种的方法”。民意调查显示，超过80%的南方白人反对学校去种族隔离化，四分之一的人认为，用暴力维护白人至上的地位具有正当性。南方人在当地组织了起来，他们加入治安委员会、3K 党，或是组建白人公民委员会。这些委员会筹集资金，举行集会和游行，抵制种族融合的商户，并向人们分发传单。例如，密西西比州格林伍德市内流传着一张传单，上面列举了黑人的罪行和非婚生育率，并问道：“种族融合将怎样影响我们白人孩子的道德标准？”还有一张达拉斯的传单，题为“地球上最骇人的恐怖事件”，其内容是，学校实行种族融合后，白人女儿将带黑人男朋友回家。①

整个十年间，南方人的种族情绪十分戏剧化。虽然黑人在亚拉巴马州的蒙哥马利和其他城市抵制公交车的行动取得了一些进展，虽然他们在小石城的中央高中等一些校区实现了种族融合，但这些胜利不过是地区性的成功。更典型的情况是南方各州直接无视联邦法院的裁决，而且在艾森豪威尔任总统期间，司法部认可这样的行为。尽管 1944 年最高法院已经判定白人预选违宪，但绝大多数南方黑人在 1960 年时仍没有选举权。尽管 1958 年最高法院已经判定州际通行中的歧视行为违宪，但南方各地的公交车和火车仍在实行种族隔离。尽管最高法院 1954 年在布朗案中已经下令进行种族融合，但每年只有 1%的南方学校实现融合——按照这个速度，所有黑人儿童最终将在 2054 年进入种族融合学校。显然，为促成平等而制定的法

① Kluger, *Simple Justice*, chap. 26; Sitkoff, *The Struggle for Black Equality*, 23-39; Morris, *The Origins of the Civil Rights Movement*, 30-35; *Houston Post*, May 18, 1954; SAVF, box 9: Citizens Councils folder.

律及立法策略具有局限性，60 年代的社运人士注意到了这一点。

南方人希望维持白人至上的理由总是相同的。他们谈到要维持“南方的生活方式”，谈到“基督教的价值观”。他们支持“州权”，反对“联邦干涉”“种族杂交”，当然还有共产主义。南方政客公开声明反对颠覆分子，州政府举行听证会，目的在于证明共产主义者对黑人争取民权的行动负有责任，或者换句话说，“有色人种”很满意自己的困境，但他们被外部煽动者操控了。路易斯维尔的白人公民委员会分发了这样的传单：“真相大白！共产党密谋在公立学校、泳池和公房项目中实现种族融合”，路易斯安那在 1958 年举行了听证会，讨论“种族动乱中的颠覆企图：摧毁路易斯安那州政府及美国政府的战略武器大纲”。委员会主席 W. M. 赖纳赫声称，这份出版物“首次正式概述了约瑟夫・斯大林的共产主义阴谋，现在，人们普遍认为，这个阴谋就是南方公立学校种族融合行动背后的源头和主导力量”。

实际上，共产主义和争取民权毫无关系，但那没有什么区别，因为许多美国人认为它们有关系。这样的理由似乎与冷战文化很契合，特别是在南方。少数持反对意见、质疑种族现状的南方人要么是本地的“自由主义者”，要么是“外部煽动者”。他们不属于我们。密西西比的新闻从业者 P. D. 伊斯特在发表要求“公平对待”黑人的社论后，该报的许多订阅和广告都被取消，朋友们与他反目，他还接到电话，说他“该死，爱黑鬼，爱犹太人，是共产主义的狗杂种”。他开始随身带枪。①在当时的南方，爱黑鬼的人和共产主义者是一个意思。

此外，大多数美国人并不关心“黑人问题”。有句话是这样说的，“在北方，种族隔离是一个只有南方人才能解决的南方问题。在南方，那是一个只有时间才能解决的问题”。在冷战文化时期，时间永远不够用，而黑

---

① SAVF, box 9: Citizens Councils folder; TA: Memorandum by W. M. Rainach, 13 March 1958; Griffin, *Black Like Me*, 75.

人不被关注，是因为他们是隐形的。他们不会出现在全国、州或是地方政治里，除非哈莱姆区有人当选。他们也不会出现在电视上，除非是在《阿莫斯和安迪秀》或《杰克·本尼秀》中扮演刻板印象里的角色。黑人在人们的视线之外、思想之外。1952 年，拉尔夫·艾里森在《看不见的人》（*The Invisible Man*）中极为真实地描述了这一现象，当时，黑人主角说："我是看不见的人，要明白，这只是因为人们拒绝看见我。"

更近一些，在 60 年代后的保守时代，大量评论家修正并反驳了这一主要观点，即 50 年代是一个众口一致和自满的时代。相反，他们写道，这十年"发展势头很好！"。那是一个令人骄傲的时代，一个充满自信的民族大踏步前进的创造性时代。实际上，一名历史学家声称，1950 年代是"美国的全盛时期……是一个充满希望的时代，一个充满生机的时代，而在它的那些巅峰时刻，那甚至是一个辉煌的时代"。这样的论点或许有一些价值，或者说，它可能更想告诉读者的是 1980 年代——这些书出版时——的情况，而不是 1950 年代。又或者说，它想谈论关于作者的情况——他们都是在二战前出生的白人男性。①

这里需要强调的并不是有关 1950 年代的史学争辩——而是未来的社运人士对那十年的看法。在那个年代长大且后来又积极参与运动的孩子们并没有把 50 年代看作辉煌的时代，或是非常具有创造力的年代。相反，他们认为那十年充满遵从与共识，充满规则与制度。还在青少年时期，他们中的许多人就开始明白，自己要反抗那种双重标准，反抗父母的生活方式："我爱他们，"简·阿尔珀特写道，"可是从 13 岁起我就清楚，如果像他们那样生活，我永远也不会幸福。"对于"我这样的年轻人来说"，汤姆·海登写道，"50 年代基本上是一个一维世界……它缺乏一切真实的社会冲

---

① William L. O'Neill, *American High: The Years of Confidence, 1945–1960* (*New York*, 1986), 291; *Jeffrey Hart*, *When the Going Was Good! American Life in the Fifties* (New York, 1982), 歧视程度一段出自 John Patrick Diggins, *The Proud Decades: America in War and Peace, 1941–1960* (*New York*, 1988)。

突。那时似乎只有一种现实，一套价值观，即生活安逸的中产阶级的现实和价值观。由于只有那样一种现实，生活已经程式化：先上高中，然后上大学，然后结婚找工作……正是它这种无趣、事先已有定论的本质，让人产生了最初的微小反感，后来才会演变为反叛”。①

当然，反叛不会等着60年代来临。美国社会并不是铁板一块，因此，当时是存在一些异议的，尤其是在50年代下半段，那时，敌人约瑟夫·斯大林已死，麦卡锡主义正在消亡。

一些勇敢的学者挺身而出，反抗反共运动。威斯康星大学的历史学家梅尔·柯蒂与他的妻子试图让居民签署罢免参议员麦卡锡的请愿书，但收效不大。亨利·斯蒂尔·康马格公开发声反对中小学和大学里的红色恐慌。康马格表示，这违背了民主国家的思想原则，而且他没有找到任何证据能证明信奉共产主义的教授“做出了伤害学生的切实举动”。大学生并不是“那种不能分辨真假、不能区分中立的教学和宣传的笨蛋”。他们也不会“总是相信老师告诉他们的一切”。小说家玛丽·麦卡锡同意这个观点，她写道，学生们应该担心的远不是被共产主义洗脑的危险，而是应该担心自己会“被自以为是的民主宣传弄得神志不清”。

不过，与青少年们日渐响亮的怒吼相比，学术旷野中的呼喊只是低声细语。在许多城市，青少年们组成帮派，进行斗争。在郊区，年轻人变得躁动不安，家长们越来越担心50年代最重要的一个问题——青少年犯罪。好莱坞在许多极有见地的电影中探讨了这个话题，例如《飞车党》(*The Wild One*)、《伊甸园之东》(*East of Eden*)、《天涯何处觅知音》(*Splendor in the Grass*)和《无因的反叛》(*Rebel Without a Cause*)。在这些电影中，年轻人叛逆的通常原因是，在他们还小的时候，父亲一直在外打

① Alpert, *Growing Up Underground*, 15; Hayden, *Reunion*, 14; also see Stephanie Coontz, *The Way We Never Were: American Families and the Nostalgia Trap* (New York, 1992), chap. 2, and Wini Breines, *Young, White, and Miserable: Growing Up Female in the Fifties* (Boston, 1992).

仗，这其中传递的信息非常明确：当父亲——权威、领袖——不在场时，孩子们就会造反，这对家庭乃至整个国家构成了威胁。在《黑板丛林》（*Blackboard Jungle*）中，格伦·福特饰演一名纽约市的教师，他被自己的学生袭击了。在教学上受挫的福特回到大学，询问他的导师怎样才能让“疯孩子”学习。在国歌奏响的背景音乐中，年迈的智者自以为是地谈起了责任、荣誉和爱国主义。当然，青少年犯罪和民族主义没有太大关系，相反，它证明了每个人对现状都不是那么满意。许多坐在电影院里的青少年都非常理解蒙哥马利·克里夫特、马龙·白兰度和詹姆斯·迪恩饰演的角色。在《无因的反叛》中，朱迪（娜塔莉·伍德饰）问她的新邻居吉姆·斯塔克（詹姆斯·迪恩饰）：“你在附近生活吗？”斯塔克的回答成了反映 50 年代青少年疏离感的经典语句：“谁有生活？”“不管那是什么，”后来的一名社运人士说，“看了《无因的反叛》这种片子后，你就想出去打碎几块挡风玻璃。偶尔你也这样做了，或者至少也朝路过的汽车扔过几个水球。那就是你，伙计，一个忿恨不满的无名小卒，内心深处有团无声的东西想要迸发出来。”

新的无因反叛者越来越多，一些青少年加入了他们的行列。朱尔斯·菲佛的漫画、兰尼·布鲁斯或莫特·萨尔的喜剧讽刺了社会，而《疯狂》（*Mad*）杂志则残酷地批判了传统价值观，并用他们咧着嘴的核时代白痴阿尔弗雷德·E. 纽曼嘲讽了国家领导人：“什么，我担心？”更有思想的纽约学生可能会读《村声》（*Village Voice*），这本杂志报道了格林威治村的波希米亚式生活，或者会读保罗·克拉斯纳的《现实主义者》（*Realist*）。《村声》是第一份打破“脏话”出版壁垒的报纸。到 1960 年，《现实主义者》几乎摧毁了冷战道德准则的所有其他界限。克拉斯纳的“色情与暴力杂志”震惊了社会：《我是 FBI 的堕胎医生》《一败涂地的就职演讲》，它还抨击了各路不容侵犯的人物，《J. 埃德加·胡佛的性生活》。学生们还可以读 J. D. 塞林格的《麦田里的守望者》，书中的反英雄霍尔顿·考尔菲德被赶出预科学校，在一家精神病院里讲述了自己的故事，因为他无法适应美国社会的"虚假"。

青少年们还听起了收音机，因为某些乐队正在演奏一种不同的音乐——1954 年比尔·哈雷以爆红歌曲《昼夜摇滚》(*Rock Around the Clock*)使这种音乐流行起来。接着，查克·贝瑞推出了《摇滚乐》(*Rock'n'Roll Music*)。在 50 年代的下半段，年轻一代开始摇摆、晃动和翻滚。和法兰克·辛纳屈、安迪·威廉姆斯、朱莉·伦敦及佩里·科莫演唱的成人流行音乐相比，摇滚乐年轻、有活力、振奋人心，那时，电吉他和鼓吸引年轻一代收看《美国舞台》①，参加袜子舞会，跳吉特巴、漫步舞、行走舞、摇摆舞和扭腰舞。

从某种意义上来说，摇滚表现了反叛。它打破了遵从一致的传统，但更重要的是，它代表了一整代人的反抗。摇滚是属于青少年的，它"就像某种神秘的胶水一样把我们黏合在一起"，婴儿潮一代有人回忆道，"我们按照每分钟 45 转的速度生活，在 1 分贝的范围内移动，一切都用代码表示"。摇滚乐确实**听起来很反叛**，但如果家长们能停止大喊"把那噪音关小点！"并听听歌词，他们就会发现，在 1950 年代和 1960 年代初，歌词传达的意思和他们听的音乐——浪漫音乐和舞曲——并没有太大区别：尼尔·萨达卡（Neil Sedaka）的《分手不容易》，迪克西纸杯乐队（The Dixie Cups）的《爱之圣殿》，迪翁的《玩弄感情的苏》，希丰乐队（The Chiffons）的《他是如此美好》，迪·迪·夏普（Dee Dee Sharp）的《土豆泥时光》，恰比·切克（Chubby Checker）的《扭腰》，还有玛莎和范德拉斯（Martha and the Vandellas）的《在街上跳舞》。猫王的扭臀动作比安迪·威廉姆斯还多，但唱的是《温柔地爱我》，这样的内容延续到了下一个十年的中期戴安娜·罗斯与至上合唱团（The Supremes）、海滩男孩乐队身上，披头士唱出了《爱我吧》②。此外，在摇滚发展的第一个十年里，音

① *American Bandstand*，1952 年到 1989 年播出的一档音乐歌舞电视节目。基本内容是播送排行榜前 40 名歌曲，同时有青少年随节奏起舞。——译者

② *Love Me Do*，披头士的第一首单曲。——译者

乐人通过表达一些当代的观念来巩固现状，如女孩子们在真命天子身上寻找安全感（雪莉·法巴雷斯的《约翰尼天使》）、世上有双重标准（大波普的《尚蒂伊的蕾丝》）、那是一个男人的世界（海滩男孩乐队的《我到处走》）。摇滚表达出了约翰尼和苏的躁动不安；孩子们很无聊，但不是在反叛。在 1950 年代和 1960 年代初，大多数青少年和社会之间唯一的不和谐就是吉特巴舞。

然而，孩子们愚弄了他们的父母。成年人对摇滚的典型反应是，这种音乐和明星正在将年轻人引向青少年犯罪。电视审查员禁播了《美国舞台》中的舞蹈《鳄鱼和狗》，因为它们“太性感”。参议院青少年犯罪问题小组委员会担心猫王会成为一个危险人物，“他脱衣舞式的滑稽动作即将让青少年的世界‘摇滚’，让他们公开反抗社会。今天的猫王这类人就是明天的歹徒”。当然，这与父母对时尚的反应是一样的，那时，全国上下的家长教师协会（Parent-Teacher Associations）给当地高中制定了“恰当”的着装规范。男孩不能穿牛仔裤，女孩不能穿短裙。由于渴望稳定，青少年看起来极其像他们的父母。女孩烫着妈妈那种头发，亲爱的老爸把儿子的头发剪成了二战时那种，也就是平头。家长们不知疲倦地提醒躁动不安的青少年，这样的外表“对你最有益”。在圣安东尼奥，官方禁止“穿着低腰蓝色紧身牛仔裤，禁止留鸭尾发型，理由是，不检点的着装与不检点的行为之间有关”。①

垮掉的一代以展示放荡不羁的行为为乐。1940 年代后期，当艾伦·金斯堡和杰克·凯鲁亚克、威廉·巴勒斯及其他人在哥伦比亚大学读书时，他意识到美国有些地方出了问题。他对官方关于这是“美国世纪”的说法感到疑惑，在这样的世纪里，作为国家形象的“杰出人物”在“超理性化

① TAMU：Merle Curti interview，8 June 1990，有关支持与反对校园反共运动的教授之间的辩论，参见 Richard H. Pells，*Liberal Mind in a Conservative Age*（New York，1989），293 and chap. 5；想要迸发出来以及神秘的胶水等发言出自 Tom Findley，*Rolling Stone*，26 Oct. 1972，p. 36；Gilbert，*A Cycle of Outrage*，16–18。

的摩天大楼”里为高效无菌的企业工作，他们赞同“教条思想的沉睡”①，崇拜“伊甸园中公正的上帝”。1940 年代后期，金斯堡在一艘船上工作，水手们让他尝了大麻。试过这种毒品后，他确信个人意识是没有标准的，是多变的，政府有关毒品和感官知觉的陈述是“欺诈、骗局”。权威应被挑战，因为“政府什么都不知道，报纸也是如此，《纽约时报》、得克萨斯的石油大亨、优雅自大的参议员、伟大的牧师、阿道夫·希特勒亦是什么都不知道，实际上没有人知道”。

冷战文化震惊了金斯堡和他的朋友格雷戈里·科索、劳伦斯·费林盖蒂、加里·斯奈德、杰克·凯鲁亚克，还有其他混迹于纽约格林威治村或旧金山北滩的垮掉派青年。对他们而言，麦卡锡主义、冷战言论、中情局（CIA）支持的伊朗及危地马拉政变全都在证实一个弥天大谎——权威不可信。美国让垮掉派青年忧心不已。约翰·克莱伦·霍姆斯解释说，垮掉派青年是在“和平时期进行军事训练可以被完全接受的生活现实”中成长起来的第一代人，他们目睹了“种族屠杀、洗脑、控制论和动机研究”，是在核末日可能是“一切问题的最终答案”的环境中成长起来的。他总结道，垮掉派青年“正是这个世界的**产物**”。

这个产物对待文学和生活的方式新奇又滑稽。西摩尔·克里姆在《垮掉的一代》（*The Beats*）一书的序言中写道：“这里应该有足够多的内容吸引那些读者，他们一直渴望欣赏某种真正的、不玩笑的、远离常规的、如实展现当下场景的打字机爵士乐②，它与我们生活并在其中打转的消失的世界如此一致。接下来的事情就是为了现在、今天、这一分、这一秒而存在。事实上，这就是**它**，现在，我该走了。”在《在路上》一书中，凯鲁亚克这样描述垮掉派的罗洛·格雷布：“他像大蜘蛛似的爬过街道，他的兴奋之情从闪着恶魔般光芒的眼睛里喷涌而出。他在痉挛般的狂喜中扭动

① dogmatic slumber，语出康德，他说休谟的观念把他从教条思想的沉睡中唤醒了。——译者
② Typewriter-jazz，这是美国评论界对艾伦·金斯堡诗作《嚎叫》的内容和形式的准确描述。金斯堡曾说过，《嚎叫》的第一部分是在一个下午鬼使神差在打字机上写成的。——译者

着脖子。他口齿不清，他扭动身体，他猛然坐下，他呻吟，他嚎叫，他绝望地往后一倒。他几乎一句话也说不出来，他对生活如此动情。”①

对垮掉的一代来说，生活并不是沾沾自喜的郊区，不是组织人，也不是沉默的一代，因为这些年轻男人着黑衣，留胡子，说时髦的行话，疯狂地搭便车走遍全国，他们吸大麻，读诗歌，过得花天酒地。他们一边退出当代社会，一边无情地攻击冷战文化。金斯堡写了一部名叫《嚎叫》的诗集，在同名诗作中，他称美国是“摩洛克！孤独！污秽！丑陋！垃圾箱和得不到的美元！孩子们在楼梯下尖叫！男孩们在军队中呜咽！老人们在公园里哭泣！”。恰如那十年的情形，邮局方面没收了诗集，并宣布其为淫秽书籍。

垮掉的一代奚落社会，他们在 1950 年代这块铬合金上留下了凹痕。他们提供了一种反叛方式，为个人可以质疑和拒绝社会这样的想法提供了动力。他们或许影响了未来的一些社运人士，同样起到影响作用的还有知识分子和社会批评家，这两者对冷战文化表示反感也是正常的。刘易斯·科赛、欧文·豪、艾里希·弗洛姆、A. J. 穆斯特、德怀特·麦克唐纳和其他持异见的社会思想家在《党派评论》《评论》《异议》《国家》和《新共和》杂志上发表了自己的评论。其他有创造力的思想家也加入了这场争论，因此，到了 1950 年代后期和 1960 年代初，感兴趣的学生能够读到万斯·帕卡德的《想往上爬的人》（*The Status Seekers*）、约翰·肯尼斯·加尔布雷斯的《富裕社会》（*The Affluent Society*）、小威廉·H. 怀特的《组织人》、C. 赖特·米尔斯的《权力精英》（*The Power Elite*）及保罗·古德曼的《荒谬的成长》（*Growing Up Absurd*）。

古德曼的书猛烈抨击了 1950 年代的社会，结果，19 家出版社拒绝出版。对古德曼而言，社会是一个可以规避风险的“有组织的系统”，依靠

---

① TA: Allen Ginsberg interview, 4 May 1984; John Clellon Holmes, “The Philosophy of the Beat Generation,” in Seymour Krim, ed., *The Beats* (Greenwich, Conn., 1960), 17, 及 Krim quote, 12; Kerouac, *On the Road* (New York, 1955) 105.

的是角色扮演和公共关系。美国处在麻痹之中："我们似乎已经失去了这种天赋，无法再创造性地改变，以满足急迫的需求"。古德曼发问道："如何才能在工作中获得更多的意义和荣誉？如何才能把财富用到真正该用之处？如何才能过上不会让我们感到羞愧的高品质生活？如何才能为那些可怜的被抛弃的人谋求社会公义？"他说，唯一的希望就是让年轻人起来反抗这种有组织的系统，反抗这个"坚不可摧的封建制度"。他为60年代吹响响亮的号角："我们有一种执着的想法，即如果各行各业中都能有一万人站起来，畅所欲言，坚持到底，我们就一定能夺回我们的国家。"

C.赖特·米尔斯也发出了呼吁。这位社会学家是来自得克萨斯的平民主义者，他对战后美国的当权派（他称其为"权力精英"）进行了辛辣的批评。他认为，这个国家正在被一群自鸣得意、自以为是的集团统治着，该集团由"两三百家大型企业"的董事长、总统及其幕僚、五角大楼的高级官员组成。始于二战期间的经济、政治和军事机构的合并在战后仍在继续，以至于到了1950年代，这些精英左右着几百万人的命运。此外，他们还确信自己就是"做决策的人"。他们在办公室的私密空间而非公共论坛上，制定了旨在为民主和资本主义营造安全环境的政策，他们掌控了"美国治下的和平"。米尔斯称，权力精英实际上建构了一种"不切实际的现实主义"，它将国家安全等同于全球干预。在他们的统治下，民主已成一场骗局。

历史学家威廉·阿普尔曼·威廉姆斯赞同这个观点，并在1959年出版了《美国外交的悲剧》(*The Tragedy of American Diplomacy*)。在书中，他质疑了当时的观点，即苏联是邪恶的，它试图征服世界，而美国是善良的，是自由的堡垒。反而谴责美国外交政策是建立在短视的反共主义、边疆扩张主义的心态以及美国跨国企业应当主导国际贸易的"门户开放"理念之上的。对他而言，企业—军事—政治精英们把这个世界看成一个无尽的边疆，美国有天赋权利在那里进行扩张，并用它滔天的权力将发展中国家的经济与政治铸成"跟美国一模一样的"。此外，他还称美国拥有原子弹后，政策制定者们就认为这种武器能确保美国走上“主宰这个世界的路”。

威廉姆斯、米尔斯、古德曼、怀特、加尔布雷思、麦克唐纳、李斯曼质疑了美国社会，一如阿尔贝·加缪、让-保罗·萨特、弗朗茨·卡夫卡和赫尔曼·黑塞的小说质疑了西方文化一样。1960 年代初，其他作家也完成了影响颇深的作品。1962 年蕾切尔·卡森出版了《寂静的春天》，促使美国人开始思考在土地上使用 DDT 等化学品对粮食供应的最终影响。同年，迈克尔·哈灵顿出版的《另一个美国》(*The Other America*) 揭示了穷人的困境。第二年，贝蒂·弗里丹在《女性的奥秘》(*The Feminine Mystique*) 中对当代女性的角色提出了质疑，而在 1964 年，赫伯特·马尔库塞写出了《单向度的人》，这本书建议年轻人应该质疑资本主义并参与到“大拒绝”(the great refusal) 中：拒绝消费主义和因循守旧，去践行对未来社会更有希望的新愿景。60 年代初时，很多当时富有创造力的思想家开始发表质疑冷战文化的观点，一名学者称，这些“战后知识分子从字面上和精神上成了新左派的父母和老师，他们是反主流文化、民权社运人士及终结越南战火运动的坚定拥护者”。①

这是一个空前绝后的奇迹。毫无疑问，1960 年代初这些知识分子确实在一些年轻社运人士的思想沃土上播下了种子。威廉姆斯影响了大批研究生，古德曼和怀特可能对新左派的发展有过一定影响。然而，人们夸大了他们对大多数社运人士及后来发展成群众运动的活动的影响。寻求民权的南方黑人不用读米尔斯、哈灵顿或是加尔布雷斯的书，只需要在街上转一转，就能发现贫困和歧视。面临义务兵役的大学生不用读威廉姆斯，也会反对美国的外交政策，不用读怀特，也会对军事组织失去兴趣，更有可能的是，他们会提心吊胆地翻阅如何逃避征兵的小册子。反战社运人士不必

① Goodman, *Growing Up Absurd* (New York, 1956), 241. x-xvi; Mills, *The Power Elite* (New York, 1956), 351 - 56; William Appleman Williams, *The Tragedy of American Diplomacy* (Cleveland, 1959), intro., chap. 1, p. 164; 该学者为 Pells, *The Liberal Mind in a Conservative Age*, ix。

赞同 A. J. 穆斯特有关激进和平主义的看法，也会反对战争，事实上，大部分示威者大概从没有听说过穆斯特，也并不是反对所有的战争（尤其是他们父辈的“合宜战争”），他们只是反对自己参加越战。女性主义者在决定阅读《女性的奥秘》前，可能已经体会过歧视和男性沙文主义。我们应当看到，促使南方的黑人奋起反抗的是种族歧视和不平等，而不是那些在《异议》或《评论》上发表文章的知识分子。文章并不能引起穷苦白人的注意——他们不会因为一位智者在某篇高大上的评论里使用了多音节词，就停止殴打要求得到宪法所赋予的权利的和平黑人。

因此，50 年代的知识分子只会影响到一小部分未来的社运人士——在精英大学中阅读和讨论他们著作的学生及教授。当时确实有这样一群人，这些年轻的知识分子促成了新左派的崛起，我们将对此进行讨论。

然而，这些学生只是例外，不是常态，因为在冷战文化中，美国人是顺从的。1960 年 1 月，*Look* 杂志发布了一项盖洛普民意调查，结果显示，大多数公民都对自己的家庭生活、工作和社区很满意，他们期望可以“继续享受安宁富裕的生活——度过整个 60 年代，乃至永远”。大学校园也是如此，学生们欣然接受了冷漠。“我绝大部分的同学就只是安安稳稳地过了 4 年，”亨特大学 1960 年的一名毕业生写道，“他们不去挑战任何权威，不冒任何风险，也不问任何问题……他们完全没有激情，没有梦想，没有信仰。”一项学生调查证实了这一观点，其结论是，校园里有两个非常明显的现象，即“明显没有任何热切或强烈的政治信仰、兴趣或信念”“在政治上经济上极端保守”。这些民意测验让专家们相信，校园内将会风平浪静。“雇主们会喜欢这一代”学生的，加州大学校长克拉克 · 克尔写道，“他们不会有太多牢骚，他们会很好控制，不会出任何乱子”。

大多数美国人都对现状非常满意，他们也希望自己的孩子能过那样的生活。菲利普 · 卡普托这样描写自己的父母：“他们对我未来生活的想象……就是我在毕业后找一份体面的工作，娶一个体面的姑娘，然后在一个体面的郊区安顿下来”。

那就是美国梦，谁会质疑它？只有那些不相信它的人，或者那些不拥有它的人才会质疑。在 50 年代这片孵化地中，有两拨人在 60 年代里破壳而出：在北方，是一些与周遭格格不入的学生和教授，在南方，则是许多被这个梦想拒于门外的黑人。尽管这两者可能看起来完全不同，但他们却有相似之处，那就是他们都起来反抗自己在 1950 年代的现状。他们和几乎所有参与这场运动的未来社运人士一样，都拒绝接受冷战文化。虽然所有最终参与社会行动的人都有着自身的原因，但他们都在国内外的反共运动中长大，这样的运动造就了一个墨守成规、致力于保持一致的社会。50 年代有各种问题——美国介入伊朗政府和危地马拉政府的事务，军工复合体的不断扩张，蒙哥马利的联合抵制公交车行动，大气层核试验——但绝大多数美国人拒绝面对这些问题。除少数人外，公民们完全反对任何公开示威活动，因为“采取政治行动不太可能会让世界保持稳定”。一位学者接着说道，在一个没有安全感的时代，更保险的路子是“适应而非抵抗，这样才能过得‘舒服’”。①

很少有人能鼓起勇气提出问题。“今天你在学校里学到了什么，我亲爱的小男孩们？”汤姆·帕克斯顿唱道：

> 我学到了华盛顿从来不扯谎，
> 我学到了士兵们很少死亡，
> 我学到了每个人都自由……
> 我学到了我们的政府一定很强大
> 它总是对的，从不会犯错，
> 我们的领袖是最好的人，
> 所以我们一次又一次地选他们，

① William Atwood, “How America Feels,” *Look*, 5 Jan. 1960, pp. 11-32; Newfield, *Prophetic Minority*, 28-29; Rose K. Goldsen et al., *What College Students Think* (Princeton, N. J., 1960), 97; Philip Caputo, *A Rumor of War* (New York, 1977), 7; May, *Homeward Bound*, 28.

这就是我今天在学校里学到的东西……

1960 年，一些年轻的美国人不再接受这样的观念，而当他们质疑并反抗这个美国梦时，他们就开始砸碎冷战文化了。

第一部分

第一波浪潮：激涌，1960—1968

“我们在试着改变社会，”塔夫茨大学的学生大卫·史密斯说，“50 年代时，垮掉的一代逃离了它。我这一代人知道，我们必须向体制出击，逼它回应。”

第一章　抗　　争

血从我的额头淌下，血从我的背脊淌下，
把我扔进牢笼，脸朝下受着拷打，
慢慢告诉吉姆·克劳法官，我可能并不勇武，
你可以囚禁我的躯体，但我永远不会是你的奴仆。

——查尔斯·谢洛德，《自由之歌》

要想彻底扭转国家的政策和国民的冷漠，新左派必须在全国范围内引发争议。

——《休伦港宣言》

在密歇根大学读书时，“阿尔”·哈伯、罗伯特·罗斯、莎伦·杰弗瑞和汤姆·海登是朋友。他们会定期聚在一起讨论书籍，交流想法。1960年初，他们在考虑举行一次民权研讨会，海登后来写道，就在那时，“这个年代的一些历史事件意外地开始了”。

2月1日下午，北卡罗来纳农工大学的4名黑人学生走进了北卡罗来纳格林斯伯勒的伍尔沃斯百货公司。其中2人买了洗漱用品，然后他们一起走到白人专用的午餐柜台前坐了下来。当一名白人女服务员来到他们跟前时，小埃泽尔·布莱尔点了单：“请给我一杯咖啡。”这名女服务员回答：“抱歉，我们这里不招待黑人。”这是整个南方都能听到的典型回答，然后黑人就会离开。这一次，他们没有离开。布莱尔继续说：“恐怕我难以苟同。你刚刚还在2英尺外的柜台边接待过我。……这里是公共区域吧？如果不是，那你们为什么不出售会员卡？如果你们卖了会员卡，那我就会认为这是一家私人商行。”“听着，”女服务员激动地回答，“这里不

会有人招待你们的！”那一整个下午，她都拒绝招待这几名黑人学生。下午5点30分商店关门时，学生们离开了，其中一人对女服务员说：“我明天会带着农工大学的人来的。”

他们后来被称为“格林斯伯勒四君子”，当天晚上，他们在校园里扩散了静坐示威的消息。第二天早上，约30名黑人男女学生走进伍尔沃斯，坐在了午餐柜台边。他们衣着讲究，并且带了书本过来学习。偶尔会有学生尝试点餐，但没有人招待他们。两个小时后，他们以祷告结束了静坐。第三天，更多的人坐在了柜台边。这一次，格林斯伯勒大学的3名白人学生加入了他们，而到了那个周末，附近6个学校的数百名黑人学生来到了现场。“后来静坐范围扩大到了购物中心、购物中心里的药房、露天汽车电影院等地方”，“格林斯伯勒四君子”之一的富兰克林·麦凯恩说，“我们不会放过任何一块地方。唯一的标准就是，如果它不招待黑人，那么我们肯定会找上门……实际上，我们已经到了让人们轮班去静坐的地步……我们占据了餐厅里的所有座位。早上门一开，我们就会让人去那里”，经理们得做点什么，“你不能一直让人进来，然后干坐在那里。收银机得动起来”。①

格林斯伯勒的形势变得紧张起来。当地的白人青年来到伍尔沃斯，他们威胁黑人，并试图为白人顾客占座。最后，有人打电话来说，如果静坐不停止，他们就引爆炸弹。经理关闭了商店，市长呼吁黑人学生和当地商界领袖暂停抗议两个星期，以寻求解决方案。

这并不是黑人在战后时代首次对抗吉姆·克劳法。1940年代期间，隶属种族平等大会的社运人士在北方反对公共设施实行种族隔离，在接下来的十年里，全国有色人种进步协会的一些成员在达勒姆、威奇托、俄克拉何马城和路易斯维尔发起了小规模的静坐。国家媒体无视了这些事件，1953年巴顿鲁日的公交车抵制运动也同样被无视，这为发生在亚拉巴马州

① 谢洛德的歌出自 King, *Freedom Song*, 161; Hayden, *Reunion*, 31; Wolff, *How It All Began*, chap. 1, 也可参考 Carson, *In Struggle*, chap. 1; McCain interview in Raines, *My Soul Is Rested*, 75–82。

蒙哥马利的更为重要的反抗种族隔离的斗争提供了范本。

1955 年 12 月 1 日，一名白人公交车司机要求黑人女性罗莎·帕克斯把自己的座位让给一名白人乘客。她拒绝了，随后因违反蒙哥马利的座位隔离条例被捕。当地的一名黑人领袖 E. D. 尼克松认识帕克斯夫人，因为他们都是全国有色人种进步协会的活跃分子，他一直在等待合适的时机反抗该法令，在听说她被逮捕后，他将她保释了出来，并给当地牧师拉尔夫·阿伯纳西、H. H. 哈伯德及小马丁·路德·金打了电话。12 月 5 日，帕克斯夫人受审，结果被判有罪。当天晚上，尼克松和几位牧师见面，他们成立了蒙哥马利进步协会（Montgomery Improvement Association）。尼克松想让金当主席。虽然金在蒙哥马利才待了一年，而且当时只有 26 岁，但他受过教育，是最棒的演讲者，而且还是牧师，他身上具备了所有能团结黑人群体的有利条件。蒙哥马利进步协会开始了长达一年多的公交车抵制运动。它关注社区中黑人的抱负，提高当地领袖的知名度和声望，并推广金的非暴力直接行动理念，这是一种要求“此时此地”做出改变的颠覆性策略。蒙哥马利进步协会还让以前相互竞争的黑人群体与教堂结成地方联盟，接受北方黑人与开明白人的资金援助，并最终形成了一个更庞大的南方组织，该组织在 1957 年时成为“南方基督教领袖会议”。最为重要的是，这场抵制运动取得了胜利：它证明了普通人可以组织直接行动。尽管公交车公司失去了收入，但美国最高法院否决了蒙哥马利的种族隔离条例，支持黑人提出的座位融合的要求。公交车废除种族隔离，令蒙哥马利的吉姆·克劳法受挫。

蒙哥马利的事是个开始。当学者们在争论这场抵制运动在多大程度上让黑人为后来的民权运动做了准备时，它似乎确实在 50 年代的后半段激发了其他地区的行动热潮。①塔拉哈希、新奥尔良及另外 20 个较小城镇的黑

① Morris, *The Origins of the Civil Rights Movement*, 48, chap. 9, n. 28，有关另一种观点，请参考 Clayborne Carson, “Civil Rights Reform and the Black Freedom Struggle,” in Charles W. Eagles, ed., *The Civil Rights Movement in America*（Jackson, Miss, 1986）, 19-37。

人发起了抵制运动，与此同时，超过 12 个社区的社运人士针对一些实行种族隔离的企业举行了静坐。这些示威活动与蒙哥马利事件相似，它们都不是由全国性的组织领导的，即使成功了，也只是地方性的胜利。并没有引发大规模的民权运动。

1960 年 2 月，随着黑人的抗争——午餐柜台静坐——进入下一阶段，情况发生了改变，因为它代表了与早期的民权示威活动及冷战文化的毅然决裂。静坐行动点燃了年轻一代黑人成为社运人士的激情，更为重要的是，他们激励了一些南方白人及许多北方白人参与到他们称为“运动”的活动中来。

在格林斯伯勒静坐后的几个星期里，黑人们利用大学与教堂网络迅速在整个南方散布了这一消息。学生们在温斯顿萨勒姆、达勒姆、罗利和整个北卡罗来纳州的其他城市发起了午餐柜台静坐行动，截至 2 月底，社运人士已经在 7 个州及包括纳什维尔、塔拉哈希、查塔努加、里士满和巴尔的摩在内的 30 多个社区里运用了这一战术。2 月份学生静坐抗议的涓涓细流在 3 月份已成滚滚洪水，并在接下来几个月里变为狂潮，因为社运人士在查尔斯顿、哥伦比亚、迈阿密、休斯敦、圣安东尼奥，甚至是像俄亥俄州的齐尼亚这样的小镇里都采用了这一战术。黑人们也开始使用新的战术来对付“仅限白人”的场所，例如在公共图书馆内静读，在公共艺廊中静画，在公共海滩上静走，在白人教堂静跪。在费城，400 名牧师要求自己的会众抵制不雇用黑人的企业。在整个 1960 年及 1961 年间，约 7 万人在 13 个州内参与了行动，罗利市的一份报纸称：“现在，抗议阵线已从廉价商店延伸到美国最高法院了，除此之外，它还进入了全国及全世界的舆论之中。”

自南北战争结束以来，许多南方白人应对黑人民权诉求的方式就没有变过。一开始，他们试图无视他们。但静坐和法庭裁决不一样，它无法被漠视，因为它会扰乱商业活动，减少利润。因此，白人官员成立了委员会来“研究”提案，向年长的黑人领袖施压，让他们管好己方的年轻人，并要求黑人大学校长开除社运人士。在静坐的第一年里，黑人大学管理层开除了 140 多名学生，解雇了近 60 名教员。

然而，这些策略没能阻止静坐行动，因此，一些南方人开始了非官方的回应——暴力。警察要么以“煽动骚乱”的罪名对数千名和平行事的黑人实施野蛮逮捕，并将他们关进监狱，要么就是视而不见，放任白人暴徒发起攻击。纳什维尔的示威活动期间，白人闹事者将点燃的香烟摁到安静坐在柜台前的黑人合校女生背上。他们朝黑人男子吐口水，把雪茄烟雾吹到其脸上，并向其扔炸薯条。他们称白人支持者为“黑鬼同情者”，对其拳打脚踢。示威者并没有反击，等警察最终赶到时，他们逮捕了很多学生，却没有逮捕一个行凶者。在亚特兰大，一名白人朝一名示威者脸上泼了硫酸，在休斯敦静坐期间，一名白人青少年用小刀划伤了一名黑人。另外三人抓住一名抗议者，鞭打他，在他胸口刻上了“KKK”，并把他的双膝一绑吊到了树上。密西西比州比洛克西的白人用棍棒、锁链和枪支攻击了黑人，他们朝着和平示威的人群开火，造成 10 人受伤。

过去，镇压通常会起作用，但在静坐期间，它让许多中立的白人旁观者大为震惊。诺克斯维尔的一名闹事者把饮料倒在了一位黑人牧师的头上，然后狠狠地打了他的脸，一名身材高大的年轻白人男子出手干预：“你们这群人太过分了，你们现在最好给我滚出去！”另一家商铺内的一名白人女服务员看着这群黑人学生，对她的同事说：“我觉得我们应该请他们吃饭。你知道吗，你真得佩服他们的勇气！”①

白人的暴力行为也没能压制示威活动。正好相反：它帮助年轻黑人结成了共同的纽带，赋予了他们一种新的自豪感，并鼓励他们中的大多数人更努力地与种族隔离作斗争。他们拼上了自己的性命——这一次，他们没有回转的余地。这些社运人士在整个南方起到了催化剂的作用：他们启动了 1960 年代。

---

① Raleigh *News and Observer* in Chafe, *Civilities and Civil Rights*, 86，有关静坐活动的根本性改变，参见 chap. 3；Proudfoot, *Diary of a Sit-In*, 48, 93–94。

这种充满朝气的行动主义有许多成因，几乎就和它的参与者一样多，不过，与此同时也有一些共同的主题。一部分人受到了父母、老一辈民权工作者和老师的启发，或者是受到了小马丁·路德·金的启发。詹姆斯·劳森是范德堡大学的一名神学院学生，他提醒那些参与纳什维尔静坐行动的人："记住耶稣、甘地和马丁·路德·金的教诲。"埃泽尔·布莱尔说，在参与格林斯伯勒静坐的两年前，他听过金的布道，他回忆说，那次布道"如此有力量，我都能感觉到自己的心脏怦怦跳个不停。它让我热泪盈眶"。一些学生受到了非洲去殖民化的启发，当时，非洲有12个国家在争取独立。还有许多人下定决心要避免詹姆斯·鲍德温预测的情况："等我们喝到一杯难喝的咖啡时，整个非洲都已自由了。"

年轻的黑人厌倦了歧视性的羞辱，1960年3月，亚特兰大的学生在当地报纸上打广告，解释他们为何参与其中："每一个正常人都希望有尊严地活在世上，憎恶任何因种族或肤色而被剥夺人权的行为。从本质上说，这就是如今横扫全国的静坐抗议的意义。"这则广告提醒人们，"今天的年轻人不会在被剥夺了所有权利、优待和生活乐趣的时候还顺从地坐视不管。我们要清楚明确地声明，在一个信奉民主的国家里，在信奉基督教的人群中，我们不能容忍亚特兰大的黑人如今还生活在充满歧视的环境里"。一名社运人士写道，静坐是"对种族隔离制度虚伪性的大规模发泄"。①

"世界上最强大的力量，莫过于恰逢其时的思想的力量。"美国独立革命初期，托马斯·潘恩这样写道，对1960年的许多黑人学生来说，时机已到！他们的心情越来越急切，他们已经厌倦了拖延。"格林斯伯勒四君子"之一的大卫·里士满解释说，他和他的同伴们意识到"黑人同胞们受到了怎样的虐待，但没有人对此采取任何措施"。他们厌倦了"光说不

---

① Sitkoff, *Struggle for Black Equality*, chap. 3; Weisbrot, *Freedom Bound*, chap. 2; 该社运人士为 Jack Newfield, *A Prophetic Minority*, 43。

做”。这 4 名大学新生相互激励着要做点什么，第二天，他们开始了一场静坐。两天后，莫尔豪斯大学的学生朗尼·金和朱利安·邦德在读了亚特兰大的报纸后，讨论了他们自己在当地的伍尔沃斯、W. T. 格兰特商店及克雷格百货公司静坐的可能性。金记得自己的看法是，“如果其他人不参与进来壮大行动，那么格林斯伯勒的情况会变成黑人历史上的又一个孤立事件”，而且“当时黑人社区里唯一能自由对抗当权派的就是大学生”。

学生们也听腻了老一辈中产黑人说的话，后者对现状及自己的经济地位非常满意。在谈到马里兰一所黑人高中的校长时，一位年轻的黑人社运人士表示：“现在他自称为‘博士’，说起话来都是时髦词儿，一边在自己的社区里招摇过市扮‘黑鬼大佬’，一边对所有的白人卑躬屈膝。你觉得他想改变一个给了他这种权力的体制吗？”19 岁的詹姆斯·贝维尔是纳什维尔美国浸信会神学院的大二学生，他迫不及待地想直面愤怒的白人暴民，参加该市的第一次静坐行动。“为什么？”一位为人谨慎的牧师问他。“我烦透了等待，”他回答，“如果你让我们等到下个星期，下个星期又会有事发生，你又会说等到下个星期，那我们可能永远都得不到自由。”①

事实上，参与运动常常会令学生和他们更为谨慎的父母之间关系疏远。克利夫兰·塞勒斯组织了一个青年团体，准备在家乡南卡罗来纳举行静坐示威。在第一场大型集会前，他的父亲告诉他：“这种示威和集会没有好处。如果继续下去，你会毁掉一切。”塞勒斯被惹恼了，几乎朝着父亲吼了起来：“真见鬼，黑鬼，你害怕了！你害怕那些胆小的白鬼会对你做些什么！”一名参加北卡罗来纳教堂山静坐的年轻男子遭到毒打，身体被烧伤，人被踢倒在地，他因“扰乱治安”被捕之后，警方允许他在监狱里打个电话。他打给了自己的母亲，告诉她这个消息，母亲却责备他说：“好黑人是不会进监狱的。”

---

① 里士满的采访出自 Carson, *In Struggle*, 16; King interview in Raines, *My Soul Is Rested*, 84–85; 社运人士的发言引自 Cowan, *Making of an Un-American*, 21; Bevel in Morris, *Origins of the Civil Rights Movement*, 206。

这些学生躁动不已。格林斯伯勒事件已经表明，他们可以挑战吉姆·克劳法，他们的行动每晚都会上电视新闻，这也是全国民权运动觉醒的另一个原因。人们再怎么高估电视在 1960 年代的影响力都不为过。很多作家都曾讨论过媒体对越南战争和反战运动的影响，人们不禁要问，假如更多黑人和白人家庭当时就有电视机，或者假如电视网的覆盖面更广，1950 年代的公交车抵制运动是否还会止步于地方性事件。然而，到 1960 年时，美国人已经买下了 5 000 万台电视机，接下来的几年里，电视网的晚间新闻从 15 分钟延长到半个小时。随着覆盖面的扩大，几乎每一个公民都能目睹——并评判——南方的生活方式。“除了主播的嗓音，”黑人学生克利夫兰·塞勒斯说，“整个起居室安静得你都能听到老鼠在棉花上撒尿的声音。我站在那里，目不转睛地盯着电视屏幕，百般思绪在我脑海中涌动。我实在太同情那些示威的学生了，每当有白人辱骂他们，我都会猛地一激灵。有些晚上，当我看到学生被打、被拽着头发在大街上拖行的画面时，我都会愤怒地离开起居室。”电视不仅仅让南方黑人愤而投身到运动当中，还激励了那些住在北方的人。当罗伯特·摩西在哈莱姆的家里看电视时，他意识到，是时候行动了：“他们都是和我年龄相仿的年轻人，我知道这件事和我的人生有关。”

学生在 1960 年的参与和领导为整个 60 年代的运动确立了一种模式。学生是理想的抗议者，因为和社会上的其他人相比，他们没什么可失去的。他们一般没有家庭或事业上的责任，自由支配的时间更多，精力也更充沛。并且，黑人学生和牧师与 1960 年时南方的大部分黑人不同，他们在大学和教会中相对是有组织的，也不依靠白人社会谋生。学生或牧师示威的时候，没有人能够炒掉他们，他们都担得起反抗吉姆·克劳法的后果。

1960 年代初的年轻社运人士，无论是黑人还是白人，对于哪些事有可能、哪些事没可能都没有多少具体的概念，他们更理想主义。他们在冷战文化中长大，老师让他们背下了《宪法》中的词句——“我们人民”——和《独立宣言》中的“人人生而平等”。然而，这样的话语在南方听起来非常空洞。汤姆·海登在谈起他当民权工作者的经历时这样说："我们心中充满了非常理想主义的美国价值观：我们信奉种族融合，这不仅仅是一个未来的理想，也是一个在此时此地应该被践行的理想；我们相信密西西比这样的地方不是美国梦的一部分，而是美国将要摆脱的噩梦；最后，我们相信《宪法》、总统和美国人民一定会支持我们。我们的示范会将他们动员起来。"

"有史以来第一次，"一位教授在 1960 年代初写道，"年轻人领导了一场令国家脱胎换骨的重要社会运动。"① 不过，随着 1960 年春季运动势头的增长，年长的黑人领袖认为他们需要成立一个组织来团结学生，并宣传其理念。南方基督教领袖会议的执行理事艾拉·贝克也希望不同的学生领袖间能进行更多的合作。4 月，她在北卡罗来纳的罗利召开了一次大会，借此成立了学生非暴力调解委员会。贝克向年轻的社运人士承诺，他们的目的是"**分享**最近的抗议示威中获得的经验，**帮助**他们为未来的有效行动制定目标"。该组织将"以年轻人为中心"，因为贝克明白学生们愿意"在平等的基础上"聚到一起，"但不会忍受任何带有操控或支配意味的事"。约 120 名学生代表 50 所大学出席了会议。小马丁·路德·金敦促他们继续致力于非暴力手段，并宣讲了爱与基督教道德。贝克走上演讲台，她敦促学生不仅要在午餐柜台实现种族融合，也要改变整个南方的社会结构——必须让这场运动的意义"比一个汉堡大"。

10 月时，学生非暴力调解委员会举行了第二次大会，组织者在会上讨论了目标与战略。在接下来的几年中，学生非暴力调解委员会成了民权运动中最为重要的组织，但在当时乃至整个十年中，为这场运动组织活动并不容易。从一开始，年长的领袖和年轻的社运人士之间就存在摩擦。富兰克林·麦凯恩回忆道，在格林斯伯勒静坐后，"我们握着方向盘……非常强

---

① Sellers, *River of No Return*, 28-29；教堂山事件引自 Coffin, *Memoir*, 147-48；Hayden, *Reunion*, 54；该教授为 Zinn, *SNCC*, 1。

烈地意识到有人会冲进来试图接手这场运动”。他继续道，“种族平等大会（Congress of Racial Equality）想提供的帮助有点滑稽”，那就是“如果你让我们来把控场面，我们会告诉你这件事该怎么处理”。4 个“17 岁的小伙子并不想让别人抢走他们的风头……我们当时的立场是，对于这件事，我们可能和其他人一样在行。我们是行家，因为我们已经有了一次经验，这已经比大多数人的经验丰富了”。朱利安·邦德回忆道，“全国有色人种进步协会想让我们变成它的青年分会，种族平等大会想让我们变成它的分会，南方基督教领袖会议想让我们变成它的青年组织。我们最终决定我们要成为我们自己”，那就是“学生非暴力调解委员会”。而且，许多年轻的黑人憎恨那些接受了多年来的种族隔离或是对白人的要求默然接受的年长领袖。例如，莫尔豪斯大学的黑人管理层阻拦静坐行动，并急切地避免与资助他们的白人商人产生矛盾，他们禁止学生邀请白人社运人士进入校园。

“学生非暴力调解委员会”在当时变得非常重要，因为它由年轻的社运人士自行管理。成员们希望每个社区的黑人都能开展自己的抗争，这样他们就能交换信息，培养新人参与非暴力策略。该组织还通过在南方各地煽动众多的示威活动，让美国人意识到不平等并不只是南方的问题，而是一个全国性的问题，以此来彻底改变这场抗争。

静坐行动在 1961 年继续进行，当年年底，学生们已经取得了引人瞩目的成绩。社运人士已经在格林斯伯勒和其他近 200 个城市的午餐柜台及剧场实现了种族融合，其中包括休斯敦和亚特兰大等规模较大的城市。成功如星火燎原：更多黑人学生与白人学生加入了这场运动，同时也激励了家长和许多著名的黑人投身其中，比如西德尼·波蒂埃、哈里·贝拉方特和小萨米·戴维斯①。喜剧演员迪克·格雷戈里领导了许多静坐行动，当白

① 西德尼·波蒂埃是首位奥斯卡黑人影帝，哈里·贝拉方特是美国著名歌手、演员和社会活动家，小萨米·戴维斯是美国著名歌唱家。——译者

人告诉他“我们不招待黑人”时，他回答：“没关系，我不吃黑人。”①

北方政治家公开发声支持民权运动，一些南方进步人士也是如此，例如前参议员、北卡罗来纳大学校长弗兰克·P. 格雷厄姆，他称黑人抗议者正在重塑这个国家：“他们坐下了，却是在起身捍卫美国梦。”在一年多的时间里，黑人学生已经证明改变是可能实现的，一些白人会接受公共设施的使用不分种族。**南方的生活方式**并非坚不可摧。成功同样振奋人心。“我走进抗议的人群，然后坐下，”一名社运人士说，“种族隔离的高墙被推倒了……现在没有什么可以阻止我们。”②

除了白人，没有什么可以阻止他们。虽然黑人学生可以在边境州和一些城镇的午餐柜台实现种族融合，但现在他们将在原邦联的中心地带亚拉巴马和密西西比得到教训。

1961 年 5 月，7 名黑人与 6 名白人志愿者在华盛顿特区上了两辆大巴，开启了运动的下一个阶段——“自由乘车”运动。这场乘车行动由种族平等大会组织，目的在于抗议南方州继续按照习惯做法在公交车和候车室、餐馆及洗手间实行种族隔离。最高法院已经宣布，在跨州通行中，这属于违宪行为。种族平等大会的新任全国负责人詹姆斯·法玛尔希望考查一下南方腹地的情况，并通过“为运动安上轮子”来扩大静坐行动的规模。法玛尔请来记者，以确保有媒体报道这件事，这两辆大巴在 5 月 4 日离开华盛顿，穿过弗吉尼亚和北卡罗来纳的时候并没有发生意外。当这些自由乘车者到达南卡罗来纳的罗克希尔时，他们第一次尝到了暴力的滋味。在约翰·刘易斯及另一名乘客尝试进入车站的白人候车室时，当地白人袭击了他们。两人都被打倒在地，但没受什么重伤，大巴车继续开往亚特兰大。然后，他们到达亚拉巴马，当第一辆大巴抵达安尼斯顿时，白人带着黑夹

---

① 他答“我不吃黑人”，是因为“我们不招待黑人”的英文亦可以理解为“我们不供应黑人”。——译者

② Carson, *In Struggle*, chap. 2; Raines, *My Soul Is Rested*, 77–81, 101–2 中的采访；也可参考 Sitkoff, *Struggle for Black Equality*, 86–91。

克棍①、铁棍、球杆和轮胎防滑链来到了这些乘客面前。他们冲击公交车，打碎车窗，并在司机开车逃走前割破了轮胎。白人尾随其后，由于轮胎漏气，大巴被迫在镇外 8 英里处停下，这时，暴徒向车内扔了一颗烟幕弹。自由乘车者们不得不下车，落入了这群愤怒的人手中，大巴燃起了熊熊火焰，白人开始殴打乘客。混战过后，当地医院的员工拒绝为乘客治疗，待第二辆大巴来到安尼斯顿时，白人强行上车并殴打乘客。一名白人乘客脑部受伤，他来自密歇根，61 岁，是一名退休教授。

第二辆大巴上的乘客决定继续前往伯明翰，在那里他们遭遇了另一群白人。警察早已接到通知，知道可能会有麻烦发生，但尽管他们的总部距离车站只有两个街区，也没有一个警察去现场。警察局长后来解释说，当天是母亲节，在武装暴徒袭击大巴时，他手底下的大部分警察都在家“看望自己的母亲”。据一名在场的 CBS 记者说，白人恶棍抓住乘客，把他们拖进小巷，“用管子、大钥匙圈、拳头连续殴打他们”。白人乘客詹姆斯·派克被拉下大巴时，已经被打得失去了意识，后来缝了 50 多针才止住血。整整 10 分钟都不见警察踪影，等他们出现的时候，当地白人已经坐上等候的车辆离开了：无人被捕。乘客们想继续前进，但没有司机愿意带他们去蒙哥马利、杰克逊和新奥尔良。州长约翰·帕特森叫乘客们“尽快离开亚拉巴马”，司法部安排了一架飞机，首次自由乘车行动以伤痕累累告终——但他们没有被打倒。

安尼斯顿和伯明翰的事件被广泛报道，迫使肯尼迪政府命令 FBI 进行调查，派出更多的司法部官员，并向亚拉巴马州官员施压，要求他们维护法律。电视报道也激怒了学生社运人士，让这场运动在 1961 年春天复苏。纳什维尔的学生立刻组织了第二次自由乘车行动，由 8 名黑人和 2 名白人组成。这些社运人士是静坐老手，他们知道危险所在，有几个人立下了遗

---

① blackjacks，一种手持武器，主要由皮革缝制或编织而成，手柄内有一个灵活的弹簧，可产生类似鞭子的作用，后来开始内置铅弹等柔性材料作为配重，有造成死亡或永久性伤害的风险。——译者

嘱。然而，所有人都认为他们必须进行这次乘车行动，“因为为了自由，这么做是值得的”。

5 月 17 日，他们的大巴车从纳什维尔出发，向南开往伯明翰。第一次自由乘车行动的老手约翰·刘易斯说，他们的大巴抵达伯明翰时，就遇到了警察局长尤金·“公牛”·康诺，他把他们带下车，在市监狱里关了两天。然后，那天深夜，“公牛”“把我们 7 人带出监狱，送到了亚拉巴马和田纳西交界的地方，把我们扔在了那里。他说：‘这附近某个地方有个公交车站，你们可以坐车回纳什维尔。’我这辈子从来没那么害怕过”①。他们打电话给纳什维尔的朋友，朋友接到他们后，开车把他们送回了伯明翰的公交车站。由于一群白人暴徒在车站外反复喊话，他们等了 18 个小时才找到一个公交车司机，才等到了从纳什维尔和亚特兰大来的其他乘客。接着，他们继续前往蒙哥马利。在一名警察的护送下，没有发生暴力事件。但当他们抵达市内时，警察不见了。刘易斯回忆说，那是一种“怪异的感觉”，是一种“可疑的平静”中的诡异安静。他们下车之前没有看到任何人，下车后当地白人就冲过来了。一名在场的司法部官员立即打电话给司法部长罗伯特·肯尼迪，他朝电话大喊：“太可怕了。太可怕了。一个警察都没有。人们在喊：‘抓住他们，抓住他们。’太恐怖了。”

他们确实抓住了这些人。300 个拿着管子和棒球棍的白人袭击了 21 名自由乘车者和一些新闻记者。他们用棍子把刘易斯击倒在地，导致他脑震荡倒在血泊里。当他们看到一名来自威斯康星大学的白人学生乘客时，几个当地女人尖叫道：“杀了那个喜欢黑鬼的狗杂种！”他们差点就杀了他，猛击他的头，踢他的门牙，还伤了他的脊椎。一名乘客的腿断了，另一个人被泼了汽油，衣服着了火。几个当地男人扇两名白人女乘客耳光，当一

① James Peck, *Freedom Ride* (New York, 1962), chap. 1；对刘易斯的采访见 Cluster, *They Should Have Served That Cup of Coffee*, 4–7；还可参考 Farmer, *Lay Bare the Heart*, chap. 17; Carson, *In Struggle*, 34 – 37, chap. 3; and August Meier and Elliott Rudwick, *CORE: A Study in the Civil Rights Movement* (New York, 1973), chap. 5。

名联邦探员试图帮她们上他的车时，这些男人把他打倒在地，打到他失去知觉。继续有人涌来，暴徒增至千人，施暴 20 分钟后，蒙哥马利警方终于赶到，平息了骚乱。一名新闻从业者问警长为什么不叫救护车来，他回复说所有的车都“抛锚了”，在被问及警察为什么没有早点赶到时，他说：“我们无意保卫一群跑到我们的城市闹事的人。”

自由乘车者在当地黑人家里过夜，并参加了拉尔夫·阿伯纳西第一浸信会教堂的主日礼拜。肯尼迪政府获悉，12 名社运人士打算第二天坐大巴车从蒙哥马利出发，前往密西西比的杰克逊。总统表达了他的担忧，并要求黑人暂时停止乘车行动，让人们冷静一段时间。黑人领袖拒绝了。詹姆斯·法玛尔回复说，黑人已经“冷静了一百年……如果我们再冷下去，就会冻僵”。大巴离开了蒙哥马利，这一次，保护它的是国民警卫队，有 7 辆巡逻车、2 架直升机和 3 架飞机。没有暴力事件发生。但当乘客到达杰克逊，他们因试图使用车站内的白人洗手间而被捕，并因“扰乱治安”罪被关进了监狱。接下来的两个月，他们在密西西比的一个残酷的劳改农场里度过。

白人在自由乘车行动期间的迫害并没有扼杀这场运动，整个夏天，不断有社运人士抵达杰克逊。当然，他们因试图解除站内的种族隔离而被捕，到夏天结束时，有 300 多人被关进了密西西比的监狱。他们通常被关在一起，相互之间建立了宝贵的联系，并因在密西西比的经历与遭受的压迫有了共同的纽带。学生囚犯一般会在田里或路边干活，从日出干到日落，收工时，他们可能会受到拷问、殴打或遭受警棍的折磨，然后才被送回肮脏的牢房。这种残酷的做法击溃了部分社运人士，获释后，他们退出了运动，但大部分人都发现，这种共同的苦难加强了彼此之间的联系，让他们更渴望反抗吉姆·克劳法。他们的遭遇还引发了事关未来运动中的战略和战术的重要讨论。在被白人警卫殴打后，社运人士开始思考马丁·路德·金提倡的非暴力策略是否正确。信教的学生更倾向于支持金，但其他许多人开始考虑反击，以暴制暴。此外，逮捕事件还激发了其他人的行动，运动从大巴车扩散至铁路和机场航站楼，给跨州通行制造了更多干扰。

社运人士邀请记者加入了自由乘车行动。媒体广泛地报道了这些野蛮的事件，不仅仅是美国的媒体，还有全世界的媒体，其中包括新成立的非洲国家及其他发展中国家的报刊，这些国家满是有色人种。冷战期间，美国希望那些国家以华盛顿而非莫斯科为指引。“学生非暴力调解委员会”意识到了这一点，他们告知肯尼迪政府，随着 13 个新成立的非洲和亚洲国家加入了联合国，美国是时候“清除自己身上的种族主义狂犬病了”。一名访问耶鲁大学的非洲神学院学生补充道：“多年来，自由女神像都面朝外，现在该朝内了。”大部分美国编辑都认同这个看法，也包括许多身在南方的编辑。《亚特兰大宪政报》写道：“在这个自由的国度里，任何人都有权毫发无伤地示威、集会、出自己洋相，只要他乐意。当一个人——任何人——在美国某城市里被打倒在人行道上时，如果代表人民的警察拒绝出手干预的话，那么这里根本就不是一片高尚的土地。这是一片丛林……现在，身处其中的正派人该让豺狼闭嘴了。”

电视新闻也报道了自由乘车行动。耶鲁大学的牧师小威廉·斯隆·考夫因记得，他看到约翰·刘易斯“躺在地上，头破了，脸上满是鲜血。……我大概从来没那么生气过，当然也从没有那么为美国感到羞耻过”。不久后，考夫因参加了他的第一次自由乘车行动。①

社运人士再次向肯尼迪政府施压。确切地说，总统当时左右为难。1960 年，他在选举中险胜。当时有 6 800 万人投票，他以 10 万多一点的优势获胜，并且和对手瓜分了南方的选票。肯尼迪自然想要连任，他不能失去迪克西州②白人的支持。然而，他知道自己之所以能够险胜，部分原因在于北方黑人对他的大力支持。假如他没有赢得三分之二的黑人选票，他就不会当选。

---

① Zinn, *SNCC*, chap. 3; Coffin, *Memoir*, 150 - 52; 也可参考 Sitkoff, *Struggle for Black Equality*, 103 - 14, and Weisbrot, *Freedom Bound*, 55 - 63。

② 迪克西州是对美国南部各州的非正式统称，这一叫法源自南北战争时期。——译者

因此，政府的行动十分谨慎。它命令州际商务委员会（Interstate Commerce Commission）颁布条例，禁止跨州设施内存在种族歧视，这些条例在当年 9 月贴进了南方各地的车站。虽然南方腹地的一些站点无视这项命令，但总体而言，到 1962 年底时，运动已经取得了一定的胜利——大部分跨州通行和设施都实现了种族融合。肯尼迪还派自己的弟弟——司法部长罗伯特·肯尼迪与全国学生协会、种族平等大会、南方基督教领袖会议和学生非暴力调解委员会的领袖会面。政府希望学生可以放弃直接的对抗性策略，开始选民登记运动，官员们认为这样做对白人的威胁会小些，因而暴力也会少些。肯尼迪承诺，假如他们能放弃直接行动，他会从私人基金会中抽取资金，支持选民登记运动。有一次，他说："如果你们能停下这种自由乘车和静坐运动，集中做选民登记，我会给你们免税。"虽然一些年长的黑人同意了，但这样的声明让许多年轻的社运人士倒抽一口冷气，他们抱怨政府在试图"收买"运动。其他人则大喊这样做就是"出卖"他们的兄弟姐妹，学生非暴力调解委员会的一名成员跳起来冲向司法部长，贴着对方的胸口大骂，直到他被控制住。

政府失算了。他们想通过放弃直接行动改做选民登记来缓和紧张的局势，但结果事与愿违。白人对第一次登记行动的反应并不比之前平和——而是更加激烈。

1960 年时，密西西比的麦库姆居住着 8 000 名黑人，但只有不到 200 人做了选民登记。在两个相邻的县里，居住着 2 500 名黑人，但是各种各样的投票限制意味着没人有投票的权利。这种现象在整个南方腹地都非常常见，为了反抗这样的制度，学生非暴力调解委员会派出了来自哈莱姆的 26 岁黑人罗·摩西。他曾就读于汉密尔顿大学和哈佛大学，后来回到了哈莱姆教书，在目睹了电视上的白人对和平静坐的反应后，他搬到了亚特兰大，并加入了学生非暴力调解委员会。

1961 年 8 月，摩西和一些同事在麦库姆开始做选民登记。刚开始工作的某天，摩西带着三名当地黑人来到法院，让他们填写登记表。开车离开时，他因妨碍警察工作被捕，在监狱里待了两天。一星期后，当他试图帮助另外一些黑人进行登记时，遭到了当地警长的表亲的袭击和殴打。摩西的头上缝了 8 针才止住血，接着他提出控告——这是县上有史以来黑人第一次提出控告质疑白人殴打他的“权利”。白人陪审团判行凶者无罪。9 月，摩西再次尝试为一些黑人登记，这一次，和他一起的还有学生非暴力调解委员会的另一名工作人员，他们在法院外遭到了一群白人暴徒的袭击和殴打。两天后，摩西的一位同事在隔壁县带着两名黑人去了登记办公室。白人登记官拔出枪，命令他们离开他的办公室，并用手枪柄打了学生非暴力调解委员会的工作人员。警长以行为不检的罪名起诉了这位社运人士。当月晚些时候，人们在当地河中发现了一名黑人男子的尸体。曾帮助过摩西并尝试去登记的赫伯特·李当时正在开着他的卡车，密西西比的众议员尤金·赫斯特让他靠边停下，然后掏出一把枪，给了李的头一枪。两名黑人目击者将自己的所见告诉了 FBI，后来，当地的警长打断了其中一人的下颌骨，另一人在自家前院被枪杀。白人验尸官的陪审团裁定赫斯特开枪杀死手无寸铁的李是出于自卫。

镇压仍在继续。学生非暴力调解委员会的几名社运人士试图采取直接行动，他们在麦库姆进行静坐，遭到逮捕并被判处 30 天监禁。这激怒了一些勇敢的黑人高中生，他们再次进行了静坐，随后被学校开除，并被判处 8 个月到 1 年不等的监禁。这样的暴行与李的谋杀案激怒了约 120 名高中生和学生非暴力调解委员会的一些成员，他们游行来到乡镇法院外。在法院台阶上，一群白人暴徒包围了他们，警察用警棍殴打学生时，这群暴徒袭击了学生非暴力调解委员会的工作人员。该组织的成员鲍勃·泽尔纳记得，街上的一群暴徒“开始像女妖一样尖叫起来，歇斯底里地，‘把他带过来。我们要杀了他。把他带到这儿来’”。他们抓住泽尔纳，想把他带到街上，但泽尔纳紧紧抓着栏杆。为了掰开他的手，他们“开始用棒球棍打我的手指……他们抓住了我的皮带，五六个男的抓住了我的腿，一直在拉。他们几乎把我的衣服都扯掉了。一个家伙开始用手指猛抠我的眼睛。

他把我的眼球拽到我的脸上，想用手指夹住它，把我的眼睛挖出来……我从栏杆上跌下来。我最后的记忆就是有人不断用一只大靴子踢我的脑袋……。这是野蛮的、极其野蛮的暴力”①。

警察逮捕了119名学生。几天后，摩西、泽尔纳和另外10人因“扰乱治安”被判处4个月的监禁。麦库姆的选民登记行动因这些人获刑而告终，而这次事件也展现了白人对社运人士与“外部煽动者”的惯常反应。这是一种恐怖统治，镇压奏效了。在没有联邦政府干预的情况下，社运人士在南方腹地只为一小部分黑人做了登记。

麦库姆的情况非常典型，但泽尔纳的情况并不典型——他是白人。他在1961年夏天时加入了这场运动，麦库姆是他的首站。最后，他成了学生非暴力调解委员会的首位也是仅有的一位白人地方联络员。他和运动中的大部分白人一样，是个年轻的、理想化的大学毕业生。在那个夏天以及接下来的几年中，大量的白人学生开始参与运动，与此同时，年长的南方进步人士也加入进来，比如，安妮·布莱登和卡尔·布莱登筹集了资金，律师阿拉德·洛温斯坦和威廉·昆斯特勒在南方法庭上为社运人士做辩护。虽然参与静坐和自由乘车行动的白人学生不多，但在1961年后，人数大幅增加，到1964年夏天时，已有150名白人在为学生非暴力调解委员会工作或与之合作，约1 000人成了密西西比“自由之夏”的志愿者。一些白人是南方人，比如泽尔纳来自亚拉巴马，康妮·科瑞来自北卡罗来纳，凯西·海登和后来的萨拉·伊万斯来自得克萨斯。泽尔纳和许多社运人士都是牧师的孩子。伊万斯的父亲是一名卫理公会牧师，他曾就读于南方卫理公会大学，在卫理公会学生协会讨论过基督教和民权等问题。但大多数白人来自北方的大学。拉尔夫·艾伦向康涅狄格的三一学院请了假，约翰·佩尔杜和彼得·德里索沃来自哈佛大学，丹尼斯·斯维尼就读于斯坦福大

---

①“收买运动”一句引自 Farmer, *Lay Bare the Heart*, 219-20；麦库姆的情况引自 Zinn, *SNCC*, chaps. 4 and 9；泽尔纳的采访引自 Morrison and Morrison, *From Camelot to Kent State*, 47-55。

学，玛丽·金毕业于俄亥俄卫斯理大学。而且，许多加入抗争的白人也代表了以白人为主的北方组织。在 1962 年 4 月出席学生非暴力调解委员会大会的人中，约 30%是白人，他们代表了北方学生协会、全国学生联盟和学生争取民主协会等团体，社运人士往往是多个团体的成员，比如“学生非暴力调解委员会安娜堡之友”，这个团体旨在“通过募集资金及发布资讯支持学生非暴力调解委员会的活动”。鲍勃·泽尔纳、汤姆·詹金斯、吉姆·蒙索尼斯、罗布·布莱奇、多萝西·布莱奇、凯西·海登和汤姆·海登等人既是学生非暴力调解委员会的成员，也是学生争取民主协会的成员，而学生非暴力调解委员会的第二任主席查克·麦杜出席了 1962 年在休伦港举办的学生争取民主协会大会。

他们的加入原因各不相同，但其中大多数人都有共同的想法，即种族隔离在道德上是扭曲的，不符合基督教教义，50 年代的现状就算不是脑残，也是错误的。“整个国家都陷入谎言之中，”凯西·海登说，“我们被告知人人平等，但我们发现它并不存在。”

抗争就像一块磁铁，它把社运人士拢到一起，并给了他们一项事业，在一起工作的过程中，他们发现彼此有许多共同之处。他们在开明的大学和学院接受了教育，大部分人的父母也有同样的教育背景，这些父母收入颇丰，给孩子提供了一个安全的主张人人平等的家庭环境，养育出了信奉民主、习惯质疑的孩子。虽然一小部分父母是政治上的左派，培养出了“红色尿布婴儿”，但大部分是投民主党票的自由主义者。他们的孩子成绩优异，比一般的年轻人更爱思考。这些社运人士的阅读也比普通年轻人广得多。一些人会读非正统的期刊，比如《异议》《党派评论》《解放报》或《村声》，大部分人对 50 年代的知识分子不屑一顾，除非他们像 C. 赖特·米尔斯和保罗·古德曼那样批评当权派。在那 10 年间，古德曼的《荒唐的成长》成了许多校园的标准读物，最终卖了 10 万册。对海登来说，“米尔斯扛住了学术生活的枯燥乏味，迅速成为新左派的权威人物，他结合詹姆斯·迪恩的叛逆生活方式和阿尔贝·加缪的道德激情，全面描绘了我们都在寻找的美国状况”。玛丽·金和凯西·海登对加缪的《鼠疫》《堕落》和《反抗者》非常感兴趣，十分着迷于这位作者谈论的她们在民权斗争中每天都要面对的问题——如何在“道德纯洁性和政治有效性之间取得平衡”。其他人受到了威廉·阿普尔曼·威廉姆斯的影响，他质疑了美国的外交政策，汤姆·海登则深受《权力精英》的影响，写出了一篇关于米尔斯的硕士论文，而马尔库塞的《单向度的人》对薇妮·布雷恩斯影响如此之大，以至于十年后她用他那句“大拒绝”作为博士论文的副标题。①

麦卡锡时代过去之后，学生们也开始关心其他问题。原子弹爆炸及其引发的核恐惧在50年代后期成了十分重要的议题，因为大气层试验在全国的粮食供应及奶制品中留下了放射性物质的痕迹。为了应对这一问题，一些年长的和平社运人士成立了“国家理智核政策委员会”（National Committee for a SANE Nuclear Policy），通常被称为SANE。一些学生加入了该委员会或者“和平缔造者”（Peacemakers）组织，后者反对民防训练，“因为一个氢弹就能毁掉纽约市”。1960年春季学期，千名哈佛学生组织了一场支持核裁军的抗议游行，而在格林斯伯勒事件3个月后，数百名学生与超过1.5万老年公民一同在麦迪逊广场花园参加集会，目的是结束核军备竞赛，敦促政府制定禁止核试验条约。“和平缔造者”的成员认为，这么多人愿意加入，是因为“许多学生现在感受到了南方静坐产生的行动气氛，并对此做出了回应”。

在大学校园，学生们开始成立或加入各类团体，例如“转向和平组织”（Turn Toward Peace）、“非暴力行动委员会”（Committee for Nonviolent Action）、“学生和平联盟”（Student Peace Union），他们开始出版异见期刊和杂志，例如《新大学思想》（*New University Thought*，芝加哥）、《新自

① SAVF：box 5，Ann Arbor Friends of SNCC bulletin，30 Sept. 1962，p.1；凯西·海登的话引自King，*Freedom Song*，8，162；Richard Flacks，“Who Protests：The Social Bases of the Student Movement，”以及Julian Foster and Durward Long，eds.，*Protest! Student Activism in America*（New York，1970）；Hayden，*Reunion*，76-78中的许多其他文章；Breines，*The Great Refusal*，xxv；还可参考Gitlin，*The Sixties*，89，103，174。

由》（*New Freedom*，康奈尔）、《左派研究》（*Studies on the Left*，威斯康星）、《前进》（*Advance*，哈佛）、《活动家》（*The Activist*，欧柏林）和《另类》（*Alternative*，伊利诺伊）。在接下来的 2 年中，近 20 个校园里共出现了不止 25 种此类期刊。一些学生还成立了关心民权、学术自由或校园问题的政党：芝加哥的政治党（POLIT）、伊利诺伊的视野党（SCOPE）、密歇根的发声党（VOICE）、哥伦比亚的行动党（ACTION），欧柏林的进步学生联盟、斯沃斯莫尔的政治行动俱乐部以及哈佛的警钟党（TOCSIN）。在伯克利，进步人士创立了名为"候选人"（SLATE）的校园改革政党，为了支持南方的静坐行动，学生们开始对湾区的伍尔沃斯商店进行封锁式抗议并举行示威，反对他们认为存在用工歧视的企业。

1960 年春天，在当时的几所知名大学里出现了学生行动主义的第一波浪潮，这让仍沉浸在冷战文化中的老一辈坐立不安。1960 年 5 月，政府做出了回应。众议院非美活动调查委员会在湾区举行了一系列听证会，调查"共产党活动"。由此引得千名伯克利的学生在旧金山市政厅外抗议此次调查。示威首日相安无事，但第二天就不是这样了。学生们正唱着"自由者的土地，勇者的家园"时，警察带着警棍和消防水管出现了，他们把抗议者浇得浑身湿透。贝蒂·丹尼奇回忆道："学生们被拽着头发、拽着胳膊和腿拖下楼梯，他们的头一路磕过台阶。"学生们称这次事件为"黑色星期五"，丹尼奇后来说："对我来说，那就是 60 年代的开始。"

对其他人来说，60 年代的开端更为理想主义。1960 年时，秉持那种信念的代表是约翰·F. 肯尼迪。在竞选活动和上任第一年的几次演讲中，肯尼迪正视了 1950 年代的自满情绪。他宣布"火炬已经传到新一代美国人手里"，并发誓要让美国带着活力前进。他提议全国人民都参与进来，并做出承诺："因此，我的美国同胞们：不要问你的国家能为你做什么——而要问你能为国家做什么。"他的政府将着手处理"新边疆"问题，他还谈到了一项修复性的社会议程，要让 50 年代的那种富裕和中产阶级地位人人有份。总统开创了一个期望值不断上升的年代，为了带好路，他集结了一批年轻的顾问，这些人最终被称为“出类拔萃之辈”。“我们**知道**美国是最好的，”一名助理司法部长后来谈到，“我们知道自己能让美国变得更好。我们**知道我们**能做到。”

肯尼迪复兴了在冷战与麦卡锡主义时期被搁置一边的“能做”（can do）政治，以雷厉风行之势把美国从沉睡中唤醒。他自然而然地吸引了自由主义者和知识分子。密歇根大学的哲学家伏里施乔夫·本雅明记得，“肯尼迪创造了一种高度理想化的氛围——它是狂热的。我们将创造一个美丽的世界，一个更有同情心的世界，那种感觉非常美妙”。肯尼迪让一大批青少年兴奋不已，他们开始思考自己的未来。他问他们是否愿意将时间和精力投入到“和平工作队”上，以帮助新兴国家的人民，这唤起了青少年们的激情。他激励他们畅想一个充满希望的光明未来。“其核心，”一名青少年说，“就是你能有所作为。我当时16岁，我是相信它的。我真的相信我能够改变世界。”①

肯尼迪的承诺——你能有所作为——激起了学生参与的热情。就职不到两个月，肯尼迪就成立了和平工作队，它是政府的宠儿，而引来的迅速回应展现了一个全新学生时代的到来。“我从没做过任何有关政治的、爱国的或是无私的事，”一名志愿者说，“因为从来没有人叫我这样做。但是肯尼迪叫了。”公告发布不到一小时，政府的电话总机就被有意去做志愿者的人打爆了，媒体报道说，总统接到的有关工作队的询问，比其他任何一项事务都多：“大约收到了6 000封建议、询问和申请函。没人提到薪水。”

其他学生则自发做起了校园里的组织工作。1960年时，“学生和平联盟”只有150名成员，但3年后暴涨到4 000人。“国家理智核政策委员会”的人员也增加了，到1962年，“青年社会主义者联盟”的人数增加了2倍，达到800人。以1950年代的标准来看，这些组织是“激进的”，因为他们

① 丹尼奇的采访引自 Isserman, *If I Had a Hammer*, 188–89; VD: former assistant attorney general Roger Wilkins interview, 2 June 1989; VD: Benjamin in episode 2; 青少年的话引自 Gottlieb, *Do You Believe in Magic?*, 34。

不再惧怕在小型示威中陈述自己的观点。然而，以 1960 年代后期的标准来看，这些组织不过是辩论协会。警钟党的活动是“人能想象到的最有绅士风度的抗议形式”，一名成员回忆说，“这些活动的基础是假设哈佛教职人员和哈佛学生之间的一场理性对话就能救世界于水火之中”。不过，对托德·吉特林这样的年轻社运人士来说，比起 50 年代，任何对话似乎都是一种进步，吉特林给出了他参与运动的原因：“警钟党让我觉得自己有用武之地，它给了我一群好伙伴，让我有书可读，赋予我智识力量。”

在平淡的 50 年代后，智识力量显得十分重要。30 年代的社会主义者和共产主义者是“老左派”，他们对战后苏联在东欧的行为大为失望，又遭到了麦卡锡主义的沉重打击。老左派行将就木，因此在 1956 年，共产党和社会党的领袖厄尔·白劳德、诺曼·托马斯召开会议，讨论了复兴左派的可能性。虽然他们只提出了些许想法，但这次讨论产生了一个重要结果。《国家卫报》(*The National Guardian*) 针对此次会议发表了一篇文章，题为《新左派：它应该有怎样的面貌？》。这是人们第一次用这个词，它也是个重要的问题：新左派应该由哪些理念和组织构成？接下来的几年中，左派人士在一家新成立的英国期刊《新左派评论》上辩论了这个问题。但是，在 1960 年 9 月时，他们仍僵在那里，C. 赖特·米尔斯发表的《给新左派的一封信》证明了这一点。和那一年的许多知识分子一样，米尔斯察觉到了年轻一代的焦躁不安，他也十分想“继续谈下去”，结束 50 年代及它“对智识的冷淡颂扬”。他提出了一些问题，但即使格林斯伯勒静坐已经过去半年多，麦迪逊广场花园集会和“黑色星期五”已经过去好几个月，这位左派领袖仍“给不出确切答案”。他没能回答 4 年前提出的问题，“新左派：它应该有怎样的面貌？”他只能给出建议，认为左派人士需要一个新组织，然后指出，老一辈的知识分子在未来必将求助于“青年知识分子”。①

---

① 有关和平工作队，参见 Harris Wofford, *Of Kennedy' and Kings: Making Sense of the Sixties* (New York, 1980), 456, chap. 8, and *NYT*, 2 March 1961；“最有绅士风度”的抗议引自 Cowen, *Making of an Un-American*, 10；Gitlin, *The Sixties*, 86–8；还可参考 Isserman, *If I had a Hammer*, 147–50；C. Wright Mills, *New Left Review*, Sept. -Oct. 1960, pp. 18–23。

米尔斯还不知道，在 1960 年的秋季学期，越来越多的青年知识分子开始进入密歇根大学等知名大学求学。罗伯特·“阿尔”·哈伯，一位著名教授之子，在校园内一直很活跃，是政治问题俱乐部的成员，该俱乐部最后变成了发声党。哈伯是个有远见的人，他梦想着让工业民主联盟的分支，以前的学生工业民主联盟复苏，并让它成为一个强劲的学生组织。大学扩招的时候，他还希望为它改一个更合适的名字，例如学生争取民主协会。为了促成这件事，他在 1959 年时成了学生工业民主联盟的副主席，并与工业民主联盟的行政人员进行了协商，后者在 1960 年 1 月同意将名字改为学生争取民主协会。与此同时，哈伯开始为学生争取民主协会招募善于表达、关心社会的学生，比如二年级的莎伦·杰弗瑞，她的母亲是工会和民主党社运人士，再如罗伯特·罗斯，一个与主流社会格格不入的纽约人，他玩爵士乐，读垮掉派的诗歌，并且拥护左派学说，还有汤姆·海登，他活力四射，是校报《密歇根日报》的记者兼编辑。

从一开始，学生争取民主协会的成员就已表明他们不仅对众多问题感兴趣，而且十分渴望开展行动。格林斯伯勒静坐发生后不久，哈伯、杰弗瑞和罗斯就加入了对当地克雷格连锁商店的抗议行动，以支持在南方的那些商店的静坐。5 月，他们在大学里召开了讨论“北方人权”的大会，与会者包括南方静坐活动的老手贝亚德·鲁斯汀和迈克尔·哈灵顿等老左派，以及种族平等大会、全国有色人种进步协会和学生非暴力调解委员会的代表。这次大会十分成功，汽车工人联合会捐了 1 万美元，哈伯因此受雇为地方联络员，学生争取民主协会也在当年 6 月举行了第一次大会。这个新组织的 29 名成员推选哈伯为主席，他的发言预示了未来：“我们带着活力、理想主义和紧迫感，终于发出了声音，支持我们言论的是抗议队伍、示威、金钱，甚至还有我们自己的躯体……悲观和犬儒已为直接行动让道。”

在接下来的两年中，学生争取民主协会发起了思想上的和身体力行的行动。哈伯管理各项事务，并通过访问校园、发声支持民权和个人自由来招募成员。海登搬去了南方，他与学生非暴力调解委员会合作，参加了选民登记活动并且甘冒生命危险：他在密西西比的麦库姆被愤怒的白人殴打，在佐治亚的奥尔巴尼坐了牢。1961 年 12 月，学生争取民主协会的指导委员会认识到，组织需要用一份宣言表明自己的政治立场和社会信念，因此，它宣布将在第二年 6 月于休伦港召开会议，那里是汽车工人联合会的一个营地，位于底特律以北 40 英里的休伦湖南端。只有 59 人与会，43 人是学生争取民主协会成员，其余与会者包括老左派，以及基督教青年学生会、进步青年组织委员会、青年民主党以及学生非暴力调解委员会等其他学生团体的代表。这些知识分子和社运人士满怀希望，认为这次会议将产生影响。保罗·布斯后来回忆："尽管我们当时还不是一支政治力量——我们也从没奢望过能孕育出一场群众运动——但我们都认为自己正在创造历史。"

海登已经完成了一份近 50 页的宣言草稿，成员们经过 5 天的讨论，形成了后来众所周知的《休伦港宣言》。他们分成几个小组，坐在桌边或树下，一边喝咖啡一边辩论草稿中审视的话题：美国政治、经济、种族主义和外交政策；核问题；学生的角色；共产主义；学生争取民主协会的主旨和信念。这些辩论通常十分激烈，海登后来指出，辩论的结果"显然是对一代人，尤其是中产阶级一代发出的呼吁"。宣言头几句写道："我们这一代人，至少在小康环境中长大，现在安居于大学内，正不安地看着自己继承的世界。"①

他们及许多其他的年轻知识分子和南方的黑人社运人士一样，因为国内的矛盾状况、美国理想和现实之间的落差而不安。《休伦港宣言》提到，国家信条宣称"人人生而平等"，国内却存在种族偏见，国家越来越富有，但数百万人仍生活在贫困之中，原子能可能会带来一些好处，但它

---

① 哈伯的情况出自 Sale, *SDS*, 25-27 and 49-59, 布斯的采访出自 Miller, *Democracy Is in the Streets*, 107-8, chap. 6, 还可参考 the appendix for *The Port Huron Statement*; Hayden, *Reunion*, 93-102; Bacciocco, *New Left in America*, chap. 4; and Vickers, *Formation of the New Left*, chap. 4。

毁灭世界的可能性也越来越大，总统声明了和平意图，政府却一直维持着高昂的冷战军事预算。他们被反共产主义的“妄想症”所困扰，这导致人们“相互推诿指责，并用可笑的方式争论最严肃的议题”，不再理性地讨论外交政策。对他们而言，当代社会惧怕改变，“所有的征讨都是可疑的、危险的”，他们还表示，必须有一种新的体系取代“遥控经济”（remote control economy）。

《休伦港宣言》勾勒出了学生争取民主协会的新体系，而且可以以多种方式进行解读。首先，这是一份激进的文件，它显然是对刚刚过去的 50 年代的回应与否定。这些作者在谴责孤独、孤立、“生活的空虚”及“普通人的无力感”的同时，重复了老一辈异见者的观念。他们与古德曼的《荒唐的成长》及米尔斯的《权力精英》遥相呼应，声称应该对自己的未来做出关键性决定的是个体而非团体；应该参与共和国的经济事务及政治事务的是社会而非权力精英。1950 年代的铁板一块疏远并激怒了这些年轻的知识分子，而这份宣言正是他们对共识的反击，对冷战文化的宣战书。

此外，这份文件还激进地为 1960 年代提出了一种新的意识形态——新左派。在这份宣言中，这些倡导者谴责了冷战的持续以及美国的外交政策，称这种外交政策以民主之名支持独裁者，将世界带到了核战的边缘，他们主张逐步采取措施，用裁军竞赛取代军备竞赛。关于第三世界的新兴国家，他们发现只有少数拥有悠久民主传统的国家出现了代议制政府，并且尽管美国可能需要与专制政府进行合作，但合作的目的应在于支持那些根据自身文化“形成一套合理的民主理论”的其他政府。他们批判了军工一体化体制的发展，称那是“永久的战争经济”，还批判了跨国企业的影响，称“必须找到一种方法，让美国的私人对外投资服从于民主构建的外交政策。这些商业巨头对国内生活的影响同样令人无法忍受……企业必须对公众负责”，他们呼吁“重振工人运动”，作为对抗大企业的过分行为的制衡力量。他们要求终结种族偏见，称“在今天的美国，白人就是强权，白人就是公理”，他们主张在学校内实现种族融合，赋予黑人投票权，“立刻实现”机会平等。他们震惊于美国政府扼杀异见，利用众议院非美活动调查委员会让“参与者退缩”，他们希望人们能把第一修正案中的权利看作“对国家安全的保障而非威胁”。他们为学生中的沉默一代感到羞耻，因为这些学生“根本不在乎冷漠这种事”，他们呼吁“参与式民主”，在这种制度下，所有美国人都能在一个公共论坛中决定国家事务，反对意见将突显共和国的多元性与不同选择。

《休伦港宣言》也是一份传统的改革文件，将其置于更大的历史语境中时会更明显。一直以来，这些社运人士都在受过去的自由主义政策影响，海登后来写道，这份宣言是一篇“奇怪的、略微偏民主党左翼的长篇大论”。他们要求用社会项目解决贫困问题，建立国家医疗体系，帮助以家庭为单位的农场主，建设体面的监狱和精神病院，开设更多的小班制学校，发展平等受教育机会。此外，不管学生争取民主协会的一些成员当时认为自己在写什么，或是后来在这十年说了什么革命话语，这份宣言陈述了美国所有改革时代的传统主题。学生争取民主协会的这些知识分子与杰克逊时代的民主主义者、平民主义者、进步人士和新政派一样，都希望增强民众对经济及政治系统的影响和控制。他们的文件呼吁建立“一个更革命的、更有人情味的资本主义体制”，谴责“将人民与权力分离……与最终决策的位置分离”，要求实行参与式民主。海登后来写道：“我们的民主理想主义源自平民主义，我们相信知情的大众在关乎自己利益的事上会做出比任何人都‘更好的’决定”。

《休伦港宣言》也“与过去无关”，因为它与老左派斩断了联系。自 1930 年代以来一直主导着左派的议题——共产主义与资本主义、工人与管理层——还在争论，但它们对较为年轻的知识分子来说已经没那么重要了。他们在文件中宣称“私人企业在本质上并非不道德、不民主”，还提出了新的问题：民权和个人自由。他们希望从大学而非工会招募到新人，这样他们就能在大学里尝试打造对抗冷漠、增强参与度并改变社会的学生运动。学生争取民主协会的社运人士格雷格·卡尔维特指出，老左派想让资本主义体系转变为社会主义体系，而新左派渴望人的改变，形成一种“激进的意识”，这就意味着个体的参与。卡尔维特写道：“个人与政治无法分离……这场革命关乎我们的生活。”

总之，《休伦港宣言》是新一代白人学生发表的第一篇评论，它意义重大，因为它勾勒出了新左派意识形态的轮廓。很难明确回答这份文件和这种意识形态对60年代及这场运动来说有多重要，因为这取决于人们对运动的定义有多宽泛、如何理解社会行动主义的成因，以及他们是否属于学生争取民主协会。如果有人认为学生争取民主协会和学生非暴力调解委员会定义了这场运动，或者人们愤而加入是因为他们读了一份宣言，那么《休伦港宣言》就确如其作者所说，给出了“一代人的议程”。当然，学生争取民主协会的成员认为自己的角色非常重要——他们是运动的先锋。“我们当时发起了从未在大学生中开展过的行动。”莎伦·杰弗瑞说。休伦港的社运人士并不避讳。在经历了一个冷漠的时代后，这些聪明且进取的新左派天然地认为自己是特别的，是“这一代的代言人、良知和鞭策者”，托德·吉特林写道，他们是“60年代的风云人物”。许多人都表示赞同。“通过表达心中的乌托邦式政治愿景，他们将启发整整一代人。”学生争取民主协会的前成员吉姆·米勒写道。另一人则这样公开评论《休伦港宣言》的作者：“汤姆·海登改变了美国……他是美国历史上最大规模的群众抗议活动的缔造者。”①

这是一个空前绝后的奇迹。一份宣言的重要程度引出了一个经典问题：1776年美国反抗英国是因为托马斯·潘恩写了《常识》，还是因为英国法律法规歧视他们？对1960年代而言，造反的原因又是什么？是因为一份宣言，还是因为一直不解决当务之急的冷战文化，以及一个歧视其余美国人的循规蹈矩的白人男性社会？学生争取民主协会在《休伦港宣言》中

---

① Greg Calvert and Carol Neiman, *A Disrupted History*, 10-15；杰弗瑞的发言引自 Miller, *Democracy Is in the Streets*, 106-8；Gitlin, *The Sixties*, 26-27；*NYT Book Review*, 5 June 1988, p. 20 中 Nicholas Lemann 对海登的 *Reunion* 的评论，更多声明请参考 Sale, *SDS*, 89-90。

给出了答案："以南方反抗种族偏见的斗争为代表的人性堕落的渗透和受害事实，迫使我们大多数人由沉默转向行动主义。"歧视激起了新一代人的抗议。一项针对"自由之夏"白人志愿者的调查显示，他们之所以在1964年前往密西西比，是因为受到了理想主义、宗教信仰、乐观主义的驱使，受到了为非裔美国人争取平等权利和人格尊严之目标的鼓动。几乎没有人提到意识形态、政治或是《休伦港宣言》。"我以前不关心政治。"一个人说，另一个人问："政治？那是什么鬼东西？……我打算整个夏天都用来'帮助黑人'……有点像在国内工作的和平工作队成员。"《休伦港宣言》以及这十年中其他社运人士所写的鲜为人知的数百份宣言非常重要，因为它们揭示了社会中存在的问题以及美国梦和现实之间的矛盾。然而，形单影只的它们并没有激起太多人行动起来。①

虽然《休伦港宣言》对1960年代的影响很难估算，但它对学生争取民主协会组织者的意义却很容易衡量。托德·吉特林后来写道，这份文件十分重要，因为它将学生争取民主协会的成员融入了"一个命运休戚与共的人际网络"。这个网络是一个小型朋友圈，一个运动大家庭，或者如学生争取民主协会另一名前成员所说，是由年轻精英组成的"一个非常小且有些排外的群体"。在接下来的几年里，他们将鼓足干劲动员其他人加入学生争取民主协会，使之成为那十年中最大的新左派组织。并且，对许多与会者来说，大会的热烈程度本身就是一种觉醒，它通过共同的经历加深了人与人之间的联系。最后一场会议持续了一整夜，然后代表们步行到休伦湖，一些人手牵着手看日出。"感觉像是一个新时代的黎明，"莎伦·杰弗瑞说，"令人兴奋不已……我们认为我们知道要去做什么，也知道我们即将去做。"鲍勃·罗斯补充说："那有点像开始一段旅程。"

这段旅程在下一年将这些人与其他社运人士带向了三个方向——一些

① McAdam, *Freedom Summer*, 44-49，也可参考 Yankelovich 对一小部分新左派信徒进行的采访，*New Morality*, 128。

人走向大学校园，另一些人去了北方贫民窟，更多的人则回到了南方。他们的努力是相互关联的，正如一名社运人士所说："发起一场运动意味着建立一个社区，在这里，人们能够相互信任相互爱护，从而能够继续进行一场集体性抗争。"同时，许多北方白人想在北方大学和贫民区内复制南方黑人学生的行动主义。因此，学生争取民主协会启动了和平研究与教育项目（PREP）及经济研究与行动项目（ERAP）。和平研究与教育项目旨在激发学生及教职人员将他们的教育和研究工作从冷战、军工复合体等话题转移到和平问题上来。1962 年秋季学期，"学生争取民主协会"的社运人士进入校园，并试图唤起学生的意识和积极性，但实际收获不大。同年，迈克尔·哈灵顿出版了《另一个美国》，促使许多人开始思考穷人的困境。1963 年，海登和卡尔·威特曼出版了一份学生争取民主协会手册，该手册主张发起"穷人的跨种族运动"，以建立一个组织来改善贫困社区的生活条件。学生争取民主协会建立了经济研究与行动项目，到第二年时，他们的百名成员和多个城市的贫困人群展开合作，在纽瓦克、芝加哥和克利夫兰取得了一些成果。与此同时，和平研究与教育项目和经济研究与行动项目在学生争取民主协会内引发了"校园还是社区"的辩论，即是将精力和有限的资金放在组织学生上还是组织穷人上。这场辩论从未得出结论，最终与许多其他内部问题一起造成了学生争取民主协会成员的分裂。①

不过，所有社运人士可能都会同意有必要在南方继续进行抗争。《休伦港宣言》称，民权运动"振奋人心"，因为它要求实现社会公义，并且激发了行动主义——这是"走出冷漠的一条道路"。

这场抗争仍是运动的焦点，在整个 1962 年间，佐治亚的奥尔巴尼一直是一个重要地点。此地曾是奴隶交易社区，40% 的居民是黑人，但没有一

① Gitlin, *The Sixties*, 105 and chap. 5；排外社区发言引自 Isserman, *If I Had a Hammer*, xviii, 168；杰弗瑞与罗斯的发言出自 Miller, *Democracy Is in the Streets*, 125；发起一场运动的发言引自 Calvert and Neiman, *A Disrupted History*, 129；有关经济研究与行动项日，请参考 Breines, *Great Refusal*, chap. 7。

个黑人曾当选或被任命为市政官员、警察及陪审团成员。当时的奥尔巴尼仍实行严格的种族隔离，黑人被禁止进入公园、游泳池和图书馆。从客车站的“有色人种候车室”出发，要经过 8 个街区才能到达“有色人种餐厅”，要走 6 英里才能到达“有色人种汽车旅馆”。在那一年间，社运人士发起了游行和静坐，并尝试为选民进行登记，但在数月示威行动后，只有少数人赢得了投票权。白人官员对所有公共设施都实施了严格的种族隔离，并将千余名抗议者关进了监狱。因为入狱人数太多，他们不得不将社运人士送到其他县的监狱，这些人中就包括拉尔夫·阿伯纳西和小马丁·路德·金。大多数镇压靠拘捕实现。当黑人走出自己的街区，和平地游行至白人区时，警察会直接指控他们扰乱治安、未经许可游行、街头滞留，甚至是指控他们“有制造骚乱的倾向”。

在许多南方城镇，白人的反应与此相似。在路易斯安那的克林顿，12 名黑人写信给市长，要求成立双种族委员会，缓解种族间的紧张关系，之后，他们就因“恐吓公职人员”被捕。在佐治亚的阿美利克斯，4 名和平抗议种族隔离的学生被控犯下了“叛乱罪”，此罪名在该州是死罪，并被判入狱 4 个月，不得保释。在密西西比不公正的现象十分猖獗。在伊塔比纳，60 名黑人游行至副警长家前，要求警察为选民登记提供保护。第二天，他做出了回应，所有 14 岁以上的游行者都因“扰乱治安”被审判、定罪、罚款及监禁。在鲁尔维尔，芬妮·卢·哈默进行选民登记的尝试使她丢了工作，被判入狱，而且，尽管她家里没有自来水，却收到了 9 000 美元的水费账单。在霍姆斯县，有人向一名黑人社运人士家里扔了一枚汽油炸弹，之后，这位居民和他的妻子被捕，并被控纵火。在克拉克斯代尔，警察逮捕了一名身穿有“现在就要自由”字样 T 恤的社运人士，罪名：“未经允许游行”。而当北卡罗来纳教堂山的社运人士试图在餐厅实现种族融合时，他们在一家咖啡厅遭遇了殴打，而且喉咙被人灌了氨水，据一名目击者说，在另一家咖啡厅：“店主的妻子做了一件事，就其粗鄙程度而言，即使地处密西西比也难以匹敌。卢·卡尔霍恩……当时正躺在地上躲避飞舞的扫帚把。接着，店主的妻子就蹲在他头上撒尿。这一行为甚至惹恼了当地的警察，后来他们把卢带到了消防站，给他冲洗了一下”。①

对社运人士而言，“南方正义”意味着一件事——联邦政府的介入。民权领袖要求肯尼迪政府在和平静坐、选民登记运动及任何旨在争取宪法权利的非暴力活动期间，保护他们不受种族主义者的攻击。学生非暴力调解委员会发了一封电报，问：“联邦政府什么时候才会出手阻止佐治亚西南地区反民主的纳粹般的势力？”该州某小镇的警长将社运人士驱逐出镇，白人陪审团却宣布他无罪，查尔斯·谢洛德问：“我们该对这里的人说什么呢？联邦政府是不是非得等我们死了，才会停止向偏执狂妥协？”无奈之下，他后来与政府官员对峙，大骂道：“白人和黑人一起去制定真正的民主原则，但你们没让政府全力支持我们，这是你们政府的污点。如果我们在努力过程中被杀了，你们的双手将沾满我们的鲜血。”

政府继续谨慎行事。那时，午餐柜台及百货商店里的歧视行为并没有违反任何联邦法律，而司法部官员质疑自己是否拥有合法的权力去保护被控违反当地条例或州法律的社运人士。1962 年，助理司法部长伯克·马歇尔写信给小马丁·路德·金，称“在任何地方，维护法律与秩序都是当地官员的首要责任”。虽然社运人士谴责了他们的行为，认为无数联邦法典都确实给了联邦政府这样的权力，但肯尼迪政府并不想派军前往前邦联那里，进一步激怒南方当局。罗伯特·肯尼迪后来回忆道：“总的来说，被迫派出军队是我要竭力避免的，而且……竭力避免在密西西比有联邦驻军。”因此，肯尼迪的处理方式和小石城危机中的艾森豪威尔一样，直到 1962 年密西西比州长拒绝执行联邦法院命令、禁止黑人进入州立大学时，他才派出了军队。肯尼迪迫使密西西比大学实行了种族融合，但与此同时，

---

① 有关奥尔巴尼请参考 Abernathy, *And the Walls Came Tumbling Down*, chap. 7, Powledge, *Free at Last?*, chap. 21, 及 Garrow, *Bearing the Cross*, chap. 4；南方小镇的正义出自 Marshall, *Federalism and Civil Rights*, 42–48；有关教堂山事件，请参考 SPP：box 25b, *SPU* News Notes #7, n. d. [May 1964], 2。

他继续安抚南方白人，而且还任用公开反对这场抗争的联邦法官，这让社运人士十分愤怒，这些法官对和平示威者下达禁令，将他们投入监狱，并做出严厉的判决。“这真是讽刺至极，”律师威廉·昆斯特勒写道，“肯尼迪任命的南方腹地的司法人员里，竟然有这么多彻头彻尾的种族主义者。”

政府的行为让社运人士对肯尼迪越来越不报幻想，他们指责他是“种族中立者”。玛丽·金和她在学生非暴力调解委员会的同事对这位总统感到十分不解，他一方面鼓励年轻人行动起来改变这个国家，另一方面又拒绝使用联邦权力阻止白人种族主义者殴打他们。詹姆斯·福尔曼认为肯尼迪“口若悬河，两面三刀”，其他许多社运人士开始不再对白人自由主义者抱有幻想，这些白人自由主义者提供了无数的建议，他们渴望担任领导，并且一再谈论“种族问题的两面性”，在黑人权利和白人传统间寻求平衡，倡导渐进求变。黑人律师洛伦·米勒虽然承认白人自由主义者过去帮过他们，但他表示，社运人士越来越厌烦建议，而且变得更加激进：“向自由主义者道别，感谢他们曾予以的帮助，直到你们准备好在“现在就要自由”的旗帜下，重新加入队伍，成为一支黑人领导、黑人指挥的军队中的步兵和下属。”①

北方的一些社运人士也开始关心“自由主义”政策，尤其是在肯尼迪政府任期的头两年里由出类拔萃之辈制定出的政策。毫无疑问，大多数婴儿潮一代回想肯尼迪时代时，都会认为那是充满理想主义和活力的一千天，是一段光辉岁月。美国年轻人迷恋这位英俊、风度翩翩的领袖，数千名学生志愿参加社区项目，加入和平工作队，将这种情感化为实际行动。然而，

---

① 谢洛德的发言出自 Carson, *In Struggle*, 83-89, 还可参考 Carl M. Brauer, *John F. Kennedy and the Second Reconstruction* (New York, 1977), 167, and chap. 6; 马歇尔的信件出自 Branch, *Parting the Waters*, 571; 肯尼迪的发言引自 Michal R. Belknap, *Federal Law and Southern Order: Racial Violence and Constitutional Conflict in the Post-Brown South* (Athens, Ga, 1987), 89, and chaps. 4-6; Kunstler, *Deep in My Heart*, 110; King, *Freedom Song*, 292-96; Forman, *Making of Black Revolutionaries*, 265, 546; Miller, “Farewell to Liberals: A Negro View,” *The Nation*, 20 Oct. 1962, pp. 235-38。

一小部分年轻的社运人士变得越来越幻灭，尤其是那些和学生争取民主协会或学生非暴力调解委员会有关的人，他们直言不讳，认为自己是新兴运动的一部分。对他们而言，肯尼迪的自由主义就意味着和平时期破天荒地在武器上大肆花钱，给企业减税，并继续使用冷战时的那套说辞。“让所有国家知道，不论它希望我们繁荣还是衰退，”总统在就职演说中称，“为了确保自由继续存在并取得成功，我们将付出任何代价，肩负一切重担，直面任何困难，支持所有朋友，反抗一切敌人。这些就是我们的承诺——还将有更多的承诺。”当总统决定将南越这个远在数千英里之外、毫无代议制历史的国家变为东南亚民主的“试验田”，并向该国增派军事顾问时，一些学生变得十分担心。更多的人对这样一位总统感到不解，在更靠近本国的地方，为了让古巴摆脱信奉马克思主义、反对美国的领导人菲德尔·卡斯特罗的统治，他支持惨败的“猪湾事件”，1962 年 10 月当这位三军统帅宣布对古巴实行“隔离”时，人们更是震惊不已。

苏联已经在古巴部署了导弹，公海上的苏联货船正载着更多的导弹赶来。肯尼迪对此做出了回应，他命令美国海军在苏联船只到达古巴前将它们拦下并进行检查，这可以解读成一种战争行为。美国武装部队进入戒备状态，B–52 轰炸机开始了战时飞行模式，荷枪实弹。正当公众紧张等待之时，货船靠近了古巴。在漫长的 6 天后，苏联下令让其货船转头返航：苏联人阻止了一场核对决。

虽然绝大多数美国人团结起来支持总统，但一些社运人士认为这场危机是不必要的武力恫吓，肯尼迪造就了“疯狂的一周”。出于对原子弹攻击的恐惧，新英格兰的一些大学生开车去了加拿大。康奈尔、明尼苏达和威斯康星的大学生则开始质疑政府，甚至进行了抗议。在印第安纳，15 名学生组建了反对美国侵略特设委员会（Ad Hoc Committee to Oppose U.S. Aggression）并举行集会，结果遭遇了 3 000 名支持肯尼迪的愤怒学生。在密歇根，400 名示威者分发传单，敦促政府终止“拿全人类当赌注的懦夫博弈”。汤姆·海登和许多学生争取民主协会的成员得出结论，肯尼迪家族并不是“我们想合作的那一类自由主义者。他们把我们推向了核战争的边缘”，托德·吉特林和他的同伴们“与肯尼迪的自由主义渐行渐远”。这些学生认为，“当政权做出愚蠢举动时，不仅给我们带来了危险，还羞辱了我们”。①

民权社运人士也越来越担心导弹危机和这位总统。“人们惯于用美国愿尽一切办法维护自由的说辞为人类种族灭绝的危险举动正名，”小马丁·路德·金写道，“对黑人来说，当威胁发生在我们的国土上且事关黑人的自由时……他们为捍卫自由而采取英勇措施的意愿就不复存在了。”因此，导弹危机后的几个月里，金和他在南方基督教领袖会议的同伴们一直在努力转移总统的注意力，让他把视线从外交政策移回民权抗争上。“万事的关键”，金说，是“联邦政府全面、明确和坚持不懈的承诺”，为了促成这件事，他在伯明翰策划了一场戏剧性的危机。

金和南方基督教领袖会议的领袖希望白人“压迫者——在青天白日下——在全世界的注视下公开实施他的暴行”。伯明翰是个合适的选择。这座城市的种族隔离十分严重，官员们甚至下架了图书馆里某本同时包含白兔和黑兔的书，这座城市也十分暴力，当地黑人甚至把它叫做“轰炸翰”，把自己被隔离的街区叫做“炸药山”。警察局长尤金·T.“公牛”·康诺为自己感到骄傲，因为他“能让黑鬼老实待着”，他曾预测，“在伯明翰实行种族融合之前，街上会血流成河”。南方基督教领袖会议的工作人员到达伯明翰时，当地黑人社运人士弗雷德·舒特尔斯沃牧师告诉他们：“在你能开始生活之前，你得做好死的准备。”②

金明白其中的危险，但他认为，这次运动或许可以“挫败全国各地的种族隔离”。他与南方基督教领袖会议的工作人员一起会见了当地的黑人领袖，并发表了一份宣言，诉说黑人公民的不满。4 月 3 日，社运人士开

① Miller, *Democracy Is in the Streets*, 164; Gitlin, *The Sixties*, 88-90, 100.
② Martin Luther King, Jr., *Why We Can't Wait* (New York, 1964 ed.), 21, 54, 58; Stephen B. Oates, *Let the Trumpet Sound: The Life of Martin Luther King, Jr.* (New York, 1985 ed.), 200-205，还可参考 Abernathy, *And the Walls Came Tumbling Down*, chap. 8。

始静坐，并在餐馆和商店外进行了抗议。警察以非法侵入的罪名逮捕了他们。第二天，约 50 名社运人士游行到市政厅外，他们同样被捕入狱。在几天后的圣枝主日（Palm Sunday），金的弟弟 A. D. 金牧师领导游行时，也遭遇了同样的命运。逮捕事件并没有吓住社运人士，喜剧演员迪克·格雷戈里对着市长喊话："我们的游行队伍会穿过你的狗群！如果你还有大象，那我们也会从它们中间穿过。把你的老虎也牵来吧，我们会从它们中间穿过去！"每一天都有更多黑人公民加入，游行者的溪流变成了一条大河，逼得官员不得不申请了法院禁止游行的强制令。但那并没有起到作用。金声称，那是一道"来自天国的命令"，违反不道德的法律是他的责任，他和他的支持者将在 4 月 12 日耶稣受难日游行至市政厅。他已承诺会亲自领导示威行动，直到"法老让上帝的子民离开"，于是，在 50 名志愿者的陪同下，金和拉尔夫·阿伯纳西一边游行，一边高呼"自由已经来到伯明翰！"。可是自由并没有到来。这一次，警察带了狂吠不止、张牙舞爪的狗来，又一次逮捕并关押了游行者。

金利用坐牢的时间写下了一篇激情洋溢的文章，为他的战略和运动进行辩护，这就是《伯明翰狱中书简》(*Letter from the Birmingham Jail*)。8 天后，他被释放，又策划起了与当权派的下一场对抗——"儿童十字军"。5 月 2 日，一群黑人孩子（大部分是青少年）在第 16 街浸信会教堂集合，接着他们一边唱着关于自由的歌，一边开始向市政厅方向游行。"公牛"·康诺手下的警察把他们围起来以便拘捕时，他们祈祷起来，然后跳起了舞，蹦跳着上了囚车。然而，第二天的示威活动就不同了。千名青少年正要离开教堂的时候，康诺命令他的手下动手：他们挥舞着警棍冲了过去，狗狂吠不止。黑人以石头反击，警察打开了高压消防水管，然后冲进人群，强劲的水流把市民冲倒在地上。

数百人被捕，但警察的残暴行为没能压制这场抗争。"我以前是为教堂开大巴的，"安德鲁·玛丽塞特说，"当时我正好绕道经过示威者常去的公园。有些事真的刻在你的脑子里……我看到他们让一条警犬攻击一个 6

岁的女孩。我走到那个女孩面前一把抓起了她，那条狗就朝我扑了过来，然后我被捕了。那可真让人火冒三丈……一个魁梧的 285 磅重的警察，让一条训练过的警犬攻击那个黑人小女孩。然后我就真的开始参加运动了。”

其他人也是这样，第二天，几千名黑人走上街头，野蛮的场面再次登上报纸头版和国家电视台。《时代》周刊报道说：“有个黑人青年，消防员用水流对着他连续猛冲，他仰面躺在了人行道上，身体不停地旋转，水流的力道之大，都能将树皮从树上剥下来。还有一名黑人女性，被多名警察按在地上，其中一人的膝盖抵在她的喉咙上。有个白人男子看到黑人唱着圣歌从闷热的教堂里涌出时，吼道：‘我们真他妈应该开枪杀了这些人，一个不留。’……炸弹的烈焰，利刃的寒光，诡异的火光，充满仇恨的嚎叫，黑夜中的恐怖狂舞——这就是亚拉巴马的伯明翰。”①

南方各地近 200 个城市因伯明翰事件爆发了静坐和示威，金一跃成为人们心中最伟大的黑人领袖，这起事件后来也成了抗争的转折点：黑人社运人士迫使肯尼迪有所行动。和大多数美国人一样，总统和他的弟弟在电视上看到了暴动，警察的暴行让他们“深感不适”。金入狱的时候，肯尼迪兄弟给伯明翰的官员打了电话，鲍比②则派助理司法部长伯克·马歇尔前去协商解决方案。随着越来越多的黑人走上街头游行，监狱里人满为患，城市则面临着社会解体与经济崩溃，商人们终于同意进行谈判。整整三天，马歇尔帮助双方定下了一个折衷协定，最终在公共设施内实行种族融合，并为黑人提供就业机会。一心想要报复的白人因此炸毁了金在汽车旅馆的指挥部以及他弟弟的家，此事迫使肯尼迪宣布这项协议“公平公正”，称“联邦政府不会容许任何一方的少数极端分子去破坏它”。总统下令 3 000 名联邦士兵前往伯明翰附近待命，几个星期后，他将该州的国民警卫队收

---

① 玛丽塞特在 Raines, *My Soul Is Rested*, 146–49 中的采访；*Time*, 17 May 1963, p. 23。
② 指总统的弟弟、美国前司法部长罗伯特·肯尼迪，鲍比是罗伯特的昵称。——译者

归联邦，并命其去保护两名在亚拉巴马大学注册的黑人学生。

6 月 11 日，总统发表了全国电视讲话。肯尼迪告诉美国人，这个国家是建立在“人人生而平等的基础上的，只要有一人的权利受到威胁，那么所有人的权利就会被削弱”。他接着说，这个国家正面临一个道德问题。“这个问题的核心是，是否所有美国人都被赋予了平等的权利和平等的机会；我们是否会以我们希望被对待的方式来对待我们的同胞”。总统还问了公民一个打那以后十分重要的问题：“我们之中有哪位愿意改变自己的肤色，体会有色人种的处境？”

演讲结束几个小时后，肯尼迪的问题就有了特殊的意义。白人公民委员会（White Citizens Council）的一名组织者开枪杀死了全国有色人种进步协会的地方联络员梅德加·埃弗斯，当时，这位受害者正从自己停在密西西比杰克逊的家门口的车里下来。当年夏天晚些时候，一名白人至上主义者炸毁了伯明翰第 16 街浸信会教堂，导致 4 名女孩死亡。这是该市过去 8 年中发生的第 21 起针对黑人的炸弹袭击案件。然而，案子一件也没有破。

当许多白人学生思考做黑人以及在南方生活会是什么样子时，肯尼迪继续为民权发声。他让国会通过了美国历史上最完备的民权法案，这项联邦法律赋予所有公民在公共设施内享受服务的权利。并且，总统最终让他的政府支持运动实现其目标，即终结校园内的种族隔离，让人们有投票权。

肯尼迪的新立场使整个国家分裂了。总统的演讲让金欢欣鼓舞：“他实在太伟大了，”金告诉一位同事，然后在写给肯尼迪的信中说，这次演讲是“历届总统对正义和全人类自由所作的最掷地有声、最深刻、最明确的呼吁之一”。南方政客对此表示谴责。密西西比州参议员詹姆斯·伊斯特兰称这项法案“完全是极权国家的蓝图”，而且南方出现了一种保险杠贴纸，上面提到了有望在 1964 年总统竞选中获胜的共和党人，并使用了双关语：“肯尼迪一心为金——戈德华特一心做总统”（Kennedy for King-Goldwater for President）。许多北方自由主义者称赞这项法案，并要求通过制定条款，规定联邦登记员必须帮助和保护黑人选民并成立永久的公民就业实践委员会来强化这一法案。许多大学生也有同感，因为现在总统让理想主义再次复苏了。肯尼迪已经公开发声支持平等权利和美国梦。然而，抗议队伍里的社运人士却更矛盾了。学生非暴力调解委员会的社运人士一直在设法引起政府的注意，以获取保护，在努力两年后，他们中的很多人认为这次演讲不过是“一场彻底的公关行为”，玛丽·金补充道，对“黑土带①前线上的数百名学生非暴力调解委员会和南方基督教领袖会议的工作人员来说，这个演讲分量太轻，来得太晚”。

虽然如此，但几乎所有社运人士和自由主义者都会认为，拟议中的《民权法案》是朝正确方向迈出的一步。8 月 28 日，他们联合了各方力量，在“向华盛顿进军”② 期间举行示威活动，要求通过该法案。约 20 万黑人和白人从全国各地赶来。游行的时候，许多人手牵着手，唱着歌，经过国会大厦的时候，他们反复高喊：“通过法案！通过法案！”他们继续前行至林肯纪念堂，在台阶上，琼·贝兹以抗争的赞歌《我们一定会胜利》（*We Shall Overcome*）向他们致意。接着，她与彼得、保罗和玛丽组合③一起演唱了《答案在风中飘》。鲍勃·迪伦演唱了有关黑人社运人士梅德加·埃弗斯被害的歌曲，马哈丽亚·杰克逊④带领汹涌的人潮唱起了灵歌。然后是演讲。各大黑人组织——全国有色人种进步协会、种族平等大会、南方基督教领袖会议、城市联盟以及学生非暴力调解委员会——都有代表到场，他们的领袖做了简短的演讲。学生非暴力调解委员会的新任主席约翰·刘易斯事先写好了一份措辞强硬的讲稿，他批评当局，要求联邦政府立即提供保护，并表示学生非暴力调解委员会“不会坐等总统、司法

① Black Belt：黑土带，美国南部地区。从佐治亚州穿越亚拉巴马中部到密西西比的地带，居住人口主要为黑人，该地带也以其肥沃的黑土地而著称。——译者

② Marches on Washington，1963 年 8 月 28 日，美国历史上最大的一场人权政治集会，超过 25 万人集中在首都市中心的国家广场上，为争取黑人的平等权利，马丁·路德·金在那一天发表了著名演讲。——译者

③ Peter, Paul & Mary，美国著名的民谣三重唱组合。——译者

④ 她是美国黑人歌唱家，音域宽广，是著名的福音歌手，1972 年去世。——译者

部或国会出手，而是会将事情掌握在我们自己的手里”。人们在游行前传阅草稿时，其他民权领袖提出了反对意见，为了团结，刘易斯软化了演讲的措辞。他谈到了一天工作 12 小时还填不饱肚子的密西西比佃农，还谈到了监狱中被莫须有的罪名指控的学生。他对共和党和民主党都提出了质疑，并控诉美国政治“被那些把自己的事业建立在不道德的妥协之上的政客所把持”，他问：“那个能让我们不用‘向华盛顿进军’的政党在哪里？”他提醒那些主张耐心等待的人，黑人“不想逐步解放。我们要我们的自由，现在就要”。他敦促黑人参与这场横扫全国的社会大革命，要他们“坚守在美国每一个城市、每一个村庄、每一个村落的街道上……直到我们完成未竟的 1776 年革命”。①

虽然刘易斯的演讲显示出学生非暴力调解委员会的部分社运人士越来越好战，但这些在小马丁·路德·金那更有希望、更理想化的话语面前黯然失色了。一开场，金便回忆了《解放黑人奴隶宣言》和《独立宣言》中承诺的“神圣职责”，他说“现在是兑现民主承诺的时候了……。现在是向上帝的所有子民开放机会之门的时候了”。他提醒美国人民，只要黑人还“无法在公路边的汽车旅馆和城市里的旅馆里住宿……只要黑人的基本活动范围仍是从一个小贫民窟到一个大点的贫民窟”，黑人就不会满意。“只要那些写着‘仅供白人使用’的标语仍在剥夺我们的孩子的人格、夺走他们的尊严，我们就绝不会满意”。由此，金有一个梦想：

> 我有一个梦想，有一天，在佐治亚的红色山岗之上，往日奴隶的儿子能与往日奴隶主的儿子一起坐下来，情同手足。我有一个梦想，有一天，就算是密西西比州这个不公令人窒息、压迫深入骨髓的地方，也能变为自由与正义的绿洲。我有一个梦想，有一天，我的四个

---

① Herbert S. Parmet, *JFK: The Presidency of John F. Kennedy* (New York, 1984 ed.), 272; King, *Freedom Song*, 293–96；刘易斯的内容出自 Carson, *In Struggle*, 91–95，及 Carrow, *Bearing the Cross*, 281–86。

孩子将会生活在一个不是以肤色而是以品格的优劣作为评判标准的国家。今天，我有一个梦想……

当我们让自由之声回响，当我们让它回响在每一个村庄和每一个村落，回响在每一个州和每一个城市，我们就能让这样的一天快点到来，到那时，上帝的所有孩子，黑人和白人，犹太人和异教徒，新教徒和天主教徒，都能携手同唱那首古老的黑人灵歌："终于自由了！终于自由了！感谢全能的上帝，我们终于自由了！"

"在那一刻，"一名听众说，"万众之心汇于一人之身，他……道出了人民的心声。真的太不可思议了。再也不会有那样的时刻了。"那是民权抗争的希望之巅，也是那十年的希望之巅。虽然运动中不少人变得越来越好战，虽然有些人主张发起革命立刻实现改变，但金赢得了大多数人的心，成千上万的听众发出了赞同的呼喊。最终，这个国家似乎开始前进了，朝着人人平等的方向前进。演讲结束后，肯尼迪总统邀请民权领袖赴白宫。他神采奕奕，在他的私人住所赞扬了社运人士在游行中的表现。

"那似乎是美国新纪元的开始，"约翰·刘易斯回忆道，"接着，不久之后，肯尼迪总统遇刺。令人心碎不已。"①

11 月 22 日，肯尼迪遇刺，举国震惊。"事情太震撼、太突然、太让人难以接受了，它太沉重了。"大卫·布林克利向悲伤的电视观众播报，这样的画面观众看了三天三夜：在达拉斯，总统坐在一辆黑色豪车内微笑着朝人群挥手……慢镜头里，肯尼迪坐在车后座，他的头猛地朝前晃动，然后倒在妻子的肩膀上……在车赶往医院时特勤局特工爬上了后备厢……心烦意乱的副总统约翰逊在"空军一号"上宣誓就职……在达拉斯监狱拥挤的走廊里，杰克·鲁比突然走出来，拔枪射向嫌疑人李·哈维·奥斯瓦尔

---

① 玛丽·沃德与约翰·刘易斯在 Morrison and Morrison, *From Camelot to Kent State*, 24, 30 中的采访。

德……无人骑乘的马匹拉着总统的灵柩，一家人身着黑衣，他的儿子小约翰向他行礼道别。

对于这个国家和正在崛起的 60 年代人来说，这场刺杀是件至关重要的事。过去几年里，他们一直听着满怀希冀的话语，现在，肯尼迪的突然离世粉碎了他们的希望，也标志着纯良的终结。在他去世后的头一个月里，超过 70 万人到阿灵顿国家公墓的墓碑前吊唁，向他表达敬意。某人对她的朋友说："我们再也不会笑了。""不，"她的朋友回答，"我们还会笑的，但我们不会再年轻了。"悲伤持续了数月，甚至数年。"我真的觉得自己失去了一个挚友，"罗恩·科维克写道，"之后的很长一段时间里，我都非常伤心。"就像珍珠港事件之于他们的父母，这场刺杀是能激起年轻一代记住在那个影响未来的日子里，他们在哪里、在做什么的罕见事件之一。"我永远忘不了那个下着毛毛雨的冷天，"婴儿潮一代的某人回忆道，"得知这个消息时，我正在高中的自习室里，周围还有另外两百个坐立不安的少年。大家先是震惊，接着是不敢相信，过了几分钟，我前面的女孩头伏在桌上轻声哭了起来。几分钟后，大部分人都跟着哭了起来。"

这场刺杀也促使美国人去探究这位年轻总统的一生。约翰·肯尼迪去世后，他的威望达到了空前绝后的高度。到 1980 年代时，他被评为美国民众最喜爱的总统。甚至连他的批评者也指出，在外交政策方面，这位经历了猪湾事件和古巴导弹危机的三军统帅似乎已经从一个冷冰冰的战士转变成了一个更有思想、更加开明的领袖。1962 年老挝危机期间，他的政府灵活行事，通过协商促成了联合政府的建立，第二年，他与苏联签署《禁止核试验条约》，终止了地上核试验。①不过，其他人对他痴迷于特种部队以及继续往越南增派绿色贝雷帽兵团和其他顾问的行为感到疑惑。民权方面，肯尼迪在总统任期内逐渐成长，最终成为运动的支持者，在那年 6 月发表

① 条约全称为《禁止在大气层、外空与水下核武器试验条约》(简称《部分禁试条约》)，这是美苏之间达成的第一个有关核武器的协议。——译者

了具有里程碑意义的演讲。在这场充满偏见和反抗的斗争中，肯尼迪在他死后成了反方，即争取平等与进步那方的殉道者。他的仰慕者进一步夸大这个观点，在那十年间，人们常常能看到很多黑人家中挂着他的肖像。不过，后来的历史学家已经证明，肯尼迪常常不参与民权方面的决策，他对政治及外交事务更感兴趣。很少有哪位总统承诺得那么多，但真正做到的却那么少，或者正如一位传记作家所总结的："他充其量是个做了承诺却没有履行的'过渡'总统。"① 虽然总统同情对民权的诉求，但实际上是社运人士——有老有少、有黑人有白人——把生死置之度外，直面南方的种族伪善，创造了抗争的氛围，证明了争取民权的必要性，正是这些努力迫使肯尼迪采取行动，维护《宪法》中表述的民主的基本原则。

林登·贝恩斯·约翰逊成了总统，他在第一次国会演讲中说，"让我们在此下定决心，不让约翰·菲茨杰拉德·肯尼迪白活了一场或枉送了性命"，接着，他这样结束了自己的演讲：

> 亚美利加，亚美利加，
> 上帝赐予你恩典
> 以兄弟之爱
> 为你的善行加冕
> 从这海到另一片闪闪发光的海

8 个月后，约翰逊总统签署了《1964 年民权法案》。黑人在美国居住了 3 个世纪后，国会终于承认他们是受《宪法》保护的公民。这一具有里程碑意义的立法引出了"公"与"私"的问题。相较于保守派，政府支持

① 女性发言引自 the Associated Press, *The World in 1964: History as We Lived It* (New York, 1965), 4; Kovic, *Born on the Fourth of July*, 71; TA: J D. Anderson 于 1990 年 6 月 15 日做的采访；传记作者为 Parmet, *JFK*, 352-55，有关这次辩论，请参考 Thomas Brown, *JFK: History of an Image* (Bloomington, Ind., 1988)。

这样一种观点，即任何接受纳税人的资金或业务的私营企业都是公共性质的。因此，这项法案废除了所有公共设施及大部分公司的种族隔离制度，授权联邦政府扣押有歧视行为的项目的资金，并成立了平等就业机会委员会。这项法案还为实现种族融合的校区提供帮助，禁止在国家选举中的歧视行为，但它没能解决黑人的另一项重要议题，即在州及本地选举中投票的权利，于是社运人士再次行动，这一次，他们来到了密西西比。

人们可以投票通过法律，但那并不会改变人心。在南方腹地，只有少数黑人曾经投过票，大多数人无权决定本地长官的人选。学生非暴力调解委员会的社运人士曾与当地黑人合作进行选民登记，试图解决这种情况，但不太成功。密西西比有超过40%的黑人人口，三分之一的县都是黑人占多数，但3年来，社运人士只为约5%的符合条件的选民做了登记。因此，多个运动组织的联盟决定改变策略。他们决定邀请大约1 000名北方白人学生在1964年夏天进入密西西比，帮助那里的黑人公民进行选民登记。他们认为，北方舆论和联邦官员不会容忍南方人攻击来自显赫家庭的白人大学生。

6月，来自200多所大学和学院的学生在俄亥俄州牛津市会见了联合组织委员会（Council of Federated Organizations）的代表。早前，为了宣传密西西比计划，有人在北方的一些校园散发了联合组织委员会的传单。“今年夏天，国内和平工作队将在密西西比开展工作。青春与勇气是它仅有的武器。我们现在需要你的帮助。”另外一些传单则解释说，他们对故步自封、无所不知、不喜欢政治的学生不感兴趣。他们想要的社运人士是现实的、灵活的、负责的、善解人意的。他们力图避开那些想去改变黑人老佃农的年轻学生：“我们并**不是**要把密西西比的农民变得像我们一样。”那个夏天，志愿者没有报酬，而且还要自己解决交通问题，万一入狱还要自筹保释金，因此，他们大多来自富裕家庭，上的是最好的学校。事实上，约60%的人来自哈佛、耶鲁、斯坦福、普林斯顿、伯克利、密歇根或是威斯康星，因此，一些人认为他们代表的是“反权力精英”。他们大都拥有

1960 年代初十分常见的乐观精神和理想主义。“我们有太多事情要做，人与人之间有太多屏障需要打破，有太多仇恨需要消解。”一名志愿者说，另一人补充道：“时下的年轻人正在掀起一股道德浪潮，我打算抓住它！”

他们到达牛津的时候，受到了联合组织委员会工作人员的迎接，其中包括罗伯特·摩西，他告诉首批抵达的 300 人：“密西西比的游击战和越南的没什么太大的不同。但当我们想见约翰逊总统的时候，他的秘书说越南事务占满了他的行程，他没有时间和我们聊。”他顿了顿，然后补充道：“我们的目标不大。如果我们去了之后还能活着回来，那就很了不起了。密西西比一直被称为‘封闭的社会’。它关着门，还上了锁。我们认为钥匙就在选票里。”①

在接下来的一个星期中，老练的社运人士给新来的志愿者做了培训，教他们如何进行选民登记以及如何使用非暴力策略，自然，在那段时间乃至整个夏天出现了人际交往问题。许多学生非暴力调解委员会的社运人士都是经验丰富的黑人，他们已经养成了强烈的种族自豪感，认为自己是好战派或者激进派，但许多白人学生才刚开始参加运动，或者只参与过本地的民权议题，他们认为自己更理想化、更自由主义。学生非暴力调解委员会的老手与新来的白人志愿者之间的关系时不时会变得糟糕，一名学生感叹说，黑人有时候“对我们太粗暴，就好比中士在第一个月的基础训练中对待列兵那样”。此外，两个种族的男女之间关系也非常紧张，特别是涉及禁果时——黑人男性与白人女性约会及发生性关系。所有志愿者都属于这个“有爱社区”。“如果他们真的信仰平等，”一名白人女性后来问道，“为什么不能睡在一起？”在那个夏天，虽然很多关系在最后以理解甚至婚姻收场，但也有许多关系加剧了冲突，尤其是激怒了年轻的黑人女性社运人士，她们感到被忽视，并最终在这场运动中成为女性解放的先行者。最

① King, *Freedom Song*, 369, and chap. 10; Carson, *In Struggle*, 112, and chap. 9; 有关志愿者的特征，请参考 Rothschild, *A Case of Black and White*, chap. 2, 及 McAdam, *Freedom Summer*, 15, and chap. 2。

后，令一些黑人社运人士感到气愤的是，数年来他们身陷险境，然而唯一能促使联邦政府提供保护的方法却是让南方人威胁到富裕白人学生的生命安全。学生非暴力调解委员会的一名黑人社运人士这样评论道："那些白人志愿者走到哪儿，FBI 的探员就跟到哪儿。"①

但探员们既没有跟得太紧，也没有保护志愿者。在第一批学生到达密西西比的几天后，这一点就显露了出来。6 月 21 日晚，迈克尔·施韦尔纳、安德鲁·古德曼和詹姆斯·钱尼在驾车离开密西西比费城镇时失踪了。施韦尔纳和古德曼是来自纽约的白人，前者是康奈尔的毕业生，后者是皇后学院的学生。钱尼是密西西比的黑人，他和施韦尔纳两人在种族平等大会内都非常活跃。由于在 1964 年上半年，该州就已发生过 4 起黑人"神秘遇害"的案件，所以，社运人士非常担心同事的生命安全，他们要求立刻进行搜索。州长保罗·约翰逊对这个想法嗤之以鼻，并公然胡说："他们可能在古巴。"两天后，官方发现了志愿者被烧焦的车。约翰逊总统命令附近海军基地的海员在 FBI 的协助下进行大规模搜索。联邦探员搜索了 6 个星期，才在一个土坝里发现了他们被埋的尸体。古德曼和施韦尔纳心脏中枪，一名医生说，钱尼"被打成了肉泥……。我做了 25 年病理学家和法医，从来没见过碎得那么厉害的骨头，除非是在极高速的事故或飞机坠毁事故中"。几天后，施韦尔纳的遗孀告诉全国人民："我们都知道，这次能有上百名海员参与搜索是因为安德鲁·古德曼和我丈夫是白人。如果只有钱尼出事，他们什么都不会做。"②

不幸的是，丽塔·施韦尔纳说对了，而她丈夫的死只是暴力的开始。

---

① 有关培训，请参考 Belfrage, *Freedom Summer*, chap. 1；有关性问题，请参考 Evans, *Personal Politics*, 81－83, Harris, *Dreams Die Hard*, 67, 及 Rothschild, *A Case of Black and White*, chap. 5；学生非暴力调解委员会的社运人士为 Lawrence Guyot，采访出自 Raines, *My Soul Is Rested*, 287。

② 医生发言出自 F. M. Keating, *Mississippi Eyewitness* (Menlo Park, Calif., 1964), 49；Holt, Summer That Didn't End, 30；Seth Cagin and Philp Dray, *We Are Not Afraid: The Story of Goodman, Schwerner, and Chaney and the Civil Rights Campaign for Mississippi* (New York, 1988), chap. 9。

以下内容选自“密西西比自由之夏”第一周的日志：

6月23日　杰克逊：牧师 R. L. T. 史密斯的家遭枪击。白人男子步行逃离。

莫斯波因特：皮西厄斯骑士团礼堂遭燃烧弹袭击。

6月24日　坎顿：民权人士的汽车被子弹击中。

6月25日　鲁尔维尔：威廉姆斯教堂遭燃烧弹袭击。

6月26日　哥伦布：7名选民登记工作者因无市政许可而分发传单被捕。保释金：每人400美元。

克林顿：圣灵教堂遭纵火。

杰克逊：种族平等大会的地方联络员在海恩兹县监狱被殴打，当时他还是联邦囚犯。

6月27日　格林伍德：多次遭电话骚扰；炸弹威胁。

6月28日　杰克逊：密西西比的“好客月”：白人志愿者从牛津到达本地火车站时被人从后面踢倒并遭到殴打。

6月29日　哈蒂斯堡：凌晨1点，志愿者的两辆轿车遭开着皮卡车的4名白人枪击。

6月30日　鲁尔维尔：一名男子因给白人志愿者提供住宿丢了工作。

霍利斯普林斯：学生非暴力调解委员会的工作人员遭当地白人的袭击，后者威胁要用12号口径霰弹枪扫射他和他的办公室。

“总有一天，密西西比人将不得不长大，”1964年，密西西比大学的历史学家詹姆斯·W. 希尔弗写道，“不得不接受文明社会的审判。”整个夏天，种族主义者殴打了80名民权工作者，枪击了30名志愿者，导致4人死亡。南方警察用蹩脚的罪名逮捕了1 000多人，协调员亨特·莫雷4小时内在同一座城市被捕了 3 次。恐怖分子炸毁或烧毁了 30 处黑人住宅及商铺。在麦库姆，3 个月内发生了 17 起炸弹袭击，种族主义者火烧 37 座黑人教堂。密西西比在燃烧。

“那是我一生中最漫长的噩梦。”克利夫兰·塞勒斯后来说。①尽管如此，志愿者还是继续在这个漫长炎热的“密西西比自由之夏”工作。他们跑遍了整个州，足迹遍布公路和小道，一路和黑人农民交谈。他们开办了“自由学校”，这样一来，不识字的贫困黑人就可以学习如何清楚表达自己的渴望与诉求，他们还建立了社区中心，“巩固植根于本地的自由运动”，就算志愿者在秋季学期返回大学校园，这场运动也能继续进行下去。社运人士还试着帮黑人在该州民主党那里做选民登记，但他们很快就发现白人民主党人不为所动。实际上，千名志愿者在努力了一整个夏天后，只帮助不到 1 600 名黑人完成了密西西比民主党的选民登记。社运人士早就料到了这一点，所以他们已经做好准备，实施另一套策略：遵照民主党全国委员会的规则，他们建立了一个备选党——密西西比自由民主党。志愿者招募了近 6 万名被剥夺选举权的黑人加入密西西比自由民主党，那些刚获得权利的投票者选出了 44 名“自由代表”去参加 1964 年的民主党全国大会。

8 月，民主党在大西洋城召开大会。“自由民主党人”表示，不论结果如何，他们都将支持该党的提名人与政纲。密西西比的白人代表仍缄口不言，这让其他人想起了 1948 年大会时的情形，当时的市长休伯特·H. 汉弗莱和总统哈里·杜鲁门提出了民权提案，南方白人因此退席，并组建了迪克西民主党（Dixiecrats）。黑人代表在该党资格审查委员会面前作证说，既然不准许他们参加州选举，那么，密西西比自由民主党就是密西西比唯一自由选举产生的政党。他们要求像该州真正的代表一样获得席

---

① Holt, *Summer That Didn't End*, 196–268 重制了日志，还可参考 SAVF: box 29,“密西西比自由之夏运动”中志愿者的信, and Willie Morris, *The Courting of Marcus Dupree* (New York, 1983), chap. 9; Silver, *Mississippi: The Closed Society*, x; Sellers, *River of No Return*, 74。

位。在国家电视台，詹姆斯·法玛尔、罗杰·威尔金斯和其他许多人描述了在密西西比发生的暴力和恐吓事件。奴隶家的孙女芬妮·卢·哈默讲述了她注册成为选民的艰辛过程——她被赶出做了 18 年佃农的种植园，中了枪，被殴打，直到再也走不动路："我想问问美国，这还是美国吗？还是自由者的领地、勇敢者的家园吗？就因为我们想要在这里……体面地生活，我们的性命就要天天受到威胁吗？"马丁·路德·金恳求民主党人："如果你们珍视自己的政党，如果你们珍视自己的国家，如果你们珍视民主进程，你们就必须承认自由党代表团。"约瑟夫·劳是一名白人律师，同时也是参议员休伯特·汉弗莱的助手，他问道："你们要在这儿抛弃那些愿意为林登·约翰逊工作的人吗，那些甘愿被打、被枪击、被投入监狱也要为林登·约翰逊工作的人吗？我们应该支持压迫者还是被压迫者？"

资格审查委员会投票支持压迫者：他们拒绝给自由民主党人席位。南方白人代表团已经告诉约翰逊总统，如果委员会和民主党支持密西西比自由民主党，他们就将离开大会，这样一来，共和党就有可能独霸南方，甚至可能让共和党参议员巴里·戈德华特赢得选举。总统不能冒这个险。而且，约翰逊已经在 1964 年签署了一项立法，不仅给了黑人及其自由主义同盟《民权法案》，还启动了涉及食物券、医疗、教育的新计划，设立了"向贫困宣战"的经济机会办公室。他需要南方人的一些支持，这样才能在第二年通过更多的计划，将这个国家变成他的"伟大社会"。为了收买自由主义者，约翰逊让他们的候选人汉弗莱参议员担任副总统，并且做出了一项妥协：密西西比自由民主党将获得两个席位，与此同时，密西西比白人代表也将在大会中拥有席位——但这是最后一次。未来，只有让全体公民都有选举权的州代表才有资格出现在民主党大会上。

这个妥协意味着 1968 年的民主党大会将引起骚动——许多原因始料未及——而 1964 年的大会也成了民权运动中的一道分水岭。它突显了运动中愈演愈烈的分歧。在大西洋城，部分老一辈社运人士在妥协中看到了进步，他们继续参与联合政治，希望能够使民主党自由化。金和全国有色人种进步协会及城市联盟等组织中的大部分主流黑人都同意贝亚·鲁斯汀的看法，认为这次妥协“不是我们想要的，但这是我们能拿到的最好的结果”。改变是可能的。在经历了4年充满暴力的抗争后，黑人公民的地位与他们定居美国的头三个世纪相比，已经向前跃进了一光年。大部分黑人与白人自由主义者一样持乐观态度，他们绝大多数都支持民主党。在1964年的选举中，超过90%的黑人选民都把票投给了约翰逊。民主党成了开明进步的党派，许多社运人士都试图在党内增强自己的影响力，这种策略最终促成尤金·麦卡锡、罗伯特·肯尼迪和乔治·麦戈文三名参议员加入了总统竞选。

其他社运人士则因为大西洋城的事灰心丧气，特别是学生非暴力调解委员会和种族平等大会的年轻人。有些人从1960年的格林斯伯勒静坐开始就一直在前线抗议，而现在，在经历了4年危险的抗争后，他们只是达成了一个妥协，即再过4年，也就是1968年，南方黑人将被允许参与民主。“现在就要自由！”一直是他们的诉求，而他们越来越感到幻灭。“一想到我们有色人种的年轻人是怎么开始参加运动的，我就想哭。我们中有些人很天真，真的很天真，但我们都有一颗赤子之心，”一名资深人士在1964年时说，“我只能说，这场运动让我心如刀割，很受伤。天啊……太痛心了。”这次大会让学生非暴力调解委员会的许多社运人士相信，种族主义不只是杰克逊或者伯明翰的问题，它是一个全国性问题，而且由于自由主义者在华盛顿和大西洋城做出的妥协，它被制度化了。联邦政府不是解决问题的出路，它也是问题的一部分。虽然他们一直都在和平示威，但联邦官员一直拒绝保护他们。学生非暴力调解委员会向FBI报告了150多起恐吓与暴力事件，但FBI没有进行过一次有力的调查，直到两名白人在密西西比的费城镇外被杀。实际上，从格林斯伯勒静坐到1965年的塞尔玛游行期间，至少有26名民权工作者被谋杀，但只有一名凶手进了监狱。这样的暴力事件再加上大西洋城的失望结果，让社运人士感到沮丧、愤怒，最终提出了一个新的诉求：“我们想要的远不止‘敷衍的地位’，”查尔斯·

谢洛德在会后宣布，“我们要的是黑人的权力。”①

从格林斯伯勒到大西洋城，黑人力量的最终崛起只是这 4 年行动主义带来的一个结果。这场抗争影响了整个 60 年代。

对年轻一代而言，这场抗争表明乐土上也有烦心事——美国没有实现它的梦想。“今天早上我们在密西西比，”一名志愿者写道，“是因为我们相信在这个国家的学校里学到的东西——所有人都享有自由和公正——但我们没有**看到**自由和公正。我们在这里，是**因为**我们相信这个国家……。我们是你的孩子，按**你**教给我们的**真理**生活。”在冷战文化中长大的青少年在学校里受的教育一直是“人人生而平等”，但毕业时却发现，他们的国家是一个阶级社会，有些人是平等的，有些人是不平等的，有些人拥有“不可剥夺的权利”，有些人却只有少数权利或没有权利。“你曾经相信的那套高中公民教育，”斯坦福的学生大卫·哈里斯说，“在密西西比并不适用。”这种理想与现实之间的差异，话语与行动之间的差异，让许多学生愤而成为社运人士——也促使他们开始质疑权威。“自由之夏”的志愿者萨利·贝尔弗拉格记得，她的白人同事“彻底改变了，他们要看看他们的国王有多露骨”。

随着这些年轻的美国人开始参与运动，他们也认识到伪善与不公不只是“南方的问题”。回到家后，许多人都因为朋友的偏执态度感到伤心和沮丧，许多人都开始认同黑人律师伦恩·霍尔特的话，后者在当时写道，这个“国家并不是由 49 个州和一个名叫密西西比的孤岛组成。不管是坏是好，美国都是由 50 个密西西比组成的，只是位置各不相同而已”。

第一批社运人士暴露了美国的问题，这些信息经由媒体，尤其是电视，传到了全国的千家万户，它在整个 60 年代起到了极为关键的作用。电视成了抗争的信使，社运人士也意识到了这一点，他们利用它来实现自己

---

① Mills, *This Little Light of Mine*, 50–51, 120–21; Lillian Smith, *Our Faces, Our Words* (New York, 1964), 61–62；谢洛德的发言出自 Carson, *SNCC*, 127。

的目标，这对后来关心其他事业的倡导者很有指导意义。媒体能够把全国的注意力集中在一个问题上，在它的帮助下，这场抗争成为美国 60 年代头 5 年的头条新闻。随着各种戏剧性的事件接二连三地闪现在屏幕上，60 年代的时间顺序感开始模糊起来，转而成了一种心理上的体验：拿着枪和警棍的高大健壮的白人警察，把示威者冲得东倒西歪的消防水管，试图撕咬惊恐的游行者的凶恶警犬，街道上的催泪弹和火光。与此同时，黑人和白人神职人员手挽着手，带领年轻的游行者前进，一路高唱《我们一定会胜利》，这样的画面反复出现。意图非常明确。“我不相信你看完一个又高又胖的南方警察殴打一个可怜的黑人后，还能忘记这样的场面，”婴儿潮一代的某人说，“看到那样的画面，你怎么可能不受触动？”“而且，”另一人补充道，“你怎么可能不知道自己想站在哪一边？”①

在当时以及整个 60 年代，1964 年秋季学期回到校园的社运人士清楚地知道自己想站在哪一边——投身于变革的运动之中。这场抗争激励了他们，也揭示了转变冷战文化是可能的。非暴力直接行动已经迫使联邦政府进行干预，并打击了吉姆·克劳法。

然而，社运人士也明白改变意味着抗争。“不提出要求，权力永不会让步。”弗雷德里克·道格拉斯在 1863 年如是说，一个世纪后，金在伯明翰的监狱中写道：“痛苦的经历让我们明白，压迫者永不会自愿给我们自由，受压迫的人必须自己提出要求。”整个 60 年代中，许多当权派将会抵抗和反击。在冷战文化中维持社会控制很简单，老一辈人找来了替罪羊，他们污蔑少数支持改变的人是叛徒或外部煽动者。

骗人的把戏还在继续。1964 年 11 月，FBI 局长 J. 埃德加·胡佛称金为“这个国家最臭名昭著的骗子”，他还说，南方基督教领袖会议的领头人都是“共产党员和道德败坏者”。许多南方人都同意这样的观点，他们

---

① Jane Stembridge 写自密西西比的信件出自 King, *Freedom Song*, 397; Belfrage, *Freedom Summer*, xix; Holt, *Summer That Didn't End*, 143; 相关画面的描述出自 Gottlieb, *Do You Believe in Magic*?, 32。

还用“州权”和“基督教价值观”这类陈腐的理由为自己的生活方式辩护。这些都是在为种族主义找借口，都是站不住脚的。《圣经》并不支持种族隔离和种族主义，恰好相反，当各州加入联邦时，它们就失去了挑挑拣拣地执行联邦法律的权利。此后，正如历史学家利用 FBI 档案所证明的那样，也正如许多社运人士所证实的那样，共产主义和民权抗争毫无关系。

“我们不需要什么外国意识形态，”玛丽·金写道，“除了杰斐逊式民主之外，我们不需要感谢任何政治理论。”“自由之夏”的志愿者马里奥·萨维欧补充道：“我们在反共环境中长大。美国反对共产主义，反对社会主义，反对任何批判社会的东西……。但是参加民权运动不需要你有什么意识形态——这是美国在用其最佳说辞进行自我驳斥。”①

民权运动就是关乎权力的，而权力就建立在种族的基础上。是否所有公民——白人和黑人——都将对南方的经济、社会及政治享有相应的支配权，并最终对美国的经济、社会及政治享有相应的支配权呢？保守派说“保持现状”，自由主义者说“按照我们的规则做事”，而社运人士要求国家践行自己的《宪法》：现在就要自由！

这场抗争还表明，国家领袖常阐明问题，但并不领导大众。由于媒体将焦点集中在某一人身上，因此，它有能力在横扫整个南方各村镇的运动中寻找某个发言人来制造“领袖”。“白人媒体一直在寻找一个能解释所发生的一切的‘黑人领袖’，这几乎是可笑的。”黑人作家路易斯·洛马克斯写道。国家发言人当然非常重要，但他们的组织经常会争抢资金和曝

---

① 大卫·J. 加罗通过《信息自由法》取得了 FBI 档案，他说里面“根本没有证据”可以表明共产主义影响了运动和小马丁·路德·金。参见 Garrow's *The FBI and Martin Luther King, Jr.* (New York, 1981), chaps. 1 and 2, and Kenneth O'Reilly, *Racial Matters: The FBI's Secret File on Black America, 1960–1972* (New York, 1989), chap. 4。有关社运人士的看法，参见 King, *Freedom Song*, 283–89; McAdam, *Freedom Summer*, 44–53; and Rothschild, *A Case of Black and White*, 38–43。萨维欧的采访出自 Bret Eynon, “Community in Motion: The Free Speech Movement, Civil Rights, and the Roots of the New Left,” *Oral History Review* (Spring 1989): 51。

光度，而从格林斯伯勒到大西洋城，许多个人和本地组织都在社区中表明了态度。“传统左派，”罗伯特·摩西在1964年12月解释说，“一直在谈论联盟和领袖，但总是从高层谈起。对他们而言，密西西比只是一块棋盘……。人民不需要发言人和决策者，他们需要的是尝试代表自己的信心。”谈到运动的成就，一位历史学家总结说：“黑人为自由而抗争的真正成就，与其说来自管理者和倡导者的活动，不如说来自草根组织者的努力，是他们真正构建和指导了南方的运动。”① 马里恩·巴里、芬妮·卢·哈默、赛琳·麦卡伦、戴安娜·纳什、伯尼斯·里根、威利·皮科克、迈克尔·施韦尔纳、荷西·威廉姆斯、鲍勃·泽尔纳和数百名其他“普通”公民为了信仰而不顾生命危险，他们迈出了意义非凡的一步。甘地曾在印度独立运动中说过一句话，它很好地描述了整个60年代的抗争和运动中的领袖：“我的人民已经出发。我必须跟随他们，因为我是他们的领袖。”

参与抗争的经历改变了大多数社运人士。南方已经成了一场新兴运动的新兵训练营。社运人士通常会变得自信，因为他们已经解决了一个重大问题，规划并确立了目标，研制了策略，并对缓和冷战文化产生了一定影响。“自由之夏”期间，有千名学生接受了培训，还有约250名北方神职人员和律师也接受了培训，他们志愿提供服务，并建立了人脉，这些人脉在60年代后期解决其他问题时发挥了宝贵的作用。此外，南方取得的一些胜利让人们更加渴望改变，同时引发了更多的激进行动。自1930年代以来，新一代美国人首次将行动主义看作民主的合法组成部分。后来，行动主义变得非常流行，1965年的第二次“自由之夏”中，超过750名北方白人学生自愿到南方工作。数千人开始示威反对越南战争，而更多的人加入了校园组织。

---

① Louis Lomax, “The Unpredictable Negro,” *New Leader*, 24 June 1963, pp. 3-4; 摩西在1964年12月3日做的采访，出自 Jack Newfield, *The Education of Jack Newfield* (New York, 1984), 166-68; 大卫·J. 加罗在 Eagles, ed., *Civil Rights Movement in America*, 55-64 中的评论。

当志愿者纷纷回到大学，他们开始讨论民权并对其他议题提出质疑，有些人阅读了《休伦港宣言》之类的宣言。部分志愿者认为他们已经在南方体验到了新左派眼中的美国——一个有种族偏见的社会，在这里，白人日益富裕，周围却是贫困的黑人，普通人感到无能为力和恐惧，南方权力精英扼杀异见。更多的学生发现自己“这一代人，至少在小康环境中长大，现在安居于大学内，正不安地看着自己继承的世界”。学生争取民主协会和其他校园组织不断壮大，在经历了大西洋城的大会后，学生争取民主协会和学生非暴力调解委员会的老手们明显地察觉到，他们的早期盟友——自由主义者——会抛弃他们而跟权力精英达成妥协。他们对“当权派”越来越失望，一些人开始从左派转向激进主义。“我曾是一个和平工作队式的自由主义民主党人，”一名志愿者坦承，“现在我变成了一个愤怒粗暴的左派。”

这场抗争还以另一种方式影响了社运人士：它使得许多人开始质疑自己的父母。在贫民区从事经济研究与行动项目的工作，或是在南方自由学校教目不识丁的佃农常常会让社运人士远离主流文化。“走出密西西比再走进‘文明白人’的世界很困难，”一名志愿者在回到她的北方郊区后写道，“那就像文化冲击之类的东西……。我不太确定自己在说什么，只是我反对我家人支持的很多东西。”许多社运人士对住在郊区的父母和朋友感到失望。黛布拉·艾森伯格从南方回到北方后，她的父母问：“说说看，那里怎么样？”这位年轻女性开始对他们讲述那里的贫困、种族主义和绝望，紧接着妈妈爸爸脱口而出：“不，不，不是那样的。”郊区居民听不得南方的实情，就像后来许多人不愿听回国的越南老兵说话一样。

一些社运人士开始改变自己的生活方式。许多女志愿者开始思考女性在社会中的传统角色。安德鲁·扬后来承认，毕竟，“女性是我们运动的支柱。正是妇女们挨家挨户地走访，和邻居交谈，给选民登记班开会，在教会组织里里外外的事务，才给这场运动带来了至关重要的动力和能量，才使它成了一场群众运动”。有些人开始思索，女社运人士已经为黑人要求平等权利，为什么她们不继续为自己谋求平等权利呢，在这期间，抗争在她们心中播下了妇女解放运动的种子。

女性和男性社运人士也开始将自己看作一个与众不同的社会的一分子，这是一个更具灵活性和实验性、提供更多个人自由的社会，是他们这一代人内部的一个跨种族社区。一些人开始穿着不同的衣服。一名志愿者表示，虽然在密西西比的“自由之家”，“我们 6 个不得不汗流浃背地睡在脏兮兮的地上”，但他们并不是因为这个理由才放弃校服，穿起工作衬衫和蓝色牛仔裤的：“那是我们个人反叛的一部分，实际上，参与‘夏日计划’（Summer Project）不仅是在帮助黑人创造一个更好的未来，也是在为摆脱我们的过去而努力。”一些人开始思考起父母那一代的价值观，开始寻找新的信仰，他们踏上了通往反主流文化的漫漫长路。①

这个“信仰者社区”开始将自己看作某场“运动”的一部分。不管是写下了《休伦港宣言》的那几十名知识分子，还是参与了经济研究与行动项目的百名学生争取民主协会成员，抑或学生非暴力调解委员会的几百名社运人士、“密西西比自由之夏”的千名志愿者、参加了“向华盛顿进军”的 20 万人，参与其中的人都认为自己已和其他社运人士融为一体。玛丽·金后来写道，这种全身心的投入引发了一种“强烈的相互依赖感”和“同志精神”，它们后来成了六十年代人的一部分。这种态度也发展形成了 60 年代的另一主旋律：我们对抗他们。“我们没法相信其他人。我们必须信任彼此，我们做到了。”他们**属于**一场运动，属于一个正在夺取美国道德领导权、直面冷战文化的新生代。

对于 60 年代初的第一波社运人士来说，那种感觉振奋人心。“在短短一瞬间，”汤姆·海登写道，“六十年代人进入了他们那纯真的充满希望

---

①“粗暴的左派”的发言出自 McAdam, *Freedom Summer*, 127，有关志愿者调查结果，参见 131-38, chap. 4, and Rothschild, *A Case of Black and White*, chaps. 5 and 7；艾森伯格的采访，NPR，“Morning Edition,”27 April 1992；扬的发言出自 King, *Freedom Summer*, 469-70；“个人反叛”出自 Cowan, *Making of an Un-American*, 37。

的时代。”虽然部分社运人士的热情已在南方被扑灭，但这一代人整体上似乎有无限可能。霍华德·津恩在 1964 年写道：这些“年轻人是对这个国家最生动的提醒，他们让我们看到，当今世界存在着一种无法磨灭的精神，它超越种族，超越国籍，超越阶级。它渴望拥抱全世界所有的人”。

对这一代人来说，60 年代初是一个乐观主义不断膨胀的年代，那种精神常常伴随着社运人士的余生。凯西·海登在 25 年后回忆道，这场运动“曾是一切：是家和家人，是食物和工作，是爱和活下去的一个理由。……很惊世骇俗，真的。既兴奋，又无拘无束，还刺激，当时我们还年轻，还在南方。这场运动——我有时候实在太怀念它了……。那是一段神圣的时光”。在那个年代，普通民众都觉得自己正在为照亮美国的未来尽一份绵薄之力。① “我知道我夸大了那个夏天的重要性，尤其是我在其中的作用，”多年后，密西西比的一名志愿者说道，“但那段记忆对我很有帮助。我……生命中最纯真的时刻就是在哈蒂斯堡的那个小教堂里度过的，当时我汗流浃背，哭得像个小孩，一边还在唱《我那微小的光》（*This Little Light of Mine*）。你知道歌词吗？有一段是这样的：

> 闪耀的光是爱的光，
> 从上面照亮了黑暗。
> 它照亮了我，也照亮了你，
> 让我们看到爱的力量。
> 我那微小的光，我要让它发亮，
> 让它发亮，让它发亮，让它发亮。”

① King and Casey Hayden, *Freedom Song*, 74, 7; Hayden, *Reunion*, 31-32; Zinn, *SNCC*, preface; *Freedom Summer*, 240 中 McAdam 的采访。

第二章　运动和六十年代人

这个冬天，我们尽是不满……虽然过去我们一直很安静，但现在我们开始行动了，因为我们很愤怒，忍耐总有极限，我们将不再受人摆布。

——罗杰·艾伯特，《伊利诺伊人日报》（*Daily Illini*），1965年1月

这场民权运动正在从抗议运动演化成一场羽翼丰满的社会运动。

——贝亚德·鲁斯汀，1965年

“去年夏天，我去密西西比参加了那里的民权抗争，”1964年，伯克利学生马里奥·萨维欧说，“今年秋天是这场抗争的另一个阶段，我成了其中一员，这次的地点是在伯克利。在密西西比，一个专制而强大的少数群体通过有组织的暴力统治，压制了庞大而几乎无能为力的多数群体。在加州，享有特权的少数人操纵着大学的官僚机构，压制学生的政治言论。”

9月，当学生们回到伯克利校园继续秋季学期时，加州大学已经禁止发表这种言论了。和冷战时期大学官员的通常做法一样，一名学监直接通知所有学生组织，从现在起，不再准许他们在校园内设置信息台宣传民权等“校外”事务，此外，这一禁令适用于学生开展此类活动的传统区域，一小片商业街，位于校园正门电报局大街和班克罗夫特路相会处。①

行动主义早已来到伯克利。1958年，学生组建了“迈向活跃学生社区”组织（Towards an Active Student Community），后来成为候选人党，其中几十人开始讨论民权、死刑和核裁军问题。“对我们而言，”学生迈克尔·罗斯曼后来写道，“这是个彼此发现的过程。我们开始意识到自己并不孤单。”1960年春天，他们行动了，在圣昆廷他们举行静默守夜，抗议处

决卡里尔·切斯曼②，在众议院非美活动调查委员会外他们抗议该组织对旧金山湾区共产主义活动的调查，这次示威最终导致了“黑色星期五”事件。行动主义升级了，在 1963—1964 学年，已经有数百名学生参与了民权示威，他们在旅馆、汽车经销店、餐馆及其他有歧视性雇佣行为的企业外进行了抗议。在幸运食品店，社运人士举行了“静购”，他们在购物车内装满食物，等排到其付款时，他们会说：“对不起，我忘带钱了。如果你们能雇一些黑人，下次我会记得带钱的。”他们在《奥克兰论坛报》报社外举行抗议，这家报社的老板是保守派、大学董事会成员，3 月，当地活动达到了高潮，当时有 2 000 人聚集在喜来登皇宫酒店外，他们违反了法院对抗议者数量的限制令，警察逮捕了 800 人。

政治辩论也愈演愈烈。1964 年 6 月，共和党在旧金山召开大会，保守派巴里·戈德华特的候选人资格引发了人们的讨论，因为他将在接下来的选举中对阵林登·约翰逊。接着到了 8 月，就在学生重回课堂的几周前，约翰逊总统宣称北越人在东京湾袭击了美国船只。在他的要求下，国会通过了《东京湾决议案》(Gulf of Tonkin Resolution)，这让更多的学生开始争论美国在南越扮演的角色。9 月秋季学期开始时，约 50 名学生结束了密西西比之夏的志愿者工作回到了学校。在伯克利和其他大学里，许多这样的学生被视作“民权英雄”，受到了热烈的欢迎。

在发布政治禁令时，大学管理层显然是受到了来自所在州、社区及校董事会内保守派的压力，要求其遏制行动主义。学生的反应非常激烈。9

---

① Savio, “An End to History,” *Humanity*, Dec. 1964, p. 1, 也可参考 Massimo Teodori, ed., *The New Left: A Documentary History* (Indianapolis, 1969), 159。1965 年 2 月整期的《加州月刊》都在谈论言论自由运动，其中包含了 9 月 10 日至 1965 年 1 月 4 日间发布的数百份声明、文件及报告。也可参考 Seymour Martin Lipset and Sheldon S. Wolin, eds., *The Berkeley Student Revolt: Facts and Interpretations* (Garden City, NY, 1965)，还有 W. J Rorabaugh, *Berkeley at War: The 1960s* (New York, 1989) 中大篇幅的尾注，以及纪录片 *Berkeley in the ’60s* (California Newsreel, 1991)。言论自由运动相关的文件藏于班克罗夫特图书馆，多数已由威斯康星州历史协会复制。

② 美国罪犯，1960 年 5 月死于加州圣昆廷监狱，在死囚牢房度过的 12 年里，写了很多作品，坚称自己无罪并为自己辩护，这使他成为死刑持久争议的象征。——译者

月 21 日，各种政治派别的校园组织联合起来——既有青年社会主义者联盟，也有戈德华特青年组织——并违反了禁令。200 名学生在校园内进行抗议，手持“加州大学制造安全思想”“禁止政治节育”及“炸掉禁令”这样的标语。对大多数人来说，这个问题事关言论自由。“他们允许我们谈论我们为什么觉得某事是好是坏，”社运人士杰基·戈德堡说，“却不允许我们散播信息，不允许我们告诉大家应该怎么去做。在我们的社会和这个学校里，不作为是常态而不是例外。”运动得到了支持，一个星期后，一些学生搭起了政治信息台。校方管理人员记下了他们的名字，并命令资深民权人士杰克·温伯格到学监面前接受询问。第二天他去了，但随行的还有 500 名支持者，他们挤进了行政楼——史普罗大楼，一直待到第二天清晨。加州大学校长克拉克·克尔对 8 名社运人士做了停学处理，但这种做法并没有像 1950 年代那样压制住异见，反而增加了敌意，引发了更多的抗议。“一个在密西西比被 3K 党追捕过的学生，”学生罗杰·桑德尔说，“是不会轻易被学界的官僚主义者吓倒的。”

这就是言论自由运动，它同前一年春天的民权抗议一起表明了新一代人正在崛起。“我感到非常自豪，”伯克利学生萨拉·戴维森写道，“我属于一个关心世界问题的了不起的新学生群体。年轻人不再无动于衷，无动于衷是 50 年代的样子。我们**无比投入**。”①

自那以后，伯克利就成了 1960 年代学生抗议和校园反叛的代名词。历史学家通过研究 1964 年在伯克利发生的事件和 1968 年在哥伦比亚大学发生的事件来描述学生力量的崛起，就仿佛那几年间其他大学什么都没发生一样。社会学家和心理学家写了海量的文章和书，提出各种理论假设来阐释学生为什么要挑战体制，例如富裕的家境、放任的育儿方式、成长的压

---

① TA：interview with Michael Rossman，20 May 1991，也可参考他的 *Wedding Within the War*，30–71；有关“自由之夏”对言论自由运动的影响以及学生力量的崛起，参见 McAdam，*Freedom Summer*，chap. 5，and Bret Eynon，“Community in Motion：The Free Speech Movement，Civil Rights，and the Roots of the New Left，” *Oral History Review*（Spring 1989）：39–69；桑德尔的发言出自 Rorabaugh，*Berkeley at War*，20；Davidson，*Loose Change*，66。

力、行将崩溃的资本主义，甚至年轻的男学生饱受阉割情结的折磨。①这些解读具有误导性。在 1960 年代中期，学生力量的崛起是一个全国性现象，它事关众多问题，并不只是关于某所名校内的言论自由问题。此外，社会科学理论或许可以解释部分个体的行为，但无法解释校园骚乱增多的原因。相反，当相当多的新生代——六十年代人——来到校园时，人们必须先研究这一庞大的群体，然后才发现大学管理人员限制了他们的个人行为和宪法权利。

在 1964 年和 1965 年，第一批二战后出生的孩子正在成年，他们将要庆祝自己的 18 岁生日。从 1946 年到 1964 年，战后的高出生率持续了 18 年，因此诞生了我们历史上最为庞大的世代——婴儿潮一代，其人数超过了 7 000 万。如此巨大的人口数量改变了这个国家的面貌。1960 年，由于大萧条时期和战争期间的出生率太低，美国步入了中年社会，当时处在 18 岁至 24 岁之间的青年只有 1 600 万。然而，婴儿潮的到来颠覆了这种情况。到 1970 年，年轻人的数量猛增至 2 500 万左右。突然之间，这个国家变年轻了。“六十年代人”包括出生于 1940 年代后期及 1950 年代早期的婴儿潮一代，也包括这些人的哥哥姐姐，他们在二战期间出生，在 1960 年代早期成为“第一波”社运人士。因此，六十年代人可以被界定为 1960 年至 1972 年间所有满 18 岁的人。最年长者出生于 1942 年，1972 年时满 30 岁，最年轻的出生于 1954 年，1972 年时满 18 岁。这一代人的数量超过了 4 500 万，其中约 3 300 万人是婴儿潮的一部分，这一群体认为自己非常特殊，尤其是在经历了 60 年代那些给人留下创伤的事件后。1969 年的一项

① 参见 Edward E. Sampson, Harold A. Korn, et al., *Student Activism and Protest* (San Francisco, 1970) 中的文章和注释; Julian Foster and Durwand Long, eds., *Protest! Student Activism in America* (New York, 1970); Christopher G. Katope and Paul G. Zolbrod, eds., *Beyond Berkeley: A Sourcebook in Student Values* (Cleveland, 1966); Ronald Lora, ed., *America in the 60's: Cultural Authorities in Transition* (New York, 1974); 还可参考 Michael W. Miles, *The Radical Probe: The Logic of Student Rebellion* (New York, 1971), and Diane Ravitch, *The Troubled Crusade: American Education, 1945—1980* (New York, 1983), chaps. 6-8。

调查显示，80%的年轻人认为自己属于“我这一代”。

美国似乎变年轻了，而在60年代中期，成为六十年代人中的一员突然非常重要。企业在年轻人身上大捞了一把，例如，福特汽车公司为年轻人研发了一款汽车，取名福特野马（Mustang），而一家饮料公司则声称“百事世代”已经到来。解读、利用或迎合年轻人成为了一种狂潮，在这十年间，商业广告的数量突飞猛涨，写年轻人的文章数量翻了2倍。美联社称，年轻人“制造的头条新闻比任何人都多……。1964年必将作为‘年轻人的一年’被载入史册”。1965年，《新闻周刊》称：“美国的未来一直属于年轻人，而年轻人也前所未有地牢牢地掌控着美国的当下。”《时代》周刊则称：“1966年的年度人物是一整代人：25岁及以下的男人和女人”。

此外，由于战后财富的积累，六十年代人有他们大萧条一代的父母所错失的机会。在“不得不安定下来”之前，孩子们可以在大学里待上数年，甚至出去旅游。这就增加了父母与孩子间出现“代沟”的几率。十七八岁到二十出头的这几年通常压力很大，也很叛逆，因为他们在这段时间要寻找自我、伴侣及事业。由于婴儿潮一代经受了成长的痛苦，因此这十年注定要比早前的年代更为喧闹。大量的孩子也意味着在整个十年间，总会有大量的年轻面孔进入大学、入伍或者接受学界和记者的审视。

然而，在1960年代中期，很难说清作为六十年代人中的一员意味着什么。记者给一些年轻人贴上了“坚定”的标签，但他们认为大多数年轻人是“极为冲动”“冷淡”的一代，而且尤其认为他们很“酷”。媒体从爵士乐和垮掉派那里借来这个词，称这一代人认为年轻很“酷”。

这个国家似乎挤满了酷世代，在主导美国舞台的同时，他们开始展现年轻人的反叛方式。对那些疯狂追求“沙滩、女人和酒”的男孩来说，在劳德尔堡①过春假成了年度朝圣之旅，而在代托纳比奇②，男孩们寻觅

① 位于美国佛罗里达州，被誉为“美国威尼斯”。——译者
② 位于美国佛罗里达州，以密实的白色沙滩著称，是现代汽车赛事的胜地。——译者

“性、沙滩、啤酒和阳光”。在复活节的周末，约 7.5 万名高校学生在代托纳比奇举行了盛大的聚会。一切都很平静，直到一个女孩被抛到毯子上，没了泳衣蔽体。骚乱开始了。当警察以在公共场合滥交和酗酒的罪名逮捕了近 2 000 人时，一名密歇根州立大学的二年级学生不以为然地说：“我只是来找点乐子，喝个烂醉。”

劳动节的那个周末，派对转移到了新罕布什尔的汉普顿海滩。约 1 万名青少年来到了这个平静的海滨度假区，这里禁饮啤酒，也禁止“和衣而睡”（bundling）的新潮流，即在沙滩上一起睡觉。年轻人当然会违反法律，一场暴乱随之而来。警察试图用消防水管、催泪弹和警犬驱散人群，但最终州长不得不找国民警卫队来帮忙。骚乱持续了两晚，当局将人群驱赶了 3 英里，实际上已经越界进入了马萨诸塞州境内。那些没出城的人被捕了，法官给了最高 9 个月的监禁和 1 000 美元罚款的严厉判罚，以表达老一辈的不满。虽然州长表示这次沙滩骚乱是“美国年轻人道德败坏的表现”，但那些年轻人并不同意。对许多六十年代人来说，这十年正在变成一场漫长的派对。

与此同时的加州：冲浪的季节！显然，在吃披萨、参加午夜派对和一些激烈的性爱开始前，金发女孩和肌肉男孩没完没了地冲浪，或是一场一场地打着排球。1963 年至 1965 年间，无数电影歌颂了年轻人的爱情：《青春之恋》(*Beach Party*)、《海滩舞会》(*Muscle Beach Party*)、《狂歌热舞》(*Bikini Beach*)、《沙滩舞会》(*Beach Blanket Bingo*)。从各种迹象来看，《米老鼠俱乐部》(*Mickey Mouse Club*) 的女孩男孩们已经不再看这档综艺节目了，他们正在享受一段曼妙的时光，一边扭动身体咯咯笑，一边想要冲出泳衣的束缚。似乎每个人都急切地想学习《如何撑满一件性感比基尼》(*How to Stuff a Wild Bikini*)。当海滩男孩乐队高唱着《冲浪美国》，驾着他们的《小道奇跑车》时，古铜色皮肤的《加州女孩》则呼喊着：“生活真是酷毙了！”

现实远不止如此，因为六十年代人第一次尝到了性革命的滋味。那时已婚女性可以买到避孕药，60 年代中期时，单身合校女生戴着朋友的婚戒，成群结队地涌进计生诊所开自己每月的“避孕药”处方。避孕药和子宫帽极大地增强了女性的独立感，因为它让女性掌握了生育的选择权，并将其从怀孕的无限恐惧中解放了出来。媒体开始报道年轻人的性观念，《新闻周刊》向老一辈解释了何为“技术上的处子之身”，即一个“有过除性交外几乎所有异性性行为的男孩或女孩”。

男性对自己的女朋友提出了新的要求，加大了“做”的压力。一个“男孩在过去会同时和两个女孩约会，一个好女孩和一个不怎么好的女孩”，密歇根的一名合校女生解释说，“现在他想要这两个女孩合二为一，不想发生关系的好女孩就遇到问题了”。本宁顿学院的一名女性说：“如果一个女孩 20 岁了还是处女，她就会怀疑自己是不是有什么问题。”瓦莎学院的一名合校女生补充道：“失去童贞的时候，我如释重负。”

老一辈十分震惊。“道德对他们来说一文不值。”沙滩旅馆的一位经理这样描述在佛罗里达度春假的年轻人。康涅狄格州达里恩的某个郊区社区一直非常自豪，因为社区里的孩子都规规矩矩，会去教堂且行为得体，当听到高中生怀孕、过度饮酒和“在露天汽车电影院内发生各种及不同程度的性行为”的报道时，家长们十分惊恐。

年轻人开始表达他们自己这一代的价值观。“我们已经摒弃了失去童贞就是道德败坏这种想法，”俄亥俄州立大学的一名高年级学生解释说，“婚前性行为并不意味着社会的崩塌，至少对我们将要建设的社会来说不是这样。”①

随着六十年代人占据了媒体，这个社会也开始变得越来越性感。时尚方面，1950 年代的女孩已经抛弃了她们的鲍比袜②和七分裤，1964 年时，

---

① Associated Press, *The World in 1964: History as We Lived It* (New York, 1965), 30–35; *Newsweek*, 11 Jan. 1965, p. 74; *Time*, 6 Jan. 1967, p. 18; 有关沙滩与道德的文章出自 *Time*, 2 April 1965, p. 61, *Newsweek*, 6 April 1964, pp. 52–59, 及 AP, *The World in 1964*。

② bobby sox，1940 年代、1950 年代美国少女和年轻妇女爱穿的一款白色短袜。——译者

她们开始穿迷你裙。裙摆从未像这般露腿，而许多年长的女性很快就接纳了这个新潮流，甚至包括杰姬・肯尼迪。与此同时，合校女生脱下连体泳装，开始穿布料越来越少的“小巧玲珑的黄色波点”比基尼，一些模特还因为穿着无上装泳衣而轰动一时。青少年们开始购买家长口中的“下流杂志”——《花花公子》。休・海夫纳的性观念与 1950 年代敢为人先的男性气质融为一体，出现在了无数詹姆斯・邦德的电影中。当肖恩・康纳利在《007 之金手指》中把技术与性融在一起去追求“普斯・格洛”[①] 时，他成了六十年代人眼中的约翰・韦恩。

“最重要的是，”美联社这样描写 1964 年，“那是属于披头士的一年。”披头士并不是单单来到美国，而是入侵了美国。2 月，该摇滚乐队抵达肯尼迪国际机场，迎接他们的是 3 000 名尖叫的歌迷，其中大多是十几岁的女孩。这个“神奇四人组”在 200 名警察的帮助下才穿过了人群。乐队为尖声长叫的观众表演了整整一个月，当他们登上《埃德・沙利文秀》首次在美国电视节目中亮相时，该节目迎来了有史以来最高的收视率：72%的纽约观众看了这期节目。披头士狂热（Beatlemania）迅速成为潮流，不久后，许多六十年代人抛弃平头，留起了长刘海，穿上了黑靴子。

那时，披头士的音乐和歌词与美国流行音乐非常相似，它与婴儿潮一代一样处于青春期。那个年代最流行的热门歌曲有莱斯利・戈尔如泣如诉的《这是我的派对，我想哭就哭》，天使合唱团语含讥讽的《我的男友回来了，你要倒霉了》，金斯曼乐队（Kingsmen）口齿不清的《路易，路易》，还有诱惑乐队（The Temptations）念白式演唱的《我的女孩》。不过，最受欢迎的是像詹与狄恩（Jan and Dean）组合和海滩男孩这样的冲浪乐队，或是至上合唱团的摩城[②]之声。1963 年夏天至 1965 年间，海滩男

① Pussy Galore，“邦女郎”之一，片中她是美国唯一的女性黑帮组织头目，而且还是女同性恋。英语中，pussy 一词有阴部之义，galore 一词来自爱尔兰语，意为数量极多，因此 Pussy Galore 这个名字有大量的性爱之意。——译者

② Motown，即“汽车城”底特律。——译者

孩有 9 首歌进了排行榜前十，包括《我到处走》(*I Get Around*)、《冲浪女孩》(*Surfer Girl*) 和《你想跳舞吗》(*Do You Wanna Dance*)。詹与狄恩在去《冲浪城市》的路上尖叫着唱起《死亡曲线》时，至上合唱团唱着《宝贝我的爱》，思索《我们的爱去哪儿了？》。披头士给出了答案：《我想牵着你的手》《我所有的爱》《并且我爱她》。如果对披头士来说这是《一夜狂欢》，对海滩男孩却不是，他们只想《开心、开心、开心》，告诉这一代人要《跳舞、跳舞、跳舞》。年轻人同意这样的看法，并跳起了被一名记者称为"无接触的疯狂的部落舞蹈，如'扭摆舞''游泳舞'和'土豆泥舞'"。每个人都产生了"好、很好、非常好、极其好的情感共鸣"。

然而，披头士乐队比其他乐队更有影响力，他们是"英国入侵"① 的一部分，入侵队伍里包括很多英国乐队，它证明了摇滚乐——虽然它是美国的独家发明——正在成为战后国际婴儿潮的专属音乐：60 年代不会只是一种美国现象。此外，披头士的外表和表演都与棱角鲜明的美国表演者不一样。1950 年代的平头潮过去后，"神奇四人组"就留起了相对较长的蓬松发型。学着"尊重长辈"的时代过去之后，他们似乎不恭起来，甚至开起了英国女王的玩笑。一名学生影评人写道，1965 年的披头士电影《一夜狂欢》(*A Hard Day's Night*)"几乎全是欢乐"，因为"所有乏味守旧的成年人都受到了嘲笑和冷落"。对许多年轻的美国人来说，这些音乐人象征着对 1950 年代道德观的拒斥，象征着对权威的反抗以及与父母的疏离。"我母亲讨厌他们，我父亲讨厌他们，我老师讨厌他们，"一名年轻的歌迷说，"你能想出三个更好的理由解释我为什么喜欢他们吗？"

反抗的暗流涌动，在这场代际冲突中，许多年轻人认为自己与父母不同。随着青少年逐渐长大成人，他们意识到自己的价值观是独一无二的；他们更理想化，更加宽容，没有那么担心共产主义。三分之一的高中毕业

---

① British Invasion，指 1960 年代中期几次英国摇滚乐队登陆美国的狂潮，并且彻底改变流行乐和摇滚乐的历史的事件。——译者

生进入大学，这一比例是他们父母那一代的 3 倍，这种现象自然会令妈妈爸爸和大学生儿女之间的关系紧张起来。“我们送他们去上大学，”父母们会说，“我们以前可没有这样多的机会，他们还想要什么？”到 1965 年时，代沟变得愈加明显，谁人（The Who）乐队用歌把它唱了出来：

> 人们总是贬低我们，
> 就因为我们东奔西走，
> 他们的所作所为是那么可怕
> 我希望在变老之前死去。……
> 你们为什么不全部消失
> 别再试图弄明白我们的意思。

那种疏离感自然而然地出现在了校园里。《新闻周刊》指出：“年轻人成功地将这个国家‘披头士化’了，许多人认为，他们可能还会将它‘伯克利化’。”①

在校园里和咖啡馆里，越来越多的学生听着年轻的民谣歌手宣布新时代的到来。1962 年，彼得、保罗和玛丽组合发行首张专辑，其封面简介称这张唱片“活力四射，没有噱头。都是关于所有美好的事物……。无论如何，有件事是确定的：诚实回来了。告诉你的邻居”。许多人都这样做了，很快，这一代人就唱起了菲尔·奥克斯、琼·贝兹、汤姆·帕克斯顿、朱迪·科林斯、伦纳德·科恩、查德·米歇尔三重唱和四兄弟合唱团（Brother Four）的歌。

民谣音乐人传递的思想非常受欢迎，它表达了六十年代人日益显露的价值观。1963 年，ABC 推出一档有关民谣歌手的电视节目——《民谣演唱会》（*Hootenanny*），很快，每周的观看人数就达到了千万。与此同时，鲍勃·迪伦发行了《自由自在的鲍勃·迪伦》，该唱片在两个月内卖出了 20

---

① *The Paper*, 10 Dec. 1965; AP, *The World in 1964*, 30–35; *Newsweek*, 22 March 1965, p. 43.

万张，这对当时的民谣歌手来说是了不起的成绩。这张专辑收录了第一首关于军工复合体的热门抗议歌曲《战争大师》(*Master of War*)，还有一首有关核灾难的歌曲《大雨将至》(*A Hard Rain's a Gonna Fall*)，以及一首对老一辈人提出质疑的《答案在风中飘》。当年晚些时候，彼得、保罗和玛丽组合发行了单曲《答案在风中飘》，不到两个星期就卖出了30万张，最终销售超过100万张，成为第一首登上流行唱片销量排行榜的抗议歌曲。

在1960年代的前几年里，许多民谣歌曲都在关注当时最重要的问题——民权。查德·米歇尔三重唱唱了一首讽刺密西西比大学种族隔离的歌曲，名为《母校》(*Alma Mater*)；汤姆·帕克斯顿在《亚拉巴马的狗》里猛烈抨击了种族隔离主义者；菲尔·奥克斯在《谈谈伯明翰小曲》和《献给密西西比州》里公开谴责了南方的生活方式。彼得、保罗和玛丽组合唱了《如果我有一把锤子》，称他们确实有一把锤子、一只钟和一首歌："这是正义之锤，这是自由之钟，这是普天之下兄弟姐妹的友爱之歌。"迪伦在《答案在风中飘》里向他那一代人提出了道德选择：

> 一个男人要走过多少路，才会被称为男子汉？
> 是啊，一个男人要回过多少次头
> 才能假装什么都没看见？
> 那答案啊，我的朋友，在风中飘，
> 答案就在风中飘。

"回答这些问题的第一种办法，"迪伦说，"就是要问他们……。我依然认为，那些看到错事且明知是错事却调过头去的人都是十恶不赦的罪犯。"① 民谣歌手感到从南方的抗争中吹来了一股和煦的变革之风，这是

① Bob Dylan, *Lyrics*, 1962-1985 (New York, 1985), 53，还可参考 Robert Shelton, *No Direction Home: The Life and Music of Bob Dylan* (New York, 1986), 173-80。

一股承载着新观念的和风，1965 年，迪伦提醒为人父母者：

> 你们的儿女已不受你们控制
> 你们的老路在迅速变旧。
> 如果帮不上忙
> 就请离开那条新路
> 因为这时代，它在不停地变啊

60 年代中期，随着第一批婴儿潮一代开始涌进教室，校园里的时代正在发生变化。过去，高等教育是专为那些上私立大学的美国富人准备的。二战前，上私立学校的学生多于上公立学校的学生，但这场战争之后，情况变了。为了奖励老兵，政府通过了为他们支付学费的《退伍军人法案》。战后的经济发展势头强劲，意味着有更多的家庭能让孩子去上州立大学。接着，在 1957 年，苏联向美国发起挑战——苏联人发射了斯普特尼克。太空竞赛开始了！郊区的家长们开始思考小伊万是不是比小泰瑞聪明。作为回应，国会通过了《国防教育法案》，给科学和工程学学生奖学金并提供一些贷款，而在 1965 年，约翰逊总统为实现他的“伟大社会”计划，大幅增加了学生贷款项目。

教育已民主化。只要愿意，几乎所有人都能上大学。“我当然上了大学，”婴儿潮一代的某人说，“那是理所当然的。”到了 1960 年代末，四分之三的大学生在公立学校就读，18 岁到 21 岁的年轻人中，几乎一半正在上大学。入学人数激增。1960 年时，大学生为 300 万，但 1964 年秋天，第一批婴儿潮一代进入校园，第二年，学生人数为 500 万，到 1973 年时，人数翻番，达到了 1 000 万。这意味着高等教育出现了一种新形式，即大型公立大学。在二战前，没有一所大学的学生人数超过 1.5 万，而到 1970 年时，有 50 多所大学的学生人数超过了这个数字，有 8 个校区的人数超过了 3 万。例如，1958 年到 1970 年间，北卡罗来纳（教堂山校区）、佐治亚

（雅典校区）及路易斯安那州立大学（巴顿鲁日校区）的大致学生人数几乎增加了2倍，达到约1.7万人。华盛顿（西雅图校区）和得克萨斯州立大学（奥斯汀校区）的人数从约1.5万增加到了近2.7万，而密歇根（安娜堡校区）和俄亥俄州立大学（哥伦布校区）的人数分别上涨了50%，达到了约3.4万人。明尼苏达的人数翻了一倍，超过了4万人，威斯康星州立大学的人数从1.4万飙升至3.5万。仅仅在60年代的头5年，伯克利的入学人数就增加了50%，超过了2.7万人。大学入学人数的惊人增长及庞大的在校生数量意味着如果学生活跃起来，媒体会迅速聚焦校园。任何的学生行动主义都将被全国性及地方性媒体视为“潜在的伯克利”。

大学的规模在不断扩大，其职能也在不断增多。大学成了“知识生成器”，成了分析和数据的竞技场，这不但会帮助美国与其他国家竞争，而且还能帮它赢得冷战。“专家”会力挽狂澜，“最好”的理念显然来自“最聪明”的教授。除教学和研究外，教授们还参加会议、研讨会、座谈会，为政府、行业和商界提供咨询。除教育之外，大学之间开始相互竞争，力求拥有最出色的教职人员和最高的威望。有些学校几十甚至几百年来都是“college”，现在他们将名字改为“university”①。但这还不够。克尔校长称这些学校为“大型综合性大学”，它们是“实现国家目标的主要工具……是国家发展的关键……它们处在知识过程的中心”。竞争越来越激烈，大型综合性大学的管理人员争抢联邦政府的拨款、研究经费、捐赠和组织支持。这样一来，大学就需要一个不断壮大的行政人员队伍、更多的学监及其助手，这些人员的增速超过了教授的增速。“教育管理人员，”安德鲁·海克教授在1965年写道，“很擅长找到自己能做的新工作，他们可以创建新的委员会，可以写新的报告。”以数量获得威望成为新的等式：学生×学监×课程×研究经费。官僚机构不断扩张，直到校方管理人员

① 在美国，college一般指规模较小、专注于本科教育的大学，university一般指规模较大，同时提供本科及研究生等课程的大学。——译者

找钱变得比教授讲授亚里士多德更重要。①

每个秋季入学的学生质量也在不断提升。郊区学校在应对冷战的考验，并把更优秀的学生送进大学。1963 年 6 月，《生活》对 20 所大学校区的学监进行了调查，从耶鲁到加州大学洛杉矶分校，从迈阿密到丹佛，然后发表社论称："63 届大概是美国历史上准备最充足、最稳定也是最有前途的一届大学生。与其对他们说教，不如我们来倾听。"

然而，这就是问题所在——大学管理人员是不会倾听的。"大学向来对学生在抱怨什么不太感兴趣，"耶鲁牧师小威廉·斯隆·考夫因在 1965 年写道，"他们更关心怎么让学生不再抱怨。"在 60 年代初，加州大学管理人员威廉·麦吉尔坦承："我们太专注于我们的工作和抱负了，以至于我们从一开始就没有倾听学生想对我们说的话。"

学生的脑子里有很多想法。每年秋季学期，他们都会排起长队注册，上的也是人山人海的"大班课"。州立大学里四五百个学生的大班课很常见。在得克萨斯，大约 700 名学生坐在一起上一年级地理课，但这也比不上明尼苏达，那里有近 2 000 名学生报名修心理学课程 2。教这门课的是一名教授和一群忙碌的研究生，实际上，研究型大学里的大部分基础课程是研究生教的。在伯克利，1965 年有三分之二的较小班级是研究生在教学，在得克萨斯，90%的数学及英语新生课程、70%的法语及意大利语新生课程是由没有教学经验的助教讲授的，他们平均只在课堂上学过一学期。在伊利诺伊，一支由 130 名研究生助手组成的大军几乎教授了一年级英语的所有课程。

面对爆炸式增长的入学人数，学院管理人员的应对方法是扩大班级的

---

① 婴儿潮一代的相关内容出自 Gottlieb, *Do You Believe in Magic?*, 304; Clark Kerr, "The Idea of a Multiversity," 出自他的 *The Uses of a University* (Cambridge, 1963), Christopher C. Katope and Paul C. Zolbrod, eds., *Beyond Berkeley* (Cleveland, 1966) 也包含了此文章; 还可参考克尔的 "The Frantic Race to Remain Contemporary," 出自 Robert S. Morison, ed., *The Contemporary University* (Boston, 1966), 27; Andrew Hacker, "The College Grad Has Been Short-changed," *NYT Magazine*, 6 June 1965, p. 101。

规模、依赖技术手段。教室配备了电视，学生配备了电脑。在明尼苏达，400 名新生坐在礼堂里等待上课铃声。然后十几台电视机亮了起来，教授出现在屏幕上，开始上社会学基础课。一学期下来，学生都不清楚电视上的人是不是还活着，因为他们从来没亲眼见过他。“登记是用 IBM 卡完成的，”萨拉·戴维森如此回忆伯克利的生活，“发回来的论文通常只有一个成绩，没有评论，就好像是机器阅卷一样。”《加州人日报》告诉新生：“欢迎来到队伍、官僚主义和人群中。新来的学生有许多东西要学——或许第一堂课就是学习不要折叠、刺穿或损坏自己的 IBM 卡。”

“大型综合性大学是一个让学生十分不解的地方。”克拉克·克尔承认，而且虽然从那时开始，大班课就已经变成了标准授课模式，但是对于在相对富裕的环境中长大、沐浴在父母关爱之中的那一代学生来说，这令人非常沮丧。“他们好像总想把我变成一个数字，”一名锡拉丘兹的学生说，“我不会让他们这么做的。我有名字，而且我足够重要，人们得通过名字认识我……。我会加入任何运动来帮我。”

对许多坐在大礼堂里听着某人用话筒讲课的学生而言，大学似乎像一个服务站，一个制造厂，人们先被录取，然后进入一个自动化的美国。大型综合性大学变成了“大型螺丝钉大学”（screwnaversity）。“冲突迅速蔓延至其他校区，它不像中央控制下的武装动员，”迈克尔·罗斯曼指出，“而是像秋雨过后的蘑菇：今天是一个，明天是一千个，因为生长环境一样，所以到处都是成熟的果实。”①

在 60 年代的上半期，最让学生恼火的不是人满为患，而是大学给学生设立规章制度的方式，拥挤虽然令人沮丧却是可以理解的。In loco parentis 这个术语的意思是“代行家长职责”。从历史角度来说，它授权学界行政

① *Life*, 21 June, 1963, p. 4; McGill, *Year of the Monkey*, 40; Davidson, *Loose Change*, 12; *Daily Californian*, 15 Sept. 1965; 锡拉丘兹的学生的发言引自 Bill Ward, “Why the Students Revolt,” *Nation*, 25 Jan. 1965, p. 83; TA: 罗斯曼于 1991 年 5 月 20 日做的采访，以及他未出版的手稿。

人员在学生上大学期间扮演家长的角色，并出台纪律。从哲学角度来说，它意味着老爸和学监会继续告诉大学生该怎么做事，他们会微笑着说："这都是为你好。"从法律角度来说，它意味着他们与普通公民不同，幼儿园和研究生院之间的学生可能会受到民事当局和大学当局的审判，他们会被判有罪，不仅是因为违法，还因为违反校规。因此，假如一名未成年学生喝酒、抽大麻，甚至是收到了交通罚单，就有可能被法官判以罚款或监禁，并被学监开除。1960 年代中期，校园社运人士提出了这样的问题：学生是受宪法保护的完完全全的公民吗？

"不是。"美国社会说。1640 年代，哈佛学院告诉自己的学生，他们不能说"谎言和未确定的传言……不能冷嘲热讽、空话连篇"，也不能做出"冒犯性的手势"。在接下来的三个世纪中，大学管理人员并没有改变太多规则——他们立下的规章制度几乎管着学生的所有行为。宿舍按性别分开，而且限制探访。1964 年春季学期期间，哈佛就男女宿舍的探访时间有过一场激烈的争辩，此外，厄勒姆学院废除了星期天的探访特权，因为有太多的宿舍门都关着。人们无休止地讨论那些门到底该开多大。校方管理人员通常声称门开到"书本那么宽"，学生则常把它解读成"一包火柴"的宽度。报纸不断刊登带有性暗示的标题——《大学生闭门后的胡闹引发众说纷纭》——大学管理人员则竭力反对性行为，用他们的话说，要"守住底线"。瓦莎学院的校长萨拉·布兰丁女士更直接，她提出有过性行为的女孩不应申请该校。

学生是有宵禁的，尤其是合校女生，因为当时的观念是"如果女孩在宿舍，男孩也会在的"。伊利诺伊大学的情况与大多数大学相似，女生宿舍关门上锁的时间是：工作日晚 10 点 30 分，周末凌晨 1 点。大学手册既枯燥又详细地说明了如何填写白卡、蓝卡或是黄卡，学生可以凭卡在图书馆待到深夜或是在周末时回家。马萨诸塞大学 1964 年至 1965 年的学生手册列出了对女生晚归的惩罚：晚 5"分钟意味着下周五晚上无权外出"，10 分钟意味着周六晚上无权外出，15 分钟就把这个任性的姑娘送上女子司法部（women's judiciary）。毕竟，手册上写着："每一名女生都应随时随地保持行为得体，这样才能维护自己及大学的好名声。"

规矩近乎荒诞。在巴纳德学院，男性可以在宿舍访客时间探访合校女生，但他们的四只脚必须始终有三只落在地上。伊利诺伊大学的宿舍也使用了"三只脚规定"，但不仅适用于房间，也适用于休息室。合校女生和约会对象待在休息室时不得穿雨衣，据说这是为了确保她们和约会对象挨在一起时，外套下不会不着寸缕。为了在宿舍关门时维持良好风纪，情侣们不得倚靠着宿舍楼吻别，以防他们的身体碰撞厮磨。"大学校园是一个有着乡村道德观的都市社区，"一名记者在 1965 年报道说，"它是清教徒行为准则的终极家园之一。"

校方管理人员把学生当成了孩子。在得克萨斯大学，合校女生在年满 21 岁、修满 90 个学时前都必须住在学校。假如之后她们要申请住公寓，女学监会审查"这个女孩所有的档案"，然后决定这名申请者是否适合住在校外。伊利诺伊大学为了控制不断上升的入学人数，规定所有新生都必须上被大家称为"挂科课"的修辞学基础。假如某学生的一篇论文内出现了三个拼写或标点错误，他这个学期的成绩就会自动变成 C，错误再多就会不及格，因此，到第一年结束时，新生班里三分之一的学生都被退学了。在密歇根州立大学，学生甚至拿不到自己的成绩，管理部门会将所有 21 岁以下学生的成绩单直接寄给家长，惹恼学生的还有他们的小动作。由于校内不许喝酒，所以学生喜欢在周末发泄一下，举办"草地聚会"（grassers），也就是在田间或后院开桶装啤酒派对。警察会进行突击检查以阻止这样的活动，他们不仅会以未成年饮酒的罪名起诉所有不满 21 岁的人，还会以助长未成年人犯罪的罪名起诉该地点内所有年满 21 岁的人。

附属于宗教机构的大学、小型院校以及南方那些大学的规定甚至更为严苛。1962 年，圣约翰大学的两名学生举行了世俗婚礼，结果因违反罗马天主教法规而被开除。天主教大学的衣着规范禁止男性穿着 T 恤、短裤、运动衫和牛仔裤，对合校女生的要求则更加严格，甚至还限定了女性可以吸烟的场所。杨百翰大学也有同样的衣着规范，另外还规定男性不得留胡子及长发。女性则不得穿着无肩带连衣裙和无袖衬衫，而且，“杨百翰不容许校内女性不穿胸罩”。在其中一所最大的天主教大学里，其学生手册警告道，如果学生的行为和态度不符合大学标准，那么单单管理层就能将其开除。迟至 1971 年，得克萨斯的萨姆休斯敦州立大学仍然对合校女生执行晚上 11 点宵禁的规定，并且要求学生必须到校上课。离休斯敦更近的圣哈辛托专科学校规定了学生鬓角的长度，并禁止他们在校内使用和平标志。

此外，学生在他们自付学费的大学里几乎毫无话语权。校方管理人员强行规定了课程设置、学位课程和几乎所有的校园事务——宿舍分配、发言人、校内体育活动的种类、学期长度和期末考试的日期。指导老师是大多数大学生报纸的审查员。学校有各类规定，禁止学生在校内饮酒、吸烟、吸毒、赌博、发生性行为及在公共场合做亲昵行为，并且规定了出席率、衣着标准、宿舍分配，大多数公立学校的男生还必须参加预备役军官训练营。那是一种“军营文化”，汤姆·海登如此回忆密歇根大学的生活，“1 300 个年轻男子被塞进了我所在的那个寸草不生的四方院子里，他们随意地为我们分配室友，也不管我们是不是喜欢跟对方相处”。①

在 1960 年代前半期，大学的作用不仅是培养学生，还要把他们驯化成墨守成规的成年人。学生要融入社会，要成为和他们父母一样的人。不遵守游戏规则的学生通常会被开除，或者带着厌恶离开。不教这种规矩的教授通常会被解雇。俄亥俄州立大学新闻学专业的菲尔·奥克斯被选为校报《提灯报》(*The Lantern*) 的编辑，但指导老师不许，因为他的观点“太有

---

① Lester A. Kirkendall, “Sex on the Campus,” *Nation*, 17 Feb. 1964, pp. 165-66, 也可参考 Nicholas Von Hoffman, *The Multiversity: A Personal Report on What Happens to Today's Students at American Universities* (New York, 1966), chap. 3; 该记者的报道出自 Bill Ward, “Why the Students Revolt,” *Nation*, 25 Jan. 1965, p. 83; *Daily Texan* 16 March 1960; TA: James Bradford interview, 9 Aug. 1990, on Michigan State; Robert Hassenger, “Conflict in the Catholic Colleges,” 出自 Joseph Boskin and Robert A. Rosenstone, eds., *Seasons of Rebellion: Protests and Radicalism in Recent America* (New York, 1972), 201-2; *NYT*, 17 Dec. 1990 中讨论了杨百翰的情况; TA: *The Monolith* (Huntsville, Tex.) 25 Jan. and 8 Feb. 1971; Hayden, *Reunion*, 27。

争议”。他在大学的最后一年辍学，成了一名民谣歌手。伊利诺伊大学的教授里奥·科赫在《伊利诺伊人日报》上写道，他认为成年未婚大学生的婚前性行为是可以接受的。该校校长认为这些观点“无礼、令人反感……与公认的道德标准相悖”，于是解雇了科赫。出于类似的原因，圣约翰大学在1966年解雇了24名教职人员——甚至没有一人有机会上听证会，因为根据大学规定，董事会可以任何时候授予或剥夺终身教职，无需给出理由。《新闻周刊》发表社论说，对于自己的学生，“大学万万不可放弃其在保护、传播、塑造道德及思想观念方面的作用”。

然而，1960年代中期时，很多学生不愿“被塑造”。这一代人和那些被麦卡锡主义吓到的哥哥姐姐不同，对他们来说，那场运动已成为久远的历史，几乎没人记得，也没人把它当回事。而且，这些学生已经从抗争中获得了经验。“如果学生抗议活动的不断增多确有原因，”一名犹他大学的记者写道，“那大概就在于民权运动。这场运动……让许多学生认定，非暴力示威可能是校园里的一种有效手段。同时它也使得学生对自己的公民权利更加敏感。”① 人们必须面对社会问题并解决它，而不是怪罪到想象中的颠覆分子或外部煽动者头上，这就需要学生积极行动起来。

社运人士已经在他们的校报及新兴的学生地下刊物中阐明了学生力量兴起的原因。这代人认为“代行家长职责”这个规矩十分荒唐。得克萨斯大学的学生杰夫·雪罗抱怨道，校园规章制度的“目的是维护大学的‘良好形象’，而不是为了保护女孩”。《报章》（*The Paper*）的年轻编辑称“密歇根州大是美国大学中的密西西比”，并抗议管理部门“思想闭塞、偏狭，而且奉行落后的麦卡锡主义”。《新奥尔良自由报》声称学生的不满源于“管理者对学生自主权的限制”，而佛罗里达大学的社运人士则在校园地下报刊《自由论坛》（*Freedom Forum*）中直截了当地表示：“美国的大

---

① Marc Eliot, *Death of a Rebel* (New York, 1979), 40-41; *Daily Illini*, 18 March 1960, and *NYT*, 15 June and 17 July 1960; *Newsweek*, 6 April 1964, p. 59; Ray Bayles, "Protest Sweep Nation," *Daily Utah Chronicle*, 9 Dec. 1964.

学校园已经变成了贫民区。它和所有的贫民区一样，都有管理者（大学管理人员）、汤姆大叔（胆怯、为职位不惜一切的教职人员）、加工后供外界剥削和消费的原始自然资源（学生）。”他们的诉求突显了学生力量兴起的原因：**“任何人都不得限制学生饮酒、赌博、发生性行为或任何此类私德选择。”**

1964 年，六十年代人开始与大学管理部门对抗，礼貌地要求校方听取他们的意见。春季学期期间，布兰迪斯大学的管理部门没有征求任何人的意见就制定了新的、更严苛的宿舍访客规定。数百名学生为此举行了为期两天的示威活动，校报称，这样的规定“不可能让男孩和女孩建立任何有意义的关系”。当年秋季学期，锡拉丘兹大学的学生向校方管理人员提出了一个简单的要求——学校 12 月 23 日才开始放假，他们认为放假日期离圣诞节太近了。一些学生要求学校多给一点旅行的时间，希望提早离校出发，好在平安夜前赶回家里。行政人员拒绝了所有的请愿，学生们因此在 12 月进行了一次集会，当时有 2 000 人参加，他们自己也感到非常惊讶。学生们要求校长出来对话，他发表了简短的讲话，再一次拒绝了学生的请求。他的演讲刚结束，一些学生就发出了嘲讽声和嘘声，这让年长者感到震惊。“这些学生应该表现出适当的尊重，”一名记者写道，“应该了解自己的身份并好好听话。”然而，学生社运人士有不同的解读。他们希望能在大学里发挥作用。“如果今天的示威没有结果，”学生报刊评论道，“我们是不会善罢甘休的，我们不该被忽视或小看。”①

伯克利的学生当然不会善罢甘休——他们再次向禁止发放宣传资料的命令发起了挑战。10 月 1 日，杰克·温伯格和其他人在史普罗广场的行政楼外搭了几张信息台，开始分发民权与政治方面的传单。没到中午，两名

① *Daily Texan*, 1 April 1965; *The Paper*, 10 Dec. 1965; SAVF: box 37, *New Orleans Freedom Press*, July 1966; box 39, *Freedom Forum*, 9 March 1965, and “Freedom Party Proposals for Action,” winter 1966 flyer; 布兰迪斯和锡拉丘兹的情况出自 *Newsweek*, 6 April 1964, 55, and *Nation*, 25 Jan. 1965, p. 84。

大学学监和一名警察就出现在温伯格面前。“你打算连人带信息台一起离开校园吗？”学监问。“我不打算这么做。”温伯格回答。简短的讨论后，警官通知温伯格他被捕了，下一刻，数百名聚在一起举行言论自由集会的学生大声喊叫起来，把这些官员吓了一跳：“把我们都带走，把我们都带走！”警察把一辆车开进广场，然后将温伯格押到车上，但突然之间，有人大喊：“坐下！”“我就在警车旁，”迈克尔·罗斯曼回忆说，“我是第一个坐下的人。另外 500 人也会这样说给你听，每个人说的都是实话。”学生们或躺或坐在车旁，他们拒绝挪开。由于人数逐渐增加到 3 000，警察没办法开车把囚犯带到监狱。马里奥·萨维欧和其他许多人爬上车顶发表了演讲，后来，大家开始唱起民权歌曲。他们在广场上待了一整夜。第二天早上，这块区域看起来就像一个露营地，到处都是睡袋和毯子，甚至还有一个三角形小帐篷。当天下午，聚集的人数达到了 4 000，克尔校长意识到言论自由问题不会就这样消失。经过 30 小时的静坐后，校方管理人员终于同意会见社运人士。①

对于大学行政官员来说，对于经历了 1950 年代的法律和秩序的大多数市民来说，伯克利已经陷入了混乱。虽然在 60 年代后期，校园反抗会变得十分常见，但这是第一次大规模爆发，而且管理人员的反应十分强硬。面对来自社区保守派及州政府的压力，他们在会见社运人士前的几分钟让 500 名警察进入了校园。警察手持夜勤警棍，这样的场面让学生胆战心惊，在他们的印象中，学校里从来没有出现过这般规模的警察数量，他们认为这件事在美国教育史上是从未有过的。当警察严阵以待时，民权运动的资深人士给学生们传授了非暴力被捕策略，并敦促那些有案底及有孩子的人

---

① TA· Rossman interviewed by author, 20 May 1991, and by Mark Kitchell, 1988 transcript, 6；还可参考 Bret Eynon, “Community in Motion: The Free Speech Movement, Civil Rights, and the Roots of the New Left,” *Oral History Review* (Spring 1989): 40。上千人参与了言论自由运动，因此，这些事件存在许多不同解读。有关校报在该学期登出的众多声明，参见“Free Speech 1964 – 1989,” *Daily Californian*, 4 Dec. 1989, and Rorabaugh, *Berkeley at War*, chap. 1。

离开。校方管理人员得到了加州州长艾德蒙·G. 布朗的支持，这位民主党人表示，这次示威“不是言论自由的问题”，而是学生在试图利用校园从事非法活动。“此事不能容忍，”他继续说，“在校园里，我们必须实行——而且将继续实行——法律和秩序。”

与克尔的协商持续了两个小时，然后，萨维欧和其他学生从史普罗大楼里出来了。萨维欧爬上警车，宣布他们已经达成协议。会有一个师生委员会研究言论自由议题并向校长提出建议。校方不会起诉温伯格及言论自由运动领袖，他们还将重审早前被停学的 8 名学生的案子。克尔似乎同意在学校主入口，也就是电报局大街与班克罗夫特路的交界处设立一块小的言论自由区。

10 月 2 日达成的协议在 11 月破裂。管理部门在师生委员会里塞满了自己的支持者，然后故意拖延了好几个星期。与此同时，克尔将这件事推给了媒体。在保守派董事及政客的重压之下，校长用老一套的奇谈怪论抨击社运人士：他们是“校园内的红色分子”，克尔这样告诉《旧金山观察家报》。这篇报道说，校长“一口咬定示威人群中有‘卡斯特罗-毛泽东阵线’上的共产党骨干”。校长随后不允许进行政治活动，学生们因此向校董递交了请愿书，并在史普罗广场搭起了信息台。校董事会拒绝对这起事件进行听证，11 月 29 日，克尔的做法让学生们大吃一惊，他宣布，学校将对言论自由运动领袖阿特·哥德伯格及萨维欧在 10 月 1 日示威过程中的行为提出新的指控。罪名包括“设陷阱围堵警车”，“冲进”史普罗大楼，并单独指控萨维欧咬了一名警察的“左边大腿，致使皮肤破损瘀青”。

管理部门的行为只会疏远更多学生，激怒众多教授并引发了更多的抗议，因为学生和教职人员开始觉得校方对协商的事不守信用。“校方认为言论自由抗议只是一个学生不听话的问题，”言论自由运动指导委员会的一份声明称，“校方再次任意妄为地挑出几名学生来惩罚，回避了真正的问题……我们要求他们撤销这些新的指控。”12 月 2 日，数千名社运人士带着这样的诉求来到了史普罗广场，萨维欧在人群前发言，道出了学生的沮丧："在某一时刻，这架机器的运作已经变得如此令人厌恶，让你们打心底觉得恶心，以至于你们无法置身其中。你们甚至没办法默默地参与，你们必须将自己的身体抵在齿轮上、机轮上、杠杆上、所有装置上，你们必须让它停下来。"

"我们一定会胜利。"琼·贝兹唱道，其他人一边向史普罗大楼前进，一边跟着她唱。"我们会手牵手向前走"，因为"真理会使我们获得自由"。社运人士使得大学管理部门停摆——他们再一次向当权派叫板。

布朗州长立刻回应道："我们不会让加州陷入无政府状态。"他通知克尔，必须使用武力驱散学生，并命令警察逮捕拒绝离开行政大楼的社运人士。凌晨 4 点左右，约 600 名警察进入了史普罗大楼并开始逮捕学生，最终约 770 人被捕，这是加州历史上规模最大的逮捕行动。约 7 000 名学生仍留在广场上，那天早晨，他们开始在学校所有入口进行抗议，分发传单：

时不我待！

深夜时分，警察把 800 名同窗从史普罗大楼拖了出来。史普罗大楼变成了一个罪犯信息登记处；大学已经成了一个武装营地——武装起来对付自己的学生！……

现在警察接手了。

校方不但没有认识到学生诉求的合法性，反而试图摧毁言论自由运动……。校方的立场非常明确。它说"校园里的言论自由的可接受度由我们决定。不同意的人将被忽视。不能再忽视的时候，就摧毁他们。"

我们还没有被大学的军队击败！我们将继续抗议，直到我们这项正义事业得到承认。你们现在必须做出选择！教职人员不能再试图在人群边缘进行调解了。这个校园里的学生也不能再谦卑地接受行政命令了。现在就发出你的声音！

我们一定会胜利。

教职人员召开会议，他们在教师评议会内进行了漫长而激烈的讨论，然后宣布了自己的立场：教授们以压倒性票数赞同谴责校内使用警力的行为，并支持言论自由运动。教职人员离开会场时，学生们欢呼喝彩，12 月 4 日，学生与教职人员在史普罗广场举行了一场大型集会。被捕的社运人士已被保释出狱，许多人穿着带白色大“V”字的黑色 T 恤，他们和多名教授一起批评了布朗州长、校董事会和克尔校长。学生宣布罢课，当周有一半的课程被取消。①

由于日常事务突然中断，12 月 7 日克尔在希腊剧院召开了一场特殊会议。约 1.6 万名学生、教职人员和工作人员聚在那里，校长谴责了静坐行动，但表示将宽大处理 12 月 2 日前发生的所有非暴力反抗行为，并声明学校将遵守由教师评议会制定的“全新的自由化政治行动规则”。这次讲话似乎意在和解，就在校长离开讲台时，萨维欧开始走上台，显然是要发表声明。可是，他还没走到话筒前，就被校内警察抓住拖向了后台，观众一片哗然。当其他社运人士试图帮忙时，警察奋力将他们赶下了台。

“观众们目瞪口呆，”参加会议者贝蒂娜·阿普希克写道，“接着群情沸腾。”学生们大喊：“还我马里奥！还我马里奥！”克尔意识到警察正在毁掉他达成谅解的努力，便立即同意让萨维欧发表其声明——集会将在中午举行。尽管如此，大部分观众还是记住了这场意外及其不可忽视的象征意义：官方根本就是在阻止一名投身于言论自由的学生在自己的学校里发表言论。阿普希克后来写道：“那件事彻底改变了成千上万学生的**思想**，这是任何其他单一事件都无法相比的。”

第二天，全体教职人员开会，以压倒性多数通过了一项动议，该动议明确表示，“大学不应限制言论和宣传的自由”。在接下来的两个星期里，校方和校董事会讨论了这项动议，与此同时，言论自由运动请来了种族平

① *San Francisco Examiner*, 3 Oct. 1964；萨维欧的情况出自 Hal Draper, *Berkeley: The New Student Revolt* (New York, 1965), 98；SHSW：Free Speech Movement mss., box 1, FSM flyer, 3 Dec. 1964。

等大会的全国负责人詹姆斯·法玛尔，12 月 15 日他将在集会上发言。校方有意进行调解，通知学生法玛尔可以在校内演讲，但言论自由运动人士决定在校外进行合法集会，以示诚意。法玛尔告诉听众，他们不能输掉“言论自由之战”，因为那会“切断民权运动的源头”。有人指责他是“外部煽动者（outside agitator）”，他答道：“每一位家庭主妇都知道搅拌器（agitator）的用处。它是洗衣机内部的一个装置，它会砰砰作响，把所有污垢都除去。”

校方最终决定接受教职人员的自由化政治规则。1965 年 1 月 4 日，言论自由运动在史普罗广场上举行了首次合法集会。萨维欧告诉大家，言论自由运动胜利了，因为“很显然，每个人都知道这是正确的”。

言论自由运动引发的这场哲学辩论使得许多学生和校方管理人员产生了分歧：公立大学的本质是什么？虽然克尔自认为是自由主义者，也曾经因为支持学术自由而受到称赞，但他阐述了冷战文化的惯常依据。“大学是一个教育机构，交给校董事会管理，其目的是为了教育，而不是被用于直接的政治行动”。言论自由运动的拥护者和许多教授并不认同这个说法，他们认为高等教育的使命要广泛得多。“大学是人们开始认真地质疑自身生存条件并提出以下问题的地方：他们是否能够全身心地建设自己出生的社会。”萨维欧写道。社运人士认为，在一个由全体纳税人供养的公立学校里，讨论不应只限于校园事务，而应包含共和国的所有重要事情。①阿特·哥德伯格主张将伯克利变为“思想的自由市场”，在这里，公民将接触到“新鲜有创意的解决方法，每一个美国人都明白，在 60 年代中期，美国社会正面临着这些问题”。

言论自由运动并不是 1964 年才诞生的理念，实际上在那之前，其他几所学校的学生已经发起了言论自由运动，其中包括俄亥俄州立大学和印第

---

① Bettina Aptheker, *The Academic Rebellion in the United States* (Secaucus, N. J., 1972), 22; 法玛尔的发言出自 *California Monthly*, Feb. 1965, p. 71; 辩论出自 *Daily Californian*, 22 and 25 Sept. 1964, and 4 Dec. 1989。

安纳大学。1963 年 3 月，在印第安纳大学的三名学生兼青年社会主义者联盟干事的赞助下，一名黑人社会主义者发表了有关民权运动的演讲。5 月，县检察官以违反《印第安纳反共法案》的罪名起诉了这些学生，并指控他们的目的是“主张暴力推翻”印第安纳州政府及美国政府。检察官还要求该大学不再承认青年社会主义联盟。“我们告别麦卡锡参议员可能已经 10 年了，”一名教授写道，“但检察官办公室离我只有 10 个街区。”三名学生的支持者成立了支援布鲁明顿学生委员会，该委员会最终得到了 15 个州的 50 所学校的帮助。140 多名教职人员签署声明，称这场诉讼并非“出于对执法的热忱，而是检察官想告诉印第安纳大学，它不应让人利用校内设施来表达检察官厌恶的想法”。该校校长同意这个看法，州法院认为警方违宪：教职人员继续支持学生，并从广义上将大学定义为一个这样的社区，在这里，“辩论、分歧、对立思想间的尖锐对抗是试图接近真理的必经之路”。①

印第安纳的言论自由事件与伯克利的有所不同。印第安纳的管理层认为保守派的抨击是对该大学的威胁，而且校长最终拥护了第一修正案。如果伯克利的管理者能赞同这样的观点，史普罗大楼的静坐行动可能就不会发生，思想灵活的行政人员就能够避免校园内的大多数冲突——这一点被 60 年代的数百名成功的大学校长牢记于心。

克尔和校董事会没能克服他们在 1950 年代的独裁心态。他们对待学生就像对待下属，对支付学费的人发号施令，这些行为只会增加学生对权威的憎恶。社运人士认为“开明的”管理者，即管理伯克利大学的“权力精英”，似乎更感兴趣的是维持现状而非改变规则，哪怕这些规则剥夺了美国《宪法》第一修正案所保障的权利。回顾过去，克尔的立场是站不住脚的。1950 年代期间，他曾支持教授拥有学术自由，然而，在 1964 年，他的管理层却限制了学生的言论自由。很多学生都在想，如果他们不能发表政

① Norwood Russell Hanson, “Hoosier Witch Hunt,” *Nation*, 25 May 1963, p. 443; SAVF: box 13, “Committee to Aid the Bloomington Students” flyers; *NYT*, 12 Oct. 1963.

治声明，如果一所公立学校里不存在言论自由，那么言论自由又存在于这块自由国土的什么地方呢?

校方管理层引发了这场危机，并且处理手法拙劣，败给了学生。就像在民权斗争中一样，言论自由运动的学生再一次削弱了这样一种观念，即当权者应该掌控一切，老一辈可以专断地决定美国当下与未来的正确道路。“不要相信 30 岁以上的任何人。”杰克·温伯格和其他人说，这意味着在 1950 年代长大的这代人与他们的父母有着不同的世界观。在冷战文化横行期间，老一辈给学生“讲述真理”，但在 1960 年代，学生自己“发现真理”，而他们的弟弟妹妹也将在这十年中继续这一过程。伯克利的年轻人开始意识到，老一辈人并没有垄断真理或美德。迈克尔·罗斯曼写道，一旦学生开始出言质疑政策，那么“皇帝就是没穿衣服的”。校长克尔决定在伯克利维持一项站不住脚的规定，这跟警察局长“公牛”·康诺在伯明翰强制推行种族隔离的规定一样，都是错误的。

言论自由运动之所以重要，还有很多其他原因。社运人士采取的政治风格反映了新左派的思想以及学生非暴力调解委员会的一些做法。与传统的组织和政党不同，伯克利的学生“通过个人直接参加小型自治利益团体开展工作，我们的团体都是有针对性的”，罗斯曼回忆道，“以问题为导向，十分灵活。他们努力通过参与式民主进行自我管理，并在决策上达成共识”。他们也非常务实。“我们是具有实验精神的社会科学家，实践先于理论……。我们也很快活，很开心，一边走一边想出技巧。”

校园事务增强了学生的自我意识，因为学生开始关注自身，关注他们在学校的地位，然后决定是观望还是投身其中——个人问题再次变成了政治问题。学生社运人士与“自由之夏”的参与者一样，开始感觉到自己成了运动的一部分，成了新一代人的一部分。贝蒂娜·阿普希克记得，在伯克利“我们之间密切联系的时刻，赋予了我们一种势不可当的、经久不灭的爱的精神”。随着校园活动及骚乱引发了学生们对主流社会的不安质疑，这段经历变得激动人心。“对我个人来说，那是一个重大的转折，是重生。”罗斯曼写道，那时他和其他人已在质疑他们的父辈。“在我们中诞生了一种社区和文化的新愿景”，一种“社会正义的愿景……推动我们参与到新左派的行动中。在那十年的剩余日子里，我们在运动和反主流文化中看到，数百万年轻人被他们对这些愿景的描述所触动”。①

在 60 年代中期，大部分学生社运人士有着相似的愿景、背景和性格特征。社会科学家进行了多次调查，发现受访者大多比较聪明，善于表达，关心校园问题和国家问题。在伯克利，大学的禁令让他们的关注点从民权转移到了自己的言论自由上。虽然校方管理层和本地的保守派想抹黑社运人士，说他们是能力较弱、不太严肃的学生，但事实恰好相反。社运人士的成绩要高于平均值，而在人格测试中，他们在独立性、成熟度和灵活性上得分很高。大部分人认为自己要么在政治上独立，要么是民主党人，绝大多数人是文科生和人文学科专业的学生。几乎没人是商务、工程或农业专业的，因史普罗大楼静坐而被捕的 770 人中，没有一个是工商管理专业的学生。这些学生大多独自住在公寓里，只有少数人住在兄弟会或姐妹会。

这些概括性的论述既适用于其他大学的社运人士，也适用于这样一个事实，即在每一个校园里学生社运人士永远都是少数派，并且一直关心整个 60 年代的每一项议题。克利夫兰·塞勒斯在组织民权活动的过程中也抱怨过自己在霍华德大学的同事——大多数人最感兴趣的是维持霍华德的形象，即让人觉得他们是穿着考究的黑人精英。“我的室友就很典型。”塞勒斯回忆说。当被问及是否觉得自己肩负改善种族状况的责任时，室友回答：“去他的吧，伙计……。别拿马丁·路德·金那堆屁话来对付我。每个人都得为自己着想，我也要为自己着想。如果南方的黑鬼不喜欢别人那么对他们，他们就该滚蛋。我才不会去参加什么抗议，然后被 3K 党那帮

① TA：Rossman interview, 20 May 1991, and unpublished ms., “The FSM and Student Rights,” 75, *New Age Blues*, 45, and *Wedding Within the War*, 92；阿普希克的发言出自 Burns, *Social Movements of the 1960*, 64。

疯狗打得屁滚尿流呢！我只对四样东西感兴趣：学位、好工作、好女人和好生活，就这些。”① 伯克利有许多这样的白人学生。约有 1 000 名学生积极地参加了言论自由运动，约占入学学生数的 4%。民意调查显示，这些学生中，约三分之一的人支持运动的策略和目标，而三分之二的人只支持言论自由的目标。12 月 2 日举行了最大规模的集会，超过 2.75 万名学生中有约 1.1 万人到场，所以，大多数学生从未为言论自由运动示威过。

许多人漠不关心——沉默的大多数学生——而一些人还出于各种理由反对言论自由运动。约三分之一的人不认同破坏性策略。10 月 1 日的史普罗广场事件后，《加州人日报》发表社论说：“示威已经陷入了目标扭曲的泥潭……。我们鼓励学生独立思考——而不是集体思考。”学生会主席查尔斯·鲍威尔表示，真正的目标不该是大学政策，而该是州法律，因为“唯一理智、正确的行动……是寻求法律的变革。那些机会并不在校园这里——而是在州议会里”。在 12 月 2 日的史普罗大楼静坐中，大学青年共和党人团体退出了言论自由运动，不少保守的社运人士打出标语：“把废物扔出去”。保守人士还组建了“大学生维护法律与秩序会”，他们分发传单，谴责示威活动，主张将言论自由议题诉诸法庭，并质问言论自由运动：“他们的**暴动**将在哪里结束？**摧毁我们的大学会取得怎样的胜利**？”

全国上下的保守派学生都同意这样的看法，其中一些人加入了美国青年争取自由组织。在 1950 年代后半期及 1960 年代前半期，全国学生协会是国内最大的学生组织，许多保守人士认为它太过自由主义，巴里·戈德华特参议员就是其中之一。1960 年，他出版了《一个保守派的良心》(*The Conscience of a Conservative*)，该书在校园中广为流传，他建议青年保守人士创建一个组织。威廉·F. 巴克利同意这个观点，9 月，他在位于康涅狄

① Robert H. Somers, “The Mainsprings of the Rebellion,” and Glenn Lyonns, “The Police Car Demonstration,” in S. M. Lipset and Sheldon S. Wolin, eds., *The Berkeley Student Revolt* (New York, 1965), 53–59 and 519–30; Rorabaugh, *Berkeley at War*, 33–34 中引用的众多调查；Sellers, *River of No Return*, 58–59。

格州沙伦的自家庄园中召开了一次会议。会后的《沙伦宣言》(The Sharon Statement) 和他们的刊物《新卫士》(*New Guard*) 抨击了全国学生协会。“你，也可以阻止全国学生协会！” 年轻的保守派汤姆·哈斯顿写道，因为“全国学生协会最擅长” 利用它那“歪曲事实、真假参半和笼统模糊的描述给学生自治会领袖洗脑”。另外一些文章指出，美国政治自由和自由企业的最大威胁是国际共产主义，美国应该“着重战胜这种威胁，而不是与之共存”。1962 年，保守派社运人士在麦迪逊广场花园举行集会，有 1.8 万人参加，他们听取了《国家评论》(*National Review*) 的编辑布伦特·波泽尔对美国发出的呼吁：拆毁柏林墙，并立即入侵共产主义国家古巴。

有人说，美国青年争取自由组织提升了“明智干净的人”“而不是自由肮脏的人”的形象。他们反对肯尼迪，也反对“芝加哥大学那群胡子拉碴的荒唐的垮掉派分子、自以为是的激进和平主义者和一本正经的乡下知识分子”，正是这些人扶植了和平工作队，他们认为工作队是个“狂欢兵团……是一场自我否定和利他主义的大型演习，美国纳税人出钱，联合国管理”。美国青年争取自由组织发表社论称，伯克利的抗议是由一群污秽不堪的垮掉派分子和自由主义者组织的，这些人在共产主义者的抚养和宠溺下长大。“校园、青年骚动的真相：红色尿布婴儿长大了，”《新卫士》称，“在我们看来，‘言论自由’拥护者真正想要的是校方允许学生管理大学。”①

伯克利抗议发生一年后，美国青年争取自由组织号称其会员已达 2 万人，在全国有 250 个分会。1970 年，他们宣称分会数量翻了一番，会员已达 6 万人。他们的资助人包括约翰·韦恩、罗纳德·里根、斯特罗姆·瑟蒙德参议员，而且全国董事会中的两名学生——汤姆·哈斯顿和理查德·

---

① 鲍威尔的发言与众多声明出自 *California Monthly*, Feb. 1965, p. 42; SHSW: Free Speech mss., box 1, University Students for Law and Order Newsletter, 14 Dec. 1964, and Judith Ann Faber mss.. box 3, for YAF pamphlet and “The Sharon Statement,” 9-11 Sept. 1960, also see SAVF: box 59, Young American for Freedom folder; New Guard, May 1951, Sept. 1964, Jan. and Sept. 1965; 有关美国青年争取自由组织，还可参考 *NYT*, 8 March 1962, and *Time*, 10 Feb. 1961, p. 35。

艾伦后来在尼克松及里根执政期间发挥了巨大影响。在整个 60 年代，美国青年争取自由组织的成员人数一般要多过学生争取民主协会和学生非暴力调解委员会的，但成员数从来都不是衡量一个组织影响力的可靠标准。例如，在言论自由运动期间，伯克利没有或几乎没有美国青年争取自由组织或者学生争取民主协会的成员。是言论自由议题——而不是一个组织或一名领袖——引发了行动主义，整个 60 年代都是如此。

今天的美国人回望那十年，认为那个时代十分激进，但往往忘了在政治光谱的两端都存在行动主义。和所有世代的人一样，在 60 年代期间成年的人并非铁板一块。由于刚刚走出冷战文化，左派人士自然会吸引更多的媒体注意，被更多地报道。年轻人对当权派的反抗——在午餐柜台前，在校园里，在街道上——是那么引人注目，非常适合上电视新闻。保守派学生很少采取骇人的行动，而是一直防守，他们会给校报写文章、写信或者发起合法的抗议来回应左派分子。

年长些的保守派新闻编辑迅速对言论自由运动做出了回应，他们将报道放在头版，使它成为第一个被媒体密集报道的学生抗议活动。虽然《纽约时报》《洛杉矶时报》等少数报刊试图呈现该议题的方方面面，但大多数编辑表示，虽然他们可能支持黑人牧师和平地争取民权，但他们看不出呼喊言论自由的大学生与这些黑人有何相似之处。许多人认为，老一辈似乎越来越管不住这帮无法无天的年轻人了。《谁在管理加州大学？》，《旧金山观察家报》问道。该报称，言论自由运动的叫板令人“厌恶，无法容忍”，“加州大学造反分子”应当被开除，学校应当想办法永久禁止非学生社运人士进入校园。《奥克兰论坛报》写道，学生的真正目的是要让伯克利变成培养革命者和恐怖分子的激进校园，就像培养了菲德尔·卡斯特罗的哈瓦那大学一样。《美国新闻与世界报道》称：这是《一场归咎于红色分子的校园骚动》。伯克利已经吸引了“垮掉的一代”的众多成员，这所学校正被“教育无政府主义”的阴霾笼罩。

许多老一辈的加州人在读完这样的文章或在晚间新闻里看过那些戏剧

性的事件后，都会坚信自己应该在未来给支持“法律和秩序”的候选人投票，因为这些候选人会维护传统的价值观。保守派罗纳德·里根宣布，“要么遵守规则，要么滚出去”，1966 年他在竞选州长时说“垮掉派、激进分子和肮脏的言论自由倡导者令一所伟大的大学蒙羞”。他承诺会“把伯克利的烂摊子收拾干净”，称伯克利的“性狂欢污秽到我无法形容”。许多父母认为社运人士的行为和着装十分骇人可怖，令他们错愕不已，有人对言论自由运动人士写道：“去死吧，你们这些堕落的垮掉分子！”①

这样的评论对许多年轻人产生了不同的影响，尤其是当权派的那些文章。他们开始明白，自己不能指望媒体会如实呈现他们的故事，登他们的信，报道他们这一代人的新闻。因此，阿特·昆金开始出版地下报刊《放任自由新闻报》(*Faire Free Press*)，它后来更名为《洛杉矶自由新闻报》(*Los Angeles Free Press*)。在伯克利，言论自由运动催生了《蜘蛛》《木鞋》《根与枝》等临时杂志。在旧金山，随着海特-阿什伯里区开始成为一块“嬉皮”飞地，《文艺复兴》《地下笔记》和《开明城市新闻报》的偶尔出刊中出现了“反驳”主流文化的内容。

在最初几期里，这些地下报刊往往会针对年轻一代报道文化方面的新闻。例如，1965 年的头两个月里，《自由新闻报》刊载了有关电影、舞蹈和音乐的文章：拉维·香卡②；《与莱尼·布鲁斯③共度的夜晚》；以查克·贝里和桑顿大妈④为号召的《1965 年布鲁斯演唱会》。但到 3 月时，青

① *San Francisco Examiner*, 2 and 3 De; 1964; *Oakland Tribune*, 6 Dec. 1964; and see *U. S. News & World Report*, 14 and 21 Dec. 1964, pp. 12 and 43; Lou Cannon, *Reagan* (Nev York, 1982), 148; Rorabaugh, *Berkeley at War*, 26.

② 被奉为西塔琴大师、印度音乐和文化的伟大使者以及不朽的世界音乐家。——译者

③ 以艺名莱尼·布鲁斯闻名的美国著名喜剧演员、社会评论家、讽刺作家和编剧——莱纳德·阿尔弗雷德·施奈德，其开放、自由的喜剧风格和批判性的喜剧形式融合了讽刺、政治、宗教、性和庸俗，为未来直言不讳的反文化时代喜剧演员铺平了道路，他对淫秽的审判被视为美国言论自由的里程碑。——译者

④ Chuck Berry，美国黑人音乐家，摇滚先驱之一。Big Mama Thornton，美国黑人女歌手，因其身材和个头加上粗野的嗓音得了个 Big Mama 的称呼，是 R&B 的 shouter（指以独特的嗓音和强烈的情感表达而闻名的演唱者）的代表人物之一。——译者

年文化、民权和学生的议题渐渐融入其中。“我希望《自由新闻报》能打造一个本地运动基地。”昆金说，当亚拉巴马州塞尔玛的抗争如火如荼时，他开始报道洛杉矶的抗议活动，那次活动中，6 000 多人游行至联邦大楼前，要求“政府采取行动，打击南方的种族暴力与恐吓活动”。在伯克利，《开明城市新闻报》报道了本地诗人约翰·汤普森被捕事件。大学官员认为汤普森的行为有伤风化，因为他在校园里举了个牌子，上面写有他仅有一个字的诗：“FUCK。”汤普森回应称，他是在抗议虚伪：“假如我举的是一块写有‘谋杀’或‘开枪’或‘杀人’的牌子，然后在学校里走上好几个星期，也不会有任何一个人注意到我。我就写了这么个小字，然后砰的一声！我就进了监狱。”大学行政人员和老一辈记者大为震惊，他们给这次事件起了个外号叫“脏话运动”，但《开明城市新闻报》的撰稿者另辟蹊径，展现了一种新的价值观。他描述了一些有创意的学生是如何启动“防肏基金”（Phuque Defense Fund）的。

在这一年余下的时间里，其他城市也有了地下报刊，比如《伯克利毒评》（*Berkeley Barb*），在纽约市有《东村他者》（*East Village Other*）、《自由学生》和《党派》。在底特律，十几岁的哈维·奥弗辛斯基用他的《第五等级》（*Fifth Estate*）来替代被称为“第四等级”的媒体。另外，密歇根州立大学一名 21 岁的学生创办了该校第一份校园地下报刊《报章》，呈现了“一个可供选择的独立媒体，以替代该大学社区的‘正统’新闻媒体”。

首批地下报刊在出版时十分低调，但意义非凡。这表明，六十年代人中兴起了一股年轻人的文化。一些年轻美国人与他们的父母有着不同的价值观，这种不同在“自由之夏”期间以及在运动持续至 1965 年时就开始出现了。《自由新闻报》为亚文化打广告，称“女孩们与寂寞风流男一起做家务”。至于学校，萨拉·戴维森写道，伯克利是“一块飞地，那里总是走在变化的最前沿，中产阶级社会的规则在那里不适用”。杰拉德·罗森菲尔德回忆说，言论自由运动是一场“活跃而时髦的运动。言论自由运动中有公开举行的群众大会，有人弹吉他唱歌，有人胡子拉碴，有长发飘飘的小妞，这些让大学管理层显得冷漠和矜持……让西装革履的世界里的礼节显得毫无生气、枯燥无聊”。权威人士有权威人士的穿着，而个人风格开始成为一种宣言。“对，我的头发很长，而且我好几天没刮胡子了，”一名民谣歌手在伯克利唱道，“但我在为自己的自由奋斗，而那些干净整洁的小孩假装看不到。”

对许多白人学生来说，冷战文化已成过去。1965 年春天，《自由学生》刊物宣布《漫长的沉睡结束了》。就像 1960 年南方的静坐一样，伯克利的那些事件被广泛宣传，引得其他学生组织起来，参与到一场含糊不明的运动中。一名学生在《得州人日报》上说：“伯克利的爆炸性事件让全国上下的学生社运人士看到，他们可以组织、抗议、集会、静坐和罢课——并取得成果……。而这就是学生力量。”①

春季学期期间，许多学校里都出现了这种力量。1 月，社运人士在密歇根州立大学成立了学生权利委员会，就“代行家长职责”条例正面对抗校方管理层。密歇根州立大学批准或拒斥学生组织，乃至分发在校园和宿舍内的各类印刷资料。所有单身学生，即使年满 21 岁，也必须住在宿舍，并严格遵守时限和规定。宿舍管理员强制学生执行晚餐时的着装规定：合校女生要穿连衣裙，男生要穿礼服衬衫和便裤，禁止穿“工装裤、李维斯牛仔服、百慕大短裤、工作服、灯笼裤或像海滩拾荒者的服装。……穿灯芯绒裤需搭配合适的大衣”。学生权利委员会坚持认为，在某些情况下，规则“已然凌驾于学生的民权之上”，一名社运人士这样说道：“如果密歇根州立大学……不只是一座思想监狱的话，我们现在必须行动，实现个人的自由和尊严。”2 月，学生权利委员会未经许可在宿舍内分发了小册子，要求有更加自由的住宿条例，终止针对女生的歧视性规则。这次呼吁引起

① *Los Angeles Free Press*, 19 March 1965, *Open City Press* 中重新登出的文章；*The Paper*, 10 Dec. 1965; Leamer, *The Paper Revolutionaries*, 27, and Peck, *Uncovering the Sixties*, 18–36; Davidson, *Loose Change*, 53; Irwin Silber, “Songs from Berkeley,” *Sing Out*!, May 1965, p. 19; *Daily Texan*, 5 May 1967。

了大家的共鸣。一个星期后，4 200 多名学生在学生权利委员会的请愿书上签名，他们将这份 80 英尺长的文件交给学生活动的主管。此人拒收请愿书，许多人因此心怀不满，进一步施压。到 4 月时，校方管理层作出让步，同意学生应为自己的行为“逐渐承担起更多的责任”。行政人员放宽了有关住宿、宿舍探视、酒饮方面的规定，并减轻了对违反民法的学生的惩罚。校报宣布：“时代必须改变”。

在俄亥俄州立大学，时代确实变了，自 1951 年起，言论自由就是那里的重要议题，当时的董事会主席是一名退役的将军，他宣称：“只要我还是校董事会的成员，就不会邀请任何共产党人、同路人、法西斯分子或者纳粹分子来这里演讲。”实际上，学校出了一条限制言论的规定，并在接下来的十多年中审查了众多的演讲者，其中包括所有曾公开批评过众议院非美活动委员会的人。学生接受了，直到 1962 年的春季学期校长不许三名演讲者来校演讲，其中一人还是俄亥俄州立大学的校友。在教职人员的协助下，社运人士成立了学生争取自由行动会，并在 11 月对学校提起诉讼。董事会的回应非常有代表性，一名校董说：“我个人认为，那些想管理大学而不想接受教育的学生最好离开。”他们没有离开，在接下来的三年中，学生争取自由行动会继续邀请有争议的演讲者来校演讲，而校长也不断地禁止他们来校。伯克利的那些事件发生后，俄亥俄州立大学的学生决定直接行动。春季学期期间，他们成立了言论自由阵线，并在 4 月组织了两次集会。约 450 名学生包围了行政大楼，他们试图和一名副校长进行对话，但没有成功，于是，270 人开始静坐，这是俄亥俄州立大学史上的第一次静坐。最后他们离开了，没有人被捕。教职人员也加入了这场斗争，因为他们邀请共产主义者赫伯特·阿普希克（贝蒂娜·阿普希克的父亲）来校演讲，但是马上被校方管理层拒绝了。5 月，百名教授在一次校董事会会议外进行了抗议，约 400 名教授向校长请愿，要求终止这条规定。5 月 21 日，阿普希克抵达学校。他静静地坐在台上，教授们则对着近 3 000 人朗读起了他几本书里的段落。这次“非演讲”引起了全国的关注。《时代》周刊以

“徒劳的禁令”为题发表了评论，《克利夫兰新闻报》则批评校董们应该“为校园骚乱而自责”，《托莱多刀锋报》发表社论说，董事会“拒绝理性思考，招致了反抗。我们希望俄亥俄州大不会重蹈伯克利的覆辙”。

和伯克利一样，俄亥俄州立大学的规则也令人无法忍受。但和伯克利不一样的是，俄亥俄州立大学的学生从来不必去违反哪条校规或州法。他们将注意力集中在一条荒谬的规定上，就让公众和政治舆论都转而支持他们了。最后，学生、教职人员、政治家和法官都主张进行校内改革，校方管理层废除了限制言论的规定，因此避免了一场严重的冲突，结束了言论自由的争议，壮大了俄亥俄州立大学的学生力量。

1964—1965 年间对 850 所大学进行的一项调查——其中包括 50 所最大的公立大学——结果表明，学生认为校园内最要紧的问题是各种各样的“代行家长职责”的规定——宿舍、着装和生活条例，其次是言论自由和餐饮服务。学生和他们的父母一样，认为校外最重要的议题是民权问题。①

春季学期期间，运动的这部分内容几乎每天都会出现在新闻里。1 月，社运人士认为时机已到，应该再次唤起全国的关注，他们向约翰逊政府和国会施压，要求通过《投票权法案》。小马丁·路德·金和他的助手们决定将这次行动的地点定在亚拉巴马的塞尔玛。

塞尔玛是白人抵制抗争的缩影。塞尔玛位于黑土带上，这座城市的主要人口是黑人，亚拉巴马州达拉斯县里近 60%是黑人，但登记投票的人数不足 1%。在朗兹和威尔考克斯这两个相邻的县内，没有一个黑人拿到过选票。虽然学生非暴力调解委员会的社运人士自 1963 年起就一直在尝试进行选民登记，但收效甚微，因为警长吉姆·克拉克放任自己的手下及当地居民恐吓黑人公民。金在《纽约时报》上写道：“塞尔玛成功地将黑人选民登记的速度弄得跟蜗牛一样，每年仅有约 145 人登记。按照这样的速度，

---

① TA：James Bradford interview, 9 Aug. 1990; *Michigan State News*, 16 July 1964, and 8 and 17 Feb. and 12 April 1965; *NYT*, 26 Oct. 1951; Columbus *Dispatch*, 27 April 1962; and James S. Turner, “Ohio State：Free Speech and Student Power.” and Richard E. Peterson, “The Scope of Organized Student Protest,” in Foster and Long, eds. *Protest*!, 345-61 and 59-80.

要 103 年才能登记完达拉斯县内有投票资格的 1.5 万名黑人。”

金和他的同事明白，他们必须再次用上在伯明翰用过的策略。南方基督教领袖会议的社运人士必须激怒警长克拉克或者当地居民对他们使用暴力，这将刺痛美国人的良心，迫使联邦政府进行干预，并最终通过《投票权法案》。1 月，金在塞尔玛宣布“我们不是在请求，而是在要求拥有投票权”，然后，他领着游行队伍行至法院，黑人在那里尝试进行选民登记。克拉克逮捕了金，直接把他关进了监狱，在接下来的一个月里，警长逮捕了 3 000 多名示威者。白人商人对此事的回应是解雇那些试图进行登记的黑人雇员，结果导致 150 人失去了工作。①

南方基督教领袖会议的策略并不太成功。由于塞尔玛有全国性的媒体，所以警长发脾气的次数屈指可数，而且约束手下做出任何令人震惊的暴力行为。但在 30 英里外的小城马里恩，情况就不一样了。2 月 17 日，几百名黑人举行了晚间教堂集会，并决定绕法院游行，以抗议一名同伴的被捕。集会刚开始，当地警察就得到了州警的增援，他们“关掉了所有的灯，又开枪打破灯泡，然后劈头盖脸见人就打”，阿尔伯特·特纳回忆道。威利·博尔登看到一名示威者闯进警察堆里，“他们朝他的头打去，愣是把头打得裂开了一个大口子。血喷得到处都是”。博尔登想去帮那个人，但是警长把他拉开了，然后“把点 38 口径的短管枪直接塞进我嘴里……。他扳动击锤，说：‘我要做的就是打爆你那该死的脑子，黑鬼。’当然，我什么都没说。我吓得要死，眼前只有弹匣里的子弹”。警察把他们打得浑身是血，还开枪打中了吉米·李·杰克逊。几天后，杰克逊死了，当地的社运人士想到了一个计划。特纳回忆说：“我们必须做点别的事，让全国人看到这一制度的邪恶之处。所以我们决定一路步行到蒙哥马利去抗议……。我们最初的计划是带着吉米·杰克逊去蒙哥马利，然后把他的尸体放到州议会大厦门前的台阶上。”

---

① David J. Garrow, *Protest at Selma: Martin Luther King, Jr., and the Voting Rights Act of 1965* (New Haven, Conn., 1978), chaps. 2 and 3；还可参考 Charles E. Fager, *Selma, 1965* (New York, 1974), and SNCC paper *The Movement*, April 1965。

金另有想法。当时总统正在尝试通过一项社会立法，其主要目的是帮助美国穷人，约翰逊政府给金施压，要求他放弃在塞尔玛进一步举行示威活动。金去了亚特兰大，但当地社运人士决定继续，他们要在杰克逊葬礼后的一周从塞尔玛出发，步行 54 英里前往蒙哥马利。州长华莱士表示绝不容忍此类示威活动发生，否则将“不利于交通和商贸的有序进行”，但尽管如此，在 3 月 7 日这个星期天，近 600 名社运人士诵着经唱着歌离开了布朗教堂，开始了长途跋涉，他们向塞尔玛的艾德蒙・佩特斯桥走去，那是通往蒙哥马利的大门。

警长克拉克严阵以待。百名警察列队站在桥上，另有百名州警，他们有些人骑着马，堵住了大桥的另一端。示威者走上大桥，在一水儿的蓝制服面前停了下来。一名警官大喊，“为了公共安全”示威人群有 2 分钟的时间转身返回教堂，但没过多久，部队就从四面八方冲了上来，他们挥着警棍，向人群投掷催泪瓦斯罐。“我看到那些骑马的人朝我冲过来，脸上戴着可怕的面罩，穿过催泪瓦斯腾起的烟雾，”年轻的希恩・韦伯回忆说，“有的拿着棍子，有的拿着绳子或者鞭子，他们挥舞着，像在赶牛一样。”黑人惊慌失措，四处逃窜，白人观众则欢呼喝彩。警长克拉克大喊：“干掉那些该死的黑鬼！”警察照做了。“我看到一个地方治安队员举起棍子，”小 J. L. 切斯特纳特回忆道，“然后狠命地朝一个女人头上劈去，就像切西瓜一样。”警察一路抽着鞭子把示威者赶回了教堂。“他们甚至进入教堂的院子里打人，”威利・博尔登回忆说，“女士、男人、婴儿、小孩——他们根本不在乎打的是谁。”黑人将这天称为“血腥星期日”。当天晚上，全国人民就在电视上看到了事情的全部经过。乔治・伦纳德和他的妻子是在旧金山家中的客厅里看的报道：

恐怖的尖叫声传了过来，那种声音电视上从未出现过，当时部队正缓慢地向前行进，有时还会被倒下的尸体绊倒。画面切到了冲锋的马群上，马蹄踩在倒地的人身上一闪而过。画面又迅速切换到弥漫着催泪烟雾的公路上。时不时会有一颗顶着头盔的脑袋从烟雾中冒出来，接着是一根向上挥起的棍子。棍子和脑袋随后消失在催泪瓦斯的烟雾中，而后另一根棍子又上下挥舞。毫无人性。没有其他词能描述这样的动作……。这时，我妻子哭着转身走开了，她说："我再也看不下去了。"

"塞尔玛的新闻，"《华盛顿邮报》写道，"将让整个国家惊惧不已。"伦纳德在当晚离开家，开车前往旧金山机场，然后登上了去亚拉巴马的飞机。其他关心这个问题的公民也上了飞机——帕洛阿尔托的一名律师，洛杉矶的一名精神科医生，伯克利的一对年轻情侣，以及湾区的无数黑人、白人神职人员。民权组织和个体社运人士给全国各地的同道中人打了电话。"就是非正式地告知一下。"罗伯特·卡尔夫特回忆说。卡尔夫特是得克萨斯大学的研究生，圣诞假期里，他曾自愿在蒙哥马利为南方基督教领袖会议传授选民登记的程序，他接到电话后，"我们四个挤进车里，往塞尔玛开去。第二天晚上到达目的地，进入城区时，一个本地警察拦下了我们的车，问我们到那里干什么，他告诉我们，我们的尾灯没开，建议我们离开。当然，那是为了不让任何支持抗争的'外部煽动者'进入塞尔玛"。亚拉巴马的警察给持外州牌照的白人开罚单，理由甚至包括"在开阔的公路上闯红灯，但那个地方根本没有红绿灯"，法学院学生格雷格·利普斯坎伯说："那里没有民权，甚至也没有州权。那里只有亚拉巴马白人享有的权利。"①

袭扰并没有阻挡这场运动。第二天早上，卡尔夫特和朋友回到塞尔

① Raines, *My Soul Is Rested*, 187–96, 209–10 中特纳与博尔登的采访；希恩·韦伯与 Rachel West Nelson 的发言记录于 Frank Sikora, *Selma*, *Lord*, *Selma: Childhood Memories of the Civil-Rights Days* (University, Ala., 1980), 96；J. L. Chestnut, Jr., and Julia Cass, *Black in Selma: The Uncommon Life of J. L. Chestnut, Jr.* (New York, 1990), 207；Leonard, "Midnight Plane to Alabama," *Nation*, 10 May 1965, pp. 502–5；TA：Robert Calvert interview, 11 Sept. 1990；*Daily Texan*, 26 March 1965。

玛，发现市内挤满了警察、州警和数百名社运人士。黑人佃农、牧师、学生与白人教授、医生及约 400 名神职人员和修女站在一起。其他地方的美国人则不断打电话、发信给白宫和国会，令他们焦头烂额，还有 4 000 人匆匆赶到首都举行示威活动，支持黑人的投票权。在全国范围内，有 1 万人为表支持参加了游行。

当社运人士陆续抵达时，南方基督教领袖会议计划好了另一场由塞尔玛至蒙哥马利的游行，但一名法官下了强制令，维持州长对游行下达的禁令，约翰逊总统悄悄地要求社运人士冷静下来。约翰逊的代表与金在塞尔玛会面。虽然金曾对他的追随者表示“我们有权走公路，我们有权走向蒙哥马利，只要我们的双脚能把我们带到那里”，但他还是同意妥协。

不过，金没有将此事告诉游行的人，在经历了“血腥星期日”之后，许多人都渴望采取行动。学生非暴力调解委员会的成员已经冲向塞尔玛。“我们很愤怒，”克利夫兰·塞勒斯写道，“我们想让华莱士州长、亚拉巴马州公路巡警、克拉克警长、塞尔玛的白人、联邦政府，还有类似塞尔玛这样的城市里的南方贫苦黑人知道，我们不想再忍受这些扯淡的事了。”3 月 9 日，星期二，金带领 3 000 人一边唱着《任何人都别想让我转身》，一边走上艾德蒙·佩特斯桥。州警再次封住了他们前进的道路，但突然之间，他们撤离路面，让出了前往蒙哥马利的路。金下跪祷告，然后出人意料地命令大家转身返回市内。他们照做了，十分讽刺的是，在回教堂的路上他们唱的还是同一首歌。激进人士怒不可遏，很快就把这次事件称为“转身星期二”。至于金，其传记作者写道，这次事件“让他和激进人士之间的关系走到了一个关键的转折点上”。

自 1964 年民主党大会以来，学生非暴力调解委员会和南方基督教领袖会议之间的冲突与日俱增，而塞尔玛的抗争激化了他们的矛盾。民主党在大会上回绝了密西西比自由民主党人的要求，这“对民权运动的影响，就好比南北战争对美国历史的影响”，社运人士克利夫兰·塞勒斯回忆说：

"此后，一切都不一样了。我们再也不上当了，再也不相信我们的任务就是暴露不公，然后美国的'好'人就能根除这些不公。我们离开大西洋城时就已明白……我们争的不是民权，而是解放。"南方基督教领袖会议不同意这样的看法，他们再次支持发起另一场引人注目的示威，以引发全国的关注，让政府通过自由立法。学生非暴力调解委员会的领袖经投票表决，不以组织名义参与示威，但允许成员以个人身份参与。

约翰·刘易斯是学生非暴力调解委员会的一名成员。"血腥星期日"那天，刘易斯和南方基督教领袖会议的荷西·威廉姆斯一起走在过桥大队的最前排。警察把刘易斯打倒在地，导致他脑震荡。南方基督教领袖会议随后在《纽约时报》上登了一则启事，描述了刘易斯被殴打的情景，并请求支持者为南方基督教领袖会议捐钱。这件事"让我们怒火中烧"，朱利安·邦德回忆道，"南方基督教领袖会议占尽了曝光度和钱，做的事却少得可怜，他们不配得到这些"。

学生非暴力调解委员会的激进人士说南方基督教领袖会议"徒有其表"。金正在失去对年轻的激进社运人士的掌握，而后者已在"公牛"·康诺和吉姆·克拉克手上吃了苦头。学生非暴力调解委员会的成员渐渐厌倦了非暴力行动主义，而且组织间的相互嫉妒也在塞尔玛翻滚着。

白人的暴力行径再一次将这些组织团结起来，并引发了全国的关注。当地暴徒袭击了三名北方白人牧师，用棒球棍殴打了他们。詹姆斯·瑞伯是来自波士顿的上帝一位论派神职人员，他的头部多处受伤，当他躺在那里奄奄一息时，带领游行队伍的是来自圣路易斯的修女和当地高中生。两天后，瑞伯死了。希恩·韦伯记得，她和一位朋友当时"跪下……我们向自己祈祷了一会儿。我没有哭，我一直在想，虽然他是白人，但他曾是我们的一分子"。①

---

① Sellers, *River of No Return*, 111–23; Lewis, *King*, 281; 还可参考 Carson, *In Struggle*, chap. 11; 邦德的采访出自 Raines, *My Soul Is Rested*, 213–14; Webb, Nelson, Sikora, *Selma*, *Lord*, *Selma*, 115。

这次死亡事件再次引得人们要求联邦政府采取行动。全国共有上千人进行了示威，并给华盛顿发去了电报，12 名学生在白宫外静坐。约翰逊总统在电视上看了塞尔玛冲突的重播，深感愤怒。他给瑞伯夫人送去了黄玫瑰以告慰逝者，在白宫与华莱士州长讨论了情况，并在 3 月 15 日的国会联席会议上发表讲话，要求通过《投票权法案》：

> 在塞尔玛发生的事是一场大规模运动的组成部分，它波及了美国的每个地区、每个州。这是美国黑人为确保能全面享有美国生活的福祉而做出的努力。这项事业也必须成为我们的事业。它不仅关乎黑人，而且关乎我们所有人，我们必须战胜偏见和不公造成的严重后果。
>
> 而我们一定会胜利。

一个星期后，这场运动在塞尔玛爆发。3 月 21 日，3 000 多名白人与黑人社运人士踏上了塞尔玛到蒙哥马利的朝圣之路。约翰逊总统告知华莱士州长，公民可以在公共道路上游行，为了保护示威者，他还将亚拉巴马的国民警卫队收归联邦。与一众民权领袖同行的有纽约市议会主席、曼哈顿区区长、劳工领袖沃尔特·路泽、历史学家约翰·霍普·富兰克林和威廉·E. 洛伊希滕堡以及吉米·李·杰克逊的祖父，还有无数牧师、拉比和一名来自加州的主教。大多数游行者是学生，许多人都非常渴望自己能重新投入运动。他们沿着美国 80 号公路行走，很讽刺的是，这条路又名杰斐逊·戴维斯公路，他们平均一天走约 10 英里，有时还会冒着暴雨前行。他们唱歌谈天，每晚都在支持者的土地上搭帐篷露营。有些白人起哄，有的会挥起邦联国旗或举起标语："黑鬼同情者""马丁·路德·鬼""洋基垃圾滚回家"。虽然"游行队伍散乱得令人难以置信"，罗伯特·卡尔夫特回忆说，"但氛围相当积极乐观，最后两天几乎是喜气洋洋的"。第四天带领队伍的是吉姆·勒瑟雷，他来自密歇根，是一名截了肢的白人工人，一路上都是靠着拐杖行走。他的左右两边各有一名年轻人，一个是黑人，另一个是白人，分别扛着一面美国国旗。在他们身后，一名游行的黑人把头包成1776年的样式，边走边用笛子吹奏《洋基歌》。最后一晚，朝圣者在蒙哥马利外3英里处扎营，他们在那里与一队名人会合：伦纳德·伯恩斯坦、弗洛伊德·帕特森、雪莉·温特斯、妮娜·西蒙、托尼·班纳特、西德尼·波蒂埃、保罗·纽曼、哈里·贝拉方特、小萨米·戴维斯。次日，数千人加入了前往州首府的最终游行队伍。大家为迪克·格雷戈里欢呼，他们与查德·米歇尔三重唱、玛哈莉雅·杰克逊、艾拉·菲茨杰拉德、琼·贝兹及彼得、保罗和玛丽组合一起边走边唱："一个男人要走过多少路，才会被称为真正的男人？"

游行队伍迅速增至3万人，讲台上聚集了1963年"向华盛顿进军"以来的众多极为重要的民权人士——全国有色人种进步协会的罗杰·威尔金斯，学生非暴力调解委员会的约翰·刘易斯以及全国城市联盟的惠特尼·扬，还有A.菲利普·伦道夫、拉尔夫·邦奇、贝亚德·鲁斯汀和罗莎·帕克斯。金走上讲台，他看向帕克斯夫人，讲起了十年前蒙哥马利公交车抵制行动期间发生的一件事。他说，波拉德修女当时正步行去上班，有个男人问她是否要搭便车。"不。"她自豪地回答。然后这个人问："哎，你不累吗？"金让听众们想起了波拉德那不合语法但意味深长的话："我两只脚累，但我灵魂得到了休息。"

"我们正在前进，"金宣布，"就像一个时机成熟的想法，就算是强大的大军也无法阻止我们。我们正走向自由之地。"

虽然听众中的百名学生非暴力调解委员会成员认为他们前进得太慢，但人群中的数千人以及家中、校园中的数百万人都同意金的看法。南方基督教领袖会议的策略获得了可观的回报。"让我们向着投票箱游行。"金继续说，而且他们确实做到了。8月，约翰逊总统签署了《投票权法案》。该法规定在有歧视历史的州设置联邦审查员，最终废除了残存的读写能力测试和人头税，实现了黑人选民登记。两个星期后，塞尔玛内有超过60%

的黑人完成了选民登记。到 1966 年选举时，南方有一半以上的成年黑人已完成登记，他们开始选举自己心目中的官员。塞尔玛改变了南方的政治。

“塞尔玛已成人类良知的辉煌纪念碑。” 金补充道，那时，大部分听众已经开始动身回家或返回学校继续春季学期。“我们觉得充满了希望。” 卡尔夫特在返回得克萨斯大学时回忆道。60 年代的大部分学生都同意这个说法。那些在这一年中活跃起来的少数人可以回顾在南方和学校里取得的胜利——他们可以有所作为。

塞尔玛也激励其他学生行动了起来，不仅有大型综合大学的学生，也有较小规模大学的学生。约 150 名来自威斯康星州辛伯洛伊特大学的社运人士游行了 50 英里来到麦迪逊，抗议警察在塞尔玛施暴。在明尼阿波利斯，马卡莱斯特大学的学生成立了反对种族隔离行动组织，并筹钱重建了密西西比被毁的自由学校，同时，奥格斯堡大学有半数在校生游行来到州首府，抗议在塞尔玛发生的事件。在印第安纳的迪堡大学，玛丽·安·库普和另外一些学生举行了游行以示支持；从那以后，她一直戴着一枚徽章，上面写着：“我是一名社运人士”。

在“血腥星期日”的第二天，即 3 月 8 日，堪萨斯大学的社运人士游行进入行政大楼，坐在了校长 W. 克拉克·威斯科的办公室外。他们要求变革。当时，姐妹会和兄弟会都在实施种族隔离政策，宿舍实际上也是隔离的，而且没有一个黑人被雇佣，无论是作为教职人员还是作为管理人员。劳伦斯市没有市级公共泳池，一些私人俱乐部也不接纳黑人。威斯科谴责种族排他行为，却表示种族融合必须出于自愿。然而，社运人士已经厌倦了等待志愿者站出来。他们列出了诉求——终结住宿、兄弟会和姐妹会中的歧视现象，改变校报《堪萨斯大学日报》的广告政策，不再接受有种族歧视行为的企业投放的广告。6 小时后，一名学监通知学生，办公室将在下午 5 点关门，留下的人将因非法侵入被捕。警察 5 点到达，和平地逮捕了 100 多名学生。为了表示善意，校长开了一张个人支票，安排保释并提供了保释金。①

在这次事件之前，大多数堪大学生十分冷漠，但这段经历激起了他们对民权的兴趣。30 名学生自发利用春假在路易斯安那帮助黑人投票者进行登记，与此同时，其他人在校长的住宅和办公室外进行示威，再一次向其提出诉求。威斯科同意与他们进行商讨，不出一个月，他就撤销了对示威者的所有起诉，到秋天时，校董事会禁止了堪大校园内的各类歧视。

在当年春季学期期间，一部分学生开始关心另一个问题——美国在南越扮演的角色。

美国的介入是合乎逻辑的。尽管南斯拉夫已经在 1940 年代后期从苏联集团中分裂出来，中国在 1960 年代初也与苏联频频发生摩擦，但是美国人坚信共产主义是铁板一块。政客们说，异常现象是共产党的另一个阴谋。美国政府继续表达自己的看法，认为所有共产党人想要的都是同一样东西——世界霸权——而我们的宿敌莫斯科控制着一系列“傀儡”，例如中国的毛泽东、古巴的菲德尔·卡斯特罗以及越南的胡志明。第三世界国家是走卒，是“多米诺骨牌”，除非“自由世界”的堡垒——美国能站稳立场，否则它们就将倒向共产主义。“而且，”海军上将 U.S. 格兰特·夏普称，“我们在越南的立场将影响我们在世界各地的其他投入，包括在北约、日本、朝鲜和泰国的。”他还说，越南是“对我们可靠程度的考验。我们不能从越南撤退，否则我们的世界领袖地位将不复存在”。美国军队已经阻止了共产党在朝鲜境内继续前进，那么十年后的问题就是：我们会对西贡的非共产主义政府做出承诺，阻止胡志明的共产党武装部队取得胜利吗？美国会为南越挺身而出吗？

据说，美国别无选择。“如果我们不阻止南越的红色分子，”约翰逊表示，“明天他们就会出现在夏威夷，下个星期他们就会出现在旧金山。”他

---

① SAVF：box 28, *Midwestern Activist*, 14 March and 6 April 1965; Wynkoop, “Dissent in the Heartland,” 4; *University Daily Kansan*, 10, 11, and 22 March 1965，还可参考 Fisher, “The Turbulent Years: The University of Kansas, 1960-1975,” 76-80。

私底下说，我们必须在那里打一仗，否则美国“最好还是放弃其他地区——从柏林、日本、南美撤走”。在普通人家和校园里，大多数美国人都支持总统的观点。一名肯塔基的农民表示，“整个亚洲都处于危险之中。我不相信当你知道自己是对的时候，还会低下头，当作没看见”。一名西弗吉尼亚的木匠补充道：“如果我们不去帮助那些被共产主义压迫的人，那么我们自己很快就会受到压迫。”1963 年，针对这场冲突进行的首个哈里斯调查表明，三分之二的美国人认为如果共产主义对南越的威胁越来越大，他们支持美国向南越大规模派出军队。①毕竟，在湄公河上打共产党总好过在密西西比河上打。

这场冲突开始得悄无声息——没有宣战，没有大规模武装动员，没有大肆宣扬。多年来，美国一直在参与越南事务。1950 年，杜鲁门政府开始支持法国维系其在印度支那的殖民统治，到 1954 年时，在法国打击胡志明军队的军事支出中，80%是由美国政府支付的。法国部队已经成了我们的雇佣兵。然而，美国的大规模援助也挡不住军事上的失败，那一年，胡志明的部队在奠边市将殖民军全数歼灭。世界大国在日内瓦举行会议，其后签订的协议将殖民地分为了北越和南越。1956 年的全国选举将使越南统一在一个政府的管理之下，但南方的统治者吴廷琰拒绝参加选举，因为他会惨败给颇受欢迎的北方领袖胡志明。甚至连艾森豪威尔也在后来承认，假如 1956 年进行了选举，胡志明可能会赢得 80%的选票。

“我们人民”，这种民主进程在冷战文化中似乎并不重要。艾森豪威尔并没有强制吴廷琰参加选举，美国的多数派政府支持南越的少数派政府。整个冷战期间都在捍卫自由选举对抗苏联专横的这个国家，现在却宣布吴廷琰是“越南国父”，其他国家也纷纷加入，称他是“亚洲解放者”，是“东南亚的温斯顿·丘吉尔”。因此，胡志明和他的南方盟友越共

① 夏普的发言出自 *Reader's Digest*, Jan. 1968, p. 102；观点出自 Louis Harris, *Anguish of Change* (New York, 1973), 53-54 and chap. 4。

（Vietcong）打响了以武力争取统一的游击战。作为回应，美国成了西贡政权的主要资助人。总统最后派出了 700 名顾问去训练南越共和国军（ARVN）。为了刺激经济增长，使越南人支持吴廷琰，政府在南越投入了超过 10 亿美元，甚至还给南越共和国军发薪。虽然经济得到了改善，但到 1960 年时，这个小国家已经成了一个靠我们救济的孩子。

肯尼迪加大了援助的力度。共和党人能在十年前赢得总统选举，部分原因在于他们责问“是谁丢了中国”，现在，这位民主党总统不想因为丢了印度支那而遭人责怪。越南人从前并没有经历过民主，对此也没有兴趣，但出类拔萃之辈却宣布南越是美国的“试验田”，他们要试着在发展中国家建立民主政府，阻断共产主义的侵入。肯尼迪早前宣布，南越是“东南亚自由世界的基石，是拱门的拱顶石，是一木支危楼”。此外，苏联已经建起了柏林墙，美国发起的猪湾入侵一败涂地。现在，这位年轻的总统告诉一名记者：“我们在努力证明自己的力量可信时遇到了一点麻烦，越南似乎是个解决麻烦的好地方”。①肯尼迪派出了直升机和更多顾问，其中包括陆军特种部队——绿色贝雷帽。

到 1963 年时，美国已经往南越派了约 1.6 万名顾问。但他们并没能阻止越共，也没能巩固吴廷琰的政权，CIA 秘报说，这名统治者“严酷轻率的统治”已经让他失去了南越的民心。8 月，西贡的 CIA 负责人给国务院发电报称：“这里的局势已经到了无法挽回的地步。”于是，肯尼迪批准了推翻吴廷琰的秘密计划，11 月，南越的将军发动政变。政变军人杀死了吴廷琰。西贡官员称这起谋杀是“意外自杀”，因为 60 年代已经成了一个用语委婉的时代。

然而，南越共和国军的将军们并不比吴廷琰更民主，约翰逊执政期间，他们一直在争夺南越总统的位子。接下来的三年里，各种军政府在西

---

① 有关吴廷琰的情况请参考 Marilyn B. Young, *The Vietnam Wars 1945-1990* (New York, 1991), 58, 79; David Halberstam, *The Best and the Brightest* (New York, 1983 ed.), 97。

贡来了又去。14 个月内换了 7 个不同的政府，政变多到连来自得克萨斯的总统都气愤地喊道：“我不想再听到跟政变有关的屁话了。”西贡的局势动荡，意味着南越共和国军无力对越共发动进攻，他们把任务留给了美国人。最终，在 1967 年，总统阮文绍和副总统阮高奇两位将军成了西贡的民主基石。

与此同时，1964 年 8 月，北越的巡逻船在东京湾袭击了美国驱逐舰“马多克斯号”。当时，“马多克斯号”正在协助南越共和国军在北部执行破坏任务，但约翰逊并没有公开这件事。相反，总统称我们的船只在公海遭到袭击，他将予以报复，下令对北越的海军设施进行空袭。接着，总统要求国会通过《东京湾决议案》，这份含糊的章程显然给了他宪法赋予的权力去帮助我们的南越盟友。“那就像老奶奶的衬衫，”新闻发言人乔治·里迪私下里说，“它掩盖了所有事情。”

整个国家都在这件事上团结了起来。《纽约时报》称，对“马多克斯号”的攻击是“北越共产党疯狂冒险的开始”，美国必须“确保南越独立”。《华盛顿邮报》称赞约翰逊总统“谨慎而有效地处理了越南危机”。总统的支持率一跃超过了 70%，国会高票通过了决议案。三分之二的民众支持这项决议案，其中至少三分之二是大学生。《密歇根州大新闻报》刊登的大学回应很有代表性，它写道，约翰逊总统“基本不会选择其他行动方案……。假如我们在这个时候拍拍北越领导人的脑袋，由着他们无端攻击我们的船只，那么我们所宣布的保卫东南亚免遭共产主义侵袭的打算听起来真是假得可怜。”

约翰逊总统向大众保证，他无意让美国深入参与这场战争。“亚洲的小伙子们应该为保护自己的国土而战。”他在 1964 年的总统竞选中说，并补充道，现在的问题是“谁能维护和平”。约翰逊承诺会保持温和的立场，假如美国人曾经想过在亚洲参与大型战争——或是对北越宣战——那么，他们在当年 11 月的选举中就有了一个明确的选择：共和党参议员巴里·戈德华特。相反，选民们拒绝了参议员的鹰派立场，并以美国历史上最大的投票胜差让约翰逊当选了。

越共并不在意谁坐镇白宫，1964 年冬天和 1965 年春天，他们继续向南越共和国军和它的 2 万名美国顾问发起进攻。尽管美国民众并不知情，但南越政权已经濒临崩溃；敌人察觉到自己即将胜利。12 月，越共在西贡发动了零星的攻击，到了 2 月，他们已经胆大到袭击波来古的美国特种部队营地。

这些袭击促使约翰逊采取行动。他说，他不能寄希望于联合国插手并阻止战争，因为这个组织愚蠢又无能，“就算你把操作方法印在鞋跟上，他们也没办法把尿从靴子里倒出来”。约翰逊坚信，如果美国不派出更多部队，南越就会输给共产党。“我不想成为第一个输掉战争的总统。”约翰逊说，他下令实施“滚雷行动”(Operation Rolling Thunder)——轰炸北越。3 月中旬，这个得克萨斯人认定，防止战败的唯一方法就是改变美国的政策。不久后，他派出海军陆战队，开始增加美军兵力，并给他们下达了新的命令——他们不仅要指导南越共和国军，还要和他们的盟友一同执行战斗任务，找出并摧毁敌人。就像参谋长联席会议主席说的：“坐在那里什么都不干可赢不了战争。”

耐人寻味的是，约翰逊政府还试图掩盖冲突的升级，低调处理越南事务。约翰逊总统更关心民权运动和通过他的伟大社会立法，他并不想激怒苏联人、中国人以及美国人。某份国家安全备忘录称“总统希望……利用一切可能的预防措施避免媒体报道”，他的部下也应尽量不透露美国正在加大自己的军事投入。一名顾问说，总统希望“在不激起公愤的情况下参战”。

美国人要么支持总统，要么对政府政策知之甚少。那年春天，塞尔玛发生的几桩事和总统有关投票权的发言占据了晚间新闻，民意调查显示，约 80%的人支持对北越进行轰炸。早前的调查表明，三分之二的民众要么不理解约翰逊的政策，要么对它无感。四分之一的人甚至不知道美军部队正在越南打仗。①

然而，那年春天的轰炸也引发部分和平组织、教授和一些学生质疑美国参与东南亚事务的目的。各类自由组织与和平组织开始质问议员，并给白宫写信，其中包括美国人争取民主行动组织、美国公谊服务委员会、学生争取民主协会以及国家理智核政策委员会。2 月，国际妇女争取和平与自由联盟和妇女和平罢工组织的 300 多名社运人士在国会大厦前集会，进行“母亲的游说”行动，试图向国会议员施压，要求他们支持通过谈判解决越南问题。学生争取民主协会呼吁在华盛顿进行复活节和平游行，少数政客对约翰逊的政策表示怀疑。在纽约，约 3 000 名社运人士在联合国广场抗议轰炸行动。

当年冬天的几个月里，一些学生进行了几十场小型示威活动，大多是在当地组织的，但是当近 50 名教授决定在密歇根大学“宣讲”（teach-in）时，校园反战行动才首次得到全国的关注。200 名教授受到民权活动静坐和自由学校的启发，在塞尔玛游行发生几天后，他们在《密歇根日报》上登了一则广告，呼吁学生加入他们的宣讲会，以“寻求更好的政策”。从 3 月 24 日到 25 日凌晨，3 000 多名学生和教职人员参与了演讲、辩论和讨论。马克·皮利苏克教授这样描述道：“一个优等生后来告诉我，这是她上大学 4 年以来第一次体验到大学教育……。有些以前几乎不在课堂上说话的人却在礼堂里和白发苍苍的正教授们争论了一个小时。”第二天早上，仍有 600 人留在那里，他们还在图书馆前举行了集会。就像那些参加过“密西西比之夏”或伯克利“言论自由运动”的人一样，密歇根的社运人

① CIA reports in *NYT* edition, *The Pentagon Papers* (New York, 1971), chap. 7；里迪的发言出自“LBJ: An American Experience,” PBS video; *NYT*, 5 Aug. 1964; WP, 6 Aug. 1964; *Michigan State News*, 6 Aug. 1964；还可参考 Small, *Johnson, Nixon and the Doves*, chap. 2; DeBenedetti, *An American Ordeal*, chap. 5; George Herring, *America's Longest War: The United States and Vietnam, 1950—1975* (New York, 1986), chap. 4; Larry Berman, *Planning a Tragedy: The Americanization of the War in Vietnam* (New York, 1982), chap. 3; and Brian VanDeMark, *Into the Quagmire: Lyndon Johnson and the Escalation of the Vietnam War* (New York, 1991), chaps. 5 and 6。

士也指出，参加这次宣讲会改变了他们的生活，他们记得，在那个夜晚，“真正关心社会的人谈论了真正要紧的事情”。

运动不断壮大，开始扩散到其他学校。当年春天，约35所大学开展了宣讲活动，这些学校包括哥伦比亚大学、伊利诺伊大学、哈佛大学、密歇根州立大学、罗格斯大学，甚至还包括通常比较沉稳的学校，例如明尼苏达的卡尔顿大学，纽约的玛丽斯特大学，以及密歇根的弗林特专科学院。伯克利举行了规模最大、持续时间最长的宣讲活动：36个小时，2万人参加。在威斯康星，一位民权社运人士说，当晚举行的其实不是宣讲活动，而是大学的“首场自由学校”运动，大家为他的这句话起立鼓掌。在俄勒冈，宣讲活动是该州1930年代以来首个社会行动主义的标志。约3 000人挤进学生会，听演讲者做演讲，听诗人读诗，听民谣歌手演唱，其间，他们消耗了上百个三明治和60加仑咖啡。一个漂亮的合校女生在毛衣上别了一张手工制作的卡片，上面写着“让我们做爱，不要作战”。“初出茅庐的新生无所畏惧地和资深教授争论，”一名记者报道称，“愉快、平静的俄勒冈大学校园从来没经历过这样的事。”

4月，美国首都迎来了和平运动。在1960年代前半期，和平团体每年都会在复活节的星期天进行裁军游行。每年通常会有几千人参加游行，但在这一年，学生们派发传单：“这一趟是我们所有人的大好机会，我们可以聚在一起，讨论如何参与事关众多议题的社会行动”，卡尔顿大学的学生写道。在那个温暖晴朗的星期天，约2万人坐着大巴从全国各地的学校赶到了现场。他们在白宫外进行了抗议，接着开始朝华盛顿纪念碑的方向游行。“时代正在变。”朱迪·科林斯唱道，琼·贝兹和菲尔·奥克斯的歌声随后响起。记者I. F. 斯通发表了讲话，发言的还有历史学家斯托顿·林德和民权社运人士鲍勃·摩西，接着，参议员厄内斯特·格里宁呼吁立即中止轰炸并进行和平谈判。学生争取民主协会的主席保罗·波特发表了鼓舞人心的演讲，呼吁发起一场“大型社会运动”来改变美国。社运人士挥舞着标语：“离开西贡，进军塞尔玛”，“现在就要越南自由”，“向贫困宣战，而不是向人民宣战”。

当示威者沿着国家广场向国会大厦行进时，学生非暴力调解委员会的三重唱组合“自由之声”带领人群唱起了《我们一定会胜利》，示威者在国会大厦向国会呈交了请愿书：“美国有诸多问题迫切需要关注，但我们在南越的纠缠延缓了这些问题的解决，同时也延长了那片饱受战争蹂躏的土地上的人民的痛苦。你们必须现在行动，彻底改变事情的可悲现状。我们请你们终止越南战争，而不是扩大战事。”

当年春天，白人和黑人社运人士迸发出了一股力量，这标志着这场抗争、学生力量和当下的小型反战运动可能将融合在一起，成为民权拥护者贝亚德·鲁斯汀口中的“羽翼丰满的社会运动”。宣讲运动和各类和平抗议表明，一些美国人将开始质疑美国的外交政策，甚至开始游行反对它。与此同时，另一些学生开始审视自己的大学在越南战争中扮演的角色。5 月，霍夫斯特拉的百名学生发起了可能是那个时代第一次反对预备役军官训练营的示威活动。最终，抗议和宣讲会让人们看到了大量将会质疑国家政策的知识分子。在往后数年中，这些教授将成为重要的非主流专家，成为华盛顿学术界反主流文化中的出类拔萃者。

但更为重要的是，当年春天的反战示威之所以如此重要，是因为某些事情没有发生——约翰逊政府没有改变对越政策。实际上，大部分美国人认为和平游行者是垮掉派人士、怪胎或者共产党，而且示威人士很少得到媒体的报道，产生的影响也很小。3 月 16 日，妇女和平罢工组织一位年长的成员爱丽丝·赫斯以一种耸人听闻的方式表达了对战争的抗议——她在底特律的街道上自焚了。虽然她留下一张字条，抗议对北越实施轰炸，但政府并没有就自杀发表声明，公众对此也不感兴趣。6 月，1.7 万名社运人士在麦迪逊广场花园参加了反战集会，那次集会的发言人有参议员韦恩·莫斯、贝亚德·鲁斯汀、本杰明·斯波克博士，甚至还有科瑞塔·斯科特·金，她自称是妇女和平罢工组织的成员。集会后，约 2 000 人在晚间跟随斯波克博士游行至联合国。媒体忽略了这次事件。一名反战运动历史学家这样写道："很明显，政府有国家主要舆论塑造机构的支持。反战社运人士很快意识到自己的影响有限。"①

美国人支持约翰逊总统。当30名肯特州立大学的社运人士抗议轰炸时，人数是他们5倍的愤怒人群向他们投掷了石块。威斯康星大学举行了宣讲会，结果6 000名学生签署了一封支持总统政策的信件，而在耶鲁，四分之一的学生做了同样的事。密歇根州立大学的一些教授谴责了校园内举行的宣讲会，认为它"刻意一边倒"，是一场"灌输思想的集会"，在青年民主党和美国青年争取自由组织的学生成员的帮助下，他们收集了近1.6万个支持美国政策的签名。堪萨斯大学学生和平联盟的20名成员手举写着"要协商不要升级"的标语牌进行了示威，随后校报发表社论："学生和平联盟自然是出于真情实感，但张伯伦在臭名昭著的慕尼黑会议上也是如此。"学生中的一项民意调查显示，只有四分之一的人支持谈判或从越南撤军，1966年1月，《纽约时报》也报道说，威斯康星大学近四分之三的学生支持约翰逊对东南亚的政策。

春季的宣讲会是个"短命的现象"，一名历史学家总结道。在国内，很少有人改变自己对约翰逊的越南政策的看法，也几乎没人认为越共乡巴佬或北越军队能敌得过"地球上最伟大的国家"。面对一支个个都像约翰·韦恩的军队，敌人很快就会放弃。我们怎么会输？而且，约翰逊已经向民众保证，美国不应卷入亚洲的地面战争，他不会派"美国小伙去做亚洲小伙该"自己来做的事。总统在3月和4月宣布，他已经做好准备，"随时随地"参加和平谈判，同意与河内"无条件协商"，他的属下还补充道，虽然政府和异见者的目标相同，但政府有一些"秘密信息"，可以证明他们的政策是合理的。

---

① Marc Pilisuk, "The First Teach-in: An Insight into Professional Activism," along with other articles on the topic in Louis Menashe and Ronald Radosh, eds., *Teach-ins U.S.A.: Reports, Opinions, Documents* (New York, 1967), 11; SAVF: box 28, *The Midwestern Activist*, 6 April 1965 for Carleton; Easter march in Zaroulis and Sullivan, *Who Spoke Up?*, 38–42，该历史学家为DeBenedetti, *An American Ordeal*, 119–12。

夏天时，许多六十年代人已经离开宿舍前往沙滩，当时的一项调查表明，大部分学生认为越南没什么好担心的。几乎所有被派往那个国家的美军士兵都是志愿者，是充当顾问的职业军人。那是个小国家，远在天边。一名老师在大卫·克里斯蒂安的课上宣布，那个国家又发生了一场政变，“我们看看彼此然后说：‘南越到底在哪儿？’”当时，几乎没有人能想到，几年之后，克里斯蒂安会在南越和柬埔寨带兵打仗。①

尽管如此，在 1965 年春季学期结束时，校园内的氛围与 1950 年代和 1960 年代初相比已经发生了巨大的改变。“抢女生内裤活动结束了。”堪萨斯的一名学生写道。最重要的议题是民权和学生权利，另一人补充道，他这一代人“受够了长辈们搞的大规模无个性的教育等事情……。学生想要有参与感”。由于人们已经在南方和学校里取得了胜利，许多学生对变革持乐观态度，而且随着他们开始参与其中，许多人开始认为自己是某场运动的一分子。“我现在最关心的就是这场运动，”威廉姆斯大学的社运人士斯蒂芬·布洛克说，“如果你思考一下这个词——运动，它很有趣。因为它代表着行动中的人。它不是终点，也不是静止不动的。用这个词来描述我们正在做的事再适合不过了。”

沉默的一代已成历史。《大学新闻社》(*College Press Service*) 在 12 月时称“1964 年是全国校园抗议之年”，教授安德鲁·海克将 1964—1965 年称为“示威之年”。与史上任何时代相比，它都当之无愧。

但更为重要的是，海克随后将社运人士放在了更庞大的六十年代人的背景之中。“当然，这一年的抗议者和示威者并不能代表他们的同学，而且，在头几次光彩夺目的爆发之后，他们的队伍通常会迅速萎缩，这很具有启发意义。只要学校能给本科生提供进入中上层阶级的通行证，而且要

① *University Daily Kansan*, 22 Feb. 1965; *Michigan State News*, 12 April 1965; 还可参考 Kenneth Heineman, “A Time of War and a Time of Peace: The Anti-Vietnam War Movement at Michigan State University, 1965-1970,” *Peace & Change*, (July 1989), pp. 285-323; 该历史学家为西摩, *Johnson, Nixon and the Doves*, 36; VD: 克里斯蒂安的采访, episode 4。

求的学习时间不多于……每星期15小时，就很少会有学生抱怨。”确实很少。在两年后的1967年，西摩·利普塞特教授和菲利普·阿特巴赫教授斩钉截铁地说：“我们应该看清楚……大众传媒极大地夸大了美国学生‘革命’的规模。”

1965年春季期间，《新闻周刊》对多所大学的800多名学生进行了采访和民意调查，证实了上述看法。超过90%的人表示对高等教育、大企业和联邦政府很有信心，而超过80%的人对大学比较满意，并对军队、教会和联合国持正面看法。当学生被问及他们15年后会过上怎样的生活时，大多数人都效仿了他们的哥哥们的说法：“我会很稳定，经济上有保障，已婚，有孩子，至少三个。”一个人说。另一人想要成为“上层中产阶级”，还有一个人预测说：“我会住在长岛的郊区。”一名记者称这些学生是“激情四射的温和派”。①

在60年代中期，只有少数学生是社运人士，而广大的六十年代人则舒服地做着温和派。迈阿密大学的一个保守派学生写道，这种“致命的传染病叫做学生的冷漠”，并称他的学校是“冷漠的温床”。兄弟会和姐妹会仍然主导着校园生活，迟至1967年，堪萨斯大学的一名合校女生还表示，在她的学校里最拉风的事就是“拿到男朋友的兄弟会毛衣”。大多数校报都和《伊利诺伊人日报》类似，定期刊载像“共线信息”这样的专题，宣布示爱项链、示爱胸针、订婚以及结婚的消息。“我很尊重那些去了密西西比或者是参加了和平工作队的人，他们非常有献身精神，”伊利诺伊的一名英文教授在1965年时说，“但是这样的人少之又少，这个学校里很少有这样的人。”

虽然校园议题和民权问题激发了一些学生，使他们走出了冷漠，但在

① *University Daily Kansan*, 26 April 1965；布洛克的发言出自 *Life*, 30 April 1965, p. 30；*College Press Service*, 6 Dec. 1964；Hacker, “The College Grad Has Been Short-changed,” *NYT Magazine*, 6 June 1965, 25；Seymour M. Lipset, ed., *Student Politics* (New York, 1967), 200；*Newsweek*, 22 March 1965, pp. 43-63。

1965 年春季学期，大部分坐在拥挤课堂里的六十年代人都感觉乐观惬意——他们的最佳定义仍是酷世代——他们的价值观与父母的略有分歧，他们渴望一起歌唱，“尽情享受美好时光”。当时《时代》周刊对这一代人做了调查，并报道了他们千篇一律的着装：“几乎每个地方的男孩都穿着马德拉斯衬衫和斜纹布裤，或者是绿色的李维斯，全都剪裁整齐得体。女孩的标准打扮则是毛衣搭配颜色相衬的短裙，或者是衬衫配无袖连衣裙，再加上运动夹克、乐福鞋和及膝袜或者长筒袜。”那时候，没人能料想到两年后会发生“爱之夏”事件和五角大楼游行。那个春季学期的校园生活很酷，很美好。正如得克萨斯大学的学生会主席所说：“我们还没有真正经受过战争和萧条的考验。我们就活在当下，因为我们不必过分担心未来。”①

“越南那里起了点小冲突，”鲍勃·卡尔夫特回忆说，“但在 1965 年夏天，我们这些参与运动的人大都非常乐观。”事实上，大多数美国人认为国家正在前进，而当约翰逊在 8 月签署《投票权法案》时，那种情绪更是高涨。总统邀请民权领袖出席，参加签字仪式的人包括贝亚德·鲁斯汀、罗伊·威尔金斯、A. 菲利普·伦道夫和小马丁·路德·金。约翰逊总统已经在前一天和金见过面，他们讨论了 1964 年和 1965 年间取得的重大进步，不仅包括民权方面的事宜，也包括“向贫困宣战”和“伟大社会”等计划——对教育和职业培训、开端计划（Headstart）、医疗保险（Medicare）和医疗补助（Medicaid）予以大量的联邦援助。金谈到总统“极其理解非裔美国人在实现自由的过程中面临的那些困难”。在签字仪式上，总统宣布：“今天，自由大获全胜，它和任何战场上曾取得的任何胜利一样，具有重大意义。”民权领袖称约翰逊是黑人眼里“最伟大的总统”，甚至胜过亚伯拉罕·林肯。

“人们对那次会议有一种宗教般的热忱，”总统的一名助手回忆说，

① *New Guard*, Sept. 1964; *University Daily Kansan*, 14 Oct. 1967; 教授的发言出自 Von Hoffman, *Multiversity*, 123; *Time*, 29 Jan. 1965, p. 57; *Newsweek*, 22 March 1965, p. 44。

“会上气氛热烈——这是一场最终的庆祝，人们对它期盼已久，也为它奋斗已久。”现在，自由主义者可以躺在他们的安乐椅上好好放松了。1964 年春天，新总统许下了承诺，宣布了他的未来蓝图。“这个国家、这个民族、这一代人迎来了人类第一个创建伟大社会的机会：这个社会里只有成功，没有不堪，只有美景，没有荒芜，它有的是天才的成果而非贫穷的痛苦。在这里，我们能打开学习的大门。我们能打开劳作有成果且闲暇有收益的大门，我们能打开平等机会和封闭社区的大门——不仅是向少数特权阶级开放，感谢上帝，我们还可以向所有人开放。”如今，才过了 15 个月，自由主义者似乎就已经在兑现承诺了。《民权法案》和《投票权法案》取缔了公共场所、就业和投票中的种族歧视，社会项目开始帮助穷人——白人和黑人——共同拥有美国梦。在 8 月的那一天，自由主义在 1960 年代达到了顶峰。

然后，在接下来两年中，约翰逊总统给了六十年代人一个忧虑未来的理由——他大幅扩大了美国在越南战争中的参与度。酷世代成了历史。

假如没有经历越南战争，六十年代人会怎样？可以肯定的是，许多人会继续支持民权，一部分人会为民权示威。5 年的抗争，意味着它已经成为这代人意识中的一部分。斯坦福大学、康奈尔大学和旧金山州立大学等高校的学生开始要求学校开设有关黑人的文学和历史课程。人们会铭记“运动”是一场民权抗争，是学生力量的崛起。入学人数的增加意味着大学将继续在规模和本质上发展，学生将继续要求和支持变革。1966 年春天，斯坦福社运人士大卫·哈里斯赢得了学生会主席的竞选，他呼吁由学生掌管规章制度，男女享有平等的政策，学生有权对及格—挂科的评分等级做出选择，他还主张大麻合法化、撤消董事会，停止校方与越南战争的所有合作。第二年，布朗大学、康奈尔大学、俄勒冈大学和华盛顿大学的学生起来反对学校的规章和条例，而这些顶尖大学的管理者正在逐渐接受威斯康星某个委员会的建议，后者主张“大学退出代行家长职责的活动”。到了 60 年代中期，明显可以看出，1950 年代的道德观在瓦解，并且，年轻一代开始反抗爸爸妈妈的价值观。这种追求大多是肤浅的，沙滩上的啤酒狂欢、“和衣而睡”，随着 60 年代变成一个尽情享乐的派对时代而来。但对另外的少数人而言，随着他们成为新兴的反主流文化中的一部分，对道德的质疑将使他们产生重大的改变。最后，这一代人人数众多，仅是这一点就足以改变社会，进而产生巨大影响。①

假如没有越南战争，人们会如何回忆“60 年代”？约翰逊政府可能会继续推行民权立法和“伟大社会”计划，最高法院首席大法官厄尔·沃伦会做出重要判决。在今天看来，60 年代会被视作是美国历史上的又一个重大改革时期。

然而，假如没有战争，我们会怀疑这十年是否会如此戏剧化，是否还会变成人们记忆中的“60 年代”。对黑人而言，自 1960 年的格林斯伯勒起，这十年就已经成为一个转折点。对白人学生和他们的父母而言，这十年从 1964 年和 1965 年开始成形，那时的年轻人开始展露出他们新的价值观，并对学校管理人员提出要求。然后，在 1965 年秋季到 1967 年底期间，约翰逊政府升级了美国对越南事务的介入——于是，对整个国家而言，这十年成了“60 年代”。

---

① 有关投票权请参考 Oates, *Let the Trumpet Sound*, 359-60; Harris, *Dreams Die Hard*, 134; Stanford Cazier, “Student Power and In Loco Parentis,” in Foster and Long, eds., *Protest*!, 506-30。

第三章 抉择时刻

1966年应该被铭记，因为这一年我们摆脱了强加给我们的尼格罗人身份，变成了黑人……1966年属于“黑人力量”这个概念。

——弗洛伊德·麦基希克，1966年

在青年地下文化中发展起来的人际关系新模式必须浮出地表，让人看到，让人共有，这样人们心中的悲悯、知觉和爱才会全面复苏，充盈这场形式上的革命……

——人类行动宣言（Human Be-In），1967年

现在一切都围着越南转……。那不再是一个横跨了半个地球的遥远、血腥、乏味的地方。越南就在眼前。

——戴夫·麦克雷诺，1967年

1965年间，菲尔·奥克斯向他这一代人唱道：

这里风向有变，
　　岔路显现，
你可以做正确的事，
　　也可以做别人让你做的事，
但胜利的荣耀
　　将属于大胆的人，
因为现在正是抉择的时刻。

1965 年秋至 1967 年末的那段时间就是抉择的时刻。那段日子里，定义了运动第一波浪潮和 60 年代的主要议题——种族和战争——占据了晚间新闻。更为激进的民权运动形式，不断扩大的东南亚冲突，以及正在兴起的“反”主流文化，所有这一切都在促使公民们去质疑，去就他们自己的观点和美国的发展方向做出决定。政治问题变成了个人问题，对于六十年代人来说尤其如此。肯尼迪的理想主义唤醒了他们，南方的抗争让他们愤而行动，校园的规章让他们无法回避，在接下来的几年里，他们会在美国的种族斗争和越南战争中得到教训。

约翰逊总统在 8 月签署《1965 年投票权法案》过后没几天，教训就开始了：洛杉矶的黑人贫民区瓦茨（Watts）爆发了战后死伤最惨重的暴动。起因非常简单。一名白人警察拦下了一名年轻的黑人司机，并打算以超速和疑似酒驾的罪名逮捕他。一开始，遭到指控的司机很有礼貌，甚至还在开玩笑，但后来这名年轻人的母亲出现了，发生了争吵。人群围了过来，那名警官用无线电请求增援。其他车辆赶到，当警察试图把嫌疑人押进车里时，嫌疑人挣扎了起来，他的母亲请求周围人帮忙。旁观者开始用力朝警察砸石头和瓶子，不到两个小时，一群愤怒的暴徒开始袭击白人司机，点燃车辆。到午夜时分，街道上已有几千人，但到黎明时分，暴动似乎结束了。社区领袖呼吁大家保持冷静，但在第二天晚上，黑人的敌意沸腾起来。街上约有 5 000 人在游荡。许多人针对生活环境发起抗议，一些人谴责警察打人，还有一些人不断喊着民权口号。最后，暴徒开始抢劫，一些人攻击了街上的白人，还有人向商店投掷燃烧弹。警察和消防员来了，但一些暴徒在屋顶上向他们开枪，因此，警察被迫打电话叫来了国民警卫队。

暴动愈演愈烈。随着越来越多的白人执法人员来到瓦茨，更多的黑人公民走上了街头。火势逐渐失控，一些人大喊着“燃烧吧，宝贝，燃烧吧”。双方交火。最后，当局调来了超过 1.5 万名士兵和警察。这个贫民区变成了战场。士兵的神经绷得越来越紧，不管不顾地开枪。总统的国内骚乱全国咨询委员会（National Advisory Commission on Civil Disorders）报告说："一些人被误杀，更多人受了伤。" 6 天后，部队恢复了法律与秩序，但代价高昂：近 4 000 人被捕，1 000 多人受伤，34 人死亡。

"一切似乎都崩塌了，" 拉姆奇 · 克拉克叹道，"'我们一定会胜利' 的日子已经结束。" 事实上，瓦茨暴乱及几天后发生在芝加哥、马萨诸塞州斯普林菲尔德的暴乱给民权抗争带来了不可估量的损害。许多美国白人同意前总统艾森豪威尔的看法，他认为，暴乱出现的原因在于 "全国上下越来越不尊重法律与秩序"。艾森豪威尔接着说，这个国家有一种氛围，那就是 "如果你喜欢一条法律，你就遵守它，如果你不喜欢它，你就不遵守它"。

"白人的反弹" 出现了，现在的形势甚至比约翰逊总统首次使用这个说法时还要激烈，那是 1964 年亚拉巴马州州长乔治 · 华莱士在威斯康星州和印第安纳州的民主党初选赢得了约 30%的选票后。显然，对社会变革的抗拒已经深深地埋在了这个政体的核心。格林斯伯勒事件之后，白人保守派不断地失去控制权，他们眼睁睁地看着自己身边的世界发生变化。他们一直在等待时机，对运动做出回应。伯克利是他们的第一个机会，他们强烈地谴责了学生社运人士，然后，瓦茨给他们提供了打击民权运动的第一个时机。过去只是支持本地警察保护南方黑人和民权工作者的那些保守派，现在却要求 "调动一切必要的力量" 阻止暴乱。为了恢复法律与秩序，《奥克兰论坛报》主张动用 "联邦政府的全部力量"。小威廉 · F. 巴克利将 "无政府主义垮掉分子的英雄——马里奥 · 萨维欧" 和金牧师视为一类人，后者倡导违反 "个人认为不公正的法律"。巴克利预测，"只要这个国家还在放任马里奥 · 萨维欧、马丁 · 路德 · 金之流进行说教"，国内还将发生更多暴乱。《洛杉矶时报》的莫瑞 · 里斯金德从另一个角度展开了讨论："我们一直都为国内的种族关系而骄傲。" 他写道。有些 "美国最有钱的黑人——也意味着是世界上最有钱的黑人——是在这里获得财富的"。然而，在金的带领下，"他们一直在宣扬非暴力，却对暴力睁一只眼闭一只眼。他们一直在宣扬爱，却对仇恨睁一只眼闭一只眼。他们一直在谈权利，但从来不谈责任……。那个诺贝尔和平奖得主在局势大好的时候接受了所有敬意，但杀戮发生时他在哪里呢？在这里恳求他的追随者吗？错。他正在忙着起草我们与河内的和平谈判计划，也许即将拿到第二个和平奖”。

实际上，金匆忙赶到了瓦茨。同行的还有贝亚德·鲁斯汀和安德鲁·扬，他与人们交谈，听取并了解了贫民区内的生活。在南方以外，城市里的黑人有投票权，而且有更好的机会——至少大多数白人是这样认为的。事实上，在美国最高法院对布朗案做出判决，要求学区必须“谨慎而迅速地”进行种族融合的十年后，教育设施仍在实行种族隔离。白人官员划下的学区分界造成了事实上的种族隔离。民权委员会发现，1950 年至 1965 年间，15 座北方大城市的种族隔离规模实际上在“飞速扩大”。例如，在洛杉矶，40 所学校的少数族裔学生群体比重超过了 90%，有黑人居住的所有大型城市都存在这种现象，包括纽约、芝加哥、底特律、克利夫兰和华盛顿。此外，在这些城市里，就算是在经济飞速发展的 1960 年代，黑人的失业率是白人的 2 倍，而且，黑人男性工人的工资只有白人的 60%。瓦茨的黑人失业率是 30%，在全国范围内，绝大多数黑人都没有充分就业，他们从事着必然会导致贫困的非技术类工作和服务工作。40%以上的非白人生活在贫困线之下，一项联邦研究表明，贫民区商店的物价实际上高于城市内的其他区域。另一项针对贫困社区的研究表明，黑人的就业不足率与失业率之和平均下来几乎是白人的 9 倍。美国黑人与白人之间的对比令人瞠目结舌。瓦茨的一名黑人居民告诉一名洛杉矶来的白人：“这是你们一手造成的。我们的烂房子摇摇欲坠，有些晚上，我们其实能从屋顶上看到你们家的灯在远处闪耀。这么近却又那么远。我们想伸手去抓住它，一拳打过去。”①

---

① 艾森豪威尔的发言出自 *Oakland Tribune*, 17 Aug. 1965；社论出自 *Oakland Tribune*, 16 Aug. 1965, 及 *LAT*, 20 Aug. 1965；“一拳打过去”之语出自 *LAT*, 15 May 1966；还可参考 Jerry Cohen and William S. Murphy, *Burn, Baby, Burn!: The Los Angeles Race Riot August, 1965* (New York, 1966)。

即使黑人高中毕业后能得到一份体面的工作，他们依旧逃脱不了贫民区的悲惨生活。国内所有大型城市都有不同的住房限制：更好的区域和郊区是属于白人的。在当时，美国白人成功的关键——努力工作——对城里的少数族裔来说几乎没有任何意义。他们被困住了。哈莱姆暴动时，有人在墙上写道："我们在种植园的时候也实现充分就业了，宝贝。"

而且，许多市政官员要么是种族主义者，要么根本不关心自己的黑人选民。当黑人居民要求政府将联邦拨款中的扶贫资金用于瓦茨时，洛杉矶市长山姆·约尔蒂却说这种诉求源自"共产党的煽动"。当金抱怨住房限制时，市长回答说："那并不是偏见，那是个人选择。"确实如此，但只有白人可以自由选择。金问警察局长，为什么他把暴动的黑人称作"犯罪团伙"和"猴子"，局长表示："这是黑人唯一能听懂的话。"市政警察队伍已臭名远扬。在1960年代的都市暴动发生前，几乎每个大城市里的所有警察都是白人，他们只有高中学历，而且，贫民区里的警察以种族歧视和残暴出名。警察把瓦茨的各个地区叫做"炭黑小巷"，他们的警棍是"敲黑鬼棍"。在大多数城市里，黑人慢跑者会被看作偷完东西之后逃跑的罪犯，警察会照惯例拦下他们搜身。瓦茨暴乱期间，约翰逊总统派了两名信任的助理飞去现场调查。其中一人是白人，另一人是黑人——他是助理司法部长罗杰·威尔金斯。这两人开车进入瓦茨，立刻就被两名白人警察拦了下来。一名警察问了白人官员几个问题，并确认了他的身份，另一名警察把威尔金斯从车里拉出来，粗暴地搜了身，还拔出手枪用枪管抵住他的肚子，然后开始问问题，想弄明白"为什么一个黑鬼会和白人坐同一辆车"，威尔金斯回忆说："我当时火冒三丈，差一点就要爆发——也差点丢掉性命——直到另一个警察告诉他的同伴，'好了，好了，我们犯了一个天大的错误'。"

愤怒，沮丧。在瓦茨，威尔金斯走在肮脏的街道上，经过破败的酒吧和空空如也的商店，他看到了另一种文化：贫民区。他在报告中说，生活在这里的是"贫困的人，无法发声的人，隐形的人"，他们"一直被忽视，他们被触怒了”。在暴乱期间，当地一名黑人牧师解释说：“这里的人，没有任何身份。但**今晚**他惹毛了洛杉矶警察局和洛杉矶消防局。他的出现让人叫来了国民警卫队。今晚，他就是个大人物。”① 美国贫民区就是这般无望、绝望。

那年秋天，其他美国人也开始感到绝望。他们不是穷人，也不是没有希望，正好相反，他们在过去几年里非常成功。他们是这场运动中的社运人士，在《投票权法案》签署和瓦茨暴乱后，许多人开始思索接下来走哪条路——运动的未来是什么？南方基督教领袖会议的温和派在讨论是否应该继续专心在南方搞运动，还是要把游行带到北方城市。学生非暴力调解委员会的年轻志愿者在争论是否应该舍弃非暴力行动主义，采取一种更激进的立场。学生争取民主协会里则有许多人在考虑结束城市里的项目，到学校开展更多的工作。社运人士不停地争论策略、意识形态，争论几乎所有东西。例如，克利夫兰的经济研究与行动项目工作人员有一次花了 24 小时讨论他们是否应该从组织工作中抽出一天去沙滩转转。据斯蒂夫·马克斯回忆，学生争取民主协会变得“越来越像运动，越来越不像一个组织。那情形就像是要找个地方搞场运动”。②

那个地方就在世界的另一端——越南。假如没有这场战争，学生争取民主协会和其他许多运动组织就会渐渐被人遗忘。假如没有这场战争，这十年仍将是一个自由改革的时代，而不会变成一个激进的年代，也不会变成“60 年代”。

哲学家经常会思考：是什么决定了变革？历史的引擎是什么？越南战争成了 60 年代的引擎。虽然民权抗争开启了这个年代，并引发了人们对道

① 有关金的内容出自 Oates, *Let the Trumpet Sound*, 366–68；警察局长的发言出自 Cohen and Murphy, *Burn, Baby, Burn!*, chap. 31；VD：Wilkins interview, 2 June 1989, and his *A Man's Life*, 170；牧师的话出自 Hunter S. Thompson, *Hell's Angels* (New York, 1967), 153。

② 马克斯的采访出自 Maurice Isserman and Michael Kazin, "The Failure and Success of the New Radicalism," in Steve Fraser and Gary Gerstle, eds., *The Rise and Fall of the New Deal Order 1930—1980* (Princeton, 1989), 221；还可参考 Sale, *SDS*, 158–59。

德的讨论，但是这场战争比其他任何议题都更能定义和塑造这十年。因为它的时长——是二战的 2 倍多——最终迫使大多数美国人开始思考：南越值不值得我们这样付出？对更年轻的一代人来说，这个政治问题更加个人化：我应该去打这场仗吗？这项事业值得我为之受伤、送命吗？

显然，六十年代人没有太多选择。5 月，总统告知公众，这场战争由“北越主导，受共产主义中国的煽动。其目标是征服南越，打败美国，扩大共产党在亚洲的统治”。他在约翰斯霍普金斯大学宣称“我们的安全岌岌可危”，“我们要遵守承诺”。他还说：“今晚，美国人和亚洲人都渴望有一个世界，在那里，每一个民族都可以选择自己的变革道路。为了这样的信念，我们的先祖曾在宾夕法尼亚的山谷中战斗。现在，为了这样的信念，我们的子孙正在越南的丛林中战斗。”

媒体高度赞扬了这次演讲。《时代》周刊的编辑补充道：“任何涉及共产主义的斗争从不是真正的内战。”事实恰好相反，东南亚的情况就像二战后的希腊内战和 1950 年代的马来亚冲突。这些记者继续写道，而且，“一个在共产党统治下统一的越南将……一直是北京的卫星国”。现在将“太平洋交给中国，不会比在 1941 年时将其交给日本帝国……更有意义”。

这些都是错误的类比。湄公河三角洲不是福吉谷。1965 年的越南不是 1938 年的慕尼黑、1941 年的珍珠港、1947 年的希腊、1950 年的朝鲜，也不是 1950 年代中期的马来亚。越南就是越南。由于那些最优秀最聪明的人和专家们对越南人及他们的战争知之甚少，因此竭力主张政府照旧给出美式的阳刚回应——展示力量给他们看看。当年夏天，那位得克萨斯人得出结论，美国有三个选择：“我们止损并撤军……这样的情况几乎一定会令美国蒙羞，并严重损害未来我们在世界舞台上的影响力”；继续支持南越，“维持目前的支持度……坚持下去，伺机而动，同时也要认识到我们的地位很可能会越来越低”；“大幅增加美国对南方越共及北方北越人的军事压力，与此同时，在政治方面大力推动谈判的启动”。

有了这些选择，毫无疑问，美国人会反对蒙羞受辱，并在三军统帅于 7

月宣布要将在越美军增加到 12.5 万人时一致表示支持。值得注意的是，他并没有坦承自己早已授权将人数增加到比这更多的 20 万人，而且，他已经授权威斯特摩兰将军独立执行对敌作战任务——为美军取代南越共和国军并成为南越的主要军事组织扫清道路。当记者问到增兵是否预示着新政策即将出炉时，总统谎称那“并不代表政策方面会有任何变化”。现在，约翰逊正在将战争美国化，以此确保南越的存续。然而，他和他的队伍渡过波多马克河进入湄公河时，鞋都没打湿，也没有承认他们正在陷入一片泥潭。

公众站在了约翰逊身后。自那以后，很多人忘记了越南战争是 1965 年的一场极受欢迎的远征。《生活》杂志指出：“及早阻止世界霸权之争是更明智的做法，而且能减少流血事件的发生。履行承诺，保护遭受袭击之人也同样是明智、合乎道德的行为……。从这个意义上说，我们的越南政策是一项合乎道德的政策，幸运的是，大多数美国人都是这么认为的。”《时代》周刊发表社论说，这场战争“是美国政策和意志的重要试金石”，杂志还宣称：《越南：适时发生的正确战争》。

总统领头，良民追随。二战时，他们曾经这样做过，并且阻止了纳粹。在朝鲜时，他们曾经这样做过，并且阻止了共产党。现在，老兵希望他们的儿子也这么做。

向前，冲锋。年轻男性志愿参军。陆军的入伍人数增加了 70%，海军陆战队的入伍人数几乎翻了一番。“我当时 17 岁，”其中一人回忆说，“看杂志的时候，我看到了那些越南的地图。那些红色区域被敌人控制了，白色区域是好人待的地方，红白相间的地方是战场。我去了征兵处，想成为一个直升机飞行员，这样我就能逼退共产党，将他们赶回老家。”年轻一代和他们的父母一样，也是用冷战的眼光来看待这场战争；其他人则一直深受肯尼迪的影响。“约翰·肯尼迪是最能言善道、最优雅的神话创造者，我们相信他创造的所有神话，”中尉菲利普·卡普托记得，“如果他是卡美洛①的国

① Camelot，象征灿烂岁月或繁荣昌盛的地方。——译者

王，那我们就是他的骑士，越南则是我们的征战之地。”

这场征战需要真正的男人，对于六十年代人来说，这是他们的成人仪式。美国海军陆战队“会像个男人那样迎接他”，罗恩·科维克中士写道，“他不会让总统失望，也不会让家人或者他们中的任何人失望。他能承受，他很硬气，他知道这一点”。而这些硬气的年轻人将迅速赢得战争。就和1898年的美西战争一样，越战也是一场“辉煌的小型战争”，卡普托中尉写道。1965年，在他和他的部下行军进入水稻田时，“除了身上的行李和步枪，我们还带着绝对的信念，坚信越共很快就会被打垮，坚信我们所做的全都是高尚的善事”。①

“整个越南问题中唯一且最重要的因素，”大使亨利·卡伯特·洛奇在西贡写道，“是来自美国大后方的支持。”虽然1965年时大后方的支持依然强劲，但也有人越来越担心，尤其是一些和平主义者和知识分子。和平主义者担心越南战事的升级会把中国甚至苏联拉入战争，从而增加原子世界末日到来的可能性。“战争总有失控的时候。”《广岛》(*Hiroshima*) 的作者约翰·赫西在参加白宫艺术节时警告道。其他异见者则谴责政府的军事行动升级，他们同意《新共和》的看法，认为这场战争的“赢家不能是美国，只能是越南人民”。还有人认为，这场冲突是一场内战，可以通过谈判解决。汉斯·摩根索等学者呼吁总统建立一个中立的越南，把这个国家变成“亚洲的南斯拉夫”，并让胡志明成为“东南亚的铁托”。

最先表达反战情绪的人，是那些认为自己属于这场运动，并且参加过民权示威或“自由之夏”的学生。一名志愿者在给自己父母的信中写道：“长到这么大，我第一次看到了贫困、受人压迫、被人憎恨的生活是怎样的……我们在越南杀的人，和多年来我们在密西西比杀的人，都是同样的人。”那些伤亡者是穷人，无依无靠的人，是那些“第三世界”的人，罗

---

① *Life*, 29 Oct. 1965, p. 40d; *Time*, 14 May 1965, p. 30; Caputo, *Rumor of War* (New York, 1978), 66, xiv; Kovic, *Born on the Fourth of July* (New York, 1977), 86.

伯特·摩西对伯克利的学生说，“如果你们想在美国与越南的瓜葛上有所作为，那就必须从南方学习经验”。在纽约，一名学生参加了一个小型集会，并举了一块标语牌：“美军应该在密西西比而不是越南”。①

一些宗教领袖和少数自由派政客也在质疑这场战争。4 月，2 500 名牧师、神父和拉比在《纽约时报》上登了一篇整版广告：“以上帝之名，停手吧！”在当年的州长会议上，俄勒冈的马克·哈特菲尔德是唯一一个投票反对总统政策的州领导人，他认为越南人的目的是结束外国对自己国家的控制，而不是在东南亚扩张共产主义。乔治·艾肯、爱德华·巴特利特、麦克·曼斯菲尔德、厄内斯特·格里宁和韦恩·莫斯等参议员私下里提醒总统要防止出现“另一个朝鲜”。这场冲突可能会让国际裁军的努力走到尽头，并扼杀伟大社会的构想。格里宁表示，西贡政府腐败丛生，千疮百孔，因此“没有理由让美国小伙在南越白白送死”。总有一天，政府的政策会被人“斥为犯罪”。莫斯指责说，从道义上讲，军事行动升级是不可原谅的行为，是“赤裸裸的丑恶的帝国主义”，而且，“麦克纳马拉的战争”并不合法，因为国会没有宣战。莫斯嘲讽道，越南战争并不符合国家利益，美国没必要为荣誉而战：“我听说过‘倒洗澡水连孩子一起倒掉的’，但从没听说过我们应该打爆脑袋保全脸面的。”

政府内部至少有一名批评者。副国务卿乔治·波尔提醒总统说，在几年之内，美国就会有“30 万名美国士兵驻扎在越南，打一场没人愿意卷入的亚洲地面战争”。约翰逊笑着说：“乔治，你真是太疯了。那是肯定不会发生的。”②

这样的提醒就像是荒野里的呼喊，没有人会在意的。有了广大民众的支持，我们的三军统帅勇往直前，继续向越南增兵。约翰逊可以选择增加

---

① DeBenedetti, *An American Ordeal*, 93－102 中引用的发言；赫西的发言出自 Zaroulis and Sullivan, *Who Spoke Up?*, 44；McAdam, *Freedom Summer*, 172－73；摩西的发言出自 Carson, *In Struggle*, 184。

② *NYT*, 4 April 1965；Hatfield, *Not Quite So Simple* (New York, 1968), 155；DeBenedetti, *An American Ordeal*, 94－95, VD：Ball interview, episode 4。

募兵人数，也可以选择召集后备军。总统不想因为启用20多万名年长的后备军人而扰乱社会的正常运作，所以，他选择招募更年轻的男性。义务兵役制始于二战期间，当时仍在实行，超过60%的民众认可这次征兵，其中包括大学生。婴儿潮一代正在成年，因此，当时有了大量可供招募的候选士兵，每年大约有200万人，男性也有多种延期入伍的办法。7月，总统宣布征兵人数将翻一番，然而，由于当时有大量志愿者存在，当年秋天，政府招募到的新兵只有朝鲜战争期间每月招募人数的四分之一或二战期间的十分之一。

征兵人数在年底又翻了一番，虽然那并没有导致大型的抗议，但确实引发了运动另一个部分——“抵抗”——的兴起，这是一场“全国运动，旨在通过采取彻底、公开不配合征兵的立场来破坏义务兵役制”。

自二战以来，几乎没有美国人抵制征兵，那些抵抗的人通常都是“耶和华见证人”这类宗教派别的信徒或各类和平团体的成员，例如反战联盟、学生和平联盟、天主教工作者或非暴力行动委员会。1960年代前半期的年平均征兵人数为10万人，每年有不到200个公民违反征兵法，而且这些事例几乎从未出现在媒体上。然而，由于约翰逊总统宣布要增加征兵人数，媒体迅速聚焦于异见者的行为，其中最著名的例子发生在8月，当时，大卫·米歇尔公开拒绝入伍报到。一名联邦法官判处他5年有期徒刑。

拒绝入伍是一种个人表态，一般来说不会很引人注目。于是，大约400名反战社运人士在纽约怀特霍尔街的征兵中心外进行了抗议。克里斯托弗·卡恩斯和另外一些人把自己的征兵卡扔进了一个点燃的炉子里。实际上，卡恩斯和汤姆·康奈尔等其他人之前已经毁掉了多张征兵卡，又一再申请补卡。“我想我有前科了，”康奈尔后来说，“我已经烧了10张卡。”这一次，卡恩斯被人拍到了照片，他的举动出现在了《生活》杂志上。

“许多人烧毁了自己的征兵卡。”《生活》称，这张照片引起了轩然大波。议员们无比愤怒，他们称烧毁征兵卡的人是“堕落的垮掉派团伙”，“肮脏的秃鹫和害虫”。众议员L. 孟德尔·里弗斯和参议员斯特罗姆·索蒙德——他们都来自威斯特摩兰将军的故乡南卡罗来纳——提出一项立法，故意销毁征兵卡或征兵文件的行为最高可判处 5 年有期徒刑，罚款 1 万美元。里弗斯称，把烧毁征兵卡的人送进监狱，“是我们能为在南越的同胞做的最微薄的事了，他们在那里为捍卫自由而战斗，而这个国家里少数敢于发声的人却对自己的政府嗤之以鼻”。该立法在参议院经口头表决通过，在众议院以 392 票对 1 票通过。

抵制征兵的运动已经萌芽，但直到 1967 年，只有少部分社运人士烧毁了征兵卡或者拒绝入伍，然而，媒体却大肆渲染这个问题，政府试图压制“打败征兵运动”。“任何政府都无法在容忍这种挑衅行为的情况下继续执政。”《新闻周刊》称。《纽约时报》报道称，数千名年轻人试图逃避征兵，他们焚烧征兵卡，拒不登记，或者通过各种手段延期入伍，例如“假装是同性恋、精神病或者患有‘足球运动员膝病’，故意让智力测验不及格，或者干脆在学校赖着不走，或把结婚计划提前”。司法部长尼古拉斯·卡岑巴赫宣布要进行调查，各地的征兵委员会严厉处理了有异议者。36 名密歇根大学的教授和学生在安娜堡征兵委员会外组织了静坐抗议，之后，州征兵局局长审查了抗议者的大学延期申请。几个星期后，十几名学生失去了他们的延期证明，被重新划到 1-A 类别下，准备入伍。征兵局局长刘易斯·赫希将军声称：“我是那种比较老派的父亲，该打屁股的时候绝不会手软。”①

尽管如此，反战运动还是在这年 8 月慢慢扩散开来。在纽约，曾是“自由之夏”志愿者的诺玛·贝克协助成立了第五大道和平游行委员会，而在华盛顿，来自近 40 个组织的社运人士成立了结束越战全国协调委员会。8 月 6 日至 9 日，千人在白宫外举行了守夜抗议，当时正值在广岛和

---

① SAVF: box 8, “Chicago Area Draft . Resisters” flyers, nd; Ferber and Lynd, *The Resistance*, chap. 2; *Life*, 20 Aug. 1965, p. 30, 还可参考 Woodstone, *Up Against the War*, chap. 2, and Look, 28 Dec. 1965, pp. 13–16; *Newsweek*, 1 Nov. 1965, p. 38; *NYT*, 18 Oct. 1965; George Q. Flynn, *Lewis B. Hershey: Mr. Selective Service* (Chapel Hill. 1985), 236。

长崎投下原子弹的 20 周年纪念日。在最后一天，大卫·德林杰、斯托顿·林德和鲍勃·摩西带领示威者沿着林荫道向国会大厦走去。当游行者到达有警察的地方时，林德试图穿过他们的防线，结果被捕了。警察接着逮捕了摩西，德林杰和其他人进行了静坐示威，拒绝解散。警察拘捕了 300 多人。在伯克利，来自越南日委员会（Vietnam Day Committee）的社运人士杰瑞·鲁宾和数学教授斯蒂芬·斯梅尔在奥克兰陆军基地外组织了一场针对军用列车的抗议，该陆军基地是前往越南的登车点。好几百人试图拦下火车或者登上火车给士兵们分发反战资料。有些人举着标语牌："来和平工作队——不要去海军陆战队"。在某个时刻，他们在铁轨上扯起这样一条横幅：**"停下战争机器"**。一列火车朝示威者喷着蒸汽，从横幅上辗了过去。

随着马丁·路德·金对战争的质疑，反战运动和抗争慢慢靠拢。这位牧师一向不喜欢战争——他称其为"军国主义的疯狂行为"——东南亚的战事升级让他十分惊愕。但他的许多助手在此事上产生了严重的分歧。当年 8 月，金和约翰逊的友谊达到了巅峰，总统大力推动民权运动的发展，国内民众也一边倒地支持总统的对越政策。同事们提醒金，假如他宣布反战，他和总统的关系将会疏远，南方基督教领袖会议也会失去本可以用于扩大民权抗争的捐款。金权衡了这些因素，在《面对国家》（*Face the Nation*）节目中说，美国政府应当停止轰炸，与河内开始认真的协商。金以诺贝尔和平奖得主的身份提议与敌人斡旋，但被白宫断然回绝。

1965 年秋季，其他社运人士也直抒己见。在 10 月 15 日和 16 日的那个周末，即国际抗议日，他们大声提出了自己的要求。从加州大学圣巴巴拉分校到艾奥瓦州立大学再到耶鲁大学，近 10 万名社运人士在 80 个城市和校园参加了抗议活动。在麦迪逊，11 名抗议者控诉当地空军基地的一名司令犯有"战争罪"，并试图以公民身份逮捕他，随后抗议者被送进监狱。在科罗拉多大学的橄榄球比赛上，学生们组成了一块翻板组字区，并在中场休息时打出了一系列反战口号。在密歇根，学生们组织了一场 48 小时的和平守夜抗议，数百人在当地征兵局外进行抗议。在纽约，2 万人参加了目的地为联合国广场的第五大道和平游行，300 人为“畅所欲言”聚集在怀特霍尔街武装部队征兵中心外。傍晚时分，大卫·米勒爬上了人群前方一辆广播车的车顶。60 年代早期，他曾参加游行抗议原子弹试验，并在密西西比做过志愿者。现在，他直截了当地说：“我认为用凝固汽油弹轰炸村庄是不道德的行为。我希望这次抗议能成为一次意义深远的政治行动。”米勒点燃了自己的征兵卡，并将燃烧的卡片举过头顶。人群静默。电视台报道了这件事，米勒成了新《义务征兵法案》生效后首个被起诉并坐牢的公民。①

在伯克利，越南日委员会在星期五举行了一次宣讲会，当晚，超过 1 万人离开校园，踏上了奥克兰陆军基地的“和平入侵”之旅。当地地方检察官宣布这次游行是叛国行为，奥克兰市长拒绝发放游行许可。结果，当社运人士抵达城市边界时，他们遇上了 300 名警察组成的人墙。越南日委员会的组织者争论了起来：是该继续前进并强势推进这个议题，还是该避免冲突并返回伯克利。最终，他们决定返回。但第二天下午，社运人士又试着发起了再次前往陆军基地的游行。这一次，他们遇上了另一堵警察人墙以及“地狱天使”② 的一帮人，后者突然冲向抗议者并撕碎横幅，其中一人大喊：“滚回苏联去，你们这些该死的共产党！”摩托车手殴打了社运人士。警察对“地狱天使”动手。秩序恢复了。

游行期间还发生了一些别的事。马克斯·谢尔在人群中走来走去，兜售他新办的地下报刊《伯克利毒评》，一边笑一边喊：“读一读《毒评》吧，图个乐子，不用负责任。”在 8 月份反对军用列车的示威活动后，谢尔首次出版了这份地下报刊。《奥克兰论坛报》报道，在一次“静车”活动（train-in）中，社运人士奚落士兵，士兵则以“拇指向下及胜利的 V 手势回应”。《伯克利毒评》认为：“商业媒体忽视了这个故事中最能揭露真

① TA：Lynd 在 1992 年 6 月 28 日寄给作者的信件；Oates, *Let the Trumpet Sound*, 365–66; *Life*, 29 Oct. 1965, 40d; *NYT*, 19 Oct. 1965。

② Hell's Angels，1948 年在美国成立的摩托车帮会，成员大多骑哈雷摩托车，后被美国司法部定为有组织犯罪集团。——译者

相的部分——其中一列火车的窗户上潦草地写着几个词组成的标语，是上了车的士兵写的：‘我不想去’，其中一人写道。其他人则写着‘幸运的老百姓’和‘继续努力，我们与你们同在’。”这年秋天的湾区，这场运动显然正在形成属于自己的文化。

“置身革命中肯定比置身事外有意思。”鲁宾说。当时，60 年代的文化已经开始萌芽。政治社运人士经常现身伯克利，文化社运人士也常去那里，例如喜剧演员迪克·格雷戈里、禅宗学者艾伦·瓦茨、音乐人菲尔·奥克斯以及旧金山滑稽剧团①。在国际抗议日期间，乔·麦克唐纳演唱了歌曲《我觉得我要死了》，艾伦·金斯堡敲钹吟唱，劳伦斯·弗林盖蒂朗读了垮掉派诗歌，作家肯·凯西发表了演讲。凯西的《飞越杜鹃窝》②，连同约瑟夫·海勒的《第 22 条军规》开始成为六十年代人的必读书。这位年轻的作家混迹于一车衣着狂野的“快乐捣蛋鬼”（Merry Pranksters）中间，后者一直以来都和一群人数越来越多的怪人住在旧金山的海特-阿什伯里区。他走上台后，人们很快察觉到他正因毒品飘飘欲仙。凯西漫无目的、前言不搭后语地说了一段话，偶尔还拿起自己的口琴吹奏《山坡上的家》（*Home on the Range*）。突然，他总结道：“我们只要做一件事……。那就是每个人就这么看着它，看着这场战争，然后转过身说……去他的吧。”

凯西惹恼了许多人。伯克利的社运人士并不想无视这场战争，也不想嗑点药然后忘记这场运动；1965 年时，他们想组织起来，去示威，去奋斗，去改变美国。这样的言语和行为让上了年纪的公民十分惊愕。共和党州长候选人罗纳德·里根在评论示威行动时说：“要让我说，那些越南日的宣讲活动可以用三个词来概括：性、毒品和叛国。”③

---

① San Francisco Mime Troupe，一个政治讽刺剧团，在旧金山湾区和加州等地的公园进行免费演出，获第 41 届托尼奖的地区戏剧奖。——译者
② 后改编为经典影片《飞越疯人院》。——译者
③ *Oakland Tribune*，7 Aug. 1965；*Berkeley Barb*，13 Aug. 1965；凯西的发言出自 Tom Wolfe，*The Electric Kool-Aid Acid Test*（New York，1968），224；Rubin，*Do It*，38；VD：Reagan comment，episode 4。

大多数美国人都同意这一观点，尤其是当月美军部队在越南的大南山谷开始对敌人的第一场大战时。“这是一场真正的战争。”总统说。越共在当年夏天发起了一些零星的交战后，北越人民军在中部高地发动攻势，似乎是打算将南越一分为二。威斯特摩兰将军迎战，派出美军第一骑兵师“空中机动部队”去阻止敌人在大南山谷的进攻。骑兵师与北越人民军的三个团遭遇，在三天时间里，仅有一个美军营抵挡住了敌军的十多次人海战术攻击，而这个营的人数是敌军的 7 倍。美军军官要求进行大规模的空袭，炮手开炮的速度太快，以至于他们的炮管时不时会热到发红。增援部队抵达，短暂而激烈的交战持续了 5 个星期。11 月，在阿尔巴尼登陆区进行的最后一次激战中，美军部队有 60% 的人或死或伤。据一名幸存者回忆，敌军狙击手的尸体被挂在树上，横七竖八的尸体堆积成山，地面因鲜血而变得黏滞，他将这一幕称为“恶魔的肉铺”。敌军撤退了，双方的死亡人数如下：敌军有至少 2 000 或许 3 000 人死亡，美军有近 240 人死亡。

大南山谷的交战对双方影响重大。在过去的 2 年多里，北越人民军一直避免与美军部队打常规战，这种情况一直持续到 1968 年 1 月的春节攻势。敌军明白美国士兵训练有素、火力充足，于是重新打起了游击战，并采取伏击、打完就跑的战术，然后消失在丛林中。对美国的政策制定者而言，大南山谷证实了威斯特摩兰将军的搜寻摧毁策略是有效的。战斗结束几天后，威斯特摩兰给总统发去了电报，称他现在面临的是一场常规战争，获胜的办法就是找出敌人，用更多的美军部队将其消灭。将军称之为“消耗战术”，这样的战略下，敌军将伤亡惨重，会先投降。约翰逊同意了，并将在越美军的上限提高到了 37.5 万人，而五角大楼的官员更是声称大南山谷之战是一场“令人瞩目的军事胜利”。

这场战役也使得美国人民重新振作了起来。《新闻周刊》称它为“大南山谷的怒火”，该杂志还登出一张图片，图中的两名士兵正在帮助一个受伤的男人，配文是“红色英勇勋章”。记者约瑟夫·奥尔索普称大南山谷的战斗是一系列“令人惊叹的胜利”，《美国新闻》夸道，顽强的美国斗士击败了“共产党能向他们派去的最强的军队”。民意调查员路易斯·哈里斯表示，民众对政府政策的支持率有了巨大的转变，三分之二的人认可约翰逊对战事的处理方式，仅有 11% 的人支持谈判和撤军。哈里斯在报告中称：“美国人争得最凶的问题是：他们应该先向北方发动地面战争，还是应该先摧毁南方的越共。”为了支持战争和军队，市民们购买了 700 万张巴里·萨德勒中士的爱国专辑——《绿色贝雷帽》，使其成为历史上最畅销的唱片之一。

“我们稳操胜券。”国务卿迪安·腊斯克称，大多数美国人赞同这一观点。①由于民众支持战争，反战示威者在 10 月份激起了民愤。在克利夫兰，一大群人袭击了反战游行者，在他们焚烧和平横幅时，双方爆发了冲突。在奥斯汀，学生向抗议者投掷水球。在安娜堡，200 名反示威者捣毁了一辆反战彩车。密歇根州立大学的一些学生试图在校园内分发反战传单，警察以“非法侵入”的罪名逮捕了他们，把他们关进了监狱，又用铁链把他们捆了起来。华盛顿特区的战争支持者举起标语，要求“烧死宣讲教授”“警察再暴力一点”以及“小粉红大学生制造黄种红色分子”。在波士顿，20 多名高中生袭击了 4 名和平倡导者，并将他们打倒在地，而纽约的警察不得不去搭救一名遭到殴打并被剥光了衣服的和平主义者。主战的纽约人朝示威者扔鸡蛋、番茄，泼红色油漆，超过 2.5 万人在 5 名荣誉勋章②获得者的带领下进行了游行。一名二战老兵手持标语“请支持我们在越南的士兵——别在他们背后捅刀子”。和平主义者试图在联合广场上举行征兵卡焚烧仪式，一名年轻男子拿着灭火器从人群中冲了出来，把他们浇了个透。当和平主义者试图点燃受潮的卡片时，数百名战争支持者高呼

---

① George C Herring, “The 1st Cavalry and the la Drang Valley, 18 October-24 November 1965,” in Charles E. Heller and William A. Stofft, eds., *America's First Battles*, 1776-1965 (Lawrence, Kans., 1986), 300-326；还可参考“Special Report: Vietnam Story,” *U.S. News & World Report* 29 Oct. 1990, pp. 32-51；民意调查出自 *WP*, 30 Oct. and 18 Nov. 1965；腊斯克的发言出自 *Newsweek*, 29 Nov. 1965, p. 21。

② Medal of Honor，美国政府根据国会法设立的国家最高军事荣誉奖章。——译者

“给我们快乐吧，轰炸河内”，一边还挥舞着标语，“烧你们自己，别烧你们的卡！”

政客严厉斥责了抗议者。加州的民主党人州长艾德蒙·布朗声称，示威“给了河内援助和安慰”，密西西比参议员约翰·斯坦尼斯称，政府应该“立即行动起来，将这次运动连根拔起，把它碾成齑粉”。得克萨斯众议员“老虎”·蒂格表示赞同，他提出了一项法案和一项宪法修正案，要求对任何以“抗议、游行、集会或类似的公共示威”来抗议战争的人处以10 年监禁。前总统艾森豪威尔哀叹青年示威者的“道德沦丧”，并宣布支持约翰逊的东南亚政策。当罗格斯大学的历史学家尤金·基诺维斯表示“十分愿意看到”越共胜利时，前副总统理查德·尼克松要求大学辞退这名教授。如果“我们失去了越南”，尼克松称，“那么全世界的言论自由权将被彻底消灭”。①

媒体对示威者冷嘲热讽。《生活》杂志称抗议者是“积习难改的爱卖弄之人”，说他们没有意识到这场战争是“民主和自由的最后保卫战，甚至也没有意识到这与美国命运攸关”。《芝加哥论坛报》呼吁政府“采取尽可能强硬的措施”，《纽约日报》要求以叛国罪审判“受共产党煽动的垮掉分子、和平主义者和该死的白痴”。《达拉斯晨报》嘲笑“疯子和共产党”的“动机一目了然”，密西西比的《杰克逊日报》则向示威者建议：“假如从前警察真动过粗，那么现在是时候派上用场了”。

学生和“一些散漫悠闲的教员”，《时代》周刊写道，“在校园和街角大喊大叫，但在很多情况下，他们发现支持国家外交政策的人比他们更多，呼声也比他们响亮”。事实上，那年秋天，全国只有不到 0.1% 的人参加了反战示威，“几乎不足挂齿”，《波士顿环球报》写道，在学校里，学生们一边倒地支持美国的越南政策。主战的学生在普渡、康奈尔、匹兹堡和杨

① *NYT*, 17 and 29 Oct. 1965；*The Paper*, 20 Jan. 1966；议员和尼克松的发言出自 *NYT*, 16 and 29 Oct. 1965；还可参考 DeBenedetti, *An American Ordeal*, chap. 5。

百翰等大学发起了游行，与此同时，他们排队在请愿书上签名支持约翰逊的政策——密歇根州立大学的签名者约有 1.6 万人，明尼苏达约 9 000 人，威斯康星和波士顿约 6 000 人，得克萨斯和罗格斯约 4 000 人。千余名普林斯顿的学生给威斯特摩兰将军汇了 400 美元，并表示十分感激部队做出的牺牲，斯坦福和俄亥俄州立大学的学生举行了“静血”活动（bleed-ins），为在越南的伤者献血。700 名得克萨斯大学的合校女生给在越南的大兵写了信，约 1 400 名哈佛合校女生给约翰逊送去了请愿书：我们“希望与那些发声的少数群体划清界线，他们……企图阻挠、歪曲美国的政策”。在安娜堡，2 000 多名学生给总统发了一封 30 英尺长的电报，以示对他工作的支持，得克萨斯农工大的学生不甘示弱，发了一封 60 英尺长的电报。全国学生保卫越南委员会向副总统汉弗莱递交了来自 300 多所大学近 50 万名学生表示支持的承诺书，盖洛普民意调查表明，年轻人对战争的支持率高于他们的父母。①

然而，虽然抗议者的人数不多，但政府还是很担忧。在 1960 年代中期，为民权或学生力量进行示威是一回事，因为温和派和自由主义者会支持这些议题，但在冷战期间质疑美国的外交政策就是另一回事了。这些异见者是谁？司法部长卡岑巴赫表示，“有一些共产党人牵涉其中”，政府“很有可能会提起诉讼”。FBI 局长 J. 埃德加·胡佛称，共产党和其他颠覆分子支持并参与了示威活动。参议院国内安全小组委员会举行了听证会，随后宣称，反战运动的控制权已经从自由主义者手中转移到了“共产党人和极端分子手中，他们希望越共胜利，公开与美国为敌”。

一派胡言。自由主义者和激进人士都是主动为之，正如历史学家查尔斯·迪班尼第提所说，“没人控制反战运动”。虽然许多团体在当时尝试组

① *Life*, 29 Oct. 1965, pp. 40b and 40d; *Chicago Tribune*, 19 Oct. 1965; *Jackson Daily News*, 20 Oct. 1965; *Time*, 22 Oct. 1965, p. 25a, and 19 Nov. 1965, p. 67; 还可参考 Ted Finman and Stewart Macaulay, “Freedom to Dissent: The Vietnam Protests and the Words of Public Officials,” *Wisconsin Law Review* (Summer 1966): 632-723; *Boston Globe*, 19 Oct. 1965; *NYT*, 4, 6, 14, and 20 Nov. 1965, and 7 Jan. 1966。

织并领导一场全国运动，但从来没有人掌控过它，共产党自然也没有。1965 年时，这些团体分化为自由派和激进派两大阵营。

自由派这边的组织有和平联谊会、美国公谊服务委员会、美国人争取民主行动组织、天主教工人报、非暴力行动委员会、妇女和平罢工组织和国家理智核政策委员会等。总的来说，反战的自由派担心这场战争的道德问题，他们同意诺曼·托马斯的观点："与其看美国拯救自己的脸面，我更愿意看她拯救自己的灵魂。"他们反对战事升级，主张某种形式的停火和谈判协议，但他们在其他议题上产生了分歧。一部分人支持继续实行遏制政策，另一些人则提倡制定全新的对外政策。大多数人都在担心，如果他们公开反对总统，那么他将无法通过更多的民权立法以及有关伟大社会的立法。国家理智核政策委员会的领袖强调，负责任的批评将会获得更广泛的支持，而且由于害怕公众抵制黑人，他们拒绝使用"抗议"一词。其他人则迫切地想证明他们并不是站在苏联那一方的。在复活节示威前，A. J. 穆斯特、诺曼·托马斯和贝亚德·鲁斯汀发表了一则声明，呼吁进行"独立的和平运动，而不是……从任何一方政府的对外政策中获取方向上的灵感"。《纽约邮报》补充道："没有理由把这次游行变为一场疯狂的、片面的反美表演。"

然而，激进人士提倡"立即撤兵！"。大多数人认为自己是新左派的一分子，许多人是学生非暴力调解委员会、五月二日运动①、进步劳工党、社会工人党、北方学生运动、W. E. B. 杜波依斯俱乐部和学生争取民主协会的成员。他们通常将这场战争视作冷战竞技场上美帝国主义行径的又一例证，就像艾森豪威尔时期 CIA 参与颠覆危地马拉政府和伊朗政府的事件、肯尼迪时期的猪湾事件以及当年 4 月约翰逊出手干预多米尼加共和国

① May 2nd Movement，1964 年 5 月 2 日，爆发了第一次大规模的学生示威反对越战。在纽约，1 000 名学生穿过时报广场前往联合国大厦，代表南越合法政府抗议当时所谓的"美国干预"。700 多名学生和年轻人在旧金山游行。波士顿、麦迪逊、威斯康星州、西雅图也同时发生了规模较小的示威活动。这是一个开始。——译者

内政的事件一样。“越南就和密西西比一样，并不是一时的反常之举，”越南日委员会声称，“那是美国的写照。越南就是美国对外政策的例证。”学生争取民主协会的理查德·弗莱克斯表示，未来的选择很清晰：美国必须“做出选择，要么将资源和精力用在维持军事优势和国际霸权上，要么重新分配这些资源和精力，满足人民的迫切需求”。

整个 1965 年，和平社运人士的自由派和激进派之间都存在这种分歧。在策划复活节游行时，学生争取民主协会和国家理智核政策委员会对于是否让那些被视作越共支持者和共产党的成员参加游行争执不下，最后，国家理智核政策委员会拒绝为示威提供赞助。6 月，当国家理智核政策委员会和学生争取民主协会在麦迪逊广场花园参加反战集会时，分歧再次出现。自由派发言人韦恩·莫斯、本杰明·斯波克与诺曼·托马斯呼吁政府进行协商，并对他们所称的约翰逊“判断有误的升级政策”表示遗憾。学生争取民主协会的发言人克拉克·基辛格则不同意这个说法，他说，总统的行为没有弄错，而是干预主义模式的一部分，它表明美国需要“彻底重建”对外政策。基辛格称：“我们的问题在美国，不在越南。”①

实际上，在接下来的数年里，激进人士认为真正的问题就在美国。绝大多数公民不会得出美国应该“立即撤兵！”的结论。在 1965 年或者说在 60 年代余下的时间里，这种结论都太极端了。公民们越来越觉得这场冲突是个“错误”，但直到 1971 年，在经过 6 年的血战之后，在 5 万多美国人以及大概 100 万越南人死亡之后，民意调查才显示，绝大多数人终于支持立即撤兵了。

在 1960 年代后半期，大多数公民无法面对这一令人痛苦的现实——美国犯了大错，卷入了一场美国公民不理解的战争，面对的敌人也是他们

① DeBenedetti, *An American Ordeal*, 130; *New York Post*, 17 April 1965; WSHS, Staughton Lynd papers, box 19, folder 1, Vietnam Day Committee News, July-Aug. 1965; 弗莱克斯的话出自 Miller, *Democracy Is in the Streets*, 176; 基辛格的话出自 *Nation*, 21 June 1965, pp. 657-58; 还可参考 Gitlin, *The Sixties*, chap. 7。

不了解的民族。在接下来的几年里，政策制定者和权威人士一直在琢磨“高深莫测的东方思维”。“他们为什么继续战斗？”有人会问，在一番抓耳挠腮后，另一人会回答：“高深莫测的东方人。”总统说，如果他能坐下来和胡志明谈谈，他就能够与其“达成协议”——只要北方军队撤出南越，美国就会给他们提供大规模援助，建大量公共工程——直到 1969 年，普利策奖得主、记者西奥多·H. 怀特还在说，约翰逊的提议是“任何战争中最慷慨的姿态之一”。北越人并不这么认为。他们对交易没兴趣，他们并不是在为金钱或工程而战——他们是在为国家的统一而战。而且，公民和官员们都不会承认，无论谁统治越南，都不会影响美国的国家安全。在接下来的 8 年里，比起大多数南越人会不会成为美国在东南亚的“民主基石”，总统们仍然更关心“信誉”，更担心在越南丢脸。

一些学生意识到了这一点，越来越被新左派所吸引。从全国范围来看，学生争取民主协会最为清楚地表达了这种立场。随着约翰逊批准轰炸行动，再加上学生争取民主协会在组织示威活动方面获得了极大的赞誉，该组织的队伍日益壮大。媒体将焦点对准了学生争取民主协会。斯克里普斯-霍华德报团的报纸纷纷发表社论，称“高度怀疑”学生争取民主协会就是和平运动的背后推手。安德鲁·科普金德在《新共和》上发表了一篇文章，杰克·纽菲尔德也在《国家》上宣称：“富裕的美国已从铬合金子宫中孕育出了新一代激进人士……。他们是新一代的异见者，哺育他们的不是马克思、托洛茨基、斯大林和沙赫特曼，而是加缪、保罗·古德曼、鲍勃·迪伦和学生非暴力调解委员会。”数百名学生给学生争取民主协会写信，询问设立校园分部的事宜。大多数写信的社运人士就读于安提俄克、哥伦比亚、北卡罗来纳、欧柏林、普林斯顿和斯坦福等高校，但也有许多人来自一向比较安分的学校，比如阿德菲、缅因、北得克萨斯州大，甚至还包括堪萨斯的道奇城市社区学院。那年夏天，该组织的成员飙升至 2 000 人，校园分部的数量翻了一番，达到了 80 个。研究该组织的历史学家表示："学生争取民主协会的时代已经到来。"①

它的时代已经到来，但它将把运动带向何方呢？为了回答这一问题，6月，约500名组织成员在密歇根的科瓦丁附近举行了年度大会。由于许多社运人士在当年春天刚刚加入该组织，导致参加过休伦港会议的元老级人物和许多年轻的少壮派发生了一些冲突，这些年轻人大都来自中西部和得克萨斯，在学生争取民主协会中被称作"草原力量"(prairie power)。成员们写了命题论文，值得注意的是，在这些文章中，几乎所有人都用上了"运动"一词。但鲜少有人读过这些论文。相反，他们穿梭于会议之间、讨论想法，并且用上了一套新的修辞：参加、组织、投入、意义、对话、疏远、意识、社区。这些术语开始定义这场运动。他们正在建设一个平等的、实行参与式民主的社区，对精英主义的仇视日益增长。"领袖意味着组织，"一名成员说，"组织意味着等级制度，而等级制度是不民主的。"在会上，一些代表认为越南战争是当务之急，它为组织大规模的激进运动提供了路径。然而其他人问道："假如明天和平突然到来，我们将何去何从？"他们主张建立斯托顿·林德所说的"面向基本社会变革的跨种族穷人组织"，这是一种长期的投入，它将消除冲突的根源，这样，他们就有可能阻止"将来的第五、第六和第七次战争"。

在那个抉择时刻，学生争取民主协会的社运人士一直在讨论上述问题。虽然他们不想成为一个只关注单一议题的组织，但是越来越多的学生开始关心同一个议题——越南。最后，成员们没能做出决断，一部分人同意保罗·布斯的看法，他后来回忆说："我们真的搞砸了。我们明明有机会……让学生争取民主协会成为那个反战运动的组织载体。非我们莫属。我们已经做到了。但是，我们选择了向各种不同的方向发展……。反战活动的主推力在我们手中成了一盘散沙。"

① White, *The Making of the President: 1968* (New York, 1969), 24; *NYT*, 15 March and 16 Oct. 1965; Jack Newfield, "The Student Left," *Nation*, 10 May 1965, pp. 491–94; Sale, *SDS*, 191–93.

反战运动依旧是由众多团体组成的松散联盟。在科瓦丁，学生争取民主协会成员一致认为，本地分会应当根据社区需要自行设置议程，应当在没有全国总部指导的情况下自行运作。因此，虽然越来越多的社运人士积极加入了该组织，但学生争取民主协会的愿景是模糊的，无法专注于一项能够动员大量大学生的政策。

科瓦丁会议对 60 年代的影响微乎其微，不过，它的确展现了运动中某个组织的新的精神面貌。“草原力量”社运人士的形象、行为和想法都和老一代成员不同。许多年轻的激进人士留着长发和髭须，他们穿蓝色工装衬衫、牛仔夹克和靴子。许多人还是学生，这些新新人类带来了中西部和西南部的个人主义信条，他们谈论道德观和价值观、真诚和勇气以及行动，但不谈论意识形态。他们受过抗争的影响，又因战事升级愤而行动。杰夫・雪罗在得克萨斯大学上学时开始参加运动，在那里，他和其他人用一句恰如其分的口号让学校的洗手间实现了种族融合：“让我的同胞进去。”后来，战争激怒了他。“愤怒和幻灭，”雪罗说，“以及创造美好事物的道德冲动——就是我们的底色。”是时候去直面了，没时间再像东部的知识分子那样建立理论了。“他们往往对左派的历史一无所知，不仅如此，”柯克帕特里克・塞尔写道，“而且还丝毫不感兴趣：他们不知道如何区分德林杰和迪林杰、鲁斯汀和赖斯顿、托洛茨基和乔姆斯基，也不知道如何区分《解放》和《解放者》、社会工人党和社会主义劳工党，他们根本不在乎。”在学生争取民主协会的这些新成员心目中，《我们一定会胜利》已被《答案在风中飘》取代。

在科瓦丁，还有一些东西也在风中飘。学生争取民主协会的会上首次飘起了大麻的味道。资深社运人士斯蒂夫・马克斯抱怨，假如对会议来一次突击检查，三分之二的成员会被抓走。那是一场“**疯疯癫癫的**会议”，保罗・布斯回忆说，“**每个人**都很疯癫”，其中几个人回到得克萨斯大学后设立了“温柔星期四”，这是他们放松下来飘飘欲仙的日子。几个月后的 1966 年 1 月，俄克拉何马大学的警察对学生争取民主协会的会议进行突击检查，并以持有大麻的罪名逮捕了一些成员。当局立即定下了高额的保释金，有两名留着长发的学生在校园里太过不寻常，警察把他们单独关在了州里一家精神病院。①国家媒体报道了这件事，传递的信息很直接：学生争取民主协会=毒品。

到 1965 年秋天，围绕战争定下了主题，并在接下来的 2 年里保持不变。支持和反对战争的公民都已表明自己的立场，反战社运人士也已经采取了游行和演讲的策略。一些社运人士是虔诚的和平分子，另一些人则是学生和教授，从受教育的角度来看，他们都是“精英”。一小部分激进派和平人士已经开始了“抵抗”运动，而且越来越明显的是，反战运动正在经历民权抗争中出现的并将贯穿这场运动始终的一种现象——自由派团体和激进派之间存在一种分歧，他们的目标相同，但主张使用的方法各异。

在伯克利，这样的分歧非常明显。当越南日委员会试图通过阻拦军用列车来结束战争时，20 多位杰出的教职人员给自己的同事们写了一封公开信，指出越南日委员会“不分青红皂白地采用不切实际的策略，使用肤浅暴力的口号”，损害了大学的声誉，阻扰了在越南实现和平的目标。他们力劝其他人不要采用越南日委员会的方法。市议会的自由派拒绝支持越南日委员会的提案，因为它将禁止军用列车从伯克利通过。随着冲突持续发酵，湾区的许多新晋激进人士得出了其他人已经从抗争中得出的那个结论——年轻人不能相信“自由派妥协者”。激进人士发起了反击。越南日委员会驳斥了教授的公开信，甚至称其“没什么学术性，只会令大学社区尴尬”。马克斯·谢尔在《伯克利毒评》上怒斥自由派，他引用了林肯·斯蒂芬斯的话：“自由派的思想如此开放，开到整个脑子都掉出来了。”冲突似乎只助长了激进人士的虚张声势。“自由派在各方面都被甩在后头了。”《毒评》吹嘘道。越南日委员会的协调员杰瑞·鲁宾后来自夸说：

① TA：Lynd letter to author，28 June 1992；布斯的发言出自 Miller，*Democracy Is in the Streets*，235–42；还可参考 Sale，*SDS*，204–11，chap. 12；Gitlin，*Whole World Is Watching*，chaps. 2–4；*NYT*，10 Jan. 1966。

“我们当时真他妈讨厌，而且每时每刻都乐在其中。”①

但普通公民并不觉得享受。这样的行为只会让公众感到震惊，而且这一策略会适得其反。在战争开始的第一年，大部分公民都认为社运人士是垮掉分子、颠覆分子甚至是共产党。他们坐在郊区的家中，对战争知之甚少，也不知道该怎么打赢它。在毫无选择的情况下，总统的政策赢得了他们的青睐。美国人一边观望一边等待，希望能看到一丝胜利的迹象。1965 年年底的一次盖洛普民意测验发现，只有 1% 的受访者觉得自己受到了触动，表示要为越南问题示威，大多数人则会对支持战争进行抗议。

1966 年时许多公民也不会受了煽动而去示威。虽然总统在那一年将部队人数从 18 万提高到了 38.5 万，虽然美国军队的死伤人数翻了两番，但大多数美国人认为他们应该给总统一个赢得战争的机会。民意调查员路易斯·哈里斯指出，公民正处在一种“赶紧做个了断”的情绪中。“要弄明白大众对这场战争的看法，”哈里斯在 9 月时写道，“关键是要弄明白美国人民希望这个国家能兑现对南越人民的承诺，但也希望能尽快看到战争迎来光荣的结局。今天的对话并不是所谓‘鸽派’和‘鹰派’之间的，而是关于如何才能最有效地达成我们的有限目标并结束战斗。”虽然对约翰逊的战争政策的信心在 40% 到 60% 之间变动，但是约三分之二的美国人认为美国要对南越负责。9 月，四分之三的人支持战争，仅有四分之一的人反对战争，而在约翰逊下令轰炸河内与海防周边的油库之后，80% 的人赞成发动袭击。事实上，希望扩大战争并攻击北越的美国人和希望撤军的美国人比例相同。《时代》周刊在 9 月评论道：“和其他大部分人一样，政客们让林登·约翰逊担责任，自己静观其变。”

整个 1966 年，大部分美国人都支持总统，敌视示威者。在佐治亚，保守派政客拒绝让朱利安·邦德按照选举结果担任州众议员，因为他反对战

---

① SAVF: box 54, Vietnam Day Committee letters, 9 and 13 Sept. 1965; *Berkeley Barb*, 13 Aug. and 24 Sept. 1965; Rubin, *Do It!*, 38.

争，但这和其他地方的情况相比不过是小事一桩，比如，在密西西比的格林伍德，自称爱国者的人在和平祈祷仪式结束后放火烧了教堂，在纽瓦克，人们洗劫了学生争取民主协会的办公室，在伯克利，他们用炸弹袭击了越南日委员会的办公室。然而和罗切斯特、里士满及底特律的情况相比，这些又都是小插曲。在罗切斯特，一名反战示威者因为表达了自己的观点而被两名年轻男子活活打死；在里士满，一名袭击者向一名社运人士的后背开了 10 枪，将其杀死；在底特律，暴徒闯入社会工人党办公室，拔出霰弹枪，致使两人受伤，一名和平主义者死亡。①

1966 年，反战运动时有时无地进行着，《基督世纪》(*Christian Century*)称其为“异见者言论开放期”。《时代》周刊提到，许多抗议者“已经开始失去信心”，一名心怀不满的社运人士在给 A. J. 穆斯特的信中写道：“美国国内的和平运动简直毫无价值，不值一堆豆子钱！”当然也有例外，例如，一些学生认为他们的大学卷入了战事，因而进行了抗议。还有一些人在芝加哥参加了“我们不会去”大会。但是，总体而言，校园反战活动和街头示威已经大幅减少。11 月，美国迎来了第二个国家抗议日，全国各地仅有 2 万人参加了示威，人数是前一年的五分之一。《新闻周刊》评论说，校园内的“学生行动主义可能正在衰落，特别是涉及民权及越南这一类国家议题时”。②伯克利的一名社运人士抱怨道：“越来越多的学生宁愿抽大麻也不去参加反战游行。我们正在重回 1950 年代。”

1966 年时，越南仍值得为之付出代价，但那时许多社运人士正在思考民权议题。当他们争论策略和地点时，这场抗争似乎陷入了混乱——他们是应该继续将精力集中在南方乡村，还是应该把精力转移到北方贫民区？

突然之间，有一个人让抗争重新回到人们的视线中，他就是詹姆斯·

① 哈里斯的发言出自 *WP* 9 May, 14 June, 20 Sept. 1966；*Time*, 2 Sept. 1966, p. 12；*NYT*, 8 Jan. 1966；还可参考 DeBenedetti, *An American Ordeal*, chap. 6。

② *Christian Century*, 20 April 1966, p. 483；*Time*, 2 Sept. 1966, p. 12；SAVF, box 12, Committee for Nonviolent Action folder, 20 Feb. 1966 letter to Muste；*Newsweek*, 10 Oct. 1966, 72.

梅雷迪斯。4 年前，梅雷迪斯是第一个就读于密西西比大学的黑人。6 月，他从学校毕业，并决定在自己的州内开始一场“反恐惧游行”，要让从孟菲斯到杰克逊的 225 英里艰苦跋涉证明黑人可以毫发无伤地在公路上行走：“恐惧是最可怕的奴役。”当时符合条件的密西西比黑人只有 30%进行了选民登记，梅雷迪斯的目的在于鼓励黑人公民进行登记。游行开始时，他身边只有两名同伴，一位是牧师，一位是记者，因为大的民权组织都避开了这次游行——直到第二天。当时，他刚走进自己的家乡州并前行了 10 英里，就有一名白人男性从灌木丛中窜了出来，大喊着：“詹姆斯·梅雷迪斯！我只找詹姆斯·梅雷迪斯！”他手持霰弹枪开了三枪，梅雷迪斯尖叫着倒在了人行道上。这名社运人士被火速送往孟菲斯的一家医院，医生从他的大腿、背部及头部取出了百粒弹丸。

众多社运人士匆忙赶往孟菲斯。全国有色人种进步协会的罗伊·威尔金斯、城市联盟的惠特尼·扬、种族平等大会的弗洛伊德·麦基希克、学生非暴力调解委员会的斯托克利·卡迈克尔以及金和他在南方基督教领袖会议的助手们开始讨论继续进行“反恐惧游行”。但这次游行将与上一次，即 1965 年发生在塞尔玛的大事件有所不同。在那之后，种族平等大会和学生非暴力调解委员会的年轻黑人已经推选出了新的领导层。学生非暴力调解委员会的成员用卡迈克尔换下了约翰·刘易斯，种族平等大会用麦基希克换下了詹姆斯·法玛尔。资深社运人士在投票中落败，新的领导层反映了自 1964 年密西西比民主自由党成立和民主党大会以来出现的激进态度。许多学生非暴力调解委员会和种族平等大会的社运人士如今已经厌倦了遭人殴打。当卡迈克尔在塞尔玛亲眼看到白人持棍殴打数名黑人时，他崩溃了，大哭不止。“从那天起，我知道我再也不会任人殴打不还手了。”他说，然后，他去了亚拉巴马的朗兹县，那里 80%的居民是黑人，但没有一人被登记为选民，所有当选的官员都是白人。他组建了一个黑人自由党，标志为一头咆哮的黑豹。“很简单，”黑豹党的传单上写道，“我们打算接管朗兹县。”

年轻的黑人社运人士也一直在疑惑白人是否应该加入他们的组织。许多人都在思考，如果他们在“情感上、社会上、政治上、经济上要依赖那些非黑人个体”，那么他们怎么能真正独立。学生非暴力调解委员会的一份文件总结说，如果黑人不能掌控自己命运，“他们在这个国家就尝不到自由的滋味，只会见识到更多不易察觉的奴役形式”。其他人则十分关心新出现的种族认同议题，即“黑色皮肤还是黑色意识”，一些人认为，如果学生非暴力调解委员会或种族平等大会要排除白人，那么，他们也要清除白人的文化价值观，并开始寻找自己的非洲根源。“如果我们要朝着真正的解放前进，我们就必须与白人断绝关系。我们必须组建自己的机构、信用社、合作商店和政党，书写自己的历史。”1965 年，学生非暴力调解委员会和种族平等大会的白人成员数量锐减，第二年，学生非暴力调解委员会的黑人成员不再出席学生争取民主协会的年度会议。1966 年，学生非暴力调解委员会和种族平等大会踏出了最后一步——开除了所有白人成员。

“谈起那件事对我来说是一种煎熬，”鲍勃·泽尔纳在 20 年后表示，“它让人难过。学生非暴力调解委员会曾是我生命中最重要的东西。”① 然而，和其他白人成员一样，他意识到在抉择的那些日子里，许多年轻黑人社运人士都决定要变得更独立，更激进。而且他们正在受着马尔科姆·X 理念的影响。

整个 1960 年代早期，马尔科姆一直直言不讳。他认为基督教是虚伪的，因此他谴责实行种族隔离的教会，皈依伊斯兰教，并成了哈莱姆的黑人穆斯林领袖。在经过数百年的奴役和种族隔离后，他认为黑人在美国没有未来。“我看不到什么美国梦，我只看到了一场美国噩梦。”他敦促“美国黑人进行反抗”，说这是“全球被压迫者反抗压迫者，被剥削者反抗剥削者”行动的一部分。他因为称白人是“蓝眼魔鬼”而激怒了他们，他说

① SPP: box 37b, Black Panther flyers, 12 and 26 July 1966; Carson, *In Struggle*, 191-207; 泽尔纳的发言出自 Morrison and Morrison, *From Camelot to Kent State*, 54-55。

美国已经因种族主义而千疮百孔，要求联合国出面干预，建立单独的黑人州，说这是能让他们获得种族正义的唯一方法。“种族隔离主义”之说自然激怒了那些为种族融合苦苦努力的温和派黑人，但对马尔科姆而言，马丁·路德·金“不过是 20 世纪的汤姆叔叔”。而且，金的非暴力行动策略非常荒谬。“如果你认为我应该在非暴力的情况下流血，”马尔科姆说，“那你会害我一辈子的。但是，我告诉你，如果我反击的话，那就会少一些流血事件。我支持双方都流血。”马尔科姆表示，不能把另一边的脸也转过来由人打，要挺起胸膛：“我们要以非暴力对待不对我们暴力相向的人。但我们的非暴力不能用于对我们暴力相向的人。”

这种理念并不是第一次提出，也不是全新的、随着黑人力量的兴起而生，它恰恰来自美国的边疆地区。几百年来，盎格鲁人对待这片大陆上其他人的方式就是站起来反击，而且常常是先发制人。如果是一个白人公民发表了这样的言论，没人会感兴趣，也没有媒体会报道，因为白人认为他们“有权”武装自己，保护自己。但马尔科姆不是白人，也不是一个恭敬地讨要权利的寻常黑人。他是一个新现象中的先锋人物，是个大胆的黑人，他要求拥有自决权，而且如有必要，还会进行自卫。此事令美国白人感到震惊。《纽约时报》称他是一个“非同一般的、扭曲的人”。《洛杉矶时报》针对马尔科姆“病态的个人仇恨”发表社论，并呼吁官方对“整个黑人极端主义运动的结构、实力、运作和经济状况”进行调查。①

在 60 年代前半期，白人并不怎么担心，因为几乎没有黑人听信马尔科姆·X 的言论。《新闻周刊》1963 年的民意调查显示，就受欢迎程度和实际效用而言，黑人把金排在第一位，马尔科姆排在最后一位，但情况在 60 年代中期发生了变化。1964 年，马尔科姆在非洲变得越来越有名，他在各地巡回演讲，敦促人们开展一场泛非洲运动。学生非暴力调解委员会的一

① *Life*, 20 March 1960, p. 40 and George Breitman, ed., *Malcolm X Speaks* (New York, 1966), 105-8; *NYT*, 22 Feb. 1965; *Los Angeles Times*, 24 and 25 Feb. 1965.

些工作人员与他同行，1965 年 2 月，他们邀请马尔科姆参加他们在塞尔玛的示威活动。马尔科姆接受了，但在那时，他和许多年轻的社运人士正朝着相反的方向前进。马尔科姆在软化自己的观点，他很少提及暴力，更多是谈论兄弟情谊，学生非暴力调解委员会则越来越激进。这次会面友好而短暂，马尔科姆匆匆回到了纽约。接着，仅两个星期后，几个黑人穆斯林就刺杀了马尔科姆・X。这场刺杀震惊了许多年轻黑人，那年年底，随着他那引人入胜的自传的出版，马尔科姆・X 在死后比生前更出名。对许多人而言，他是一位殉道者，甚至是一位英雄，他教授非洲传统，传扬黑人的自豪感，是一位斗士——不再要求得到应得的权利，而是会去夺取权利。

1966 年 6 月，学生非暴力调解委员会和种族平等大会的社运人士带着这样的理念来到了孟菲斯，继续进行梅雷迪斯的“反恐惧游行”。他们与其他组织的领袖商讨了游行的事宜，情况很明显，民权运动一片乱象。全国有色人种进步协会和城市联盟的温和派组织者想复刻塞尔玛事件，呼吁白人自由派与他们一起推动选民登记活动，并支持另一项民权法案，但激进派提倡进行一场仅有黑人参加的游行，力主谴责自由派和约翰逊，并希望能雇佣路易斯安那的黑人团体“防卫之师”（Deacons for Defense），作为其武装防卫力量。温和派罗伊・威尔金斯和惠特尼・扬大感震惊，他们拒绝参加，并离开了孟菲斯。

民权运动在密西西比酷夏的骄阳下继续融化。金、卡迈克尔和麦基希克带领着游行队伍，这是第一次只有少数白人参加游行。一路上，金受到了各地居民的热烈欢迎，但在游行队伍里，人们的情绪已经发生了变化。金无意中听到一名年轻的黑人说：“我不会再支持那套非暴力的东西了。如果有哪个该死的密西西比白人穷鬼敢碰我一下，我一定会把他揍得屁滚尿流。”金牧师继续宣扬爱，但一些参加游行的年轻人说：“太多爱了，太多爱了，过多的爱对黑鬼来说最要命了。”卡迈克尔、麦基希克和金讨论了想法与策略。虽然他们逐渐喜欢上了彼此，但他们还是看法不一。“我不会向白人乞求我应得的东西，”卡迈克尔说，“我要自己夺过来。”每天晚上，游行者都会搭起帐篷，举行集会。金会宣讲非暴力和兄弟情谊，但当南方基督教领袖会议的成员试着唱起《我们一定会胜利》时，激进分子唱起了这首歌的另一个版本：《我们将会横行》。当他们抵达格林伍德时，卡迈克尔违反警察的命令，在一所黑人高中的操场上支起了帐篷。州警逮捕了他。当这名年轻的激进人士获释后，参加集会的黑人翻了三番。卡迈克尔跳上一辆平板卡车，攥紧拳头把手臂猛地伸向天空，他喊道：“这是我第 27 次被捕——我不想再坐牢了！阻止白人随意欺负我们的唯一办法就是取代他们。我们已经说了 6 年自由，我们不能什么都得不到。从现在开始，我们要宣扬黑人力量！”

人群大声应和：“黑人力量！”另一位社运人士威利·里克斯跳上平台大喊：“你们要什么？”“黑人力量！”他们喊道，卡迈克尔接着大喊：“你们知道要对他们说什么。你们要什么？”他们继续喊道：“黑人力量！黑人力量！**黑人力量**！”

“之后发生的所有事情都是对那一刻的回应，”参与者克利夫兰·塞勒斯写道，“最重要的是，梅雷迪斯反恐惧游行必定会被载入史册，成为黑人解放抗争史上的重大转折点之一。”第二天，黑人力量上了电视，上了国家的头条新闻，但它意味着什么？黑人社运人士争论不休，不停地一再定义这个词。“我们必须团结起来，解决压迫我们的问题——那就是我们的黑人身份，”卡迈克尔表示，他后来又补充说，“这不是说你要掌管这个国家。黑人力量意味着黑人要在争取解放的过程中团结一致。”对麦基希克而言，那是努力“抓住我们的主导权，巩固我们的政治力量，并在这种民主制度的框架下采取行动，改变我们的生活”。温和派黑人惊恐万状。A. 菲利普·伦道夫认为这种新信条不利于种族融合，是“对种族和平的威胁”。黑人力量将导致黑人的死亡。罗伊·威尔金斯称：“黑人力量就是反白人力量……。它必然意味着独自行动，它必然意味着分裂。我们全国有色人种进步协会绝不会接受这种做法。”威尔金斯后来又说，黑人力量是“仇恨之父，暴力之母”。

金也十分惊恐。第二天晚上，他就卡迈克尔有关黑人力量的呼吁做出了回应，他告诉听众：“有些人告诉我们要变得像那些曾使用过燃烧弹、曾投过原子弹、曾用私刑处死过黑人的压迫者一样。现在有人告诉我要把标准降到那般程度。我受够了暴力！我厌倦了越南战争！不管是谁那么说，我都不会使用暴力！”在金看来，美国的少数族裔之所以有影响力，是因为他们是用建设性手段去积累经济及政治力量。他们构建了群体认同感：“从没有人听过犹太人公开高呼犹太力量的口号，但他们有力量……爱尔兰人和意大利人也是如此。”卡迈克尔和麦基希克反驳说：“如果没有声援的口号，你怎么动员人们团结一心，投身于一个计划之中？……我们就是需要一个其中包含‘黑人’的新口号。”

这场辩论不会有胜者，但几天后，这场运动会有更多受害者。南方白人的行为再次坚定了黑人激进分子的立场，这一次，事情发生在尼舒巴县（Neshoba），正好是两年前种族主义者杀害了钱尼、施韦尔纳和古德曼的地方。金想举行一个纪念仪式，但是白人包围了社运人士，并嘲讽他们，然后还冲上去用斧柄殴打他们。警察袖手旁观。年轻的黑人开始还手，到这时执法人员才出手干预，阻止了打斗。当晚，白人和黑人发生了交火，金给约翰逊总统发了电报，请求联邦政府的保护。约翰逊没有回复，而在游行者进入坎顿时，形势继续恶化。当时下着滂沱大雨，他们想在一个黑人学校的操场上扎营，但警察拒绝了他们的申请。由于浑身湿透且十分疲倦，游行者继续在黑暗中搭建帐篷。警察向他们发射了催泪弹，然后挥舞着鞭子和棍子攻了上来。“不要在这里抵抗，”卡迈克尔大叫，“我只是不忍心再看到任何人中枪。”当游行者匆匆穿过催泪弹烟雾赶到附近的一座黑人教堂时，安德鲁·扬吐了，他想：“假如我有一架机关枪，我就要这些狗杂种好看！”

“金本人从来没见过这么残酷的场面。”他的传记作者写道。这个恶性事件让年轻游行者和毫无回应的约翰逊渐行渐远，而黑人力量的呼声也越来越响。在游行的最后一天，1.5 万人在杰克逊举行了集会，那时的他们已经不再需要人指导。“现在就要自由！”的口号已被“黑人力量！”取代。麦基希克用宣言结束了最后一场集会：“1966 年应该被铭记，因为这一年我们摆脱了强加给我们的尼格罗人（Negroes）身份，变成了黑人（Black Men）……1966 年属于‘黑人力量’这个概念。”

在华盛顿特区，罗杰·威尔金斯坐在家中的起居室里，当看到晚间新闻里的卡迈克尔不停呼喊“黑人力量”时，他转头对妻子说：“今晚会有一大帮白人拉肚子。”① 确实如此，人们对黑人力量的渴望让许多白人的脊背发凉。白人已经掌权数百年，他们手握权力的时间久到一想到黑人力量就觉得它来自异域，就会心生恐惧和不安。

接着，爆发了 1966 年的夏天暴乱。在第二波城市动乱中，懊恼的黑人在克利夫兰、代顿、密尔沃基和旧金山造反，导致 3 000 人被捕，400 人受伤，至少 7 人死亡。街上的火光、破碎的商店窗户以及跑进黑暗里的劫掠者等景象在晚间新闻里已变得司空见惯。

这些就是事关民权未来的抉择时刻。许多人想，或许保守派批评家是对的，民权运动可能已经走得太远，或许抗争受到了颠覆分子的唆使，这些颠覆分子的目标不在于分享权力，而在于夺取权力，统治白人。当年秋天的民意调查显示，四分之三的白人认为，对黑人力量的呼吁破坏了民权，超过 80%的人认为全黑人游行也是在破坏民权。

许多白人感到恐惧，而且白人的强烈反对招来了更多的追随者，这些人开始要求地方官员维持法律与秩序，更不可思议的是，他们开始呼唤“白人力量”。亚特兰大骚乱的第二天，白人警察来到当地的学生非暴力调解委员会办公室逮捕了卡迈克尔。罪名是煽动骚乱，扰乱治安，虽然他当

① *NYT*, 17, 21, and 22, June 1966；梅雷迪斯及黑人力量的内容出自 *Associated Press*, *The World in 1966*, 112-16, 166-71；Sellers, *River of No Return*, 165-69；Oates, *Let the Trumpet Sound*, 388-90；Wilkins, *A Man's Life*, 144；还可参考 Garrow, *Bearing the Cross*, chap. 9；Sitkoff, *Struggle for Black Equality*, 209-17；Carmichael and Hamilton, *Black Power*, chap. 2；and PBS video, “Eyes on the Prize II, 1964-66,” Jan. 1990。

时并不在场。他们将保释金定为1万美元。

白人反弹的一个更为生动的事例发生在芝加哥。自1960年代初起，社运人士就一直在尝试废除学校内的种族隔离政策，破除将大多数黑人困在贫民窟的住房限制。他们成立了社区组织协调委员会，并给市政官员施加压力，但几乎没有取得成果。1966年，金决定出把力。他与助理杰西·杰克逊以及许多当地的社运人士一起推广“自由住房运动”，但同样收效甚微。当年夏天，社运人士组织了好几次走进白人社区的游行，试图让联邦政府支持公平的住房法案。白人的反应非常激烈：许多当地人朝他们扔瓶子和砖块，还打出标语：“黑鬼滚回家”和“白人力量”。8月，在金及其追随者步行前往马奎特公园时，暴力行为到达了顶峰。白人挥舞着邦联国旗大喊：“我们讨厌黑鬼！”“马丁·路德·鬼！”他们用力掷出的瓶子和石块击中了金，将他打倒在地。金取消了之后的示威活动，发表评论说：“我从来没见过如此强烈的恨意，就算是在密西西比和亚拉巴马，也没看到过像芝加哥这样。”

金离开了芝加哥，但年轻的激进分子宣布在西塞罗举行游行，继续废除种族隔离的行动。西塞罗一个黑人都没有，县治安官称这个计划等于是在“自杀”。由于害怕某些暴力行为，只有200名黑人参加，路程虽短，但他们不得不在700名警察和近3 000名国民警卫队队员的保护下上路。白人追赶着游行队伍，朝他们扔瓶子和石头，示威演变为街头打斗。这3英里长的反恐惧行走结束后，近40人被捕，十多人受伤。

几个月后，公民们迎来了他们的抉择时刻；他们在11月的选举中投了票。伊利诺伊州自由派参议员保罗·道格拉斯落败，加州选出了共和党人罗纳德·里根，种族隔离主义者莱斯特·马多克斯在竞选佐治亚州州长的过程中出人意料地表现出了强劲的势头，虽然当时战争对选举的影响微乎其微，但是分析人士称，白人的强烈抵制是造成以上局面的重要因素。民意调查显示，在2年时间里，认为约翰逊对民权的推动操之过急的公民翻了一番，超过了50%，当共和党人在众议院拿下差不多50个席位时，这种看法在投票站内十分明显。

60 年代正在偏离自由主义，促成因素之一是对黑人力量的渴求。从某种意义上来说，人们可能会好奇，为什么年轻黑人在挨了 6 年打之后才起身反击。或许是因为金的影响，或许是因为非暴力行动主义最初占了上风，又或许是因为数百年来的奴役和隔离主义已经耗尽了许多非裔美国人的意志。无论是出于什么原因，当年轻黑人像白人那样行事，并要求享有宪法规定的权利时，不仅惊到了许多白人，也震惊了许多黑人。这个想法让许多黑人温和派和激进分子、中产阶级和穷人产生了分歧，并加深了二战一代和六十年代人之间的隔阂。这种分歧对金不利。他依旧会上头条新闻，但再也没能重回 1960 年代初媒体授予他的领导地位。因此，黑人似乎没有单一的策略可以用来争取民权。9 月，A. 菲利普 · 伦道夫表示："游行和示威已经差不多到头了。" 这名资深社运人士敦促人们改变战略，"从街头走向会议桌"。

贝亚德 · 鲁斯汀在 1965 年提到的广泛的社会运动，民权社运人士、反战社运人士与校园社运人士之间的平衡，在 1966 年的最后几个月里进入了一个新阶段。运动的焦点继续从抗争转向越南战争。

越南战争和民权运动之间存在着一些明显的联系。一些黑人感到不满，因为联邦政府减少了对脱贫项目的资助，增加了战争经费，另一些人则认为，黑人为南越人的权利抗争是一件非常讽刺的事。1965 年，年轻的民权社运人士约翰 · 肖在越南的某次行动中遇难，一些黑人在密西西比的麦库姆张贴传单，力劝妈妈们鼓励自己的儿子躲避征兵："我们的战场在家乡！" 第二年，密西西比自由民主党的一位候选人声称："不想和越共谈判，就像密西西比的权力架构不想和密西西比自由民主党谈判一样。" 年轻的激进分子在 1966 年间大举出击，他们成立了黑人反征兵联盟和非裔美国人反对越战组织，并要求知晓为什么征兵局要从贫民区征召贫困黑人去当兵，却给身价百万的演员乔治 · 汉密尔顿四世发放因贫困缓服兵役的证明。1967 年春天，黑人联合行动阵线的一张海报上写着："醒来吧黑人”，征召黑人“是脱贫项目的一部分！给黑人脱贫的办法就是让他们死在国外的战场上！”。卡迈克尔怒斥义务兵役制不过是“白人派黑人去跟黄种人打仗，以保护他们从红种人那里偷来的土地”。①

这次征兵并不公平。黑人是社会中最贫穷、教育程度最低的人群，他们和贫困的白人一样，在19—26岁这个入伍年龄段里，很少有人上过大学。全国各地的征兵委员会都由所谓的“正派公民”组成，也就是说，99%是白人。在南方，地方征兵委员会声名狼藉。民权社运人士本尼·塔克和赫伯特·戴维斯在提交竞选密西西比市政职位的申请后，就收到了入伍通知书，威利·乔丹在体检时迟到了几分钟，被判处5年徒刑。与此同时，征兵委员会随意地给一些有某种经济困难的父亲以及所有富裕到可以上大学的人发推迟应征的证明。直到1968年夏天，针对学生的延期才扩展至研究生院或专业学校，研究生助教、公立学校教师乃至和平工作队的志愿者都可以拿到因教育而缓期服役的证明。教授们不愿让学生挂科，因为这样的成绩可能会把一个年轻人送去越南。有了学位的毕业生会拿到工作邀约，邀约通常来自国防承包商、工程公司以及其他许多保证能获得雇佣性缓期服役证明的公司。征兵局认为，洛克希德和陶氏化学的大部分岗位，甚至是霍尼韦尔（Honeywell）的恒温器设计岗位都关乎国家利益。如果做不到这些，毕业生可能会继续读书，或是去其他国家游历，因为法律规定，生活在国外的美国人可不受征召。富有的年轻男性受兵役的影响尤其小。在哈佛1970届受访的600名男生中，只有56人进了军队，而在1962年之后的60年代里，3万名哈佛、普林斯顿和麻省理工的男毕业生中，仅有20人死于越南。专栏作家詹姆斯·赖斯顿写道，义务兵役制“这一制度让穷

① WSHS, Straughton Lynd papers, box 19, folder 1, “The War on Viet Nam” flyer, July 1965, and folder 3, “Prayer Meeting about Viet Nam” report, 26 March 1966; SAVF, box 1, Afro-Americans Against the War in Vietnam flyer, spring 1906, and box 6, Black United Action Front poster, April 1967; 卡迈克尔的话出自 *National Guardian*, 22 April 1967, p. 2。

人家的男孩去越南，让富人家的男孩上大学”。①

而且，大多数黑人和贫穷白人并没有一技之长，无法在入伍时分类，因此，他们是进行步兵训练然后送往越南的绝佳人选。被送上战场后，还有更多的歧视等着他们。白人担任后方支援的比例要高得多，黑人则会被派往前线驻扎。虽然美国的黑人公民占比不足 12%，但赴越南的军队里有四分之一是黑人，许多前线部队更是半数士兵是黑人。有时，前沿基地被人叫做“灵魂村”（soulvilles），这些部队的伤亡率异常高。1965 年的政府报告称，阵亡者中黑人士兵占四分之一，在第二年与越共作战时，总伤亡人数中黑人士兵占四分之一。

“我跟他们越共没什么过节。”拳击冠军穆罕默德·阿里说，卡迈克尔补充道：“如果我要战斗，就在国内。”1966 年，学生非暴力调解委员会和种族平等大会干脆宣布他们反对战争，第二年春天，马丁·路德·金在晚间新闻上看到了战争的可怖场面，他对自己的助手说：“我不能沉默，我也不会再沉默了。”1967 年 2 月，他公开发声，呼吁所有“有创造力的异见者将民权运动的激情与和平运动结合起来……直至我们国家的根基被动摇”。一个月后，他与本杰明·斯波克博士在芝加哥领导了一场 8 000 多人参加的游行，4 月，他发表了一场令人难忘的演讲。“伟大社会已被击落在越南的战场上”，他说，并宣布支持民权与和平的理由体现在南方基督教领袖会议的口号中：“为了拯救美国的灵魂”，从而将这两场运动融为一体。

金还透露，他正在由自由派转向学生的激进立场。他说，越战是我们的民主制度里“更深层次弊病的一种症状”，除非这个国家经历“一场真正的价值观革命”，否则，将来的美国军队将从危地马拉打到南非。“假如不先对当今世上最大的暴力输出者——我自己的国家——表明态度，我就没法出言反对贫民区中受压迫者遭受的暴力。”这位诺贝尔奖得主向他的

① Baskir and Strauss, *Chance and Circumstance*, chap. 3; James Fallows, “Low-Class Conclusions,” *Atlantic Monthly* (April 1993): 38–44.

同胞呼吁："在今天这个时刻，假如我们的国家要生存，我们就必须承担一定的风险。每一个心怀人道信念的人，都必须选择最适合自己信念的抗议方式——但我们全都必须抗议。"

许多人已经在这么做了。"1965 年去上大学的时候，我没想到自己会变成一个激进派，"朱迪·史密斯回忆道，"但我也没想到越战会发展成这样。我和我的朋友们不再像往常一样生活。对我们来说，战争还在继续的时候，自己仍继续上大学然后开启职业生涯是不道德的行为。如果你不是解决方案的一部分，那么你就是问题的一部分。"①

朱迪·史密斯和另外数千名学生开始思考自己的大学和战争之间的关系，在 1966 年和 1967 年间，他们提出了以下问题：男生是否必须参加预备役军官训练营？大学管理层是否应该与征兵委员会合作，并向征兵官员公布学生的成绩？CIA、军队和国防承包商是否可以在校园内进行工作面试？

1966 年，一些学生在地方上进行了抗议。数十年来，预备役军官训练一直是许多大学的必修课，对一些人而言，这个要求和学生权利的理想相悖。春季学期期间，部分哥伦比亚大学的学生组成一道人链，阻止海军预备役军官训练营的最终阅兵式，这场行动引发了暴力冲突，最后不得不由警察出面平息。此外，在布朗克斯，百名高中生示威抗议军旅生涯日集会，这可能是历史上的首场高中生抗议活动。芝加哥大学和纽约城市大学的社运人士抗议，是因为这两所大学的管理人员决定将学生成绩透露给征兵委员会，这就意味着如果成绩不达标，征兵委员会可能会重新对这些学生进行分类，把他们从 2-S 缓期服役状态划为 1-A 准备入伍状态。5 月，400 名芝加哥学生占领了行政大楼，并坚守了三天。当年秋季学期，少数马里兰的学生抗议海军陆战队招募官进入校园，400 名伯克利的社运人士举行示威，反对海军招募官进入校园，9 名艾奥瓦州格林内尔大学的学生举起

① David L. Lewis, *King: A Biography* (Urbana, Ill., 1978), 358–70; Oates, *Let the Trumpet Sound*, 412–20; Smith in VD: episode 4.

标语，抗议 CIA 在校园内进行工作面试："CIA 究竟在越南、印度尼西亚、圣多明戈等等许多地方做些什么？"

但到 1967 年春季学期时，人们才明显感觉到运动的规模正在扩大，因为抗议者不再是批评者口中留着长刘海的激进派或者蓄着胡子的抽大麻者，主流的学生越来越多。当年年初，100 所大学的校报编辑和学生会主席致信约翰逊总统，告诉他学生们对这场战争深感忧虑，"它所造成的生命和财产损失在不断升级，而它的意图和对美国的价值仍不明朗"。校园领袖警告道，除非这次"冲突能得到缓和，否则，美国将继续目睹她最忠诚勇敢的年轻人选择去坐牢，而不是拿起武器为国作战"。

学生们也越来越关注那些在校园里进行工作面试的国防公司。他们发起了反对霍尼韦尔、洛克希德和通用动力的运动，但最主要的目标是凝固汽油弹的最大制造商——陶氏化学。凝固汽油弹是汽油、环烷酸和棕榈油的混合物，它会牢牢附着在其触及的任何东西上，把人烧死或使人窒息。美国军队在越南大量使用了这种武器，凝固汽油弹成为战争的象征，陶氏也随之成了"战争受益者"的象征。运动在整个春季学期期间迅速扩散，尤其是在威斯康星大学。学生们围住公司招聘人员进行抗议，警察以扰乱学校秩序的罪名逮捕了三名社运人士。和平示威者的被捕促使 800 多名学生参加游行，举行闹哄哄的静坐，阻碍面试，"与陶氏作斗争"。

陶氏的总裁赫伯特·陶·多恩大惑不解。和国防工业的许多管理人员一样，他记得在二战和朝鲜战争期间，生产武器帮助美国士兵是爱国行为。现在，这种行为却遭到了质疑，甚至被认为是不人道的。他同意与反战社运人士见面，并做出了战争还相对受欢迎时常见的官方回复：陶氏正在制造凝固汽油弹，"是因为我们认为，我们公司应该生产我国战士在战时必需的物品"。①

---

① *NYT*, 16 Feb., 2 March, 13 May, 13 Nov., 16 Dec. 1966; *Newsweek*, 9 Jan. 1967, p. 49; TA: Dow historian, E. N. Brandt, letter to author, 24 May 1988, *The Dow Diamond*, no. 4, 1967; and Terry Anderson, "The New American Revolution: The Movement and Business," in Farber, ed., *The Sixties*, 175–205.

到了1967年春天，其他美国人也越来越不能理解这场战争，而在华盛顿特区指挥这场战争的人无疑也非常费解。美国在南越有近50万士兵。这部据称在陆地、空中、海上都具有优势的巨型美国军事机器已经进行了2年的作战行动——然而胜利仍然是个幻影。5月，威斯特摩兰将军私下里要求增兵20万人，令约翰逊政府颇为震惊。

这一要求在五角大楼和白宫内部引发了异议。那时，国防部长麦克纳马拉的幻想已经破灭。当他听到这个要求时，他给总统写了封信，开诚布公道，这场战争“越升级，就越不受欢迎……。大多数美国人不知道我们是怎么走到今天这一步的，也不知道其中的原因，却占了后见之明的便宜，坚信我们怎么也不该在此事上陷得太深。所有人都想结束战争，希望他们的总统去终结它，打赢它，或者以其他形式结束”。部长对他的下属更加直言不讳，称“胡志明是个顽固的老狗。不管我们怎么轰炸，他都不会罢手”。

接下来怎么办？6月，麦克纳马拉交给助手莱斯利·H. 盖尔布一份列了100个问题的清单，并命令他成立一个特别工作组来回答这些问题：我们对敌人的阵亡人数有多少把握？安抚农村的计划是否奏效？胡志明是不是“亚洲铁托”？这显然表明，华盛顿和西贡是盲人教瞎子，都在瞎指挥——这种政策对稻田中的士兵来说是致命的。随后的报告在1971年被泄露给了媒体，被称为“五角大楼文件”。

当美国的政策制定者在1967年感到困惑不已时，敌人却知道接下来要怎么办。他们继续回避常规战斗，以游击战拖延战争，直到美国人筋疲力尽地离开越南。然后，北越和他们的越共盟友就能打败西贡的政权。这就意味着约翰逊总统将再次面临这场战争的经典困局。他曾在1965年面临同样的选择；之前的肯尼迪和后来的尼克松也是如此。其一，三军统帅可以增兵，袭击敌人在老挝、柬埔寨甚至北越的阵地，以扩大战争。这样的政策可能会把中国拖入这场冲突，必将损及美苏之间的关系，也会引发更多的国内示威。其二，他可以限制军队规模，稳定军事投入，并寄希望于南越陆军能通过训练承担起更多的对敌任务。那就意味着战争将会拉长，而且成功的机会渺茫。其三，他可以遣散军队，远离战争。杀戮将会停止，但这样一来，南越最终会解体，因此这将变成一场政治自杀。第三个选项有可能实现，却也令人难以想象。从肯尼迪到福特，没有一位总统能够克服自己的冷战思维。他们都成了自己那套说辞的受害者。

约翰逊的顾问讨论了前两个选择。国家安全顾问 W. W. 罗斯托和参谋长联席会议主张立即扩大对北越的空中及海上作战。麦克纳马拉不同意，认为扩大冲突并不能赢得战争，“只会陷入更大规模的战争”。国防部长给总统写信说：“我们似乎没什么有吸引力的行动方案。”敌人的“意图是制造僵局，不管我们选择在哪个层面上部署，他都能使之陷入僵局”。麦克纳马拉提醒说：“越南战争正在形成自己的势头，必须阻止。”

但战争仍在继续。死伤与日俱增。1965 年，死在越南的美国人不到 1 400 人，但第二年，骤然升至 5 000 多人，而在 1967 年，死亡人数超过了 9 000 人，使总死亡人数达到约 1.6 万人。征兵人数再次增加，总统决定将兵力增至 52.5 万人以上。此外，战争对经济发展产生了不良影响。联邦政府在越战上的巨额开支增加了赤字和通胀压力。“我们必须出钱打这场仗。”约翰逊对他的顾问们说，并主张征收 10%的收入附加税。

1967 年，民众对战争和三军统帅的支持度持续下降。哈里斯民意调查发现，7 月，72%的公民支持战争，8 月，支持率降至 61%，而到了 10 月，跌至 58%，成为历史新低。总统提议的附加税方案非常不得人心，在国会被高票否决，理由是不值得为南越提高税率。约翰逊的整体支持率在 8 月份降到 39%，在 10 月份暴跌至 28%。到了 11 月，认为这场战争是个错误的人与不这么认为的人持平。副国务卿尼古拉斯・卡岑巴赫写信给总统说：“越南那边的龟速进展能快过国内异见这只飞奔的兔子吗？”

兔子越跑越快。2 年来，民众一直在等待胜利的迹象，但他们感受到的却是越来越多的沮丧。许多人开始怀疑政府声明和越南的真实情况之间是否“不相符合”。媒体开始发问，许多公民也在思考该怎么办。鹰派说要扩大军事活动，鸽派说要缓和局势，但到了 1967 年，假如有哪种鸟可以代表人们对越南的日益清醒的认知，那一定是信天翁①。民意分析师塞缪尔·卢贝尔指出，美国人都有“摆脱不必要负担的强烈愿望”。公民们困惑、沮丧、不耐烦。一名家庭主妇说：“我想逃离这一切，但我不想放弃。”②

其他人则只想逃离。反战运动在春季时蓬勃发展，并继续与民权抗争相融合。南方基督教领袖会议的詹姆斯·贝弗尔和A. J. 穆斯特、大卫·德林杰以及其他人等共同组建了结束越战春季动员委员会。该委员会依据1963年“向华盛顿进军”的理念成立，其目的在于集结所有社运人士，形成一场更广泛统一的运动，举行一次“比以往任何活动都更震撼人心”的示威，迫使约翰逊政府撤兵。虽然不同团体之间随后发生了争执，但4月的游行人数颇为惊人——是当时规模最大的示威活动。科瑞塔·斯科特·金在旧金山向5万人发表了演讲，而在纽约，约20万人与贝弗尔、斯波克、卡迈克尔、麦基希克、彼得·席格及马丁·路德·金一起参加了游行。运动范围继续扩大，人群中有学生和工人、黑人和白人、基督教牧师和犹太教拉比、小孩和老人、发型干净利落的商人和留长发的年轻人，甚至还有一些越战老兵和一小群原住民，原住民举着标语：“美国人——不要像对待我们那样对待越南人”。

正是这次春季游行“将运动从低迷中拽了出来”，一名社运人士说，而且它还重新点燃了抵抗运动。康奈尔大学的一个团体给其他学校发了一份传单，字里行间透露着挫败感，也预示着运动中日益强烈的好战倾向：

> 美国陆军已经通过征兵压制或摧毁了数百万美国人和越南人的生命与良知。我们说理、示威想阻止这场毁灭。我们没有成功。凶手对

---

① albatross，也有“沉重的负担”的意思。——译者

② Larry Berman, *Lyndon Johnson's War: The Road to Stalemate in Vietnam* (New York, 1989), 43–119; Henry Trewhitt, *McNamara* (New York, 1971), 235; Gelb in *NYT*, 16 June 1991; LBJ: meeting file notes, box 2, 12 Sept. 1967 meeting; Lubell, *The Hidden Crisis in American Politics* (New York, 1971), 254–60.

> 理性毫无反应。现在必须奋起抵抗了：激进的、非法的、令人不快的、坚持不懈的抵抗……。无论是肉体还是灵魂，我们必须一同抵抗。签名者认为，我们应该在春季动员期间公开毁掉我们的征兵卡，**开始**这场声势浩大的抵抗。

反战运动正在从抗议转向抵抗。在中央公园的绵羊草地（Sheep's Meadow），约 175 名年轻男性焚烧了他们的征兵卡，与此同时，抗议者不停呼喊："我们不会去！"其他人成立了名为抵抗（RESIST）的组织，这是另一个反征兵组织，目的是帮助年轻男性学习如何逃避兵役，到了这年夏天，中西部的社运人士筹备起了芝加哥地区征兵抵抗组织（Chicago Area Draft Resistance）。"我们称自己为 CADRE，"盖瑞·雷德写道，"我们谈论小队、升级、运动。这些术语并非偶然得来——而是与我们的态度一致。我们不再只对抗议战争感兴趣，我们要去阻止它。"①

为了阻止战争，社运人士开始做出骇人听闻的举动，在经历了严格管制和彬彬有礼的 1950 年代之后这尤其令人惊讶。哈佛的激进派直接找上了国防部长麦克纳马拉，他们包围了他的车，在他试图回答问题时，一些人大喊："放屁。"在霍华德大学，学生们讥讽了征兵局局长赫希将军，一边焚烧丑化他的画像一边大喊："燃烧吧，宝贝，燃烧吧！"在印第安纳，一些学生在国务卿腊斯克走上讲台时喝起了倒彩，由于喝倒彩的时间过长，腊斯克没做演讲就离开了；在康奈尔，国防部长是看着台下数百名戴着骷髅面具的学生演讲的。每当约翰逊出现在公共场合，就会有人这样跟他打招呼：**"喂，喂，约翰逊，你今天又杀了多少小伙子。"**绵羊草地上出现了另一种触目惊心的策略。一些示威者举起了越共的旗帜——还有人焚烧了星条旗。

---

① SAVF：box 46，A. J. Muste，Preliminary Mobilization Memorandum，5 Jan. 1967，and box 42，Resistance flyers；Lynd，*We Won't Go*，216-17；雷德的发言出自 *Liberation*，July 1967。

“美国人民不会让这种事继续下去，”众议员 L. 孟德尔·里弗斯称，“他们希望有人阻止这种叛国行为。”那是叛国行为吗？许多六十年代人问，什么是爱国主义？威斯特摩兰将军在 4 月回到了华盛顿，谈到了自己的部队斗志昂扬，但又加了一句：“近来在国内出现的不爱国行为让他们和我都非常失望。”总统后来补充说，全国人民必须团结起来，像一个“爱国主义者大家庭”那样支持他的政策。异见者不同意。参议员威廉·傅尔布莱特表示，表达异见“不仅是一种权利，也是一种爱国行为，一种更高级的爱国主义”，《纽约时报》担心政府在“旁敲侧击其批评者要为自己的过失负责，暗示异见约等于叛国”。神职人员罗伯特·迈克菲·布朗总结说：“问题不在于我们有什么权利发声，而在于我们有什么权利沉默。”①

在那个年代的剩余日子里，人们一直在讨论爱国主义，但在 1967 年，大多数政客仍希望人们像冷战时那样顺从。一丁点儿不忠都是无法容忍的，国会以压倒性多数票通过了一项法案，将亵渎国旗定为联邦罪行。数百万国民购买了有史以来数量最多的国旗，许多人将国旗贴纸贴在了汽车保险杠上。支持越战的海报上写着：“无论对错，都是我的祖国”，“要么爱它，要么离开它”，“同一个国家，同一面旗帜”。星条旗成了 1960 年代的一个标志。

保守派讨论要通过一些法律来终止参加示威的学生的入伍延期，一些大学管理人员加紧了对不守规矩的学生的管教。得克萨斯大学不再承认学生争取民主协会分会的合法地位，将它踢出了校园。当学生举行抗议时，有 6 人因未能“尊重真正的合法权威”而被留校察看。许多家长对自己的孩子进行了严厉的警告：“听着，宝贝，”一位不耐烦的父亲说，“我花钱送你去学校，不是让你去那些荒唐的左派‘和平’抗议上胡闹的——我也不想丢这个脸。如果你还想让我继续帮你付学费，你就得改邪归正，好好做人。”

然而到了 1967 年，许多孩子脱离了父母的控制。春季学期期间，反战

---

① *NYT*, 22 April 1967; Hall, *Because of Their Faith*, 48.

运动继续扩大，与此同时，校园里散发的传单上声称："'越南之夏'和1964年的'密西西比之夏'一样，需要成千上万学生志愿者的努力去取得成功。不过，和'密西西比之夏'不同的是，这个计划期望学生留在自己家里和大学社区里做工作。"社运人士制订了一个"在外授课而非在课堂听讲"的计划，目的是团结工人、职业人士、家庭主妇、神职人员及社区中所有对这场战争怀有疑惑的人。①

运动逐渐获得了更广泛的社会关注。加州教师联盟通过了一项反对约翰逊越南政策的决议，明尼阿波利斯的忧心忡忡的公民成立了和平使用税金委员会，他们问："我们还要对战争说多久的是，对教育说多久的不？"律师和法学教授创立了美国对越政策律师委员会，并请求联合国出面阻止战争。在丹佛，阻止战争委员会的家庭主妇们散发传单，上面写着："战争抬高了食品价格！！！"百余名知识分子在《纽约书评》上发表了《抵制非法当局的号召》一文，承诺援助所有抵抗征兵的人。自由派企业家成立了企业高管争取和平行动组织，美联储前主席马里纳·S. 埃克尔斯开始谈论财政成本、不断上升的利率和未来老兵的福利问题。他们在传单上问："我们应该杀戮——还是建设？"另有一些公民成立了纳税人反战组织，声称这场战争违法，要求政府退回税金。"我不会心甘情愿地把我每年60%的所得税用于武器装备。"歌手琼·贝兹在给国家税务局的信中写道。新教、天主教和犹太教的宗教领袖为和平祈祷，并加入了神职人员与平信徒关注越南小组以及另一个叫做"立刻谈判！"的组织。非暴力行动委员会散发传单："假设他们发动战争却无人响应"。参加过二战和朝鲜战争的人成立了老兵与预备役军人争取和平组织，从东南亚回来的年轻人则成立了越南老兵反战组织。

军队内部也生出了不同意见。虽然以前就有过一些军人不服从命令拒

① *Daily Texan*, 25 April and 2 May 1967; VD: interview, episode 4; SAVF: box 54, Vietnam Summer 1967 flyer.

绝前往越南的案例，例如“胡德堡三君子”事件，媒体很少对此进行报道，直到出了列兵安德鲁·斯塔普审判案。斯塔普是一名反战示威者，他烧毁了自己的征兵卡，但陆军还是征召他入伍，并让他驻扎在俄克拉何马的希尔堡。在那里，他收取反战材料，并与其他士兵讨论自己的看法，因此惹恼了上级。军官们命令他交出材料。斯塔普拒绝了，声称自己拥有第一修正案赋予的权利，于是列兵受到了审判。社运人士匆匆赶到希尔堡参加审判，当军事法官判斯塔普犯有违抗命令罪时，平民们开始大喊和平口号，这可能是陆军堡垒内发生的首次反战示威。其后，斯塔普很快又违反了一个小规定，再度被送交法庭。社运人士赶回希尔堡，当地警察在他们入住的汽车旅馆房间里将他们逮捕，罪名是“非法闯入私人土地”。斯塔普行动受限，只能在基地内活动，在平民支持者的帮助下，他成立了第一个全国军人工会，即美国军人联盟，以及一个新的法律辩护组织：士兵权利委员会，并开始出版首份军事地下刊物《纽带》(*The Bond*)。这一切对高层来说太过分了，军队正式开除了斯塔普。

女性也动员起来公开反战。当然，女性一直以来都在为各种奋斗目标游行，在那十年里，她们自始至终都在运动中起着极为重要的作用。然而，1960 年代中期，妇女解放运动尚未在全国兴起，因此，电视上出现的合校女生、愤怒的黑人女性及衣着考究的妇女参加抗议的画面给人留下了深刻的印象。1966 年 10 月，10 名年轻女性在得克萨斯举行了首次静坐，扰乱了征兵局在奥斯汀的总部的工作达 4 个多小时。就在同一年，哈莱姆的修女成立了愤怒黑人女性组织，并敦促她们的男性同胞给征兵委员会写信：“拒绝为白鬼打仗”。妇女和平罢工组织更为出名，因为她们的成员曾在 60 年代早些时候举行示威，抗议大气层核试验。1967 年 1 月，约 2 500 名成员在五角大楼外游行，要求面见“把我们的儿子送去越南的将军们”，当年年底，该组织开始了“女性抵抗”征兵运动，她们带着一副棺材游行至赫希将军的办公室，棺材上写着这样的标语：“我们的儿子不去，你们的儿子不去，她们的儿子不去”。另一个名为母亲争取和平的组织开始印制海报、制作徽章和T恤，上面印有那个年代最受欢迎的口号之一："战争对孩子和其他生物有害"。

许多示威活动是个人行动。在明尼苏达的大湖市，巴里·邦德胡斯闯进当地的征兵委员会办公室，往1-A档案上泼了几桶大粪，毁去了这些文件；此举被称为"开启了这场运动的运动"。回想起1952年总统候选人艾森豪威尔曾提议飞到朝鲜解决冲突，图森市的一些居民也给约翰逊买了一张飞往越南的单程票。海滩男孩的主唱因拒绝入伍而被起诉，拳王穆罕默德·阿里也有同样的遭遇，他还被剥夺了冠军称号。前海军陆战队司令大卫·M. 肖普将军、海军少将阿诺德·特雷、休·赫斯特将军等退伍军官开始质疑这场战争，越战老兵唐纳德·邓肯退出了绿色贝雷帽特种部队，并开始公开发声反对这场冲突。来自纳什维尔的年轻男子罗伯特·德瓦特给当地征兵委员会写了封信：

> 先生们：
>
> 近段时间来，我不断收到贵处不请自来的信件。你们寄来的问卷调查涉及个人隐私的程度之深，简直不像话。你们命我接受身体检查，对我本人提出了前所未闻的要求。最近，你们又要求我证明自己的责任心，否则就要面对在国防部巧言令色运行的杀戮机器里服苦役的后果，我已耐心耗尽，忍无可忍了。我再也无法忍受你们的傲慢行径。我认为我对贵处绝不负有任何义务，世上还有更重要的事值得我关心……，所以，如果你们能立即从邮件列表上删除我的名字，我将不胜感激。
>
> 另：鉴于我认为我不属于你们那无耻的小俱乐部，我已将你们寄来的那些愚蠢的卡片毁了。

某些个人行为影响更为深远。1967年，海军老兵J. D. 科平自焚身亡，这么做的还有圣地亚哥的林弘子（Hiroko Hayashi）及洛杉矶的弗洛伦斯·博蒙特。"弗洛伦斯用来点燃她浸满汽油的衣服的火柴，"她丈夫在报告中说，“在我们这群洋洋得意自以为是脑满肠肥的人脚下点燃了一团火，一团永远不会熄灭的火，而我们平安无事地待在距离爆炸的凝固汽油弹 9 000 英里的象牙塔里。”①

视线回到美国国内，1967 年的夏天也是四处火起。这是 3 年来城市黑人的第三次暴动。从波士顿到坦帕，从布法罗到威尔明顿，100 多个城市的街头燃起了大火。随后，大火烧到了纽瓦克，这是全国黑人失业率最高的地方，可能还有着最腐败的白人市政府。白人警察殴打黑人出租车司机的传闻，立即引发市内的无政府状态。州长宣布该市出现“公开叛乱”，下令调来了国民警卫队。警卫队不管三七二十一射出了 1.3 万发子弹，造成 1 200 人受伤，25 名黑人死亡。一个星期后，底特律乱了起来。贫民区迅速变成一片火海。州长调来了国民警卫队，FBI 局长胡佛向总统报告说：“底特律已经彻底失控。哈莱姆将在 30 分钟内天塌地陷。他们打算将它撕成碎片。”为了平息底特律的动乱，惊慌失措的警卫队疯狂射击，打出了超过 15 万发子弹。总统派出了陆军，他们带着坦克、机关枪和直升机来了；陆军更高效，他们缓和了紧张局势，结束了这场动乱。一名二战老兵说，在经历了 6 天 6 夜的暴动后，这个城市看起来就像 1945 年的柏林。暴力被平息之后，据媒体报道，有 4 000 人被捕，2 000 人受伤，43 人死亡。《新闻周刊》写道，底特律是一场“美国悲剧”。在 1967 年的城市骚乱中，全国各地有 4 000 人受伤，至少 90 人死亡。无论国内国外，美国都身陷战争之中。

这些骚乱清楚地表明，约翰逊对外打仗、对内扶贫的枪炮黄油政策已经失败。1967 年时，政府花超过 30 万美元去杀死一名越共，却只花约 50 美元去帮一名美国人脱贫。参议员威廉·傅尔布莱特称，伟大社会已经变

---

① SAVF, box 5, antiwar folder, and boxes 15 and 17 for flyers from Denver and Minneapolis; SPP: file drawers, CNVA, New England folder; Joan Baez, *And a Voice to Sing With: A Memoir* (New York, 1987), 120; Andy Stapp, *Us Against the Brass* (New York, 1970); 还可参考 Terry Anderson, “The GI Movement and Response from the Brass,” and Amy Swerdlow, “Not My Son, Not Your Son, Not Their Sons: Mothers Against the Vietnam Draft,” 出自 Small and Hoover, eds., *Give Peace a Chance*, 93-115, 159-70; SAVF: box 6, Black Women Enraged flyer, 1966; 德瓦特的信件出自 *Win*, 23 Nov. 1966, 还可参考 Lynd, *We Won't Go*; 博蒙特的信件出自 *Liberation News Service*, 16 Oct. 1967。

成了“病态社会……。两场战争相互依存，虽然总统向我们保证我们有足够的资源同时赢得两场战争，但事实是，我们一场都没赢”。

这些骚乱也驳倒了一个荒诞的观点，即种族主义只是南方的问题，因此总统命伊利诺伊州州长奥托·克纳成立一个委员会，调查城市动乱的原因。州长挑了几个温和派，其中有白人也有黑人，有民主党人也有共和党人。委员会在对 20 座城市进行调查后发现，闹事者表达的最主要不满是警察暴力、失业或未充分就业，以及住房和教育中存在的歧视。每一场大骚乱“都是白人警察因轻微罪行逮捕黑人而引发的……。因此，对许多黑人而言，警察已经成了白人权力、白人种族主义和白人镇压的象征。而且，事实上，许多警察确实反映和表露了这些白人的态度”。因此，暴乱者向警察开枪或投掷石块，摧毁人在别处的白人房主所拥有的商店，以及那些他们认为持种族主义、敌对态度或因物价过高而恶名在外的商店。暴动者放过了大部分黑人商店、向黑人顾客赊账的白人商店，以及图书馆和学校等几乎所有公共设施。克纳委员会总结道：“美国白人从不曾完全明白——黑人却永远无法忘怀——的是，白人社会对贫民区负有不可推卸的责任。白人制度创造了它，白人制度维护了它，白人社会纵容了它。”委员会得出结论：“我们的国家正在分裂成两个社会，一个是黑人的，一个是白人的——各不相干，也不平等。”

瓦茨暴乱后，约翰逊总统就已经宣布他的政府将发动“进攻——在各个层面上展开——打击滋生绝望与暴力的环境”，然而，2 年之后，大火仍在继续燃烧。政府已经不再像关心越南战争那样关心脱贫战争了。

自由派的共识支离破碎，国家变得更加分裂。郊区白人要求有法律与秩序，城市里的黑人要求终结警察暴力。黑人激进分子大声呼喊**黑人力量！**和平倡导者声嘶力竭地叫着**立即撤兵！**《新闻周刊》宣称，这是“不满之夏”。①

---

① Hoover in LBJ: Tom Johnson notes, 24 July 1967 meeting; *Newsweek*, 7 Aug. 1967, pp. 18–26; *NYT*, *Report of the National Advisory Commission on Civil Disorders* (New York, 1968), 1–2, 143–48, 196, 206; *Newsweek*, 12 June 1967, p. 103.

然而，并非所有美国人都是如此。越来越多的年轻人决定退出——拒绝战争、拒绝种族主义，实际上，他们要拒绝整套美国生活方式。

7月，《时代》周刊发表了介绍“嬉皮士”的封面故事。编辑们承认，实际上，在1965年的最后几个月里，嬉皮文化已经在美国本土出现，成为“一种全新的亚文化，一种美国中产阶级道德思想的奇怪组合”。一些人受到吸引去了海特，即旧金山的海特-阿什伯里区，它位于金门公园的潘汉德尔附近。他们穿着奇装异服——奶奶礼服、海盗服或是旧西部的服饰、维多利亚时代的服装、英式摩登服装配黑靴子——他们在菲尔莫尔礼堂参加“偶发艺术”（Happenings）活动，跟着江湖郎中合唱团（Charlatans）、伟大社会、杰斐逊飞船（Jefferson Airplane）、水银信使服务（Quicksilver Messenger Service）、感恩至死（Grateful Dead）、莫比葡萄（Moby Grape）及老大哥和控股公司（Big Brother & the Holding Company）等乐队的音乐跳舞。整个1966年，越来越多的人来到了海特，他们抽大麻也卖大麻，还加入了肯·凯西的快乐捣蛋鬼乐队，滴食LSD致幻剂，或如他们开玩笑所说，那是在参加迷幻旅途节，参加酸性测试派对。他们吹泡泡，戴念珠穿喇叭裤，照失真的镜子，在人行道上用粉笔画彩色图案。有些人取了新名字——阿帕奇、丛林狼、超级黑鬼、泰迪熊、巧克力乔治、白兔子、蓝色闪光、黑色传教士。邮递员被称作爱神海军上将，警察被称为阳光中士，还有人打扮成穿制服的尤利西斯·S. 格兰特将军。他们在法法奇食品店买食品百货，在粉色芍药精品店买海报，在迷幻商店买锯齿卷烟纸，在我和你咖啡店一边读《先知》（*Oracle*）一边喝咖啡。他们吃的是老波希米亚团体“挖掘者”① 收集来的免费食物，后者向人们散发传单：“食物免费

---

① The Diggers，是一个松散的无政府组织，他们没有领导人，从不接受采访，媒体对他们几乎一无所知。“挖掘者”最初得名于17世纪中叶的英国，当时的英国国王制定法律允许地主随意圈地，把无人认领的公共土地划为己有。1649年，二十几个贫穷的农民在杰拉德·温斯坦利的带领下挖土开荒，过起了按需分配的公社生活。温斯坦利认为金钱和私有财产是人类所有罪恶之源，只有放弃私有制，共享财富才能消除贫困和战争。从某种意义上说，“挖掘者”就是嬉皮士运动背后最重要的物质和理论支柱。——译者

每天免费。免费是因为这是你的！”秋天时，“挖掘者”举行了满月公开庆典（万圣节），引起了伯克利学生的高度关注，《伯克利毒评》也详细报道了这次活动，他们还以“肉宴”庆祝感恩节，那是在一间名叫“自由参考系”的车库里举行的一场几百人的宴会。海特有活力，有思想的共鸣，对许多满腹疑问的年轻人而言，它成了一个孵化地。

1966 年，旧金山的报纸大多称这些人为垮掉派。在纽约市，作家约翰·格鲁恩在描述东村时把他们称为“新波希米亚人”。长发姑娘、蓄须小伙和跨种族情侣穿着靴子和喇叭裤，去妈妈咖啡厅参加读诗会或实验剧场，逛林波舞服装店、哈迪加服饰店、钻石皇后商店等时装精品店，或者阅读数量日益增加的地下杂志，例如《晾衣绳》《大象》《母亲》《那达达》《去你的/一本艺术杂志》，或是新出的社区报《东村他者》。东村正在经历一场文艺复兴。艾伦·金斯堡朗读诗歌，勒鲁伊·琼斯写剧本，小野洋子创作她的“声音音乐”（insound music），浊气乐队（The Fugs）演奏他们的性爱乐曲《放纵之后你们在干什么？》。安迪·沃霍尔、吉姆·戴恩、雷德·格鲁姆斯及其他许多人进行绘画创作，与此同时，迪克·希金斯、克拉斯·欧登伯格、罗伯特·劳森伯格上演了“偶发艺术”，即行动中的艺术。自由。艾德·山德斯在他的“和平之眼”书店挂起了标语：“大麻是乐子”，“立即让舔阴合法化”。“的确可以说，”格鲁恩表示，“对新波希米亚人而言，每天都是独立日。”①

嬉皮士也开始出现在更多的反战示威中，特别是在伯克利和纽约。1966 年 11 月，几千名嬉皮士参与了曼哈顿的抗议活动，他们唱着披头士的歌，带着一架巨大的黄色潜水艇，让抗议出现了意想不到的转折。到 1967 年时，留长发的示威者变得越来越常见，他们与衣着考究的妇女和平

① *Time*, 7 July 1967; Perry, *Haight-Ashbury*, chaps. 4 – 5; Peck, *Uncovering the Sixties*, Chap. 3; and see von Hoffman, *We Are the People Our Parents Warned Us Against*; Perry, *The Human Being*; del Renzio, *Flower Children*; and Emmett Grogan, *Ringolevio: A Life Played for Keeps* (Boston, 1972), part 3; Gruen, *The New Bohemia*, 9.

罢工组织成员、发型利落的自由主义者、身着牛仔裤和蓝色工作衬衫的学生社运人士并肩而行。

一些六十年代人开始感觉自己与周围格格不入，他们认为自己属于一个不同的社会，属于一场在当权派之外或者之下的奇异的地下运动。“谁是地下分子？”《化身》杂志（*Avatar*）问道，“假如你的思想、梦想、工作和发展的目标是为了改善和改变生活、社会环境及个人生活环境，是为了期待更美好的生活……那么你就是。想想——看看周围——这样的人或许在镜子里，或许就在你的内心里。”

外表另类，行为异常，这在冷战文化时期是很危险的。特别是头发，引发了令人难以置信的抵制。旧金山的警察会例行公事地拦下所有留长发的人，并且骚扰他们。“唉！你只要沿着海特街走走，就什么都明白了，”一个年轻人抱怨说，“警察会拦住你，为难你。他们就是要烦你。”确实，《旧金山纪事报》称：“创下新纪录——33 名垮掉分子。”《生活》杂志在那一年登了一则封面故事：“LSD：已然失控的精神毒品是一种爆炸性的威胁”，秋天，加州通过了一项法律，将 LSD 定为非法药物。第二年，《旧金山纪事报》的一位撰稿人告诉市民，经常抽大麻会导致“精神错乱、狂躁，有时会让人犯下严重罪行”。他说，这就是大麻被称为“致命药物”的原因。

在《时代》周刊刊发文章之前，大部分公民都不知道这些年轻人在想什么，只知道他们看起来与众不同，十分奇怪。值得一提的是，该杂志尝试从迷幻药到禅宗等角度全方位地描述他们的行为和哲学，文章叫“嬉皮王国的盛衰”。尽管《时代》周刊的看法有待后人评说，但是在 1967 年它得出结论：“可以说，嬉皮士并不依赖物质，十分重视和平和真诚，他们过着比大多数同胞都要高尚得多的生活……。最终，嬉皮士或许并没有退出美国社会，而是给了这个社会一些思考的东西。”①

但在 1967 年时，由于人们的挫败感日盛，大部分公民无意思考非传统

① *Avatar*, 9–22 June 1967; *San Francisco Chronicle*, 15 March 1966, 11 Dec., 16 Jan. 1967.

行为。“这些人没有面对现实生活的勇气，”旧金山警察局长托马斯·卡希尔称，“他们在设法逃开。”

事实上，他们在设法逃离美国的问题，逃离警察局长、牧师、将军、父母以及新州长罗纳德·里根的价值观。LSD 比约翰逊总统更有意义。“挖掘者”说，现在是举行“帕瓦仪式”①“部落聚会”的时候了，在咨询占星学家后，他们决定将“人类大聚会”（human be-in）的日期定在 1967 年 1 月 14 日。《先知》的编辑艾伦·科恩宣称，是时候在“伯克利的政治社运人士、嬉皮社区以及旧金山的灵修群体……”之间建立一个“爱与行动主义的联盟了。在青年地下文化中发展起来的人际关系新模式必须浮出地表，让人看到，为人共享，这样一来，人们心中的悲悯、知觉和爱才会全面复苏，充盈这场形式上的革命”。在湾区的另一端，《伯克利毒评》发表了相同的看法：“我们要团结起来，让国家沐浴在狂喜和纯净的浪潮之中。恐惧将被冲刷殆尽，无知会暴露在阳光之下，利益与帝国将曝尸荒芜的沙滩，暴力将淹没在节奏与舞蹈中，被彻底地改变。”

数千人在那个阳光明媚的星期六涌进了金门公园。杰瑞·鲁宾呼吁结束战争，艾伦·金斯堡反复吟诵咒语，LSD 宗师蒂姆·利里说着“苏醒，入世，剥离”，不过，人们自己才是“人类大聚会”的主体。来的人五花八门，五颜六色，服装各异，是“摩登派、游侠、林林兄弟马戏团、科奇斯和‘地狱天使’制服的多元混合体”。有些人“在草地上”举着“随风飘动的艳丽床单，就好像骑士们聚集在卡美洛平原上”，另一些人则观看一名跳伞者在升起的黄色熏香烟雾中飘至地面。“挖掘者”分发了数千个火鸡三明治，是用 LSD 化学家奥古斯都·奥斯利·斯坦利三世捐的几十只火鸡做的，他还捐了大量自制的“白色闪电 LSD”。整个下午音乐飘扬，人们言笑晏晏。

当年春天，更多年轻人或流浪或搭便车来到了旧金山，那里的嬉皮士

① 北美印第安人的一种盛宴和舞蹈仪式，可以用于议事。——译者

宣布“爱之夏”开幕：“在这个夏天，全世界的年轻人都将来到我们的城市朝圣，来证实、庆祝新的精神黎明的到来……。厨房已经准备好了，食物正在汇集。旅馆和民居正在打点，准备提供免费住宿。”消息传开了。在纽约，《东村他者》宣布，湾区正在“为退出美国主流社会的人”建一所“爱之游击战的训练学校”，那是“一个新世界，是 21 世纪的人类世界”。

当局对此感到震惊。警察局长卡希尔宣布，必须维持“法律与秩序”，“嬉皮士对社区来说毫无用处”。《旧金山纪事报》的头版题为：“市长警告嬉皮士远离城市”，“行政官员支持讨伐嬉皮士”。

警告没有起到任何作用。嬉皮士并不听当权派的话——这就是问题所在——到了春天，他们开始大量涌入海特。“如果你要去旧金山，”他们唱道，“就在头发上别一朵花。”

海特一片欣欣向荣。嬉皮士开起了新商店——叶子地、爱心汉堡、仙那度服饰、霍比特人洞——那里的居民正忙着发展自己的社区，他们成立了海特-阿什伯里社区之家、社区法律援助机构、工作合作社、奎师那神庙和海特-阿什伯里免费诊所。创业者们建立了一个商业组织，叫“海特独立经营者”，又名“嬉皮商人”，与此同时，走在时代前端的医生尤金·舍费尔德在地下报刊《嬉皮克拉底》(*HIPpocrates*) 上开设了问答专栏。人们收听首个播放迷幻摇滚的 FM 立体声电台 KMPX，而当他们厌倦城市生活时，他们就会去索诺玛县的晨星农场看望卢·戈特利布①。菲尔莫尔礼堂和阿瓦隆舞厅②的音乐现场十分热闹——在那里演出的除了通常的旧金山本地音乐人，还有来访的歌手和乐队，如：奥蒂斯·雷丁、发明之母（Mothers of Invention）、太平洋煤气与电力（Pacific Gas & Electric）、乡村乔和鱼（Country Joe & the Fish）带来的音乐，以及大门乐队带来的《突破

---

① 音乐人，1966 年创办了嬉皮社区晨星农场。——译者

② 这两个地方都是旧金山著名的流行音乐、摇滚乐演出地。最伟大的电吉他演奏者吉米·亨德里克斯曾在菲尔莫尔礼堂演出，詹尼斯·乔普林等曾在阿瓦隆舞厅演出，它们都是嬉皮士时代的重要见证。——译者

（到另一边去）》。

音乐比以往任何时候更能清晰有力地传递思想。在 1967 年的夏天，六十年代人不再只购买情歌和舞曲，不再只购买“喂，喂，我们是门基乐队”。唱片排行榜排前五的乐队有披头士、滚石、大门及杰斐逊飞船。1964 年至 1966 年间，披头士已经从《她爱你》成长到了《黄色潜水艇》，1966 年，他们在《漂泊者》和《埃莉诺·里戈比》中描绘了年轻一代的疏离感。1967 年，他们延续了这一主题，制作了摇滚界最重要的专辑之一——《佩珀中士的孤独之心俱乐部乐队》。“一切都在变得更好”，他们唱道，那是因为一代人的团结，“朋友给我的小小帮助”，也是因为其他人的帮助，《露西在缀满钻石的天空》，“那是一个有着万花筒般双眸的女孩”。所以如果你还是当权派的一分子，他们继续唱道，那就真的很无望，这只是“生命中的又一天”。给新世代一个机会，让他们去尝试。毕竟，“我很想让你进入状态”。杰斐逊飞船为这一代人梦想中的世界创作了《超现实枕头》。格蕾丝·史立克[①]想与人同床共枕，唱道“我只是想找个人来爱”，这支乐队在创作自己的《爱丽丝梦游仙境》时嘲讽了父母一辈：

有种药让你变大，
还有一种药让你变小。
而母亲给你的那几种，
根本不起任何作用。

主流媒体急忙赶赴现场——“海什伯里”，刚左[②]记者亨特·S. 汤普森在《纽约时报》的一篇令人瞠目的文章里如此称呼这种现象。《时代》周刊、《生活》杂志及大多数全国发行的报刊都不甘落后，纷纷对嬉皮士

---

① 杰斐逊飞船当时的主唱。——译者
② Gonzo，韦氏辞典的定义是“个人结合自身的主观想法参与事件”，这种理念最早来自新闻领域。——译者

进行了报道。电视摄制组搭乘飞机前往旧金山，电影人拍出了速成电影《嬉皮学潮》（*The Love-Ins*）、《迷途》（*The Trip*）、《幻觉世代》（*The Hallucination Generation*）。灰线巴士公司开发了一条“嬉皮行”旅游线，并宣传是“美国大陆境内唯一的外国旅游线”。

嬉皮士没让老一辈失望。大多数新来者都得意地留着长发，身穿五颜六色的奇装异服，尽情地吸食大麻或者服用LSD，有些人的行为和着装则更加奇特。在灰线巴士的某次行程中，一名嬉皮士上了车，告诉目瞪口呆的乘客：“你们都自由了！‘挖掘者’已经接管了这辆巴士！”他把巴士带到了感恩至死乐队租下的房子前，接着又去了“挖掘者”常去的地方。艾伦·诺南和他的宇宙千年团体（Universal Millennium）成立了“此时此刻空中研究俱乐部”，那里提供素食，并发布免费的飞碟信息。诺南称自己是银河指挥部的最高指挥官和世界的救世主。有一人穿着件斗篷，一边伸出来的是他自己的一只手臂，另一边伸出来的是塑料娃娃的手臂，还有一名嬉皮士在自己的脖子上挂了一个门环，人们只有先叩门环才能和他说话。

当年夏天，这个地区出现了数不清的偶发艺术，几乎每天都有，而且一般是心血来潮的，但有一场活动是计划好了在6月举行，那是60年代的第一场大型音乐节——蒙特利流行音乐节。会场上，组织者布置了游乐场、放映室、商店和货摊、吉他工坊，还有一尊佛像。一名制片人为一档电视特别节目摄制了这场活动，片子在各校大受欢迎，星期五晚上的观众人数约有3万人，星期天晚上则飙升到6万人。他们穿着农民服装、喇叭裤、皮背心，吸食各色毒品：柠檬黄、巴拿马红、莫比葡萄、迪肯蓝、阿卡普尔科金。奥斯利提供了一批新的LSD，名叫蒙特利紫，外号“紫雾”，乐队既演奏了旧金山本地音乐，也演奏了美国流行乐、摇滚乐、布鲁斯、灵魂乐、民谣摇滚和英伦入侵音乐。在这场持续三天的活动中，参加演出的团体有艾瑞克·伯登和动物乐队、约翰尼·里弗斯、西蒙与加芬克尔、罐装燃料乐队、奥蒂斯·雷丁、艾尔·库珀、拉维·香卡、飞鸟乐队、乡村乔、斯蒂夫·米勒、保罗·巴特菲尔德、电旗乐队、感恩至死、杰斐逊飞船、布克尔·T. 与 MGs、谁人乐队、妈妈爸爸乐队、詹尼斯·乔普林，还有老大哥和控股公司，此外，美国陆军老兵吉米·亨德里克斯首次在美国隆重亮相。

蒙特利流行音乐节是 60 年代的第一场大型摇滚音乐节。“那是我们第一次感觉到大家在一起，彼此相连，”弗兰克·克里斯托弗回忆说，“那种感觉太纯真了，我们感动了彼此，非常神奇。”考虑到规模，那是当时最大的音乐节，现场却是异常祥和。当地警察局长在星期天表示，他已经让一半的警察回家了，其他许多警察也热情地参与其中，在他们的摩托车上挂满了鲜花。在和组织者交涉并深入交谈之后，局长承认：“我觉得那些嬉皮士是我的朋友，我打算让他们中的一个带我去海特-阿什伯里。”

然而，在海特，“爱之夏”的氛围却变得消极起来。这个地方人满为患，到处都是年轻人。当局报告称，他们一个月里逮到了 200 名离家出走的未成年人。6 月，《先知》创下了 10 万份的印刷纪录；编辑们指出，问题正在涌现出来，如果一定要来旧金山，那么，“除了鲜花之外”，还要带上衣服、睡袋、食物乃至钱。闲适的生活变得越来越昂贵。房子和临时住处供不应求，海特街临街店铺的租金一路飙升。许多嬉皮士的生意负债累累，该市开始严打违反建筑法规的行为。日常生活也越来越危险。早在 4 月时，一个街头毒贩抓住了一名 16 岁离家出走的女性，对她下了猛药，实施多次强奸。通讯公司的嬉皮士讽刺地称之为“迷幻药的政治与伦理”。“在海特街，强奸就和狗屎一样常见，”另一人抱怨说，“你知道吗，海特街就和那群老古板说的一样糟。”有人带来了新毒品，其中包括危险的 STP、冰毒和海洛因，随着毒贩争利，暴力事件逐步增多。8 月，化名肖伯的毒贩约翰·肯特·卡特被人发现死在自己的公寓内，身中十几刀。几天后，黑人毒贩“超级黑鬼”的尸体被人发现。“挖掘者”的一些成员开始随身携带枪支，嬉皮士查尔斯·佩里疑惑不解：“迷幻药贩子自相残杀？这就是新时代给我们的承诺？”①

《先知》的编辑们惊诧不已。8月时，他们问：“这里建立起社区文化和兄弟情谊了吗？海特街是否会在沦为美国主流的B级片前起飞，它可能会变为又一个糟糕的纳粹玩意儿吗？”也许是时候冷静下来，试着“念佛经或哈瑞奎师那②，或念叨美国和平、越南和平，或专注地盯着蜡烛冥想，或画水彩、串念珠、阅读、写诗、画画、建造些什么，或研究新旧经文或练习瑜伽”。

要拯救梦想，是时候该净化罪恶了，于是一些人宣布要举行一个“嬉皮之死”的仪式。他们声称，一些人会剃去毛发，成为新的“自由人”。大多数居民对这个想法嗤之以鼻，只有约80人在10月时参加了这场活动。他们演奏了葬礼小号曲，焚烧了念珠、毒品和地下报刊。还打出了标语：“解放自我”“不要为我悲伤”“内布拉斯加更需要你”。

当然了，嬉皮士并没有消亡，实际上，海特-阿什伯里的盛衰将以各种不同的形式和形态在内布拉斯加和美国的大多数州重演。虽然1967年时，嬉皮士只占六十年代人的一小部分，但是当年夏天去过海特的7.5万人带着不同的价值观回到了家乡和校园。在当权派媒体报道的推动下，反权威运动传播开来。7月，《时代》周刊宣称：“如今，嬉皮飞地已经在美国的每个大城市蓬勃发展，东至波士顿，西至西雅图，北至底特律，南至新奥尔良。得克萨斯的奥斯汀竟然也有一个50名成员的政治小团体。”该杂志指出，国内可能有30万名嬉皮士，“从各方估计，这种现象日益普遍起来，但尚未达到顶峰——未来几年内或许都不会”。

多么有先见之明啊。到1967年年中，更多的六十年代人听起了那种音乐——质疑并拒斥主流价值观，脱离主流社会。然而，这并不只是“爱之

① “人类大聚会”的相关内容出自 Ralph Creason, *San Francisco Chronicle*, 16 Jan. 1967, p. 41; TA: Christopher interview, 29 June 1992; and see Perry, *Haight-Ashbury*, 174–75, 187, 227–31。

② Hare Krishna，印度教的传统唱颂，礼赞奎师那神。——译者

夏”。它也是“越南之夏”,“不满之夏”。随着许多社运人士继续从自由主义转向激进主义，其他六十年代人也在大声疾呼，他们越来越沮丧，呼声也越来越响亮。

言论变得越发激烈，尤其是黑人激进分子的。当年早些时候，休伊·牛顿和鲍比·西尔在奥克兰成立了黑豹党自卫组织。他们身着黑色皮衣，戴黑色手套，敬礼时右手紧握拳头，利落地举过头顶。因为美国陆军精英部队戴绿色贝雷帽，所以他们戴上了黑色贝雷帽。他们发表了一份文件和一项计划，提出了在当时看来惊天动地的诉求——教育要“教授我们真实的历史”，黑人罪犯应由黑人陪审团审判，免去黑人的兵役义务——为确保种族正义，他们甚至呼吁联合国干预美国事务。他们招募了办过早餐项目和自卫团体的年轻支持者，以对抗他们所谓的警察或“猪”的野蛮行为。他们在自己的社区里组织巡查——荷枪实弹——这在当时的加州是合法行为。“所以我们就在街上来回走,”西尔写道,“我们在巡视猪。”

5 月以前，黑豹党是个默默无闻的团体。《洛杉矶时报》称，那是“立法史上最惊人的事件之一”，30 名黑豹党人——其中 20 人带着来复枪和霰弹枪——来到位于萨克拉门托的州议会大厦抗议一项禁止公民在市内携带子弹上膛武器的法案。西尔、鲍比·赫顿、埃尔德里奇·克里夫与其他人游行进入大厦，在一群记者和相机闪光灯的簇拥下，西尔朗读了《1 号授权令》(Mandate Number One)，称随着“实行种族主义的美国政府逐步扩大对越南的侵略，美国警察机构也加大了对所有贫民区的黑人的镇压”。因此,“黑人应该趁此时武装自己，反抗这种恐怖行径，否则就太迟了”。黑豹党离开时还在大声叫嚷着压迫、种族灭绝、恐怖行径之类的话，一些目瞪口呆的白人则惊恐地咕哝着:“带枪的黑鬼，带枪的黑鬼。”

然而到了下个月，在亚拉巴马的普拉特维尔市，白人成了带枪的人。他们拿着来复枪，朝好几家黑人住户开火。学生非暴力调解委员会的主席 H. 拉普·布朗回应称:“我们不会再坐视不管，任由黑人被杀……。我们呼吁进行全面复仇……。亚拉巴马似乎已被选为打响美国种族战争的战场。”①

战火即将在国内燃起，一些社运人士越来越激进。汤姆·海登呼吁组织一支“城市游击队”来改变美国，至于越南，卡尔·奥格尔斯比早就得出结论，称反战运动正在演变为“老一套的演讲以及越来越无关紧要的示威的荒野”。通常被称为 Mobe 的全国结束越战动员委员会宣布要阻止 10 月征兵周的活动。新的目标是“对抗战争制造者”，“破坏战争机器”。正如社运人士戴夫·麦克雷诺所称：“越南就在眼前。”

越南确实就在眼前，校园里的策略越来越有挑衅意味。在俄亥俄州立大学，社运人士于某个星期一向校方呈交了“99 条诉求”，其内容无所不包，从校内饮用啤酒的问题到合校女生的宿舍问题再到要求立即终止战争。他们宣布，所有诉求都必须在星期五中午得到满足——否则他们就将采取行动。在欧柏林，百名学生把一名海军征兵人员堵在车里 4 个小时，给他送去了咖啡和甜甜圈，直到警察赶到，这名被喂得饱饱的海军人员才重获自由。在威斯康星，陶氏的招聘人员来到校园时引发了校园骚乱。约 300 名学生大喊着“打倒陶氏”，使得面试无法进行。在官员与社运人士之间的谈判失败后，校方叫来了配有防暴装备、催泪弹和警棍的警察。“所有人都倒在地上，头夹在双腿之间，两条胳膊护着脑袋，所有的眼镜都拿掉了，”校报报道称，“女孩们开始尖叫，男生和女生都抽泣着踉踉跄跄走出大楼，许多人头上的伤口还在流血。”这次示威使社区四分五裂。尽管数千名学生和 300 名教职人员谴责了警察的“兽行”并拒绝上课，但州议会立法委员以 94 比 5 的票数通过决议，要求大学开除抗议者。一名议员称社运人士是“长毛油腻猪”，另一人大叫道：“有必要的话就朝他们开枪。我会开的……这是造反。”

---

① *Black Panther* 几乎每一期中的宣言；Seale，*Seize the Time*，77，157，162；*LAT*，3 May 1967；布朗的发言出自 Sellers，*River of No Return*，199。

校方官员暂停了这学期的陶氏面试，与此同时，另外 20 所大学的学生也加入了反对陶氏的斗争。哈佛、伊利诺伊、印第安纳、明尼苏达和宾夕法尼亚大学的社运人士扣押了公司的招聘人员。在加州大学洛杉矶分校，抗议者挥舞着标语——“烧婴儿赚钱”——在哈佛，学生们大喊：“凝固汽油弹是约翰逊的爽身粉。”在其他校园，社运人士分发的传单上写着：“陶氏不该杀戮。”①

1967 年的反战热潮在 10 月 21 日这个周六达到顶峰。那天，阻止征兵周活动在五角大楼游行中迎来了高潮。据说，这次事件震惊了公众，因为它让人们见识了这场运动参与者的多样，他们有中产自由派、学生激进分子、嬉皮士、民权工作者、黑人力量倡导者、越战老兵，甚至还有一些联邦雇员和“《时代》—《生活》雇员争取和平组织”。这场战争继续改变着运动并使之扩大。

激进人士称他们现在已经做好战斗准备，而反主流文化人士开玩笑说，他们打算通过吟诵佛经“唵”让五角大楼飘起来，以此为这座军事控制中心驱魔。在那个晴朗的星期六，约 5 万人聚在林肯纪念堂前，观看面包傀儡剧团（Bread and Puppet Theater）的演出，听彼得、保罗和玛丽组合的演唱，接着，菲尔·奥克斯演唱了《抉择时刻》。大卫·德林杰宣布，这次游行是和平抗议的终点：“这是美国和平运动新阶段的开端，积极抵抗将成为我们这一阶段的制胜因素。”

当华盛顿的人群开始穿过阿灵顿大桥向五角大楼走去时，全国各地有 1 400 名年轻男性归还了自己的征兵卡。联邦政府已做好准备。这是自 1932 年的补偿金事件②以来，联邦政府首次命令武装部队保护国家首都，对付美国人民。队伍刚到达五角大楼，几十名激进人士就发起了攻击。那是

① Halstead, *Out Now!*, 146; DeBenedetti, *An American Ordeal*, 186–90; *Daily Cardinal*, 19 Oct. 1967; *Wisconsin Alumnus*, Nov. 1967, pp. 4–9; SAVF: box 17, Dow Action Committee flyers, 1967.

② Bonus March，1932 年，美国政府拒绝了约 2 万名一战退伍军人拿到战时服役的薪金的要求后，集会人群逗留请愿，最后导致军方介入，酿成流血事件。——译者

“一种特别美国的暴力形式”，目击者马丁·耶泽报告说，“情侣们手牵着手观看行动。他们随着行动的浪潮欢呼、喝倒彩……。这让我想起的不是暴动，而是橄榄球比赛结束后观众围着球门柱的场景”。军方反击，殴打并逮捕了一部分激进人士。

与此同时，数百名参与者开始在五角大楼的停车场静坐。“不久，‘挖掘者’派人带来了食物，现场还能看到大麻卷烟，”索恩·德雷尔写道，“空气中洋溢着实打实的节日气氛。人们欢笑拥抱。”许多人和士兵聊天，高呼“加入我们”，大声唱着“我们爱你”或者“我们想让你们进入状态”。一些人把花插在士兵的来复枪枪管中——此举被称为鲜花力量①。一些人使用了新策略——街头剧场，他们假装自己是士兵，表演在战争中阵亡的场景。一些人抽大麻一直抽到晚上，另一些人小口喝着红酒，生起了篝火。有些人唱起了《平安夜》(*Silent Night*)，另一些人打着莲花坐，哼着“唵”。根据大多数人的汇报，五角大楼并没有飘起来。

“快到午夜时，”耶泽说，“第 82 师的伞兵替下了防线上的骑警。法警站在他们后面，他们开始在静坐人群的中心集结，准备进攻……。这场暴行骇人听闻。美国法警对着毫无抵抗力的姑娘们又是踢又是用警棍打，他们的年纪都能当她们的父亲了。这个过程重复了一遍又一遍。扫清中部的人群后，伞兵和法警开始向两侧挺进，对着那些脑袋就是一通猛击。”目击者玛吉·斯坦伯格补充说：“他们唱着《星条旗永不落》和其他歌曲，但那个时候的士兵已经不是人了，向其恳求根本就是徒劳。”

大多数社运人士都觉得，五角大楼游行是成功的，“是自波士顿倾茶事件以来美国历史上发生的最好的事”，基斯·兰普说，因为它创造了一种社区精神，也因为他们和士兵进行了交谈，据说有两三个人丢下自己的来复枪转投运动人士。然而，许多人也认为，坐下挨打的策略已经过时了。

---

① flower power，嬉皮士所倡导的非暴力伦理，即信奉爱与和平、反对战争的文化取向。——译者

"周六晚上在五角大楼外的对峙是最后一场坐着的抗议，"耶泽说，接着他又补充道，"我们为什么要那么被动？"①

伯克利的社运人士也在思索，前一天，他们约 1 万人在奥克兰的征兵中心外进行了游行。他们在中心外坐下后，"戴头盔的警察组成楔形阵，冲进了示威人群中，"《新闻周刊》报道称，"他们用夜勤警棍和短棍猛击人群，还向人群发射了麻痹性的梅西化学喷雾"。州长里根称，警察的行动"遵循了加州执法机关的优良传统"，然而，这种野蛮行径激怒了其他社运人士，他们在第二天采取了一种新策略——搞破坏。当警察冲过来时，社运人士就分散到两旁的人行道上，或跑到官方人士的身后，以图"惹恼他们然后跑开"，与此同时，其他人则把垃圾箱、报纸架和没上锁的车拖到街上，阻断交通。像往常一样阻止生意进行：让它关掉！在没有成为警察攻击目标的情况下，抗议者扰乱了城市的正常运作，征兵中心被迫关闭 4 个小时。然后，在国民警卫队赶到之前，他们就结束了示威，以胜者的姿态游行返回校园。一名社运人士说："今天，伯克利的所有人都明白我们再也不会坐着了。"

阻止征兵周成为 1968 年大爆发的序曲。和平运动的部分参与者继续采取敌对行动，昔日的甘地信徒正在变为游击队员。当意识到搞破坏并不能阻止战争时，他们决心瓦解当权派。"往钥匙孔灌胶水"，参与者苏茜·尼尔森说，给体制使点绊子。②马文·加森是这么解释这一策略的：

> 基本上，我们搞的是街头戏剧，而不是造反。我们使用路障、盾牌和可乐瓶，他们使用催泪弹、消防水管和刺刀，与其说是真正的武

① Ferber and Lynd, *The Resistance*, chap. 10; SAVF, box 34, "Mobilization Report," Nov. 1967; 耶泽的发言出自 *Win*, 15 Nov. 1967; 德雷尔与斯坦伯格的发言出自 *Washington Free Press*, 14 Nov. 1967; 兰普的发言出自 *Liberation*, Dec. 1967。

② *Newsweek*, 30 Oct. 1967, p. 21; 加森的话出自 *Berkeley Barb*, 2 Nov., and *New Left Notes*, 6 Nov. 1967; 尼尔森的话出自 *Berkeley in the '60s*, episode 2; 还可参考 Harris, *Dreams Die Hard*, 208–14。

> 器，倒不如说是舞台道具。我们这出戏中一再重复的理念就是，如果你要用征兵来组建军队，那么你就要用一支军队来征兵。我们这出戏的寓意在于，你不可能在对外进行帝国主义战争的同时坐享国内的社会和平。

阻止征兵周给政府带来了巨大的冲击。约翰逊认为，这场和平运动正在使公民转而反对战争。这或许不是真的——是这场令人失望的战争让美国人反对这场令人失望的战争。对此，总统向内阁宣布："现在，政府不能坐视不管，听任越战批评者摆布了。"约翰逊采取了攻势，公开称异见者为"蓄须的蠢材"，并在私底下指使政府机构监视反战领袖，对他们展开调查。国税局审查了《堡垒》（*Ramparts*）等异见出版物的纳税申报单。FBI 给国家级出版物的编辑寄去了伪造的信件，并向亲政府的记者透露机密信息，意图污蔑直言不讳的批评者。CIA 开展了"混沌行动"（Operation Chaos）——这违反了联邦法律，因为按照规定该机构不得在国内进行调查——特工渗透进了异见团体，例如国家理智核政策委员会和种族平等大会，甚至妇女和平罢工组织，试图找到他们被外国政府或共产党控制的证据。当政府发现没有这样的证据时，总统在下令进行更多调查的同时，他和他的助手向鹰派政客泄露了一些捏造的消息。民主党参议员弗兰克·劳什说，某些"超级势力"是真正的"幕后黑手，他们眼睁睁地看着天真的年轻人令我们的国家蒙羞"。众议院民主党领袖卡尔·阿尔伯特补充道，五角大楼游行"本质上是国际共产主义组织的"，众议院共和党领袖杰拉德·福特称，政府的某份秘密报告已经证实，是河内方面"发动了"阻止征兵周的活动。

因此，约翰逊想要改变美国国内的看法，而不是他的对越政策。是时候重振国人的精神了。总统并不想打仗，但一旦打了，他就不能退缩。他得担起责任。1967 年总统继续执行同一政策，历史学家乔治·赫林写道："和他一开始参战的原因一样——因为他别无选择，其他选择都需要他承认失败或战败。”对这个得克萨斯人来说，这场战争已经成了尊严问题。①

“我们不会屈服，我们不会动摇。”总统公开宣称，然而私下里他却通知自己的顾问：“我们必须把自己产出的东西卖给美国人。”政府官员变成了销售员。约翰逊大张旗鼓地用另一帮专家——“智者”——取代了出类拔萃之辈，这些“智者”与后者一样，对越南文化和他们的民族主义知之甚少。他们举办了许多公开讨论会，与此同时，另一些人开启了政策的第二阶段：预测胜利。8 月，陆军参谋长哈罗德·约翰逊将军称：“我们正在走向胜利。”同月，总统告诉国会议员：“威斯特摩兰已经扭转败局，我们相信胜利就在眼前。现在只是意志问题了。”

美国会下定决心打赢这场仗——或者至少假装赢了。政府在装模作样上一发不可收拾。9 月，沃尔特·罗斯托发电报给威斯特摩兰，指示他“赶紧找时机呈上越南战事取得进展的可靠证据”。美国官员开始在数字上含糊其辞。将军们想要结果，于是中尉们派列兵回去重新清点敌军死亡人数。电视上出现了大量有益于美国的杀敌率和死亡人数，而很少有人明白，这些数据毫无意义，因为为了取得胜利，敌人愿意——并且确实已经——做出比美国多好几倍的牺牲。11 月，约翰逊提醒他的顾问们：“时间越来越紧……这场战争的主要战线在美国。”因此，大使艾尔沃斯·邦克从西贡回到国内，宣称：“我们正在越南稳步推进，不仅是军事方面，而且在和平项目上……也取得了稳步进展。而且，完全有可能加快进展。”几天后，总统补充道：“我们对目前取得的成果非常满意。我们给敌人造成的打击远大于我们所受的损失。”威斯特摩兰称：“一年多来，敌人还没打赢过一场重大战役，这一点非常关键。”之后，他与大使一起上了《会见新闻界》，在节目中，他们再一次过早地发表了胜利演讲，称美国“即将赢

① Charles DeBenedetti, “A CIA Analysis of the Anti-Vietnam War Movement: October 1967,” *Peace and Change*, Spring 1983, pp. 31–35; Small, *Johnson, Nixon, and the Doves*, 104–13, 124–27; US. *News & World Report*, 4 Dec. 1967, pp. 12, 16; Herring, *America's Longest War*, 185.

得一场消耗战”。将军汇报说，冲突已经进入了一个“结局开始映入眼帘”的阶段。政府可以看到“隧道尽头的光明”。

战争的首个牺牲品是真相。我们没有走向胜利，只是在泥沼中越陷越深。然而，在1967年，大多数公民都愿意相信政府。约翰逊的支持率大幅上升。12月的哈里斯民意调查显示，6个月来，对总统处理战争的方式赞成的公民数首次超过了反对者的人数，公众也团结起来支持威斯特摩兰。近70%的人认可他作为司令官的表现，近60%的人赞成在军事方面给敌人增压。关键是，公众也不喜欢反战示威，70%的人认为那是对国家不忠，四分之三的人表示抗议只会助长共产党的气焰。

公众没有尽到他们的民主责任，没有教自己去了解共和国的事务。他们只是非常困惑。当50万名美国之子正在世界的另一端殊死战斗时，《纽约时报》的一项民意调查却发现，近一半的受访者并不清楚他们的政府为何在越南打仗。

这些日子是这场运动的抉择时刻。在60年代早期，社运人士相对来说取得了一些成功，他们已经改变了美国，但在1965年的《投票权法案》通过后，便没有取得过什么成功。社运人士确实在校园内赢得了一地的胜利，但从全国层面来说，人们越来越清楚地看到民权游行、新的联邦法律和法庭裁决并不会终结种族主义，而且，和平抗议显然也不会终止战争。

其结果便是沮丧，安德鲁·科普金德在1967年对这一主导情绪进行了总结：“今年夏天，美国的白人和激进分子必定会看到恐怖的场面，体验无能为力的感觉。”对黑人来说也是如此，贫民区里的窘境和种族主义的持续让他们越来越愤怒，这些因素促使很多人开始思考一些新想法——让黑人力量取代非暴力行动主义，要分开，不要融合，放弃“我们一定会胜利”，代之以“我们一定会横行”。年轻的黑人和白人正在思考战争和征兵问题，而学生们正在将战争带回校园。由于意识到他们对国家政策的影响微乎其微甚至是毫无影响，他们开始由抗议转为抵制。一些人退出了，另一些人则开始高喊革命！11月，《新闻周刊》发现校园内出现了一种危险的气氛，总结说："伯克利的言论自由运动开启了一系列类似的抗议，然而，才过了 3 年，这些抗议看起来就和上一代人抢女生内裤的活动一样无害了。"①

这些日子也是 60 年代的抉择时刻。假如有人在那年年末回看 1965 年那个相对乐观、充满希望的夏天，将会惊讶于这个国家竟在短短 2 年多的时间里走了那么远。战事升级，民权游行，有关黑人力量的疾呼，无尽的城市暴动，白人集体的愤怒抵制，大范围的校园示威，藐视主流价值观的奇怪的年轻美国人，千篇一律的电视画面——街头大火，越南的凝固汽油弹——全在 1967 年年末混在一起上演。《时代》周刊指出，国内弥漫着一种"有害的氛围"。《基督世纪》提到了一种"危机与绝望"的情绪。《新闻周刊》指出"美国的空气中弥漫着浓厚的危机气息……社会局势紧张，人民焦虑不安——30 年代之后从未有过"。在 12 月的最后一周，《国家》写道，"美国全体选民当前的情绪难以把握"，并暗示"1968 年，几乎什么事都有可能发生"。

事情的确如此。对于一些人来说，运动和 60 年代在 1968 年结束了——但对其他人而言，一切才刚刚开始。

① LBJ：Tom Johnson notes，4 Oct. and 21 Nov. 1967 meetings；Berman，*Lyndon Johnson's War*，71，81–84，chap. 8；*NYT*，19 June 1967；科普金德的话出自 *New York Review of Books*，28 Sept. 1967，p. 3；*Newsweek*，27 Nov. 1967，p. 68。

第四章　1968：激流

一定有方法逃离这里，
小丑对小偷说，
心里的困惑太多，
我得不到解脱。
——鲍勃·迪伦的《沿着瞭望塔》，
　　1968 年，吉米·亨德里克斯演唱
你必须选择左还是右，
左还是右。
　　　　——《60 年代》，金字塔电影公司，1970 年

林登·约翰逊称美国即将赢得战争，然后他重振了全国的士气。实际上，这名得克萨斯人在神不知鬼不觉地设下埋伏，打造自己的阿拉莫之战[1]——春节攻势。

1968 年 1 月 30 日，敌军部队对几乎所有南越共和国军与美军的哨所以及南越政府控制下的大部分城市和村庄发起了猛烈攻击。越共突然开进西贡，轰炸了政府阵地，并闯入了安全的象征地——新山一国际机场、国家电台、总统府及美国大使馆的院子。在顺化，7 000 多名士兵占领了该城，并在皇城——安南的历史古都——上升起了自己的旗帜。这场仗打得惨烈，每家每户都遭了殃，而这座美丽的城市成了一个“破烂不堪、散发恶臭的庞然大物，街道上堆满了瓦砾和腐烂的尸体”。战火肆虐了三个多星期，而对溪山基地的进攻还在继续，那是老挝边界附近的美国哨所。自

1967 年年末以来，北越陆军的精锐部队一直在突袭这片山区，以分流美国人春节攻势的火力，而在 2 月里，他们加大了攻势，试图重现在奠边府大败法军的著名胜仗。美国人没让自己重蹈奠边府的覆辙，他们用了法军没有的进攻手段——大规模的 B-52 轰炸机空袭，那或许是战争史上最猛烈的空袭。空中力量削弱了攻势，敌人被炮弹打得不知所措。

春节攻势的场面令人触目惊心，它们通过报刊和电视传遍了美国各地：美国官员为自保从使馆窗户向外射击。在顺化，海军陆战队队员弓着身子做掩护，向躲在伤痕累累的古城墙后的敌军开火。美国飞机低空飞行轰炸村庄，投下的凝固汽油弹爆炸后成了翻滚的火球。一名美国陆军军官站在湄公河三角洲一个村庄的废墟边缘说："为了拯救它，我们不得不摧毁它。"溪山基地内，那些防守者的面庞憔悴，双眼透出忧虑。南越国家警察局局长带着一名衣衫褴褛的越共嫌疑人走到街上，停在记者面前，若无其事地举起手枪对着那名嫌疑人的太阳穴——扣下了扳机。

砰！"赢得民心"②，将军们如此评价美国的政策，也叫它"和解进程"，但随着电视镜头的推近，人们看到的却是直升机机关枪在扫射下方稻田中逃窜的农民。"如果他在跑，"直升机上一人说，"那他肯定是越共。"这些画面，这些言论，成了这场战争的代名词。许多美国人感到疑惑，所有这些残酷之举是否会带来胜利，还是说根本毫无意义。《基督世纪》的编辑写道："这就是我们打这场仗的天才之处——为拯救越南而摧毁越南。"战争那扭曲悲惨的面目直接摆在了美国观众面前，新闻主持人开始提醒观众："接下来的画面可能不适合孩子观看。"事实上，大部分公民在 1968 年明白了战争就是地狱。1950 年代约翰·韦恩的电影所创造的神话被电视转播的名为春节攻势的现实击得粉碎。

---

① 1836 年春天，得克萨斯阿拉莫的美国人以少敌多，打败了入侵的墨西哥军队。——译者
② 赢得民心的原文为"Winning Hearts And Minds"，其缩写"WHAM"与"砰"的拼写相同。——译者

春节攻势期间，威斯特摩兰将军上了电视，他向美国人保证敌军损伤惨重，已经被打败。这是真的，但也是无关紧要的。对美国而言，春节攻势是一场军事胜利，但从心理上来说，它是失败的。敌人失算了，以为农民会加入战斗，帮他们赶走美国人。实际上，农民们只想远离这一切，他们在战斗中四处逃窜，寻找掩护。与此同时，南越共和国军和美国士兵摧毁了北越正规军和他们的越共盟友。虽然有约 1 100 名美国士兵和 2 300 名南越共和国军士兵死亡，但敌军的死亡人数却多达 4 万人。越共从此一蹶不振，意味着北越陆军需要接手更多的战斗。敌军残余兵力退回丛林，重整旗鼓，并在接下来的 4 年里再次使用了游击战术。与此同时，这次进攻让美国人目瞪口呆。在听到国家领袖 1967 年全年都在宣称胜利、“隧道尽头就是光明”的言论后，民众认为，敌人发起大规模攻击的能力对美国来说就是一种失败。这场攻击迫使公民去思考一种令人痛苦的可能性，那就是这场冲突可能持续数年，甚至十年，更多人开始质疑：南越值得付出这样的代价吗？

许多人感到疑惑，因为这次进攻也引发了人们对约翰逊政府的公信力和政策的质疑。“我本以为我们就要赢了。”CBS 的新闻主播沃尔特·克朗凯特对数百万观众坦言。政府一直以来说的都是实话吗？“美国人现在已经没有那么好骗了”，《纽约时报》称。信任裂痕变成了一道峡谷。美国人能相信谁？在 1968 年的政治竞选中，公信力成了一个主要问题，和大多数公民一样，先前表示支持或保持中立的记者现在也开始质疑，甚至要求政府制定新政策。《新闻周刊》称“那种大同小异的策略是要不得的”，专栏作家约瑟夫·克拉夫特则表示，这场战争是“赢不了的”。《华尔街日报》的保守派编辑提醒大众：“各位最好准备好品尝战败的苦涩滋味”。《财富》杂志认为，国内的经济问题日益严重，其罪魁祸首就是这场战争。2 月底，克朗凯特对这种无望的氛围进行了总结：“我们此时进退维谷，这似乎是唯一合理但又令人不满的结论。”

春节攻势粉碎了神话。在整个 20 世纪，特别是在第二次世界大战之后，美国人一直认为自己的国家在战场上战无不胜，几乎拥有无穷的力量。然而，荣光不再：春节攻势的几周后，人们的幻灭感飙升。1 月到 3 月的民意调查记录了有史以来最大的一次民意转变。早前，鹰派以 60%对 24%领先鸽派，一个月后，鸽派以 42%对 41%反超鹰派。此外，支持约翰逊战争政策的人数暴跌至历史新低，只有 26%，近 80%的人认为美国在越南将不会取得任何进展。虽然统计观点的方法各有不同，虽然涉及的问题错综复杂，所问的问题总是太过简单，但结果似乎非常清楚，在春节攻势之前，大部分公民支持政府政策，而在那之后，大部分人都反对它。大多数美国人认为，美国在越南陷入了无望的困境。

国会里也出现了明显的意见转变。《纽约时报》在 3 月 10 日报道称，政府正在考虑威斯特摩兰将军增兵 20. 6 万的要求，鹰派与鸽派议员听闻后都要求政府给个解释。第二天，参议员们在国家电视台上对国务卿迪安·腊斯克进行了长达数小时的盘问，要求他回答选民们提出的同样问题。保守派参议员卡尔·门特指出大众十分茫然，他还告诉国务卿，那些加入异见派的人“并不只是街头暴民”。参议员傅尔布莱特问道：“我们能承受一个贫穷落后国家的人民所遭受的恐怖吗？更不用说我们的人民了。我们能承受盟友的疏远吗，能承受忽视严重的国内问题以及年轻人的幻灭所造成的后果吗？”接着，这位参议员问出了最重要的问题：“在如此可疑的事业上牺牲美国人的生命，我们承担得起吗？”

问题又来了：该拿越南怎么办？这一问题继续分裂着这个国家：要么左，要么右。鹰派又开始叫嚷：再强硬一点，坚持到底！前总统艾森豪威尔痛心不已：“我们的勇气去哪里了？我们彼此间的忠诚去哪里了？”保守派报刊要求给北越更多军事压力，即使那意味着要召集后备军。私下里，总统助手罗伯特·墨菲向约翰逊提议让 CIA 刺杀胡志明，威斯特摩兰将军敦促政府使用原子弹，给河内“送个信儿”，议员 L. 孟德尔·里弗斯也曾公开发表过这一观点。其他许多人赞同一名二战老兵的看法，此人说：“我认为，要实现越南和平，就得在河内正中心扔个小型原子弹。”鸽派大叫——谈判！他们敦促政府与北越进行和平会谈，考虑撤兵，把大多数的战事交给南越陆军。至于总统，当他要求国防部长“告诉我谁是两害相权取其轻的轻”时，他的恼怒一望便知。①

春节攻势也对运动产生了影响。这次进攻让一小部分社运人士更加激进，并将他们推向极端主义，因为它彻底摧毁了当权派残存的最后一点公信力。总统没有越南问题的答案；这一次，皇帝又没穿衣服。蔑视的情绪高涨，部分人因此从抵抗走向造反，并采取了更激进的策略来阻止战争——蓄意破坏。2 月，丹尼斯·斯维尼和湾区的其他一些人动手了。深夜时分，他们带着几罐汽油来到斯坦福大学的预备役军官训练营俱乐部，擦亮火柴，大楼瞬间被吞进“一片火海”，他们则逃入黑暗之中。官方称这次纵火案没有找到案犯，接下来的数年又发生了多起未能侦破的纵火案。

不过，在春节攻势的激励下，大部分社运人士走向了相反方向——参与主流政治，加入参议员尤金·麦卡锡的总统竞选活动。在 1950 年代，作为明尼苏达州的国会议员，麦卡锡是最早批判参议员乔·麦卡锡的反共运动的人之一。在 1960 年代，作为民主党参议员，他是第一个向三军统帅发起政治挑战的人。麦卡锡 1967 年批评过约翰逊的战争，到了 11 月，他宣布角逐候选人提名。大多数公民一笑了之：没门儿，不可能，玩笑而已。上一次现任总统受到重大挑战还是在 1912 年，共和党人泰迪·罗斯福最终放弃了赶塔夫脱总统下台的努力，组建了自己的政党，分裂了共和党人，让民主党人伍德罗·威尔逊赢得了选举。

社运人士听从了麦卡锡的号召。这位参议员的支持者并非激进人士，

---

① Dave R. Palmer, *Summons of the Trumpet* (Presidio, Calif., 1978), 194 描述了顺化的情况；*Christian Century*, 21 Feb. 1968, p. 220，民意调查请参考 WP, 25 March and 2 May 1968; Eisenhower in *Reader's Digest*, April 1968, p. 49; vet in Lewis Chester, Godfrey Hodgson, and Bruce Page, *An American Melodrama: The Presidential Campaign of 1968* (New York, 1969), 597; for LBJ see Herring, *America's Longest War*, chap. 6, and Berman, *Lyndon Johnson's War*, chap. 9, p. 175。

实际上，他们通常也不是新左派的拥护者。在这场不断扩大的运动中，他们属于更加温和、自由的一派。阿拉德·洛温斯坦找上了参议员，他曾在1950年代为自由主义事业而奋斗，协助过鲍勃·摩西和学生非暴力调解委员会开展“自由之夏”、发展自由民主党，他明白这场战争对自由派议程的灾难性影响。洛温斯坦在1967年秋天成立了“关切民主党”（Concerned Democrats），在年轻的自由派人士柯蒂斯·甘斯的帮助下，开始寻找能够与约翰逊总统角逐的候选人。他联系了参议员罗伯特·肯尼迪和乔治·麦戈文，但他们拒绝了，所以他找上了麦卡锡。这位明尼苏达人认为罗伯特·肯尼迪的挑战会是最有力的，但肯尼迪表示自己并不想和总统一决高下。麦卡锡的行动得到了许多当权派自由派人士的支持，包括经济学家约翰·肯尼斯·加尔布雷斯、历史学家芭芭拉·塔奇曼、演讲撰稿人理查德·戈德温、演员保罗·纽曼与乔安娜·伍德沃德以及德雷福斯基金（Dreyfus Fund）、绿鞋制造公司等公司的总裁，他们驱车赶到新罕布什尔，拿起电话开始为这位异见参议员筹集资金。

不过，麦卡锡最重要的支持者是他的志愿者大军。学生力量从校园转移到了主流政治上。他们年轻、有理想，与“自由之夏”的志愿者及校园言论自由运动的早期支持者十分相像。麦卡锡的一名助手说，这是一群非常优秀的学生，他们可能会将马尔科姆·X、切·格瓦拉等颇受欢迎的革命者视为传奇，但他们仍然对这个国家的未来十分乐观。“虽然他们痛恨战争和征兵，但他们依然相信美国能够变得更加美好——只要它不辜负它自己的信条。”①

初选开始的前几周，大学生爬进自己的面包车，或者买了巴士票，或者搭上便车，来到了麦卡锡在新罕布什尔的办公总部。那周工作日里可能来了3 000名志愿者，到了周末，“兄弟姐妹的集会”人数可能翻了一番或

---

① 斯坦福的情况出自 Harris, *Dreams Die Hard*, 226 – 27；该助手为 Jeremy Larner, *Nobody Knows: Reflections on the McCarthy Campaign of 1968* (New York, 1970), 37; and see Eugene J. McCarthy, *The Year of the People* (New York, 1969), chap. 5。

两番。“他们来的时候都很清醒，”一名职员说，“这是学生群体中前所未有的现象。”他们来自附近的常春藤高校，最终东至哥伦比亚、西至加利福尼亚的100多所大学都有人来。工作人员要求留着长发或胡子的男性去找免费理发师理发，还要求穿着时髦迷你裙的女性在旅行包里找出比较传统的服装，这些做法都是为了清除这些社运人士身上的激进派和嬉皮士痕迹。“收拾干净为吉恩①”的行动目的在于让州内的温和派公民相信，这些志愿者就是邻家男孩女孩，他们希望自己的邻居能为和平投上一票。职业政治工作者还记着在伯明翰发生的事，他们称这些志愿者为“儿童十字军”，学生们从早跑到晚都在按门铃、打电话、分发竞选资料。晚上，“麦卡锡青年们”展开他们的睡袋，在办公室地板上或教堂地下室里、无人的体育馆内或是竞选人支持者的家中过夜。除了职业演讲撰稿人理查德·戈德温的分内事外，事情都是由学生负责的。哈佛毕业生山姆·布朗主持了这次运动，新闻秘书是年轻的记者西摩·赫什。“回归和平工作队”的老队员约翰·巴比里帮忙寄大宗邮件，乔尔·费根鲍姆离开康奈尔前去帮忙组织了挨家挨户上门的行动。曾在南方给黑人孩子当老师并参与过五角大楼游行的戴安娜·杜迈洛斯基带着一个行李箱和一个睡袋离开了学校，很快就给新志愿者分配起了任务。戈德温写道，这些社运人士之所以前往新罕布什尔，是因为他们坚信“越南的事是大错特错”，坚信他们和麦卡锡有可能“利用政治体系去改变美国的历史进程”。

这些社运人士的确改变了历史，部分原因在于他们的努力工作，在于他们的竞选资料阐述了1960年代的一个主题，到1968年，这个主题得到了大部分公众的认同：

> 1960年，我们开始让美国再次行动起来。8年后的今天，这一伟大成就在瓦解……

① 尤金的昵称。——译者

1963 年，我们最大的几座城市还相对宁静。今天，我们看到的几乎就是内战时期的场景。

1963 年，大学里的年轻人都在关心和平工作队和民权运动。今天，他们在关心大麻和征兵抗议。

1963 年，我们拥有和平。今天，我们身陷战争泥潭。

这段话一针见血。到 1968 年，在大部分公民看来，这个国家似乎正在衰落，或者至少比六十年代人中的酷小孩在沙滩上冲浪、和衣而睡的时候要落魄得多。接着，春节攻势和幻灭感来了。许多人都赞同麦卡锡的说法："就在几个月前，他们还告诉我们，65%的在越人员十分安全"，"现在我们知道了，连美国大使馆都不安全"。

在那个抉择时刻，挫败感与日俱增，麦卡锡、理查德·M. 尼克松这两位候选人都利用了这种社会氛围。前副总统尼克松也在新罕布什尔争夺共和党的提名，他的意思十分简洁："这 4 年你们还想再来一遍吗？"尼克松以大比分赢得了共和党初选。

投参议员一票，就是投总统一张反对票，从这个角度来说，麦卡锡的竞选活动与尼克松的十分相像。为了争取选票，"儿童十字军"的行动在 3 月 12 日进入高潮。一名记者打趣道："大学生们……突然为 30 岁以上的人找到了用武之地——给麦卡锡投票。"政治分析师在 1 月时表示，麦卡锡将赢得民主党内十分之一的选票，但在竞选当天，他惊人地拿下了 42%的选票以及州内 24 名代表的 20 张选票。人们认为，这样的结果意味着约翰逊已经失败。"鸽派咬上了鹰派。"一名记者写道。1 月的笑话到 3 月时变成了奇迹。麦卡锡对欢呼雀跃的支持者说："人们说，这场竞选活动把年轻人带回了正轨。但事实正好相反，是年轻人把这个国家带回了正轨。"①

① Goodwin, *Remembering America*, chap. 26, pp. 493-95, 503, 513; Chester et al., *American Melodrama*, 78; and see David English et al., *Divided They Stand* (Englewood Cliffs, N. J., 1969), 89, 91, and chap. 6.

4 天后，罗伯特・肯尼迪宣布自己将竞争民主党的候选人提名。肯尼迪曾在 1967 年公开表达过对战争的憎恶，他在国家电视台上声称："我们在杀害南越人，我们在杀害妇女，我们在杀害无辜的人，因为他们在 1.2 万英里外，但是他们可能会跨越 1.1 万英里。"他认为春节攻势"扯下了官方幻想的面具"，但他犹豫了，考虑在 1972 年竞选总统，这安抚了党内领袖，却让许多年轻的支持者心生不满。当他来到布鲁克林大学演讲时，出现在他面前的标语是："鲍比・肯尼迪：鹰派、鸽派还是弱鸡派？"

肯尼迪的发言让这场运动的许多人感到惊讶。麦卡锡已经证明他有勇气去对抗约翰逊，因而他吸引了很多人的注意。当 750 名学生挤进威斯康星州迪培尔的圣诺伯特大学的一间小礼堂时，很明显，他的运动正在壮大，六十年代人在听他说。然而，麦卡锡并不是一个充满活力的竞选人，他的学者派头太足了。《村声》抱怨他的"演说太枯燥含糊，没有诗意也没有胆量"。至于肯尼迪，他一直等到新罕布什尔初选后才宣布决定，他看起来就像个投机分子，麦卡锡的一位支持者讥讽他是"新来的鲍比"。然而，罗伯特・肯尼迪能够激起人们的热情，他全身心地投入了国民政治中。"肯尼迪毫无保留地向人们展示自己的想法。"支持者杰克・纽菲尔德写道。①接着，两位候选人都前往中西部参加初选。

中心地带争夺战正在上演，而在首都的约翰逊政府却晕头转向，处于昏厥的边缘。春节攻势后，总统任命克拉克・克利福德为新国防部长，此人本应支持冲突升级，却只对继续使用当前的战略深表担忧。最终，威斯特摩兰从战地司令官的位置上被换了下来，或者用那个盛行委婉用辞的年代的话说，被"提拔"到了五角大楼工作。3 月的民意调查显示，约翰逊的人气急速下滑，月底时已经跌到了谷底。而且，在接下来只有麦卡锡和总统参与的威斯康星州初选中，参议员可能会以 2 比 1 的优势取胜。约翰

---

① *NYT*, 27 Nov. 1.967；布鲁克林大学的情况出自 Caute, *Year of the Barricades*, 116; Newfield, *Robert Kennedy: A Memoir* (New York, 1988), 230。

逊再次召集“智者”寻求对策，却发现大部分人已经在过去几个月里改变了立场，他们现在认为，美国无法保证南越最后能成为一个非共产主义的独立国家。至于军事问题，前国务卿迪恩·艾奇逊直言：“参谋长联席会议不知道自己在说什么。”克利福德补充说，法律界与商界不再支持这场战争，而且“智者”建议政府最终应退出这场战争。约翰逊感觉遭到了背叛，他恨恨地抱怨说：“那帮当权派混蛋已经溜之大吉了。”

然而，到了月底，他也得出了类似的结论。在与克莱顿·艾布拉姆将军和厄尔·惠勒将军私下交谈时，总统承认：“过去三个星期，大家非常恐慌……。这个国家士气低落……。麦卡锡参议员和肯尼迪参议员及左翼人士在各部都有耳目。《时代》周刊和《邮报》反对我们，大部分媒体都反对我们……。没人支持我们的战争。”意识到“民意调查中的反对情绪势不可挡”，他预言了自己在即将到来的选举中的命运：“我的努力将付之东流。”

3 月 31 日，约翰逊总统宣布，在对北越进行了三年的轰炸后，他将适度停止进攻。接着，他说：“我不会争取，也不会接受我党提名我为下届总统候选人。”这句话让他成了这场战争中最引人注目的受害者。

美国人大吃一惊。就在 3 年前，约翰逊还是最受欢迎的总统之一，他在竞选中大获全胜，在就职典礼舞会上，他无比自信地告诉朋友：“别熬太晚。我们已经走上了通往伟大社会的路。”他已经走了这么远，而现在，一切都在崩塌。①

大部分公民认为适度轰炸是迈出的积极一步，他们希望和平会突然到来，或许就在 1968 年底。社运人士欣喜若狂：“我们成功了！”麦卡锡的工作人员欢呼着冲出旅馆，涌上冷飕飕的密尔沃基街头。在理查德·戈德温心中，这声宣告是“一个无比激动人心的时刻”。虽然许多人都知道战

① LBJ: Tom Johnson notes, 26 March 1968 meeting; PBS program, "LBJ: The American Experience," 1991; and see Herring, *America's Longest War*, 206.

争还没结束，只是战略变了，但他们认为，自己已经完成了不可能完成的任务——结束了战时政府。威斯康星、伯克利、哈佛、哥伦比亚、宾夕法尼亚和纽约大学的学生走出宿舍和公寓举行游行，他们反复高呼："鹰派已死！""现在就要和平！"百名社运人士聚集在白宫门前。一些人佩戴着肯尼迪或麦卡锡的徽章，唱起了那首老民权歌曲的新版本：《我们已经胜利》。

这场运动似乎再次产生了影响，改变了美国。"看到疲惫不堪的约翰逊退出竞选，就像第一次尝到了胜利的甜头，"杰弗瑞·奥布莱恩后来写道，"有些事就要熬过去了。也许年轻人能够让它圆满成功。"在 1968 年的头几个月里，新罕布什尔初选和约翰逊充满戏剧性的宣告似乎重新点亮了 60 年代的精神。①

接着，4 天后，忽明忽暗的乐观主义火焰再次被熄灭：4 月 4 日，白人流浪汉詹姆斯·厄尔·雷刺杀了小马丁·路德·金。

金当时去了孟菲斯支持罢工的环卫工人，他们几乎都是黑人。他意识到可能会有暴力事件发生，并希望避免发生早前奥兰治堡的悲剧，那里是以黑人学生为主的南卡罗来纳大学所在地。一段时间以来，奥兰治堡的学生一直在抗议市里一家保龄球场实行种族隔离，自 1964 年《民权法案》通过后，种族隔离是违法的。2 月，黑人开始抗议，示威了几晚后，警察挥起警棍介入了行动。第二天晚上，学生向经过学校的白人车辆投掷石块，后来，他们在学校里生起了篝火。接下来发生的事有两个不同版本的记录——运动人士版和当权派版。根据官员的说法，政府方面派人到现场熄灭篝火时，狙击手开了 4 枪，打伤了 1 名警官。政府人员因此开了枪，美联社报道：《黑人学生与警察和部队交火》。但根据参与者克利夫兰·塞勒斯的说法，事情并非如此，他说："新闻媒体相信并报道了这个谎言，仿

① Goodwin, *Remembering America* 523; Powers, *The War at Home*, 315; O'Brien, *Dream Time*, 135.

佛它是真理一样。”据他所说，学生们当时十分平静，就围在篝火周围，他们很有把握地认为只要他们留在学校里，当局就不会采取行动。当一名学生走向前，往篝火里放东西时，警察开了枪，打伤了许多在后面的人，还有那些趴在地上试图爬离现场的人。40 名黑人学生受伤，3 人死亡。警察以煽动暴乱的罪名逮捕了塞勒斯，州长称：“黑人力量支持者引发了暴力事件。”黑人们不认同这种说法。全国有色人种进步协会的罗伊·威尔金斯主张对此进行调查，H. 拉普·布朗公开宣称：“我们不会忘记奥兰治堡的杀戮，我们一定会复仇。”

金不希望在孟菲斯复仇，当时他还在宣传他的“穷人运动”（Poor People's Campaign），一场即将在华盛顿举行的游行，参加者是由各种族的穷人组成的一个联盟，他们将要求政府配合展开下一阶段的抗争——国会必须通过一项“经济权利法案”，以大力推进种族融合，快速终结住房歧视，以及最重要的，确保实现黑人公平就业。“保证选举权或保证使用公共居住设施的权利，并没有让这个国家付出什么代价，”金说，“但我们现在面对的问题需要它付出一些。”

金在孟菲斯的时候异常消沉。2 年来，他的支持者一直在减少，他还受到了保守白人及黑人力量拥护者的批评，连温和派黑人也抨击他，因为他的反战立场令这些黑人感到失望。截至 1968 年，他共接到了 50 次死亡威胁，4 月 3 日晚上，他告诉自己的听众：“唉，我不知道接下来会发生什么。但这对我来说真的不重要。因为我已经去过山顶。我已经看见过应许之地……。我的双眼已见过主降临时的光辉。”

第二天晚上，他在汽车旅馆的阳台上被人枪杀。接下来的几天，美国人的克制情绪似乎逐渐消失了。听到这个消息后，得克萨斯阿灵顿的白人学生欢呼雀跃，在亚特兰大，一名 FBI 探员高兴地说：“他们终于干掉了那个狗娘养的。”与此同时，斯托克利·卡迈克尔宣称，“美国白人社会杀死金博士的时候，就是她向我们宣战的时候”，社运人士亚里克斯·罗德里格斯认为，“美国白人社会杀死了马丁，该死的，你们会为此付出代价的”。①

暴动席卷全国。100 多个城市的黑人涌上街头，发泄他们的不满。波士顿、底特律的各区和哈莱姆都陷入了混乱，但最糟的是华盛顿。700 多处大火遮住了天空，国会大厦湮没在烟雾之中。在全国各地，政府调动了超过 7.5 万名士兵去街上巡逻，维持治安。最终清点下来，约有 2.1 万人被捕，3 000 人受伤，46 人死亡，除 5 人外其余全为黑人。这都是因为一个暴力的白人男性杀害了一名非暴力的黑人男性，而这名黑人男性曾因呼吁美国履行其承诺获得了诺贝尔和平奖。

约翰逊总统宣布了一天为全国哀悼日，在那个星期天，成千上万的美国人，有黑人也有白人，在自己的城市里游行，许多人唱起了自由之歌，以纪念小马丁·路德·金。第二天，他的遗孀科瑞塔和她的孩子们与近 2 万人走上孟菲斯街头，为他举行了静默追悼游行，不久后，该市提高了环卫工人的工资及福利待遇，罢工随即结束。来自世界各地的悼念和慰问源源不断，4 月 9 日，葬礼在亚特兰大举行。人山人海，大约有 10 万，他们将埃比尼泽教堂团团围住。仪式结束后，扶灵者将棺材放在了两头骡子拉着的农用车上，5 万人组成的队伍参加了马丁最后的自由游行。

金的死震惊了全国，并成为运动的又一转折点。约 1.2 亿美国人通过电视观看了金的葬礼，他们看到民主党和共和党的政客排起了长龙，看到普通公民以及约翰·肯尼迪总统的遗孀在轻声哭泣。六十年代人又多了一件终生难忘的事：“……发生的时候，你在哪里？”这次暗杀也扼杀了这场运动的一部分，即始于格林斯伯勒的民权抗争。金比任何人都更能代表种族平等的梦想。他启发了黑人和白人，让他们成了社运人士，让他们开始运用非暴力、有尊严的策略来改变国家。虽然他的影响力一直在减弱，

① Sellers, *River of No Return*, chap. 17, p. 224；美联社的内容来自 *NYT* 9, 10 Feb. 1968；权利法案内容出自 Lewis, *King*, 403；Oates, *Let the Trumpet Sound*, 475–76；VD：Rodriquez interview, episode 4。

但他仍旧是抗争里唯一的焦点。“对于自由派乃至许多黑人好战分子和激进派而言，他就是黑人最后的希望，”社运人士托德·吉特林写道，“在他被谋杀时，非暴力思潮似乎也同他一道进了坟墓，运动抛却了束缚，‘终于自由了’。”部分激进人士认为，随着金的去世，“黑豹党和其他好战派将毫无阻挡地领导革命”。另一些人则不那么肯定，因为金对其他少数族群也颇具影响，他们已经开始摩拳擦掌，展示自己的力量，要求变革。墨西哥裔美国组织者恺撒·查维斯当时正在提醒人们关注加州农工的困境，他给金夫人发电报称：“我相信，我们在实地争取正义的斗争中所表现出的勇气，很大程度上源于你丈夫和那些追随他的非暴力策略的人树立的榜样。马丁·路德·金博士给予我们的太多，以至于言语无法表达我们的感激之情。”在这一年中，还将会有新的声音呼吁“棕色力量”和其他形式的赋权运动，与此同时，黑人民权运动逐渐进入了一个以争吵和斥责为特征的阶段。到 1968 年底，学生非暴力调解委员会已停止运作，种族平等大会奄奄一息，南方基督教领袖会议正在土崩瓦解。

这场刺杀与夏季的暴动也意味着黑人与白人公民越来越无法相互理解。两名黑人心理学家总结了 1968 年时的种族关系：黑人“已经忍受了他们所能忍受的一切。他们不会再受人折磨了。当他们转身离开折磨自己的人时，心中充满了愤怒……。白人也以自己的愤怒回应。随着界限越分越明，第一个受害的就是信息的交流”①。

不过，金的死的确对立法产生了影响，因为不久后，国会就通过了《公平住房法案》(Fair Housing Act)，它打击房产销售和出租中的种族歧视现象，开始实现金的种族自由混居梦想。由于长年被排斥在众多社区外的黑人和犹太人都支持这项法案，它最终改变了郊区的面貌，让所有买得起好房子的公民都能够住在任何他们想住的地方。终于，在“格林斯伯勒四君子”

① Gitlin, *The Sixties*, 305-6；查维斯的电报引自 *El Grito*, Spring 1968, p. 54；William H. Grier and Price M. Cobbs, *Black Rage* (New York, 1968), 1-2。

要求喝上一杯咖啡的 8 年后，1964 年、1965 年、1968 年的《民权法案》，连同《第二十四修正案》和最高法院的无数判决，终结了这个自由国度的法律中残存的最后一点制度性种族歧视。这个国家开始履行她的信条。

然而，并非所有人都生来平等，1960 年代期间发生的许多事一次又一次地证明了这一点。金下葬才一周，人们就发现叫得最大声的人受到了最公平的对待；他们是最受媒体关注的人。摄像机镜头对准了哥伦比亚大学。

1960 年代中期，哥伦比亚大学的学生行动主义与国内许多优秀大学的行动主义十分相像。1966 年的秋季学期期间，学生争取民主协会的部分成员在现场抗议过军队及 CIA 的招聘官。第二年春天，学生们以 2∶1 的投票结果拒绝将他们的班级排名公布给征兵委员会，与此同时，另一些学生与美国海军陆战队招聘官发生了对峙。在那些年里，校园社运人士的数量有所增加，许多学生都参与了将行动主义引向校外的城市游行。

哥伦比亚大学十分适合开展学生运动。校长格雷森·柯克是天生的保守派，他是老一辈人的缩影。“他喜欢莫扎特、詹姆斯·麦迪逊和拉尔夫·邦奇，”一名同事说，“而其他人都在学鲍勃·迪伦、切·格瓦拉和斯托克利·卡迈克尔。”柯克还是当权派的中流砥柱。他是爱迪生联合电气公司、IBM 等许多金融机构和企业的董事会成员，还在国防分析研究所任职，该研究所在哥伦比亚大学开展武器研究，部分资金由国防部和 CIA 提供。对许多学生而言，国防分析研究所在学校里做研究就代表这所大学是军工复合体的一部分，而且支持越南战争，但柯克对这个问题和学生关心的其他议题知之甚少，他只是说年轻人“排斥权威，托庇于混乱的、不成熟的虚无主义”。而且，尽管学生们已经搞了多年的校园示威，柯克的管理却还是专制得不可思议。在社运人士 1967 年与军方招聘官发生对峙后，柯克直接禁止了所有校内示威活动。虽然研究生一直要求参与自己系内的事务或担任职务，但校方拒不让步。很多“代行家长制”的规章仍在本科生中盛行，给予纪律处分时很少有学生参加。1968 年 3 月，这所大学仍在以“和男友同居”为由对合校女生进行审判，这场听证会引得另外 60 名女性要求受到同样的指控。

哥伦比亚大学与非裔美国学生协会中的黑人学生及当地居民之间的问题也越来越严重。在该校悠久的历史中，很少有黑人被这所精英大学录取，那年春季，它录取的黑人本科生只有不到 70 人。此外，这所大学位于拥挤的晨边高地，毗邻哈莱姆区，一直以来都在通过购买老住宅楼和迁出租户的方式进行扩张，这些租户几乎都是少数族群。自 1964 年的哈莱姆暴动以来，局势一直非常紧张，那次暴动中有百名黑人受伤，一人死亡，但大学的管理者显然没有注意到社区问题。哥伦比亚大学打算在晨边公园新建一座体育馆，而这又引发了更多问题：社区或大学是否能决定如何使用公园，在拥挤的曼哈顿，私立机构是否能利用公共土地？对许多社运人士而言，修建体育馆的想法带有种族主义味道——一个富裕的、基本上是白人的机构欺压多半为黑人和西裔的穷人群体。告示一出便引发了黑人学生和附近的居民的抗议活动，一些人举着标语：“体育馆克劳法必须滚蛋！”

春季学期期间，紧张的局势有增无减。在大学为马丁·路德·金举行的追悼仪式上，学生争取民主协会在该校的主席马克·路德与他的同伴冲进教堂并占领讲坛，他们高呼哥伦比亚大学太过虚伪，称它是一个种族主义机构，竟然会悼念伟大的民权领袖。这些激进人士还痛斥了哥伦比亚大学与国防分析研究所之间的从属关系。其中 6 人公然违抗禁令，在校长办公室所在的罗氏图书馆（Low Library）进行示威。学校命他们去各自学院的院长处汇报，并接受纪律处分，但这 6 人都拒绝了，结果被暂时停学。路德在给柯克的公开信中这样写道：“我要说的只有一件事。或许你会觉得这很虚无，因为这是解放战争的第一枪。我要引用勒罗·琼斯的话，我敢肯定你不太喜欢他，他说：‘靠墙站好，混蛋，这是抢劫。’”

粗鲁的口气，粗俗的言辞，为哥伦比亚大学的动乱定下了基调。不过，在 4 月 23 日的导火索事件发生前，大多数学生都不太关心这些激进派。当时，约 500 名社运人士在学校的日晷处进行集会，其中包括学生争取民主协会和非裔美国学生协会的成员。在某一刻，人群开始冲击罗氏图书馆，但被更保守的自由校园学生组织击退。接下来该做什么？示威人士开始游行前往计划修建体育馆的地点，一些人推倒了一块围栏，跟警察发生了短时的小冲突，然后他们返回了学校。现在该做什么？正当他们思考这个问题的时候，黑人武装派分子比尔·赛尔斯在1968年春天发表了一篇演讲，揭示了激进派的思想：

> 如果你在谈论革命，如果你在谈论对越南人民抗争的认同，你用不着去洛克菲勒中心，懂吗？压迫者——在白宫，在罗氏图书馆，在纽约的奥尔巴尼。你给体育馆一击，就是在替越南人民出手。你给罗氏图书馆一击，就是在为安哥拉、莫桑比克、葡属几内亚、津巴布韦、南非的自由战士出手。

显然，激进分子被自己的花言巧语冲昏了头脑。然而，在1968年的背景下，这样的言论似乎也无可厚非。多年来，许多社运人士一直在示威反对种族歧视、战争和校园的规章制度。他们举行了数百场会议和辩论，参加了许多游行。结果如何？从全国范围来看，种族歧视和战争还在继续，不过，地方上的许多大学已经开始修改政策——但哥伦比亚大学没有。柯克丝毫不肯让步。他的回应让这些学生产生了一种极度痛苦的感觉，那就是他们无法改变这个制度。不管他们多么努力，都无法成功，那种令人沮丧的想法与他们在战后时代接受的教育是相悖的："孩子，在美国，你能做任何事。"

郁郁不得志的他们开始猛烈抨击当权派——最近的目标就是他们的哥伦比亚大学。激进人士挺进汉密尔顿大楼。他们挟持了一名院长，提出了自己的诉求，并做好了打封锁战的准备。深夜时分，黑人学生和白人学生起了争执，黑人武装派让白人激进派去另找一栋大楼。黑人继续留在汉密尔顿楼内，并将它改名为马尔科姆·X大楼。心怀不满的白人离开后闯入了罗氏图书馆，他们占领了柯克校长的办公室，坐在他的办公桌前，翻找他的一些文件。新的一天工作开始后，电话照常响起。詹姆斯·丘嫩接起电话说："很抱歉，柯克博士今天不会来了，因为新的管理层已经接管了哥大。"①

接下来的两天里，千名学生加入了这次占领运动，他们进入并"解放"了另外三栋大楼，然后把自己关在里面，并建立了公社。《哥伦比亚每日观察报》称，"校方"正"面临建校以来的最大挑战，那就是学生力量的呐喊"。学生们讨论了政治、社会、意识形态和大学的角色。一些人开始厌倦无休无止的讨论。"我在想巴黎公社是不是也这么无聊，"丘嫩说，他和很多人一样，也在问自己为什么会参加，"可能我来这里是为了装酷或结识朋友或认识姑娘……也可能我是为了逃离一帮人或者为了被捕而来。当然，我到这里来是有可能促成学校做出一些改变的。"与此同时，许多占领者开始自娱自乐。有些人用闪光灯搞起了灯光秀，有些人跳起了蛇舞，一对情侣甚至举办了一场"运动婚礼"。牧师宣布他们是"新时代的孩子"，在绕校园举行了简单的婚礼游行后，他们回到自己解放的大楼里度蜜月。共产主义思想在人群中传播。社运人士开始互相称呼"兄弟"和"朋友"。一名学生说，他的大楼"是成年人再也无法施展虚伪的地方，人们有福同享有难同当"，另一人说，在她的公社创造的"社会里，疏离是反常而非正常"。友善的本地人和学生送来了食物，其中一些是由哈莱姆种族平等大会的工作人员送来的，当地医院的医学生设立了一个医务室。哥伦比亚大学的日常事务停止了。

柯克校长做出了回应，表示他的管理层会坚持到底。"假如这些学生成功扰乱了纪律处分程序……那么美国所有大学的纪律体系将会被动摇。我们在这儿受人审判。其他大学还在指望我们坚持到底。"柯克有支持者，

① 柯克与赛尔斯相关内容出自 Kahn, *Battle for Morningside Heights*, 63, 109, 126, chap. 7; 路德的相关内容出自 Jerry A. Avorn, *Up Against the Ivy Wall: A History of the Columbia Crisis* (New York, 1969), 27; Kunen, *Strawberry Statement*, 25; *Columbia Daily Spectator*, 10 May 1968。

其中包括几千名学生和自称为多数联盟的保守派。他们四处散发传单，抨击激进派的抗议“粗俗、草率、非法”。多数参与者是运动员和兄弟会成员，商科或工程专业的，他们要求结束占领行动，恢复日常授课，甚至还扬言要攻占大楼，驱逐激进派。

其间，一个临时组成的教职工团体试图在占领者和校方之间进行斡旋。学生争取民主协会成员自称是学生的发言人，而且变得像柯克校长那样固守己见。激进派提出了要求，其中最重要的是大学停建体育馆，断绝和国防分析研究所之间的关系，建立一个由选举产生的师生纪律委员会，并免于追究所有参与占领运动的人。教职工敦促校方做出妥协。柯克不同意免责，董事会董事拒绝停建体育馆，路德称教职工的努力是在调解“狗屎”。

媒体开始关注。这不是在奥斯汀、麦迪逊、西雅图——甚至伯克利——造反，这是在纽约。各色人物齐聚这个舞台。知识分子赶往哥伦比亚大学见证革命行动：德怀特·麦克唐纳、诺曼·梅勒、斯蒂芬·斯彭德、苏珊·桑塔格。接着来的是媒体所称的青年叛乱的领袖人物，也就是所谓运动的重量级人物：汤姆·海登、艾比·霍夫曼、H. 拉普·布朗、斯托克利·卡迈克尔。感恩至死乐队为此写了歌。记者采访，报纸大卖，大批沉默的郊区居民在电视上观看了这次行动。在此期间，媒体没有把镜头对准国防分析研究所，也没有兴趣讨论哥伦比亚大学和五角大楼之间的关系。一名社运人士表示，记者们反倒是注意到了那些最“招摇的学生，那些呼吁采取行动的学生，那些满口‘推倒高墙’‘占领大楼’的学生。那才是摄影师喜欢听到的话”。①

4月26日，太阳还没升起，1 000多名学生和部分教职工在罗氏图书馆门前会合，高喊：“柯克必须下台！”校方叫来了便衣警察，后者挥舞

① *Columbia Daily Spectator*, 24 and 29 April 1968. Kunen, *Strawberry Statement*, 25; Sue Willis, “Reflection on Communal Life,” *At Issue*, 13 May 1968, p. 4; 对氛围的描述出自 *NYT*, 31 April 1968, and Archibald Cox, *The Cox Commission Report: Crisis at Columbia* (New York, 1969), 138; 社运人士相关内容出自 Gitlin, *Whole World Is Watching*, 193。

着警棍冲进了教职工队伍里。许多教授挨了打，有些人被打倒在地，引得学生大叫“法西斯的猪！”并高呼“这是我们的大学”。最后，该校一位副校长当众发表讲话，宣布将暂停修建体育馆的计划，也不会动用警察驱逐叛乱者。

4 天过去了，在开了数不清的会议后，柯克校长叫来了警察。4 月 30 日凌晨，近 300 名学生和一些教职人员站在多栋被占大楼前，试图以和平方式拦下千名警察组成的大军。但无济于事：穿着蓝色制服的人带着手电筒和黑夹克棍向前挺进。当警察进入其中几栋大楼之后，学生平静地放弃了抵抗，有些人爬出窗外前往安全的地方，当时没有发生暴力事件。在其他楼内，社运人士坚守阵地。一些人爱挑事，大喊“靠墙站好混蛋！”。另一些人十分平静，唱起了校歌或是《星条旗永不落》。事后，学生迪奥尼西奥·帕邦说：

> 盖世太保进来的时候，我们正在唱“我们一定会胜利”。他们把我们团团围住，我们的歌声却越来越响。领头的队长拿着一张纸，朝我们看了看，然后指挥他的走狗攻击我们。他们开始拳打脚踢，用撬棍和路障的碎片对我们下死手……。把我们赶作一堆后，他们又开始轮流攻击我们，不准我们挪窝，因为人太多，他们应付不过来……。他们叫我黑鬼，让我站起来像个男人一样跟他们对打。然后，围着我的人变得激动起来，为了抓到我，他们甚至开始互相攻击。我的头、脸、背、肚子和腹股沟都被踢了。感觉就像一群马，只不过他们用的不是蹄子——而是钉鞋。

校报称警察进行了一场“残酷血腥的表演”。学生们头破了，满脸是血，被拖拽着或自己走出来，上了等待他们的囚车和救护车。百人受伤，超过 700 人被捕，占据学生总数的十分之一。

到 1968 年时，人们可能会认为，一个大学校长应该已经意识到靠警方出面只会引发暴力事件，激怒大学社区。如果说伯克利的言论自由运动已经成为遥远的过去，那么威斯康星大学上学期才刚发生过反对陶氏公司的示威。但不知为什么，柯克并没有注意到这些事件和其他几十起校园冲突。他叫来了警察，这正中激进派的下怀，并使得保持中立的教授和谴责校方及警察暴行的学生动员了起来。“警察滚出去，”《观察报》写道，“警察的介入标志着哥伦比亚大学已经堕落到底了。”学生罢课委员会斩钉截铁地表示，校方通过使用武力“让自己在这所大学里失去了合法的权威”。甚至连许多保守的学生都十分震惊。“我之前一直都很尊敬警察，”一人说，“在这件事上，警察的行为太让我恶心了。我要罢课。”

越来越多的学生和许多教职工参加了罢课。教学活动几乎完全停止。校方对激进派领袖做了停学处理，结果却导致学生在 5 月份第二次占领了汉密尔顿大楼。虽然大多数温和派学生拒绝卷入其中，但是约 250 名激进分子参加了，柯克再一次叫来了警察。暴力事件一触即发，一些激进派透过窗户和玻璃门往外扔砖块，警察逮捕了约 170 人，此事再一次令学生团结起来对抗校方。近一半的学生和教职人员在请愿书上签字，要求柯克下台，此外，他们继续抵制上课。校方对 70 多名学生做了停学处分，并通知征兵委员会，称这些学生已经失去延期资格，符合入伍要求。与此同时，学校取消了考试，教授给大部分学生的最终成绩要么是及格要么是不及格。社运人士四处散发传单，称“格雷森・柯克打算如常举行毕业典礼。我们另有计划。哥伦比亚大学为五角大楼和警察设计武器，窃取公共公园的土地修建种族隔离体育馆，把当地居民赶出家园，还叫来警察殴打自己的学生，我们绝不允许这样的大学继续如常运转……。罢课的学生将自办毕业典礼”①。

哥伦比亚大学的罢课事件造成了全国性的影响，因为它促成了美国政

---

① Rat, “Statements of Injured Students,” 3-16 May 1968; *Columbia Daily Spectator*, 24 April, 2 May 1968; 保守派学生的发言出自 Unger and Unger, *Turning Point*, 271-72; SAVF: box 11, Columbia Strike Committee flyer, n. d。

治生活重要中心的消亡。老一辈中的温和派向右迈了一步。大学董事支持校方，也支持使用武力。“这件事警方处理得很好。”一人说，另一人补充道，警察“这事做得很了不起”。来自众议院的共和党国会议员罗伯特·H. 米歇尔称：“学生争取民主协会的策略已经成功地搞垮了一所名校，那么，下一个目标可能就是市政厅、州议会大厦，甚至是白宫。”他补充说，许多家长认为，大学官员必须“明确表示，学校的办学目的是教育，而不是为国内或国外的革命提供实验场所”。自由派媒体也逐渐右倾。《新闻周刊》对学生的诉求轻描淡写，反而将重点放在了他们粗俗的语言和有违传统的行为上：占领柯克校长办公室的人抽了他的雪茄，喝了他的雪利酒，还在“废纸篓里小便”。《纽约时报》称激进派是“极端势力”，是“兴风作浪的虚无主义者”，并呼吁学生和教职人员远离激进派，以防他们对“大学和整个民主进程造成无法挽回的伤害”。保守派商业期刊对激进派宣战。《巴伦周刊》（*Barron's*）宣称：“这个场景可能发生在哈瓦那大学或北京大学。”学生的策略“代表着某场革命运动的最新出击，其目标是先攻占美国的大学，再攻占美国的各行各业”。《财富》杂志赞同这样的说法，称学生们“正在搞革命——不是抗议，也不是造反，而是一场真正的革命”。

许多社运人士向左迈了一步。《观察报》认为这次动乱的罪魁祸首是校方，称柯克选择无视学生，而动用警察只能说明管理者“太愚蠢，甚至都不能被称为恶毒”。全国的学生几乎每天都会在自己学校的校报上读到有关这次动乱的文章，大部分人都支持哥伦比亚大学的学生，尤其是在警察野蛮执法后。此外，到 1968 年，地下报刊已经遍及全美。解放新闻社①负责报道运动的记者匆忙赶赴“东海岸的伯克利”，给 300 名地下报刊订阅者分发了他们的文章和照片。许多地下报刊还登出了柯克校长的机密文档中的文件，这些文件表明，该大学正在侵占晨边高地的土地，当权派

① Liberated News Service，成立于 1967 年，是一家另类新闻机构，每周发行两次出版物，提供全球各地的地下报刊和大学报刊对越南战争、全球解放斗争、美国政治和文化革命的激进和非传统的报道。——译者

媒体的确和大学有密切联系，它们撰写了带有偏见甚至是虚假的报道。由于与运动相关的信息不停涌进地下报刊及校园媒体的办公室，“哥伦比亚大学”因此提升了六十年代人的凝聚力，成了“我们对抗他们”的象征。对许多人而言，哥伦比亚大学再一次证明了国内当权派的腐败。是时候该进行“革命性的社会变革”了，《老鼠》的一名作者称，“哥伦比亚大学的事之所以会发生，之所以意义重大，是因为成千上万的人已经看到，我们这一代人的需求和世界革命斗争的目标是一致的。生活在如今这个日渐衰败的美国，我们年轻人无处立足，只能选择革命。我们必须找到过上有尊严的人类生活的方法”①。

这一思想传播开来——革命！很少有人停下来定义这个词语，因为只要是年轻人，就会懂得它的意思。社运人士在宿舍和公寓里挂上了新偶像的照片：切·格瓦拉、胡志明、马尔科姆·X、卡斯特罗甚至列宁。穿着工作衬衫和部队军用夹克衫的学生读起了“红宝书”中的毛泽东语录。1960年代已经从格林斯伯勒转移到了哥伦比亚，从梭罗变成了毛泽东。留着长发的学生畅所欲言，谈论冲突和变革、发展和革命，谈论创建“两个、三个、许多个哥伦比亚大学”，他们还开始使用德国的或者说纳粹的方式拼写祖国的名字：Amerika（亚美利加）。马克·路德公开宣称，大学的唯一作用就是“制造并扩大革命运动”。其他人则谈论激进的新学生，并使用了“先锋”和“骨干”这样的词。

那年春天，随着青年起义在许多国家突然爆发，革命的幻想似乎越来越近了——法国学生反抗他们过时的教育机构；韩国学生朝军警投掷燃烧弹；英国学生举行静坐，要求参与大学事务；德国激进派在柏林自由大学发动暴乱；希腊青年与国内的军事政权发生冲突；在东京大学，日本激进派和警察对抗，并跳起了蛇舞；“布拉格之春”期间，捷克斯洛伐克人走

① *Columbia Daily Spectator*, 24 April, 1 and 2 May 1968; *Newsweek*, 6 May 1968, p. 40; *NYT*, 25 April 1968; *Congressional Record*, 27 May 1968, pp. E4685–87; *Barron's*, 20 May 1968, p. 1; *Fortune*, 1 June 1968, p. 73; *Rat*, 1–14 June 1968.

上街头，要求结束苏联统治。

革命即将到来，至少一些坦率直言的激进派是这么说的。汤姆·海登认为暴力“作为一种选择不能被忽视”，他写道，哥伦比亚大学开启了运动的新战术阶段，“我们将从通宵占领大楼转向永久占领……从象征性的公民抗命转向街垒式抵抗”。激进派学生将接管大学建筑，让大学陷入停滞，这将迫使政府改变对越政策或派兵占领校园。到那时，学生暴乱就会扩散至城市，引发的危机之大将远超警察的控制能力。学生们正在将战火引向美国本土。“我们正在走向权力——如果那个机器不能为人道目的服务，就用权力让它停转。”

一些学生开始思考另一个最初在伯克利提出的观点，“议题并不在议题本身”。托德·吉特林解释说，言论自由运动和其他群众运动“不仅仅是‘关于’言论自由，甚至也不仅仅是‘关于’组织政治运动的权利，从根本上来说，它是‘关于’庞大的、去个性化的、批量生产的综合性大学进行反抗的必要性”。到 1968 年，越来越多的社运人士认为，任何议题的最终目的都是制造与权威的对抗。当权派的回应通常都是定立严厉的法规或动用警察权力。示威者会遭到殴打、驱逐或拘捕。社运人士会因此形成一种社区意识，温和的学生往往会因此变得激进。伯克利的一名保守派市议员问迈克尔·罗斯曼：“如果我们满足你们当下的诉求，你们会满意吗，还是说这只是众多诉求之一？”罗斯曼回答：“放心，我们总会提一个诉求给你们。”①

哥伦比亚大学事件之后将会出现永远无法满足的新诉求，以及不是议题的新议题，因为 1968 年的美国成了一个荒诞剧场。比如说，学生争取民主协会的一些激进派反对抵抗运动，称抵抗者是“献祭的羔羊”，他们大喊，如果社运人士接受监禁而不是在军中制造骚动，革命就永远不会到

① 海登的相关内容出自 *Ramparts*, 15 June 1968, p. 40，还可参考他的 *Reunion*, 165; Gitlin in *Motive*, Oct. and Nov. 1970, pp. 55 and 45; 罗斯曼的话出自 Rorabaugh, *Berkeley at War*, 105。

来。另一些人则声称，终极的激进抵抗是自杀，从肉体和灵魂否定当权派。随着挫败感的积聚，令人震惊的举动、出乎意料的做法或古怪的行径成为激进的表现形式。汤姆·海登与一名麦卡锡信徒交谈时问他：“你为什么要做麦卡锡的婊子？”谈到和平主义者威廉·斯隆·考夫因牧师时，一名激进人士称：“考夫因这样的自由派是我们的敌人，必须干掉他。”杰瑞·鲁宾说：“打开监狱，让所有人都出来，然后把那些猪关进去。”初为人父的艾比·霍夫曼尖叫：“杀了你父母！”有人向马克·路德问起哥伦比亚大学的事，他在三个不同的场合表示：“那些议题都是象征性的……。都是我编出来的……。每个该死的议题都是真的。”什么是真实？什么是幻象？当年有一个流行的说法：“现实点儿——提些不可能实现的诉求。”这话似乎出奇地恰当，因此，在一名激进派在哥伦比亚大学劫持了一名院长并占领一栋大楼后，他宣布：“这儿有点情况，现在我们必须去弄清楚是什么情况。”这不是革命，这是1968年。

一名历史学家后来写道，这种离谱的说辞让很多人认为1968年的“运动目标变成了夺权”。不，激进派要的是革命——仅此而已。哥伦比亚大学没有一个学生拿起枪向警察开火，在整个60年代里，学生和警察的每一次冲突几乎都是如此。杰瑞·鲁宾可能会在五角大楼游行时吹嘘说“疯狂的革命者……已经准备烧掉这该死的一切”，但他们从来没倒过汽油，也没点燃火柴。这是一场口头上的革命（Rhetorical Revolution），大部分记者和他们的中产阶级读者似乎并不明白这一点。

但是，混乱之中的大部分社运人士是明白的。“如果真有一条通往权力的路，”吉特林意识到，“我们手上也是没有地图的。”运动提出了议题，搞了活动，但是因为它在1968年时是如此多样化，它无法找到一个共同的分母，即一个解决国家弊病的办法。甚至在策略上也没法达成一致。沮丧之下，一些人高喊“革命！”，也有人开始谈论暴力。但“我们都知道”，保罗·波特回忆说，“所有的武装力量几乎都集中在警察手上”。《观察报》补充道：“毫无疑问，警方更强大，装备更好……。在任何对抗中，哥伦比亚的学生都只会失败。”海登后来承认，那些叫喊说明“自由派和非暴力策略显然已经失败”。[①]到 1968 年，这场运动已经将数百万美国人卷入其中，它嵌入社会结构的程度之深远非几个穿着蓝色工作衬衫、戴着红色头巾、喊着“革命”的重量级运动人士可比。

在这场广泛的运动中，激进派只产生过表面上的影响。学生争取民主协会多次登上哥伦比亚大学的头条新闻，这也意味着它的校内成员人数在当年大幅上升，并于 1969 年达到高峰。然而讽刺的是，这个组织此时正在全国范围内瓦解。哥伦比亚大学的事发生两个月后，学生争取民主协会召开了全国大会，一些成员过激的逞能行为葬送了该组织的残存力量。随着许多成员沉迷于吹嘘谁是最革命的人，学生争取民主协会分裂成不同派别，吵吵闹闹，内讧不止。当权派媒体迫切地想找些新闻素材，他们匆忙赶赴现场，报道说现在领导这场运动的是无政府主义者和激进派，说这些人来自进步劳工党、斯巴达克斯同盟、托洛茨基派，最后又说来自“地下气象员”[②]。

大部分社运人士都是俯而就之，他们并不关心主张发起革命的重量级运动人士。“汤姆·海登现在在芝加哥，”在占领罗氏图书馆的过程中被捕的詹姆斯·丘嫩在牢房里写道，“作为一个外部煽动者，他可以鼓动许多局外人。他就像独行侠一样，甚至没有挥手告别就悄悄地溜走了，带着他的银色抗议徽章前往另一个危机四伏的校园。”哥伦比亚大学的学生和 60 年代的其他大学生一样，多数人参与占领行动的原因是想改变大学。加入“学生重建校园组织”的人数远多于加入学生争取民主协会的人数。《观察报》对学生群体进行了民意调查，结果显示，学生普遍支持占领行动的目标，反对激进派的策略。四分之三的学生希望学校停止体育馆的建设，

① 学生争取民主协会与抵抗运动之间的摩擦请参考 Harris, *Dreams Die Hard*, 186, 190；海登的话出自 Jeremy Larner, *Harper's*, May 1969, p. 79；考夫因的情况出自 Dellinger, *More Power Than We Know*, 107；路德的话出自 Kahn, *Battle for Morningside Heights*, 104；激进派的内容出自 Gitlin, *The Sixties*, 283；该历史学家为 Matusow, *Unraveling of America*, 335；SHSW：Paul Booth 文件, box 2, Gitlin, “Thesis tor the Radical Movement,” 1967；Potter, *A Name for Ourselves*, 36；*Columbia Daily Spectator*, 2 May 1968；Hayden, *Reunion*, 164–65。

② Weathermen，美国一个极左组织，前身是美国大学生民主会。——译者

切断和国防分析研究所之间的所有联系，但也有同样多的学生谴责抗议者关停学校，损害了其他学生的权利。当被问及哥伦比亚是不是上大学的理想之选时，四分之三的人给出了肯定的回答，这些人中既有参与罢课的，也有没参与罢课的。无休止的战争让人们越发沮丧，疏离感随之而来，而这又导致这场动乱在形式上更加激进。哥伦比亚的一位副校长说，他们正在经历两场战争，一场在越南，一场在学校。一名院长说："假如你能说出哪所大学的学生不关心越南和城市，我会被这个地方吓死。"

在哥伦比亚大学，实用主义最终赢了。学生们继续施压，要求校方满足他们的诉求，秋季学期开始时，他们的努力带来了胜利。柯克辞职，一起辞职的还有他的副校长。新上任的大学管理层请法院撤销了对占领大楼者的刑事指控，并承诺没有社区的允许决不擅自修建体育馆，他们还终止了该校和国防分析研究所之间的隶属关系，废除了室内示威的禁令，并授予学生"在最高决策层面的发言权和参与权"。①

从全国层面来看，反战社运人士也在为一个务实的诉求而向政府施压——结束战争。4 月，学生动员委员会发起了一场全国反战罢课行动，100 万名的大学和高中学生、教职工和老师拒绝上课。在春季学期，也就是研究生延期的最后一个学期，近 4 万名社运人士在 100 多所学校里组织了 200 多场示威。其他人则采取了更为激进的行动。9 名（多为天主教神父和修女）男女走进了马里兰州卡顿斯维尔的征兵办公室。当工作人员埋头办公时，他们大步走到征兵文件前，抽出所有的 1-A 文件夹倒进了垃圾篓里。震惊的员工还没来得及阻止，这 9 人就走到了街上，用自制的凝固汽油点燃了这些文件。他们后来被称为卡顿斯维尔九人组，领头的是天主教神父菲利普·伯利根和丹尼尔·伯利根，两位神父称焚烧征兵文件是正当行为："有些物品没有存在的权利。"

---

① Kunen, *Strawberry Statement*, 36, 115－17; *Columbia Daily Spectator*, 29 April 1968; SAVF, box 11, Executive Committee of the Faculty, "To the Students of Columbia University," 17 Sept. 1968.

当年春天，当政客们竞选总统时，偏激的言论、大规模的反战游行、学生罢课及金遇刺后的暴力骚乱在全国制造出一种不安的气氛。虽然一些激进派已开始放弃政治，但其他社运人士和普通公民还在观看竞选活动，他们在找那个能让国内环境平静下来、让美国从越南脱身的人，随便谁都行。

当年 4 月，副总统休伯特·汉弗莱宣布将参加总统竞选，他承诺在不遭受“屈辱和失败”的情况下结束战争，呼吁大众回归“快乐的政治”。他受到了有组织的劳工及老一辈传统民主党人的欢迎。当时只有 13 个州有初选，于是汉弗莱开始在暗中操作，力求获得党内重要人物的支持。民主党的机器是如此高效，以至于几星期内，副总统就宣称他得到了获得总统候选人提名所需的 1 300 名代表中约 900 人的支持。

运动的参与者中并没有太多人支持副总统，对他们而言，这是尤金·麦卡锡和罗伯特·肯尼迪之间的较量。肯尼迪宣布寻求获得提名的消息分裂了这场运动，社运人士十分想知道这两位候选人会有怎样的政治纲领。他们俩都谴责种族主义，肯尼迪似乎更关心贫困问题。肯尼迪希望能得到少数族群的支持，他表示自己想利用私营企业帮助黑人发展商业，通过这个办法复兴贫民区，他还表示自己会听从克纳委员会的建议，而约翰逊政府认为这些建议需要的花费过大。麦卡锡支持金的想法，即扩大民权运动的范围，使民权立法涵盖就业、教育、住房及医疗保障等方面。两位候选人都关心战争，都支持停止轰炸，主张和谈，允许越共的政治伙伴——民族解放阵线——参与未来南越政府的一些事务。这个明尼苏达人最后提出了更大胆的想法，宣布自己准备支持成立一个包含民族解放阵线在内的南越联合政府，并表示美国部队是时候撤离了：“我们要带着我们的钢枪铁炮离开那片遍地茅屋的土地。”这对肯尼迪来说太激进了，他并不想放弃美国的承诺，而且坚持认为假如和谈失败，美国应该采取报复性行动。两位候选人都批判了冷战思维，认为美国不应受其鼓动去做世界法官和警察，麦卡锡的做法更大胆，他抨击了国防体系。“假如我当选了，我会去五角大楼”，他还扬言要炒掉国务卿腊斯克、征兵局局长赫希及 FBI 局长胡佛。肯尼迪离权力中心太近，和党内重量级人物的交往太过密切，说不了这样大胆的话。

麦卡锡表达得十分淡然，但他传递的信息比肯尼迪的更激进。尽管如此，两名候选人在 1968 年时提出的观点都极为接近 6 年前年轻的社运人士在休伦港发表的宣言：实际上，美国总统位子的有力竞争者都在接纳新左派的立场，这再次证明了 1960 年代的美国政治在迅速地演变。肯尼迪和麦卡锡的志愿者都认为自己的候选人能够有所作为，都认为这两位自由派政治家不仅将改变他们的观点，还将利用当前体系创造一个新美国。记者瓦德·贾斯特曾在新罕布什尔初选期间写过有关麦卡锡的内容，它同样也适用于当年晚春的肯尼迪：候选人正在把远离主流社会的学生“带回美国政治的传统架构内，即带离街头，带进选举程序”。

不过，肯尼迪通常显得更为激进，这是因为他和他的顾问们在贫民区和西裔聚集区铺设了一条五光十色的竞选路线，而且撰写了辞藻华丽的演讲稿。自从 1960 年尼克松和肯尼迪的竞选辩论后，这些政客就意识到了电视政治的影响力，“形象”比“议题”重要。肯尼迪承认他得到了普通民众和优秀学生的支持，而麦卡锡赢得了为校报撰文和领导学生组织的知识分子的支持。然而，麦卡锡看起来太乏味了，或者就像诺曼·梅勒打趣的那样，他看起来不像个总统，而“像国内最好的英文系的系主任”。麦卡锡听起来像个哲学家，肯尼迪则像个布道者。肯尼迪相对较长的头发和大男孩般的脸庞，吸引了许多年轻的美国人，大卫·哈伯斯塔姆称他们是“尖叫者”，“尖叫的青少年”。女孩们追逐着鲍比，撕扯他的领带，抓他的脚，就和她们在 1963 年时追着披头士尖叫的姐姐们一样。不过，很多六十年代人也被“鲍比现象”所吸引。斯托顿·林德、罗伯特·谢尔、杰克·纽菲尔德、卡尔·奥格尔斯比和汤姆·海登等新左派知识分子支持肯尼迪，艾比·霍夫曼、约翰·刘易斯和农场工人联盟的领导者恺撒·查维斯等社运人士也是。这位参议员读过加缪甚至海登的著作，会见过许多的激进派和黑人武斗派，并对穷人问题很敏感。这些社运人士相信，鲍比能同时赢得学生和工人的支持，他最有可能当选总统。①对许多学生而言，肯尼迪代表着希望。他经常对大学里的人说："有些人看到事情本来的面目，然后说'为什么？'，我却敢想从来没发生过的事，然后说'有何不可？'。"

5 月，肯尼迪和麦卡锡在印第安纳的初选中进行了第一次政治交锋。肯尼迪赢了。肯尼迪的知名度极高，随后的一项盖洛普民意调查表明，他吸引了全国的少数族群、穷人、蓝领工人和许多 30 岁以下的选民，而受过教育的年长的郊区白人居民则支持麦卡锡。肯尼迪还赢得了内布拉斯加的初选，但接着，麦卡锡就让肯尼迪家族第一次尝到了选举失败的滋味，他赢得了俄勒冈的初选。

决战的舞台已搭好，地点就在加州。肯尼迪召来了所有在政治上欠过他家族情的人，带着一大帮专业人士进入该州，打了一场闪电战，他们从旧金山到圣地亚哥，从瓦茨到好莱坞，一路上，他笑容满面地与人握手。沿着选战路线走来，他的支持者挥舞着海报："鲍比好帅""揍死他们，鲍比""加油，鲍比，加油"。肯尼迪召集了学者、小说家、演员——小阿瑟·施莱辛格、保罗·萨缪尔森、诺曼·梅勒、杜鲁门·卡波蒂、亨利·方达、雪莉·麦克雷恩——他们在大学发表演讲的时候，候选人在奥克兰和黑人武装派见面，接着又坐上火车前往中央山谷地区做短暂的巡访。3 月初，肯尼迪赶往加州与恺撒·查维斯一同参加了一场大型弥撒，一直以来，查维斯都在组织农场工人，通过抵制、罢工来抗议工资待遇和工作条件，他甚至为此绝食 25 天。候选人一回来，大批墨西哥裔美国人热情地为他欢呼。麦卡锡也来到了加州，继续鼓动他的"儿童十字军"。"我们在阳光灿烂的加州穿梭，"一名助手回忆道，"我们穿过机场、学校、高速公路和购物中心。所到之处都有乐队和成群的学生，看到他们麦卡锡很开心。"

---

① 政治声明出自 Larner, *Nobody Knows*, and Arthur M. Schlesinger, Jr., *Robert Kennedy and His Times* (Boston, 1978), 889–94; 贾斯特的评论出自 *WP*, 12 March 1968, and see *NYT*, 14 March 1968; Halberstam in *Harper's*, July 1968, p. 51。

乐队在演奏《当圣徒大步前进》(*When the Saints Come Marching In*)，学生在挥舞标语，其中有句话参议员最喜欢：“我们相信你”。麦卡锡也召集了一批演员——卡尔·雷纳、芭芭拉·史翠珊、沃尔特·马修——与此同时，学生们甚至还有花童[①]帮着接听电话，派发竞选资料。“我还记得都是些欢快年轻的面孔，”参议员写道，“带着自制的海报、和平念珠还有护身符。”

竞争非常激烈，双方势均力敌，在两位政治家发起各类攻势后，麦卡锡邀请肯尼迪与他进行辩论。肯尼迪同意了，大众兴趣盎然。然而，这场辩论没有结果，甚至有些虎头蛇尾。两位候选人几乎没有实质性的分歧，而且当时他们都不会要求立刻从越南撤兵，许多社运人士对此非常失望。

6月5日，民众投票：肯尼迪得到46%，麦卡锡得到42%。肯尼迪险胜，但这已经足以让他对顾问说：“我是唯一一个能打败汉弗莱的反战候选人。”肯尼迪离开酒店套房来到舞厅，站上那里的讲台向欢呼的人群挥手致意。他批评汉弗莱逃避初选，呼吁麦卡锡的追随者加入他的队伍，并祝贺这位明尼苏达人让“公民参与成为我们政治生活中的一股新鲜的强大力量”。他呼吁社会结束暴力和分裂：“我们可以开启合作。我们是一个伟大的国家，一个无私的国家，一个慈悲的国家。我打算以此作为竞选的基础。”[②] 这场运动即将再一次改变美国。

“肯尼迪被枪击”，《洛杉矶时报》的头条新闻宣布。精神失常的约旦人索罕·索罕拔出手枪，连开8枪，击中了候选人的头部，打伤了另外三人。肯尼迪于次日清晨死亡。他的尸体被抬上飞机，同行的还有他的遗孀及另外两人——杰奎琳·肯尼迪和科瑞塔·斯科特·金。此时距离马丁·路德·金死亡不过8个星期，这一次没有发生暴乱，只有一片愕然的、病态的沉默。棺材在纽约的圣帕特里克大教堂停放一天。为了致以最后的敬

① 即佩花的嬉皮士。——译者

② Schlesinger, *Robert Kennedy and His Times*, 896–99, 914; Jeremy Larner, “Reflections on the McCarthy Campaign, II,” *Harper's*, May 1969, p. 76; McCarthy, *Year of the People*, 168；该顾问为戈德温, *Remembering America*, 537。

意，数千人等待了数小时，他们种族不同，信仰各异，总统来了，穷人也来了。约翰逊总统宣布哀悼一日。一名黑人女性喃喃自语，“好像每个为我们说话的人都会被杀”，另一人哭着说：“我们的朋友走了。天啊，他走了。”

第二天，棺材被抬上火车的最后一节车厢。车上载满了他的仰慕者，慢慢地开向阿灵顿公墓，罗伯特将被安葬在他哥哥约翰的身边。大概有100万人在沿途等待。小阿瑟·施莱辛格说：“有些人站在那里，目不转睛地望着，手捂着胸口。有些人在挥手。有些人用手捂着脸。有些人跪下了。有些人举着手写的标语——**安息吧，罗伯特**。……许多人都哭了。有些人向最后一节车厢扔玫瑰。有些人仿佛精神恍惚，沿路基跟着火车走。”

“1968 年 6 月 6 日，60 年代在洛杉矶的一家医院里结束了。”理查德·戈德温写道。杰克·纽菲尔德离开竞选现场回到家中，坐下来思考这次刺杀：“它为什么会发生？它代表了什么？我对暴力怎么看？我的思维不清晰：它们不够坚强，难以支撑我的情感。最后我在一本带横线的便签本上写下了几个字，‘他无可替代’。”①

对许多社运人士，尤其是第一波社运人士而言，肯尼迪是最后的希望。许多在体制内工作的人都支持他，他也许是唯一一个能够成就新美国的人，可是现在他却走了。托德·吉特林承认：“我们依旧希望这个体制能起作用，也恨它辜负我们。”《伯克利毒评》的一名作者提到，他和朋友们“极为震撼”，汤姆·海登也有这种“失落、绝望、凄凉的感觉，眼前的日子一片阴暗”。60 年代正在变成沮丧的十年。卡尔·奥格尔斯比记得：

> 马丁·路德·金 4 月去世，就在几个月后，肯尼迪也死了。你接下来要做什么？去找一个新的英雄，然后花上几年时间教他，辩论，静坐……在越南人民奄奄一息的时候把一切重做一遍吗？……这就是

---

① *Newsweek*, 17 June 1968; Schlesinger, *Robert Kennedy and His Times*, 1-2; Goodwin, *Remembering America*, 534, 543; Newfield, *Robert Kennedy: A Memoir*, 303。

为什么人们开始谈论革命，因为改革似乎已经走进了死胡同。你爬的树总被人砍倒在你脚下，这样的事有过多少次？

对六十年代人中的年轻人，即第二波浪潮中的人而言，肯尼迪代表着希望的重生。护理专业学生罗斯·埃德尔回忆道：“约翰·肯尼迪的死是我们这代人的悲剧，但鲍比正从死亡中挖掘出一些意义。约翰逊卸任之后，鲍比·肯尼迪将让魔法和愿景重现。他将重新点燃火炬。”①

这次谋杀向1968年提出了一堆更令人坐立不安的问题：美国为什么如此暴力？民众在变成怎样的人？这个国家出了什么问题？罗伯特·肯尼迪的死成了1960年代的大谜团：如果他还活着，他会在8月获得党内提名吗，他会在11月当选总统吗？如果答案是肯定的，他会体面地结束战争吗，会把人民团结到一起吗，会实现人们的梦想吗？

许多社运人士深思过，但从没给出过答案，大多数公民则根本没有考虑过，因为那个夏天，美国的中产阶级已经开始厌倦1968年，渴望逃离这动荡的一年。

即使是在1968年间，逃离也是可能的。虽然电视台每晚都在播报战况，虽然征兵人数还在不断增长，但并没有像二战时那样进行总动员，没有像朝鲜战争期间那样征调后备部队。而且，被叫去打仗的六十年代人相对较少。在1964年到1973年间，达到征兵年龄的年轻男性约有2 700万人，应征人数是200万多一点，入伍人数近900万，也就是说，约有40%的六十年代人在美国最漫长的战争中服过役。因此，绝大多数父母和儿子并没有直接受到影响，他们可以选择不理会战争，换一个电视频道，去参加高中橄榄球赛。

全国的大部分小镇都是如此，包括宾夕法尼亚的米勒斯堡。1968年，

① Gitlin, *The Sixties*, 310-11；海登的话出自 *Rolling Stone*, 26 Oct. 1972, p. 50；*Berkeley Barb*, 14-29 June 1968；奥格尔斯比的话出自 Fraser, *1968: A Student Generation in Revolt*, 285-86；TA：Rose Eder interview, 3 Dec. 1988。

一名记者造访该地，他发现大部分居民“漠不关心”，很少考虑越南的事。其中一人承认，关于“谁对谁错，我们要怎么做……我真的一点也不在乎”。但在美国打仗期间，大多数公民并不愿意承认这一点，与此同时，他们并不清楚越南的情况，对这场冲突的看法也很模糊。“我喜欢把自己的国家想象成老大，”一位居民说，“如果我们遇到了这样的事，我们就必须赢。”为胜利而战：无论对错，都是我的祖国。因此，他们厌恶反对政府的批判者。实际上，他们恨抗议者更甚于越共，许多本地人之所以支持战争，仅仅是因为许多人在示威反对它。而且，这些米德尔顿式中产阶级小镇中的居民现在得出结论，这种结论早些时候已经出现在媒体上——反战者就是嬉皮士，是“一个手臂上有针孔的毛发浓密的青年，他披着毯子，戴着花，很可能还是个共产党。嬉皮士不在乎上帝、家庭、私有财产、得体的装束、个人气质、宾·克罗斯比、巴特·斯达①或者米勒斯堡相信的几乎所有东西”。一项哈里斯民意调查证实了这种想法，调查发现，四分之三的美国人认为抗议者是“和平分子，是寻欢作乐的嬉皮士”。

米勒斯堡市民和其他许多人都通过看电视度过快乐时光——1968 年，电视不仅把混乱带进了起居室，也给人们提供了逃离国家问题的绝佳出口。数百万人看起了《家有仙妻》(*Bewitched*)，艾美奖颁给了《顽童合唱团》(*The Monkees*) 和《不可能的任务》(*Mission Impossible*)，这似乎是最适合这一年乃至这十年的节目名称。《我是间谍》(*I Spy*) 的比尔·考斯比成了首位获得艾美奖的黑人，唐·亚当斯凭借《糊涂侦探》(*Get Smart*) 获得了最佳喜剧节目奖。《露西秀》依旧很受欢迎，《安迪·格里菲斯秀》也是。在那个动荡的年代，更多的观众选择观看《胡迪嘟迪秀》的最后一集，而不是有关战争的节目，体育迷们观看了无比精彩的春夏体育赛事：加州大学洛杉矶分校的 NCAA 篮球锦标赛；棒球比赛中，吉姆·“鲇鱼”·亨特在投球时表现完美，李·特维诺成为首位赢得美国高尔夫球公开赛的

---

① 宾·克罗斯比，美国演员、歌手。巴特·斯达，美国橄榄球明星。——译者

拉美选手，鲍比·阿瑟赢得了印地 500 大奖赛，比莉·简·金在温布利拿下了第三个女单冠军，阿瑟·阿什成为赢得美国网球公开赛的首位非裔美国选手。底特律老虎队在世界职业棒球大赛中一路披荆斩棘，最后迎战圣路易斯红雀队，与此同时，世界各国的运动员正在为墨西哥城的秋季奥运会做准备。夏天时，詹姆斯·丘嫩回忆道："波士顿红袜队在 1967 年拿了锦旗，当时我常说，他们代表了世界上所有美好的事物——幸福、热情、勇气。后来我开始说，他们就是世界上最美好的事物。"①

其他人逃避那个夏天的方法是远离主流。青年文化已占领东海岸的沿海城市，并开始涌入中心地带。在纽约的下东区，随着"鲜花力量"的蓬勃发展，越来越多的嬉皮士融入了波希米亚艺术圈。一群群形形色色的人读着唐·麦克尼尔在《村声》上写的嬉皮故事，或是新晋地下报刊《另类景色》《老鼠》《取胜》和《纽约自由报》上的文章。比利·格拉厄姆建起了东海岸的菲尔莫尔礼堂，鲍勃·法斯在 WBAI 播放"自由形式广播"。"挖掘者"在他们的免费商店分发食物和衣物，与此同时，有些人一边看着讽刺林登·约翰逊的话剧《麦克伯》(*MacBird*)，一边哈哈大笑，另一些人则跟着宣布水瓶座时代②即将到来的音乐剧《毛发》(*Hair*) 高歌。在首都，一名嬉皮士可能正在读《华盛顿自由报》，一名社运人士可能在细细研究《学生动员者》(*Student Mobilizer*)。在波士顿，年轻人正在出版《化身》杂志，在费城，年轻人则在出版《遥远的鼓手》(*Distant Drummer*)。越来越多留着长发的年轻人出现在内陆，他们在地下报刊上传播信息，例如奥斯汀的《碎布》(*Rag*)，香槟-厄巴纳的《海象》(*Walrus*)，芝加哥的《种子》(*Seed*)，底特律的《第五等级》，麦迪逊的《连接》(*Connections*)，密尔沃基的《万花筒》(*Kaleidoscope*)，以及亚特兰大的《大斑点鸟》(*Great Speckled Bird*)。

---

① Bil Gilbert, "The Great World and Millersburg," *Saturday Evening Post*, 20 April 1968, 36ff; Harris, *Anguish of Change*, 67; Kunen, *Strawberry Statement*, 78.

② 占星家预言的所谓世界新纪元，拥有高度自由和博爱。——译者

早些时候，60 年代的一些人曾被分为社运人士和反主流文化人士两派，或“拳头派”和“头脑派”。社运人士抱怨嬉皮士是幼稚的避世者，称他们不能面对政治现实，宁愿在紫雾中做着白日梦耗日子，嬉皮士回道：“新左派把时间都花在了写有关立场的文章，以至于他们没时间做爱。他们只会摆姿态。”但到了 1968 年，这种分歧正在消解，因为双方都意识到他们之间的共同点远多于他们和当权派的共同点。

对于许多年轻黑人来说，情况也是如此，因为反主流文化同样对他们产生了一定的影响。嬉皮士和黑人是一种天然的联盟，因为他们都在试图逃离种族主义，都不被郊区居民喜欢和信任。“不管是什么年纪的贫苦黑人，”一名旁观者写道，“都很善于理解那些年轻的花童，往往比他们的父母和老师还要理解他们。”而且，黑人力量和非洲思潮正在融入反对中产阶级黑人形象的运动中。一些年轻的黑人开始排斥父母试图穿得像美国白人的做法，相反，他们开始尝试新风格，例如非洲服饰和蓬松的黑人发型。一些人还开始用新词来描述自己：“**黑即是美**”，一个自称“黑人她”的人在《旧金山时报》上宣布。① “黑色很酷，因为那是黑暗在寻找光明。这也是我们叫自己黑人（BLACK）的原因，因为我们坦诚直接，我们只想做自己，不想做别人！！！！”

当一些人开始在六十年代人中间试验他们的新兴文化时，其他人正在政治系统里做最后的努力。肯尼迪遇刺，意味着运动的最后希望那年就寄托在了尤金·麦卡锡身上。“他是唯一一个有能力告诉美国人发生了什么事的人，”他的一名年轻助手写道，“他能告诉我们我们是谁，我们现在必须做什么。”但麦卡锡并未胜任。他创下了一份基业，却无法利用他的候选人资格将其构建起来。或许他并不具备必要的特质。或许他不想担这个责任。当一名记者问他是否认为自己能够当选总统时，他回答说：“谁会想

① Miller, *Hippies and American Values*, 10–15; Perry, *Human Be-In*, 95; *San Francisco Express Times*, 28 Jan. 1968.

做这个工作？”又或许他一直都认为自己无法打败汉弗莱，没办法在大会上诱使传统的民主党代表把票投给一个叛徒。当年夏天，麦卡锡还在不断开展运动，但他的竞选活动萎靡不振。事实再次证明，议题比领袖更重要。面对波士顿和芝加哥的5万名焦急的听众，这位候选人发表了一篇不痛不痒的演讲，让一大帮郊区自由派居民和大学生低声自语：“好像挺茫然的，不是吗？……是啊，他为什么不告诉我们要做什么？”

其他候选人则明确告诉听众要做什么，因为鲍比·肯尼迪的死也增加了保守派在11月赢得总统选举，终结1960年代残存的自由主义的可能。当年夏天有两个人在努力争取保守派的选票：乔治·华莱士和理查德·尼克松。

民主党人华莱士曾是亚拉巴马州州长，他在这个职位上所做的最出名的一件事就是在1963年时跟联邦政府对着干，试图阻止亚拉巴马大学进行种族融合，并誓言要“现在隔离！明天隔离！永远隔离！”。亚拉巴马的“永远”并不长久，只持续了短短几星期。尽管如此，许多公民还是把投票给华莱士看作保存州权和传统种族秩序的最后一搏。华莱士成了南方生活方式的标志。1964年，他带着自己的想法北上，在威斯康星和印第安纳举行的民主党总统初选中以超出三分之一的选票击败了约翰逊总统，这着实让权威人士吃了一惊，这也说明，白人十分憎恨联邦政府下令在北方城市实行学校种族融合。州长预测：“到1968年秋天，克利夫兰、芝加哥、加里和圣路易斯的人会对联邦插手地方学校事务的行为深恶痛绝，到时候会有成千上万人投华莱士的票。”

60年代中期，白人的集体反对愈演愈烈。当时，政府实行了种族融合的公交车乘车方案，学生们在校内举行抗议活动，社运人士发起反战示威，年轻人对社会规范不屑一顾，黑人变得越发好斗，城市正在熊熊燃烧。华莱士的一名员工写道：“最近的暴乱和抢劫以及所谓的《公平住房法案》的颁布已经让数千人……明白华莱士才是那个提出真正解决方案的人，只有他才能从混乱中拯救美国，让它不至于落入混乱的后果——独裁之中。”法律与秩序，这就是华莱士要的东西：强硬起来！“国民很快就会开始反感林登·约翰逊那种软弱的态度，还有他身边的那些白痴知识分子和理论家。”①

州长明白自己绝不可能赢得民主党的提名，因此，他组建了美国独立党，宣布将参与入主白宫的竞争。为了传播这个消息，他招募了大量保守派社运人士，成立了一个草根组织。其中 4 人是年轻的南方律师，他们手下有约 30 名亚拉巴马州律师。他们称自己要完成的是“不可能完成的任务”，并且走访各州，研究选举法，以便让他们的候选人能够参选。其他人则筹集资金或组织活动。例如，在亚拉巴马，小镇尤福拉的 50 位居民煞费苦心地筹到了 1.1 万多美元，与此同时，许多学生开始加入支持华莱士的青年组织。“他想除掉共产党，那些人就等着推翻所有对国家有益的东西。”休斯敦的一名青少年说，老一辈的保守派也加入到竞选活动中来，例如路易斯安那的议员约翰·拉里克。他表示，年轻人太过迷茫，以至于“会上当受骗……轻信乘人之危的新左派给他们许下的空洞哲学和诺言”，他号召学生支持华莱士，参与其“本着爱国、有序、清洁、健康和良善精神开展的运动！”。华莱士的行为让自由派学生和激进派学生非常震惊，他们在学校里给他喝倒彩，讥讽他，但更多的保守派社运人士对他有着近乎宗教信徒般的忠诚。9 月，支持华莱士青年组织在 100 多所学校里拥有 6 000 名会员，他的社运人士收集了近 300 万个签名，将州长的名字写在所有 50 个州的选票上。

面对美国的复杂问题，华莱士有许多简单的解决方式。春节攻势之后，所有候选人对越南问题的态度都从战事升级变为了战事降级，除了华莱士。州长宣称，“我认为我们必须拼尽全力快攻”，至于竞选搭档，他挑

① Larner, “Nobody Knows ... Reflections on the McCarthy Campaign: Part II,” *Harper's*, May 1969, p. 79; James J. Kilpatrick, “What Makes Wallace Run,” *National Review*, 18 April 1967, pp. 402–9; Alabama State Archives: Ed Ewing papers, Tom Turnipseed memo to Ewing, 15 April 1968.

选了口气强硬、喜欢叼着雪茄的退休空军将军柯蒂斯·李梅。李梅是二战中的战略轰炸英雄，他提出的获胜战略很快让他出了名：用核武器对付敌人是“最高效”的方法，美国应该“把他们炸回石器时代”。

为成为蓝领平民主义的发言人，华莱士还掌握了说俏皮话的艺术。他说，那些“拎公文包的官僚，在象牙塔里写行动纲领的人，留胡子的无政府主义者，自作聪明的社评作家和学究教授”什么都不懂，他们“都不知道怎么把自行车停好”。至于国务卿，他则说：“有一天迪安·腊斯克说，越南的抗议活动中有共产党在搞鬼。实际上，我们州的出租车司机在5年前就知道了。”他说，工人应该掌管这个国家，最高法院不应该干涉各州事务。首席大法官厄尔·沃伦“脑子里的法律意识不够，连我老家的偷鸡贼都审不了”。他制止暴乱的计划很简单：“我们应该把国家交给警察，让他们管个两三年，然后一切都会恢复正常。”他痛斥所有参与示威的人——“让子弹擦着他们的脑门过去”——至于校园抗议，他说，“哪个亚拉巴马的学生要是敢走极端路线，比如说给越共送人送钱或者烧掉自己的征兵卡，或者劝我们的军队不要战斗——我们就会开除这个狗杂种”。①

华莱士吸引了人们的目光，因为他是个铿锵有力的演讲者，也因为在1968年的夏天，他不断地扩大自己的影响，正如他自己所说，要将他的理念传达给“街上的普通人、纺织工人、钢铁工人、理发师、美容师、巡逻的警察”，甚至传给“那些小商贩”。州长要说服的是蓝领工人，还有尼克松来年所说的“沉默的大多数”，他们都是以敬畏上帝、遵纪守法为荣，践行“传统价值观”和清教伦理的白人，都认为自己被1960年代抛弃了。这些白人中有很多都认为约翰逊的社会项目并没有帮到他们，联邦政府已不再站在他们这一边，并且，他们对政府强制执行最高法院有关学校祈祷和结束种族隔离的裁定感到震惊。南方的白人尤其愤怒，他们指责约

① *Houston Post*, 30 Oct. 1968; SPP serials: Youth for Wallace flyer for Rarick; many quotes in Kilpatrick, *National Review* (April 1967): 402-9, *Life* 10 Nov. 1967, p. 4, and Chester et al., *American Melodrama*, 276-94.

翰逊“把上帝赶出学校，让黑鬼进校”。

当然，华莱士绝无可能赢得竞选，但他的失败或许可以成全尼克松。因此，这名共和党人制定了他的南方战略。他在南方各州进行竞选活动时，一直在强调传统价值观，而且尼克松与华莱士的不同在于，他很有“总统的样子”，这也是他在全国各地宣传自己时表现出的一个特点。大多数人都认为，到 60 年代中期时，他已经不再是早前那个充满仇恨、不可靠甚至是行事无常的极端反共分子了。整个 1968 年，他都表现为一个温和的保守派，一个成熟的领袖，一个拥护法律与秩序的忠诚的居家男人：一个全新的尼克松。

在 8 月的第一周，共和党在迈阿密举行了全国大会，一名记者称这次活动为“沙滩上的恋爱聚会”。代表们抵达后发现竞争非常激烈，但不是说候选人之间的明争暗斗，而是酒店内外女性支持者举办的助兴节目之间的竞争。“洛基女孩”来了，她们是纽约州州长纳尔逊·洛克菲勒的支持者。这些来自莎拉·劳伦斯、威尔斯利等学校的合校女生穿着迷你裙招摇过市，打网球晒出的褐色皮肤让她们看起来容光焕发，她们反复地喊着“支持洛基！”。“尼克松表演队”（nixonettes）不甘示弱，大步走了过来，那是百余名下班的女招待和几十名新奥尔良舞蹈演员，她们穿着迷你裙，踩着白色靴子，外搭蓝色夹克。会议大厅内，气氛就没那么激动人心了。葛培理牧师做了祷告，约翰·韦恩表演了一段鼓舞人心的朗诵——《为什么身为美国人我感到骄傲》，之后，“公爵”① 宣传了他的新电影《绿色贝雷帽》，一部典型的西部片，恰好以越南为背景。这部电影比会场上的表演更有戏剧性，因为在电影中，第一位代表还没来到，提名就已经结束了。前副总统已经赢下所有初选，因此他轻而易举地打败了自由派洛克菲勒和保守派罗纳德·里根州长。第一轮投票过后，标语牌纷纷宣告，尼克松获得提名！

---

① 约翰·韦恩的外号。——译者

获提名者的演讲要严肃一些，它说出了沉默的大多数在 1968 年间的感受：

> 我的美国同胞们：当世界上最强大的国家身陷越南战争 4 年而终点遥遥无期时，当世界上最富有的国家无法管理国内经济时，当一个拥有最伟大法制传统的国家饱受空前的不法行为折磨时，当过去一个世纪以来，因机会均等而闻名天下的国家被空前的种族暴力撕裂时，当美国总统去国外或国内所有大城市都要担心充满敌意的示威时——那么，美利坚合众国是时候选出新领袖了。

尼克松十分担忧民众对华莱士的支持，这也是他提名来自边境州、言辞犀利的共和党人——马里兰州州长斯皮罗·阿格纽作为竞选搭档的原因之一。这位州长“百分之百”支持战争，他有个儿子在美国海军服役，他称汉弗莱对共产主义的态度“太软弱”。阿格纽在竞选中击败了一名种族隔离主义者，赢得了温和派黑人的支持，但他对黑人领袖措辞严厉，并立场强硬地镇压了巴尔的摩的暴乱。“如果要找出这些暴乱的确切起因，”他说，“那就是这种放任自由的氛围。”他还说，警察向抢劫者开枪是合理的。当黑人学生在州议会大厦组织秩序井然的静坐抗议校内状况时，州长逮捕了 200 多人。“阿格纽州长对付暴徒一直相当坚决。”罗纳德·里根说，尼克松补充道：“阿格纽这伙计真是让人印象深刻。他很有胆量。”①

共和党人离开了迈阿密。晒成了古铜色的他们心满意足地打开电视，观看民主党代表抵达芝加哥的大会会场。他们会想起拿破仑的格言：“千万不要在敌人自我毁灭时打扰他们。”

---

① David English et al., *Divided They Stand*, chap. 15; *NYT* 及 *WP*, 9 Aug. 1968; 很有胆量相关发言出自 Stephen E. Ambrose, *Nixon: The Triumph of a Politician, 1962–1972* (New York, 1989), 170。

3 年来，自由派一直在自我毁灭，这一进程在风城①达到了高潮。芝加哥的冲突一触即发。1964 年，民主党人承诺将对所有州的代表团进行种族融合，而现在，他们正在前往芝加哥的路上。其他类型的民主党人也在路上，他们中的许多人都与运动的其他组成部分有关联，比如无代表人民大会，或者阿拉德·洛温斯坦成立的两个群体：关切民主党和争取公开大会联盟，这些组织都大致符合所谓“新政治”的定义。虽然这些社运人士仍想继续在体制内工作，但实际上，他们已经采纳了新左派的立场：民主党人应该将注意力从战争和军工复合体上转回到“人民”的社会项目上，对“生活质量”表现出更多的关心。新政治在 1966 年蓬勃发展，当时伯克利反战社运人士罗伯特·谢尔参加了民主党初选，并获得 45%的选票，战胜了约翰逊总统力挺的现任议员，这让政党机器十分震惊。1967 年 9 月，社运人士举行了首次全国新政治大会（National Conference of New Politics）。1968 年春，许多人都支持提名尤金·麦卡锡或鲍比·肯尼迪，还有一些人支持本杰明·斯波克博士和小马丁·路德·金。他们害怕竞选只是汉弗莱和尼克松对决，这样的竞选将无法解决战争和种族问题，其结果只会延续当前的政治局势。有些人还没到投票年龄——当时是 21 岁——比如许多“麦卡锡儿童”，有些人是年长一些的本地党派工作人员、州立法委员、县委员会成员、市长和籍籍无名的议员。“关切民主党就是关切美国人，”一名记者写道，“他们都穿戴整齐，梳洗一新，容光焕发，只有少数人留胡子，没几个黑人，没有工人阶级，而且绝大多数都是教职工和大学里出来的人。”许多人开着大众汽车，这是当时为数不多的省油型车辆，许多人的车前保险杠上都贴着和平标识，或是“现在就要和平！”的标语。这些民主党人愿意出来抵制自己政党的原因很多，二战老兵唐纳德·彼得森说出了当年最为常见的理由：“我觉得对我来说，我的儿子们比民主党更重要。每个人都愿意让其他人的儿子去打仗，而不愿意让自己

① 芝加哥的别称。——译者

的儿子去。所以我没办法同意让他们去打那场该死的战争。如果我连自己的儿子都照顾不好，那我还从什么政？”

在大会前，传说将有 5 万甚至可能是 10 万名社运人士来到风城。记者们报道说，形形色色的人都会到场——嬉皮士和家庭主妇，学生和工人，贫民窟居民和郊区居民，戴着和平徽章的中产社运人士和扛着越共旗帜的参差不齐的革命者，当然了，老少都有。“年轻人从未如此积极地参与过政治，”《华盛顿邮报》的一名记者写道，“从未对政治过程寄予过如此厚望。”妇女争取和平组织租用了公交车，全国结束越战动员委员会宣布要举行一次大型示威。甚至还有传闻说，这次运动动员了千名女性，她们将在“袒胸争取和平团”的游行中脱下自己的胸罩。①

然而，那样的事不会发生。麦卡锡力劝他的追随者们待在家中。他清楚芝加哥警方的恶名，他不想为死伤人员负责。其他温和派和自由派失去了兴趣，因为麦卡锡获得提名的可能性微乎其微，而约翰逊政府正在巴黎与敌人和谈。而且，市政官员也不配合，拒绝给各类运动组织发放游行许可。

不到 1 万名社运人士去了芝加哥，约 5 000 人在等着麦卡锡 8 月 25 日抵达当地。为了让他的竞选活动远离任何激进的抗议行为，他把“儿童十字军”编入了小型和平示威中。参议员的计划是，既然他已经得到了约 800 名代表的支持，那么他要求支持者能够改革选取提名人的方式，并在竞选纲领上有一定的发言权。民主党人应该在一个“公开大会”上全面讨论所有话题，而不是由政党机器关起门来选择提名汉弗莱。

芝加哥的第二主角汉弗莱到了。在过去数年中，他一直是个坚定的自由派。在 1940 年代后期，他在民主党政纲中大力推行民权纲领，并为联邦教育援助出力。1950 年代中期，他支持签署禁止核试验的条约。1964 年，

---

① 彼得森的话出自 White, *Making of the President: 1968*, 85-86; *WP*, 27 Aug. 1968; and see Anthony Lukas, “Dissenters Focusing on Chicago,” *NYT*, 18 Aug. 1968。

他推动参议院通过了《民权法案》。他是首位提出“粮食换和平”计划、和平工作队甚至是医疗保险制度的人。“大多数参议员都是等闲之辈，”约翰逊说，“休伯特·汉弗莱却是风云人物。”但许多社运人士已经不再追捧自由派，因为他们在 1964 年的大会上背叛了密西西比自由党，而且他们对这场痛苦的战争负有不可推卸的责任。对许多运动的参与者来说，汉弗莱代表了旧政治，他是北方的好老弟，他纵容城市的各位大佬，进行幕后交易，并从政治机器中获益。实际上，这名候选人虽然没有拿下哪个州的初选，但他一直在暗中努力，得到了近 1 500 名代表的支持，确保了自己获得提名。他也是政府的象征，代表民主党当权派来参加会议。至于战争，副总统一直都是严阵以待，与总统并肩作战，对大多数社运人士来说，他要么支持这场冲突，要么为了政治生涯而违背自己的价值观。1968 年，一名助手说道：“真正的和平分子再也不会转回头支持我们了，除非休伯特在电视机镜头前站在时报广场上对着林登·约翰逊的肖像撒尿——而他们会问他，你之前为什么不这样做？”

1968 年民主党的悲剧中更为重要的人物是当时控制着芝加哥的街道的市长理查德·戴利。市长按规矩办事——他的规矩。他利用政治机器掌握了权力，对众多族群施与恩惠，并在芝加哥奠定了广泛的群众基础。自 1955 年成为市长以来，他以雷厉风行的决定管理着“戴利堡”，有人喜欢他，有人讨厌他。在马丁·路德·金遇刺引发的暴乱中，他命令警察“开枪打死所有的纵火犯”，“开枪打残打瘸所有在我们城市里抢劫商店的人”。警察打伤了 48 人，杀死了 4 名黑人。当学生在 4 月发起反战游行时，戴利派他的警察去攻击这些和平的群众。市长的发言人称“这些人无权进行示威或发表自己的看法”。由于近几年的暴力事件越来越多，尤其是在鲍比·肯尼迪遇刺之后，戴利决心维护大会的治安。“只要我还是市长，”他向当地美国退伍军人协会的成员承诺，“街上就不会出乱子。”他安排他的 1.2 万名警察 12 小时一班地维持治安，在城外派驻了 6 000 名伊利诺伊州国民警卫队队员，并且他还能调动相同数量的常备军，这些军人配有来复枪、刺刀、瓦斯发射器、火焰喷射器、榴弹发射器、巴祖卡火箭筒和点 30 口径的机枪。戴利出自上一代人，他会“压制”敌人，防止美国越共扰乱他的大会，在他的芝加哥使出游击战术。他是他这艘船的船长，在 1968 年的激流中牢牢控制着内部航线。

对许多年轻的社运人士而言，市长就像父亲、牧师、将军、公司总裁、“戴利堡”的元首。“芝加哥是个武装营地，”参与者保罗·波特回忆说，“我们只是无法完全理解为什么所有那些武装力量都是用来对付我们的。太不切实际了，太荒唐了。”地下报刊的记者埃布·佩克补充道：“如果你要去芝加哥，一定要戴上头盔。”

8 月 26 日，大会在国际圆形剧场召开之时，社运人士陆续进入了芝加哥。各色人群的汇集让 1968 年的民主党大会成了美国历史上独一无二的存在。有些人支持麦卡锡，有些人曾为鲍比·肯尼迪工作，有些人已经放弃了自由主义政治——所有人都反对战争。大部分社运人士认为，他们应当前往芝加哥声讨约翰逊的政党和他的战争，去开一个“人民大会”，会议期间，他们会和平地游行至圆形剧场，宣告自己关心的、迥然不同于民主党的议题。“我们不会用坦克和梅斯毒气对大会搞突袭，”全国结束越战动员委员会的大卫·德林杰说，“但我们要攻占美国人的头脑和心灵。”①

冲在前面的大多是大学生，但媒体将焦点对准了最出格的一小群人——雅皮士！

1968 年 1 月，“在我们下东区公寓那间邮票大小的起居室里，5 名同谋横七竖八地躺在装饰房间的靠垫上，”艾比·霍夫曼写道，“保罗·克拉斯纳正沉沦在迷幻药的余韵中，他一边摇摇晃晃地走着，一边问：‘为什么？为什么？为什么？’克拉斯纳接着说：‘你做和平手势 V 的时候，连

① 汉弗莱助手的话出自 White, *Making of the President: 1968*, 317；戴利及德林杰的相关内容出自 *NYT*, 18 Aug. 1968; and see Bill Gleason, *Daley of Chicago* (New York, 1970), 及 Chester et al., *American Melodrama*, 516; Potter, *A Name for Ourselves*, 32；佩克的话出自 *Liberation News Service*, 6 Aug. 1968。

着下面的手臂变成了一个 Y。’阿妮塔·霍夫曼大叫：‘I，眼睛！眼睛！眼睛！我好爱你。’杰瑞·鲁宾跟了一句：‘PEE-PEE（小鸡鸡）。每次运动你都需要一根小鸡鸡。’然后南希·库尔尚宣布：‘E 代表 everybody（所有人），代表 energy（能量）。’突然之间，他们齐声大喊：‘雅皮（Yippie）！’”

“这句口号将会带着我们走向胜利，”霍夫曼继续写道，“它营造的良好氛围会解决所有问题，还会把我们带到芝加哥。既然媒体能够造出‘嬉皮’，我们 5 个就不能搞出一个‘雅皮’来吗？一个投身政治的嬉皮士，一个被抓过的花童，一个嗑药后飘飘欲仙的水瓶座时代战士。”社运人士和嬉皮士结盟的时机已经到来，“大麻要和政治结合了”。

部分老一辈的人试着去了解雅皮士。“他们站在某个领域的最前沿，”《华盛顿邮报》写道，“不管那是一场真正的运动，一场真正的反叛，还是只是在这些日子里或多或少地折磨着所有年轻人的、不断膨胀的巨大绝望感。”《纽约时报》的 J. 安东尼·卢卡斯表示，雅皮士“既是抗议也是骗局”。

但对大多数典型的中产阶级白人来说，雅皮士是病，一种怪异的病态——如同越共——就那么难以捉摸。当局开始找他们麻烦。3 月，纽约的数千名雅皮士现身中央车站，举行了第一场雅皮集会（吹泡泡、唱歌、跳舞、扎气球、拆大时钟的指针），警察挥舞着警棍冲进了人群。他们起诉了警察。案子被撤销了。在芝加哥，警察开始无缘无故地逮捕长发青年。5 月的一个周末，他们以妨碍治安罪突击抓捕了 70 人。案子被撤销了。6 月，缉毒探员闯进杰瑞·鲁宾的公寓，以持有大麻罪将他逮捕，还殴打他，导致他背部受伤。诉讼再一次被撤销了。记者们也抨击了此事。“爱之夏”结束不过几个月，当权派媒体就发动了攻势。一名富家嬉皮女孩死在纽约的东村后，《新闻周刊》发文《嬉皮国度里的是非》。该杂志称，大多数花童都是“精神严重失常的年轻人”或是“被美国梦宠大的小孩”。1968 年初，《读者文摘》为 2 800 万读者做了总结：“谋杀、强奸、疾病、自杀——嬉皮之月的阴暗面越来越明显。甚至连其领袖都承认，这场运动已经变质。”到民主党大会时，许多人都同意西奥多·H. 怀特的说法，后者称雅皮士是“正在寻找身份认同的迷惘孤独之人。他们是一群可怜之人，当人们审视他们栖息的季节性聚集地如剑桥、旧金山、纽约时，一想到他们的疾病（主要是性病）、他们的健康（因营养不良和毒品而每况愈下）以及基本没有危险性的精神紊乱，总忍不住要落泪”。①

这样的表述代表了沉默的大多数和戴利市长对芝加哥街头上这群奇怪的年轻人的认知，而且有关这些外貌、谈吐和行为与众不同的人，他们也只想知道这么多。对 1968 年的中产阶级而言，与众不同就是疯的。那不符合美国标准。

雅皮士们并不在意，事实上，他们很享受这种关注。面对鼓动年轻人前往芝加哥这样的任务，他们变得极富创造力。雅皮士是个“神话，为我们在芝加哥的对峙做了免费广告……。做你该做的事，媒体会大肆报道的。制造新闻吧”。他们在地下报刊上登公告：“这将成为所有青年革命参与者的首次集会，这将是美好的一周。这是你们余生的开端。我们芝加哥见。雅皮！！！！！！！！！！！”由于汉弗莱大军已经确保获得提名，雅皮士认为这次大会就是一场死亡狂欢。因此，他们将上演一场生命庆典，在大会期间开工坊，做展览，示威，办摇滚演出，还要有大麻和大量恶作剧。

他们散布谣言说：芝加哥的雅皮瘾君子一整个春天都忙着在空地上种大麻，为 8 月的大型抽大麻集会做准备；雅皮技术专家正在研发便携式音乐设备，以便他们能一边反抗警察一边跳舞；男雅皮士正在锻炼身材，以勾引汉弗莱的女代表，而性感的女雅皮士则会扮成妓女，然后绑架男代表；雅皮车辆会漆成黄色假扮出租车，接上代表后把他们送去威斯康星；雅皮士会在芝加哥的供水系统里放入 LSD，还会免费培训蛇舞；打扮成越共的

① Hoffman, *Soon to Be a Major Motion Picture*, 137; *WP*, 27 Aug. 1968; *NYT*, 18 Aug. 1968; *Newsweek*, 30 Oct. 1967, pp. 84-90; *Reader's Digest*, Jan. 1968, pp. 59-63; White, *Making of the President*: 1968, 335.

雅皮士会炸毁林肯公园的棒球场，劫持纳贝斯克公司的芝加哥办事处，免费分发饼干；10 万名雅皮士白天将全身赤裸地在密歇根湖里漂浮，晚上集体焚烧征兵卡，并用火苗拼出“打败陆军”字样，以此抗议战争。

什么是真相？春节攻势之后几乎无人知晓，因此，雅皮士制造了政治骗局。滚石乐队会来演奏音乐，也有可能是迪伦，又或许是披头士。维京人会让他们的黄色潜水艇在密歇根湖之滨浮出水面，重新发现美洲大陆。他们称自己的传单是“机密文件”，当记者让他们陈述自己的计划时，他们会递出大都会队的记分卡或者让其去查黄页。他们做了 2 万个印着“雅皮领袖”的徽章。雅皮的格言是：“不要长大，长大意味着放弃你的梦想。”“言论自由就是可以在拥挤的火里大喊‘剧场’①。”雅皮的口号是：“站起来，不要做谄媚的傻蛋！”“亚美利加说：不要这样！雅皮说：做吧！”

他们的“纲领”是新左派理想和推销主义的奇异结合，名叫“走向自由社会的革命：雅皮！”。他们主张结束战争，解放所有黑人，充分就业，消除污染，免费节育和堕胎，推广艺术，将大麻和迷幻药合法化。不过，他们也要求完全解除警察的武装，认为“人们应该随时随地，随心所欲地做爱”，他们还要求废除货币、“付费住房、付费媒体、付费交通、付费食物、付费教育、付费服装、付费医疗服务和付费厕所”。最后一项诉求是空的，上面有这样一句话，“你想填什么都行”。②

现在回过头看，任何人听到或读到这些言论都会大笑，但当局对自己的敌人一无所知——就像他们不了解越南人一样——而这就是 1968 年。在金和肯尼迪遇刺后，大部分人都不想再做出轻飘飘的回应。老一辈的反应很激烈。戴利命令他的便衣警察潜入运动组织，联邦政府在这座城市里

① 原文为“shout ‘theater’ in a crowded fire”，源于“shout ‘fire’ in a crowded theater”（在拥挤的剧场里大喊‘着火了’），意为言论自由也有限度。——译者

② Hoffman, *Soon to Be a Major Motion Picture*, 144–47, and *Revolution For the Hell of It*, 37, chap. 5; Rubin, *Do It!*, chaps. 13, 28.

安插了千名探员：大会期间，每 6 名社运人士就被 1 名卧底探员监视。州长命令军队保护供水系统，《芝加哥论坛报》发表了一系列危言耸听的文章："警察如何监视雅皮士：潜入高层获取秘密"；该报是如何发现了一本雅皮士日记的，里面记录了"共产党和左翼鼓动者扰乱此城的内幕"；以及"雅皮士向市政府索要现金"的经过，因为之前霍夫曼曾开玩笑说，如果市政府给他 10 万美元，他就会离开这里。权威专家想知道谁是"谄媚的傻蛋"，他们认为这意味着雅皮士会尝试发动政变，推翻约翰逊的统治。鲁宾回应说："我们爱约翰逊……。没有约翰逊，哪儿有我们今天？"

当权派不懂这个玩笑——他们认真得不得了。很显然，到 1968 年 8 月，这个国家已经变得如此分裂，以至于出现了完全不同的世界观。面对沮丧，有些人愤怒，有些人幽默，有些人沉默，有些人无视了这个问题，有些人灌醉自己或是嗑药嗑到神志不清，有些人用镇压手段对付他们所认为的敌人。这样的回应在主流社会和运动中变得越来越明显。从某种意义上说，雅皮士是对 1968 年不堪重负的挫败感最粗暴的回应，而对于当权派来说，最粗暴的回应将来自戴利市长。

保守派团结在一起支持他们的市长，但运动的参与者争吵不休，依旧四分五裂。学生争取民主协会的芝加哥总部宣布，他们无意和自由派一起示威，也不想与"麦卡锡儿童"结盟。芝加哥地区抵制征兵者表示他们太"个人了"，不适合参与大规模动员。除了穷人运动组织里的几个资深社运人士，大部分黑人对他们所谓的"白人政治"没有太大兴趣。其他社运人士并不喜欢雅皮士，部分人认为他们不关心政治，毫无理性，是一群怪胎，而其他人则认为他们是四处挑衅的激进纽约人，只顾着自己。总而言之，本地年轻人意识到芝加哥可能会发生危险的事，许多人认为他们并不需要重要运动人士的帮助。"如果你想享受 5 天的生命庆典、音乐和爱，那就不要来芝加哥。"埃布·佩克在《种子》上发出警告。《伯克利毒评》补充说，社运人士必须强硬，因为他们可能会因为"被警察的警棍打爆脑袋"而变得激进。

尽管如此，许多社运人士还是来到了芝加哥，同来的还有众多运动组织，他们开始申请各类市政许可。无数场会议无果而终，官方故意将申请搁置了数周。给游行发放许可？不行，戴利说，这会导致交通堵塞。争取公开大会联盟要求用芝加哥军人球场举行集会。不行，戴利说，整个星期都被订满了，用于举行林登·约翰逊的生日会。其他社运人士申请在格兰特公园过夜，那里靠近麦卡锡和汉弗莱下榻的康拉德希尔顿酒店。不行，戴利说，那里离圆形剧场太近了。他们问能不能睡在林肯公园，那里在老城区以北 3 英里外，离圆形剧场 10 英里远。不行，戴利说，这有违城市规章制度。许多激进派在想，为什么公民要拿到许可才能抗议一场没有得到许可的战争——美国并没有宣战——自由派认同阿拉德·洛温斯坦的看法，他总结说，当局“似乎决心要引发一场只会带来暴力和流血的冲突”。①

前一年的夏天，旧金山政府曾让嬉皮士不要来他们的城市——一点用也没有——1968 年夏天的芝加哥也发生了同样的事。年轻人来到这座城市，他们在林肯公园搭起帐篷，他们听音乐，吸大麻，一些雅皮士开始了他们的政治运动，他们弄来一头猪，给它起名为皮格索斯，然后把这只尖叫的动物运到了市政中心。在镜头面前，他们要求提名皮格索斯做总统，并发表竞选誓言称：“他们提名了一位总统，他吃人。我们提名了一位总统，人吃他。”他的纲领是“垃圾”，口号是：“当你可以得到整头猪时，为什么只拿一半？”警察冲进来逮捕了雅皮士——还有猪——这位候选人都没来得及哼一声。罪名：扰乱治安。

整个星期都不怎么安生，会议大厅内外都是如此。汉弗莱和麦卡锡的人马就民主党的政纲进行了辩论，在越南问题是否作为政纲核心上产生了多数派和少数派，前者拒绝单方面撤军，并赞成约翰逊的政策，后者呼吁政府撤军，并无条件停止对北越的轰炸。和平代表有些不走运，就在几天

---

① *Seed*, 15–30 Aug. 1968, and see Peck, *Uncovering the Sixties*, 109 and chap. 7; *Berkeley Barb*, 2–8 Aug. 1968; Farber, *Chicago '68*, chap. 2; 洛温斯坦的看法出自 Chester et al., *American Melodrama*, 519。

前，苏联突然入侵捷克斯洛伐克，推翻了“布拉格之春”后建立的改革派政府。这次进犯正中鹰派下怀，他们的立场更有说服力了，他们认为，苏联的目标在于扩张，因此美国必须继续保卫南越。尽管这次入侵基本确保了汉弗莱的政纲将会胜出，但由于在初选期间，约80%的民主党人投票支持肯尼迪和麦卡锡，所以和平派大军认为他们依然有权发言。双方将这两项决议提交给全体大会，随后展开了激烈的讨论，自由派认为肯尼迪一定会支持和平纲领，保守派议员韦恩·海斯称，这种纲领正中激进派下怀，后者想要的是“大麻而不是爱国主义，想要络腮胡子而不是解决方案。他们会用暴乱取代理智”。代表们击败了和平纲领，让民主党机器胜了。

新闻播报员为大众曝光会议细节时，代表们继续在私下里争吵。美国人打开了电视机。开场致辞结束才几个小时，部分代表就认定汉弗莱的旧政和麦卡锡的新政都不该得到提名，也不会赢得11月的选举。年轻的代表开始鼓动罗伯特的弟弟爱德华·M. 肯尼迪参加竞选，他们挥起了横幅：“我们要肯尼迪。”这位来自马萨诸塞的参议员对此并不感兴趣，会议现场变得吵闹不堪，运动也逐渐萎靡。北方黑人代表嘲讽南方白人，称他们为种族主义者，在亚拉巴马州白人代表投票时，其他黑人快步走出了会场。佐治亚州代表们突然大打出手，而这时，保守派和自由派开始对吼、投掷冰块，双方的情绪越来越激动。相互推搡的人越来越多，更多的人打了起来。CBS 记者丹·拉瑟快速赶到了现场，一个警察狠狠地把他打倒在地。新闻主播沃尔特·克朗凯特感到震惊，称这些警察是“暴徒”。

大会的第一晚就这样结束了。这种混乱与疯狂的场面又持续了三天，如此种种向美国的家家户户传递了一个信号——民主党已经失控。这个政党成了美国的写照，种族议题和战争议题让它支离破碎。

在圆形剧场外，该党的政治纲领没有掀起什么波澜——大多数社运人士并没有在听。他们已经在过去3年中坚定了自己的想法，民权必须实现，这场战争是个灾难。约1 000名社运人士、嬉皮士、雅皮士和一些无家可归者在林肯公园扎营，想要证明上述观点——或者说，证明某些事情。到了晚上 11 点的宵禁时间，警察命令他们离开，但他们没有走。有些人奚落了警察。随后警察发射了催泪弹，并冲进了公园。记者尼古拉斯·冯·霍夫曼当时就在现场："尖叫声响彻宿营地所在的整个树林……。人们像条条溪流一样跑出树林穿过草坪……。接着，警察冲出树林，追着新闻摄影师打。在法庭上，照片是不容置疑的证据，所以他们早已取下自己的徽章、名牌甚至肩上的小队标记，成了一群一模一样、无法辨认的挥棍暴徒。"他们在老城区各街道追赶年轻人，几乎殴打了该区域的所有人，包括旁观者和出门吃饭的人。消息人士报告称，警察殴打了三大国家电视网以及《新闻周刊》《生活》和三家芝加哥报社派到现场的 24 名记者和摄像师。"芝加哥警方对公民自由一无所知，"《华盛顿邮报》写道，"他们显然更不关心。"迪克·格雷戈里补充说："假如你在街上，而且你还在走，那你就是雅皮士。"

第二天，几千名青年在林肯公园和格兰特公园闲逛，许多人跟着菲尔·奥克斯一起唱歌，或者听艾比·霍夫曼、大卫·德林杰和黑豹党成员鲍比·西尔的演讲。"如果有哪头猪上来挥舞警棍，"西尔表示，"那就夺过警棍高高举起，把他打倒在地。"另一些人更为平和，他们围坐一圈，吟唱"唵——"，而一些心存怀疑的人则唱着他们自己的和平小调，"靶场上的唵——唵——"。到了晚上，数百名神职人员和其他公民来到林肯公园，表达了他们的担忧，一些人竖起了巨大的木制十字架，并和激进派讨论了策略。武装派表示，这些神职人员"年过三十，根本不用理他们"，但牧师们提醒年轻人，"假如你们叫警察猪，和他们打斗，那你们就会变得和他们一样糟"。在 60 年代，类似的对话发生过无数次，从来都没有得出过结论，这只是其中之一，午夜时分，当警察再次发射催泪弹并开始进攻时，这一对话变得毫无意义。

短短几个月前，还是温暖晴朗的春天。当时，许多社运人士都在想谁会是更好的总统——鲍比·肯尼迪还是尤金·麦卡锡。然后发生了刺杀，麦卡锡的竞选步履蹒跚，他们沮丧地发现，下一任总统不是"汉普那个笨蛋就是迪克那个傻鸟儿”，一名社运人士如此说道。①

现在要开始最后的围攻了：反战大军宣布，他们将在汉弗莱获提名当天于格兰特公园集合，然后游行至圆形剧场。不出所料，戴利拒绝发放游行许可。不出所料，约1万人在格兰特公园里集合，不出所料，他们遭遇了警察和伊利诺伊州国民警卫队。CBS后来报道，约200名卧底探员混在人群中。下午时，社运人士正在听演讲，一群年轻男性——至少有一人是探员——走近旗杆，降下星条旗，然后升起一件红色T恤。这一行为激怒了警察，他们挥起了警棍。“西贡的事我们看得一清二楚，”卡尔·奥格尔斯比向遭到暴打的社运人士大喊，“玻利维亚、秘鲁、南非，我们都看得一清二楚，现在我们不再需要假象。”人们四散开来，傍晚时分，数千人在候选人下榻的康拉德希尔顿酒店对面集合，准备游行前往圆形剧场。警方早已准备就绪。电视摄像机记录着正在发生的一切，酒店和大楼的灯光照亮了天空。游行者开始走上密歇根大道，一路喊着“现在就要和平！现在就要和平！”“踢掉汉普笨蛋”。他们走到警察防线前，然后停了下来。一些人开始嘲讽警察，一边朝他们扔垃圾一边喊“去你妈的约翰逊”，“见鬼，不，我们不走”，“操你们这些猪”。

砰！警察猛冲进人群。到处是喊叫、混乱、恐慌。瓦斯罐砰砰爆炸。警察挥棍乱打。人们大声尖叫，鲜血直流。有些人跑到街上，有些跑进酒店大堂，有些跑回公园。又来了更多警察。囚车也到了。催泪瓦斯飘进希尔顿，顺着通风口飘进了副总统的套间，他当时正在准备提名演讲。街上的人不停大喊“胜利万岁，胜利万岁，胜利万岁”，以及“全世界都在看”。

全世界的人都在看，至少有约9 000万美国人正在看电视，而那些没看电视的人，还可以读全国发行的报纸。《纽约时报》报道：“甚至连上了年纪的旁观者也被卷进了警察的袭击……。不知何故，戴着蓝色头盔的

① *WP*, 28 Aug. 1968; *NYT* 27 Aug. 1968, and see Farber, *Chicago '68*, chap. 7, Thomas Whiteside, "Corridor of Minors," *Columbia Journalism Review* (Winter 1968-69): 35-54, 及Norman Mailer, *Miami and the Siege of Chicago* (New York 1968), 151-71；该社运人士为Kunan, *Strawberry Statement*, 117。

警察立即决定冲向围栏，把围观者向酒店开的赫马基特饭店的窗户压。最后窗户破裂，惊声尖叫的中年妇女和孩童从玻璃碎片中向后退去。”在街道上，警察追打示威者、政客、记者、社运人士以及所有试图帮助伤员的医生和护士。“一些人把手放在头上想投降，”另一名记者写道，“警察把他们赶至车子准备逮捕时，还挥起警棍打他们的生殖器。”理查德·戈德温告诉支持麦卡锡的年轻人：“这才刚开始，这样的日子还要过 4 年。”

NBC 的时事评论员查特·亨特利表示：“芝加哥警察正不遗余力地伤害新闻记者，阻止他们对当前正在发生的事进行拍摄及信息采集。芝加哥警察正在打击这座城市的新闻业。”

在警察暴行的逼迫下，温和的当权派媒体第一次与地下报刊记者达成一致。“权力机构终于沉不住气了。”一名撰稿人在《老鼠》上宣称，与此同时，另一人在《伯克利毒评》上提到，人们可以看电视，换频道，“在芝加哥警察殴打示威者时，你还能看到俄罗斯士兵正在布拉格追赶捷克公民……。但是，我要在此声明，芝加哥警察比他们更残暴”。一名社运人士在《碎布》上写道，在这次大会中，“美国暴露了自己……，芝加哥不过是我们外交政策的国内版”。

当天晚些时候，就在汉弗莱发表获提名演说时，电视台把画面从大会现场切到了街头的混乱场景。阿拉德·洛温斯坦告诉一名电视记者：“理查德·尼克松在今晚这次大会上被选为美国总统。”汉弗莱带着提名离开了，但他回忆说：“芝加哥是一场灾难。我和妻子回到家，我们心碎不已，遍体鳞伤。”几个月后，律师丹尼尔·沃克根据 3 500 名目击者的叙述发布了一份报告：在那个委婉用语盛行的时代，他总结道，芝加哥发生的事称得上是“一次警察暴乱”。①

① Chester et al., *American Melodrama*, 513, 582; *Rat*, 6–19 Sept. 1968; *Berkeley Barb*, 30 Aug–5 Sept. 1968; *The Rag*, 16 Sept. 1968; 洛温斯坦的发言出自 Harris, *Dreams Die Hard*, 255; 汉弗莱的话出自 White, *Making of the President: 1968*, 354; 沃克的报告出自 *NYT*, 7 Dec. 1968。

芝加哥“让整个美国都变激进了”，汤姆·威克写道，历史学家大卫·法布尔后来提出：“1968 年的芝加哥是我国政治与文化秩序中的一场危机。”不同思想之间的斗争，左派与右派之间的斗争似乎终于挑明了。谁在芝加哥街头的较量中获胜，取决于谁坐在电视机前。

那一周里发生的事让社运人士和许多自由派怒不可遏。反战学生认为，汉弗莱获提名表明民主党已无药可救，因为它被一台腐败的机器控制了。许多人此时都感受到了自由主义带来的幻灭感，跟 4 年前民权工作者在大西洋城大会上经历的那种幻灭一样。此外，许多年轻的社运人士开始认为美国政府不再是一个民主政府。相反，他们称它已经不再合法，成了战犯领导的非法机构。美国政治已经破产。越来越多的年轻人开始远离主流社会，被反主流文化所吸引。老一辈的自由派也感到气馁。在接下来的几个月里，麦卡锡拒绝支持汉弗莱竞选总统，还有许多人成立了新民主党人联盟。一些公民开始质疑警察在社会中的角色：纳税人是否应该对穿蓝色制服的人有更多的控制权？参议员乔治·麦戈文谴责了戴利和他的“盖世太保”，称这次大会是一场“大屠杀”，《纽约时报》表示，市长使用武力的行为“令这座城市蒙羞，让这个国家受辱”。汤姆·威克补充说：“真相就是，街上的那些人都是我们的孩子，而芝加哥警察暴打了他们。”专栏作家麦克·罗伊科提到，许多警察的手和指头上都有瘀伤，他力劝当地市民不要再用自己的脸去砸警察的指关节。至于激进派，警察的行为只会让更多人变得更为好斗，言行上更为暴力。镇压无法阻止激进派，相反，正如雅皮士斯图·阿尔伯特所说，芝加哥是“革命的春梦成真的地方”。①

更多的保守派观众则说，接着打他们，再狠一点。“警察的表现令人钦佩。”芝加哥的一名律师说。一名药剂师补充道：“如果其他市长也能效仿戴利，那么我们的社会就会变得更加美好。”一名本地女性赞同道：“把所有嬉皮士、雅皮士，或随便他们怎么称呼自己，都用船运到俄罗斯去。

① *NYT*, 30 Aug. 1968, and *NYT Magazine*, 24 Aug. 1969; Farber, *Chicago'68*, xiii, 202-7。

所有人都该升起美国国旗，让那些蠢货看看真正的美国人是怎么想的。”接下来的几个星期里，戴利称自己收到超过 10 万封信，其中 95%支持他的强硬立场。他说，他为本市警察感到骄傲，因为“没有人死亡”。他将这场冲突归咎于外部煽动者和共产党，认为这些人一直在谋划刺杀汉弗莱和麦卡锡，或许还包括麦卡锡的一名年轻女工作人员，然后嫁祸给警察。民主党参议员罗素·朗表示，这些抗议者是“共产党垃圾、叛徒和废物”，《芝加哥论坛报》称他们是“胡子拉碴、肮脏下流、目无法纪的暴民”。面对几千名手无寸铁的社运人士，戴利可调动的武装警察和士兵有 2 万人之多，但他仍然表示，他手下的警察做出那些事也是出于无奈，否则“一群目无法纪的暴力恐怖分子就将威胁到数百万同胞的生命……并占领芝加哥的街道”。汽车保险杠很快贴上了这样的贴纸：我们支持戴利市长和芝加哥警察。

风城吹来了一股新风，潮湿而沉闷。“从汉弗莱、尼克松、华莱士及其他成员的发言来看，”《碎布》称，“很显然，在未来几年里，美国将面临某种镇压和不断加强的军事化管理。”人们曾经认为 1960 年代后期美国将会发生一场革命，但是这种不切实际的想法已经在芝加哥被打得魂飞魄散了。①

镇压在前一年已经开始了。在 1967 年的最后几周，联邦政府起诉奥克兰七人组——伯克利的激进派——“密谋”在抵制征兵周期间非法闯入。在纽约，FBI 逮捕了 21 名黑豹党成员，罪名是“密谋”炸毁百货商店和植物园。1968 年初，联邦政府起诉了斯波克博士和另外 4 人，罪名是“密谋”劝说并帮助年轻人逃避征兵。地方政府也不甘落后。奥克兰警方随意逮捕黑豹党成员，在约翰逊老家所在的州发生了数不清的类似事件。反战

① *Chicago Tribute*, 30 Aug. 1968；戴利的情况出自 Chester et al., *American Melodrama*, 592–604, and see Mailer, *Miami and the Siege of Chicago*, 177；*The Rag*, 16 Sept. 1968；also see Nathan Blumberg, “The ‘Orthodox’ Media Under Fire：Chicago and the Press,” *Montana Journalism Review* (1969)：38–60。

组织者乔什·古尔德开车去赶飞机参加民主党大会时，被基林市警察拦下，指控他持有“少量”大麻，据称是在汽车地板上发现的，然后将其监禁，保释金5万美元。当局将他的庭审安排在了大会休会后的第一天。在休斯敦，警察突袭了学生非暴力调解委员会的自由之家，逮捕了黑人武装派成员李·奥蒂斯·约翰逊，并以给卧底探员递大麻卷烟的罪名起诉了他，判其有期徒刑30年。

后来有人证实，所有这些举动的合法性都值得怀疑——但那是在1968年，大多数公民开始厌恶示威者。1月，一位85岁的联邦法官判斯波克及其同事2年徒刑，罚款5 000美元，这一判决后来被驳回，此外，国会还通过了一项法律，禁止在白宫外进行规模超过百人的示威。4月，众议院给《公平住房法案》加了附加条款。该条款被称为“H. 拉普·布朗法”，规定为煽动暴动而跨越州界是非法行为，这意味着联邦政府能将所有全国性示威定性为“暴动”，这些活动的组织者可能会面临10年有期徒刑。“政府必须拥有自主权，坚决主动地处理这些带头搞无政府主义的人。”参议员斯特罗姆·索蒙德宣称。

“一场运动的发展壮大离不开镇压。”鲁宾说，而老一辈人原封不动地照办了。地方政府抓捕社运人士，州政府开始制定法律，与此同时，众议院非美活动委员会传唤了汤姆·海登、大卫·德林杰和瑞尼·戴维斯，试图找出证据证明共产党参与领导了芝加哥的抗议。FBI局长J. 埃德加·胡佛命令他的一线特工动用所有资源来宣扬“新左派的堕落本性和松懈的道德观念”，并“摧毁这场阴险的运动”。1969年初，尼克松的新政府命令特工逮捕了“芝加哥八君子”，也就是所谓的民主党大会抗议活动的领导者——大卫·德林杰、汤姆·海登、瑞尼·戴维斯、艾比·霍夫曼、杰瑞·鲁宾、李·维纳、约翰·弗洛尼斯、鲍比·西尔——罪名是“密谋”穿越州界煽动暴动。在1973年之前，政府一直不加区分地逮捕社运人士，让他们不断出入法庭。海登坐在公园的一棵树下，芝加哥警方以拒捕的罪名抓捕了他，霍夫曼曾在一天之内被抓了三次。1968年联邦政府对待反战抗议者的方式与 60 年代南方的地方警长对待民权工作者的方式如出一辙。

对芝加哥八君子的漫长审判几乎一无所获——它只是证明了这个国家仍处在或左或右的两极分化中。联邦法官朱利叶斯·霍夫曼是当权派的代表，时年 74 岁的霍夫曼要求出庭人员尊重法官。但是这些同谋者毫无敬意，他们衣着随意，嘴里喊着污言秽语。对此，法官对其中几人采取了强行控制，并将其他人带离了法庭。当 2 名辩方律师想退出此案时，法官霍夫曼以藐视法庭罪逮捕了他俩，由此引发了被告方的骚扰指控以及 150 名律师的抗议。黑豹党成员鲍比·西尔并不想让辩方律师为他辩护，他表示此事该由他的合作律师为他辩护。法庭最终同意了他的要求，但在芝加哥八君子变成七君子之前，西尔称法官是“明目张胆的种族主义者”并大声辱骂了公诉人，法官下令给他戴上镣铐，并堵上了他的嘴巴。

这是多年来首次有美国人在法庭上被堵住嘴巴，对许多社运人士而言，这样的情况理所当然：一名黑人因在白人的法庭上大声说出了自己的想法而被绑在了椅子上。对社运人士和许多六十年代人而言，联邦政府利用法律体系打压异见和抗议的尝试非常荒唐。校园里又流行起了用“法西斯主义”来描述当权派的专制行为。1970 年，一项哈里斯民意调查发现，只有 30%的大学生及 17%曾参与运动的人认为反战者得到了公平的审判。与此同时，人们对权威的尊重直线下降。“在芝加哥宣告胜利的理由是，”《种子》称，“全国人民终于看到——虽然在近 30 名新闻从业者遭受殴打后媒体才开始报道这件事——警察才是社会上最目无法纪、最暴力的群体。”1968 年之前，很少有人用这个词来指代警察，现在，这个词在年轻一代中变得很常见。“有些人一开始不太愿意叫警察‘猪’，”鲁宾写道，“‘猪’曾是伯克利-旧金山的说法，其灵感来自黑豹党。这也是对皮格索斯的侮辱。但我们看了看捷加哥①那些蓝白大肥猪，不得不说：‘兄弟，那些肥头大耳的混球可真像猪！’”

① Czecago，捷克和芝加哥两词的拼接，当时两地都发生了暴行。——译者

沉默的大多数并不是这么想的。虽然大多数美国人在60年代早期对南方警察印象不佳，但到了1968年，他们认为示威者让警察的处境变得异常艰难。戴利市长解释说：“如果有人走上来推了你一把，往你脸上吐口水或者对你骂脏话，你会怎么做？”许多公民开始在保险杠上贴贴纸——**支持你们当地警察**——并且出资在广告牌上放了一名警察营救儿童的图片，配文：“有人叫他猪”。谈及社运人士时，美国警察联合会的创始人杰拉德·阿伦伯格称：“现在和我们对抗的敌人，和东南亚的越共一样危险。”①

在哥伦比亚事件之后到芝加哥事件发生之间的某个时刻，阵营已经划好：“革命派”对“法西斯分子”。两边都咬紧牙关下定决心要赢得这场意愿之战——在1968年的最后几个月里，美国正朝这样的方向发展。

大会的骚乱过去后，许多公民都希望这一年余下的时光能在平静中渡过，但依旧纷争不断。民主党人狼狈不堪地回家了，一个星期后，美国小姐选美比赛在大西洋城开始了。这是美国历史上最不同寻常的一届比赛。《纽约时报》刊文，“百名女性抗议美国小姐选美比赛”。

赛前，几十名纽约女性给朋友分发传单：

> 届时将会有：抗议队伍、街头剧场、传单发放、游说……诚邀姐妹们加入我们的行列，抵制选美闹剧……。我们应该会在海滨木板道上度过美好的一天……。但假如被捕，我们计划拒绝接受所有男性警察的拘捕，只有女警察可以拘捕我们！……我们将拒绝男性记者的采访……。我们只认女记者。

夏洛特·柯蒂斯为《纽约时报》撰文，称：“妇女们带着一个巨型泳

---

① *Congressional Record*, 27 May 1968, p. E4685；胡佛的内容出自 DeBenedetti, *An American Ordeal*, 231；*Seed*, 1-15 Sept. 1968；Rubin, *Do It*!, 170；戴利和阿伦伯格的话出自 Farber, *Chicago '68*, 254, 130。

装选美小姐木偶和一个‘自由垃圾桶’，里面有她们扔进去的束身衣、胸罩、卷发棒、假睫毛以及所有带有‘奴役’色彩的东西，她们今天要在这里抗议美国小姐选美比赛。”示威者“大多是中年事业女性和家庭主妇，还有几个二十多岁的姑娘和六十多岁的老年妇女”，她们举着海报绕着会场游行，一边唱歌，一边谴责说只让白人参赛是种族主义行为。她们坚持认为，只要“仍然被荒唐的审美标准所奴役”，女性就无法得到解放。罗宾·摩根告诉媒体，她已经通知市长：“我们不会做任何危险的事——只是象征性地烧掉胸罩……。我们不想芝加哥的事再来一次。”在镜头下，一名示威者将液体洗涤剂扔进了垃圾桶，宣称她反对“必须洗碗的残酷行为”，另一人把一件束身衣举到垃圾桶上方，她说“拒绝束身衣，拒绝痛苦。拒绝徒劳无功地隐藏肥肉”。没有人烧掉胸罩，但有些人举的标语表明，这场浩大的运动的各个方面正在相互融合：“起来反对美国小姐选美这道墙。”“拒绝审美标准——人人都美！”“女孩加冠——男孩被杀！”“美国小姐有活力，有火气——她在哈莱姆！”“我是女人——不是玩具、宠物、吉祥物！”还有人撕烂了一本《花花公子》杂志，把它扔进了垃圾桶里，然后围着垃圾桶一边跳舞一边大喊“现在就要解放！”。一些社运人士在电视直播期间进入会场，其中一人投掷了臭气弹，导致赛事暂时中断。

“这些示威者，”《纽约时报》继续写道，“是她们所谓的妇女解放运动的成员。”在这十年间，这场不为主流社会所知的运动不断发展，但这是全国性媒体首次使用该词。一年之后，“妇女解放”这个词才进入美国词典，尽管一些女性主义者在 1966 年时已经成立了全国妇女组织，但直到 1968 年 3 月，第一篇暗示女性正在形成她们自己的运动的重要文章才出现，那就是玛莎·温曼·李尔在《纽约时报杂志》上发表的《第二波女性主义浪潮》。文章问：“这些女性想要什么？”“理论家”贝蒂·弗里丹和“分析哲学家”蒂-格蕾丝·阿特金森给出的答案是，她们想要的很多，包括“渴望得到关注”。

在第二波行动主义浪潮中，将会有许许多多的人关注她们。然而，在那次选美比赛中，当6倍于她们的人召集起来发表他们的观点时，这100名女性想要什么已经难以说清了。“她们很粗俗。”一个男人说。还有一名男性大喊，这些女人应该把她们自己扔进垃圾桶里，另一人对她们说：“回家去洗你们的胸罩吧。”接着，1967年选美比赛的亚军来了：威斯康星的前美国小姐格林贝，她身上披着一条标语：“美国小姐错就错在她太美了。”①

然而，那年秋天，美国正在变得越来越丑。8月，《君子》(*Esquire*)刊登了一则关于列兵安德鲁·斯塔普的封面故事，它证实反战运动竟然正在渗入美国武装部队，此事引发了不少人的恐慌。自军事升级后，军队中的异见在缓慢发酵，而在春节攻势揭开了美国对越军事政策的真实面貌后，异见问题爆发。反战组织出版了更多针对军人的地下报刊，例如《越南大兵》《向后转》《星条旗丧气事》，各地的社运人士和军人开了多家咖啡馆——胡德堡旁边的避震器咖啡馆、彭德尔顿营附近的绿色机器咖啡馆、夏努特空军基地旁边的题外话咖啡馆、伦纳德伍德堡附近的狂人安东尼的大本营咖啡馆，以及为华盛顿特区驻军服务的DMZ咖啡馆。在这些咖啡馆里，大兵们可以讨论战争、抱怨上司或者单纯和其他自认为是运动人士的伙伴一起放松。更为关键的是，现役士兵开始自行出版地下报刊，他们通常在下班后进行，有时也会使用基地里的打字机和油印机。肯塔基诺克斯堡的*FTA*是最有名的报刊之一，也是第一份完全由现役士兵编辑的报刊。标题玩的文字游戏嘲讽了当时陆军的宣传标语，即应征者加入陆军后就能享受快乐（Fun）、旅行（Travel）和冒险（Adventure）。实际上，标题首字母代表了应征入伍者之间流传的一句老话：“去他妈的陆军”（Fuck The Army）。

“阻止战争的唯一办法，”一名持异见的军人称，“就是拒绝上战场！”

---

① *NYT*, 8 Sept, 10 March 1968，还可参考9 Feb. 1969。

虽然当时在越南还没有兵士这样做，但美国国内的一些军人已经开始质疑军令。民主党全国大会期间，胡德堡的指挥官命令部队做好可能前往芝加哥的准备，他们的任务是控制芝加哥示威者发动的暴乱。100 多名黑人士兵举行了会议，40 多人拒绝执行命令，要求讨论军队中的种族主义问题，并声明反对对平民使用武力。他们因抗命而遭到指控，白人士兵和平民筹钱为他们请了辩护律师。由于持异见的人越来越多，五角大楼颁布了一条新法规，禁止身着制服的军事人员参加示威。但是在湾区，该法规并没有起到阻止部分士兵参加示威的作用。10 月，约 1.5 万名平民发起了反战游行，市民们惊奇地发现人群中有 500 名身着制服的军人，其中一位是海军护士苏・史奈尔。这名上尉还从飞机上向当地的军事设施抛撒了反战传单，她也成了因新法规而受审的第一人，被处以较轻的判决。

招募平民并将他们送去新兵训练营使之成为“军人”的做法，已经无法清除年轻人心中的反战观念。有关种族和战争的问题如此剑拔弩张，以至于到 1968 年，它们在一些意想不到的地方——甚至奥运会上——爆发了。

就在美国人从报纸上读到旧金山军人游行的新闻几天后，在墨西哥城参加奥运会比赛的两名美国黑人选手震惊了世界。汤米・史密斯打破了世界纪录，赢了 200 米短跑比赛，接受金牌时，他的右手戴了一只黑色手套。约翰・卡洛斯在接受铜牌时，左手戴了手套。当《星条旗永不落》奏响时，两个人都低头向下看，举起了象征着黑人力量的拳头。“我们是黑人，”史密斯说，“我们为自己是黑人而骄傲。美国白人只会因为我们赢了奥运会而认可我们。他们会说我是美国人，但如果我做了什么坏事，他们就会说我是个黑鬼。”

美国奥委会里的年长白人男性十分愤怒，他们以鼓吹政治事业为由暂停了史密斯和卡洛斯的比赛资格。美国奥委会命令运动员回国，并就这种“幼稚行为”的“失礼表现”向墨西哥方面道歉。

1968 年，绝大多数美国白人还不了解黑人力量，腹地的大多数人大概从来没有见过这个举手礼。“电视首次将奥运赛事的荣耀与痛苦传达给了国内的数百万美国人。”《华盛顿邮报》称。那时，全国性报刊提到“黑人力量”时，还在使用双引号。史密斯和卡洛斯在成千上万观众面前表明了立场，奥委会对此做出的回应把他们变成了殉道者，令他们的事迹刊登在了全世界报刊的头版头条，许多年轻黑人因此受到了鼓舞。“那个简单的动作向我们所有人传递了一个信息，”斯托克利·卡迈克尔坚定地说，“我们十分清楚它的意思。”

这个插曲再一次割裂了美国人民和美国奥运会代表队。汤姆·华德尔是当时正在美国陆军服役的十项全能运动员，当被问及他是否觉得这个插曲损害了美国的利益时，他说：“我们的形象已经糟糕到不能再糟了。”黑人短跑运动员罗恩·弗里曼认为将人逐出比赛的做法极其恶劣，他预测很多黑人将会退出此次奥运赛事。白人链球运动员哈罗德·康诺利同意这个看法，其他黑人短跑运动员戴起了黑色贝雷帽。他们在接受奖牌时举起手臂，紧握拳头，但由于他们“面带微笑，明显没有挑衅意味”，《纽约时报》报道说，所以他们没有受到斥责。还有许多人感到不安。白人游泳运动员巴里·魏森贝格称这次事件“是一种耻辱。我觉得在颁奖仪式上做出这一举动玷污了美国国旗”。一天后，在美国运动员居住的大院里，射击队的宿舍窗户挂出了这样一条标语：“打赢越战：华莱士当总统。”

“让我们团结起来！”是尼克松的竞选口号，大部分美国人都已准备结束这场纷争。当年秋天，这位候选人踏上了竞选活动之路，他呼吁出现一种“新的声音……不同于那些陈旧的声音，那些充满仇恨、异见、暴动与革命的声音”。共和党将城市暴动、街头犯罪和学生造反归咎于民主党人。由于民意调查显示该候选人大幅领先，所以，他对争议性问题避而不答。“尼克松先生已经就167项议题发表了一系列看法，”《纽约邮报》写道，“但很可惜，他没有谈论越南、城市和民权问题，因此没有达到整整170项议题。”虽然他抨击汉弗莱是个“把手伸进你口袋”的自由派挥霍家，但是态度含糊不清。他打动的是“那些纳税上班的人，那些送孩子上学的人，那些去教堂做礼拜的人，那些不怀恨在心的人，那些热爱这个国家的人”，实际上，就是所有大喊“够了，让我们选个新领袖吧！”的公民。

但这次竞选活动只起到了继续分裂美国的作用，尤其是因为还有乔治·华莱士这个不可知的变量。他能赢得多少选票？民意调查预测，当年夏天他只会获得 10%的选票，但民主党全国大会的混乱过后，这个数字很快就翻了一番。如果这种趋势继续下去，到大选时，他很可能会获得 30%的选票，到时必须由众议院做出决定。因此，华莱士带着自己的理念走进了郊区与小镇。“华莱士的白人抵制运动”让人们大量聚集起来。在伊利诺伊的西塞罗，也就是 2 年前小马丁·路德·金的游行惨遭失败之地，许多居民手举标语牌表明自己的观点：“华莱士将拯救美国！”“支持当地的警察”“法律与华莱士”。华莱士反对《公平住房法案》，他告诉郊区居民：“我将要求国会……废除这条让你们卖掉自己的不动产的法律，我要让他们知道，一个男人的家仍是他的城堡。”人们挥舞着海报：“我努力工作为买房。乔治，保护好我们的家园”。

人群中有 5 名年轻的异见者，四女一男，年纪最大的 20 岁，最小的 17 岁。男孩举着一块支持麦卡锡的标语牌：“不要让华莱士把这里变成警察国家”，一名女孩举着标语牌：“爱”。一名目击者报告说，一名男子向那个男孩猛扑过去，一边踢，一边撕扯标语牌。一名强壮的金发女性抓伤了他的脸，其他人则在叫喊：“瞧瞧这 4 个拉拉和基佬！”一个男人指着其中一个女孩补充道：“我打赌她绝对和黑鬼同居！”另一人则说：“洗个澡吧，你这个瘾君子。”①

美国政治兜了一圈回到了原点。1 月，那些聪明的年轻学生虽然恼怒，但仍旧怀揣着理想在体制内工作，希望能改变当权派。紧随其后的是暗杀

① White, Making of the President: 1968, 407-8, and Chester et al., American Melodrama, 691.

事件、麦卡锡步履蹒跚的竞选活动以及芝加哥街头爆发的不满情绪。运动参与者们跌跌撞撞地回到学校宿舍，此时的他们与主流社会疏远到了极点，参与者们一边听滚石乐队悲伤地唱着《街头战士》(*Street Fighting Man*)，一边用切·格瓦拉、马尔科姆·X 和伟大的愤世嫉俗者 W. C. 菲尔兹取代了鲍比·肯尼迪和吉恩·麦卡锡的海报。而在另一边，斯皮罗·阿格纽宣称示威已经失控，抗议者应该被“赶出”美国，共和党人将“界定可允许的异见范围”。与此同时，白人的反弹运动不断扩大，乔治·华莱士备受鼓舞。郊区居民在保险杠上贴上贴纸：“美国，要么爱它要么离开”，小镇皮卡司机则更加直白：“如果你的心不在这里，那就滚出美国”。这就是 1968 年：每个人都很愤怒。

此外，所有人都想知道这些候选人会怎么处理种族和战争议题。尼克松对民权问题避而不谈，只是含糊地提到了人人享有机会，要维护法律与秩序。汉弗莱谈到要继续推行前几届民主党政府的自由派项目。连续 3 年的民意调查都显示，美国人认为越南是美国当前最重要的议题，因此，媒体向候选人施加了压力。春节攻势之后，尼克松和汉弗莱都不得不呼吁政府在一定程度上缩小战争规模。尼克松表示，他有个“秘密计划”，可以实现“体面的和平”，但他不肯透露细节，因为那样敌人就会知晓。实际上，尼克松没有任何计划，他对越南一无所知，也不知道该怎么实现体面的和平——不过，大多数美国选民也不知道，汉弗莱也不知道。大多数美国人都认为华莱士-李梅的想法太过残暴，过去三年的轰炸也没有起到什么作用。春节攻势之后，全体选民应该很清楚，他们无法在越南实现体面的和平。但在接下来的几年中，美国人不愿面对这些残酷的事实——他们希望政治领袖了解一些自己不了解的东西，知道某个自己不知道的秘密。

在民意调查中落后的汉弗莱继续出击。他邀请尼克松与他来场辩论。想想 1960 年发生的事，这位共和党人拒绝了。汉弗莱公布了自己的自由派议程，并在全国各地向无精打采的人群和年轻的质问者发表巡回演讲，质问者们不停高呼“耻辱、耻辱、耻辱”和“屁话、屁话、屁话”。接着，汉弗莱试图激怒尼克松，诱使其做出政治上的错误陈述。“如果用尼克松的坚定立场为吉露牌果冻打广告的话，那会让后者看起来像水泥……。你的立场是什么，尼克松先生，你的立场是什么？”到了 10 月，事态已经非常明显，副总统必须采取雷霆手段拯救竞选活动，因此，他开始疏远约翰逊政府，偶尔会谈到越南问题。他宣称，假如自己当选，他会提出立即停火，停止轰炸北越，可能还会请联合国出面监督所有外国军队撤离南越。他将以某种方式开始“战争的去美国化”。

这位民主党提名人的说辞越来越靠近运动的立场，这种策略起作用了。在竞选运动的最后几周里，汉弗莱鲜少受到嘲弄，因为大部分社运人士都重新选择了民主党人。除此之外没有别的选择。社运人士可以像一些激进派提议的那样对选举袖手旁观，也可以选择支持汉弗莱，希望他能继续推进社会项目及民权运动。10 月里，更多的“麦卡锡儿童”开始支援他的竞选活动，同样这么做的还有老一辈自由派，例如阿拉德·洛温斯坦和美国人争取民主行动组织的成员。竞选的前一周，参议员麦卡锡公开表示自己支持这位候选人，与此同时，总统约翰逊宣布暂停轰炸北越。

公民开始投票，盖洛普民意调查显示，汉弗莱以 40%比 42%落后尼克松仅 2 个百分点，而哈里斯民意调查则显示，这位民主党人实际上以 43%比 40%领先。差距太小，且为时已晚：尼克松就是总统，尽管只是险胜。他赢得了略多于 43%的选票，以 50 万票的优势打败了汉弗莱。华莱士赢得了 13%的选票。

在 1968 年，一切都不明朗，选举也不例外。旧南方和民主党人渐行渐远，转而向任何能阻止民权运动的保守派靠近，包括第三党的候选人。华莱士在南方州获胜，尼克松拿下了边境州。南方的投票结果表明，昔日的邦联决心要反对联邦政府实现种族平等的尝试。至于国内其他人，由于大约 57%的人投票支持尼克松或华莱士，反对自 1961 年以来一直统治政府的民主党，而且民主党人的得票比 1964 年时少了 1 200 万，因此，这次选举似乎是对约翰逊政府、自由主义、“伟大社会”计划和《民权法案》的否定。不过，这次选举也表明了选民的困惑。例如，阿肯色州人投票支持鹰派独立人士华莱士担任总统，支持自由派共和党人温斯洛普·洛克菲勒担任州长，支持民主党鸽派人士威廉·傅尔布莱特担任参议员。在艾奥瓦州和加州，人们投票支持民主党人担任参议员，共和党人担任总统，更多的保守派被选入众议院，而更多的自由派则被选入参议院。也许从长远来看，美国历史上最重要的选举之一可以用保险杠贴纸上的口号来概括："尼克松更安全"，这位共和党候选人曾在 1960 年的竞选活动中反复使用这一口号，在 1968 年时，它打动了困惑重重的选民。

许多专家认为这次选举开启了保守主义时代，从某种意义上说，这是事实。但这不只是意识形态的转变，选民投票支持的是一种不同的事物，他们觉得这样做更有可能结束困扰这个国家持续 3 年的暴力。由于华莱士对于有思想深度的公民来说是一种侮辱，因此，他们只有一个选择——他们投票支持秘密计划，希望尼克松知道某种方法或任何能结束国内外战争的方法。从某种意义上说，当时的投票是对和平的 1950 年代的呼唤，也是对运动和 1960 年代的否定。沉默的大多数投票要求沉默，要求不再呼喊。4 年前，在言论自由运动的学生鼓动下，郊区居民投票支持州长罗纳德·里根，而今天，雅皮士劝说普通公民投票支持尼克松。

当然，这次选举并没有弥合美国的裂痕，也没有"让我们团结起来"。战争和种族问题继续分裂民众。到 1968 年底，全国各地的米勒斯堡式小镇居民已经忍无可忍。许多人痛恨抗议者，他们认同新副总统的看法，后者称抗议者是"雅皮士、嬉皮士、乌合之众"。CBS 播放了芝加哥大会期间的街头暴力画面后，9 000 名观众打电话或写信投诉——他们不想再在电视上看到那种行为了。一项全国范围的民意调查显示，只有不到 20% 的公民认为市长戴利使用了过多的武力。"揍他们，让他们老实一点。"许多家长这样要求，因为他们的孩子失去了信仰、辍学或变得更加疏远。马克·绍尔考德回忆起被警察抓捕时的情景："我被踢来踢去，是真的踢。他们打我，扇我耳光……。这些人怎能这样对我？我对他们做了什么？……当时的情况让人觉得又困惑又疲惫，而且非常激进。我开始强烈地怀疑自己先前的和平主义观点。也许在当时强烈要求革命很重要。”实际上，与新左派先锋的所有小册子、书籍以及他们所做的全部演讲相比，警察施暴造就了更多的激进派。

一边是我们，一边是他们。美国正在变成两个国家，极易分裂又充满分歧。“你要么是答案的一部分，”社运人士说，“要么就是问题的一部分。”保罗·波特沉思道：“‘我们’的理性水平和‘他们’的已经相差太远，我们甚至猜不出他们处于什么样的理性水平。”大卫·哈里斯补充道：“我们成了一个陌生国度里的陌生人。”

要么左要么右。在这个时代的剩余岁月里，分裂仍继续存在，分化着不同世代的人甚至是家人。“我兄弟在国民警卫队，”麦迪逊的一名社运人士说，“警卫队上街巡逻的时候，我发现他在其中一队里。他举起步枪，用刺刀对准我的胸膛，兄弟之间兵戎相见。美国，唉！”那年底，一位教授对新闻媒体进行了调查，得出结论是有两种美国人：“一边是年轻人、不再抱有幻想的人、革命者、和平主义者和理想主义者、反对征兵者、麦卡锡支持者，还有那些关心黑人的绝望处境、关心国家深陷战争绝境的人；另一边是自鸣得意无比满足的人、尼克松派和汉弗莱派，以及那些造就这一切的人。”①

对许多要求改变的人而言，这次选举标志着运动和 60 年代的结束。社运人士明白，尼克松将制定政策竭力遏制国外共产主义的传播，也就意味着战争还会持续数年。正如有人所说，这次选举不过是换掉了“一个见利忘义的得克萨斯人，代之一个好战的贵格教徒”。这位新总统还会大规模利用警察力量来控制运动，据迈克尔·罗斯曼说，尼克松是“那种吓坏了的老一辈严厉老爹”。许多社运人士还见证了扶贫项目的终结，更重要的

① Gottlieb, *Do You Believe in Magic?*, 136－37; Potter, *A Name for Ourselves*, 34; Harris, *Goliath* (New York, 1970), 49; 麦迪逊的情况出自 Stickney, *Streets*, *Actions*, *Alternatives*, *Raps*, 84; Blumberg, “The ‘Orthodox’ Media,” 39。

是，见证了平权抗争的终结。多年来，联邦政府一直在支持民权运动，而现在看来，新议程就是讲求法律与秩序。显然，白人对黑人的抵制胜了，抗争失败了。1960 年始于格林斯伯勒的那部分运动似乎已经死在了 1968 年的选举中。

这样的念头让许多数年来一直在参加游行和示威的社运人士感到沮丧。一些人继续发表激进的演讲。"'抵抗'组织，"大卫·哈里斯在因逃避征兵而入狱时声称，"会继续在监狱内外进行抗争。虽然我们的躯体可能被囚禁，但我们还会继续组织运动。"哈里斯后来承认，这样的言论"明显是出于善意但言辞空洞，当年秋天，这种现象似乎突然主导了 60 年代"。对于他和其他人来说，很难承认这种明显的失败。梦想总是难以放弃。杰克·纽菲尔德说：

> 现在我明白是什么让我们这一代人与众不同，是什么让我们有别于那些在 1961 年那个充满希望的冬天前出生的人，以及那些在 1968 年那个残酷的春天后出生的人。我们是开创新局面的一代人，我们从天真的 20 多岁的经验中吸取了教训，我们知道事情其实并没有真的变好，我们不会胜利。到 30 岁时，我们觉得我们已经目睹过美国孕育的最有同情心的领袖，然而他们都被暗杀了。从今往后，事情会越来越糟：最好的政治领袖现在已经成为我们的回忆，而不是希望。①

他们深感挫败，开始思索他们的运动是否已经失败，新左派是否已死，60 年代是否已经结束。在这一整年中，大门乐队一直都在《等待太阳》，

自由曙光初现

① 有关约翰逊的情况出自 Kahn, *Battle for Morningside Heights*, 221, and Rossman, *New Age Blues*, 50; Harris, *Dreams Die Hard*, 260; Newfield, *Robert Kennedy: A Memoir*, 7, 304。

我们奔向大海，
站在自由海岸边
等待太阳……

等待你来听我歌唱，
等待你来到我身旁，
等待你来告诉我问题出在什么上……

“这是我所知道的最怪异的人生”，吉姆·莫里森唱道，电影《逍遥骑士》的主角、美国队长比利补充了一句：“我们搞砸了。”第一波浪潮中的许多社运人士认为，这句话可以作为运动和 60 年代的墓志铭。

毫无疑问，1968 年底确实遭到了重创。六十年代人的天真与理想主义已然消逝，他们是社区的信徒，早些时候他们曾一边高唱《我们一定会胜利》一边游行，他们也是在 1964 年和 1965 年入校的年轻新生，他们渴望参与事务，渴望改变自己的大学。现在，两个群体都十分沮丧，前者太过愤怒，无法再继续运动，后者期盼毕业——然后入伍。美国已经选出了一个保守派总统，战争还在继续，学生争取民主协会和学生非暴力调解委员会这样的组织陷入混乱。然而，这再一次揭示社运人士总是少数派群体，而在那个选举年里，参与运动的人学到了民主的首要规则——少数服从多数。这场运动或许能让议题广为人知，在开明的飞地中推选出他们的候选人，但他们绝不会赢得一场全国性选举。此外，运动和 60 年代不能用组织的命运及老一辈社运人士的参与来衡量，因为许多老一辈的社运人士退出了示威活动，转而追求其他事业。运动的范围变得越来越广，从某种意义上来说，随着它在美国社会的蔓延，其规模已经超越了早期的组织架构。1968 年，许多以前从未参与其中的年长公民开始加入运动，第二波年轻的兄弟姐妹也参与进来。哥伦比亚大学罢课运动期间，学生麦克·华莱士在占领大楼时回想起了自己的觉醒过程：“一直以来，我的世界都十分古板、传统、充满恐惧，是典型的中产阶级并且相当体面。而现在我却在这里做着6个月前尚觉得非常可怕的事。但我在望不到边的人海中央……。它不单是哥伦比亚大学的事。那时越南还在打该死的仗，民权运动也在进行。这些有着深刻影响力的大事件已经超越了那场运动本身的意义。1968年为我撬开了宇宙的大门。"

运动失败了吗？"1968年，人们开始相信一种极度危险的半真半假的说法，"两名社运人士反思道，"那就是1960年代的组织工作一无所成，只有一场末日级别的最终冲突才能改变体制。"① 实际上，自1960年起，社运人士就已经改变了社会。他们触动了美国的良知，动员了民众，并因此促成议会通过了重大的民权法律和项目，迫使学校和教育系统进行了改革，并让人们开始质疑美国参加的战争，以及自己在祖国的武装部队中服役的义务。当他们帮助麦卡锡在新罕布什尔获胜时，为鲍比·肯尼迪的竞选活动奔走呼号时，他们已经对主流政治产生了影响，尤其是对民主党。1960年代早期，那些社运人士提出的观念，那些写入《休伦港宣言》中的观念，到1968年时已经被大多数自由派所接受——讽刺的是，那时，上述文件的作者们已经在意识形态的道路上越走越远，在高呼"革命！"。

运动和60年代并没有在1968年结束。11月，旧金山州立大学的黑人学生宣布，他们打算"使用一切必要手段"关停自己的大学，而在接下来的几年里，发生了美国历史上规模最大的形式各样的抗议与示威。然而，1968年是极为重要的一年，因为那一年的激流撕裂了社会结构，分裂了美国，把运动和60年代冲向了新一轮赋权运动与解放运动的大潮。

---

① 华莱士的回忆出自 Fraser et al., *1968: A Student Generation in Revolt*, 10; Staughton Lynd and George Katsiaficas, *Journal of American History* (June 1990): 375。

第二部分

第二波浪潮：顶峰，1968—1970年代初

1968年秋，《村声》撰稿人理查德·戈尔茨坦请乡村乔·麦克唐纳“聊一聊革命”。

“不会发生什么革命的，”这位音乐人回答，“我们现实点。”

“为什么？”戈尔茨坦问。

“因为你得控制一些事，”乡村乔说，“而我认识的大部分人都没准备好这样。他们想要一个无领袖的社会。”

“但是，”戈尔茨坦继续问，“游击队员们怎么说？”

“我不认识什么游击队员，”乡村乔回答，“我知道很多人会穿切·格瓦拉的T恤……真是一帮疯疯癫癫的怪胎。……”

乡村乔的吉他手巴里·麦尔登补充道：“革命不过是在社区内工作的另一种说法。”

“见鬼，”戈尔茨坦反驳道，“你们就是在革命。”

“不，”乡村乔摇摇头说，“我只是在过自己的生活，这才是你该做的。”

第五章　反主流文化

迈一大步，走出你的思维。

——泰吉·马哈[①]

真的有人知道现在几点吗？

真的有人在乎吗？

——芝加哥乐队

第二波浪潮期间，也就是芝加哥事件发生四五年后，随着运动逐渐与反主流文化融合，过你自己的生活、做你自己的事成为运动的一个重要主题。一些人开始参政，投身于抨击当权派并将权力转交给人民的事业，即赋权运动。另一些人则认为政治已经随马丁·路德·金和鲍比·肯尼迪而死，他们开始专注于个人追求，让自己脱离过去，这就是解放运动。与此同时，大部分人都经历了一种自我改变，使他们成为不同于冷战一代的"六十年代人"。"记住，"图里·库普弗贝格向正在兴起的新文化喊话说："**第一场**革命（但当然不是最后一场）就在你们自己的脑海里，抛弃他们那种荒谬的目标、欲望和道德吧。"

反主流文化必须定义得更为广泛。运动是为对抗政治体制而发展起来的：反主流文化反的是占主导的冷战文化。激流过后，媒体语带讽刺地报道说，当时有 20 万名"全职嬉皮士"，另有 30 万人怀有相同的信念，践行同样的生活，每年约有 2 万人退出主流，而且"这个数字正在呈几何式增长"。60 年代末，嬉皮士几乎在所有大城市里创建了数千个公社和嬉皮社区，他们搭便车走遍了美国乃至世界——从马拉喀什到喀布尔再到加德满都。在70年代初，可能有300万人认为自己是反主流文化的一部分，不过，他们始终是另一个少数群体——运动中的少数群体。虽然必须记住，六十年代人中有很多更为保守的年轻人，他们渴望成为体制的学徒，但是嬉皮士对抗和扰乱了现有体系，不管他们的人数有多少。“没有人确切知道这场大规模的代际剧变究竟有多大，”一名研究者写道，“我们唯一能够确定的是，它的规模是我们的历史上前所未有的。”①

在第二波浪潮中，反主流文化成为影响了许多年轻美国人的一种现象，而且，随着婴儿潮一代涌进校园，社运人士和嬉皮士之间的鸿沟就如同扎染的颜色般逐渐消失了。地下组织正在浮出表面，慢慢地渗入运动中。“自由之夏”期间的蓝色牛仔裤和工作衬衫变成了伍德斯托克音乐节时的喇叭裤和农夫服。嬉皮是那个时代的标志，象征了六十年代人从冲浪和在沙滩上和衣而睡向抗议和抽大麻的转变，从“爱我就做”向“我们为什么不在路上做”②的转变。五角大楼游行之后，参与者基斯·兰普写道：“就在两周前，我们还在谈论‘迷幻运动’里的嬉皮士，以及与之截然不同的‘正统和平社运人士’或‘抵抗者’。现在，这二者已经成了同一件事中紧密相连的两个方面——谁又能为它命名？它就像是风或者水。绝无领导者。在五角大楼外面，扩音器就像大麻卷烟和三明治还有水壶一样被传来传去。”③

许多评论家都讨论过反主流文化的源头。大多数人都提到，纵观美国历史，一直都存在着无法适应主流社会的不合群的人。从前，这些人可能是流浪者、漂泊者、山里人，或是奥奈达、新和谐等社区的空想主义者，

① 亨利·弗雷德里克斯（Henry Saint Chair Fredericks）的艺名，获得过格莱美奖的布鲁斯音乐人，常常将世界音乐的不同元素加入自己的音乐中。——译者

② *Love Me Do*，是披头士的第一首单曲，1962年发行。*Why Don't We Do it in the Road*，是披头士1968年发行的歌曲。——译者

③ 库普弗贝格的话出自Berke，*Counter Culture*，85；Gardner，*Children of Prosperity*，v，9；兰普的文字出自*Liberation*，Dec. 1967，p. 10。

或者各类震颤派和哈特派定居点里的人。随着美国的城市化进程，他们聚集到城市——一战后的波希米亚人，大萧条时期学生中的激进派，冷战年代的垮掉派。由于未来的嬉皮士成长于战后时期，一些人受到了同时代的知识分子和诗人的影响。保罗·古德曼讨论了《荒谬的成长》，威廉·怀特鼓励学生去“对抗组织”，垮掉派诗人嘲弄社会，敦促读者《在路上》。“我们非去不可，到达之前永不停下。”杰克·凯鲁亚克笔下的某人说，而在《孤独天使》(*Desolation Angels*) 中，这位作者谈到了“‘背包革命’，全美‘上百万个达摩流浪者’爬上山头冥想，忘却社会”。一些作家强调，反主流文化是对技术的一种回应，在原子时代，美国文明已经“深陷对种族灭绝的不可动摇的承诺中，它疯狂地以人类大灭绝为赌注进行赌博”。其他人认为嬉皮文化的发展是众多六十年代人走向成年的结果。年轻人越多，意味着因社会规范产生的分歧也就越多。再加上一个披头士乐队，就有了“爱之夏”。

这些作家大都是社会科学家或记者，他们曾去过海特-阿什伯里或东村，和一些古怪的年轻人聊过天，然后在“爱之夏”过后的 5 年里，他们发表了几十篇学术论文及大约 150 篇文章。社会科学家试图把嬉皮士塞进范式、二元论或理论里，并将他们分门别类（空想家、瘾君子、塑料嬉皮士、公社社员），保守派人士则怒斥是“过于放任”的育儿方式导致了嬉皮士的诞生。历史学家读了上述报告，然后给下一代学生解释何为嬉皮士。

由此而来的解读是肤浅的——性、毒品和摇滚，这并不奇怪。第二波浪潮处于如此情绪激荡的时代，以至于很少有人能逃过这一愚蠢的争论：嬉皮士是好人还是坏人？问题从来没有那么简单，恰好相反，由于反主流文化丰富多彩，形态各异，因此产生了许多自相矛盾的地方。“耶稣子民”① 的三位研究者写道，他们发现“有些事值得夸赞，有些事需要批判，

① Jesus People，一个由嬉皮士建立的教会大家庭，定居在芝加哥，共同生活。——译者

但运动中各元素间的力量平衡发生了变化，有时变化非常剧烈”。对许多人而言，贬低反主流文化似乎要比探索它更容易，因此，许多老一辈评论家只看到了自己找寻的东西。俄勒冈一个公社的成员说：“任何家庭、任何公社都像一个罗夏测验①。当你来这里时你看到的东西更多是说明了你是谁，而不是它是什么。来访者……完全没有注意到究竟发生了什么，因为他们不明白这些东西对我们来说意味着什么。”②

究竟发生了什么事？为什么反主流文化会在第二波浪潮中蓬勃发展？它的价值观和社会思想是什么？他们想要建立怎样的另类社会？

当然了，通常来说，“嬉皮士”对老一辈和年轻一辈的意义并不相同。父母们一般会说嬉皮士就是所有反抗某些东西的人，或者就是他们眼中的叛逆者，而主流记者则干脆给他们贴上标签，称他们是“肮脏的、穿奇装异服的抗议者”，这些人留着长发，身上臭烘烘的，吸着大麻。《时代》周刊称，大麻是“嬉皮文化的主食”，“LSD 是它的鱼子酱”；而尼古拉斯·冯·霍夫曼补充说：“假如这个词有什么含义的话，意思就是嬉皮士是毒贩。”60 年代末，一名记者在教同龄人如何识别嬉皮士时，他给出的建议总结了老一辈对反主流文化的了解程度：“嬉皮士看着就是嬉皮士。”

美国人喜欢包装和标签。“嬉皮士”已经被定义，因此，郊区居民一脸厌恶地转过头去，而不是试着去理解这种反叛。实际上，嬉皮士认为自己是另类文化或地下文化的组成部分，他们彼此间的称呼非常多，就像一张传单上所写的：

“和平与自由党”的“佩斯利力量小组”有望与我们志趣相投，

① 根据受试者对墨渍图案的反应而分析其性格的心理测验。——译者

② 大屠杀的话出自 Roszak, *Making of the Counterculture*, 47；佩里在 *Human Be-In*, 16 中批判了这样的分类；and see Patrick Conover, *The Alternative Culture and Contemporary Communes, Revised: A Partly Annotated Bibliography* (Monticello, Ill.: Council of Planning Librarians, 1976), exchange bibliography # 952; Enroth et al., Jesus People, 12; Melville, *Communes in the Counter Culture*, 138; and see Fairfield, *Communes USA*, 4–5。

> “我们”是嬉皮士、青年无政府主义者、无政府主义者、垮掉分子、“挖掘者”、音乐人、禅修人士、毒贩、乌托邦人士、世界产业工会会员、书法家、大亨恶棍以及许许多多与我们观点大致相同但**无法分类**的个体。

这些词的用法随时间地点的不同而变。一些自认为是反主流文化组成部分的人自称为“找寻者”，或者因为吸食毒品而自称为“瘾君子”。第二波浪潮期间，许多人都在使用“嬉皮士”这个词，或另一个流行词“怪胎”，即一个过于古怪，过于不正常，因而不属于正常社会的“离经叛道者”。当两个怪胎被选为俄亥俄州立大学学生会主席和副主席时，该校校报称：“‘怪胎们’来了”。新任主席穿了一件红白条纹的衬衫，蓝色的袖子上布满了白色星星，他宣称他们是“怪胎，不是激进派”，与此同时，他的支持者则吹着泡泡，哼着《向统帅致敬》这首歌。

怪胎不能被简单地视作跟“性、毒品和摇滚”有关而被抛弃，因为反主流文化就和广义的运动一样，包含了所有人，谁也不排斥。当时没有嬉皮组织，没有成员卡，没有会议，没有年龄限制，没有特权。成为嬉皮士通常意味着踏上了一段个人旅程。人们不必为成为合格的嬉皮士而辍学一学期、一年或十年，也不必吸毒、参加性狂欢、住进公社、听摇滚、留长发。没有最低要求，没有必做之事。尽管一些嬉皮士可能无法清晰地表达出自己的想法，无法定义自己的存在，但大多数人都认为跻身反主流文化是一种心态，这一点与参加运动是一样的。“在我认识的人里，有些头发最长的人现在都秃顶了。”杰瑞·鲁宾笑着说，而当犹他大学的一名教授批判反主流文化时，一名学生回答：“嬉皮运动不是留着一脸胡子，不是穿着古怪、五颜六色的戏服，不是吸大麻。嬉皮运动……是一种哲学，一种生活方式，而嬉皮士就是信仰这一切的人。”有些人远离了主流社会，尽可能不去关心政治，有些人参加了他们所认为的文化革命，但大多数人拒绝主流的文化价值观，然后发展并践行了不同的生活方式。虽然这对老一辈来说似乎很难领会，但全国各地的怪胎却轻而易举地明白了。

此外，嬉皮士并不需要老一辈专家来阐释反主流文化——他们经常写关于它的文章。细心的观察者和后来的历史学家在60年代末意识到了这一点，正如一位缜密思考过的学者所说，“在这场汹涌的青年动乱中，美国要吸取的教训不是长发、体臭或对传统价值观的不敬破坏了美国的稳定，而是造成年轻人如此不安的体制出了**大错**。那谁是这些体制里最直言不讳的批评家？挑份地下报刊看看吧，安娜堡、密歇根、杰克逊、密西西比、米德尔厄斯、艾奥瓦、纽约、芝加哥、洛杉矶的都行”。①

了解反主流文化的最佳资料是怪胎们为地下报刊及不知名出版者所写的文章和书。去读他们写的东西，去听他们的音乐。嬉皮士们并没有把自己归入某个清晰的类别，因为只要他们喜欢，他们就会随时加入或退出起伏不定的反主流文化。年轻人不读保罗·古德曼也能发现生活很荒谬，不读大卫·李斯曼也能知道社会是一群孤独的人，不读马尔库塞和米尔斯也能知道当时存在着不公和战争。他们只需熬过60年代，思考当权派的行为，持续关注反主流文化的信使——地下报刊和音乐。

第二波浪潮期间，地下报刊欣欣向荣。“媒体和民众之间缺乏信任，”美国合众国际社和《纽约时报》的前记者约翰·威尔科克称，“因为报社老板是个彻头彻尾的骗子。……因此，嬉皮士根本不会读全国发行的报刊。”威尔科克开始出版《其他场景》(*Other Scenes*)，与此同时，数千名怪胎和社运人士成立了三家全国性的地下通讯社，发行了600多份报纸，其发行量最终超过了500万份。高中生印制了约3 000份不定期出版的小册子，而他们的哥哥姐姐制作了大量海报、传单和简报。在地下报刊的帮助下，反主流文化开始渗入文化之中，很快，怪胎们就能找到彼此，并在全国各地传递信息，“从老迪克西的心脏”即密西西比的杰克逊（《野葛》

① Rubin, *Do It!*, 97; *Daily Utah*, 6 Feb. 1968; Glessing, *Underground Press in America*, 59, my emphasis; and see Learner, *Paper Revolutionaries*, 14.

[*The Kudzu*]）到诺克斯堡的陆军安全防线内（*FTA*）。传递的内容是“我们对抗他们”，而且出版人清楚自己想站在哪一边。大多数人从不假装自己的信息准确无误，也不刻意去出版“所有适合出版的新闻”。地下记者是偏激主观的记者，也就是说，他们参与事件，然后从自己的视角来写文章。《伯克利毒评》的办公室里有一条标语：“放下成见——除非它站在我们这边。”

“摇滚乐，”一名嬉皮士在《太空城！》（*Space City*！）上写道，“在传播好消息方面，比其他任何单一因素都更可靠。”当然，民谣歌手在猫王的那个十年和随后披头士的那个十年的音乐峡谷间架起了桥梁。民谣引入了 60 年代的许多主题，接着，其他音乐人给吉他插上电，空降无线电台。学者们争论着年轻人是否真的在听歌词，反主流文化人士则买了唱片跟着一起唱。“声音，就跟性和大麻一样让人兴奋。”一名瘾君子写道，因为它不仅打造了一个嬉皮社区，还挑战了当权派，将怪胎们从老一辈的束缚中解放了出来。“对我们这一代人而言，音乐是大多数人生命里最重要的动力，”底特律的文化社运人士约翰·辛克莱写道，“音乐最美好的地方就在于，它每天都能打动数百万听众，让听众们明白即使他们不得不听那些骗人的广告和死讯报道，也可以跳舞、唱歌、大喊、尖叫，并**感觉良好**。”① 为了避开广告和战争报道——也为了传播信息——怪胎们创办和收听了不少嬉皮 FM 立体声电台。例如湾区的 KMPX 和 KSAN，纽约的 WBAI（或称“没法命名的电台”），麦迪逊的“反抗高墙 FM”是最早的电台之一，很快，在听众的赞助下，其他许多城市也创办了电台并开始播音，包括洛杉矶、休斯敦和华盛顿特区。所有电台都会播放音乐，所有电台都给反主流文化提供了灵感。

为什么在“爱之夏”期间这样一小撮六十年代人——不足 10 万——

① *Other Scenes*, 28 Dec. 1968, and see Glessing, *Underground Press in America*, 53, 99; *Space City*!, 17–30 Jan. 1970; *East Village Other*, 19 Aug–1 Sept. 1967; 辛克莱的文字出自 *Fifth Estate*, 28 Nov. –11 Dec. 1968; also see Miller, *Hippies and American Values*, chap. 4。

会在第二波浪潮中发展成一个有数百万花童的花园？当权派的行为刺激了反权威运动的发展。在激流之中和激流过后，60 年代中期的酷世代开始变成远离主流的一代人。

这一切始于婴儿潮一代进入“蹲下寻找掩护”① 的小学，升入留平头的高中，然后进入大学，父母向他们保证，大学时光是“你人生中最美好的岁月”。然而事实相反，“欢迎来到队伍、官僚主义和人群中。”《加州人日报》的社论写道，学生们从辅导员那里被赶进教室，沿着迷宫般的程序走向大学。欢迎来到规章制度的世界。的确，一些大学的情况有所改善，但对大多数学生来说，校园生活就跟杰瑞·费伯发表的文章《黑鬼学生》一样，这篇文章在地下刊物上被转载了无数次。教授们不会为学生抗争，也不会反抗学监和政客，因为他们“没种”。教师反倒会恐吓学生。“分数是件厉害的武器。”一个学生微笑着拖着脚向教授走去，学着大学里最重要的规则：“这个男人想听什么，你就说什么，不然他会让你尝尝挂科的滋味。”许多大学的改革进展缓慢。学生是缴了学费的，他们要求终结这些愚蠢的规则，往往对上的却是无尽的拖延。在哥伦比亚大学的学生造反之前，那里的行政官员更关心的是合校女生是否在和男友同居、是否违反了规定，而不是这种管理是否侵犯了她的隐私。当能言善辩的学生记者问了太多问题或者没有表现出足够的尊重时，校方就会开掉他们或令他们停学。这样的例子比比皆是：《佛罗里达短吻鳄》因为撰写社论批评了州内政客；皇后大学的《凤凰》因为分析了校方的权力结构；约翰斯霍普金斯大学的《简报》因为写了一篇名为“年度人物”的文章恶搞投票，内容是与林登·约翰逊一起的三名连环杀手；得克萨斯大学埃尔帕索分校的《驴子》因为虚构了一篇约翰·列侬和耶稣之间的访谈。蒙莫斯大学的两名学生写了一篇文章，称学校董事会董事就是“政治杂工”，他们因此被停学，

① 冷战期间，美国曾训练学生“蹲下寻找掩护”，以抵御核弹的攻击。——译者

返校后又因非法侵入被捕。①学生们感到无力，许多人以自己的方式退出了主流社会。明尼苏达大学有 4.5 万名在校生，有 120 个学生会职位，但参加竞选者甚至不足百人。另一些人则离开校园，创办了不受审查的地下报刊，或者像奥斯汀《碎布》的撰稿人——嬉皮作家所宣称的那样："我不是这儿的学生，所以你见鬼去吧。" 此外，还有这样的徽章：

我是一个人类

请勿折叠、穿孔或损坏

徽章、保险杠贴纸和 T 恤上出现的其他话也给了反主流文化灵感：

要做爱不要作战

老一辈正在打一场许多年轻公民眼中非法、非人、非道德的战争。战争迫使达到征兵年龄的年轻人做出了回应。年轻男性要么顺从当权派，去参军，要么通过抗议和抵制征兵来对抗战争机器，要么就退出主流社会。前两个选项没能终结战争，而且尼克松当选后，冲突显然还将持续多年。应该做什么呢？乡村乔·麦克唐纳回答："你去嗑药，你把音乐开得震天响，你尽情跳舞，你给自己造一个一切都很美好的梦幻世界。"

大多数年轻人都把这场战争怪到老一辈人头上。"现在的情况，" 一名社运人士写道，"就是一整代人开始对自己的父母说：'你们不能再让我们为了你们那种保守陈旧的想法去杀人或者被杀。'" 许多归国返家的士兵都赞同。越战老兵和从二战归来的父亲们不一样，他们很少谈论英雄主义、责任和荣耀。相反，这场"无休止的战争"变成了说不完的恐怖故事和幻

① *Daily Californian*, 15 Sept. 1965; Farber in *Los Angeles Free Press*, 3 March 1967; examples in Michael Lydon, "The Word Gets Out," *Esquire*, Sept. 1967, pp. 106-7.

灭感。“去了越南后，我对一切都失去了敬意，”中尉艾尔·怀尔德说，“我年少时学的所有东西到头来都是该死的谎言。”有关战争的故事和画面源源不断地冲击着人们，令人痛苦不堪，越来越多的六十年代人对此感到厌恶。“从越南战争中，”雷蒙德·蒙戈写道，“我学会了鄙视我的同胞、我的政府和整个英语世界，还有它那进行种族屠杀和国际侵略的历史。我是个正常的年轻人。”

另一些年轻人则因美国继续歧视本国的一些公民而苦恼。一个男孩问他父母：“‘假如一个黑人住到我们隔壁，你们会怎么做?’他们会说：‘没什么啊！我们不介意。’然后我会说：‘假如我想和一个黑人结婚，你们会怎么做?’答案就完全不一样了。‘不行。你不能和黑人结婚。不行，不行。你不能那样做。’我就是不明白为什么，因为我从小接受的教育就是让我相信，黑人和其他人没什么不同。可 2 加 2 就是永远等于不了 4。”①

当然，整个 60 年代，年轻的黑人与白人一直在相互融合。在民权游行中，在“密西西比自由之夏”期间，许多参与者都感觉自己得到了解放，其中还掺杂着一种归属感，后来，跨种族交流在校园、开明的城市和东南亚也越来越多。“这么多年来，我们只是通过音乐偶尔接触黑人，是越南把我们团结到了一起，”托比·汤普森回忆说，“我们的父母可能精心策划了越战，但是打仗的是我们，我们从那种恐怖里得到了不寻常的好处。我们亲身接触了黑人语言、大麻、大兵还有嬉皮……。这场旨在消灭共产主义的战争创造了一种全新的归属感。”自然，嬉皮士和“黑佬”之间会有摩擦，就像海特-阿什伯里最早称呼黑人为“黑佬”。嬉皮士的头脑中已经印入了郊区白人的价值观，他们正在竭力抛弃那些信仰，而许多黑人正在努力逃离贫困，成为中产阶级。即使如此，黑人文化还是通过爵士乐和灵魂

---

① 麦克唐纳的话出自 *Sing Out!*, June 1968, pp. 20-21；社运人士的文字出自 Keith Lampe, “From Dissent to Parody,” *Liberation*, Dec. 1967. p. 20；怀尔德的话出自 MacPherson, *Long Time Passing*, 259；Mungo, *Famous long Ago*, 3；儿子的对话出自 Lukas, *Don't Shoot — We Are Your Children!*, 243。

乐以及马丁·路德·金对非暴力和爱的重视影响了许多年轻白人，而非暴力和爱正是反主流文化的两个重要主题。在黑人社区，性规则和双重标准没有那么严苛，这对嬉皮士很有吸引力。年轻白人也开始用起布鲁斯和爵士圈子里的一些黑人用语："老兄"、"跟上潮流"、"喜欢"，他们还常叫年轻女性"小妞"，称女朋友是某人的"马子"。

跨种族约会变得更司空见惯，更流行，因为民权工作者和怪胎们都崇尚一种不歧视任何人的文化——一个属于兄弟姐妹的社区。海特-阿什伯里免费商店的门前有一块标语："进了这道门，你就是一个'挖掘者'。"没有例外。新血乐队（The Youngbloods）唱道：

来吧大家就现在
善待你的兄弟
所有人聚到一起
试着相互友爱就是现在

因此，文化行为刺激了反主流文化的发展。假如没有种族主义、战争和校园内的家长式管理，嬉皮士世界的人数可能会和战后社会的垮掉派人数相当。当然，由于婴儿潮一代的数量庞大，而反主流文化的规模相对较小，所以还会有更多嬉皮士只在通常位于东西海岸的波希米亚飞地和一些大学城镇内。

实际上，在第二波浪潮前，嬉皮士在多数城市里都是一道奇异的风景。"我们从纽约来到芝加哥，"一名社运人士在民主党大会后写道，"就像来到一个小镇，如果你留着长发，人们仍然会盯着你看。"而且大多数民众都对他们不屑一顾。当嬉皮潮人第一次来到西雅图和明尼阿波利斯这样的开明城市时，许多商家都无比讶异，拒绝为他们服务。在华盛顿大学附近的一家餐馆里，一名女服务员表示"我们不需要也不想做你们这笔生意"，然后就报了警。接着，一名警察就赶来了，他说："如果他们是黑鬼，那还能逃过这一回！”但嬉皮士逃不过，他们平白无故地被带去了警局。①在南方，很少有嬉皮士会离开亚特兰大、新奥尔良等开明的飞地。在西南部，奥斯汀的乡巴佬会冲他们污言秽语，马斯科基的流动雇农则吹嘘自己用嬉皮士来练打靶。

然而，反主流文化蔓延开来。在尼克松时期，国内问题仍旧存在，且愈演愈烈，而这也印证了嬉皮士的想法，即这个国家正在变成一块废土。到60年代末，调查发现大多数民众都同意这一说法：“美国出问题了。”

在许多年轻人眼中，伟大的美国制度似乎正在走向失败，而这与他们成长中所受的教育是相悖的。这个“地球上最强大的国家”“从没输过一场仗”，但它的军队却敌不过一个东南亚小国的农民。“专家们”曾支持这场战争，华盛顿的政治“领袖”和纽约的许多“知识分子”亦是如此。这是“在正确的时间打的一场正确的仗”。学生们很快发现征兵过程十分不公。哈佛学生詹姆斯·法洛斯体重减得够多，因此他6英尺1英寸的身高没有达到120磅的最低体重要求，然而毫不知情的工人阶级小伙却通过了体测，被送往越南。毕业后，许多学生认为未来自己会在一家无趣的企业上班，或许就是那个制造凝固汽油弹或者污染环境的公司。需要安慰时，年轻一代可以求助于他们的牧师——这些老一辈的牧师在实行种族隔离的教堂里宣扬要爱你的邻居，他们看到年轻的教徒没有“盛装”而来会大惊失色。

而且，这个流行委婉说辞的时代似乎还有太多的不一致、讽刺和矛盾。这个国家把曾经的纳粹分子和敌人、火箭科学家韦恩赫尔·冯·布劳恩捧成英雄，却把年轻的大学生关进监牢数年，原因是他们拒绝服役，不想去杀越南人。美国人年满18岁就可以参加非美国人发起的战争，但是，不满21岁就不能喝啤酒，也不能投票选择自己中意的三军统帅。医生每年

① Thompson, *The '60s Report*, viii–ix, and see Perry, *Human Be-In*, chap. 7；社运人士的文字出自 David Baggins, *Rat*, 6–19 Sept. 1968；PNC：People's Protest 1964–67 box, Seattle flyer, 28 April 1967。

开出 1.5 亿份镇静剂和安非他命的处方，而摄入咖啡因、酒精和尼古丁的家长却谴责年轻人“吸毒”。

嬉皮士扭转了局面。“把事情搞砸”的不是年轻一代，而是那些行为异常、与现实脱节的老一辈。年轻人在想，谁才是理智的？他们在学校里一边看热门电影——《红心国王》(*King of Hearts*)、《一千个小丑》(*A Thousand Clowns*)——一边提出了上面的问题，当权派则给他们提供了思考的食粮。美国最高法院判定，只要语言具有“可取的社会价值”，它就不是下流的。一名参议员向议会提交了一项“取缔黑手党”的法案。联邦垦务局宣布计划在科罗拉多河上修建大坝，淹没大峡谷。联邦政府给烟草种植业发补助，但同时又花钱打广告宣传香烟有害健康，他们还告诉大学生，一旦吸食了大麻，就会“逐渐发展为吸食海洛因”。尽管一些官员抱怨某张邮票上作家亨利·大卫·梭罗的画像太像嬉皮士，但总统尼克松还是嘉奖了猫王，表彰这位歌手为打击毒品做出的贡献。剑桥市市长禁止在街头售卖《化身》，他称这份地下刊物不是报纸，而是“商品”。劳伦斯市的 150 名武警突袭堪萨斯大学附近的一户嬉皮住宅，逮捕了 30 名飘飘然的年轻人，与此同时，200 名警察在入夜时分闯进了纽约州大石溪分校，吵醒了数百名在宿舍睡觉的学生并逮捕了 33 人，理由是他们持有烟斗和迷幻剂海报等“罪证”。新墨西哥州州长主张开除所有怪胎，田纳西州州长则更加直白，称：“这是一场战争。我们希望所有留长发的人都进监狱，或者滚出这个州。”维护法律与秩序的武装力量让很多人认同大卫·哈里斯的看法：“如果这就是法律，那么我要做法外之徒。”这个自由国度怎么了？“我不明白。”一名怪胎在《老鼠》上写道，此前，参议员爱德华·肯尼迪开车时坠桥，导致一名年轻女职员在事故中身亡，“肯尼迪出事故让一个小妞送了命，这算轻罪。抽大麻却他妈的是重罪？”①

---

① 田纳西州州长的发言出自 *Los Vegas Free Press*, 2–8 April 1970; freak in *Rat*, 12–26 Aug. 1969。

60年代中期，笑容满面的婴儿潮一代进入大学，那段抉择时刻里，他们在上课，到了60年代末，他们毕了业，进入一片绝望的海洋。“我们不觉得自己是酷炫时髦的一代，”雷德克里夫的一名毕业生表示，“我们的内心已经被一种难以名状的强烈感受所吞噬。”

那种感受就是格格不入。“美国，”詹姆斯·丘嫩草草写下，“听听这首歌吧，《美国》。我爱这个声音，我爱它的潜在意义，我恨它现在的样子。”

民意调查显示，在尼克松的首个执政期内，大学生的疏离感出现了惊人的增长。研究者发现，三分之一的人认为婚姻已经过时，生孩子不太重要，而认同宗教信仰、爱国主义以及“过正派道德的生活”是“重要价值观”的人数暴跌了20个百分点。一半的人对仍在世的美国人没有很高的评价，超过40%的人认为美国是一个“病态的社会”，认为自己的观点和大多数公民不一样，甚至考虑过移民他国。美国的所有经历中，很难找到比第二波浪潮中的六十年代人更疏远主流社会的了。

反主流文化认为，美国已经变成了一头《荒原狼》、一只狂暴的怪兽、一个残忍的社会，在国外跟农民打仗，在国内殴打少数群体、异见者、学生和嬉皮士。美丽美国不复存在，它已被死亡文化亚美利加所取代。在体育比赛现场，当乐队奏响国歌时，很多年轻人不再起立，还有他们最喜欢的乐队给自己取名为感恩至死，以及越来越多的年轻人开始吸毒，这些都不是巧合。“事态日趋明朗，”一名参与者写道，“毒品并不是通向亢奋的危险捷径，而是用来对付现代社会的工具。在一个日渐排斥人道主义价值观的社会里，毒品是……一种绝望徒劳的挣扎。”许多人都赞同提摩西·利里的观点：“你唯一的希望就是毒品。”①

“一定有办法逃离这里”，吉米·亨德里克斯唱道。无法融入社会的疏离感让学生们走向了反主流文化，因为嬉皮相信制度与专家已然败了。在

① 雷德克里夫的毕业生的话出自 Goodman, *Movement Toward a New America*, 16; Kunen, *Strawberry Statement*, 79; 民意调查出自 Yankelovich, *New Morality*, 45-46, 59, 71, 120, 126; 参与者的话出自 Timothy Miller, “Drug Bust in Kansas,” *Christian Century*, 17 Mar 1971, p. 332。

这十年中，皇帝一直在失去他的衣服，而在春节攻势、哥伦比亚大学事件和芝加哥事件之后，他已经一丝不挂。五颜六色的大众小型货车上出现了这样的保险杠贴纸：

质疑权威

当然，讽刺性的社会现象总是存在于任何文化中，但那些悖论对广大六十年代人的影响超乎寻常。这些年轻人在冷战文化中长大，那里对“行为正常”和“是非对错”有着铁一般的规则。那就是权威。当一个十几岁女孩质疑上帝是否存在时，她的父亲怒斥道：“只要你还住在这个家里，让你相信什么你就相信什么。”不要质疑，乖乖听话。父母们要求自己的孩子“融入社会”，“做个正常人”。

年轻人确实融入了社会，但随后批评家们又抱怨他们太过冷漠，缺乏理想主义和道德承担。学生们开始游行、示威，然后老一辈又抱怨了起来。贝妮塔·艾斯勒回忆说：“我们的长辈曾经指责我们没有成为浪漫的革命者，但当年轻人成为这样的革命者时，他们面对的却是枪和催泪弹。”

虚伪。男孩与女孩间、孩子与家长间、个人与政府间都存在双重标准。抗争已经打碎共识，学生力量揭开了矛盾，战争扼杀了长辈们的道德权威。“现在不仅家长不再是领路人，”玛格丽特·米德写道，“而是根本就没有领路人。”

青年反抗长者，但是事情从没有那么简单，因为许多年长的人都明白反主流文化出现的原因。马丁·路德·金认为，嬉皮士出现的原因是美式生活的悲剧性堕落、东南亚的屠杀以及“社会上的恶行对年轻人敏感的心灵产生的负面影响”。一位书店经理在谈到嬉皮士时说：“我不怪这些人看着我们摇头，我觉得我们给了他们太多棘手的问题，假如我是现在的年轻人，我也不确定自己会做些什么。”一名卡车司机补充道：“我一听这些事就来精神了，就是毒品啊，同居啊，痛骂大人物什么的。”一名女性补充说:“让他们去走自己的路。他们没有杀人，杀人的是我们的政府！”①

许多当权派批评现状，助长了年轻人的疏离和反主流文化的发展。参议员J. 威廉·傅尔布莱特谴责总统“恃势骄横”，詹姆斯·里奇韦在《封闭的公司：危机中的美国大学》(*The Closed Corporation: American Universities in Crisis*) 中指出，许多顶尖大学都在接受巨额资金，为五角大楼和CIA做研究。许多作者认为资源短缺和生态灾难与人口增长有关。罗马俱乐部在《增长的极限》(*Limits to Growth*) 中发出了人口过剩的警告，保罗·埃尔利希在《人口爆炸》(*The Population Bomb*) 中亦如此警告。巴里·康芒纳在《封闭的循环》(*Closing Circle*) 中称:“当前环境的恶化……太过严重，如果持续下去，将遭到严重破坏，难以维持一个还算文明的人类社会的存续。”未来危在旦夕，保罗·埃尔利希与安妮·埃尔利希在《富裕的终结》(*The End of Affluence*) 中如此表示。历史学家亨利·斯蒂尔·康马格在最终以《美国的失败》(*The Defeat of America*) 为题出版的系列文章中哀叹政府竟这样歪曲事实:“轰炸是‘保护性反应’，精准轰炸是‘外科手术式打击’，集中营是‘和平中心’或‘难民营’……落在目标区域外的炸弹是‘失控军械’，‘误伤友军’成为落在南越村庄的那些炸弹的借口，遭到轰炸的房屋自然而然就成了‘军事工程’，沉在岸边的无关紧要的小船则成了‘水上后勤船’。”

学生与怪胎们阅读的早前出版的小说与评论已经成了六十年代人的必读之物：约瑟夫·海勒的黑色幽默小说《第22条军规》或库尔特·冯内古特的《猫的摇篮》(*Cat's Cradle*)；罗伯特·里默推崇群婚的异教经典小说《哈拉德试验》(*The Harrad Experiment*)；B. F. 斯金纳的《瓦尔登湖第二》(*Walden Two*)、奥尔德斯·赫胥黎的《岛》(*Island*)、罗伯特·海因莱因的《异乡异客》(*Stranger in a Strange Land*) 等虚构乌托邦世界的小说；

---

① Eisler, *Private Lives* (New York, 1986), 85, 8；米德的文字出自 *Saturday Review*, 10 Jan. 1970, p. 25；Lewis, *King*, 370–71；声明出自 Simmons and Winograd, *It's Happening*, 76。

还有艾萨克・阿西莫夫、阿瑟・C. 克拉克、C. S. 刘易斯及 J. R. R. 托尔金的科幻小说。一些年轻的思想家探讨了巴克敏斯特・富勒及马歇尔・麦克卢汉描述的新时代技术，另一些人则对诺曼・O. 布朗及 R. D. 莱恩的文化激进主义感兴趣。一些美国人去抗议，另一些人则仔细琢磨维克多・弗兰克的《追寻生命的意义》(*Man's Search for Meaning*)，或研究艾里希・弗洛姆的《爱的艺术》。当美国军队在亚洲打仗时，另一些人则对美洲原住民的思想产生了兴趣，他们在卡洛斯・卡斯塔尼达的《巫士唐望的教诲》(*The Teachings of Don Juan*) 及约翰・奈哈特的《黑麋鹿如是说》(*Black Elk Speaks*) 中找到了这些思想，或者对中国的占卜书《易经》、艾伦・瓦茨的《禅之道》(*The Way of Zen*)、赫尔曼・黑塞的《悉达多》、伊德里斯・夏的《苏菲之道》(*The Way of Sufi*) 中体现的东方信仰产生了兴趣。这些书在学校和嬉皮社区里的销量非常好，同样畅销的还有当代出版物，例如理查德・布劳提根和理查德・巴赫的寓言故事，菲利普・史雷特的社会评论《追寻孤独》(*The Pursuit of Loneliness*) 和查尔斯・A. 莱希的社会评论《美国的绿化》(*The Greening of America*)。无论这些批评作品有什么优缺点，它们都坐实了嬉皮士对美国的看法——社会出了问题，一种新文化正在崛起。

第二波浪潮出现时，六十年代人在挨打中认清了现实：老一辈并没有照他们宣扬的思想做。年轻一代中的一些人也没有——这些社运人士成了革命派，他们叫嚷着美国无民主，然后一边大喊权力回归人民一边用叫喊声压倒其他的发言者。一名示威者失望地说："激进派总认为民众被操控、利用或无视了。'各位，不要挡道，' 他们说，'这样我们才能搞革命！' ……我们要竭力避免沉浸在这种权力的快感里。" 这并不是说新兴的反主流文化反对用激进的方式改革美国，而是说在尼克松时代，这一信息已经无关紧要了。参加学生争取民主协会会议的人越来越少，开始抽大麻、在野外媾合的人越来越多。这些自命为先锋的人在运动中只占极小一部分，但他们最终引发许多人退出了主流社会。"为什么我们要建立集体？”峡谷集体（Canyon Collective）的成员问，“因为我们不喜欢被官僚主义者指挥得团团转，不管是工作的时候还是参加‘运动’的时候。我们厌倦了独自生活、独自行动，我们想更多地分享彼此的生活。”

“喘息之间，一股巨大的力量在酝酿，”雅各布·布拉克曼写道，“那种力量并不是一个新世代，而是一代人的新观念，他们对其当务之急有着新的理解。我们不会默认、屈从于时代的定论……圆滑地妥协。……我们不会做正常人，因为现在正常就是有病。”

什么是正常？什么是现实？当贫民区里大火滔天时，政客们公布了一个新项目，然后提议每年拨款10亿美元，全力应对种族主义和暴动产生的根本原因，还要拨款300亿美元攻击越南农民。出类拔萃之辈、智者和领袖宣称美国即将赢得战争，他们每周都会用阵亡人数和杀敌率来“证明”这一点。沃尔特·克朗凯特会向全国播报这些数据，并用“事情就是这样”来结束晚间新闻。许多嬉皮士想，如果事情就是这样，那么就：

去做你自己的事

他们的事是什么？罗伯特·肯尼迪遇刺后，幻灭情绪迅速蔓延，社运人士马文·加森提出疑问：“新左派出了什么问题？‘参与式民主’和‘让人民决定’等话语的魔力都去哪了？”他回答了自己的问题：“让人伤心的是，不知为何，人们不想去参加会议，不想去参与了。”①

民众已明白，在主流社会中奋力拼搏无法改变世界，许多社运人士因此将目光转向自身，希望能改变自己的世界。十年后乐队（Ten Year After）这样唱道：

① 权力的快感之语出自 Stickney, *Streets*, *Actions*, *Alternatives*, *Raps*, 30；SAVF, box 7：Canyon Collective, *Live It! Communalism*, 1；布拉克曼的文字出自 *Esquire*, Oct. 1968, p. 127；加森的话出自 *San Francisco Express Times*, 26 June 1968。

我很想改变世界，
但我不知道该做什么，
所以我把它交给你去做。

第二波浪潮期间，他们一般通过两种不同方式改变自己的世界——一些人离开城市，开始建立自己的公社和另类社会，另一些人则留在通常位于学校附近的嬉皮社区，成为文化社运人士。

大学里逐渐挤满了外貌、行为和谈吐都像嬉皮士的人。哥伦比亚大学动乱后，学生争取民主协会的卡尔·戴维森表示，该组织四分之三的全国会员可归为嬉皮士，而在罗格斯大学和长岛大学，教授们注意到人们对政治的兴趣开始减弱。“话题现在已经转移到了文化革命上。嫩草正从水泥中破土而出。”曾参与抗议的学生开始关注内心世界，甚至连占领学校大楼也成了个人革命的一部分。“我们的想法是要把自己从生活的限制性规约中解放出来，去歌颂本性中不理智的一面，有点像释放自我，”芝加哥大学的一名学生回忆，“这就是正向我们走来的反主流文化，它唤起了人们的激情，让我们想做一点夸张的事。”

对许多人而言，做一点夸张的事就是做一点不同的事，就是拒绝冷战文化给他们的成长过程灌输的价值观。“现在的关键是，是文化本身出了问题，”金特里·安德斯说，“改变这种状况的一个方法就是去过不同的生活……大胆退出主流社会，按照自己认为该有的方式生活。”

在主流社会之外过上不同的生活，不过，怪胎们当然无法彻底退出。在路上驾驶时，他们必须遵守道路法规，购买土地时必须服从当地的条例。他们支付租金、账单，也必须购买食物和其他商品。一些人得工作，还要纳税，一些人依靠社会福利，还有一些人则应征入伍。

在当时，退出主流社会往往代表着抛弃老一辈的价值观——建立新美国的价值观——反主流文化价值观是对主流价值观的回应。假如正派人士说“无论对错，都是我的祖国”，那么怪胎们就会摇摇头说“去他妈的战争”。浊气乐队唱着《为和平而杀戮》，大门乐队唱着《无名战士》，乡村乔和鱼乐队则把战争唱成了一场狂欢闹剧：

来吧父亲们，不要迟疑，
趁早送走你们的儿子；
你们能成为街区里头一拨
看到儿子被装在盒子里的老爸。

而运动的参与者异口同声地呼喊：“我们想说的就是，给和平一个机会。”

如果二战老兵说“你有义务为自己的国家效力”，那么怪胎们就认为他们有义务对自己负责。阿洛·葛士瑞在《爱丽丝餐馆大屠杀》（*Alice's Restaurant Massacree*）中嘲弄了征兵制度，它讲述了一个年轻人参加征兵体检的故事。当陆军精神科医生问他有什么困惑时，这名嬉皮士回答：“医生，我想杀人，杀人，杀人！”医生在他身上别了一枚勋章，宣布：“你就是我们要找的兵。”

当正派人士谈论“传统价值观”时，怪胎们就成了运动中的文化突击队。第一波浪潮期间，几乎所有社运人士都留短发，外表举止相当端正，但嬉皮士们热衷于用自己的穿着、语言特别是头发来激怒老一辈。“我从来不知道我丈夫的鬓角和胡子的边界线在哪里，”婴儿潮一代的某人回忆说，“不过，他不在乎，只要能刺激到他母亲就行。”①

语言。大多数嬉皮士都在想，有什么能比种族仇恨和战争更粗野、更

① 嫩草之语出自 Peter L. Berger and Brigitte Berger, “The Blueing of America,” *New Republic*, 3 April 1971, p. 20；芝加哥大学学生的回忆出自 Morrison and Morrison, *From Camelot to Kent State*, 236；安德斯的发言出自“Berkeley in the '60s,” part 2；婴儿潮一代的回忆出自 TA: Cozette McGaugh interview, 8 Dec. 1989。

肮脏呢。“什么是下流的？” 有人写道，

做爱是下流的吗，
　　还是说
杀戮是下流的？……

这么做更加下流吗，去描述
　　做爱，
一种爱的行为，
　　还是说
这么做更加下流，去描述
　　杀戮，
一种恨的行为？……

为什么自由地恨
　　全社会都接受
而自由地爱
　　全社会却都不接受？

哪种才是真正的下流？

突击队抨击了大多数美国人都十分珍视的机构。他们嘲弄军方是“全副武装的闹剧”，并在所有地下报刊中痛斥政府。“各类机构——学校、医院、法庭——不仅没有履行他们应尽的职责，”一名参与者写道，“反而背道而驰。他们已经成了我们文化的食尸鬼、吸血鬼、狼人，成了我们这种生活的弗兰肯斯坦。”嬉皮士还猛烈抨击了教会，是由社运人士中的许多神学人士发起，例如詹姆斯·格鲁皮、保罗·摩尔和伯利根兄弟。牧师马尔科姆·博伊德谈到，一个人数较少但不断扩大的忠诚信徒群体正在“从中层和底层迫使教会发生变革”，他称这部分人为“地下教会”。①嬉皮士加入了这场改革运动。阿洛·葛士瑞宣布“天堂的街道已经被卖掉了”，摇滚音乐剧《超级巨星耶稣基督》中的演员则问基督：“你是谁？你牺牲了什么？”

反主流文化的目标就是要舍弃社会中“更大更好”“升级换代”的想法。什么是进步？“在通用电气，”广告说，“进步是最重要的产品。”换代后的产品真的升级了吗，还是说这种进步不过是丢弃型社会中的买买买原则，即嬉皮士眼中既浪费又掠夺环境的生活方式？这个问题不仅关系到嬉皮士，也关系到越来越多的美国人，他们和精神乐队（Spirit）的音乐人一样，开始关心臭烘烘的微风和垂死的树木。“那是大自然在告诉你出了问题”，猜猜是谁乐队（The Guess Who）说，“别给我一个毫无传承的世界”，琼尼·米歇尔悲伤地唱道，

> 事情是不是总这样
> 直到失去你才知道自己曾拥有什么？
> 他们给天堂铺了路，又建了个停车场。

反主流文化的天堂里通常没有生产乙烯基和气溶胶的机构，没有朝九晚五的灰色法兰绒生活，也不会为了万能的金钱没完没了地竞争。怪胎们想要逃离郊区的牢笼、复式住宅、两个孩子一条狗的生活，他们不想成为披头士歌曲里的《漂泊者》，这样的人没有自己的看法，“他不知道自己将要去哪里”。既然正派人士渴望赚钱，那么怪胎们就鄙视物质主义和消费，鄙视批量生产“塑料”的职业生涯，一名年长的商人在《毕业生》里说——那是未来的关键。“我们都开始意识到，”一名嬉皮士写道，“学校

① John Sieler 的诗出自 *Asterisk*, 8 Jan. 1969；机构相关内容出自 Burke, *Counter Culture*, 3; Boyd, *Underground Church*, vii。

和超市型大学（Supermarket U.）里的人生游戏只会把我们带向泡沫塑料棺材和隐形的奴役……。所有人都是训练有素的无差别消费的好手。但我们心里有种感觉久久不散——一定有东西比这更好！”因此，嬉皮士的目标就是要“从房产焦虑中解放出来，从对成功的迷恋中解放出来，从地位、头衔、名望、阶层、责任、日程、规则、惯例、日常习惯中解放出来”。解放……解放……解放……

“我认为，我们这个时代的主要问题就是教人们什么事都别做，”卢·戈特利布表示，“美国人都是业瑜伽的修行者，他们根本坐不住。我的母亲，假如她遇到一个紧张性精神分裂患者，她就会朝他喊让他去找点事做。直到这种病彻底毁掉了我的童年，我才理解了这一点。只坐在那儿挠蛋蛋、自得其乐是远远不够的。”静坐放松，思考，随大流。

顺其自然

他们并没有选择正派、普通的生活，巴里·麦尔登回忆说：“我们正在建立一个新世界……这个世界会和旧世界平行存在，但尽可能不跟它扯上关系。我们只是不想和正派人士有什么来往。”①

做一个怪胎，接纳不同的价值观。如果普通人选择了通往郊区的笔直且狭窄的超级高速公路，那么嬉皮士就会独辟蹊径，别出心裁。自 60 年代中期以来，许多人一直在探索。西蒙与加芬克尔组合“去寻找美国了”，谁人乐队后来问这一代人：“你们是谁，谁谁，谁谁？……他们叫我寻找者，我一直在四下寻找。”许多人都成了寻找者，他们在某段时期退出主流社会，寻找自我，寻找美国。新的空间，新的经验，新的想法。“思考是

① 超市型大学的内容出自“Flowers from the Street,” *San Francisco Oracle*, n. d.（1967）；解放的内容出自杰瑞·鲁宾在 *Berkeley Barb*, 5–11 Jan. 1968 中的文章；嬉皮士与戈特利布的内容出自 Melville, *Communes in the Counter-culture*, 127–28；麦尔登的回忆出自“Berkeley in the ’60s,” part 2。

最好的旅行”，忧郁布鲁斯乐队唱道，与此同时芝加哥乐队也正在寻找“‘我是谁？’这个问题”的答案。告别过往。是时候迈开大步，穿过感知之门了。

随着第二波浪潮成为“水瓶座时代”，许多人都这么做了，这是一个快乐光明的时代，一个全新的黎明。“太阳出来了。”披头士宣布，《毛发》中的音乐人大声唱道：“让太阳照耀吧。”“嬉皮士已经走过了美国社会，”一名地下刊物的记者写道，“他们并没有真的生活在那个旧社会。与其说他们靠剩菜剩饭、靠美国社会的垃圾过日子，倒不如说他们根本不在乎。”

不过，他们确实非常在乎自己的文化，他们开始建立一个能够体现他们心目中那种积极、健康的价值观的社会，建立一个和平、温柔的社会，一个不歧视任何人、践行友爱的社会。“你需要的就是爱，”他们唱道，“爱是他者，爱是做自己，是顺其自然，爱是温柔，爱是给予，爱是退出，爱是激情，爱是旅途，是花朵，是微笑，是铃铛。”其他的价值观还包括真诚、宽容、个人自由和乐趣。养猪场（Hog Farm）公社的休·罗姆尼说出了嬉皮的一条真理：“只要没人受伤，想做什么就去做什么。”①

如果这事让你舒服，那就去做

冷战文化时代（及后来的时代）的一个主题是“只管说不”。其信条是新教伦理：工作。60年代的主题是“只管说好”，其准则是快乐伦理：乐趣。活在当下。天天快乐。

有许多事是父母告诫怪胎们要远离的，但他们照单全做了——尤其是毒品和性。毒品让人很舒服：毒品就是快乐。“毒品”是个俗称，汤姆·考夫因在《大斑点鸟》中解释说：

① 该记者为Lawrence Lipton，文字出自*Los Angeles Free Press*, 3 May 1968；有关爱的内容出自del Renzio, *Flower Children*, 59；罗姆尼的话出自Lewis, *Side-saddle on the Golden Calf*, 373。

> 毒品（dope）不是药物（drugs）——酒精是药物，大麻是毒品；尼古丁是药物，迷幻药是毒品；药物让你失去兴趣，让你感觉迟钝，让你有力量去面对死亡美国的新一天，毒品让你兴奋，提高你的知觉，有时会把你的知觉变形，你也会有这种体验，它让你视野清晰，它是由死向生的必需品。……神志不清和精神兴奋之间的区别就是杰克·丹尼威士忌和橙色阳光迷幻药之间的区别，就是五角大楼和伍德斯托克之间的区别，就是《纽约时报》和《好时光》音乐杂志之间的区别。我们都必须做出自己的选择。

老一辈给它贴上了“药物”的标签，并贴上广告牌问自己的孩子，“为什么他们叫它毒品？”年轻一辈则和滚石乐队一起唱着《母亲的小帮手》，哀叹老一辈对镇静剂的依赖。

毒品是怪胎的小帮手，帮他们逃离当权派。“假如没有大麻，我这会儿可能还留着平头，对国旗敬礼呢。”逃离非常重要。沮丧的人通常通过进食、吸烟、喝酒甚至购物来缓解焦虑：“我爱购物！”但嬉皮士不是这样的。“抽大麻的随处可见，”某人说，“毒品很棒，它很有趣，也很健康。……它让每个人都飘飘欲仙，再也忍受不了美国文化的虚伪垃圾。”

毒品，尤其是 LSD，也帮他们延展、改变了自己的感知。提摩西·利里在回忆自己的第一次尝试时说，那是“我生命中最摄人心魄的体验”，因为它“将我的感知快速转变为一种能量之舞，在那里除了嗡嗡作响的震颤外什么都不存在，每一个虚幻的形状都是完全不同的频率”。拉姆·达斯补充说：“我们正在朝着人类大脑的全新模式走去。……你能去往任何地方，可以回到童年，回到进化史、宇宙历史，也能进入你自己的血流循环和神经系统。”

当飞鸟乐队高唱《8 英里高》时，其他人则表示自己的宇宙迷幻之旅让他们更加贴近宗教，或者正如一名观察者所写的那样，“那是一种精神上的机敏和优雅，使他们相信他们已经实现了思想、灵魂和知觉的不同寻常的统一”。①

因此，吸食毒品让嬉皮士感觉与众不同，那是瘾君子对抗正派人，是我们对抗他们的另一种形式。“大麻为中产阶级白人青年开辟了一个新天地，”杰伊·史蒂文斯回忆说，“那既是向内的空间，也是向外的空间。它变成了一种仪式——你和朋友坐成一圈，大家轮流抽着一根大麻卷烟，听音乐，吃东西，聊天，开玩笑，可能还会亲热亲热——所有感官都变得特别灵敏。”他们认为归属感是地下文化的一部分。一个女孩在给她父亲的信里写道：

> 亲爱的爸爸，
>
> 毒品……叶子迷幻药快速丸冰白粉可卡因大麻卷烟嗑上头 上瘾狂魔。……彻底失控。全混在了一起；不可分割，这个，那个，所有——如果你能接受——来自我们生活的世界。真正的。世界。真正的世界。我们的世界，不是你们的。这个万物的世界，梦想跳舞逃亡思考和血液。有台机器匆匆把我们做了出来。我们的父亲不知道怎么停下它，更不要说修理。……我的世界有对这片全新的激动人心的土地的热爱，它一直在五年级地理课地图上的遥远角落。事情并不总是可知的确定的令人窒息的。去体验它就是它的精髓，所以，爸爸，一起走一趟吧。

但这一趟要用到某些帮手。虽然两个嬉皮士之间从不会意见一致，但一般来说，他们会用大麻及其更强效的版本，也就是哈希什②，以获得一种平稳的欣快感来“爽一下”，他们也会用致幻剂和迷幻药来扩展感官能

① *Great Speckled Bird*, 6 Oct. 1969; *Other Scenes*, June 1968; Leary, *Flashbacks*, 118; 达斯的话出自 *Los Angeles Free Press*, 3 Sept. 1965; *Washington Free Press*, 7 March 1968; and see Miller, *Hippies and American Values*, chap. 2。

② 大麻制剂，从大麻中提炼的麻药。——译者

力，让你“心醉神迷”，这些药物包括裸头草碱、佩奥特碱和 LSD。因此，让人感觉良好或者扩展体验的毒品是好的，其他让人感到恶心或者上瘾的就是“糟糕的体验”，“令人扫兴的效果”。怪胎们可能会避开那些容易成瘾的镇静剂和药物，例如安非他命，或称“快速丸”，或麻醉药物，如海洛因，也就是“白粉”。新毒品层出不穷，地下报刊的编辑开设专栏，如尤金·舍费尔德博士的《嬉皮克拉底》，并撰写了一些文章，警告读者，“快速丸致命！”“我建议大家不要使用快速丸，原因如下，”音乐人弗兰克·扎帕提醒人们，“它会弄坏你的心脏，你的肝脏，还有肾脏，让你的大脑彻底退化。总的来说，这种毒品会把你变得和你父母一样。”①

当然，嬉皮士做出了自己的决定，他们违背社会规范，因为他们是反叛者，也因为他们喜欢试验。尽管如此，各类调查表明，在 60 年代初，18—25 岁的年轻人中只有 4%的人尝试过大麻，然而 12 年后，这个数字已接近 50%；大学生中尝试过大麻的有 60%；有些大学的比例还要更高：堪萨斯大学是 70%，波士顿大学法学院接近 90%。地下报刊自己做了并不科学的调查，虽然结果并不可靠，但似乎受访者中通常会有 80%或者 90%的人抽大麻，二分之一至三分之二的人试过 LSD，大约有 10%的人试过海洛因。

那时，绝大多数六十年代人都已经试过大麻，还有更多的人试图把自己从老一辈的传统性观念中解放出来。长辈们教导孩子要遵守清教徒式的价值观，即性行为要留到成年已婚后。年轻人不能有婚前性行为，也不能乱交，而且有大量传言称自慰是一切疾病的源头，从失明到手上长疣，无所不包。阻止这种行为的利器是**罪恶感**。嬉皮士奋起反抗，称这些想法“让人焦虑”，他们推崇“自由性爱”。当然了，这个想法并不是他们发明的，六十年代人手握避孕药，早已开始在大学里尝试，湾区和纽约也早就

① 史蒂文斯的回忆出自 VD：episode 3；信件出自 Simmons and Winograd, *It's Happening*, 85-86；扎帕的话出自 *Liberated News Service*, 2 Sept. 1970。

成立了性解放联盟。但怪胎们扩大了这一观念的影响范围，因此，当时的性观念似乎比记忆中的任何时代都要开放。“让我们一起共度良宵”，滚石乐队大声唱道，詹尼斯·乔普林则建议自己的姐妹们“及时行乐”。无线电波中首次充满了直白的性需求，年轻人们开始佩戴徽章——“节约用水，找个朋友一起洗澡吧”——嬉皮士则阐明了解放的想法。“对于我们大多人来说，性关系的法律合约就算还没到期，至少也是无关紧要的。”他们称，这和大学生“上床”不一样。自由性爱意味着一对情侣可以在任何时间以任何形式“做爱”，他们没有婚姻的束缚，更不必有罪恶感。“去做爱吧，”一名怪胎写道，“不是和一个你出于恐惧寂寞才紧紧抓住并占有的小伙子或小妞做——而是要和所有美好的人做，不分性别，不分年龄。”他们看了电影《哈罗德与慕德》(*Harold and Maude*)，片中，一个 79 岁的有趣女人教会了一个年轻男子如何享受感官的快乐，如何生活，他们想法一样，那就是“如果你不能和爱的人在一起，那么就去爱和你在一起的人”。

按照后来的标准看，嬉皮士的作品一般都带有性别歧视，因为反主流文化的发展在先，妇女解放运动在后。地下报刊开设“个人”专栏后销量激增，男人会在这些专栏上登广告找“喜欢抽大麻和跳舞的时髦小妞”。在纽约，《地下公司》开设了一项名叫 FUK 的约会服务，“只为性致勃勃的人服务。瘾君子为你配对”。男孩汇 5 美元过去即可申请，“女孩免费申请”。①

不过，第二波浪潮受到了女性主义兴起的影响，嬉皮士开始意识到，自由性爱要注重平等，同时，也更加宽容地对待各种形式的性行为——自慰、同性恋、双性恋。性解放意味着在自愿发生性行为的人之间所有私密举动都是合法的，或许也都是应该尝试的。地下媒体也拒绝接受长辈们对裸体的恐惧以及认为这样下流可耻的观点，他们在报纸上印满了裸体情侣

① *Spokane Natural*, 8 Dec. 1967; *Seventy-nine Cent Spread*, 5 Nov. 1968; and see Miller, *Hippies and American Values*, chap. 3; SAVF: box 5, FUK flyer, n. d.

在水池里游泳、晒日光浴、牵手唱歌的图片。既然裸体能激怒老一辈，那么这就是他们脱下衣服的充分理由。“我来了，”一名怪胎宣布，“看着我，有什么新鲜的？”嬉皮士开辟了裸体沙滩，建了裸体社区。自由，快乐，嬉闹。有个人想清理政界，于是他赤身裸体地去参加总统竞选，口号是“我有什么好藏的？”为防止警察攻击和殴打示威者，旧金山的“湿婆会”倡议大家脱掉衣服。

毒品让自由性爱更完美，因为许多嬉皮士认为，迷幻药和大麻是增强性快感的春药。尽管人们对此争论不休，但传着抽大麻卷烟确实能让彼此间少些拘谨，更加放松亲密，对于在紧绷的战后年代长大的年轻人来说，这样的感觉非常有吸引力。

做爱和抽大麻通常是关起门来做的事，但是衣服却是穿给人看的，它是一种象征。头发是对平头冷战时代的反抗，也是对新一代人的认同。“差点剪了我的头发”，克罗斯比-斯蒂尔斯-纳什乐队唱道，但他们没有这样做，而是让自己的“怪胎旗帜飞扬”，因为，正如纳什后来所说：“如果他们留着长发，你就知道他们是怎么想的，知道他们喜欢好音乐，过着合理的生活，也知道他们可能仇视政府。”发型与服装让他们和老爸老妈分道扬镳，同时宣告了他们的独立。嬉皮男扔掉了运动外衣和领带，嬉皮女抛弃了化妆品和内衣，第一次让人们看到了女性摆脱了束缚的躯体的柔软轮廓。“长发，胡须，不穿胸罩，还有奇装异服，这些是人们逃离亚美利加监狱的象征。”杰瑞·鲁宾称。常服变成了戏服，戏服变成了常服。

老一辈大惊失色，他们抱怨道，“你分不清哪些是男孩哪些是女孩”，哦天呐，还有那些“龌龊、下流、浑身发臭的嬉皮士”。在二战和朝鲜战争后的老兵时代，连商人留胡子都会让人惊讶。但怪胎们对着装和清洁有不同的看法。他们当然也会洗澡，不过，人类的体味不会令他们沮丧，因为那是正常的，是回归自然，也是对中产阶级在电视广告中表现出的价值观的反抗。他们认为体香剂、化妆品、浓香水、古龙水都是骗人的东西，麦迪逊大道打出广告：“你难道不喜欢用迪尔体香剂吗？你难道不希望人人都用它吗？”我不在乎，怪胎们说，人们应该闻闻自己的身体，因为每个人的气味都是不同的。了解自己：“你很美。”如果想有香味，他们就会点起熏香，或是涂上雄性麝香鹿的分泌物麝香油。嬉皮士也丢弃了涤纶服装，转而选择皮革和棉质服装，他们吃新鲜、天然、不含防腐剂的有机食品。

不要“紧绷”，要“放松”，着装和生活方式都该这样。许多批评者给嬉皮士贴上了“懒惰”的标签，父母们说：“你们是在浪费自己的生命。你们不知道我们以前过得多难。……”但这么说就是没有理解嬉皮士的工作和玩乐理念。“生活应该是充满狂喜的。”艾伦·金斯堡说，嬉皮士们努力逃离日常单调乏味的工作，去发掘令自己愉快的生活方式。“你最喜欢做什么？”许多人都拥有自己喜欢的工作，还有一些人则在努力构建他们的未来愿景，有的是兼职，有的是全职。玛吉·基特里奇问：“我们现在为什么要一天工作 12 个小时或 16 个小时？明明已经没有这种必要了，就为了买一台彩电吗？为了在地板上铺满地毯？为了买一台自动制冰机？”图里·库普弗贝格总结说：“相信我，如果你喜欢一件事，那它就仍是好的，它仍可以是‘做’（只不过我们会把它叫作‘玩’），玩乐和工作一样美好。工作已经被定义为一件人们不喜欢做的事。去他妈的。披头士在工作吗？谁在乎。”①

反主流文化的另一个显著特点是重视兄弟情谊。“他不危险，他是我兄弟”，他们唱道，《北国新闻》（*North Country News*）发表社论说：“你我将携手开创一个共享和合作的时代。”这种新文化面临着许多问题，而解决它们的唯一方法就是“一起努力，试着——现在就彼此相爱”。尼尔·扬试图弥合父子之间的鸿沟，他主张彼此之间多一些理解，他大声唱道：“老人啊看一眼我的生活，我和你很像。”“一起来，”披头士唱道，他们提

① VD：Nash in episode 3；SAVF：box 27，基特里奇的话出自 *Madison Free Press*，1 Dec. 1969；库普弗贝格的话出自 Berke，*Counter Culture*，85；and see Miller，*Hippies and American Values*，112–15。

醒着自己这一代人，“你获得的爱等于你付出的爱。”

在抉择时刻，社会行动主义咄咄逼人，甚至十分暴力，但在第二波浪潮期间，人们的想法非常简单——平心静气地生活。克罗斯比-斯蒂尔斯-纳什和扬乐队唱着：

我们有一间非常、非常、非常舒服的房子
院子里有两只猫
生活曾经如此煎熬
有了你现在一切都那么惬意

第二波浪潮冲过《伊甸园之门》[①]，涌向水瓶座时代，与此同时，反主流文化的价值观也在不断向前发展。结果产生了一种模糊的社会思想，它将这些价值观与其他想法融合在一起，这种社会思想从来不是静止的，而是一直在流淌沸腾，因为其中的一个想法就是人需要不断尝试。“换工作、配偶、发型、服装，换宗教信仰、政治信仰、价值观甚至是人格，尝试所有东西，不断试验，拒不接受既定事物。”进行一场永不终结的试验：如何做到？去搜索，去寻找那些尚未被接纳的事，那些不真实的事。提姆·利里说，“为了能够运用我们的头脑，我们有必要走出思想的禁锢”。要有异乎寻常的思想，一名嬉皮士写道：

爆开你的头脑吧！
不要整天呆在柜子里
和帽子挂在一起……
看在基督的分上就让自己
疯一点

① 鲍勃·迪伦的歌曲名。——译者

不要老是
那么有道理……
做些错事……
穿不成对的袜子……
坐电梯找找乐子……
想想树……
想象太阳会是什么味道……
砸烂你的晶体管收音机……
出门去机场并挥手道别
对你不认识的人说再见……
扔掉你的防晒霜……
露出你的脸庞就让太阳
照进你灰色的思想……

嬉皮士赞同柏拉图的古老格言，即未经审视的生活不值得过。“永远不要忘记，最大的战场就在你心中，就在那个叫做意识的宝库里，所有未来的发展走势都藏在那里，说不定何时就会展现它的绚烂光芒！”拉蒙·桑德和艾丽西亚·贝·罗瑞尔①一边寻找太阳，一边写道：

敞开心扉拥抱实现愿景的契机吧。然后感受你自身的存在，还有你的生活环境，为这些愿景做好准备。所有古老教诲的智慧都驻在你心。当你尽情放松去聆听这种智慧时，它就会给你更名，给你更衣，赋予你的平凡生活以神性的舞蹈、锻炼和冥想、庆典和认知，让你一整天都容光焕发、满心喜悦。

---

① 拉蒙·桑德是先锋派音乐家。艾丽西亚·贝·罗瑞尔是多才多艺的画家、作家和音乐家。——译者

对一些人来说，嬉皮文化是温和的，他们在阳光灿烂的午后亲热，跟朋友一起扔飞盘，而对其他人来说，它是永不停歇的短途旅行，他们背上背包，竖起大拇指搭便车，然后染上了一种叫流浪癖的病。“假如氛围好，我会一直待下去，”琼尼谈起新耶路撒冷公社时说，“假如不好，我就会离开，我听说锯齿山脉里有个禅修团体，我想去了解一下。”他们的探索没有止步于美国国境线。护照的申请数量翻倍，到 60 年代末，约有 80 万美国年轻人在欧洲旅行，与此同时，超过 100 万人在搭便车畅游美国。“我们那时并不是在逃离家园，”某人说，“我们是在寻找家园。”①

嬉皮社会思想的另一个方面是幽默。怪胎们抽完大麻咯咯笑，吃完哈希什布朗尼咯咯笑，喝完自酿的红酒咯咯笑。严肃且狭隘的 1950 年代过后，怪胎们开始赞颂怪异的事物。有的徽章上写着：“现实是个不错的观光地，但我不想生活在那里”，“生活在温室里的人不该嗑到嗨”。在康奈尔大学，他们邀请伊萨卡市市长和他们比赛掰手腕，因为他们信奉“动手抗争（armed struggle）”，而哥伦比亚大学的“曼哈顿印第安人”要求重新使用印第安头像镍币，在坐牛酋长②生日当天不安排课程，并彻底赦免杰罗尼莫酋长。怪胎学生参加了预备役军官训练营的训练，他们在那里玩蛙跳、吹泡泡，以此来讥讽学员。纽约的嬉皮士主张“打劫”梅西百货，《伯克利毒评》散播了“香蕉大阴谋”，称年轻人可以把香蕉皮弄干，将内壁上的屑刮下制成烟来抽，合法获取吸毒的快感。美国食药局（FDA）做完实验后表示，这种水果含有丰富的钾和纤维素。社运人士戴着要求“释放芝加哥七君子”的徽章，而怪胎们别上了“解放印第安纳波利斯 500 人”的徽章，还有一些人兴高采烈地发表荒诞言论：“15 年内这里就会变

---

① SPP: box 18b, *North Country News*, July 1969; 改变之语出自 Stevens, *Storming Heaven*, 291; 利里的话出自 David Solomon, *LSD: The Consciousness-Expanding Drug* (New York, 1966), 13; 爆开头脑之语出自 *The Paper*, 18 April 1967; 战场之语出自 Berke, *Counter Culture*, 150, Sender and Laurel, *Being of the Sun*, 4; 流浪癖之语出自 Gottlieb, *Do You Believe in Magic?*, 107。

② 19 世纪北美印第安人部落首领，曾领导印第安人反抗白人入侵。——译者

成一个 LSD 国家，”提姆·利里说，“最高法院里将会有人抽大麻。”怪胎们看《奇克和冲》（*Cheech and Chong*）系列电影总是笑个不停。“至于‘不要相信 30 岁以上的人’这句屁话，”詹姆斯·丘嫩写道，“我原则上同意，不过他们应该把 0 去掉。”

嬉皮士渴望一种反物质主义的生活方式。“我想尽可能地简化我的生活，”一名公社成员表示，“退出并不难。我有很多东西要丢掉——一辆车，一台高保真音响，一百万件用不着的东西。……我把它们都扔了，就像卸下了好大一个负担。”简朴生活变成了一种艺术，而贫穷是美国这个丢弃型社会里的时尚。在救世军组织和善意商店（Goodwill Industries）这两家历来售卖二手货的商店里，可见大量留长发的人在排队结账。怪胎们也会去拾荒。当堕落城公社的居民需要金属来建他们的网格状半圆顶房屋时，他们拆掉了一整座闲置的大桥。希斯科特公社写了有关“垃圾贩子的艺术”的文章，他们在附近或垃圾场里寻找有用的东西，并汇报了某天晚上信手劫来的成果：一只优雅的狮子玩偶，只需洗一洗；一支铅笔和一个洒水壶；一件“蓝夹克，接近全新，上面有‘准大学生’字样的纹章，后来被我们拆掉了”。①

一些怪胎是有工作的，多半是些赚点“面包钱”的零活，存够几个星期的生活费后他们就不干了，这种模式在第二波浪潮期间非常常见。当时的经济不断发展，工作岗位充足，因此，人们很容易找到临时工作。而且，由于嬉皮已经成为一种风格，小商贩对雇用长发帮手也没有那么抗拒了。而且，当时的嬉皮产业越来越多，社会服务机构又不在意雇员的外表，所以，许多人都能在这些地方找到工作。很快，怪胎们就开始卖唱片，送邮件。

然后他们拿到了工钱，嬉皮士就争论起了金钱和利润的问题。评论家

---

① Kunen, *Strawberry Statement*, 4；公社成员的话出自 Melville, *Communes in the Counter Culture*, 11-12；垃圾贩子之语出自 *Mother Earth News*, Nov. 1970。

常讽刺他们一边谴责资本主义，一边建立了嬉皮商业，或讽刺他们为报酬而工作。这似乎相互矛盾，但实际上，怪胎们形形色色，他们也无法彻底退出美国社会。他们通常认为资本主义等同于贪婪，因此，不少人主张去“讹诈体制”，意思是贫穷的怪胎可以接受政府发放的食品券，甚至可以像罗宾汉那样从私人店里窃取物品。“人民运作者”教《水银信使》的读者如何欺骗电话公司，给“世界上最大的贪婪的垄断企业再出个大难题”。但有些人不赞成。“我就是不相信骗子的心态。……一旦一个人开始敲诈电话公司、福利机构、基金会或超市，他就会养成这种习惯，下次他要敲诈的就是你了。”其实，大多数嬉皮士都在尝试过一种简单的、反物质主义的生活，为了宣扬这种生活方式，许多地下出版者以成本价出售报纸或免费赠送报纸。《蔑视》“取之于民，还之于民”，《利维坦》对政治犯免费，而《小自由新闻报》(*Little Free Press*)“完全免费……。如果我们要自由，那就不要再用金钱，因为富人控制了金钱，所以他们控制了我们”。不过，其他人并没有这么确定。“你想赚多少就赚多少，赚上几十亿！”一名嬉皮士在《行星》上写道，金钱等于能量，“如果我们不去争取这种能量，其他人就会得到它”。

这样的争论从来没什么结果，而当涉及贩卖嬉皮文化时，争论最为激烈。旧金山的迷幻商店开业后收到一张字条：“你们这是在贩卖革命。……你们是在把它放到市场上。”但是，更令人反感的是那些从中获利的嬉皮筹办人和音乐人，因为它违背了一个基本信念——音乐应该是免费的。地下刊物的记者明白，摇滚音乐节代表着资本主义和嬉皮王国两种文化之间的斗争，但怪胎们认为，筹办人把“爱的音乐节”变成了“牟利的音乐节”。在 60 年代末，《种子》报道说“大部分音乐节里泛滥的欺诈行为让怪胎们越来越愤怒”，还抱怨“一大帮留着络腮胡子的企业家正准备利用嬉皮文化的两大嗜好赚大钱：摇滚乐和部落聚会”。

当一些怪胎认为自己正在受“剥削”时，他们就变成了社运人士。有些连锁剧院提高了热门电影《逍遥骑士》和《伍德斯托克》的票价，他们就在门外进行抗议，此外，一些人非但不买演唱会门票，反而“强行闯入”。另一些人则抵制高价演唱会。伊利诺伊州卡本戴尔的某个音乐节门票要 14 美元，遭到一名地下报刊记者的谴责，他明白音乐人需要“面包钱”，可是，他不明白为什么斯莱和斯通家族乐队（Sly & the Family Stone）以及“乐队”乐队（The Band）只演了 45 分钟，却要 2.5 万美元的报酬，还得是“小额纸钞，提前支付”。“见鬼了，是谁第一个说摇滚变得有点商业化了？”确实，正如一名嬉皮资本家所哀叹的，“现在做筹办人是个吃力不讨好的事，你要受正派人和疯子的两面夹击。”①

围绕金钱和利润的争论无休无止，有关环境的社会思考却不是：嬉皮士们都是环保主义者。当然了，他们并不是发明这场运动的人，因为在整个 60 年代，许多公民都开始关心污染问题，但嬉皮士推动了生态保护运动的发展，并践行了这样的价值观。在尤金，文化社运人士成立了“骑行者反污染”组织，这支“清洁空气游击队”会组队骑行，旨在“让人们看到，除了喷射致命气体的汽车外，还有别的出行方式”。但更常见的做法是打造“人民公园”。“奔向公园吧，”西雅图的一名嬉皮士写道，“公园是为有生命的事物准备的，松鼠、小孩、生长之物、启动之物、人、爱、食物、葱郁的绿色、笑声、风筝、音乐、上帝、生命的味道。”嬉皮士与养猪场、沃托克无限宣传公司、生态行动委员会、锯齿山俱乐部及无数地下报刊结成联盟，准备建“地球人民公园”。他们的想法是，只要所有“人民”都出 1 美元，就能在新墨西哥或者科罗拉多为这代人购买并建起一个永久的生活空间。②传单称：

---

① 剥削之语出自 Jerome, *Families of Eden*, 127; SAVF: box 25, *Little Free Press*, Nov. 1971; SPP: box 15a, *Planet*, 15 June 1969; 背叛之语出自 Stevens, *Storming Heaven*, 302; 筹办人的内容参见 *Rat*, 12-16 Aug. 1969; *Seed*, 13 March 1970; and SPP: box 18b, *Las Vegas Free Press*, 16-22 April 1970; 嬉皮资本家的内容出自 Bent: *Goose Lake Gags*, Aug 1970。

② 尤金的内容出自 Stickney, *Street*, *Actions*, *Alternatives*, *Raps*, 158; PNC: box "political campaign and handouts," file 1969-71, Seattle flyer; SAVF: box 17, ecology folder, Earth People's Park flyer。

地球人民公园

不是一场音乐节
是工作、爱、慷慨、奉献和玩乐
是你认为自己是谁就是谁
是不消极
没有时间表
是即刻的、自发的
是不去占有也不被占有
是极大的谦恭
是与它所维系的宇宙和生活一样严肃的存在
并将与你的头发一样长久。……

反主流文化社会思想也包括一种精神追求。当各种机构和政府显得摇摇欲坠，许多人问：什么是道德的？什么是不道德的？他们的答案和试验带领他们踏上了旅途，从占星术，到哈瑞奎师那、LSD、道家、禅修，最后回归耶稣。地下教会的想法吸引了嬉皮士，这并不是说新一代不再相信有个至高无上的存在，而是他们觉得在当权派的圣坛上再也找不到救赎的答案了。湾区的嬉皮新教徒称，他们正“在另类文化中积极参与创建另类教会。……‘潜水艇教会行动网络’是众多人共同的希望之一，它由形形色色的年轻人、以问题为导向的教会、交换组织、礼拜仪式怪胎、公社社员和其他各种各样的人组成，他们是未来教会要接受的人。……潜水艇教会正在浮出水面”。

“爱之夏”期间，基督教怪胎在海特-阿什伯里开了一家名叫客厅的咖啡厅，他们在那里帮助吸毒的年轻人，并讲述耶稣和《圣经》。这个想法迅速传播开来，因为一些嬉皮士在基督教中找到了认同感，尤其是 1 世纪时的原始基督教，当时它是一种反权威的宗教。他们在地下报刊和传单中提到了这一点：

通缉

耶稣的追随者

耶稣基督

别名：弥赛亚、上帝之子、万王之王、主中之主、和平王子等

臭名昭著的地下解放运动领袖。

这个臭名昭著的领袖遭到通缉，因为他无证擅自分发食物，阻挠商人在寺庙里做生意，还与知名罪犯、激进分子、颠覆分子、流浪汉有瓜葛，并宣称有权使人成为上帝的子民。他的外表是“典型的嬉皮打扮——长发、胡须、袍子、凉鞋”，他被定为“极度危险”。一个怪胎如此评论：“你有没有碰巧想过，假如耶稣再次降临会发生什么事。这些典型的美国人会怎么想？他们大概会想：‘瞧瞧那个令人恶心的嬉皮士。他可能是嗑嗨了，在那宣扬和平、幸福和善意呢。’”

许多怪胎都被地下宗教所吸引，因为他们觉得父母的教会十分虚伪，不会欢迎他们。潜水艇教会的长发成员在圣路易斯参加了一次卫理公会的礼拜，当一人起身表明自己笃信基督教时，牧师暂停了仪程，叫来了警察，警察逮捕了所有留大胡子的年轻人，30 人被赶出教堂，20 人因“扰乱宗教仪式”被捕。基督教“爱之歌”合唱团把这样的事写进了歌里：“长发人，短发人，还有一些西装革履的人。人们终于恢复了神志。目光越过发梢，直抵你的双眸。”

在第二波浪潮的动乱期间，“耶稣爱你”这话抚慰了许多年轻人，后来他们被称为耶稣子民或是耶稣怪胎。尽管这从来不是一场步调统一的运动，但大多数人都会赞同某个富商之女的看法：“一直以来，我都在找一个答案，找让我生命有意义的东西。我试过毒品、禅修，还有一大堆别的，但都没用。然后我遇到了‘上帝的孩子’，我立即放弃一切加入了他们。我那时就知道，这不仅仅是星期天消磨时间的方式，这是在践行上

帝的真理。"①

上帝的真理通常意味着耶稣子民是宗教原教旨主义者，而不是社会保守派，其他嬉皮宗教通常宣扬更自由的神学。杜肯大学和圣母大学的天主教平信徒组建了小型学习团体，他们开始质疑教义和礼节，许多人开始思考阿西西的圣弗朗西斯的做法，他主动离开富裕的意大利家族去过贫困的生活。一些年轻的犹太人开始琢磨希勒尔的事迹，此人是 1 世纪的先知，提倡谦虚与和平；而另一些人则加入了哈弗拉特运动，这些团体强调实验性宗教崇拜和公社生活。其他嬉皮士对哈瑞奎师那、佛教禅宗和美洲原住民的信仰产生了兴趣。"有一天，白皮肤的人将踏上我们的土地，"原住民的一则预言说，"他们的头发和衣服将变得和我们一样，他们将承袭我们的传统。我们会知道他们，是因为他们的名字也会变得像我们……霍皮人一样。"大多数嬉皮宗教对其他教义通常都比较宽容，也没有一个死板的神。他们往往强调发现自我，帮助人们"振作起来"，同时在一群兄弟中寻找肯定和个性。《易经》说："我们要和其他人团结起来，这样我们就能在相互依靠中相互补充，相互帮助。……共同的经历能够加强这种联系。"

反主流文化社会思想大体有两个平行的主题，经常出现在许多嬉皮士的生活中。一些人奋起反抗并追寻个人解放，他们践行的自由通常是无组织的、自由意志的，甚至是无政府主义的。经过试验，他们往往会成长为自己心目中那种更独立、更全面的人。另一些人造反，尝到了自由的滋味后，便匆匆奔向形式上更专制的反主流文化。这部分怪胎常与其他人一起进行精神静修或住进嬉皮群居村，在那里，领导者规划出更有条理、更有纪律的日子，成员信奉旨在促进个人成长、内心发展的宗教信仰。这两种途径都旨在平衡自我实现和社区成就感，最终的结果因人而异。

① SPP：box 16，*Submarine Church Press*，2 March，Easter，15 May 1970；Jesus flyer in *Time*，21 June 1971，pp. 56–63；怪胎的话出自 *Las Vegas Free Press*，9–15 April 1970；爱之歌合唱团的内容出自 Enroth，*Jesus People*，91，还可参考序章；Drane，*A New American Reformation*，chap. 6，p. 117；富商之女的话出自 Melville，*Communes in the Counter Culture*，210。

嬉皮士无时不在发展自己的另类社会——一些人退出主流社会走向乡村，更多人则留在城市里，开始参与文化行动主义。两者都创建了不同类型的嬉皮飞地，他们称之为公社、合作社、集体或者实验性社区，这些飞地都难以定义，因为怪胎们把这些名称换着用，也因为他们的生活安排总是在变。60 年代末时，国内大概有 2 000 多个农村公社，至少 5 000 个城市公社，但没人知道确切数字，因为大多数公社社员不希望被打扰，他们一般也不会对调查做出回应。

先锋人物在 60 年代初建了不少农村公社。位于加州大苏尔的戈尔达山是一个开放社区，接纳所有人。马里兰州的希斯科特公社是一个教育实验品，是一所生活学校。科罗拉多州特立尼达城外的迷幻艺术家则建了堕落城，是一个拥有很多网格状半圆顶房子的社区。“爱之夏”到来时，卢·戈特利布已在旧金山城外办了晨星农场，它欢迎所有想实践“自主原始主义”的人，其他五花八门的怪胎建了养猪场公社，“一个大家庭，一个易变的幻象，一个社会学实验，一支小丑大军”。

但公社的惊人增长出现在那场激流期间和之后。刺杀、示威、罢课、殴打——暴力——一切都混在一起，促使更多人退出了主流社会，其中包括许多前社运人士，例如雷蒙德·蒙戈、马文·加森和马丁·耶泽。俄勒冈州格兰茨帕斯的一名公社成员回忆说：“无辜者遭到殴打。然后我们逐渐明白，所有那些抗议都无济于事，只会滋生仇恨。”另一人补充道：“我参与政治已经有段时间了，但我明白，我不能只倡导社会变革，我必须身体力行。”

汤姆·海登这类社运人士称他们为逃跑主义者——退出意味着逃避——但黎明的建设者们并不理会。他们意识到自己在政治上无能为力，也就不再看重改变现有体制。“多明显啊，文明注定要毁灭，”一名公社成员说，“我们不想和它一起走向灭亡。……我们正在回归部落……这是一个全新时代的开始。”耶泽说，新时代将会与众不同，因为他们正在建设社区，“学习自给自足，找回不会毁灭自己也不会毁灭这片土地的古老技术。……我们正尽全力在现有结构之外做事，在我们前进的过程中，向体制、哈佛、义务兵役、通用汽车、美国银行、IBM、A&P……国税局、哥伦比亚广播公司、DDT、美国和越南深情告别”。

最终，许多不同类型的人加入了“回归大地”运动——艺术家、空想家、生态主义者、激进派、学界人士、素食主义者、同性恋、有机农场主、越南老兵、城市职业人士以及寻求更多解放的女性，还有那些抛却个人问题如药物滥用史和糟糕婚姻的人。许多人都是学生。60 年代末针对年轻大学生的一项调查显示，三分之一的人对公社或集体生活感兴趣，近一半的人希望能在乡村环境中生活一段时间。大多数公社成员都是 20 多岁的中产阶级，上过大学。几乎所有人都认为自己被困在了主流社会中，与政府的政策，与物欲横流、技术发达的美国格格不入。他们一般都会在自己的社区内寻找新的价值观。“他们都有一个共同点，那就是拥有人类最崇高的企望，”一名观察者说，“获得自由。”①

他们采取了一种非常美国的方式。他们去往开阔的空地，希望能有一个全新的开始，这也是他们最基本最重要的希望。他们展望未来，也回顾过去，希望能过上一种更原始的生活。在此过程中，他们建起了许多不同类型的公社。一些嬉皮士接管了废弃的城镇，例如明尼苏达州的乔治维尔贸易点，另一些人则建起了全新的村落，例如印第安纳州的巴旦亚兰，另有 300 人搬离了西海岸，在田纳西州创办了“农场公社”。但大多数公社规模较小，只有几栋建筑。嬉皮职业人士和建筑师建了个自由社区（Libre），它位于科罗拉多南部的群山脚下，是一个有未来主义特点的家园。其他人则在新墨西哥的陶斯附近创办了 24 个户外公社。逃离城市者在俄勒冈南部建了数量众多的合作农场，以期彻底过上自给自足的生活，另有 7 个农民烦透了“以电动牙刷和 BHT 添加剂为代表的生活方式”，于是

① 公社成员的话出自 Melville, *Communes in the Counter Culture*, 11–13, 160；耶泽的话出自 *WIN*, 15 Feb. 1971；观察者的话出自 Gardner, *Children of Prosperity*, vii, 5。

在威斯康星州成立了“忙碌土地合作社”。心理学家B. F. 斯金纳的追随者在弗吉尼亚的双橡园开始建立一种基于行为准则的社区。哈瑞奎师那的信徒在西弗吉尼亚建了“新弗林达班”，基督教基要主义人士在得克萨斯州布伦汉姆附近的一个农场里建了个定居点，取名为上帝的孩子。新墨西哥的马哈拉吉隐修所修习瑜伽技巧及其概念，“农场公社”则融合了佛教禅宗和印度教的哲学，又带有一丝基督教色彩。实际上，第二波浪潮期间的公社实在太多，以至于“北美学生合作组织”成了另类！“基地”和其他许多团体因此出版了名录、简讯、公告和《新预兆》(*New Harbinger*) 等地下刊物。

公社的生活方式各不相同，但总体上说都在实践反主流文化价值观，或者至少这么尝试过。工作和玩乐是社区的共同追求，它们鼓励付出和分享，并最终形成了某种形式的样板或组织。“如果你够幸运，”斯蒂芬·戴蒙德在栗树山生活的第三年里写道，“你身上会出现一种自然的秩序和节奏。但那需要花点时间，用来解决所有纷烦复杂的个人问题，这些问题源于一个结构混乱的社会，一个没有教科书作为指南的社区。”公社成员自然尝试了探索个人自由与解放。早期的一些公社提倡彻底自由的性爱，那里的所有成员都会有性接触，也认可群体性行为和双性恋行为。伯克利的哈拉德韦斯特和俄勒冈的塔尔森实行“群婚”，其成员是交换伴侣的已婚或未婚人士，佛蒙特的布莱恩阿辛则奉行“性畅快”，据说，那里的成员会“毫无恐惧和罪恶感地玩弄对方的性器”。但更为常见的是那种嬉皮士会结成伴侣，对性行为方面的各种安排都同意的公社，还有一些公社只接受一夫一妻式的情侣入住。许多公社成员都抽大麻，并完善为“自种自用”的理念，而后来的一些定居点则禁止使用一切药物，以求彻底实现自然生活或自主生活。从惠勒农场的自由散漫到拉马基地的井井有条，不同公社的日常生活也各不相同。一些公社随时欢迎访客到来，它们后来差不多成了免费搭便车出行的怪胎的“栖身之处”。为防止这样的情况发生，其他公社设了访问时间，一些公社规定只在周末接待访客，而其他公社则只接待遵守他们严苛规定的客人。

大多数回归大地的人是大学生或者都市居民，很快他们就发现，自己对乡村生活知之甚少。为帮助他们建设自己的新美国，斯图尔德·布兰德出版了一本极受欢迎的指导手册——《全球目录》(*The Whole Earth Catalog*)。其首页宣称，当权派已经失败，这份目录旨在作为工具，帮助个人“进行自我教育，找到自己的灵感，塑造自己的环境，并向所有感兴趣的人分享自己的冒险经历”。目录里写满了可以邮购的商品——美国的柴火炉、丹麦的大地鞋、澳大利亚的风力发电机——它还在工具、资源和书籍方面提供了实用性建议，能帮助人们成为有机农场的园丁、优秀的推拿师，学习冥想，搭圆形帐篷，或是自己办葬礼，称“人类的身体是大地的有机组成部分，死后必须回到奔流的生命之河中”。它还推荐了可订购的有用书籍：《畜禽养殖》《乡村技艺书》《天然食物烹饪书》《新宗教》《老农民年鉴》《用最少的钱过最好的生活》《超 2000 种免费刊物》《大众汽车技术手册》。书里还有读者来信，教人们如何制作乙烯基黏合剂，如何把做塑料的糖基原料调匀，怎么找免费木材。布兰德还在书里收录了诗歌与指南：“选一样吧：[ ] 一声巨响 [ ] 一声抽泣”。这本书帮助新一代人“喜欢上某事”，学会一种新爱好或新行当。“总的效果是让人变得有激情，”一名评论者写道，“并设想一种生活方式。”这份目录最终出了四版，还得了美国国家图书奖。①

大胡子们也鼓励人们出版指南。艾丽西亚·贝·罗瑞尔为“那些宁可去砍树也不愿坐在桌前工作的人”写了《在地球上生活》(*Living on the Earth*)。写作过程中得到了惠勒农场社员的帮助，书中包括庆典、风暴预警、规则、食谱、传闻和乡村舞蹈。《穹顶书》(*Doombook*) 讨论了如何规划和建设另类家园及建筑，而《狐火之书》(*The Foxfire Book*) 和《地球

① Diamond, *What the Trees Said*, 38 – 39; Houriet, *Getting Back Together*, 12; 评论出自 *Commentary* (July 1972): 62–65。

母亲新闻》(*Mother Earth News*) 则介绍了乡村生活的方方面面。要帮助怪胎们组建或者寻找一个合适的公社，你可以阅读《现代乌托邦》(*The Moden Utopian*)，它有一个公社配对服务板块。城里的合作社也编写了重要的指南，例如由俄亥俄州哥伦布通信公司印制的各类手册。

住在城市嬉皮社区里的怪胎要多出许多倍，那里的反主流社会欣欣向荣。芝加哥的老城区，亚特兰大的桃街，明尼阿波利斯的西岸，奥斯汀的珍珠街，华盛顿特区杜邦圆环附近，以及安娜堡、博尔德、尤金、伊斯拉维斯塔、伊萨卡、劳伦斯等众多大学城内的区域，还有许许多多类似于疯城①的暴克利或米夫兰的地方。这些社区很容易找到。随便问一个长头发的人，很快你就能走进一条在“停止”的标志下方画着“战争”字样的街道，有人在街上给狗扔飞盘，可能会有几个怪胎在说唱——说话——他们就坐在墙刷得鲜艳的老房子的门廊里。美国国旗做成的窗帘在微风中飘着。克罗斯比-斯蒂尔斯-纳什和扬乐队的音乐旋律飘荡在大街上，一同飘来的还有麝香和大麻的味道。

第二波浪潮期间，美国大城市内的城市公社数量迅速增加。嬉皮士们通常在老城区或者大学附近合租公寓、出租屋或大房子。一个嬉皮士这样评论麦迪逊：“兄弟会正在迅速消亡……有些已经被一些集体接管了——兄弟会变成了公社！”合租生活一向是大学生活的一部分，在一个反物质主义年代里，这样的生活既方便又适合。“你手头很紧？”雷蒙德·蒙戈问，“和 13 个人一起住吧，这样便宜一些，也更有趣。”

虽然分享是规则，但钱通常是个难题。在乡村，许多公社靠种植庄稼、出售自产的天然食物或用它们和当地人换物过活；一些公社依靠富裕的赞助人生活；少数偏自由主义社区靠领取失业金和食物券过活。“熊部落”采用美洲原住民的办法，尝试以土地为生，“家族公社”的成员带着 100 美元去拉斯维加斯，赢回了好几千，足够他们在新墨西哥开一家公

① 威斯康星州麦迪逊市的别名。——译者

社。一些公社靠着摇滚乐队发展了起来，感恩至死资助了加州北部门多西诺附近的一家公社。许多公社都做起了某种生意。“峡谷集体”出版了《劳动力》并以此维生，蒙大拿的比特鲁特合作社做陶制品卖。密苏里的橄榄山饲养牲畜、制造篱笆桩，双橡园出售吊床。“农场公社”成立了建筑公司和出版公司，还有阿南达合作村，这是加州的一家“自我实现社区”，他们出售熏香、手工艺品、皮箱，还把占地 70 英亩的静修院分租给来学习瑜伽的人。在城市里，怪胎常在手工艺合作社或贸易合作社里工作和生活。许多嬉皮士售卖地下报刊，并住在出版单位，比如《华盛顿自由新闻报》或亚特兰大的《大斑点鸟》。俄勒冈的“黄色潜水艇”生产格兰诺拉麦片，马哈拉吉隐修所则在圣达菲开了一家名叫那纳克清醒烹饪的天然食品餐厅。怪胎们也会住在他们的毒品铺子、书店、车库或者他们的电影、唱片或报刊工作室里。拉马基地出版宗教图书。加州索萨利托的年轻建筑师们成立了蚂蚁农场，在南部的门罗帕克，另一些人办了波托拉研究所，这是一家“鼓励、组织、开展创新教育项目的非营利性合作社”。

当时还有许多其他类型的城市集体，每个居住地的居民致力于各种活计，分享着日常生活的方方面面。有许多是政治集体，例如康奈尔大学附近的凯特-理查兹-奥黑尔集体，它基于社会主义理想而建。学生争取民主协会的成员在波士顿成立了南端公社。还有埃文斯顿的丽巴地方公社，这是一家基督教社会行动公社。成员们在自己的社区内做着各种项目，有时也会成立伞状团体，例如西雅图解放前线。许多嬉皮士成立了大学公社和集体，有人去那里上学，也有人去那里工作，通常都是兼职，他们也在那里组织校园改革。宗教信徒建立了数量众多的宗教公社。女性主义者急切地想要讨论女性议题，努力实现激进的民主理想，她们在波士顿成立了面包与玫瑰集体，男同性恋则在纽约成立了 95 街集体。从越南回来的士兵在旧金山组建了老兵集体。

因此，许多城市的嬉皮士都是文化社运人士。他们当然关心战争和种族问题，但他们也希望能建立起自己的另类文化。跨爱能量无限公社位于底特律，是“一个完完全全的部落式生活和工作公社”，它由约翰·辛克莱、莱尼·辛克莱及艺术家盖瑞·格里姆肖共同建立。该公社创作摇滚舞、组织演唱会、举办灯光秀、制作海报和小册子，还出版了地下报刊《太阳》。它同时还是一家合作定制机构，为摇滚组合提供预订服务，辛克莱后来成了摇滚乐队 MC-5 的经纪人。最后，这家公社搬到安娜堡并组建了白豹党，后者是一个文化革命团体，致力于“采取一切必需手段，包括摇滚、毒品以及街头做爱”来攻击主流文化。

所有嬉皮社区都有一些共同主题，其中之一就是免费服务。大学城里的免费大学数量在增加，这一想法是由言论自由运动的社运人士早前在伯克利提出的。堪萨斯州立大学的“人类大学”打出的标语是“先决条件：好奇心”，全国各地的教师们志愿教授各类课程，从抽象艺术到机械学，应有尽有。辛克莱在底特律的“艺术家工作室免费大学”教授爵士乐和当代诗歌，斯蒂夫·加斯金在湾区教“北美白人巫术”和“魔法、爱因斯坦和上帝”课程，为帮助嬉皮士健身，他还教授“元-体育”课程。其他人志愿提供服务。旧金山的一份嬉皮指南列出了 30 项免费服务——包括临时住宿、足病诊所、药物热线、动物交换所——与此同时，明尼阿波利斯的志愿者成立了青年应急服务队（YES），密尔沃基的人成立了“逃亡者探路人”。嬉皮律师组织了法律援助服务，例如芝加哥的“反主流文化法律项目”。

这些社区的另一个主题就是嬉皮商店。怪胎们当然需要消费，这就意味着得有人买卖东西。买东西时，他们一般会仔细挑选，偏爱那些与他们的价值观一致、不歧视或不污染环境的商店，提供有意义的就业岗位的商店，或者为改善社会有所贡献的商店。他们会因商家采购葡萄和蔬菜的农场只付给移民工人微薄的工资而抵制或抗议西夫韦这类企业，转而去本地的家庭小店、农民市集或合作社购买。假如市面上没有出售他们需要的东西的公司，那么很自然地，商人子女中有些人就会创办自己的公司：唱片店、书店或者服装店；出售吸毒用具、海报、徽章及所有稀奇古怪之物的

“毒品铺子”；农场和食品合作社；他们甚至还开了一些建筑公司和 FM 立体声电台。

嬉皮资本家做的是新奇事物的生意，他们创办了许多企业。由于不信任当权派媒体，他们自己印刷报刊。其中最成功的是《滚石》杂志，到 60 年代末，其发行量已达 25 万份，并与全国多家唱片公司签订了利润丰厚的广告合同。10 年后，《地球母亲新闻》的发行量号称达到了 100 万份。其他地下报刊的发行量也十分巨大，例如《伯克利毒评》《第五等级》《大斑点鸟》《洛杉矶自由新闻报》和《碎布》，《拉斯维加斯自由新闻报》号称有 2.5 万名读者，是内华达州最大的周报。一些年轻音乐人靠着颇具思想性的唱片获利，而很多人则将他们的价值观印在 T 恤、徽章和海报上出售。嬉皮士可以亲自去新奥尔良的爱情海报店购物，也可以从脏亚麻店邮购：“我们为母亲节准备了点东西。……只要汇 5 份海报的钱（5 美元）过来，我们就会免费再送一张海报给你的母亲，你可以自己选择”，这里有吴廷琜夫人、小瓢虫・约翰逊[①]、威廉・威斯特摩兰将军。爱德华・霍恩公司在广告中称，1 000 个徽章售价 70 美元。人们可以自己设计徽章，也可以选择现有的设计，其中有“现在就要和平”，有紧贴时代的“多数人支持沉默的阿格纽”，还有“我已痊愈，我不再是嬉皮士”。

一些人通过写作或出版讽刺作品、幽默作品来勉强维持生活。罗伯特・克鲁勃创作了“摩托城”系列漫画，以及 *Zap Comix*[②] 中受 LSD 影响的人物，他还创作了那个时代的流行符号——“继续奋斗下去”的口号。《洛杉矶自由新闻报》每周付吉尔伯特・谢尔顿 100 美元，他觉得自己赚了大钱。谢尔顿和三个朋友投资 600 美元买了一台印刷机，开办了一个名叫 Rip Off Press 的“地下出版王国”。刚左记者亨特・S. 汤普森出版图书，其中包括他的经典作品《赌城风情画》（*Fear and Loathing in Las*

① 吴廷琜：吴廷琰的胞弟；小瓢虫・约翰逊：林登・约翰逊的夫人。——译者

② 以其迷幻卡通风格的限制级作品闻名，是反主流文化时期极具代表性的地下漫画作品集。——译者

Vegas)，洛杉矶的克里普索·乔成立了残疾人电影公司（Handicap Pictures），因为“我们电影里的人都是‘残疾’人”。“真实血色”（True Bloody Color）制作了一些短片，包括《约翰逊总统落叶总统》《该死的宪法一不宣而战——全速前进》。讽刺人物好时巧克力将军[①]在集会上发言：“决不能宽恕战争”，因为它“一文不值”。[②]

怪胎们在一些校园内办了免费市集，还在自己的都市飞地内开了许多服装店及数量极多的食品合作社。“食物大阴谋，”《老实人报》称，“麦迪逊大道[③]用文字包装出来的家乐氏玉米片……是放在花哨盒子里的化学涂层塑料。”在充斥着白面包和防腐剂的时代里，地下报刊敦促读者前往支持运动的食品店购物，例如尤金的威拉曼特人民食品合作社、麦迪逊的生态食品合作社、哈佛附近的剑桥港食品合作社，还有弗吉尼亚里士满的解放区食品店。嬉皮合作社专营不添加防腐剂、有机栽培的天然食物——散装蜂蜜、珍珠麦、大燕麦片、石磨小麦粉、花草茶、水果、蔬菜，还有新型混合麦片，比如脆皮燕麦片格兰诺拉——“革命者的早餐！”。

毒品自然也是运动的一门生意。从（北达科他州法戈-穆尔黑德的）《潜修者》到（得克萨斯州汉茨维尔的）《独石柱》，地下报刊纷纷刊文介绍本地优质大麻的供应情况。《观察者》（印第安纳的布鲁明顿）上的“春季市场报告”写道：“总体而言，市场形势一片大好，由于季节性短缺，一些商品交易所的销售有所下跌，另外，最近全国各地在对一些生产中心进行突击搜查。”贩卖吸毒用具的毒品店铺数量激增，芝加哥的“企业家”、旧金山的“家犬”、麦迪逊的“管道工”、洛杉矶的“第三只眼”及密苏里哥伦布的“迷幻”，都出售烟斗和卷烟纸，卷烟纸用大米、玉米、

---

① General Hershey Bar，是越战时期反战抗议运动中的一个讽刺人物，其扮演者是威廉·比尔·马顿斯，该讽刺人物戏仿的是当时的征兵局局长刘易斯·B. 赫希将军。

② 兄弟会相关内容出自 Stickney，*Streets*，*Actions*，*Alternatives*，*Raps*，71；Mungo，*Famous Long Ago*，2；Sinclair，*Guitar Army*，105；Terry Anderson，“The New American Revolution：The Movement and Business，” in Farber，ed.，*The Sixties*，175-205；TA：Gilbert Shelton 于 1992 年 7 月 31 日做的采访。

③ 麦迪逊大道：美国广告业的代称。——译者

甘草甚至大麻纤维制成——阿卡普尔科金牌的。买 1 000 颗迷幻药的话，每颗只需 1 美元，从海岸线运到内陆，再以两三倍的价格卖给街头商贩。艾比·霍夫曼在他的地下畅销书《偷走这本书》（*Steal This Book*）中教人如何进行毒品交易。

运动的大多数生意只够勉强维生，但也有一些利润可观。《全球目录》的各个版本总共卖出了 100 万册，“爱之夏”期间，海特的“家犬”毒品店的销售额超过了 30 万美元。喜欢喝自制茶的嬉皮士创出了喜乐茶（Celestial Seasonings），天然茶和草药的年销售额最终达到了 1 600 万美元，其中一名创始人因此成了年轻的百万富翁。在旧金山，葛培理的菲尔莫尔礼堂和温特兰礼堂的门票销售每周可达 3. 5 万美元，中土照明电力公司在纽约的电动马戏团举办灯光秀表演，每月收入约 2. 5 万美元。①

在摇滚音乐节上，嬉皮商业理所当然地和反主流文化融合在了一起。音乐很重要，但感觉也很重要——各部落聚在一起做自己的事，不受当权派的传统与法律的束缚。蒙特利音乐节成功后，各地纷纷举办音乐节，第二年，加州办了新港音乐节，华盛顿办了天河音乐节，迈阿密也办了音乐节，而在 60 年代的最后一个夏天，这些狂欢节向内陆进发，来到丹佛，往南又去到了佐治亚、得克萨斯和新奥尔良。亚特兰大流行音乐节吸引了超过 10 万名观众，大西洋城流行音乐节也去了这么多人。西雅图流行音乐节增加了更多吸引人的项目，例如跳伞人、直升机撒花活动和晚间烟花秀。

但伍德斯托克注定要成为那个时代最著名的音乐节，注定要流芳千古。“那就像第一次打棒球。”一名参与者在音乐节后写道。“历史学家必须正视它”，因为“这些年轻的革命者即将……甩掉不属于他们的生活方式……然后找到属于他们的那个”。

伍德斯托克一开始是一项商业规划。4 名制作人向马克斯·雅斯格支

---

① *Plain Dealer*, 17–30 Sept. 1970; *The Spectator*, 4 March 1968; 利润相关内容出自 *Business Week*, 27 Jan. 1968, p. 84。

付了 5 万美元，租用他在纽约贝塞尔附近的 1 000 英亩农场。他们希望有 5 万人来参加“伍德斯托克音乐节：水瓶座博览会”，付 18 美元即可在 3 天里观看 20 多支乐队的演出，包括吉米・亨德里克斯、詹尼斯・乔普林、琼・贝兹、阿洛・葛士瑞、罐装燃料乐队、谁人乐队、感恩至死乐队、杰斐逊飞船乐队、克里登斯清水复兴乐队（Creedence Clearwater Revival）、乡村乔和鱼乐队、十年后乐队以及克罗斯比-斯蒂尔斯-纳什和扬乐队。

然而，伍德斯托克的意义远不止于此。在第一支乐队开始表演前，来朝圣的年轻人涌向了雅斯格的农场，人数之多，前所未见，道路堵了数英里，造成了纽约史上最严重的交通堵塞。但是，这些年轻人很少按喇叭，相反，他们拿出了吉他和铃鼓并唱起歌来，他们分享食物和饮料，传大麻卷烟抽，这可能是 60 年代人们最有耐心的一次堵车。车辆缓缓驶过。大众汽车的车厢外吊着几名搭车人，一辆微型巴士顶上有几个怪胎在抽巨大的水烟，迷幻摩托车，涂成老虎模样的面包车，另外还有辆涂成斑点鲑鱼模样的车。这一代人涌进农场，来到苜蓿田和放牧地，搭起了帆布帐篷和印第安圆锥帐篷。最后共有 40 万人在那里露营，目之所及，都是年轻人在“走着、躺着、喝东西、吃东西、读书、唱歌。他们睡觉、做爱、在湿地里蹚水，尝试给那里的奶牛挤奶，尝试烹制当地产的玉米”。

“我们非常兴奋，”一名参与者回忆说，“我们觉得自己好像在一个解放区里。”他们确实在解放区，而且由于观众数量让当地政府不知所措，年轻人便迅速用他们的规则、礼仪、服装和行为标准建立起了自己的文化。一名旁观者注意到，警察仿佛是“在异国他乡被孤立的陌生人”，反主流文化朝气蓬勃，因此他们几乎没有尝试执行针对毒品和裸体的法律。“我们曾经认为自己是一小簇怪人，”詹尼斯・乔普林说，“但现在我们是一个全新的少数群体了。”①

① Jan Hodenfield and Greil Marcus in *Rolling Stone*, 20 Sept. 1969; and see *New Yorker*, 30 Aug. 1969, p. 17; Philip Tracy, “The Birth of a Culture,” *Commonweal*, 5 Sept. 1969, p. 532; *Newsweek*, 1 Sept. 1969, p. 20.

然而，部落聚会也注定会带来灾难。过度拥挤引发了噩梦。卫生设施不足，一些人等了一个小时才如厕。厕所里排泄物漫出来，人难以下脚。饥饿的人群在第一天就吃掉了 50 万个汉堡和热狗，食物告罄，饮用水也几乎没了。毒品公开叫卖分发，许多人吸毒过量。医疗用品严重不足。同时，交通堵塞就意味着音乐人、药品、医生和食物必须耗费巨资由直升机送入。官方逐渐生出忧虑，州长担心可能会发生暴动，考虑要派出国民警卫队。然后，下雨了，不停地下雨，人们挤成一团，睡在变成泥滩的草地上。

在第一晚的音乐声响起前，扬声器里传出一个声音："我们需要大家互相帮助来解决问题，因为我们正在给我们建立的系统巨大的压力。我们要把食物送进来。但今晚有个重要的事你们必须记住，那就是，你身边的人就是你的兄弟。"对许多参与者而言，越来越高的群体意识把这场摇滚音乐节变成了一次难忘的反主流文化经历。"每个人都需要他人的帮助，每个人都已经准备好把自己手上的东西分给尽可能多的人。每个人都能感觉到那种良好的氛围"。

这其中也包含了许多老一辈的人。贝塞尔居民曾担忧嬉皮士会入侵他们的城市，但看过这群年轻人后，他们的恐惧消失了，市民们伸出了援助之手。他们开设了可以煮汤和做三明治的厨房，打开水龙带供人喝水洗澡，还捐出了医疗用品。《生活》杂志承认说："3 天来，近 50 万人在无遮无挡、拥挤、浸透雨水、极不舒服的社区里挨在一起过着，却没人打架。"《纽约时报》补充道："嬉皮士从来没这么成功过……他们从来没给观望的世界留下过这么好的印象。"

当然，伍德斯托克对每个参与者的影响各不相同。20 年后，一些人回忆起它时称它改变了自己的生活，还有一些人则只记得雨水和泥泞。有人回忆说："桑尼，一个来自波士顿的护理学专业学生。我们互相友爱，我从未忘记过那段经历，也从未找到比这更好的感觉。桑尼，如果你在看，给我写信。"大体来说，大部分人离开那个阴雨的音乐节时都感到十分温暖，他们和琼尼·米歇尔一起唱道：

我们是星尘
我们金光闪闪
我们必须要让自己
回到花园

许多人认为，假如怪胎们能待在花园里，培育他们的文化，那将会发生——一场文化革命。“伍德斯托克是个很好的例子，它展现了未来的发展方向，”提姆·利里在给约翰·辛克莱的信中写道，“我们有这么多人，多数人是友爱和平的，暴力独裁的是少数。我们就要赢了，而且很快。”嬉皮文化对革命的思想产生了影响，文化社运人士开始谈论建设一个青年国度，那里没有暴力，人们彼此关心，艾比·霍夫曼的《伍德斯托克国度》(*Woodstock Nation*)让这个想法流行了起来。写了《伯克利部落》(*Berkeley Tribe*)的斯蒂夫·海恩斯主张举办更多的音乐节，利用收入购买土地和物资，修建适合一两千名怪胎居住的大型地域性公社，辛克莱还谈到，各黑人武装派部落和白人文化社运人士部落签订了条约，迈出了建设日舞[1]国度的第一步。伍德斯托克音乐节后的“印第安之夏”期间，很多人都感觉到，某种文化剧变终于开始了，它将带来一个新美国。[2]

那年秋天，无论人们生出了多少幻想，随着主流媒体报道了一则来自加州的冷血故事“莎伦·塔特[3]及另外 4 人遭谋杀”，都烟消云散了。《洛杉矶时报》称这是“仪式性屠杀”。对许多体制内人来说，这是嬉皮时

---

① 日舞：美洲原住民的祭祀舞蹈仪式。——译者
② LNS “Woodstock” report in *Space City News*, 28 Aug-11 Sept. 1969; *Life*, 29 Aug. 1969, p. 14b, and Aug. 1989, pp. 20-45; *NYT*, 24 Aug. 1969; Bent: Sinclair papers, box 3, Leary to Sinclair, 9 and 14 Dec. 1969, and Sinclair to Magdalene and Dave Sinclair, 14 and 15 Oct. 1969; *Berkeley Tribe*, 7-13 Nov. 1969.
③ 好莱坞 1960 年代的著名女星，电影大师罗曼·波兰斯基的妻子。——译者

代——以及 60 年代——行将结束的开端。

接下来几个月中，警察报告说，"一群名为'一家人'的嬉皮士在查尔斯·曼森的带领下"犯下了一系列罪行。《新闻周刊》称这次审判是"让人沉迷的嬉皮士案件"。《时代》周刊写了"一个有关嬉皮异教的怪异故事，该教神秘、半宗教性质、崇尚毒品与谋杀，其领袖是蓄胡子的魔鬼马哈迪"，他们还发表文章谈论了"嬉皮士与暴力"，文章引用了一名医生的话，称嬉皮士"可能完全没有真正的同情心。这也是他们能如此无情地痛下杀手的原因。……许多嬉皮士内心里几乎已经社会性死亡"。于是乎：上百万美国人信了。曼森是一个嬉皮士，而留长发的人可能是杀手。

大多数公民都没有细读过，因为随着审判的展开，其他记者挖掘出了许多令人不安的事实。曼森的母亲是一名性工作者，常年酗酒，他从不知自己的父亲是谁。在他人生的头 35 年里，他有 20 多年都是在寄养家庭、少管中心及监狱里度过。20 岁时，一名州精神医生称他是反社会人格，"情绪十分不稳定，十分缺乏安全感"，不适合判处缓刑。虽然如此，他还是被假释了，并在"爱之夏"之后游荡到了海特-阿什伯里。他的年纪比许多人都大，因而能够笼络并控制反复无常的年轻人。最后，他有了大约 20 个追随者，全都来自不幸福的家庭，基本上都是离家出走的青少年。曼森的性欲极强，一天往往要性交三次。他不但能把年轻女孩骗上床，还能说服她们为自己找来更多女孩，以表忠心。他和他的追随者沿海岸线一路游荡至洛杉矶，然后去了他们居住的沙漠，偶尔会回去看望城里的朋友。塔特谋杀案发生的那一年，他已经被捕了 4 次，而且坚持要打断牧师的讲话并自称耶稣基督。曼森和他的追随者——无数精神科报告、法院文件、部分文章及后续书籍都表明——有精神疾病。①

反主流文化中的大部分人都能辨别出精神病，曼森的行为让他们十分

---

① *Newsweek*, 15 Dec. 1969, pp. 30–31; *Time*, 12 Dec. 1969, pp. 22–25; Sanders, *The Family*, 25, chap. 1; Smith and Luce, *Love Needs Care*, 255–64; Steven V. Roberts, "Charlie Manson: One Man's Family," *NYT Magazine*, 4 Jan. 1970.

震惊。《滚石》的撰稿人大卫·菲尔顿和大卫·道尔顿憎恶他，并将他的行为归咎于"社会中变态的刑罚'改造'制度，社会对复仇和残忍的渴求，正是这些造就了他"。托潘加峡谷一家公社的成员向《洛杉矶时报》抱怨说，嬉皮士"向来以他们互相友爱、爱好和平的名声为傲，但曼森却令'长发人士'背上恶名，他们诅咒他"。另一名怪胎抱怨道，大众媒体靠"耸人听闻的报道和替罪羊"过活，曼森"已经成了保守的美国和激进的青年运动之间政治斗争的替罪羊。他现在成了一个社会类别，一个魔鬼嬉皮士，'可能会发生在你儿女身上的事'的一个象征"。

沉默的大多数对曼森故事的狂热不减。它让人看到了一种可怕的可能性——"带枪的嬉皮士"，它还有另一个吸引读者的成分——性。一名社会科学家在走访了无数个嬉皮飞地后说："公社生活是性的自助餐的想法是媒体创造并维系的神话。媒体对查尔斯·曼森和那群自愿献身的女性如此着迷，主要是因为他个人实现了许多男人最钟爱的性幻想。"事实似乎确实如此，为了报道反主流文化，一名36岁的记者留了长发和胡须去卧底体验了一把。理查德·阿奇森写道，前有《像我一样黑》①，他的报道就该叫做《像我一样多毛》，因为像他这个年纪且身着"布克兄弟牌西服，脚穿厚重的布罗根鞋，带着公文包的短发男人会在公交车站、火车站、酒店大堂凑过来跟我攀谈，然后几乎立刻就开始询问我的性喜好：我做得多不多，我会不会让她们口，我有多少英寸。……这些人似乎认定，因为我多毛，所以我就是某种特别喜欢乱搞的人，天天和人上床"。阿奇森的经历让他明白，为什么那么多公民厌恶嬉皮士："人们认定他们在性事上毫无节制，因此他们想不被人讨厌都难。"②

当年12月，曼森仍在头版头条上，滚石乐队宣布将在加州利弗莫尔附近的阿尔塔蒙特赛车场举办一场免费音乐会，许多年长的公民都认为，这

① 美国白人作家约翰·格里芬假扮黑人游历南方数州，并将经历集结出版。——译者

② Felton, *Mindfuckers*, 29; *LAT*, 7 Dec. 1969; 怪胎的话出自 SPP, serials: *Overload*, April 1970; Melville, *Communes in the Counter Culture*, 189; Atcheson, *Bearded Lady*, 17。

次音乐节再一次印证了他们长久以来的怀疑——反主流文化正在走向疯狂。

已经成名的伍德斯托克音乐节结束仅 4 个月，加州的嬉皮士就迫不及待地想办“西海岸的伍德斯托克”了。“我们都在朝着同一个方向前进，”安迪·戈登写道，“我们被伍德斯托克神话的力量吸引，必须要去参加那个历史性聚会。阿尔塔蒙特！那种魔力击中了我——那就像香格里拉，就像仙那度。”

但大多数参与者并没有经历涅槃重生，一些人描述的现实更接近冥府。观众非常多，约有 30 万人，大部分人温和友善，他们坐在周围的山坡上，离舞台较远。人们嗑药后飘飘欲仙，但很少有人被捕。问题出在离舞台较近的地方，那里约 50 人变得十分暴力。莎莉·霍洛维茨报道说：“我扫了一眼观众，发现情况越来越混乱——有人喝多了在打架，有人产生了糟糕的迷幻体验。……我觉得很失落。我的同胞缺乏意志力，无法抑制粗鲁的行为，也无法沉着应对。”下午演出的乐队很多，场面变得更加混乱。滚石乐队给“地狱天使”买了 500 美元的啤酒，令他们保护舞台，这大概是摇滚演出史上最短视的举动。人群离乐队越来越近，一些嗑了药的年轻人开始疯狂起舞，摩托车帮上去打他们，用台球杆猛抽他们的脑袋，引发了巨大的骚动，乐队停止了演出，请求人们冷静。“拜托了各位，”杰斐逊飞船的格蕾丝·史立克说，“不要再伤害彼此。”傍晚时分，滚石乐队终于登场，在米克·贾格尔演唱《街头战士》时，“地狱天使”抓住了年轻的黑人梅瑞狄斯·亨特。众说纷纭，有人说他带了枪来参加活动，有人说没带。这不重要，这伙穿黑色皮衣的人捅了他数刀，还踢了他的脸。人群惊恐不已，什么都没做。亨特死在了血泊中。

阿尔塔蒙特让许多人反感，尤其是那些参与反主流文化的人。“伍德斯托克国度的珍珠港事件。”一名参与者写道，戈登则指出，在人类大聚会之后的近 3 年里，反主流文化已经在迷幻道路上跌跌撞撞地越走越远：“粗鄙的、生了梅毒的‘地狱天使’，一些不知哪儿冒出来的性感小妞，一副‘比你更嬉皮’的打扮。脸上没一点笑容”。演出开始后，“我看到他们不再像部落第一次聚会时那样高兴地手拉手随时起跳舞了”。商业化已将部落屠戮殆尽，因为在阿尔塔蒙特，嬉皮社区和音乐人之间的魔力已经消失。出现在那里的人不再是这场活动本身，他们只是观众，这一点让许多人非常痛苦。年轻一代表现得和老一辈一样。一名文化社运人士写道，这场音乐会将“天真的神话炸得稀碎”，其他许多地下报刊撰稿人认为，阿尔塔蒙特标志着“反主流文化的溃败”。罗伯特·索玛深感惋惜，称这是“垂死的60年代的最后挣扎。……它让你想回家，它令你作呕”。①

三个星期后，时间意义上的60年代正式结束。第二年，《商业周刊》称：“美国的中产阶级已将音乐节视作毒品、放荡和毁灭的先驱”。州政府和县政府官员起草了以阻止办摇滚音乐节为目的的规定，保守派也开始抨击反主流文化。“你之所以可以继续做一个不负责任的东西，靠别人的努力混日子的寄生虫，”《基督教经济学》(*Christian Economics*) 的编辑对嬉皮士说，“只是因为大多数人和你们不一样。”保守派人士汤姆·安德森更加愤怒：“亲爱的被宠坏的、受蒙骗的、傲慢的、被洗脑的毛头小子和万事通们：我受够你们了。”他还给出了一些建议：“去学俄语吧，还有中文”。说来奇怪，苏联人同意了，还和美国保守派成了奇特的盟友。一位苏联历史学家称嬉皮士是靠社会维生的资产阶级吸血鬼，还补充说：“任何有点常识的人都不会相信嬉皮士和雅皮士能够影响美国社会做出任何改变。”更奇怪的是，这种负面的解读得到了许多年长学者的支持，在接下来的几年里，他们所著的热门书籍成了大学课堂的指定用书。一位研究美国青年人的专家称“曼森是最能代表‘友爱一代’的人”，一位历史学家则将嬉皮士描述成“无数个精神不正常的小年轻”，他们的经历总体上说“非常愚蠢、毫无意义，而且还要自食其果”。阿尔塔蒙特是类似查尔斯·

---

① Interviews in Eisen, ed., *Altamont*, 55-60, 84, 215, 234; SPP, box 15a: Horowitz and other articles in *Survival*, April 1970; and see Lewis, *Side-saddle on the Golden Calf*, 321-40, *LAT*, 7 Dec., *Berkeley Barb*, 12-18 Dec. 1969, and *Berkeley Tribe*, 12-19 Dec. 1969.

曼森的“又一个灾难”：“当然了，嬉皮士一般不是杀人犯。”①

显然，在 60 年代即将结束之际，老一辈正被气得七窍生烟，因为在经历过讲究法律和秩序的 50 年代后，父母们自然会被叛逆的年轻人惹恼。“我受够这些被宠坏的毛头小孩了，他们太霸道”，一名教授说，而更扎心的是，一名父亲如此埋怨自己的儿子：

> 一开始，他坚决不肯剪短头发（这是对实情较为温和的陈述），然后又对所有和毒品有关的事表现出异常的狂热。接下来，他开始费尽心思打扮成尼日利亚战争的难民（我后来发现，他是在模仿刚开始流行的流浪汉风格）。一天下午，我发现他是高中某份地下报刊的编辑，它……的名称粗鲁又下流。讨论那个项目时，他告诉我，他已经参加了大学附近的一个马克思主义团体，很快我们家就开始有“武装派”上门。那年学校一放假，他就宣布他要离开家去成立一个公社。4 天后他回家“重整旗鼓”，但这次短暂的出走令他的母亲非常痛苦。大约在那个时候，他告诉我晚上他不能待在家里，因为他必须去参加一个祷告会。我认为这是对我智商的侮辱，也是对宗教的诋毁。我忍不住发起脾气奚落了他一番。

年轻一代发起了反击。一位母亲恳求她的女儿：“我们已经没办法沟通了，但我还是希望能找到一种办法去了解你。”接着，她让孩子解释自己的古怪行为，并要求：“我认为这是一封私人信件，不能给你的朋友看。把它撕掉、扔掉或者保管好，但不要把它公布于众。”女儿的回应是把信寄到了《耶稣再临》，编辑将它登了出来，因为“我们觉得自己的父

---

① *Business Week*, 8 Aug. 1970, p. 21; *Christian Economics*, 27 May 1969; Anderson in *Freedom Magazine*, Summer 1971, pp. 19–20, and *Common Sense*, 1 Jan. 1970; A. Brychkov, *American Youth Today* (Moscow, 1973), 148–52; Louis Filler, *Vanguards & Followers: Youth in the American Tradition* (Chicago, 1978), 183; O'Neill, *Coming Apart*, 152–63.

母有话要说：读读这封神志不清的信吧！！！！”

温和的中间地带继续崩塌。代沟不断扩大，或许是1920年代以来最严重的一次。两名调查人员问一位母亲，她是否愿意聊聊住在阿富汗喀布尔的嬉皮士儿子，她回答："我没什么可聊的。他已经走了，远走高飞了。死了。"① 一项民意调查让公民列出国内最有害的团体，结果是：共产党、性工作者和嬉皮士。

公民们以多种方式回应了嬉皮威胁。西部乡村歌手梅尔·哈格德在自己的热门歌曲《马斯柯吉人》中谴责了反主流文化，歌手阿妮塔·布莱恩特举办了"体面集会"。南方卫理公会大学的校方试图拦截寄往通信地址为该校的《地下笔记》的邮件，与此同时，一群校友和学生扬言，假如"引发尴尬状况的下流报纸"继续出版，他们将使用暴力。全国各地的商人在门上挂起了牌子："不卖衬衫，不卖鞋子，不提供服务"，密尔沃基的大胃王餐厅雇了一个警察，坚决不放任何一个身上有念珠、胡子、花朵、凉鞋、长发和可笑眼镜的人进餐厅买双层汉堡。警察的刁难十分常见。在北卡罗来纳的夏洛特，警察会突袭嬉皮士的住所，在没有搜查令的情况下进行搜查，并以流浪罪逮捕了很多人，直到一名联邦法官下令他们才停止这样做。波士顿警察在公共场合以"游手好闲"的罪名逮捕了200名怪胎，内华达的警官以流浪罪逮捕了3名身上带钱的长发人士，并在审判前关了他们50天。警察例行公事地对年轻的搭车客进行搜身、罚款、逮捕，通勤者则在一旁大喊"滚去工作！"。在密尔沃基，警察突击搜查了地下新闻集体，并以出版"冒犯性"材料的罪名逮捕了员工，在新奥尔良，他们竟然以"穿着异性服装"的罪名逮捕了一名穿牛仔裤的女嬉皮士。南方和部分农村地区的嬉皮士生活尤其艰难，在那些地方，光是外表就足以引

① 毛头小孩的内容出自 *Reader's Digest*, June 1970, pp. 129–32；父亲的话出自 Drane, *A New American Reformation*, 8–9；Second Coming, 5–19 Oct. 1970；Mary Anne Johnson and James Olsen, *Exiles from the American Dream: First-Person Accounts of Our Disenchanted Youth* (New York, 1974), 229。

来攻击。在拍摄《逍遥骑士》时，丹尼斯·霍珀和其他长发演员在南方的咖啡厅里遭到骚扰，不过，两名长发记者也说："我们在国内什么地方似乎并不重要，因为只要一两句话，我们就会卷进打斗里。在亚利桑那，有人对我们说：'你们不能这个样子来这里！'在印第安纳波利斯城外的一家餐馆里，女服务员紧贴着墙尖叫：'我们关门了！我们关门了！'这就更神奇了，因为我们加起来都不到 200 磅重，我们只是两个瘦小伙……很显然整个夏天我们把别人吓得要死。"①

更严厉的打压随之而来，最容易做的就是以毒品指控逮捕怪胎。60 年代早些时候，联邦政府成立了药物滥用特别小组，该小组得出结论："大麻本身的危害被夸大了，对偶尔吸食大麻或持有大麻的人处以长期的刑事处罚，社会观感非常差。"尽管如此，州与联邦官员还是搞了一场大型运动。当局以持有大麻的罪名逮捕了《葡萄干面包》和《第五等级》的编辑，但更著名的事件是关于约翰·辛克莱。他在底特律给了一名卧底探员一些大麻，一个月后，他被控"分发、携有两支大麻卷烟"。在为期两年半的司法纠纷之后，法院开庭审理，陪审团审议一小时后宣布辛克莱有罪，并判其在州监狱内服刑 10 年。辛克莱提起上诉，但法官认为他对社会有危害，不准他保释，并将他转到了离妻子和朋友近 300 英里远的监狱里。这次处理实在太过严厉，主流媒体《底特律自由新闻报》的出版商给辛克莱的母亲写了一封慰问信，一名州众议员告诉这名囚犯："我已经提交了一项法案，废除对嗑药的所有惩罚。"约翰·列侬和小野洋子参加了一场有 1.5 万人到场的集会，人们不停高喊"立即释放约翰"，在他入狱 2 年后，联邦法院不再受理此案。

公社也遭到了攻击。摩托车手突袭了宾夕法尼亚的农村公社奥兹，他们先是殴打折磨男社员，然后性侵女社员。接到居民投诉后，加州索诺马

---

① *Notes from the Underground*, 3-15 Jan. 1968; Atcheson, *Bearded Lady*, 20; 对地下报刊的打压，参见 Peck, *Uncovering the Sixties*, 135-38, 南方的情况参见 Stickney, *Streets*, *Actions*, *Alternatives*, *Raps*, 11-18, and *Newsweek*, 12 July, 1970, p. 58。

县的政府人员对晨星农场进行了调查，指控他们违反了建筑和卫生法规，并要求农场所有者卢·戈特利布对设施进行代价高昂的整改。在他拒绝配合后，官员们命令所有人员离开农场，否则每天要付500美元的罚金。最终，戈特利布支付了1.4万美元的律师费用，将这片土地转让给了上帝。县方面称这次转让无效，并带着推土机夷平了里面的建筑。惠勒农场也爆发了“索诺马县之战”。“我们和越共很像，”比尔·惠勒说，“我们是一个地下组织，我们会遭到重击。”事实的确如此。据说为了搜寻逃亡者和逃兵，二十几名警察和缉毒探员在没有搜查令的情况下突袭了公社，逮捕了一名年轻女性，并指控4名反抗的男子袭警。正如惠勒所说，这只是其中之一，接下来几年还发生了许多类似的突袭，人数最多时，有“150只猪在黎明前攻击。许多人被弄醒后抬眼就看到了枪管。……光是毒品指控就逮捕了大概17人，大多数人的罪名是种植大麻。有一人因为一颗胶囊里装了人参被捕，还有一人因为维他命片被捕”。虽然逮捕令被认为是非法的，大部分被捕者也被无罪释放，但这场战争的法律代价、精神代价太高，公社解体了。

民众的回应也是相当残暴。有人炸了底特律的跨爱能量公社，有人炸了《太空城新闻报》的休斯敦办公室，还有一人开枪打碎了《圣迭戈街头报》社的窗户，对此一名嬉皮士表示：“热爱自由、崇尚法律与秩序的亚美利加露出了她的真面目。”亚特兰大的乡巴佬偶尔开车经过嬉皮士群时，会用铅弹扫射他们，新墨西哥的年轻拉美裔试图把搭便车的怪胎赶离公路。陶斯市外有一家叫杂货铺的商店，它是嬉皮士的信息中心与诊所，公社成员在那里张贴了一则告示：“当地人不会微笑，尤其不会对嬉皮士微笑。你们可能已经听说了在陶斯发生的暴行——相信它们，那不是谣言。”暴徒对嬉皮士非常残忍，他们阉割了一些人，甚至还杀了一个人。“不要来新墨西哥，”公社成员警告，“如果你已在这里且无事可做——**那就离开！**”

“那是场噩梦。”丹尼斯·霍珀在谈到暴力事件时说。接着，他敦促年轻人“试着去改变美国，但如果你打算要佩戴徽章，长发也好黑皮肤也好，你要学会保护自己”。①

尽管社会做出了这样的回应，但嬉皮士并没有在第二波浪潮期间消亡。打压可能会让他们搬到更友善的社区，但并没有把他们带回主流。恰恰相反。反主流文化也并没有因阿尔塔蒙特事件或查理·曼森谋杀案或海特-阿什伯里嬉皮文化的死亡而终结。大多数怪胎对一个长发精神病患者没什么兴趣，几百万没有去伍德斯托克和阿尔塔蒙特的人并不关心音乐节上发生了什么，而且海特的兴衰也无法定义整个反主流文化的实践。与之相反，嬉皮文化呈指数级扩张态势。怪胎们做着自己的事。韦恩州立大学的《南端》如此写道：“我们这一代人在大口地吮吸生活的蜜汁，而有些人却在努力咽下生活的苦楚。我们正在进行美国文化革命。” 而且我们即将看到，这些文化社运人士渗入的正是当权派的各个根基——商业、宗教甚至美国武装部队。70 年代初，嬉皮士在许多社区参与了公开的“静吸”(Smoke-in) 活动，文化社运人士则开辟裸体沙滩和人民公园，他们还会参加市政官员竞选，并在大学举行研讨会，谈论他们的生活方式。“鲜花力量，” 一名观察者写道，“就和黑人力量一样具有革命性，此番过后，美国将不再一样。”②

许多美国年轻人也不再一样。他们正在改变，一些人满心希冀，一些人跟着约翰·列侬歌唱。如果他们能将《想象》变成现实，那么，他们就会像穆迪布鲁斯乐队对新一代说的那样，站在《梦想的起点》。

梦想是什么？反主流文化中的现实是什么？他们回到花园了吗？有些时候，有些地方，他们回了。但在他时他处，他们并没有回去。虽然这样

① 药物滥用特别小组的内容出自 David Solomon, ed., *The Marihuana Papers* (New York, 1968), 467–71; Bent: Sinclair papers, box 5, Jackie Vaughn III letter to Sinclair, 20 July 1971, and Sinclair letter in *Playboy*, 6 Oct. 1969; 索诺马的内容出自 Gardner, *Children of Prosperity*, chap. 9; 圣迭戈的内容出自 *Long Beach Free Press*, 7–20 Jan. 1970; 陶斯的内容出自 Melville, *Communes in the Counter Culture*, 142, and see *Christian Century*, 1 July 1970, p. 828; 霍珀的话出自 *Atlantic Monthly* (Oct. 1969): 123。

② Bent UC: *South End*, 18 July 1969; del Renzio, *Flower Children*, 57.

听起来很乏味，但嬉皮士也和体制内的人一样，有人类全部的弱点。

然而，对许多六十年代人来说，反主流文化不过是一场玩笑，是抽大麻和跟人上床的好机会，是一场漫长的派对。充满毒品、自由性爱和音乐的嬉皮生活，兄弟情谊和共享的价值观招来了伪君子、寄生虫、逃亡者、毒贩、海洛因瘾君子，还有各种自封的传教者与狂热分子。那里有无法为自己打算的迷茫的弱者，有允许他人对自己发号施令的人，还有会加入邪教并臣服于各种嬉皮英雄和上师的人。有 1 000 个摇滚明星，就会有 10 万个迷失自我的骨肉皮。那里还有留起长发的罪犯、恶毒的摩托车手和毒贩，他们跟踪想要免费嗑嗨、寻求自由性爱的青少年。艾德·桑德斯指出，反主流文化是一场崇高的实验，但太多人都太脆弱，“他们就像峡谷里的上千只肥美白兔，被受伤的丛林狼团团围住”。

许多受害人从未理解“自由”的含义。“自由是一种很难把握的东西，”公社成员理查德·费尔菲尔德写道，“一旦给人们自由，他们就会去做以前认为从来没有机会做的事。但那不会持续很久。之后呢？之后，我的朋友，你就要去找生命的意义了。”自由并不是随心所欲，要过得有意义就必须担起责任。反抗权威很简单，甚至很时髦，但之后要做什么？许多人从没回答过这个问题，对他们而言，自由就意味着可以做任何事，不管那些行为会如何毁了自己，也不管它有多粗鲁、不道德或疯狂。这样的例子不胜枚举：无聊的青少年沉迷于无休止的旅行，在街上买药然后大嗑特嗑。年轻的母亲对着自己的婴儿喷大麻烟。有个男人称性解放就意味着要与众不同，于是教一个 5 岁女孩给他口交，还有些男人走到不认识的女性面前问：“你想做爱吗？”那个词本身变成了一个动词、名词、动名词——在过度使用中，它已经变得毫无意义。对一些人而言，性自由不过就是和人上床，利用别人来满足自己。“我们叫它免费做爱俱乐部，”一名女性回忆说。“那些男的嘴上说着爱，上完我们之后就迅速离开去搞更文化的革命”，经常抛下一个“怀孕的马子”。对另外一些人而言，自由就意味着为所欲为。“这是唯一一个我因为担心自身的安全而被迫离开的公社，”

休·加德纳这样描绘新布法罗，“离开前的那个晚上，我在睡袋里汗流浃背，当时的住所里有几个精神失常的人，其中一人在黑暗中走来走去，还拿着来复枪乱开，有些子弹就在我脑袋边飞过。”一名社会科学家说：“问题的部分原因在于，像所有运动一样，嬉皮士吸引了太多的追随者，他们是名副其实的无法适应社会的人——这些人在任何文化中都难以生存。”①

当主流民众谴责嬉皮行为时，嬉皮士也做了自我批评。艾德·桑德斯在《曼森家族》(*The Family*) 中描写了一群病态的年轻人，大卫·菲尔顿在《精神操控者》(*Mindfuckers*) 中批评了无数曼森式人物，这些人也被反主流文化称作“控制狂”和“迷幻法西斯主义者”。还有许多人对伪君子——反主流文化的外部煽动者——非常失望，说他们是“小混混，别名临时嬉皮士、时髦少女、抗议小孩（kick-kids）……他们一心要毁掉自己的脑子和身体，好给所有嬉皮人士安上一个坏名声”。阿尔塔蒙特之后，自我批评的声音越来越多，许多人写下了他们的文化行为，还有言辞与价值观之间的差异。“我们已经成了自己对抗的那种病态现象的牺牲品。”乔恩·埃森哀叹道，乔恩·兰道补充道：“我们告诉自己，我们是一种反主流文化。可我们和自己反抗的文化真有那么大差别吗？”

嬉皮问题的部分原因在于一种普遍的态度。一种“自以为优越的错觉”，埃森继续说道，“那几乎就像是在说，只要你认同这种新文化，认同长发，而且还和父母存在严重分歧，不知怎么地，你就拥有了一种更优越的生活方式，你对宇宙本质的认识就更加透彻。……写下这些内容让我有点难过，因为我写的就是我自己，我的朋友，我的同胞”。这种态度让一些人以为任何身处这个正派世界之外的人都属于某个伍德斯托克国度，那里的人都彼此相爱。“我们不是一体的，”达拉斯的一个怪胎承认，“我们从来都不是一体的，我们与自己、我们与他人都存在冲突。”这种态度还导

---

① Sanders, *The Family*, 39–40; Fairfield, *Communes USA*, 190，许多例子参见 Johnson and Olsen, *Exiles from the American Dream*; Gardner, *Children of Prosperity*, 119; William H. McGlothlin, *Hippies and Early Christianity* (Los Angeles, Calif., 1967), 13。

致许多人败坏了嬉皮士的价值观。骗子们在从商人那里偷东西时称“宰资本家的猪”是没问题的，有人一边高呼“权力归于人民”，一边强行闯进摇滚音乐节，有人一边大谈“自由性爱”一边把女性摁倒在地——最终，他们创造了 1 000 个借口使自私行为合理化。①

嬉皮行为引发的问题比态度引发的更严重。他们强调实验，而这常意味着将生活推至极端状态。最后，大多数怪胎都发现毒品给自己的回报越来越少，它不再是一种实验，但另一些人遇到极为沮丧的事。有太多人以太多方式过量吸毒：凯丝妈妈、吉姆·莫里森、詹尼斯·乔普林、吉米·亨德里克斯、罐装燃料乐队的阿尔·威尔逊、滚石乐队的布莱恩·琼斯、谁人乐队的基斯·穆恩以及感恩至死乐队的猪圈（Pigpen）。这些只是最有名的，有无数人吸毒后出现了糟糕或者可怕的体验。一些人至今仍很害怕。尼尔·扬对毒品并不陌生，他警告自己那一代人，“每个瘾君子都像夕阳一样”。有些人永远无法离开电报大街上毒贩那望不到尽头的队伍，有些人则永远无法离开属于他们的海特-阿什伯里。

公社和集体里的问题日益暴露出来。许多怪胎承认，他们很难共享一切，很难克服嫉妒和恨意，有时候，性格强势的人往往会支配较软弱的人，自由自在的无政府状态陷入了威权主义。年轻人在许多地下报纸上报道了公社成员的争吵和自命不凡，而在共享灵魂和身体的自由性爱公社中，人际关系迅速紧张了起来。例如，塔尔森只维持了一年，最后成了“耶稣子民”的定居点。尼尔·扬关闭了自己的开放式牧场，因为那里有太多游手好闲的人“靠着我过活，他们用我的钱买东西，用我的电话长聊。都是一帮寄生虫”。白吃白喝的现象迫使许多公社装了大门，甚至设置了警卫，公社成员们写信给《现代乌托邦》，要求杂志从目录上删去他们的地址。

一些公社持续了数周，一些持续了数年，还有一些现在还在。不过，

① 费尔菲尔德的抱怨出自他的 *Communes USA*，186；埃森的话出自 *Altamont*，12，18-22；*Dallas Notes*，2-15 July 1969。

在大多数公社中，生活的艰难程度远远超过了嬉皮士离开城市时所想象的。“我记得我们早餐、午餐和晚餐都吃大豆，没有其他东西，”农场的辛西娅·贝茨回忆说，“身边带着孩子会让你更深刻地体会到必需品的匮乏……你能和 50 个人在同一间房子里住多久？”而且，这间房子里还没有自来水，没有抽水马桶，没有电。一段时间后，许多人开始问，这样做的意义何在？

公社生活的物质条件很差，精神生活也很艰难。“你在公社里根本藏不住东西。”一名成员承认。“有些人受不了这个，”伊莲·桑当瑟补充说，“我们需要某种方式团结在一起。我们谈到采用印第安部落集会的方式，但印第安人自古以来就有支持部落集会的各种传统，而我们在这里只能靠自己。”

此外，嬉皮变成了一时的风尚。这股风潮就和怪胎们一样，诞生于沿海地区，然后向内陆扩散。皮革与黄铜的制服这类嬉皮时装比布克兄弟的商务套装还昂贵。激进派的时尚变成了嬉皮的时尚，这就意味着有更多留长发的人装扮成嬉皮的模样或宣扬反主流文化价值观，但践行这些价值观的人却越来越少。当商人身着西装配喇叭裤，打着佩斯利花纹的领带去工作时，当卡车司机扎起马尾辫时，这场文化革命就已经死亡，随之消亡的还有它的社区及提倡分享和信任的价值观。嬉皮社区内的偷盗事件越来越常见，公社和集体因此锁上了大门。艾比·霍夫曼的收音机和录音设备被人偷走后，他宣布退出反主流文化：“有件事我很清楚，那就是，现在我不常使用‘兄弟姐妹’这个词了，除非是在真正亲密的朋友之间，而且你再也不会听到我说‘运动’这个词，除非我是在讽刺。”

或许人们早该料到这一点。这些战后时代长大的孩子常试图逃离过去，但他们一般不会成功。大多数人都很难彻底改变过去 20 年里受到的教育、熏陶和社会化过程。虽然他们梦想成为一个部落，分享身体和灵魂，但是，纽约城郊冷山农场的一名公社成员也承认：“我们做爱的次数大概比各自住在城市公寓里时还少。……虽然我们在农场里创造了属于自己的天地，但我们的身体和思想中仍带着旧世界的那种压抑。”莱拉公社解体后，查尔斯·朗斯代尔回忆说：“许多人学到了很多有关分享、爱和信任的东西，但我们在人际关系和理解方面实在没有那么高超的技巧。”①

该如何评价反主流文化呢？目前还没有关于这个不定形的群体的可靠调查和统计数据，因此我们很难评判它。其次，大多数评估都很个人化、情绪化。许多老一辈讨厌这些年轻人，因为他们否决了传统价值观，许多年轻人也讨厌家长，因为他们死守着年轻人认为已经过时的观念。对一些人来说，看到一个留长发的人或看到有人死于过量吸毒，他们就难以接受，然后他们就会谴责整场文化实验。对另一些人来说，仅仅是看到一名警察或看到又有人死于越南，他们就会受不了，然后他们就开始谴责整个体制。结果就出现了史上最大的代沟——一名观察者称其为“家园里的战争”，他认为，美国最大的内部矛盾“不是富人与穷人的矛盾，不是黑人与白人的矛盾，甚至也不是年轻人与年长者的矛盾，而是长发人与短发人的矛盾”。

对长发人而言，问题不在于反主流文化的成败。嬉皮士并不是在上一门大学课程，试着通过一门考试，挣到一个学位然后获得成功。反主流文化看待问题的角度是不一样的。“公社有多好？”和什么相比呢，他们问，和美国最好的家庭比还是和最差的家庭比？他们已经试行了自己的生活方式，这对大多数人来说够成功的了，因为他们不再普通。他们与众不同，退出了龙争虎斗的社会，挑战了自己的过去。他们已经思考过自己在地球这颗行星上的存在，而且从某些角度来说，许多人已经改变了自己的人生。“假如个体在参与公社生活时感觉自己是更鲜活充实的（更强的自我和他人意识，等等），那么这样一个公社绝对是成功的。”理查德·费尔菲尔德写道。对当时的嬉皮士而言，政治革命已经变成了一场个人革命，一

① 扬的话出自 *Rolling Stone Interviews*, 1967-1980 (New York, 1981), 327；贝茨的回忆出自 Jim Ricci, *Knight-Rider News Service*, 6 Sept. 1986；Sundancer, *Celery Wine*, 123；Jezer, *Abbie Hoffman*, 232-33；冷山农场的内容出自 Fairfield, *Communes USA*, 43；朗斯代尔的回忆出自 Gardner, *Children of Prosperity*, 99。

些人非常自豪自己抓住了机会，例如双橡园的公社成员，他们出版了一本小册子，称《革命已经结束：我们赢了！》。

这些人大概是赢了——对他们自己而言——其他人则不太确定。马蒂·耶泽在佛蒙特的公社里描述了反主流文化的优缺点：

> 在最好的状态下，我们口中这场杂乱的、定义模糊的反主流文化运动是有作用的，而现在，全国各地的城市和农场里都出现了肉眼可见的另类社区，它正在这块疲倦、惊恐、垂死的土地上创造一种新的生活方式。（反主流文化也有截然不同的黑暗面，阿尔塔蒙特和曼森就是它的代表；摇滚百万富翁；长发男人仍对女性持有的非人态度；许多人正疯狂消费，他们购买喇叭裤和念珠，还有唱片、录音设备、保险杠上有和平字样贴纸的奢华新车，好让一切看起来无比正常；毒品的价格居高不下，快速丸、白粉触手可及，还有迷幻药的反效果；野心勃勃又争强好胜的自我满足行为，即使伪装在时髦的穿着和神秘的语言之下，也仍旧是老一套主流价值观的镜像；更多的是：我们从过去带来的思想、违禁品、心灵废物和垃圾。）尽管这种常常以牺牲生命为代价来彰显风格的生活方式受到颂扬，但是仍旧有人在前进，尝试并过着几年前他们做梦也想不到的生活。

最终，反主流文化改变了冷战文化，并因此改变了 60 年代，但在第二波浪潮期间，它也对运动产生了更为直接的影响。杰瑞·鲁宾若有所思地说，“大麻毁了左派”并创造了一种青年文化，从某种意义上说，毒品模糊了政治焦点。“新左派不复存在，”学生争取民主协会的创始人理查德·弗莱克斯在 60 年代末说，“现在，新左派理想已经融进了伊斯拉维斯塔等飞地的全新文化局面中，这些飞地是体制外的青年社区，它们可能有也可能没有前后连贯的政治观点。”运动分裂出无数个派别，早期的组织和最初的领袖也不断消失，在这样的情况下，似乎没有什么是连贯的。一些老一辈的社运人士越来越沮丧，他们退出主流，开始建设属于他们的社会。学生争取民主协会前主席卡尔·奥格尔斯比回忆说："在那段日子里，佛蒙特和新罕布什尔这样的地方出现了很多友善正直的人。当时有很多派对、上等的大麻卷烟和优质的迷幻药。可爱的朋友们……我深切怀念那段时光。那几乎是抗争最精彩的部分。抗争最精彩的部分就是放弃。"

一些人放弃了。一些人没有，因为在第二波浪潮期间，许多婴儿潮一代进入了成年期，不断实验的反主流文化思想创造了不同的可能性和行动。文化反叛和政治行动主义不断融合并蓬勃发展。地下报刊《胜利》（*Win*）如此描述这种崭露头角的联盟：

> 《胜利》一开始只为和平运动创办
> 但你怎么能把和平运动和人分开？
> 他们在街上
> 他们在农场里
> 在加拿大
> 在监狱里？
> 在写和平运动时，你怎能不写
> 毒品、占星、公社农场、摇滚乐、把联合爱迪生大楼涂成黑色的事？

一个社区正在兴起，"人们"为共同的目标互相协助，这一目标通常关乎他们在新美国的赋权与解放。一些社运人士仍在关注国家事务，另一些人则开始在运动中为自己、自己的同胞、自己的社区努力。运动出现了一句新格言：全球化思考，本地化行动。"回到城里，你仿佛就是地下气象员那类人，或者是塑料嬉皮士，或者说除了谈论革命之外你什么都不做，"一名离开布鲁克林前往尤金的怪胎说，"在这里……所有另类选择都已应运而生。它们可能很小，可能没什么新意，但你可以明确指出有了哪些进展。这是开端而不是结束。"

他们一边建设自己的社区，一边继续搜寻另类选择，进行实验，思考自身的存在。“我是嬉皮！”一名资深嬉皮士说，他当时坐在一棵树下看书。①“但最近我开始思索嬉皮到底是什么，就是说，它到底是什么东西。我觉得自己已经离开它了。可能这里的每一个人都离开它了。……提醒你一下，我不知道它到底是什么，但……让每个人都拥有自己的梦想吧。……”

① Dan Wakefield, “The War at Home,” *Atlantic Monthly* (Oct. 1969): 119–23; Fairfield, *Communes USA*, 100, 360; 耶泽的描述出自 Canyon Collective, *Live It*! *Communalism*, 34; Rubin, *Do It*!, 99; 奥格尔斯比的回忆出自 Morrison and Morrison, *Camelot to Kent State*, 307; *Win*, 15 Jan. 1969; 弗莱克斯、尤金及嬉皮的内容出自 Stickney, *Streets*, *Actions*, *Alternatives*, *Raps*, 168–69, 115–16, 255。

第六章　力量与解放

> 我们的目标是废除体制（你可以叫它贪婪机器、资本主义、巨大的汉堡肉绞肉机、巴比伦、干好你的工作主义），并学会在协作、智慧和优雅中生活（你可以叫它新意识、无政府主义、水瓶座时代、共产主义，随你怎么叫）。
>
> ——马文·加森，1969 年
>
> 什么是女性的解放？那不过是有组织地愤怒地反抗真正的压迫。
>
> ——玛丽莲·萨尔兹曼·韦伯，1970 年

由于尼克松的当选是一个便捷的分割点，也由于运动的焦点已经模糊，许多评论员认为，在 1968 年间或之后，60 年代的历史就结束了。1969 年至 1970 年间，旧金山州立大学发生了第三世界罢课，肯特州立大学又发生了一场悲剧，那两年间的运动究竟该怎么定义呢？运动不断发展壮大并进入第二波浪潮，街头挤满了提倡无数种思想的社运人士。

显然，参与者自身也很困惑，他们不断重新定义这场运动。资深社运人士迈克尔·费伯和斯托顿·林德对这种演变的描述或许是最恰当的：

> "运动"一说在美国仍旧广为流传，但它不再指代一个现存的实体。在 1968 年及以前，"运动中"的人或许还可以走到国内任意一地，不费吹灰之力找到一个认可接纳他的团体。他们可能分属不同派系，也会争论到深夜，但直觉上他们依旧是同志，他会有朋友、食物和床。但现在，经过了令人沮丧的两三年后，我们不能再说这是一场单

一的运动，假如我们这么说了……人们应当明白，我们是在指一组运动，有些相互重叠，有些相互排斥，有些彼此敌视。不过，既然这种表达和单一运动的概念还存在，就说明美国年轻人仍旧拥有一种迫切的渴望，这种情感或许比以往更强烈，而且这样的人也还在不断增多。这种渴望就是做出规划、创建理论，成立组织、构建生活方式，拥有梦想、踏上"旅途"，这些将带我们走出美国的嗜血荒原。它的存在可能将是我们唯一的希望。

运动扩大后，变得更加难以定义和记录。迈克尔·罗斯曼指出："运动变得五花八门，难以报道，大众媒体甚至对他们一直在做的那种简单肤浅的报道也失去了兴趣。"但运动并没有结束——实际上，随着婴儿潮一代数百万人进入大学、走上街头，社会行动主义在第二波浪潮期间达到了顶峰。与第一波浪潮相比，1968 年后参与运动的美国人更多，而在 1970 年，肯尼斯·肯尼斯顿发现，学生示威似乎还将持续数年，因为"美国文化的发展趋势……主张继续抗议"。

运动逐渐演化出许多不同的样态和形式，因此，第二波浪潮需要一个焦点。许多人都曾发表过这样的观点，包括"职业改变社会"组织的发起人鲍勃·吉布斯，它是上百个新组织中的一个。吉布斯表示，运动有两个密不可分的目标："创造有益于我们思想的新事物，努力建设一个更加仁慈没有压迫的社会。"① 通常来说，这就是"革命"的含义，一个内在目标，一个外在目标。一些参与者从沉默的大多数的社会规范中挣脱出来——这就是"解放"——并创造了自己的生活方式或者说反主流文化。另一些人组织活动反抗当权派，试图改变体制——"赋权"。许多人同时做了这两件事。个人解放和政治赋权成了第二波浪潮的双重主题，两者结合，

① Ferber and Lynd, *The Resistance*, ix; TA: Rossman interview transcript, 1988, pp. 21–22; 肯尼斯顿的话出自 Sampson et al., *Student Activism and Protest*, 186; 吉布斯的话出自 *Minnesota Daily*, 26 Nov. 1969。

给向来执掌美国体制的白人男性以巨大的冲击。

攻势已经开始，并于1968年末至1969年初在旧金山州立大学引起了全国上下的关注和重视。反主流文化蓬勃发展的时候，黑人力量也没有闲着，实际上，它正在走向巅峰。

2年来，旧金山州大的气氛一直很紧张。该校有1.8万名学生，但黑人学生只有约700名，在这个黑人人口占20%的城市里，黑人学生不足4%。百名学生已经联合起来成立了黑人学生联盟，他们感到黑人正在迅速觉醒，支持发起一场“第三世界革命”的想法，即所有非白人民族都将在革命中进行反抗，并在自己的社区内为自己赋权。1967年，据说校报的白人编辑讽刺了穆罕默德·阿里后，12名黑人冲进他的办公室收拾了他。校长暂令这些黑人停学，同时停学的还有2名发表了一首关于自慰的诗的白人学生。这两件事让黑人武装派和白人激进派开始了愤怒的示威和大楼占领行动，而这又反过来刺激保守派加入了斗争。负责公立学校的教育局局长马克斯·莱弗提称，他想“走进那些大楼，像打乒乓球一样把那些人打出来”，由于校长没有叫来警察，部分政客主张将他撤职。

这些黑人学生和当地社运人士及黑豹党走得很近。黑人学生联盟和当地州众议员威利·布朗要求大学设立黑人研究系。一番催促后，校方雇了一些临时黑人讲师，负责教授几门与非裔美国人相关的课程。乔治·穆里就是其中之一，他也是一名研究生，同时还是黑豹党的教育部长。他和其他人厌倦了与官员的会面和无尽的拖延，到1968年秋季学期时，许多学生和当地黑人都认为大学在故意拖延。

或许是，或许不是，因为全国的大学管理人员都面临着类似的情况。当时，许多大学官员意识到黑人正在迅速觉醒，因此，他们开始疯狂搜寻从知名学府获得高等学位的非裔讲师。然而，由于很少有黑人被鼓励去上大学，尤其是读研究生，所以教非裔美国人研究的黑人学者十分短缺。录取更多黑人学生可以缓解这个问题，但由于他们常来自种族隔离的社区学校，许多人的教育基础非常薄弱，无法通过正常的录取程序进入更好的本科院校，而这也是通往研究生学习和教授职位的大门。缓解这种情况需要数年时间，但民权运动已经引发了开设有关非裔美国人全部经历的课程的需求，社运人士也要求立即让黑人教职人员来教授这些课程。

黑人学生联盟希望能有 12 名教职人员组成黑人研究系的核心。校方讨论了一个课程计划，在将来它最终会发展成一个系，他们也同意雇一名全职教授和一名秘书。黑人学生联盟要求降低黑人学生的录取标准，最好将其废除，还要求提高奖学金或者减少学费。校方考虑了这些提案，并同意破格录取 400 名黑人学生，之后，黑人学生联盟提高了要求，要他们录取所有申请入学的黑人学生——不收学费。双方脾气越来越暴，会议中总是充斥着狂言、辱骂和愤怒的否认。

黑人学生联盟的成员开始阻止激进派白人参加他们的会议，并宣称他们只接受非白人成员，也就是“第三世界学生”，武装派则宣扬了“文化民族主义”“隔离主义”等思想。“在寻找教育意义的过程中，”学生内森・黑尔写道，“今天的黑人是革命的、民族主义的。”他谴责传授种族刻板印象的“白化教育”，要求黑人拥有独立的历史和教育经历，旨在“重振黑人孩子被压抑的自我”。

校园内的种族关系恶化，而穆里又宣称第三世界的学生应该“带枪去学校，保护自己不受种族主义管理层的压迫”，这使得气氛变得更加紧张。对此，当地一家报纸谴责穆里曾去过古巴，报纸还表示，据传，穆里曾说每当越共杀死一名美国士兵，美国境内的黑人就会少一个敌人。在 10 月的一次示威中，百名黑人在行政大楼前集合，大喊：“革命已经到来。干掉猪。现在就拿起枪。”

州立大学系统的董事们无法接受这样的行为。加州公立大学系统的校监①格林・杜姆克要求解雇穆里，至少也要把他调到非教学岗位上，让他待到一年的合约期满。校长罗伯特・史密斯并没有急着发布这个公告，因

① 相当于企业董事长。——译者

为他明白，这种做法既没有通过正当的听证过程，也没走正当程序，它只会激怒学生，得罪许多教职人员。尽管如此，史密斯还是暂令穆里停止教学工作，此举激怒了黑人学生联盟，他们宣布将在 11 月启动全面罢课。他们请来了众多演讲人，不过，最受欢迎的是斯托克利·卡迈克尔，他提醒观众必须进行抗争。“我们现在必须去争取真正的控制权。我要说的就是这个词，真正的控制权。我们要的是挑选、雇用和解雇的权力。这就是我们的态度。”他在演讲最后说了一些不吉利的话：“然后我们要为战斗做好准备，那么在战斗真正来临时，我们就会取得胜利。为自己的同胞而死很容易，”接着他压低声音说，“但要为自己的同胞生活、工作、杀人却难得多。”观众们起身鼓掌。

战斗的舞台已就绪。黑人激进派在学校里游荡，他们干扰课堂，骂继续上课的教职人员是种族主义者，这惹恼了许多学生。一些人闯进系办公室，在战战兢兢的秘书面前乱翻文件，还点起火堆，砸碎窗户。校长把警察叫来学校，但这个策略惹恼了部分参与罢课的教职人员，黑人则辱骂警察：“猪滚出学校！”警察挥着警棍冲进学生中间。乔治·穆里在电视摄像机前表示：“你们可以去告诉世界上所有的种族主义猪，包括理查德·米尔豪斯·尼克松，我们的要求若得不到满足，就别想跟我们谈判。”

“激愤的黑人学生逼旧金山州大闭校”，《洛杉矶时报》的标题称，董事会则要求史密斯校长与他们会面，学校也要正常运作，继续上课——不惜一切代价。史密斯和那个年代的许多大学管理人员一样左右为难，既不想惹恼罢课的学生与教职人员，也担心警察待在学校里会引发更多的暴力事件。在会上，他提出辞职。校监和董事会同意了，接着，在没有征求全体教职人员意见的情况下，他们任命了一位没有行政经验的人担任代理校长，即保守派教授、语义学家 S. I. 早川。

早在伯克利言论自由运动时期，早川就发表过反对激进派学生的言论，5 年后的现在，他又公开谴责了支持罢课和支持黑人学生联盟的自由派同僚。他在教职人员中的支持率很低，许多人认为他是保守派董事和州长罗纳德·里根的牵线木偶。早川立即采取维护法律与秩序的强硬立场，宣布学校进入“紧急状态”。他声称，学校不会因罢课而闭校，警察将维持学校的运作，开除支持学生罢课的教授，随后，他不顾教职人员及负责学术事务的副校长的意愿，开除了一名经济学教授。他还表示，学生不得使用麦克风发表演讲。12 月 2 日早晨，当激进派学生违背他的命令时，他冲出自己的办公室，当着惊愕不已的示威者的面爬上他们的卡车，扯掉了扩音器的电线。接着发生了推搡，后续的媒体报道致使里根宣称：“我想我们找到了我们要的人。”①

然而，这种虚张声势的行为并没有解决什么问题，到了下午，激进派已经开始扔石块，砸窗户，警察满校园地追赶他们。第二天，早川宣布 5 人被停学，结果导致约 2 000 名学生举行了一场更大的集会。当地的黑人政治家与社区领袖赶来学校声援罢课。塞西尔·威廉姆斯牧师激烈地批评了早川和他的“警察王国”，称：“虽然我来自南方，但我从没见过这么令人愤慨的事。”伯克利的市议员罗恩·德勒姆斯说：“原则是不容协商、不容讨论、不容妥协的。”黑人学生联盟的协调员杰瑞·瓦纳多详细说明了行动方针：“我们要把早川逼入绝境。我们必须宰了这个奴隶主。”人们在早川的办公室外大喊：“靠墙站好……这里已经不是学校了，这是一个武装军营。”对此，校方打开扬声器，用最大音量播放电台节目，试图盖过罢课人员的叫声。一些激进派开始用力投掷石块和砖头，很多砸中了早川的办公室，逼得 300 名警察冲进了人群。场面变得十分血腥。一名警察被砸得失去了意识，许多学生遭到殴打，警察逮捕了约 30 人。

罢课并没有因此被压制，相反，其规模在 12 月扩大了。学生们几乎每天都在示威。课堂出勤率跌至 20%，只有约三分之一的课程如期进行。早

---

① David Swanston, “How to Wreck a Campus,” *The Nation*, 8 Jan. 1968, pp. 38–41；黑尔的文字出自 *Newsweek*, 10 Feb. 1969, p. 56；卡迈克尔及其他众多人物的声明出自 Karagueuzian, *Blow It Up*!, 5, 27–28, 38–39, 92–103, 120, 169；*LAT*, 7 Nov. 1968；*San Francisco Chronicle*, 3 and 4 Dec. 1968。

川的行为让隶属美国教师联盟的教职人员大感愤怒，他们也威胁要罢课。然而，早川继续采取强硬策略。该市花巨额的市政费用请来约 600 名警察占领了校园，当月他们逮捕了 150 名学生。与此同时，代理校长与校监、理事会和州长进行了商议，接着宣布将提前一周闭校，把假期延长近一个月，试图以此缓和局势。

这一计没有奏效。虽然州长里根曾承诺维持学校的正常运作，“如有需要，将使用武力”，但 1 月恢复上课后，罢课仍在继续。这一次，美国教师联盟的教授们加入了学生的队伍，他们也宣布罢课。课堂出勤率约为 50%，许多教职人员请了病假。校报《守门人日报》（*Daily Gater*）猛烈抨击了代理校长。“早川通过一系列愚蠢的宣言和声明，取得的唯一成果是让更多学生激进化，同时加剧了大家对他的不信任。这位法律与秩序的新捍卫者在校内被逼入绝境（如果没有武装警卫陪同，他在旧金山州大寸步难行），他提起了各种零散的指控，徒劳无功地试图败坏罢课人员的名誉。”早川的回应是下令在示威时进行大规模逮捕。在 1 月的一次集会期间，警察把 450 名学生和教授关了起来。几天后，代理校长宣布，自罢课开始以来，所有在校内被捕的学生都将立即被停学。

到了月末，镇压和疲倦感开始产生负面影响。付保释金让激进派萎靡不振，他们也意识到，教职人员更愿意与校方达成妥协。在市长和社区领袖的帮助下，罢课学生和教授开始与早川及其管理人员进行会谈，商定协议。与此同时，董事会给所有教职人员送去了 18 万多封信件的样本，称这些信是愤怒的纳税人寄来的。沉默的大多数开始发声，他们的意思非常明确，其中一位民众写道：“应对当前校内骚乱的唯一可能的方法就是，对示威者展开迅速、可靠（必要时采取暴力）的行动，包括停学停职、开除、解雇、撤销终身职位、罚款、逮捕或监禁。”加州立法机关提出了 20 多项法案，其中之一是立即开除所有参与罢课的大学雇员及教职人员，另一项是针对扰乱正常校园活动的学生——这些学生可能会因此入狱 5 年。

最后，校方同意设立一个有 11 名教职人员的黑人研究系，并免去入学要求，允许无数“第三世界学生”进大学读书。此外，他们还任命了一名黑人行政官员，他给少数族裔学生拨出了更多的助学款项。然而，代价却非常高昂。警察没有撤销对 700 名被捕社运人士的指控，乔治·穆里等人最后在监狱服刑 6 个月。校方还解雇了 24 名教职人员。坦率地说，在这场持续了 134 个教学日的罢课中，考虑到其时间之长、气氛之紧张，无人死亡已经是非常惊人的结果了。

春季学期期间，旧金山州大重归平静。但这次事件表明到 1969 年时，这个学校、这个国家已变得多么分裂。虽然双方做出了一些妥协，但商量的余地非常小。在第二波浪潮接下来的时间里，双方都在固守阵地：一方是越挫越勇的学生运动，一方是越恼怒越要镇压的沉默的大多数。早川成了一个象征，这名强硬的小个子管理人拥有对抗学生的坚强意志，这种形象最终帮他赢得了美国参议员的选举。然而对于学生来说，正如某人所说，早川的立场“在促使一大群勇敢、充满理想的美国年轻人开始鄙视国内重点大学方面发挥了重要作用”。①

旧金山州大激起了少数族裔学生更强烈的战斗热情，1969 年，他们倡议发起一场反抗白人大学体制的“第三世界革命”。亚裔美国人、奇卡诺人和原住民加入了非裔美国人的队伍，要求大学开设有关其各自历史和文化的课程。在春季学期期间，全国各地 230 多所大学的学生发起了抗议，波及的学校东至哈佛，西至华盛顿的亚基马谷大学，南至孟菲斯州立大学。过去，学生更关心校园的预备役军官训练营，更想提高自己在大学政策中的参与度，但现在，这些问题在少数族裔学生议题前黯然失色。在内瓦克的罗格斯大学，黑人学生组织占领了主教学楼，并将其更名为“解放大礼堂”，而在得克萨斯，非裔美国人争取黑人解放组织坚决要将林登·B. 约翰逊总统图书馆改为黑人研究大楼，并以马尔科姆·X 的名字重新

① *The Daily Cater*, 4 and 5 Dec. 1968, 13 Jan. 1969, and *San Francisco Chronicle*, 3 Dec. 1968; SPF, box 20a：1969 年 1 月 29 日的特别公告，及 1969 年 2 月 20 日董事会给教职人员的信；Karagueuzian, *Blow It Up*!, 170–94。

命名这座大楼。在加州大学圣地亚哥分校，师从马克思主义哲学家赫伯特·马尔库塞的安吉拉·戴维斯是一名黑人激进分子，他成立了一个黑人学生与棕色人种学生的联盟，主张建立一所第三世界大学，并要以非洲革命者帕特里斯·卢蒙巴及墨西哥革命者埃米利亚诺·萨帕塔的名字命名。而在威斯康星和伯克利，学生的这类要求引发了暴动，州长被迫请来国民警卫队占领校园。

第三世界革命正在兴起，然而，最惊人的示威却发生在向来十分平静的纽约州北部。“今天破晓时分，约100名康奈尔大学的黑人学生突袭了学生会大楼。”《纽约时报》报道。在家长周末活动上，他们跑着穿过大厅，大喊“着火了”，在人们撤离大楼后，他们用铁链锁上大门，占领了大楼。12月，非裔美国人协会指责学校的课程是白人、中产阶级和种族主义者的课程，自那之后，校内的紧张局势便不断升级。该校有1.4万名在校生，仅250人是黑人，其中100名黑人学生因此举行了示威，要求设立黑人研究中心。校方一边研究这个想法，一边威胁要勒令6名示威者停学。4月，官员们同意出资设立非裔美国人研究中心，但此举激起了部分白人兄弟会成员的恨意。有人在某黑人女性合作社焚烧了一个十字架，他们还多次拉响了火警，并两次发出炸弹威胁。第二天，黑人冲进学生会，占领了大楼。大学校方迅速进行协商，不到36小时就同意了诉求，答应学生不会对参加12月及4月示威的社运人士提起指控，也答应学生将继续支持非裔美国人研究中心的建设。接着，黑人武装派大步走出了大楼，那一幕震惊了全国——他们配备了霰弹枪和来复枪。

这个画面极好地阐释了“武装派”一词，也展示了2年来黑人赋权运动的传播程度。在1967年看到黑豹党成员带着武器冲进加州立法机关是一回事，因为居住在郊区的白人居民可能会说这些武装派不过是贫民区的恶棍。但看到黑人学生在一所白人精英大学挥舞霰弹枪就是另外一回事了——他们对抗的是白人权威。随着武装派的言行越来越激烈，黑人力量似乎进入了一个不祥的发展阶段。例如，詹姆斯·福尔曼夺过纽约河滨教堂的讲坛，要求基督教堂和犹太教堂支付上百万美元的“赔偿金”，以弥补曾对他们的教堂实施种族隔离并剥削有色人种的罪过。底特律的工会成员成立了黑人工人革命联盟，并在汽车工人联合会外进行抗议，同时，迫使一家克莱斯勒汽车厂暂时关门，他们还指控工会和经理密谋“令黑人工人沦为饱受剥削、饱受压迫的牲口，拥有的权利还不如一只普通的流浪狗”。①武装派表示他们必须保护自己，他们将采取任何必要手段来实现自己的目标，包括“武装自卫”，因为正如 H. 拉普·布朗所说：“如果美国要扮演纳粹，黑人绝不会扮演犹太人。”

康奈尔的情况也表明，“第三世界解放”的思想正在横扫全国。“黄种人力量崭露头角，”艾米·上松写道，“在黑人力量运动的鼓励下，黄种人也开始了运动。”实际上，非裔美国学生正在对其他人产生影响，其中就包括国内另一支人数较多的少数族裔，墨西哥裔美国人。“奇卡诺人叛乱，”《国家》的某期封面故事宣称，“现在轮到墨西哥裔美国人——在加州他们被称为奇卡诺人——出现在抗议的现场了，他们的自我评价从根本上打破了过去那种有辱人格的刻板印象，即戴着阔边帽睡觉的宿命论浪荡子。”

“奇卡诺人”一词首次出现在了主流媒体上，但隐藏在这个词背后的情绪已经酝酿多年，主要原因之一就是恺撒·查维斯。早年间，查维斯是一名移民劳工，1950 年代他在加州的社区服务组织工作，该组织由资深组织者索尔·阿林斯基创立。1960 年代，查维斯成立了一个农民工会，即农场工人联盟。在他开始这项工作之前，工会领袖一直认为这些工人不可能团结起来，因为大多数人都是不识字的贫困移民。他们几乎没有得到本地社区的支持，也几乎没有得到过政治捐助。因此，当新政（New Deal）政治家制定法律，赋予大多数劳工集体谈判和最低工资的权利时，移民劳工

① McCormick, *Black Student Protest Movement at Rutgers*, chap. 4; *NYT*, 21 and 22 April 1969 记录了康奈尔的情况，13 March and 29 April 1969 记录了武装派联盟的情况；Forman, *Making of Black Revolutionaries*, 547; and see Van Deburg, *New Day in Babylon*, chap. 3。

却被排除在外了。

其结果导致500万西裔美国公民中的大多数人都生活在贫困中。在加州，他们年收入的中间值是贫困标准的一半，家庭收入为州平均值的三分之一。杰西·德·拉·科鲁兹和大多数移民劳工一样，一天工作10个小时，每小时赚10美分，后来，这样的工作条件促使她成为农场工人联盟的社运人士。在得克萨斯南部的县里，近三分之二的人生活在贫困线以下，而在新墨西哥北部的一些县里，近一半的家庭靠每年2 000美元的收入生活。生活条件很差；大多数墨西哥裔美国人住在大城市的西语贫民区或肮脏的农场里。种植商给农工提供的住处通常很简陋，当地居民希望移民劳工工作完之后就离开，然后去别家忙活另一场收成，因为社区不想为额外增加的学校和公共事业支付税金。瑞欧格兰谷内一半的墨西哥裔美国家庭没有热水和管道系统。移民劳工的工作也十分危险。在加州，他们的工作事故率是国家平均值的3倍，婴儿死亡率则是平均值的2倍。预期寿命低于50岁，而且由于当时农场里很少控制农药和其他化学品的使用，成千上万工人中毒。此外，西裔美国人的教育程度很低。从全国范围来看，约40%的成年人是半文盲，教育水平为五年级以下，而在得克萨斯，近90%的人没有高中毕业。在该州，西裔美国人一般只会上6年学，在加州则是8年，而这些州的黑人会上9年或10年学，白人会上11年或12年学。他们无知又贫穷，几乎没有摆脱贫困的希望。美国民权委员会主席西奥多·赫斯博神父参观瑞欧格兰谷后大为震撼，他说，许多农场工人的“生活条件接近苦役或奴隶”。①

虽然在这十年间，大众对非裔美国人的种族情绪已经减弱，但他们依旧十分排斥墨西哥裔美国人。欧裔白人常说他们懒惰、肮脏、卑鄙，称他

① 上松的话出自 *GIDRA*, Oct. 1969, and Tachiki, *Roots*, 9–13, and see Wei, *Asian American Movement*, chap. 1; *The Nation*, 3 March 1969, pp. 271–74; *NYT*, 13 Dec. 1968; also see Robert Coles and Harry Huge, “Thornes on the Yellow Rose of Texas,” *New Republic*, 19 April 1969, pp. 13–17。

们为“上油佬”“西语佬”“偷渡佬”“墨西哥佬”。他们要么是反应太快——“飞毛腿冈萨雷斯”——要么是反应太慢——“潘乔”。电视和广告中充斥着刻板印象。伴随婴儿潮一代成长的一档热门电视节目叫《思科小子》，有点像西部版的罗宾汉故事。“思科小子被塑造成一个精明的、能言善辩的西班牙人，他的搭档潘乔是个胖乎乎、无忧无虑的墨西哥人，说着一口蹩脚的英语。广告中也充满负面形象。托马斯·马丁内兹称，菲多利公司用“油炸玉米饼匪徒”[①] 来卖玉米片，其实传达了一种信息，即“墨西哥人等于卑鄙的家伙，小偷”，他还说，亚瑞公司（Arid Company）的广告中有个墨西哥土匪往腋下喷除臭剂，旁白说“如果这对他有用，那么对你们也有用”，意思是“墨西哥人就是最臭的人”。阿尔曼多·伦登写道：“从奇卡诺人的角度看，我们正在成为传播行业的新‘黑鬼’。他们不能再贬低黑人，于是他们转向了更安全的猎物，比如奇卡诺人和印度人。”

西裔美国人也饱受歧视。虽然当时很少有针对西裔美国人的吉姆·克劳法，但实际上，存在着大量的种族隔离现象。在加州的许多乡村学校里，午餐时间实施隔离制度，白人先吃，然后才轮到黑人和棕色人种。在收获季，警察会抓走逃学的西裔美国人，然后，不顾义务教育法就把他们送到种植商那里去干农活。地方的传统通常意味着墨西哥裔美国人很难去看电影，也很难去游泳池这类公共设施。许多学校根据白人划下的区域线进行种族隔离，并且，大多数学校官员都禁止校内使用西班牙语。在加州和得克萨斯州，用西班牙语授课是非法的。1968 年，约翰逊总统签署了《双语教育法》，废除了这些州法，但英语授课的传统仍持续了数年。东洛杉矶的教师萨尔·卡斯特罗说：“假如有孩子说西班牙语，他会受批评。假如有孩子说英语带墨西哥口音，他会被嘲讽。假如有孩子顶嘴，不管说的是什么语言，他都会被抓。……我们实行的是枪口教育，学校就是一座

① Frito Bandito，卡通人物，一个总是偷玉米片的墨西哥匪徒。——译者

监狱。”

政治方面，墨西哥裔美国人已经在西南部取得的进展远超非裔美国人在南部取得的进展。虽然地区间的表现各不相同，但在1940年代，他们的政治权力得到了提高，当时，拉丁裔美国公民联合联盟（LULAC）和大兵论坛对得克萨斯法律中有关学校种族隔离和投票权的内容提出了质疑，并且最高法院做出了对他们有利的判决。西裔美国人开始建立自己的政治基础，尤其是在新墨西哥，还有得克萨斯。1961年，他们在得克萨斯取得重大突破，因为亨利·B.冈萨雷斯被选入了美国国会。然而，进展非常缓慢。虽然他们在埃尔帕索、圣安东尼奥、阿尔伯克基、凤凰城和圣地亚哥等城市的人口占比很高，但由于选区重划且十分不公，因此很少有人被选进市议会，也从没人当过市长。洛杉矶有100万西裔市民，但市议会内没有一个西裔美国人，而且尽管1968年时加州有约200万西裔人口，但没有一人当选州政府官员。

在法律面前，墨西哥裔美国人是二等公民。美国民权委员会曝光了无数案例，在这些案例中，白人警察对待棕色皮肤的嫌犯过分严苛，在没有充分证据的情况下就逮捕他们，然后对他们进行“与罪行不符的严酷”惩罚。在委员会引述的一个案件中，一名白人警官在圣安东尼奥开枪杀死了一名墨西哥裔居民。司法部对这起案件进行了2年的调查，然后就结案了，他们承认，“在得克萨斯南区，起诉白人警官枪杀墨西哥人几乎没有成功的可能”。在西南部，几乎没有西裔警察，而且该地有1 000多名FBI探员，但西裔探员只有6人。他们也很少担任陪审员。一名在南得克萨斯有10年出庭经验的律师坦言，他的社区内有85%都是奇卡诺人，但他从未见过西裔陪审员。一名洛杉矶警官说墨西哥人的后代“生来就有犯罪倾向”，还有一名年轻的奇卡诺人在加州另一座城市因乱伦受审时，法官不假思索地说：“墨西哥人在13岁以后就觉得出门在外的时候像动物一样行事完全没问题。我们应当把你们送到国外——送你们回墨西哥……你们比动物还低贱，没权利生活在一个有序的社会里——你们不过是些让人恶心、讨厌的烂人，或许希特勒是对的。”欧裔白人的态度由此表露无遗。①

鲁多尔夫·“软木塞”·冈萨雷斯在一首诗中描绘了墨西哥裔美国人的绝望：

我是华金，
迷失在混乱的世界，
卷进了白人社会的漩涡，
对种种规则不解，
受人嘲讽，
被操控压榨，
被现代社会摧毁。

查维斯当然清楚这种困境，而且他还受到了民权抗争的启发。他将圣华金河谷②（以其水果，尤其是葡萄闻名的地区）德拉诺市的农场工人组织起来，发起运动。从一开始，查维斯就建立了不止一个工会。他和同事开始建设社区，社区有自己的信用合作社、合作商店、报社和保险俱乐部，还有服务机构帮助说西语的工人获得从驾驶证到福利援助等各种服务，最后，他们还资助了一个文化中心和农民剧院。他还为最终的罢工做了准备。1965 年 9 月，当地的菲律宾农场工人宣布他们不会再继续工作，因为种植商减了工资。查维斯认为他的工会依然太小，仅有约 1 200 名成员，但这一时机促使他宣布“Huelga！”——罢工——一个月后，他们宣布在全国各地发起罢买葡萄的运动。查维斯是甘地的信徒，也是马丁·路德·金的仰慕者，他向人们传授非暴力行动主义，于是，这场罢工很快就进入

① 马丁内兹的话出自 *El Grito*, Summer 1969, pp. 3–13；Rendon, *Chicano Manifesto*, 47–57；有关教育，请参考 Steiner, *La Raza*, 208–15；有关司法制度，请参考 Acuna, *Occupied America*, 372–79, and Morales, *Ando Sangrando*, chaps. 3 and 4。

② 加州重要的产粮区，也是葡萄酒产区。——译者

了类似早年黑人抗争的阶段。查维斯把神职人员、种族平等大会和学生非暴力调解委员会的社运人士请到德拉诺，并呼吁斯坦福、旧金山州大和伯克利的学生帮助他们。一名记者指出，查维斯不只是想拿到更高的工资合约，他“打算建立一个农场工人社区”。他还点燃了墨西哥裔美国人的民权运动。

富裕的种植商迅速做出了回应。一些人称查维斯是共产主义分子，另一些人则说他的目的是毁掉农业，还有一人甚至表示查维斯的终极目的是接管加州，并把它还给墨西哥。与此同时，种植商还用巴士运来了其他贫苦的西裔人，让他们到田里工作，试图摧毁罢工者的意志。他们向联邦政府施压，让政府允许更多的墨西哥人在收获季穿越国境线来到美国，此外，他们还恐吓，偶尔诉诸暴力，例如，殴打罢工者，向他们喷杀虫剂，朝他们的头顶开霰弹枪。当地警察出面干预，为地主提供支持。工会副主席德罗丽丝·许尔塔因非法侵入被捕，在工会收到足够多的捐款并交了1.2万美元保释金后，她才被释放。警察逮捕了查维斯和一名牧师，原因是“侵犯”了一名种植商的“领空”，他们还逮捕了40多名大喊“罢工！罢工！罢工！”的社运人士。

种植商的行为说明他们惧怕在这些严重依赖移民劳工的州失去强势地位。比如说，1966年，在得克萨斯的某个国会选区，美国农业部给11个县的贫困人口——约15万居民——发放了价值不足25万美元的食品券，却给400名富裕的农民发放了500多万美元的庄稼津贴和补助。“简单来说，”鲁多尔夫·阿库纳写道，“得克萨斯的政治经济现实就是，奇卡诺人受制于欧裔白人资本家的寡头政治。”①

1965年至1968年间，全国媒体将焦点放在了民权和战争上，因此这场罢工并没有引起太多注意，但墨西哥裔美国人的媒体却在密切关注它。

---

① 该记者为 Andrew Kopkind，发言出自 *New Republic*，29 Jan. 1966，pp. 12－15；and see Levy，*Cesar Chavez*，chap. 6；Acuna，*Occupied America*，351。

在那些年里，其他西裔人士也开始活跃起来。在丹佛，“软木塞”·冈萨雷斯和他的同事成立了国内第一个墨西哥裔美国人民权组织“正义运动”，抗议市政府对他们的不公待遇。在阿尔伯克基，50 名不满的公民在平等就业机会委员会退席抗议，指责其家长式作风，并称该委员会里没有一名西裔成员。在得克萨斯的瑞欧格兰谷，6 000 名甜瓜采摘者宣布罢工，他们步行 400 英里来到奥斯汀，要求州政府制定最低工资法。1967 年，新墨西哥首次出现武装行动，当时雷伊斯·“老虎”·蒂耶里那和六车全副武装的追随者突然来到铁拉阿马里亚的法院，称自 1848 年墨西哥把西南部割让给美国以来，欧裔白人已经从西裔手上窃取了数百万英亩的土地。一场枪战随之爆发。蒂耶里那被捕，在他进出法庭期间，他的支持者发起了“联盟”运动。第二年春天，东洛杉矶林肯高中的学生高呼“抗议！”。在教师萨尔·卡斯特罗的谋划下，这次行动迅速引发 5 所学校共 1. 5 万名学生罢课，抗议落后的教育设施和教师的种族歧视行为。校方随即报警，并进行了大规模逮捕。不久后，丹佛和圣安东尼奥的学生也愤而发起抗议，许多人举着标语牌：“教师，可以，独断者，不行！”洛杉矶事件是西裔学生明确反对种族主义的首场大型抗议，一名记者表示，它标志着“一场革命的开始，即 1968 年墨西哥裔美国人革命”。

当年春天的这些抗议活动意义重大，但由于发生在春节攻势和新罕布什尔初选期间，所以它们仅得到了当地人的关注。但恺撒·查维斯做了一件简单却意义深远的事，引起了全国的注意。为了推广他的运动，他开始了绝食抗议。这是一场赌博，他得到了回报。参议员罗伯特·肯尼迪发去一封电报：“我想告诉你，我将不遗余力且坚定不移地支持指引你采取禁食的那些原则。”媒体匆匆赶到了德拉诺。绝食持续了 25 天，比甘地为印度独立而进行的著名的绝食抗议还多 3 天，在那之后，查维斯与朋友、医生达成一致，结束了绝食抗议。几千人与他一起来到弥撒现场，鲍比·肯尼迪象征性地掰开了面包。查维斯的身体太过虚弱，无法讲话，他让一位朋友读了自己的演讲稿：“我坚信，真正的勇气、最坚强的男子气概，就是在一场彻底非暴力的正义抗争中为他人牺牲自己。做人就是要为他人承受磨难。上帝帮助我们成为真正的男子汉吧！”

查维斯终于引起了全国媒体的关注。《时代》周刊撰文《恺撒的战争》，《纽约时报》称查维斯是“新闻中的人”。第二年，查维斯上了《时代》周刊的封面报道《愤怒的葡萄，1969：游行示威的墨西哥裔》。查维斯改变了策略，着重开展罢买葡萄运动，此举得到了社运人士的大力支持，他们开始在全国连锁店外进行抗议，迫使许多商店停止储备葡萄。到夏天时，葡萄的销量和价格下跌，一名种植商承认说：“为了生存下去，我们必须解决这件事。”作物产量约占该州总量12%的10名种植商和农场工人联盟签订了合同，这标志着种植商的联合抵抗开始瓦解。第二年7月，鲜食葡萄产量占该州总量一半的种植商与联盟签订了协议。查维斯称这个协定是“新一天的开始”，不久后，他宣布了下一阶段的行动——罢买生菜运动。①

奇卡诺人意识的觉醒也受到了黑人力量的启发。“我们发现，各大院校关注黑人是因为他们会动武，”李·波兰科在圣何塞市立大学说，“所以我们要像黑人那样使用武力。”

他们说到做到，与此同时，越来越多的奇卡诺人开始觉醒。在东洛杉矶，为了对抗警察的暴行，大卫·桑切斯与一些人成立了“棕色贝雷帽”，一个“纪律严明的准军事组织”。而在新墨西哥，一些武装派成立了科曼切罗斯组织：“我们需要有新鲜血液和新鲜想法的人，能采取各种必要手段抗争到底的人。”棕色皮肤的学生组织了起来，尤其是在加州，该州棕色皮肤的大学生入学率比其他任何州都高，他们成立了墨西哥裔美国学生联合会、墨西哥裔美国学生协会，还有阿兹特兰奇卡诺学生运动（MEChA）。而在圣安东尼奥，一些人成立了墨西哥裔美国青年组织（MAYO）。从海沃德的

---

① 该记者的话出自 *LAT*，17 March 1968；*NYT*，11 March 1968，19 and 29 June 1969；Matthiessen，*Sal Si Puedes*，73，109，312-15。

加州州立大学到丹佛的大都会州立大学再到得克萨斯大学，奇卡诺人要求整个西南地区的大学开始从事墨西哥裔美国人研究。1969 年春季学期期间，伯克利的百名学生占领了校长办公室，另有一团体闯入了洛杉矶教育委员会的会议厅。他们进行了六天六夜的静坐和静睡，拉尔夫·古兹曼称这次事件为“所谓棕色力量的首次重要公开亮相”。

棕色人种的自豪感在 1969 年间不断增强。“我们的主要目标是引导奇卡诺人用奇卡诺的方式思考，以获得与其他人群平等的地位，而不是为了赶上欧裔白人。”圣何塞市立大学的一名社运人士说。高中储物柜上的海报写着“革命万岁！”或者“萨帕塔万岁！”，指的是墨西哥那位伟大的革命家。当墨西哥裔美国人开始说“棕色很美”，当年轻男性留起让人觉得一脸愤怒的八字胡和游击队员式的胡子，当女性要求人们称她们为奇卡纳，墨西哥裔群体中显然出现了一种全新的充满活力的社区意识。“棕色贝雷帽”和墨西哥裔美国青年组织的成员人数骤然上涨，文化社运人士在洛杉矶、弗雷斯诺和丹佛的贫民区开设了奇卡诺剧院，与此同时，有人成立了奇卡诺出版协会，并开始出版运动报刊，例如休斯敦的《指南针》、圣安东尼奥的《大火》、丹佛的《雄鸡》、阿尔伯克基的《纸张》、圣何塞的《古铜色》以及洛杉矶的《种族》。从阿尔伯克基到堪萨斯城再到圣巴巴拉，大批年轻人参与了在这些城市举行的研讨会。

当年最重要的会议是“软木塞”·冈萨雷斯在丹佛组织的奇卡诺青年解放研讨会。在会上，“奇卡诺”一词在 1 500 名参会代表中流行开来，在会上，冈萨雷斯为这场运动找到了家乡，即阿兹特兰，那是阿兹特克人神话中的祖国。阿尔贝托·阿鲁里斯塔称，在场的所有人都是“阿兹特兰北地的奇卡诺居民和教化者。……兄弟情谊将我们团结在一起，兄弟友爱让我们成为一个此刻崛起的民族，我们要与剥削我们财富、摧毁我们文化的‘外族人’斗争。我们把心捧在手上，双手埋在泥土之中，这一刻，我们的混血国度宣告独立。我们是有着古铜色文化的古铜色民族”。玛利亚·瓦雷拉说，这次活动不只是一个研讨会，它更是“一个宗教节日：多年来，这个饱受占领与恫吓之苦的民族，这个被教导要相信自己的丑陋的民族，现在发现了自己灵魂中真正的美，这是庆祝的日子，庆祝这个民族血液中吟唱的歌曲。……我们很美”。

有了全新的尊严为依仗，奇卡诺人要求政府赋予他们权力，他们带着新的议题与欧裔白人当权派进行了正面交锋。“我们要给孩子讲华金·穆里塔而不是罗宾汉的故事，要给他们讲萨帕塔而不是基特·卡森的故事。”女上校（La Coronela）写道，她主张结束“欧裔白人教育”，开设文化遗产课程。随着许多学生和父母要求学校提供双语教育，学校的抗议运动不断蔓延，这样的情况不仅出现在休斯敦、洛杉矶、丹佛及圣安东尼奥这样的大城市，还出现在了小城镇里。在加州的维萨利亚，学生对校长提出了21项要求，其中包括要求给教师开西班牙文化必修课并提供墨西哥食物。在奥克兰，200名棕色皮肤的学生和黑人学生举行罢课，坚决要求取消“旨在引导所有第三世界人民参加职业培训”的跟踪系统。凤凰城内爆发了冲突，那里的父母要求学校聘请更多的西裔教师、辅导员，并设置公民委员会，以便选拔人员，解决投诉问题。到秋天时，奇卡诺力量已经成了一场运动。9月16日是墨西哥独立日，这一天，在全国首场奇卡诺罢课运动中，整个西南部的高中有数千名学生缺勤。①

除教育议题外，另一个令西裔美国人和非裔美国人感到兴奋的议题是平等的就业机会——这是对白人男性权威的又一次冲击。约翰逊总统重启了平权运动，并扩大了它的规模，这也是他伟大社会计划的一部分。总体来说，所有公民都要交税，以此作为政府、教育、施工建设和数千家私营公司提供的其他服务的资金。过去，那些工作岗位一直由白人男性担任，但约翰逊政府认为，这些职位应该向所有纳税者开放，不论人种：如果你

---

① Militant and Alurista in Rendon, *Chicano Manifesto*, 192–97, 205, 336–37; Guzman in *LAT West Magazine*, 26 Jan. 1969, pp. 9–14; Varela in Steiner, *La Raza*, 389; Coronela in *Chicano Student Movement*, Aug. 1969; and see Bongartz, “The Chicano Rebellion,” *The Nation*, 3 March 1969, pp. 271 – 74; Castro, *Chicano Power*, chap. 8, and Munoz, *Youth*, *Identity*, *Power*, chaps. 2 and 3.

收了公共资金，你就必须雇用公众。自由派政治家更进一步地提出要求，如果某个特定社区中有 20%的少数族裔人口，那么该社区内就该有相当比例的人拥有由税金支付的工作。最后，社运人士要求政府在各层面的招聘中推广平权运动，为少数族裔腾出新的职位——并最终为女性腾出职位。

在第二波浪潮期间，平权运动和平等就业机会成了赋权斗争的口号。当美国民权委员会在圣安东尼奥召开听证会专门讨论墨西哥裔美国人议题时，这一点显而易见了。这个问题在整个西南部很明显。尽管西裔占了加州人口的 10%，但该州只有 3%的西裔人口为联邦政府工作。另外还有一个问题：工作本身的品质。在圣安东尼奥，一名委员问了一个令人不安的问题。他指出，该地区的劳动力中西裔人口占 45%，而凯利空军基地的政府雇员中也有 30%的人是西裔，那么为什么基地中只有 12%的西裔在较好的岗位？“你认为这是一种普遍而明显的不公现象吗？”

在接下来的数年中，这一幕几乎会在美国的每个城市重演，无疑是对当权派的挑战。不过，在得克萨斯的德尔里奥，赋权示威来得更快、更迫切。3 月，2 000 名社运人士来到该城，谴责州长普雷斯顿·史密斯和县委员参与取消了帮助当地墨西哥裔美国人向贫困宣战的项目。政府反驳道，他们之所以终止这项计划，是因为这些资金资助了墨西哥裔美国青年组织这类政治团体，它们却反过来散发仇恨欧裔白人的资料。墨西哥裔组织者们从西南部各地赶来，参加在圣枝主日举行的晨会，接着，他们列队前行，穿过城市来到了县法院。一些参与者认为，这次示威是“奇卡诺的塞尔玛”，这次事件最终将让欧裔白人的不公行为暴露在全国人面前。“我们今天穿过了那座桥，”阿尔贝特·佩纳表示，“我们不会回头看。我们已经揭开了仙人掌的帷幕①。”

一到法院，墨西哥裔美国青年组织的创始人何塞·安格尔·古铁雷斯就向全国人民宣读了《德尔里奥墨西哥裔美国人宣言》。“近来这座城市里

① 1961 年年底，古巴军队在美军的关塔那摩湾海军基地周围种植仙人掌，阻拦古巴难民来此寻求庇护。——译者

发生的事已经无比清楚地说明，我们国内的少数族裔仍在受某些人与制度的压迫，他们嘴上说着民主，实际上用的却是极权主义方法。”他将欧裔白人当权派描述为一个虚伪的存在：他们“宣扬兄弟情谊，做起来却是种族主义”；他们“给自己的孩子建了价值数百万的学校，却只给我们的孩子建简陋的房子”；他们“对公正采取双标——给美国佬最轻的惩罚，给奇卡诺人最重的惩罚”，西裔警告道，假如州长和当地政府不彻底改变自己的立场，社运人士将“在必要时采取尽可能激进的做法”，甚至会“牺牲生命来保全我们祖先的文化和语言。……在今天，墨西哥裔美国人决心投身永不终止的抗争，直到这个国家向我们和我们的美国同胞兑现自己的诺言：在上帝庇佑下的这个国家，不可分裂，人人享有自由和公正 ”。

从许多方面来看，德尔里奥发生的事都十分重要。棕色力量的时代已经到来，但关键是——除查维斯的运动之外——它仍旧没有得到太多的全国性关注。这其中有许多原因。首先，墨西哥裔美国人在奇卡诺运动上产生了分歧。拉尔夫·古兹曼提到，与黑人相比，“墨西哥裔美国人的可选道路有很多”，而且许多人一直在努力融入主流文化。比如，在洛杉矶，“住在蒙特贝罗或者蒙特雷公园市那种普通住宅里的中产墨西哥人，根本不打算自称为美丽的印第安棕色人种，也不打算说服自己的儿女参加罢课”。其次，第二波浪潮到来时，民权话题已在新闻中存在多年，因此，公众和大众媒体已经开始厌烦这个话题和游行。而且，到 1969 年春天，新闻头条上又出现了许多新议题，这就意味着只有骇人的事件才能吸引全国的目光——例如，旧金山州大的流血暴力事件，康奈尔的学生挥舞霰弹枪事件。最后，地方政府在这十年也一直在看电视新闻，他们从这些冲突中吸取了教训。尽管德尔里奥的游行者偏离了合法游行路线，但警察们灵活应变，他们没有出击，因此没有发生奇卡诺的塞尔玛事件。

对 60 年代末的武装派来说，当时只有两种办法能制造新闻——暴力行为和恶毒宣言。“黑人、棕色人种和印第安人已经被自然的力量选中，注定要一起游行，一起斗争，甚至是一起死去，”“老虎”·蒂耶里那在一场黑豹党集会上表示，他后来补充说，“是的，一场种族战争即将发生。”一名棕色贝雷帽成员警告道：“今天的学生比我们父母当年有种。”德尔里奥示威后，古铁雷斯宣布，敌人就是“种族歧视的美国佬”。假如这种人不改，那么奇卡诺人可能就必须“消灭”他。

然而，这种言辞却让其他西裔心生退意。墨西哥裔美国人的阶级及代际分化比黑人严重得多。多年来，许多人一直都在努力融入中产欧裔白人社会。他们担心，对抗只会阻碍融入的进程。新墨西哥州参议员约瑟夫·蒙图亚称蒂耶里那是个江湖骗子、冒牌货、种族主义者、谎话连篇，“如果他不喜欢这个国家和它所代表的一切，那他大可以滚出去”。美国众议员亨利·冈萨雷斯指责“在古巴受训的革命者”已经渗入德尔里奥的游行者中。对老一辈的温和派而言，“奇卡诺人”就和“偷渡佬”一样，都是蔑称，但对武装派而言，这些当权派中的西裔是种族的叛徒（malinches），是告密者（vendidos），是汤姆叔叔（Tio Tacos）或“椰子”，外棕内白。

1969 年，墨西哥裔美国人的运动沿着与民权运动及学生力量相似的路线发展，这反映在不断激化的代际冲突上，以及温和派与武装派之间不可避免的分歧上。《新闻周刊》指出：“棕色力量运动……走上了黑人力量的老路——几乎毫无差别。”棕色皮肤的革命者就和黑人力量支持者与少数几个喊着“革命”的大学生一样，对未来也没更多的计划。蒂耶里那在集会上讲完话后，一位记者问一名黑人武装派，黑人—棕色人种联盟应该实现什么目标。他耸耸肩说：“知道的人不说话，说话的人不知道。”正如拉尔夫·古兹曼总结的那样，棕色皮肤的武装派“其实并不知道”他们的确切目标是什么，但“又确实隐约知道自己希望所有地方都实现完全平等，最好再对过去的错误做些纠正”。①

---

① 奇卡诺的塞尔玛相关内容出自 Rendon, *Chicano Manifesto*, 200–203, 332–36, and *San Antonio Express*, 30 March 1969；蒂耶里那的发言出自 Steiner, *La Raza*, 89–91, *Saturday Evening Post*, 20 April 1968, p. 22, and *LAT*, 17 March 1968；*Newsweek*, 25 March 1968, p. 37；古兹曼的话出自 *LAT West Magazine*, 26 Jan. 1969, pp. 9–14。

当年春天，就在赋权运动与解放运动开始交织的时候，其他许多民众开始关注过去的错误行为。“当一个男人能把‘自己的’女人当人待，对她充满兄弟情谊和平等的爱，”恩丽奎塔·瓦斯克兹在《北方的呼声》中写道，“那时，且只有在那时，他才能感受到解放和平等的真正含义。当我们在墨西哥裔美国人运动中谈论平等时，我们最好是谈论完全的平等，从一切开始的地方——家里——谈起。”

一些美国女性在“自由之夏”后就一直在谈论平等问题，少数人在1950年代就已经开始谈论这个话题。如前所述，冷战文化中的女性有自己的角色，但是都非常传统——女友、妻子、母亲、主妇。在男人的世界里，男性自小受的教育就是要把自己当成决策者和供养人。经过浪漫的求爱并参加了神圣的婚礼后，丈夫就开始期盼妻子侍奉自己，而且许多州的法律都规定男性是一家之主，是孩子的主要监护人。作为回报，他们承诺终生“照顾娇妻”，直到死亡将我们分开。她最重要的决定就是找到如意郎君，找到那个最好的供养人。她的男人——而非她自己——是她的未来，因为她们几乎没有其他的机会。“如果有谁在1962年4月到9月之间让我跟他结婚，”从拉德克利夫毕业的那一年，伊丽莎白·霍尔茨曼说，“我肯定会答应的，当时结婚好像能解决很多问题。”

这就是社会准则，而当一些女性认定她们在这样的角色中并不幸福或许想要改变这种模式时，她们就遇到了相当强烈的反对声。《现代女性：迷失的性爱》(*Modern Woman, the Lost Sex*)的男性作者认为高等教育必然导致女性性冷淡，他们力劝合校女生回归家庭，寻求性满足。至于职业女性，作者梅尔·米勒写道：“一小撮咄咄逼人的女性正在尽其所能地破坏美国的婚姻及家庭生活——她们坚持既要有丈夫又要有事业。她们是一群危险人物，必须阻止她们。”许多公民同意这样的看法，他们迷信职业母亲会对家庭构成严重威胁。《生活》杂志在其1956年的美国女性专刊中找来4名医生——均为男性——讨论“致命错误”，即职业女性。随之而来的心理学分析体现了那个年代的特点：“孩子就是她的责任：爸爸很忙，他懂事业，她懂孩子。”她有一种“原始的生物冲动，令她去生育，去操持家务并养育孩子。不管她在理智上多么嘲讽这个想法（‘独立’），她打心底里都希望能够顺从丈夫”。等等等等。最后，这些专家警告道，职业女性这种“疾病”会导致民主家庭的出现，更糟的是，可能还会把孩子变成少年犯、无神论者、共产主义者甚至同性恋。①

这一切都是为了恐吓女性，好让她们安分守己。然而，在 1960 年代初，一系列因素聚合在一起引发了变革。西蒙娜·德·波伏瓦写了一本重要的书，促使美国女性思考为什么她们是“第二性”。贝蒂·弗里丹对受过教育的女性做了数百次采访，出版了《女性的奥秘》，这本畅销书的开头预示着将有大事发生：“这个问题在美国女性的心中埋藏了许多年，从未说出口。那是一种奇怪的思想萌动，一种不满的感觉。……每个郊区妻子都在其中独自挣扎。就在她整理床铺、购买食材、配沙发套材料时，和孩子一起吃花生酱三明治、开车送儿女去参加童子军活动、晚上躺在丈夫身边时——她甚至害怕问自己这个无声的问题——‘这就是一切吗？’”

就在一些人思考上述问题时，另一些人开始担心地表武器试验带来的辐射，达格玛·威尔逊因此组织了妇女和平罢工行动。1961 年，来自 60 个城市的约 5 万名女性举行了一场全国和平罢工运动，她们举着“让孩子长大”“终结军备竞赛而不是终结人类”等标语游行。肯尼迪总统签署了《禁止核试验条约》，并且在社运人士的敦促下成立了一个妇女委员会，将全国各地的职业女性聚集在一起。委员会揭露了薪酬中的歧视现象，建议政府提供平等就业机会，这些女性回家后成立了州委员会，为自己创建了一个畅谈理想、曝光地方不公事件的平台。肯尼迪签署了《1963 年公平薪酬法案》，约翰逊也签署了《1964 年民权法案第七章》，虽然这些法律没有照顾到许多专业工作者，但普遍禁止了雇用和时薪上的歧视行为。

---

① 瓦斯克兹的话出自 Rendon, *Chicano Manifesto*, 186；霍尔茨曼的话出自 *NYT*, 7 June 1992；米勒及其他众多人物的类似评论出自 *Esquire*, July 1973, pp. 122–26；*Life*, 24 Dec. 1956, pp. 109–18。

但作为执行机构的平等就业机会委员会对过去性别歧视案例中的错误并不感兴趣。男委员拿这个议题开玩笑，拒绝谴责报社按性别将招聘广告分隔开来的常见做法，这种做法通常意味着女性没有必要申请专业工作。因此，在 1966 年，平等就业机会委员会的女性代表提交了一项决议，要求执行《第七章》的内容。该委员会官员的回应是阻止投票表决，令 24 名女性愤然退席。代表贝蒂·弗里丹、宝莉·默里、玛丽·伊斯特伍德和凯瑟琳·克拉伦巴赫决定成立全国妇女组织（NOW）。

全国妇女组织的目标是“现在就行动起来，让女性全面参与到美国主流社会中”，这其中包括为女性提供平等机会，结束刻板印象，以及与“男性保持真正平等的伴侣关系”。这些社运人士还反对男性必须独自承担养家义务、已婚妇女终身有权得到赡养的习俗。全国妇女组织希望改革这一制度，而这也成了温和派女性主义者的立场。全国妇女组织起草了一份《女性权利法案》，并在 1968 年选举年期间将它交给了政治家们，此举导致部分保守派成员退出该团体，并成立了自己的组织——妇女平等行动联盟。全国妇女组织要求女性拥有平等的受教育和就业机会，要求政府执行严禁性别歧视的法律，为职业母亲设置产假，成立联邦政府资助的日托中心，她们还提出了两个即将主导政治活动多年的议题，一个是包括堕胎在内的女性生育自主权，另一个是采纳由老一辈女性主义者在 1923 年首次提出的《美国宪法平等权利修正案》。

全国妇女组织迅速壮大，当年长女性在设定政治议程时，她们的女儿则在粉碎冷战文化的社会议程。避孕药于 1960 年问世，女性从此有了控制生育的权利，这个强大的工具不仅使她们能够控制生育，而且还可以控制自己的性行为。接着，在 60 年代中期，医学研究者威廉·马斯特斯与弗吉尼亚·约翰逊完成了他们覆盖面极广的实验，并出版了一本关于性交生理学的经典之作《人类的性反应》（*Human Sexual Response*）。书中描述了性交的四个阶段——性兴奋、持续、高潮、复原——它成了一本畅销书，更为重要的是，它破除了有关性行为的无数迷思，比如：女人很难达到高潮；

女人无法像男人那样享受性交；如果女人和丈夫性交时没有产生阴道高潮，那么她们就是“性冷淡”，因此她们要靠男性来达到高潮（而实际上，她们靠刺激阴蒂就可以多次达到高潮）。这本书向人们证实了男性和女性（尤其是女性）拥有让双方都获得满意的性生活的生理能力，此外，年轻女性也开始在大学报刊及地下报刊上发表有关自己性觉醒的文章：“我男友第一次要解开我胸罩时，我完全蒙了，我觉得特别羞愧尴尬。这不是我们该有的感觉。……我说的是一些很具体的事。要仔细倾听你自己的声音——倾听你的身体，和你的思想。要学会自慰。如果你有机会和一个男人发展一段关系，要对自己和他都敏感一些，然后一起开发你们的潜能。”①

在众多年轻女性参与民权抗争的过程中，性的双重标准问题逐渐消失，她们在抗争中有时会遭遇非常严重的歧视。早在 1964 年，凯西·海登和玛丽·金就提交了一份有关“妇女问题”的未署名备忘录，她们谈到了学生非暴力调解委员会中男性的优越地位——“这不是一个男人的世界，正如它不是白人的世界一样”——第二年，她们给学生争取民主协会和学生非暴力调解委员会的女性成员发了一封信，信中说：“在我们整个社会中，对待黑人和女性的方式似乎有许多相似之处。……这是一种等级制度，在最糟糕的情况下，它既利用女性，也剥削女性。”为民权而奋斗或在学生争取民主协会的都市项目中与穷人合作，“让女性对自己的能力有了强烈的认识”，萨拉·伊万斯写道。1965 年，一些人在学生争取民主协会全国大会上提出了妇女问题，引得男性一片喝倒彩和嘘声：“她就缺人好好干她一次”，“她是个会阉人的女人”。第二年，当女性社运人士在会上要求政纲中增加有关妇女解放的内容时，男人们朝她们扔番茄，这让女性开始质疑她们是不是“参与式民主”的一分子。

① 全国妇女组织的情况出自 Hole and Levine, *Rebirth of Feminism*, chap. 1, and Friedan, *It Changed My Life*, 75–91；合校女生的话出自 *The Carletonian* (Carletin College, Minn), 10 Oct. 1968，在 Goodman, *Movement Toward a New America*, 39 中重新登出。

妇女解放在更广义的运动中蔓延开来，随之蔓延的还有男性的性别偏见。运动中流行一种与抵制征兵有关的徽章："女孩会听命于说不的男人"。一些年轻男性认为自己是革命者，而在一些圈子里，女性的屈服就成了"革命责任"。玛吉·皮尔西抱怨道："男人可以因为睡了某个女人而把她带进组织，也可以因为不再和她上床而把她踢出组织。男人踢走一个女人的原因很简单，不过就是厌倦了这个女人，搞大了她的肚子，或者想另寻新欢了：人们毫无波澜地接受了这种清除异己的方式。……这里面起支配作用的是一种主仆规矩。"

这种行为在1967年引发部分女性开始讨论自己的地位，并向更多人普及她们所忧虑的问题。6月，学生争取民主协会中的女性主义者来到年度会议现场，宣布"妇女解放抗争必须成为广义的人类自由斗争的一部分"。几个月后，一些人前往芝加哥参加了新政治全国大会，这场会议试图将黑人激进派和白人激进派打造成某种形式的政治党派。乔·弗里曼和舒拉米斯·费尔斯通要求讨论制定一份"女性民权"声明，但男性领袖拒绝了，称她们的议题"微不足道"，甚至还拍了拍费尔斯通的脑袋说："冷静点，小姑娘。"

对这些"姑娘"而言，这似乎是个悖论，因为正如玛丽·金所写："民权议题是女性运动的核心。"然而，越南战争也同样引发女性思考起自己的地位问题。1968年1月，"珍妮特·兰金旅"和妇女和平罢工组织在华盛顿特区组织了首场全女性反战示威，活动中，部分女性社运人士提出了解放的问题。在这5 000名参与者中，大部分人是老一辈自由派，其中包括弗里丹、科瑞塔·斯科特·金及珍妮特·兰金本人，兰金是一名87岁的和平主义者，她还是国会议员时，曾投票反对美国参加一战和二战。另有约500名年轻的激进派加入了她们的队伍。游行队伍来到国会，但被禁止入内。温和派跟着朱迪·科林斯唱起了《我们一定会胜利》，年轻的激进派则游行前往阿灵顿国家公墓，为传统的女性形象举行了一场象征性的葬礼。"只有我们开始解决自己的问题了，我们才有希望走向一个更好的世界，才能拥有一个真正民主的国内社会。”凯西·阿玛特尼克表示。女性“在战争、和平和我们自己的生活中既无权也无影响力”。因此，是时候提高女性的意识，让她们团结起来了，因为正如她们的新口号所宣称的，“姐妹情谊有力量”。①

妇女解放在整个运动中传播开来，但它继续遭遇男性社运人士的强烈抵制。早些时候，这些男性曾抱怨偏执狂用暴力回应黑人的民权诉求，而现在，一些参与运动的男性却对要求平等的女性加以嘲讽。这似乎非常可笑。他们不能动手打人，便嘲笑她们，甚至还做出了更糟糕的举动。1969 年 1 月，在抗议理查德·尼克松的“阉猪就职典礼”（inHOGuration）上，玛丽莲·萨尔兹曼·韦伯、舒拉米斯·费尔斯通和艾伦·威利斯试图将战争、黑人力量和妇女解放进行比较。“我们女性受到了压迫。”韦伯说，当她开始谴责将女性视作“物品和财产”时，一些男性开始喝倒彩，叫嚷：“把她拖进暗巷里！”“把她拉下台操一顿。”

这样的举止让威利斯惊呆了，她不禁想道：“假如连激进派男性都这么容易被激怒，表现得像个南方的乡巴佬一样，那其他人还能有什么指望？”实际上，在接下来的几个月中，许多女性社运人士讨论了她们是该留在男性主导的新左派和反战运动中，还是该分裂出去组建自己的运动。一些人认为自己应该作为“新左派的一部分”留下来，其他人则问：“难道我们都不问问谁是领头人，就成为某场革命的‘一部分’吗？”许多人呼吁要在自己的城市举行“女性会议”，她们还成立了小型组织，例如波士顿的“细胞 16 号”和“面包与玫瑰”，旧金山的 Sudsofloppen②，“红色才女”和“纽约激进妇女”，伯克利妇女解放团，芝加哥的“妇女激进行动项目”，以及分布在底特律、多伦多和华盛顿特区的无数其他团体。

---

① King, *Freedom Song*, 450–59, 567–74, 471; Evans, *Personal Politics*, 154–60, 177, 235; 皮尔西的话出自 Morgan, *Sisterhood Is Powerful*, 483; Sale, *SDS*, 357; Amatniek（后改姓 Sarachild), and Hole and Levine, *Rebirth of Feminism*, 114–19。

② 该组织的名称没有任何含义，“这个名字与我们的作品和想法是截然分离的，没有人能从这个名字中看出我们是谁或我们是什么”。——译者

这些社运人士发表了她们的看法，引发了讨论，然而她们在六十年代人中只占少数，也许只有几百人。成千上万人受到的是学生力量和反主流文化崛起的影响。解放自然就意味着要结束限制合校女生但不限制男性行为的校园规章制度——代行家长制。男性管理者仍然很关心合校女生的道德问题，而且，他们通常只把违反社会规范的女生——比如和男友上床或同居等——送上审判席。人们认为男孩聪明——可以不劳而获，不用承担婚姻的责任就得到了性的乐趣。合校女生社运人士也遭到了男生的反对，他们对女性的能力持传统的刻板印象。在 1968 年哥伦比亚大学的罢课中，合校女生也参与了占领大楼行动，当时男生在电视摄像镜头前发表声明，女性负责接听电话、打印声明、做饭。“对我们许多参与罢课的女性而言，”南希·比伯曼写道，“解放只适用于大楼，但不适用于我们自己。”①

女性也受到了反主流文化的影响。嬉皮理念否定当代道德观，促使年轻人质疑贞操和婚姻的概念——“如果这事让你舒服，那就去做”。对公社生活的重视让一些人思考起了生活方式和家庭——“做你自己的事”。在这些观念的刺激下，许多人开始自省，也有许多人和男友同居或拥有多个性伴侣。“男人们可以留长发，”婴儿潮一代的某位女性回忆说，“但我可以解放自己的胸部，我也确实这么做了。不穿胸罩让我这个怪胎特立独行、个性飞扬。”

然而，自由的这种表现形式让许多女性感觉自己受到了利用和剥削。一名女性公社成员写道，在多数美国家庭里，“男人们会在 5 点左右走到你身边说：‘晚饭什么时候做好？’”。另一些人抱怨男人贪得无厌，要“嬉皮小妞”任他们睡，地下报刊上充斥着半裸女性的图片，还有男人寻找伴侣的广告，当然，这些广告中没有附加条件。嬉皮徽章上写着：“和平、妞儿、大麻”。性别歧视在音乐圈泛滥成灾。女性主义者在《老鼠》上抱怨，在“阳刚摇滚”文化中，“男人在最后似乎总是会占上风”。滚石乐队的比尔·

---

① 威利斯的话出自 *Guardian*, 15 Feb. 1969; and see Gitlin, *The Sixties*, chap. 16; Echols, *Daring to Be Bad*, prologue; and Evans, *Personal Politics*, chaps. 8 and 9; 比伯曼的话出自 *At Issue*, 13 May 1968。

怀曼造出了“骨肉皮”一词，用来指代乐队的女粉丝，乐队成员合计了 2 年里他们睡过的女性数量：444 人，这支乐队应景地唱着，一个《蠢女孩》应该《受我控制》，一个《酒吧女郎》应该“满足”她的男人。

摇滚文化及运动中的男性只不过反映了社会中的男性形象和传统的两性关系——而在 1968 年美国小姐选美比赛上，所有公民突然面临着一场抗议，它让人们第一次开始思考女性在社会中的角色。虽然一些人可能会想起自己读到过的有关 1848 年在纽约塞尼卡福尔斯举行的首个女性权利大会的内容，或者有关 1920 年代新潮女郎的内容，但战后一代还没有经历过女性主义运动。正如罗宾·摩根解释的那样，这次抗议融合了运动的多个方面，因为选美比赛是对“女性的侮辱（它传播了无脑性对象的形象）；它一直是一场纯白人的种族主义比赛（黑人从来没进过决赛）；胜者会前往越南巡回表演，作为杀人吉祥物给部队带去娱乐；这家身家百万美元的选美公司摆出的一整套噱头，其实就是找托儿弄了个商业游戏，为的是卖赞助商的产品。人们到哪里去找这样一个完美的美国价值观聚合体——种族主义、军国主义、资本主义——所有这些都被包装在一个‘理想’的符号里：女人”。

这次抗议震惊全国。1969 年，妇女解放成了一个家喻户晓的名词，并进入了蓬勃发展的阶段，部分是因为大量的女性婴儿潮一代涌入运动中，但更多是因为女性面临着刻板印象、性别主义尤其是歧视所造成的困境。

当男性讲着“女司机”的笑话时，流行杂志用一系列讽刺漫画来贬低女性：“多年来我一直未雨绸缪地存钱，”一个男人对另一个男人说，“然后我遇到了一个女孩，她一个雨季就花光了所有的钱。”男性社运人士悲叹道：“生活是个婊子，然后你又娶了一个。”当波士顿马拉松赛等著名赛事的男性官员拒绝女性参赛，并表示“长距离奔跑不利于女性健康”时，一些人哈哈大笑。男性俱乐部和酒吧将女性拒之门外，即使是在对公众开放的旅馆里，她们也无法进入其中，这种做法违反了《民权法案》。比如说，密尔沃基的海涅曼餐厅禁止女性坐在午餐柜台上，因为“男性需要更快的服务，因为他们有重要的事要做”。还有这样的谬见：女性弱小、被动、情绪化是很自然的事，西格蒙德·弗洛伊德、埃里克·埃里克森等大量专家告诉她们，如果她们能认识到自己的不同，不去尝试做“女性性情”之外的事，那她们就能避免“阴茎嫉妒”（penis envy）带来的折磨。还有男性用来描述女性的数不清的带有性别歧视的称呼，正如旧金山的女性主义者在她们的传单上所写：

> **女性**是人……
>
> 虽然有些人认为她们是：
>
> 一个不同的物种：小鸡、小猫、猫咪、猫、狗、母狗、奶牛、狐狸、猪、鸟
>
> 某种好吃的东西：曲奇、蜜糖、馅饼、番茄、糖果
>
> 一个无脑性对象：屄、辣妹、婊子、仙女、荡妇、骚货、性感女郎、淫妇、母老虎、疯婆娘
>
> 或任何非人的东西：宝贝儿、马子、娇妻、乖乖、老处女、“姑娘”、妈妈、母夜叉、悍妇、婆娘、甜姐、妻子、心肝儿、“贤内助”、反革命者……

压抑的怒气一触即发，1969 年时的激进派已经怒不可遏了。盖尔·鲁宾在《安娜堡阿格斯》（*Ann Arbor Argus*）中写“女人如同黑鬼”，在康奈尔，女性主义者散发的传单上写着“小妞如同黑鬼”。“他们来了，”莱妮·怀尔德傅劳尔宣布，“那些趾高气扬的公鸡，那些可悲的男性沙文主义者，那些以自我为中心、自大可笑的混蛋。那些怪胎来了，身上穿着紧身喇叭裤，还有他们的‘马子’（你能相信吗？）给他们做的扎染 T 恤。……男性解放者，你们在踩着我的脖子上位。”时机已到。“解放所有的姐妹，”罗宾·摩根写道，“就和现在所有奋起反抗的受压迫民族一样，我们要我们

的自由——如有需要不择手段。"①

另一个群体也是如此——同性恋者。"几百名年轻男性在格林威治村横冲直撞大闹一场，"《纽约时报》在 6 月报道称，"早前，一队便衣警察突袭了一个酒吧，据警察说，这家酒吧因常有同性恋顾客而闻名。13 人被捕，4 名警察受伤。"石墙酒吧是著名的同性恋酒吧，警察常常突击搜查这样的店，骚扰顾客。这一次，警察说该酒吧无证出售烈酒。有史以来第一次，男同性恋起来反抗了。

第二天晚上，警察再次扫荡这片区域，迎接他们的是 400 名年轻的男女，许多人用力掷出瓶子和硬币。石墙酒吧用木板封住了窗户，上面满是涂鸦"让同性恋酒吧合法化"，有人大喊："我是基佬我骄傲！"警察队伍散开，冲进人群，一边抓人一边打，人群高喊"同性恋力量！"。

同性恋从来没有进入过美国主流社会，恰恰相反——他们饱受嘲弄，被妖魔化，他们的性行为在每个州都被打上了"变态"和非法的标签。20 多年前，金赛的调查显示，有 4%的男性是绝对的同性恋，女性的比例约为 2%。尽管如此，一些公民还是拒绝承认美国有同性恋，就像有些人拒绝承认存在种族不公、越战是个错误一样。另一些人承认他们的存在，但是嘲笑他们是基佬或者娘娘腔。正在长大的孩子只要叫谁一声基佬，总能博得笑声。内科医生和心理学家将同性恋列为一种疾病，他们用大量的药物、精神分析、催眠和电击进行治疗。一组专家甚至建议进行脑叶切除术，另一组专家则写道："治疗性阉割……似乎是个值得一探的研究课题。"当暴徒们驱车进入同性恋街区殴打同性恋，或者说把"他们打得满地打滚"时，警察们视而不见。加州的一些同性恋主张搬去塔霍湖边，建立一个社区，这时，当地的一家酒馆挂出一块牌子："此处出售狩猎基佬许可证"。

---

① 公社成员的发言出自 Canyon Collective, *Live It! Communalism*, 16, 25, 41；摇滚相关内容出自 *NYT*, 14 March 1971; Morgan, *Going Too Far*, 64；"玩笑"之语出自 *Reader's Digest*, Jan. 1968, p. 112, and July 1968, p. 80；海涅曼餐厅的情况出自 *Milwaukee*, Sept. 1988, pp. 30–39; SAVF: box 578, Women's Liberation, San Francisco flyer; *Ann Arbor Argus*, 28 March 1969; Wildflower in Potter, *A Name for Ourselves*, xv–xvi；摩根的话出自 *Rat*, 12–26 Aug. 1969。

公众向同性恋施加了巨大压力，一旦被发现是同性恋，他们就会被军队开除，通常也会被联邦政府解雇。为了避免这样的惩罚，许多人会忍受不幸的婚姻，例如演员洛克·哈德森。甚至是在运动中，同性恋也有可能受到排斥，黑豹党成员埃尔德里奇·克里夫控诉同性恋是一种罪恶。因此，很少有人会承认自己是同性恋或者“出柜”。乔纳森·卡兹哀叹道：“我们一直都是沉默的少数，被禁止发声的少数——隐形的女人，隐形的男人。”

在冷战文化时期，同性恋者成立了马太辛协会、比利提斯的女儿们等组织，接着，1960 年代的社会行动主义致使许多人因为各类原因而参加游行。反主流文化激发人们去追求更多的自由，也让人们更加宽容地对待不同的生活方式，此外，学生抗议启发了校内的同性恋。他们和地下运动一样，也开始发展自己的关系网并建立了一些校园组织。罗伯特·马丁在哥伦比亚大学成立了学生同性恋联盟，丽塔·梅·布朗也在纽约大学成立了同名组织。他们讨论了同性恋这一身份。“个人问题和政治问题交织在我们的生活中，”卡兹回忆说，“所以它在我们的思想中融合了，我们开始看到个人生活和公开的自我之间曾经隐藏的联系。我们的身体和灵魂都被政治化了。电光石火之间我们得到了一场俗世的启示：我们也是被美国苛待的人。”

同性恋活动通常是关起门来进行，但石墙事件之后，他们不再躲躲藏藏。冲突发生后，同性恋社运人士立即会面，然后在地下杂志《老鼠》上宣布：“我们是一个男女同性恋革命性团体，之所以成立，是因为我们认识到除非废除现有的社会制度，否则我们无法彻底实现所有人的性解放。……我们在创造新的社会形式和关系，即建立在兄弟情谊、合作、人类之爱和不受束缚的性行为基础上的关系。巴比伦迫使我们投身于一件事……那就是革命。”①

---

① *NYT*, 29 and 30 June 1939, and see *Village Voice*, 3 July 1969；心理学家相关内容出自 Katz, *Gay American History* (New York, 1985), 1–2, 181–207；*Rat*, 12–26 Aug. 1969。

同性恋者开始冲破一扇扇门。很快他们就成立了约 50 个团体，其中最仗义执言的是“同性恋解放阵营”。他们开始抗议歧视他们的公司，出版地下刊物，例如《同性恋力量》和《出柜！》。许多人都行动了；当年，纽约有 50 个同性恋酒吧，旧金山大约有 70 个。同性恋解放阵营在纽约、芝加哥和伯克利举办了首场街头舞会——放在以前，这样的行为会被逮捕。10 月，《时代》周刊刊登了一篇有关同性恋的封面故事，称男同性恋受到了“对各种性行为持开放态度的国家氛围和抗议精神”的鼓舞，它总结说，“尽管大多数美国人依旧认为同性恋十分怪异，但是他们从未像现在这样引人注目过”。在石墙事件一周年纪念日上，他们确实备受瞩目，当时有 1 万人在纽约第六大道上游行。有些人高喊：“二、四、六、八！同性恋和异性恋一样好！”另一些人举着这样的标语：“嗨妈妈！”“我也是！”

同性恋解放运动让美国公民无比震惊，同样让他们震惊的还有日益增多的另一群人的行为，他们就是美国陆军士兵。1969 年，陆军不仅即将输掉战争，而且，随着部分士兵踏上了赋权的漫长道路，它逐渐把枪口转向了自己。

这年初，8 名被派往南卡罗来纳杰克逊堡的士兵在军队内传阅了一份请愿书，内容是要求他们的指挥官，即准将詹姆斯·霍林斯沃斯，允许他们在基地举行一场公开的会议，“自由讨论与越南战争相关的法律和道德问题，以及军队内外美国公民的民权问题”。士兵们的不满情绪日益高涨，致使 300 人上书请愿。将军拒绝了他们的请求。3 月，100 人聚集在军营外讨论战争问题。军官们去现场看了一下就走了，稍后他们回来，限制了 7 名士兵的行动自由，并将 4 人关进了军事监狱。几天后，陆军以破坏和平、煽动暴乱、不敬军官的罪名起诉了 8 名士兵。

事关大兵的权利，许多社运人士迅速前去帮助“杰克逊堡八人组”。著名律师提供了免费的法律咨询，哈佛、旧金山州大等多所大学的学生发去了电报，反战演员简·方达前往基地，其他执勤点的士兵签署请愿书并寄给霍林斯沃斯。霍林斯沃斯是一名有胆识的军官，在二战、朝鲜战争和越南战争中战功显赫，他之所以接手这支部队，是因为他的上级知道他不会知难而退。他后来承认，当时已经准备用强硬手段对付那些异见者，他认为，那些人只是想扰乱军队，而正因为“国内有各种共产主义分子的存在……就是简·方达之类的人以及其他各类人”，这样的异见分子才会不断出现。此外，陆军十分清楚这 8 名士兵的背景，特意将他们送到了霍林斯沃斯的军队。FBI 和地方政府在这 8 人身边和本地运动中安插了线人，方达到达后，将军表示，即使他得“给每名士兵配备武器”，也不会让她进入自己的基地。

随后军事法庭对“杰克逊堡八人组”的庭审并没有对媒体公开，但是，一名记者在《纽约时报》上发表了一篇名为《公民在参军后必须放弃自己的公民自由吗？》的文章，使这个案件引起了全国人民的注意。经过严密审查后，陆军撤销了大部分指控，并给大多数士兵办理了非荣誉退役，就此摆脱了这个问题。运动宣告胜利。

杰克逊堡事件表明，大兵的反叛呈现出一种咄咄逼人的新基调，同时，它也提出了新的议题。审判过后，杰克逊堡的 10 名士兵以骚扰和恐吓的罪名起诉了霍林斯沃斯及陆军部部长，并要求士兵在基地内拥有和基地外的市民同样的抗议权。将军和他的军方律师开玩笑说，“假如我要和陆军部部长一起去坐牢了，那就告诉我一声”，而此时国防部更是惶惶不安。一名发言人称，这起诉讼“在美国军事史上没有先例”，须加以重视。最后，陆军在联邦法庭上打赢了这场官司，但与此同时，基地里的 80 名士兵签了一份声明，称“军队继续践踏我们的权利和生命”，越战“是我们历史上最不受欢迎的战争。然而，政府的政策却扬言还要将这个悲剧进行数年”。①

---

① SAVF, box 3: Fred Halstead pamphlet, “Antiwar GIs Speak Out: Interviews with Ft. Jackson GIs United Against the War,” Nov. 1969; *NYT*, 2 April 1969; TAMU: author's interview with James Hollingsworth, 16 June 1986; *NYT Magazine*, 18 May 1969, pp. 25-27; and see Terry Anderson, “The GI Movement and the Response from the Brass,” in Small and Hoover, eds., *Give Peace a Chance*, 99-101.

同年春天，在越南的部队也开始发声，表达相同的观点，这样的情况在5月的一次事件后变得明显起来，当时，第101空降师奉命进攻937高地。指挥战斗的上校命令两个营的士兵爬上北越陆军重兵把守的高地。敌人躲在坚固的掩体内，不断打退进攻。军官调来炮兵部队轰了36个小时，接着下令再次发起攻击。这次也被击退了，伤亡依旧十分惨重。10天后，士兵们越发紧张焦躁，但上校等来了援军，下令再次进攻。士兵们满腹牢骚，但还是服从了，4个营的兵力最终把敌人赶出了阵地，美军部队在这里也打得鲜血淋漓、血肉模糊，因此称它为“汉堡高地”。在控制该阵地几天后，上校下令撤退，他对媒体表示：“937高地唯一的重要性就是那里有北越人。”毕竟，这场仗争的是人心而不是地产。不久后，敌人又重新占领了汉堡高地。

这样的牺牲和撤退在美国引发了一场政治辩论，它激怒了许多士兵，也推动了反战运动的发展。《大兵新闻服务》称“汉堡高地是尼克松用来结束战争的‘秘密计划’”，另一份大兵地下报刊则建议士兵“不要当逃兵，去越南杀了你的指挥官”。当士兵们登出一则广告，悬赏1万美元来嘉奖那个能杀死下令进攻的上校的人时，越南出现了“谋杀上级”的新鲜说法。在陆军把上校送回美国前，有无数士兵尝试过刺杀他。军队得到了教训，正如一名指挥官所说，“汉堡高地就是前车之鉴，绝不能重蹈覆辙”。

实际上，几个月后，岘港以南30英里处的一名中尉用无线电联系了他的指挥官：“抱歉长官，我的人拒绝前进——我们走不出去。”第196轻装旅3营A连在黎明时分接到命令，继续向松昌（Song Chang）河谷内布满北越地堡与战壕的复杂地带进发。他们行军5天，每次都会被一群隐形的敌人打回，这群敌人总会有条不紊地等待他们前进，然后再精准地将他们逐个击败。连队的兵力减少了一半，大多数班长和排长都已死亡或受伤。指挥官派了一名他信任的中士飞往现场，“给他们打打气，让他们振作起来”。这名中士看到了60个筋疲力尽的人，他们躺在高高的象草丛中，制服破破烂烂，上面全是结块的泥巴，其中一人在哭。他问他们为什么不行动，士兵们将所有的不安一吐为快——他们已经厌倦了在炎热的天气里永无止境地战斗，白天要应付突然的交火，晚上又要面对迫击炮的不断攻击。那是一场噩梦。60 名同袍已经阵亡，他们也会被消灭。在一场漫长的谈话加上一番劝说之后，中士开始向山脊线走去。士兵们也行动起来，慢慢地跟在他后面。

虽然在越南已经有个别士兵拒绝执行命令，但是 A 连是首支集体抗命的部队。当年晚些时候，另一支部队的士兵断然拒绝在一条危险的小路上行军，这一幕被 CBS 电视台抓拍到，并在电视上播出。1970 年，约有 30 支部队拒绝向敌军方向前进，这一年里出现了这么多次部队抗命的情况，以至于陆军发明了一个委婉的官方说法——“拒绝作战”。

士兵们拒绝作战的原因有很多，例如在异国文化中生活并抗拒它而产生的挫败感，无法分辨是敌是友的无力感，而且，一年的服役期意味着还有几个月就可以回到美国这个“人间世界”，谁还愿意去冒生命危险。不过，这些因素已经存在了很多年。更重要的原因是总统尼克松的秘密计划，也就是他的“越南战争越南化”政策。按照计划，总统将在美军部队继续训练并支援南越陆军的同时进行和平谈判。尼克松会逐渐把美军部队撤回国，南越共和国军也将自行与北越作战，让美国实现“体面的和平”。这个想法听起来很好，但敌人对尼克松所定义的“公正的和平”从来都不感兴趣，而且，只有在南越共和国军愿意为西贡政权作战的情况下，这个计划才能成功。然而很少有南越士兵愿意这样做，尤其是在敌人的意志如此坚定的情况下。多年以来，这一点已然显见，这就是约翰逊当初不得不派出 50 万军队的原因，也是威斯特摩兰命令他们走出安全的基地进入战斗的原因。当时，越南化是一项为美国和总统尼克松制定的政策，它和南越毫无关系。只要尼克松撤回的士兵够多，他就可以宣布自己正在“逐步结束战争”，当然也就可以确保他在 1972 年连任。对越南而言，这项政策表明，不管尼克松说得多么天花乱坠，缓慢的撤退就意味着美国不打算再为倒霉的西贡政府“打赢”这场仗了。南越共和国军的逃兵率攀升，而且南越的贪腐成风。对美国军队而言，这项政策代表着骗局的结束：部队的目标自然变成了活命，而不再是为胜利而战。“我们现在做的事，”一名士兵在1970 年时说，“根本不会改变战争的结果。”部队不再执行搜寻和摧毁任务，而是见机行事，“搜寻并躲避”敌人。一名士兵用了种族主义的词语指代南越共和国军盟友，他说：“我才不想为帮这些东南亚佬争取时间而送命。”

越南化扼杀了美国驻越部队的最后一点士气。从 1969 年底到 1970 年，陆续有美军部队在越南停止了战斗——他们开始求生。陆军自身也记录了这一事实，同时引述了几十个拒绝作战的案例。在以前的战争中，拒绝服从命令是最重罪之一，“叛国罪”可判处死刑，但在越南化期间，事情却不是这样的。面对士气低落且盼望回家的部队，将军们甚至没有训斥大部分拒绝执行命令的士兵，也没有训斥 A 连的人。越南化已经改变了他们的使命。詹姆斯·赖斯顿写道，尼克松要求“A 连继续战斗，为他与河内的协商争取时间，这能保全他的脸面，却很可能让他们丢掉性命。……他想用分期付款式的计划来摆脱战争，但每周要付的款却是一两百名美国士兵的命，而他无法回避这个一以贯之的问题：‘为什么要这么做？’”。①

越来越多的美国人开始提出这个问题。春节攻势之后，试图逃避赴越南服役的人员大幅增多，其中包括政治信仰各不相同的青年人。国防承包商通过确保提供延期证明来鼓励学生接受工作，而家庭医生和牧师则为有平足或者因宗教信仰不能参战者提供书面证明。无法通过征兵体检以及自称出于道义原因拒服兵役的年轻男性的数量攀升至创纪录水平。大学毕业生利用留学和出国旅游来逃避兵役，当时大概有多达 10 万名美国年轻人移居加拿大，其中包括 1 万多的美国陆军逃兵。其他年轻人纷纷加入国民警卫队和武装部队预备队，在这些地方，他们只需服役 6 个月。马里兰州国

① SPP, serials: *GI Press Service*, 26 June 1969, and see Robert Heinl, "Collapse of the Armed Forces," *Armed Forces Journal*, 7 June 1971, p. 31; *Newsweek*, 2 Feb. 1970, p. 24, and 25 May 1970, p. 45; 赖斯顿的文字出自 *NYT*, 27 Aug. 1969。

民警卫队的一名将军承认，巴尔的摩小马队“只要有球员遇到军队服役问题，他们就会把他送到我们这里来”，达拉斯牛仔队把 10 名球员分到了同一个国民警卫队步兵师里，并对外称他们是“美国之队”。因此，在这场漫长的战争中，达到征兵年龄的 2 700 万美国年轻人里，有 1 600 万人避开了兵役，1 100 万人服了部分兵役，只有 200 多万人去了战区：仅有 6%的 60 年代男性亲眼见证了越南战场。

应征入伍率跌至历史最低点，反战情绪飙升至新高。1969 年复活节的那个星期天，成千上万人走上街头，参加了尼克松执政期间的首场大型反战示威。当数千人在纽约和旧金山游行时，费城的和平主义者宣读了所有在越南牺牲的美国人的名字，芝加哥、亚特兰大和奥斯汀举行了迄今为止最大的游行。在华盛顿特区，4 名年轻人被象征性地钉在了立在白宫前的十字架上，他们说，“只要战争还在继续，就永远是耶稣受难日”。

起初，尼克松政府试着安抚反对者。“给我们 6 个月的时间，”国家安全顾问亨利·基辛格对和平社运人士说，“如果到时候我们还没有结束战争，你们可以回来拆了白宫的围栏。”尼克松承诺终止不公正的义务兵役制，代之以抽签征兵制，并减少征兵人数。他告诉自己的支持者，越南化将带来长久的和平，敌人正在“盼着美国人意志崩溃”。越南尴尬处境的复杂性再一次被简化为美国人意志是否坚定的问题。总统宣布了他的尼克松主义——减少参与革命性战争——他还宣布将进行第一次撤军，共计 2.5 万人。虽然社运人士认为撤军规模太小，预示着战争还将持续多年，但大多数公民都支持尼克松最初的对越政策。

政府还开始了一项旨在镇压运动的对内政策。虽然这位当选总统曾主张建立一个“接纳新思想，接纳两党的男性和女性，接纳反对者和支持者”的政府，但这种设想只持续到了第一批异见者出现的时候。“如果人们示威的方式打扰到了其他人，”司法部副部长理查德·克莱迪恩斯特表示，“就应该把他们抓起来关进拘留营里。”3 月，政府起诉“芝加哥七君子”违反联邦反暴动法，即《拉普·布朗法案》，控告他们密谋越过州界线，“意图煽动、组织、宣扬、鼓动、参与并实施暴乱”，并对他们展开抓捕行动。审判持续了一整年，到了秋天，学生们开始称它为“美式不公的世界锦标赛”。除了言论自由这一显而易见的问题外，“密谋”之说给人的印象是这 8 人相互勾结，而实际上有些人从没见过面。但这次审判的重点并不是公正，而是监禁，是试图以法律纠纷来削弱社运人士的力量，在接下来的 5 年里，该案最终让他们和他们的支持者花了 50 万美元，之后法院不再受理此案。那段时间，政府始终监视并骚扰他们。艾比·霍夫曼到达庭审现场时被搜了身，查出了一把铅笔刀，导致州及联邦额外指控他携带隐蔽武器。在 5 周时间里，霍夫曼被税务局提审 1 次，被司法部提审 2 次，被 FBI 提审 5 次。在他坐牢期间，警长下令剃光他的头发，并把这束长发当作战利品来展览。至于社运人士的辩护律师威廉·昆斯特勒，法官霍夫曼以藐视法庭罪判处他 4 年有期徒刑来羞辱他——后来该判决被撤销——与此同时，大部分被告都被传唤到众议院非美活动调查委员会作证。

政府决心要证明运动与河内或莫斯科有瓜葛。和约翰逊执政期间一样，CIA 并没有发现他们与国外势力及共产党有任何联系，但尼克松很固执，下令开展更多的秘密行动。政府成立了六人委员会，由总统演讲稿撰稿人帕特里克·布坎南、美国青年争取自由组织前主席汤姆·查尔斯·哈斯顿等年轻的保守派组成，他们鼓动国税局去骚扰自由派组织和反战组织。政府命令 FBI 监视运动，该局的反情报秘密行动或反间谍计划最终雇用了 2 000 名探员渗入组织，制造混乱，而且还启动了一个名为“虚假情报”的大型项目，而这个名称不过是“散布谎言”的委婉说法。

后来真相大白，政府的行为着实令人震惊。FBI 线人在黑人力量的团体间挑起争斗和枪战。在棕色贝雷帽和墨西哥裔美国青年组织卧底的探员欧斯塔西奥·马丁内兹甚至还攻击了一名参议员，砸了他的车子并踹了他一通，因为他的部分工作就是“在人群中挑起争端分裂他们，制造事件，做些疯狂的事”，以此败坏奇卡诺运动的名声。白宫还命令 CIA 从事非法活动，在国内对反战组织进行渗透和破坏，其代号为“混沌行动”。政府中有人透露美国秘密轰炸了柬埔寨，白宫随后指示 FBI 对多名政府官员、记者和社运人士进行非法窃听——其中涉及国家安全委员会职工莫顿·哈尔帕林和音乐人约翰·列侬等。①

“歹月当空。”克里登斯清水复兴乐队对六十年代人唱道，但对尼克松和上百万民众来说，联邦政府的做法合乎情理，因为美国已经陷入重围。始于 1969 年旧金山州大的校园动乱是一个不祥的兆头，接着，康奈尔就出现了配备武器的黑人武装派，《时代》周刊预测：“在全国对激进派无比宽容的阶段过后，或许将迎来一个转折点。”但康奈尔仅是个开始。春季学期期间，约 300 所学校的学生举行示威，而官员现在上报的是纵火未遂案和爆炸未遂案。全国暴力原因和预防委员会表示，校园冲突的数量突破了历史纪录，警告需防范“刺杀风险的升级”，并称政治暴力“比世纪之交以来的任何时候都要激烈”。部分武装派实施了“搞毁坏”突袭，因为他们认为让国家改变政策的唯一方法就是破坏公共建筑，阻止正常的商业活动。还有一些人主张进行炸弹袭击。司法部的报告中有关炸弹袭击的次数是前所未有的，还报告了约 3.5 万起威胁发动袭击的案子，1969 年似乎将成为“充满炸弹袭击的一年”。在丹佛，一名武装派分子因实施一系列炸弹袭击，毁坏了科罗拉多公共服务公司的输电塔而被指控，之后，一个名叫革命力量九人组的团体宣布为 IBM、通用电话和电子公司及美孚石油纽约总部的爆炸案负责。第二年，一群愤怒的暴徒烧毁了加州伊斯拉维斯塔的一家美国银行分行。种族关系仍旧十分紧张，1969 年间，贫民区群体斗殴及狙击警察事件的数量翻了两番。《时代》周刊的记者不禁思索，这个国家是否正在走向“游击之夏”。在加州大学洛杉矶分校，黑豹党和奴隶联盟这两个黑人力量团体发生了枪战，导致 2 人死亡。当萨克拉门托警方

---

① 出逃者的数量出自 MacPherson, *Long Time Passing*, 354，有关逃避服役者的情况出自 Baskir and Strauss, *Chance and Circumstance*, chap. 1; Jezer, Abbie Hoffman, 185–87, chap. 9; Theoharis, *Spying on Americans*, 16, and chap. 1; Martinez in Donner, *Age of Surveillance*, 248–52, 347, and chap. 6。

强攻黑豹党办公室时，双方射出了百余颗子弹，造成 15 人受伤。

种族和政治并不是暴力日益增加的唯一原因，因为据政府公布，各类犯罪统计数据都在上升，甚至包括交通犯罪。40 架飞机遭劫持，打破了纪录，联邦政府因此通过了在机场安置金属检测仪的法律。随机暴力事件暴增。“通缉洛杉矶 5 起谋杀案中的‘杀人狂魔’”，《洛杉矶时报》在年初时发文称，这一年的末尾又发生了查尔斯·曼森犯下的诡异凶杀案。委员会哀叹，美国人“已经变得相当凶残”。

尼克松说：“无政府状态，就是文明社会走向死亡的方式。”他的一名下属补充道，美国正“面临大萧条以来……最严重的内部安全威胁”。大多数父母一致认为，他们现在该对年轻一辈严厉起来了，尤其是对激进派。一项盖洛普民意调查发现，80%的人支持学校开除学生抗议者，超过一半的人甚至反对在校园举行和平合法的示威。至于那些抗议的教授，专栏作家詹姆斯·J. 基尔帕特里克强烈要求“解雇他们，不要理会人们哭哭啼啼地说什么‘终生教职’和‘学术自由’”。《时代》周刊总结说：“如果要用两个字来概括多数美国人对激进派的看法，那就是：‘够了！’”一方面，总统要求大学管理人员再有骨气一些，另一方面，联邦和州政府提出了几百个法案，旨在限制学生示威，停止对抗议者的经济援助，关押所有试图阻止教职人员和学生上课的人。司法部长约翰·米切尔说出了许多民众的心声：“我们不能再忍耐了。”①

加州大学伯克利分校显然已经失去了耐心。春季学期期间发生了一场暴力冲突，当时，在建立民族学研究系的问题上，第三世界解放阵营先后与管理人员及警察发生了冲突。到了 4 月，人们开始冷静下来，约 200 名学生、嬉皮士和社区社运人士带着铲子、耙子和表土，来到了位于校园南边足球场大小的空地上，开始在那里播种。这些人是“草皮兄弟”，据其

① *US. News & World Report*, 16 June 1969, p. 11; *LAT*, 31 Jan. 1969; *NYT*, 3 Nov. 1969; 基尔帕特里克的话出自 *Human Events*, 8 March 1969, p. 152; *Time*, 9 May 1969, p. 22, and 27 June 1969, pp. 16–17。

中一人说："我们照料它，爱护它，在上面植树、种草、种花，把它建成人民公园。"从官方来说，大学是这片土地的所有者，但因为校方延迟了对它的开发，所以这片区域已经变得满是流浪汉、流浪猫和淤泥。植树种花改变了这种状况，到了第二个月，这个公园变得颇具象征性。"对我们所有的人来说，不管是嬉皮还是正派人士，这个公园就是我们的有形成果，就是团结我们社区的事物。它是我们共同的基地。"但大学不这么认为，他们认为这是非法侵入。此外，校长宣布他们即将在此建运动场和停车场，还要修围栏，"防止未获许可的人员进入该地"。社运人士举行了一场大型校园集会，但无济于事，5 月 15 日清晨，警察进入公园驱逐了约 50 人，在短短几小时内，工人就建起了一圈 8 英尺高的钢丝网眼围栏。

一切都乱了套。中午时分，几千人在史普罗广场上集合，然后开始前往公园试图将其夺回。他们直面警察的防线。石块和瓶子，催泪瓦斯，街头打斗。警察手持霰弹枪，向人群发射铅弹，打得血肉横飞。夜幕降临时，已有 20 名警察受伤，100 名社运人士和 30 名抗议者中弹，詹姆斯·雷克托是其中一名学生，他受了致命伤。"维持法律与秩序的重要性高于一切。"校董们称。州长里根派来了全副武装的国民警卫队——他们实行军事管制和随机抓捕，并占领了校园。学生仍在进行集会和游行。约 80%的教职人员和学生投票支持建公园，这个想法甚至得到了伯克利市政厅的认可。不，不能再宽容了。州长派来的直升机向校园喷洒了烈性催泪瓦斯。随着有毒气体在社区蔓延开来，一些学生开始呕吐，一些学生在课堂上流泪。"如果需要一场大屠杀，"里根称，"那就让我们结束它吧。不能再迁就他们了。"①

迁就这个词用在二战后一代人身上再合适不过了。在 1969 年余下的时间里，这场风波仍在继续。联邦官员以持有毒品罪起诉了提姆·利里，并判处他 10 年有期徒刑，与此同时，他们指控"老虎"·蒂耶里那烧毁了林

---

① Alan Copeland, ed., *People's Park* (New York, 1969), 109; "Berkeley in the '60s," part 3; *Daily Californian*, 16 Feb. 1989 special issue; 里根的话出自 Gitlin, *The Sixties*, 414。

务局的两块标志牌，判处他在监狱服刑 3 年。4 个州对 H. 拉普 · 布朗提出了十几项指控，他还因非法持枪被联邦法院判处 5 年徒刑，当时正在上诉。斯托克利 · 卡迈克尔正在为 10 年徒刑的判决而抗争。弗雷德 · 布鲁克斯和克利夫兰 · 塞勒斯等许多黑人激进派都被控逃避征兵，威利 · 里克斯在亚特兰大面临参与暴动的指控。FBI 渗入棕色贝雷帽和黑豹党的内部，破坏计划并且骚扰其成员。探员以威胁总统的罪名逮捕了黑豹党成员大卫 · 希利亚德，在支持者筹得 3 万美元保释金后才将他释放。据说埃尔德里奇 · 克里夫卷进了与奥克兰警察的枪战中，然后被流放到了阿尔及利亚。休伊 · 牛顿进了监狱，据说是因为杀死了一名警官，鲍比 · 西尔被判限制缓刑。几乎所有这些指控在后来都会被撤销，但和“芝加哥七君子”的审判一样，只能是在社运人士花钱花时间跟法庭耗过之后——这使得他们不得不置身示威之外。

有时，镇压非常残酷。例如在芝加哥，警察袭击了当地的黑豹党总部，造成 4 人受伤，马克 · 克拉克及弗雷德 · 汉普顿被杀。警察称，这些武装派与他们进行了一场“激烈的枪战”，朝整个公寓打了约 90 发子弹。黑豹党的律师愤怒不已，驳斥说为了消灭黑豹党，全国各地的当局都在搞突袭，已导致 28 名黑豹党成员死亡。律师所述与事实非常接近，在后来进行的参议院调查中，FBI 的文件证实了这次突袭是反间谍计划的一部分，还有一名线人给官员送去了公寓的平面图，而所谓的枪战也是单方面行为：弹道专家查出，除一枚子弹外其余子弹全是警察射出的。正门上的洞也不是子弹造成的，而是警察用钉子敲出来的。在这场运动中，FBI 在引发组织间暴力升级的问题上构成了刑事上的同谋，最后，政府与克拉克及汉普顿的家人达成协议，向他们赔偿了近 200 万美元。虽然这些事实在突袭后并不为人所知，但由于芝加哥警方当时的策略和声明都太过可疑，9 名议员要求联邦政府进行调查，《纽约时报》也怀疑“那里的当局及其他地方当局是在执行‘搜寻并摧毁’行动，而不是在合法执法”。①

---

① *NYT*, 10 and 17 Dec. 1969; and see Donner, *Age of Surveillance*, 221–37.

这是一场清洗，但讽刺的是，这是整个 1969 年部分武装派的行为催生的一场清洗。6 月，学生争取民主协会在芝加哥体育馆召开了第九次也是最后一次年度大会。该组织不得不付这一大笔租金，因为约 50 所大学拒绝了他们使用校内设施的请求。约 1 500 名成员到场，包括来自黑豹党和棕色贝雷帽的代表，何况还有数百名记者、卧底探员和警察。大会很快就分化为几个大声叫嚷的革命帮派——进步劳工党、青年革命运动组织和地下气象员。一些人幻想这场抗争中的“游击队”和“骨干分子”能粉碎帝国主义，发起“第三世界革命”。另一些人则呼吁建立一支“先锋部队”，带领工人阶级年轻人在体制即将崩溃之际夺取政权。黑豹党称妇女解放为“屄力量”(Pussy Power)。女性主义者大喊“打倒男性沙文主义”。7 月，白人武装派和黑人武装派成立了反法西斯主义联合阵营，在奥克兰举行的会议上，白人谈到要“蓄意摧毁”体制，武装黑豹党成员则叫嚷着应该“干掉猪”。最后，大会陷入了大男子主义的浮夸之词中。黑豹党成员大卫·希利亚德说：“我们没觉得学生争取民主协会有多革命。……如果这帮娘炮、小鲜肉不好好整改自己的政治观点，那我们就要狠狠揍他们一顿。”

学生争取民主协会解体了。这是 60 年代最重要的学生组织，自其创始人写下《休伦港宣言》以来，它在动荡的 7 年里走过了漫漫长路。这份文件曾呼吁更多的公民参与民主，呼吁学生以和平的方式努力改变体制，为所有美国人打开民主的大门。现在，残余分子叫嚷着要一个武装精英来摧毁的，显然是他们面前的一切阻碍。

第一个目标就是芝加哥。地下气象员将领导这次攻击，出人意料的是，这个组织的成员中有许多出自著名的自由派家庭和保守派家庭——比尔·埃尔斯、凯西·布丁、波纳丁·多恩、大卫·吉尔伯特、凯西·威尔克森。他们的名字取自鲍勃·迪伦的一首歌，歌里唱道“你不需要气象员就能知道风向哪里吹”，对他们而言，风正呼啸着从左边吹来。他们夸下海口，说他们在 10 月举行的“复仇日”活动将吸引 2 万名愤怒的青年来到“猪城”。这次行动赤裸裸地展示了武装派在整场运动中究竟有多少支持者，约 300 人来到了现场——而在 2 个月前，有 40 万人去了伍德斯托克，一个月后，数百万人参加了名为“终止越战”（Moratorium）的反战大游行。地下气象员身穿牛仔服或者皮夹克，有些人戴着橄榄球头盔或防毒面具，他们在林肯公园集会，高呼：“革命已经开始了！干掉猪！拿起枪！”他们戴上头盔，抽出管子和铁链。“我们开始感到越南人附体了。”小野慎也说。苏珊·斯特恩补充道：“我们是美共。”然后，他们向芝加哥发起了攻击。他们跑上街道，打碎窗户，撞倒行人，直到遇见警察。50 人受伤，100 人被捕，整个事件遭到了当权派的谴责——也遭到了运动人士的谴责。学生争取民主协会谴责了地下气象员，另一名社运人士称他们是“神风敢死队”，黑豹党称这次袭击“像小巨角河战役一样惨烈”。

这不是革命，纯属虚无主义。这个“复仇日”揭示了这一小群白人武装派的特点，他们总是叫得最大声，因此得到了许多媒体关注。他们大喊“革命”，却很少这么做：他们大喊“粉碎这个国家”，却只打碎了几扇窗户。他们中只有少数人切实做出了伤害“敌人”，即当权派的举动。炸弹炸的是大楼而不是警察局长，而在美国这个地方，任何人都能走进体育用品店买一把枪，但这些好斗者没有这么做——他们没有朝权威人士开过枪。除极少数情况外，“如有必要采取任何手段”只是一种愤怒情绪下的虚张声势。这些武装派最伟大的革命行动就是高喊粗话，奚落警察，冒犯沉默的大多数。

他们也冒犯了运动。盖洛普调查显示，学生们“强烈反对暴力”，而那些参与示威的人中，很少有人支持武装派的策略。在加州大学圣巴巴拉分校附近的美国银行起火后，7 000 名学生签署请愿书，反对这种破坏行为。许多社运人士开始讽刺地下气象员的成员，说：“你不需要直肠温度计就能知道谁是那坨烂屎。”马蒂·耶泽哀叹：“这场运动就和社会一样，已经失控了。和警察对着干，杀掉猪，万岁！这就是我们对未来的愿景。一个浸满鲜血的新时代。我哭了。”一些人在歌唱，大多是在跟着披头士一起唱，这支乐队说他们也想改变世界，但如果你要聊暴力和毁灭，“你知道你不用把我算在内”。①

武装派的花言巧语和行为让许多社运人士坚信，他们必须加倍努力远离暴力，采取和平行动，表现出爱国姿态。既然尼克松已经宣布了越南化政策，社运人士的目标就是说服公民，让他们相信接小伙子们回家是爱国行为——撤军合乎道德。当年秋天，记者西摩·赫什揭露了一件令人不安的事，帮了反战运动一把。前一年，在中尉小威廉·卡利的指挥下，士兵们把越南美莱村里的上百名老年男性、妇女和孩子集中起来，然后杀掉了。收集完证据后，陆军在 11 月宣布，卡利将受到审判。几个星期后，调查人员又宣布，部分士官从东南亚美军福利商店的利润中窃取了上百万美元。这一发现，尤其是后来的美莱审判，严重损害了美国武装部队的名誉，也成了社运人士眼中的代表性事件：虚伪的美国军队通过杀害无辜百姓来帮助腐败的西贡政权，以达成体面的和平。

随着民众开始质疑军队，社运人士也在准备 10 月 15 日的“终止越战”大游行。前麦卡锡社运人士山姆·布朗和大卫·霍克提出了这个想法：为反对尼克松的缓慢撤兵，和平倡导者将暂停日常事务一天，进行一场反战大游行，目的是获得民众的支持，要么立即撤兵，要么至少制定一个固定的时间表。反战大游行将带着崇敬和尊重和平地进行，这个想法得到了广大宗教领袖和大学领袖、学生和工人以及越来越多的地方、州和国家政治家的大力支持。许多众议员和 20 多位参议员赞同这次示威。共和党参议员查尔斯·古德尔提出了一项解决方案，呼吁总统在 1970 年底前撤军，否则他将面临战争经费的断绝，参议员丘奇、哈特菲尔德和麦戈文提出了配套法案，其中一项提议终止《东京湾决议案》。虽然无一获得通过，但这些提案表明，要求和平已经成为国会中的一场重要运动。

《纽约时报》报道称：“美国各地丧钟鸣响、十字架林立，学生们对战

---

① Sale, *SDS*, 562, 590, 606, 614-15；小野的话出自 Jacobs, eds., *Weathermen*, 354-56; Stern, *With the Weathermen*, 118, 133-35；盖洛普调查相关的内容出自 *NYT*, 25 May 1969; Iezer, Abbie Hoffman, 182。

争说‘够了！’。”《洛杉矶时报》补充道：“多个城市的祈祷者庆贺奉献日。”“终止越战”大游行是当时西方民主国家进行的最大规模的示威，据历史学家梅尔·斯默说，“它是整场战争中最重要的单日游行”。数百万人参加，有些人去教堂做礼拜，有些人在自己的城市里参与游行，还有一些人只是戴上了代表和平的黑色臂章或者举行罢课。社运人士在全国范围内发起了宣教、守夜和集会行动并散发传单。一架飞机在波士顿上空画出了和平标志。纽约的演员在戏剧演出中举行默哀仪式，该市 90% 的高中生罢课。巴尔的摩的一名法官中断了法庭程序，让人们有时间反思。堪萨斯贝塞尔大学的学生每 4 秒就敲一下钟，纪念一个在越南死去的人，瓦莎学院的 200 名合校女生走进西点军校大门，向学员献花，然后唱起了《美丽的亚美利加》。妇女们在老兵的坟前种上了鲜花。在越南，一些部队戴着黑色臂章巡逻，在国内，数千人举行了安静的烛光游行，这是从华盛顿纪念碑到白宫的最大规模游行之一。约 60 万名社运人士聚在国家广场集会。《波士顿环球报》称，这是一次“政治领域的伍德斯托克”，因为这场大型和平反战游行比以往任何时候都更能显示出美国人民的渴望——越来越多的民众开始庄严地歌唱：“我们想说的就是，给和平一个机会”。

尼克松宣战了——向和平运动宣战。他告诉手下，他“不会任由街上的示威者和暴民摆布”，随后派他的盟友出场了。副总统阿格纽抨击不支持总统的人为“咄咄逼人的少数派”和“暴徒”。“民族自虐精神盛行，”他说，“在其中推波助澜的是一帮厚颜无耻的势利小人，他们自称知识分子。”至于“我们年轻人中的不满者、激进派、煽动者、文明的和粗野的异见者，”他继续说道，“我愿意用这帮该死的乌合之众去换我在越南看到的那种美国人，哪怕只换一个排。”然后阿格纽开始抨击媒体，他指责自由派媒体是“一小撮落选的精英”，他们歪曲新闻，质疑总统的政策，宣扬异见。众议员杰拉德·福特谴责了那些想要从越南“临阵脱逃”的人，参议员戈德华特称反战大游行“正合一些人的心意，他们一心想杀死美国战士”。11 月 3 日，总统亲自出手了，发表了他的“沉默的大多数”演讲。虽然这个词以前就用过，但在当天晚上，它成了1960年代词汇表中的一个。尼克松要求民众给他时间“逐步结束战争”，然后他开始把矛头指向“少数人群”，称这些人不断示威，试图将自己的意志强加到国家头上，这些示威将危及美国“作为自由社会的未来”。很显然，敌人就在国内：“北越没法打败或羞辱美国。只有美国人才能。”所以，“我沉默的大多数的美国同胞们，我请求你们的支持”。

尼克松称他得到了这样的支持，基辛格吹嘘说，总统的演讲“完全扭转了公众舆论”。他确实得到了前一年给华莱士投票的人的支持，保守派也拥护这位总统，例如美国退伍军人协会、海外作战退伍军人协会、基督十字军组织和美国青年争取自由组织。至于主流人群，民意调查显示，人们渴望和平，却不清楚要怎么实现。一半的民众现在觉得这场战争“在道德上站不住脚”；60%的人说这场战争就是个“错误”；80%的人“已经烦透了、厌倦了这场战争”。虽然有一半的人认为没有美国的支持南越就会沦陷，但三分之一的人现在要求立即撤兵——这就是该运动所支持的立场，但就在一年前，这一立场政治领袖们想都没想过。其他民意调查则体现了矛盾的心态。四分之三的美国人愿意给总统时间来逐步结束战争，前提是他继续和敌人谈判，减少征兵人数并撤回美国军队。虽然80%的人认为应该讨论社运人士提出的重要议题，但60%的人同意尼克松的看法，认为示威危及未来的和平前景。到了1969年底，美国人沮丧、愤怒且困惑；他们只是想要和平，最好是面上有光的那种。

社运人士并不怎么关心体面问题，因为他们觉得这是一场不光彩的战争：他们现在就要和平。“我想为我的国家活下去，”一名宾州州大的学生说，“而不是为它去死。”11月中旬，这个学生和许多像他一样的人前往华盛顿参加了接下来的“反战大动员”示威活动。第一天晚上，他们进行了反死亡大游行。超过4万人参加，每人都拿着一支蜡烛和一个名牌，上面写着一个死于越南的美国人的名字。一名阵亡士兵的父亲悲痛地说，越南战争“是一场我们没有勇气打赢的战争，现在我们失败了，也没有勇气退出”。在这场全国最长的单列游行队伍中，他们两个晚上都是从阿灵顿国家公墓走到白宫，停下说出名字，然后继续前往国会大厦。星期六时，更多的社运人士涌入华盛顿，涌向国家广场，其中还有数百名美国武装部队成员。一星期前，《大兵新闻服务》在《纽约时报》上刊登了整版的反战广告，共有 1 300 多名现役军人在上面签了名，其中包括近 200 名驻扎在越南的军人。一些大兵爬到了演讲台上，其中一人称，尼克松不仅担心“自己会成为第一个打败仗的总统，还担心会成为第一个失去军队的总统”，另一些人则夸口说，他们的“整个连队都为了示威而离队了”。下午的示威继续进行，众多乐队演奏了和平乐曲，社运人士则举着常用的横幅“现在就要和平”，还有一个新横幅：“沉默的大多数争取和平”。最后，参与人数增至近 70 万，这是美国历史上规模最大的一次示威。①

当月，一些社运人士采取了出人意料的行动，将运动的焦点从战争转回到赋权上——这表明，掌控权正在从当权派手中转向这场运动。

得克萨斯的克里斯特尔城是一个相当典型的移民劳工城。这里是“美国菠菜之都”，城内还有一尊大力水手的雕像，位于圣安东尼奥西南 100 英里处的冬季花园地区。在这十年中，当地的墨西哥裔美国人已经有所进步，但即使他们占人口的 80%以上，在政府和学校董事会背后掌权的却是欧裔白人地主和农业商人。在这十年间，教育有了缓慢的改善，但按照国家标准来看还是极其糟糕，墨西哥裔美国人的平均受教育时间不到 3 年，辍学率达 80%。城内高中严格执行禁用西语的规定，虽然学生中近 90%是西裔。歧视在得克萨斯的小城镇中更是根深蒂固，它影响到了啦啦队队员、乐队指挥和返校节女王的选拔。负责选拔啦啦队队员的教职人员本身有四分之三是欧裔白人。教师定的配额是每 4 名啦啦队队员中要有 1 名墨西哥裔美国人，返校节女王的父母必须有一人是校友，也就是欧裔白人。为维

---

① Small, *Johnson*, *Nixon*, *and the Doves*, 183, 179-92；还可参考 DeBenedetti, *An American Ordeal*, chap. 9；父亲的发言出自 *WP*, 14 Nov. 1969；大兵的相关内容出自 Bent: *Broken Arrow*, 1 Dec. 1969；还可参考 Zaroulis and Sullivan, *Who Spoke Up?*, 263-73。

持治安，得克萨斯骑警在该地区巡逻，这个组织的名声可以用一句老话来概括：“每个得克萨斯骑警身上都有墨西哥人的血，就在他的靴子上。”

11 月，在克里斯特尔城长大的何塞·安格尔·古铁雷斯加入了家长与学生的队伍，向学校董事会要求开设有关墨西哥裔美国人经历的课程，雇用更多的西裔教师和辅导员，实行双语教学，不惩罚说西班牙语的学生。董事会没有回应。结果，一个月后，各年级的 1 700 名奇卡诺学生——几乎占学生群体的四分之三——开始抗议。学生罢课，家长则在校外抗议。一些当地商人因此解雇了罢课的学生员工，此举引发了奇卡诺人对这些商店的抵制。随着学校停摆，学生请求自由派民主党参议员拉尔夫·亚尔伯勒让联邦政府停止对该辖区的资助，声称董事会一直在实行种族隔离政策，违反了《民权法案》。州与联邦政府的官员赶至现场，开始调查。1 月，学校董事会屈服了。学生的诉求全数得到满足。克里斯特尔城因这一历史上最成功的奇卡诺人罢课事件而出名，另外 4 个县的墨西哥裔美国人受到激励，奋起反抗他们的学校董事会。不久后，古铁雷斯及其支持者开始计划赋权运动的下一阶段——组建政治组织，即种族联合党，以期在 1970 年的选举中赢得学校董事会的控制权，并最终赢得克里斯特尔城政府的主导权。①

赋权运动扩展到了其他社区，在东哈莱姆区，一个名为“青年贵族”的波多黎各人组织占领了一座教堂，要求设立为孩子提供早餐的项目，并宣布建立一所解放学校——接着，这场运动来到了湾区。

同年 11 月，11 名印第安武士和 3 名印第安女子登上了恶魔岛（Alcatraz Island），这座监狱设施已于 1963 年被联邦政府弃用。他们走向看门人，提出以“价值 24 美元的玻璃珠和衣服”买下这座小岛，他们还宣布，这座岛应该被建成美洲原住民研究所和博物馆。后来他们离开了，但在两个星期后，约 80 人回到了岛上，并宣布“我们是来这里长住的”，然

① Shockley, *Chicano Revolt in a Texas Town*, chap. 5; Garcia, *United We Win*, 37–50.

后把这座堡垒当成了自己的家。湾区学生和社运人士驾船来为他们提供食物和水，越来越多的印第安人登上木筏，加入占领该岛的行列。感恩节当天，300 人举行了庆祝活动，他们引用了一项古老的苏族条约，该条约赋予印第安人占领联邦闲置土地的权利，随后宣布，他们需要资金来建文化建筑群，并给美国政府两个星期交出恶魔岛。“请勿接近美国地产”的标识被涂改成了“请勿接近印第安人地产”，他们还降下星条旗，升起了自己的旗帜，旗帜以蓝色为底，上面印有一支破碎的和平烟斗，下方有一个红色的印第安帐篷。谈判开始了，一直持续到 1970 年。是时，《新闻周刊》表示，恶魔岛已经成为“红色人种解放的象征”。恶魔岛并不是那十年中的第一个象征，因为早些时候，华盛顿州的部落发起过“静钓”活动，要求该州承认条约赋予他们的捕鲑鱼权。1969 年出版了两本重要的书，揭示了原住民的困境——埃德加·卡恩的《我们兄弟的看守》(*Our Brother's Keeper*) 和小瓦恩·狄洛瑞的《卡斯特因你的罪而死》(*Custer Died for Your Sins*)。但恶魔岛事件的意义大不相同，《展望》(*Look*) 杂志称：“那是征途的开始！”

在接下来的几个月里，来自几十个部落和所有州的 1 万多名印第安人造访该岛，一些人开始主持名为“恶魔岛自由电台”的晚间访谈节目，探讨他们群体的现状，《国家》称该群体为“我们最沉默的少数人群”。居留地的生活非常艰苦，住着国内一半的原住民，共约 35 万人。居住条件非常差，80%的房屋没有自来水和干净的厕所设施，而且疾病肆虐。印第安人患肺结核的风险是普通人的 8 倍，患风湿热和肝炎的风险是普通人的 10 倍。人们普遍十分贫困，居留地的失业率从 20%到 80%不等。居留地原住民的家庭收入在国内所有少数民族中是最低的，而他们的预期寿命只有 44 岁，国内平均值则为 64 岁。无聊和绝望的情绪四处蔓延，印第安人的酗酒和自杀率异常地高。原住民的受教育机会有限，平均受教育年限不到 6 年。电影和电视节目中充斥着对他们的偏见——谋杀、剥头皮、奸淫妇女的野蛮人——历史课本中也是如此写的，其中一本称，各个部落“在阿拉斯加的冰冻荒原上生活了几代，这样的经历让他们的头脑变得迟钝，扼杀了他们的想象力和积极性”。大多数大学中也没有关于原住民的课程，一个学生说：“就在这里，在恶魔岛上，我们可以学到更多有关自己的过去和未来的知识。”另一人补充道：“甚至连印第安人这个名字也不属于我们。是某个迷了路的以为自己到了印度的白鬼蠢货给我们安上的。”

原住民的不满是他们的部落和居留地的特有现象。由于当时存在约200个部落，且没有明面上的民族领袖，所以他们的长远目标并不清晰。他们的运动绝不会像黑人甚至棕色人种的抗争那样团结一致。尽管如此，他们还是有些共同的不满。大多数人对这个欺骗、出卖他们祖先的国家心怀怨恨，对处理他们切身事务的印第安事务局（Bureau of Indian Affairs）感到愤怒。他们批评印第安事务局的专断作风，批评它以国家监护人的身份来对待他们，而且还三天两头来干扰他们的生活，给出无用的建议。过去一个世纪以来，印第安事务局已经成了伟大的白人父亲，给他们发钱，教育他们的孩子，把他们从居留地迁到城市，决定如何使用他们的土地。官员们历来让白人开发商和企业对居留地拥有特殊的权利，历来以荒唐的低价卖掉他们的土地，尤其是在新英格兰和加州这种受欢迎的地区。例如，1964年，加州的部落收到了一个世纪以来被盗走的几百万英亩土地的补偿金，每英亩47美分，这个价格是根据1851年的公平交易价定的。为了控制原住民，官员们张起了一张大网，内含数千条规定、规章、法律和法院裁决，只用来管理部落。印第安事务局的大部分雇员是白人，和该机构合作的印第安雇员被称为“苹果”（外红里白）或者“战斧叔叔”。原住民控诉说，他们就是居留地的“战俘”，切罗基人罗伯特·托马斯声称，印第安事务局建立了“世界上最完备的殖民系统”。①

这些控诉点燃了红色力量。“我们正在学习如何进行部落间的合作，”

---

① *Look*, 2 June 1970, p. 45; *NYT*, 10 Dec. 1969; *Newsweek*, 8 Dec. 1969, p. 52; 还可参考 *Ramparts*, Feb. 1970, pp. 31–32。

一名社运人士说，“以前没有发生过这样的事。这里是我们的新国度开始的地方。” 在 1970 年上半年，红色力量像野火一样蔓延开来。“我们不使用新左派的语言，” 一名切罗基人表示，“但那并不代表我们不会动武。” 原住民以和平方式打劫了联邦财产——密歇根州亚瓦莎国家森林公园的一座灯塔，纽约港的埃利斯岛，还有 20 人企图在加州的拉森火山国家公园建一个永久营地，与此同时，100 人闯入了西雅图的劳顿堡。华盛顿州立大学的印第安人因白人把他们的海滩弄得乱七八糟而恼火，他们设置路障，封锁了 50 英里长的海岸线，图拉利普部落的珍妮特・麦克劳德和另一些人违反了捕捞规定，她称，这是因为对捕捞鲑鱼的限制使他们沦为“权利不比熊更多的野蛮人”。在缅因州，帕萨马奎迪部落的人在一条穿越他们土地的繁忙公路上向驾车者收费。一些社运人士抗议达特茅斯学院的吉祥物穿戴印第安服饰，易洛魁人要求纽约州博物馆归还他们的贝壳珠串及其他文物。明尼阿波利斯是少数几个有印第安聚居区的城市之一，齐帕威人克莱德・贝勒考特在那里成立了“印第安巡逻队”。他们身着红色夹克和贝雷帽，监视当值警察，因此，印第安人被捕的事大幅减少。“再见吧通托”，《时代》周刊一则封面故事写道，现在，印第安社运人士在喊新口号：“卡斯特活该”，“红色总比死了好”，“Kemo Sabe① 的意思是白鬼，我们是**红色力量！**”。

印第安人继续出手，他们提出了新要求：“要完整，不要融合”。原住民联盟要求政府建立文化中心，给予他们“捕捞和打猎的权利，生存下去的权利”，并开设“面向印第安人的教育”。原住民权利基金会和其他组织起诉州政府及联邦政府涉嫌非法入侵、就业歧视、滥用学校资金和违反条约协议，其他组织则在丹佛、克利夫兰和芝加哥的印第安事务局办公室外静坐示威。美国印第安运动组织的 60 名成员闯入了明尼阿波利斯的印第安

① 源自美洲原住民的语言，虚构角色印第安人通托和前得克萨斯骑警独行侠使用该词称呼对方，以示友好。——译者

事务局办公室，要求他们提供好的工作岗位。密歇根州跨部落委员会坚决要求州长任命一名原住民担任州印第安事务委员。全国印第安青年委员会提起诉讼，控告丹佛的印第安事务局有歧视行为，并呼吁“印第安人最终接管印第安事务局”。为了阻止跨阿拉斯加输油管道的建设，阿拉斯加的印第安人提起了诉讼。此外，一名纳瓦霍女子起诉亚利桑那税务委员会，她说，因为她住在居留地，所以不必缴纳州税。其他部落委员会避开当地的印第安事务局办公室，直接前往华盛顿，在那里向内政部和国会表达了自己的不满。参议院一个小组委员会举行了听证会，在听取了全国各地的部落成员的证词后，主席爱德华·肯尼迪参议员写道，政府未来的方案必须是“让印第安人制定印第安人的政策”。①

这番声明诠释了赋权的含义——让人民决定——而在 1960 年代与 1970 年代交替之际，“人民”被定义为冷战文化之前和冷战文化期间感到无能为力的所有人。而现在，人民首次包含了美国人中的多数群体——女性。

1970 年，妇女解放运动汹涌澎湃。当年春天，当原住民占领恶魔岛时，女性主义者忙着散播消息，发展网络。1968 年，最早的两份女性主义地下报刊面世了。3 年后，出现了 100 多种期刊、简报和报纸，包括波士顿的《别再打趣玩乐》、奥斯汀的《耶稣再临》、西雅图的《潘多拉》。1970 年，一群女性主义者出版了《第二年手记》，很快就售出了 4 万本。

大量涌现的出版物让更多女性开始阅读、讨论并思考自己的困境。她们成立了小型互助团体、亲和团体、说唱团体，参与了“提高意识”活动。她们在客厅、宿舍或者任何舒适的地方会面，探究在当时惊世骇俗的感受、想法、压迫和问题：我们应该化妆、戴胸罩吗？你的丈夫会帮你打扫屋子吗？我应该和我男友一起住还是嫁给他，如果是后者，我该保留自

① *Newsweek*, 6 July 1970, p. 38; *Time*, 9 Feb, 1970, p. 14; *New Republic*, 17 Jan. 1970, pp. 10-11; SPP, serials: Native American folder, *The Warpath*, Spring 1970; 肯尼迪的文字出自 *Look*, 2 June 1970, pp. 36-38。

己的姓氏还是用他的？我应该自称小姐还是暗示婚姻状态的夫人，或者女士？父亲对孩子负有什么责任？女人该爱其他女人吗？女性该对男性展示出多少攻击性？你的男性伴侣会为了你的事业换工作或者搬家吗？你的男性伴侣能在性方面满足你吗，还是说你会假装高潮让他觉得自己够猛？我的婚姻还有救吗，或者说需要去挽救它吗？女性常按照开场、分享、分析和提取抽象概念 4 个阶段来展开讨论。对帕梅拉·艾伦而言，她的团体是一个“自由空间”，在这里，她们能“思考我们的生活，我们的社会，还有我们成为有创造力的个体以及组织妇女运动的潜能”。参加互助团体或解放会议以及讨论个人问题常能引起共鸣——其他女性也有同样的感受和想法——这让她们心潮澎湃。“开过会后的一个礼拜都沉浸在兴奋之中，非常不可思议，”一名参与者表示，“我觉得我的整个人生都改变了，它确实变了。”1969 年，国内有约 40 个提高意识的团体，到了第二年，仅纽约、芝加哥和旧金山的团体数量就是它的 3 倍。①

然而，就和广义的运动一样，团体的数量和组织的规模从来都不是妇女解放进程的明确指标。罗宾·摩根 1970 年在《姐妹情谊很强大》（*Sisterhood Is Powerful*）的导言中写道：

> 你们，正在读此书的姐妹们……你们就是妇女解放。这不是一场让人来“参加”的运动。它没有呆板的结构和成员卡。当三四个朋友或者邻居决定要定期聚在一起喝喝咖啡，聊聊自己的个人生活时，就是妇女解放运动进行之时。它还存在于女子监狱的牢房里，在救助队伍里，在超市里，工厂里，修道院里，农场里，产科病房里，在街头巷尾，在老年女性疗养院里，在厨房里，在速记员群体中，在床上。它就在你的思想里。……那非常可怕，却又非常令人振奋。那是在创

① Allen, *Free Space*, 6, and see SHSW: Pamela Allen Papers, box 1, and Garden, *New Feminist Movement*, 33–37.

造历史，或者确切地说，**她的历史**。而且不管怎样，你都无法逃离它。

女性也无法逃离刻板印象、性别歧视和她们的社会地位，这些曾经在团体里讨论过的话题，现在正在全国性报刊的头版上接受审查。在 60 年代中期，记者在全国性杂志上发表的女性权利文章只有寥寥几篇，但在 1970 年，他们围绕该话题发表了 30 篇文章，而有关女性解放的文章则翻了一番，而且，所有大型广播网都开设了特别节目。这一连串的操作说明了什么？不仅是刻板印象和性别歧视，更重要的是，法律、教育和经济上的歧视导致了二等公民身份——或者如玛丽·金所说的“女人的种姓制度”。

歧视问题是尼克松执政期间最重要的女性议题。①约翰逊政府已经开始调查违反《民权法案第七章》的行为，但共和党人不顾有关同工同酬的投诉数量骤增，刻意拖延调查。不但如此，政府还在 1970 年宣布会强制执行平权行动的指导方针，但只是终止工作场合中的种族——而非性别——歧视。劳工部长詹姆斯·霍奇森表示，女性和少数群体“不同”，他的部门并不打算让承包商雇用女工或者强制执行《第七章》。平等就业机会委员会也没采取什么行动，实际上，该委员会在描述其管理者和调查员的职能时，还在用“他的”，在描述所有文员和秘书的职能时则一律用“她的”。几乎所有负责调查性别歧视和种族歧视的地方管理者都是白人男性。全国妇女组织总结说：“自《第七章》通过以来的 7 年里，平等就业机会委员会在打击性别歧视方面的业绩如此惨淡，以至于它的负面作用远远超过了其业绩中那一两个积极之处。”不久后，联邦官员与几百名公民在威斯康星州举行会议，而男性唯一一次提到女性，是在开玩笑说“一个

① 有关性骚扰对女性解放发展的影响，女性主义者有不同意见。请参考 King, *Freedom Song*, 459–66, and Belfrage, *Freedom Summer*, xvii，基本上，她并不同意 Evans, *Personal Politics*。关于歧视，请参考 Scott and Komisar, *And Justice for All*, 5–16, Komisar, *New Feminism* 中的大部分内容及 Deckard, *Woman's Movement*。

平胸的鸡尾酒女服务员依据《第七章》起诉了”。

随着上大学和找工作的女性人数创下历史新高，令人越来越抓狂的不是执法问题而是玩笑。60 年代期间，外出工作的女性比率有所上升，1970 年时已经超过了 40%。那时，出去工作的妻子和母亲比以往任何时候都多，更多的婴儿潮一代女性去上大学，如果她们被录取了的话。比如说，北卡罗来纳大学及其他公立大学就为女性申请者设置了高于男性的入学要求。在学校里，合校女生常发现大门对她们紧闭，因为指导老师引导她们远离商科、科学、工程学之类的“男性职业”，并转向护理、教学和家政学等“女性职业”。院长定下配额，以便维持男性在医学、牙医学、法学和研究生院内的主导地位，因此，只有 1%的工程师、2%的牙医、3%的律师和 7%的内科医生是女性。女性教授、记者和经理的人数也非常少。尽管如此，到 60 年代末，仍有数百万女性站到了面试队伍里。有了文凭傍身，她们就去找机会，或许在经济腾飞时，就能挣到一份事业。她们找到了什么？大量的女性被排除在面试之外，要么就是被男面试官问：“你订婚了吗？”如果没有，接着就会问：“你会打字吗？”

大部分有大学学位的女性都有三个选择——教书、打字和量体温——这意味着较低的工资，较少的晋升机会。哈佛商学院对 1 000 名男性经理做了调查，结果发现，80%的人认为女性对管理做出了重要贡献，但只有三分之一的人愿意给她们这样的机会。法学院的女毕业生似乎就碰到了这个问题，她们中的 1 300 人举了近 2 000 个例子，说的都是律师事务所、银行、企业、工会和政府机构对她们说：“我们不雇女人。”鲁斯·巴德·金斯伯格以班级第一的成绩从哥伦比亚大学毕业，却找不到一份工作或法院书记员的职位。“她穿裙子吗？”最高法院法官菲利克斯·法兰克福特在别人让他考虑考虑金斯伯格时问。他拒绝了，他说：“我受不了穿裤子的女孩！”对于少数被聘为专业人士的女性来说，她们开始工作时的工资比在同家公司、拥有同等学位的男同学低约 10%，联邦政府也遵循了这一套——而法律规定同工同酬。约 80%的女性干着 GS-1 至 GS-6 的低职位工作，只有1%的人薪金等级在GS-13及以上，而做同样工作的男性平均年收入比她们高1 500美元。

职场里遍布着歧视现象。在高等教育中，女性教授都是低级别，而升职需要较长时间——前提是她们能找到工作，因为女性总是最难找到工作。大学招聘广告叫男性去申请工作，而对许多受过教育的女性而言，未来一片惨淡。玛丽莲·扬拥有中国史博士学位，却找不到工作，她想着自己作为教职人员兼妻子的困境，在日记里写道："我没有合适的工作，对我来说这很难熬。随着时间的推移，我在精神上变得越来越懒惰。"因此，在加州大学洛杉矶分校，只有7%的教授是女性，而斯坦福的女性教授只占5%，在哥伦比亚，虽然约25%的博士学位授予了女性，但终身教职人员中只有2%是女性。哈佛的教职人员中有近600名男性终身教授，而女性只有3名。在排名前100的大学中，40%的学生是女性，但只有10%的教职人员为女性。女纳税人也为美国军事学校提供了资金，但这些学校不招收女生。甚至连所谓的传统女性职业中也存在着歧视。女性占教师总人数的80%，却只占校长总数的10%和学监总数的3%。航空公司的女性乘务员在结婚或年满32岁时就会被开除，但男性乘务员不会遭遇这样的情况，女众议员玛莎·格里菲斯因此给美联航的人事经理写了一封信："你们要求……空姐年轻、迷人又单身，你们开的是航空公司还是妓院？"①

到了发薪日，许多女性就会感觉自己的工作比卖淫好不到哪里去。一项调查发现，只有一半的男性支持同工同酬。1965年时，只有八年级学历的白人男性一年几乎能赚4 000美元，而拥有高中学历的白人女性却只能赚2 400美元，3年后的一项调查还揭露了职业内部的工资歧视。男性专业人士的收入约为10 200美元，女性为6 700美元，文员的收入在7 300美元

---

① 有关雇用情况，请参考 Marilyn Mercer 在 *Saturday Evening Post*, 27 July 1968, pp. 17-21 上的文章；有关教育情况，请参考 Pamela Roby 在 Freeman, ed., *Women: A Feminist Perspective*, 171-93 中的发言；扬的文字出自 Ruddick and Daniels, *Working It Out*, 223；金斯伯格的话出自 *NYT*, 25 June 1993；格里菲斯的文字出自 Komisar, *New Feminism*, 127。

到 4 800 美元之间。销售行业的收入差异非常大，在 8 500 美元到 3 500 美元之间。

在这片“人人生而平等”的土地上，合法的歧视一直存在。有 18 个州单单免除了女性担任陪审团成员的职责，这种做法增加了女性嫌疑人面临全男性陪审团的可能性。一些州的工厂健康安全“保护法”只适用于女性，获益的是那些规避这类规章制度、只雇男性的商人。有 17 个州规定女性不能下矿工作，有 10 个州规定女性不能做酒保，还有一些州“保护女士”的措施是不让她们提 15 磅（也就是 1 岁小孩的重量）以上的东西，也不让她们上夜班，除非是护士或者电话接线员。有 6 个州认为女性没有理财能力。假如没有男性共同签字，她们就无法创业、购买股票和债券，也无法贷款，这就意味着单身女性很难买车买房。在另外 4 个州，已婚夫妇的收入是共同财产，而且所有的收入都由丈夫支配。在大多数州，这样的双重标准已经被法律制度化了。在亚利桑那，唯有女性使用淫秽语言是犯罪，在纽约，唯有少女会因为滥交被关进监狱。学校会开除怀孕的女生，却不开除她们的男友，而且关于强奸的法律通常规定女性必须进行身体反抗。如果她不是处女，律师可以出示她之前性行为的证据来质疑她的证词。在州法律中，丈夫强奸妻子是令人匪夷所思的。在大多数城市里，女性性工作者会因为参与非法行为而被诱捕和罚款，男性性工作者和嫖客却不会受到这样的惩罚。在肯塔基，丈夫可以在证实妻子与人通奸后成功离婚，反过来却行不通；在康涅狄格，如果男性因为婚外情杀死了自己的妻子，他可以用“激情犯罪”抗辩，但如果女性射杀了丈夫的情妇，她只能认下谋杀罪。在罗得岛，丈夫可以在肉体上“惩罚”妻子。一些州禁止单身女性避孕，所有州都禁止女性自己做出选择然后去堕胎。根据总统犯罪委员会 1968 年的报告，这种情况导致全国每年有 100 万例的非法堕胎，至少有 1 000 名女性死于堕胎失败。

60 年代末，《时代》周刊指出：“从许多方面来看，美国女性的社会地位都在恶化。”1950 年代时，男性工作者每赚 1 美元，女性赚 64 美分，而在1960年代期间，这个数字降到了58美分。政治方面，女性在州立法机关失去了50个席位，女众议员的数量从17人减少到10人。教育方面，60年代末，女性教职人员的人数较之前更少，获博士学位的人比率更低，在小学校长中的占比也更小。

少数族裔女性的境况更糟。艾薇拉·萨拉戈萨表示，奇卡诺女子已经厌倦了被当成“劣等人”，阿尔曼多·伦登承认：“奇卡诺男子汉必须承认，他通常只把女士当做厨娘或者生孩子的人，从不允许她表达自我。”至于黑人女性，宝莉·默里称，她们“同时受着吉姆·克劳法和简·克劳法①的双重非人迫害”。虽然大多数黑人女性更关心种族问题而不是性别问题，但她们越来越意识到，她们背负着种族主义和性别歧视的双重负担，按照安吉拉·戴维斯的说法，这两种负担让她们成了“社会中最受压迫的群体”。实际上，她们是国内受教育程度最低、最贫穷的人群。白人男性每赚1美元，黑人女性只能赚45美分。而且，黑人男性和白人社运人士一样，也看不起女性。黑人力量是用强硬的咄咄逼人的男性话语表述出来的，虽然女性多年来一直在抗议，但男性却认同“弱势性别”的刻板印象。1968年，民权社运人士詹姆斯·法玛尔与雪莉·奇泽姆争夺国会议员席位时，在竞选宣传材料里强调，华盛顿需要一个“强健的男性形象”和“男性的声音”。黑人女性的形象被固化为“专横”或“女家长”的形象，还有人告诉她们，她们应该帮着重塑黑人男子气概，因为据说他们在奴隶制下受了更多的苦。对于这种说法，默里回应说：“假如黑人男性经历了真实的心理上的阉割，那么黑人女性就承受了真实的心理上的强奸。”②

“什么是女性的解放？”玛丽莲·萨尔兹曼·韦伯对运动群体说，“其实就是有组织地愤怒地反抗真正的压迫。”女性开始意识到问题所在，然

---

① Jane Crow 是 Jim Crow 的变体，Jane 指代所有女性，因而指代所有歧视女性的法律，后者则是白纸黑字的歧视黑人的法律。——译者

② *Time*, 21 Nov. 1969, pp. 53-56; Rendon, *Chicano Manifesto*, 186-87; 默里的话出自 Freeman, ed., *Women: A Feminist Perspective*, 351-63; Davis, *If They Come in the Morning*, 197, 还可参考 Bambara, ed., *The Black Woman*, 111-18。

后表示，在美国，机会和命运不仅由种族和阶级决定，也与性别密切相关。众所周知的事实击中了要害：觉醒。1960 年代初的一项盖洛普民意调查显示，当时只有不到三分之一的女性认为自己受到了歧视，但到 1970 年时，这个比例超过了 50%，到第二波浪潮结束时，这个数字已经上升到了三分之二。

如何回击这种压迫？和 60 年代的其他运动一样，女性主义者之间产生了分歧。1968 年，在全国妇女组织的一次会议上，她们突然走向了分裂。贝蒂·弗里丹等温和派主张改革体制，要求权利、获取平等机会，主张将女性纳入体制中的权力职位。蒂格蕾丝·阿特金森等激进派回应道，她们的目标应该是"摧毁权力职位"，而且如果没有经济革命和社会革命，女性就无法得到解放。邦妮·克瑞普斯称："我们必须消除这个社会赖以存在的性别鸿沟。"温和派认为问题在于她们被排除在董事会会议之外，激进派则认为问题的根源是性政治和卧室中的个人生活。连最私人的东西都跟政治有关。

其他激进女性亦直抒己见。"红色才女"的创始人之一艾伦·威利斯发表了一篇文章，表示要从男性激进运动中独立出来并进行性别隔离，称："我们已经把妇女解放看作一场独立的革命运动。"一些人做出了激进的解读，她们认为女性是被殖民的群体，因此是第三世界解放阵营的一部分。对她们而言，只有通过阶级抗争推翻资本主义，才能实现解放。其他激进派不同意这种观点。真正的压迫者不是经济体制，而是男性。一些人主张脱离男性，甚至将性关系也排除在外。罗克珊·邓巴表示，毕竟，"性只是一种商品"。罗宾·摩根开始称男性左派人士为"男孩的运动"，说它充斥着"严重的、无尽的、辱没人格和无处不在的性别歧视。……我们从前习惯了当权派这么做，在这里还要忍气吞声吗？"。

不！她们大喊，并付诸了行动。凯西·阿玛特尼克和十来名志同道合者打断了纽约立法委员会的某场堕胎法案听证会，她们站起来，大声喝止无比震惊的年长立法者，要求立即废除州法律，并且问："为什么你们的发言人列表中有 14 个男人，却只有 1 个女人——而且她还是个修女？”艾奥瓦州格林内尔大学的女性主义者在《花花公子》的代表面前脱光衣服，进行了一场裸体抗议，并要求停止将女性身体商业化的行为。1970 年 1 月，激进分子闯入《老鼠》的办公室，从男性手中接管了这份刊物，并成立了一个女性集体企业。在她们的第一期刊物中，摩根宣称“要告别一切过往”。在这篇被无数地下报刊转载的文章中，她继续说道：“别再这样，兄弟们。别再有善意的无知，别再纳新，别再假设我们是在为同一样东西奋斗。这是一场人人享有自由与正义的人类革命。别再这样……。别再抱有幻想，作为领导集体你什么都得不到，除了淋病。”

由此，女性激进分子在与激进派男性的对峙中扭转了败局：她们像这些男性一样行动，反对主流文化，令运动振聋发聩，大声呼喊要求解放，呼吁实行性别隔离，并在此过程中成了激进派女性。

温和派则以其他方式行动了起来。弗里丹痛斥了“女性沙文主义”以及那些“谈论试管婴儿、剔除男性、主张单一性别社会的假装激进的逃避者”。这样的呼吁会让两性陷入对立，令男性舆论制造者和媒体退避三舍。全国妇女组织的解放办法是指出“运动不仅要改变充满歧视的法律，还要彻底改变人们的观念，男性不是养家糊口、做决定的一家之主，女性也不是他们的下属、贤内助。在它构想的社会中，男性和女性在供养家庭、照顾孩子方面地位平等”。全国妇女组织、女性平等行动联盟和其他温和派行动起来，她们在校园组建了分部，在开明的州推动堕胎权，通过起诉来对付大学和企业，要求终止在招生名额、助学金以及雇用、晋升和薪资方面存在的歧视行为。①

1970 年春天，随着女性雇员开始反抗她们的男性雇主，新兴的女性运动采取了直接行动。《妇女家庭杂志》的百名女员工在编辑约翰·马克·

① 韦伯的话出自 *Win*, 1 Jan. 1970；威利斯的文章出自 *Guardian*, 15 Feb. 1969；克瑞普斯的话出自 Koedt et al., *Radical Feminism*, 239；阿玛特尼克的话出自 *NYT*, 14 Feb. 1969；Morgan, *Going Too Far*, 4, 121–30；Friedan, *It Changed My Life*, 109，及 *NYT*, 23 March 1970。

卡特的办公室进行静坐抗议，要求杂志停止刊登“剥削意味”的广告，设立免费日托所，并在将来某期上开设有关妇女解放的特别专题。卡特同意了，与此同时，《时代》周刊和《新闻周刊》的女性员工反抗了，后者向平等就业机会委员会提交诉状，指控该杂志歧视她们。她们的律师埃莉诺·霍尔姆斯·诺顿称：“数据说明了一切。《新闻周刊》有 50 多名男撰稿人，却只有 1 名女撰稿人。”在波士顿，“面包与玫瑰”组织的女性主义者聚在 WBCN 广播电台，要求停止播出这则广告：“是小妞（chick）就来找我们，我们需要打字员”。自由新闻社也参与进来，它问：“如果广播电台播出广告‘是黑人就来找我们，我们需要看门人’，它能不能侥幸逃脱？”女性主义者把 6 只活的小鸡带到电台经理面前，于是经理换掉了广告。3 月，《新闻周刊》用一则封面故事总结了国内的情况：《起义的女性》。

这次起义意义重大：女性社运人士融合了第二波浪潮的两个主题——解放和赋权，这是 60 年代其他运动无可比拟的。女性扩大了这一运动，其他对社区、消费主义和环境保护等议题感兴趣的人也加入其中。60 年代在 1970 年的春天绚丽绽放，晚间新闻成了示威者的盛会。

“你不能和市政厅对着干。”冷战文化时期的民众这样说，但在第二波浪潮期间，全国的社运人士都在这么做，他们与地方政府和商业机构做斗争。当然，这种行动主义的历史和美国的民主一样悠久，在 60 年代里，肯尼迪政府和约翰逊政府鼓励开展各类社区行动项目，它们最终成为“向贫困宣战”计划的一部分。然而，主导这些项目的是政府机构，后来，尼克松政府废除了这些项目或将经费转到了执法部门。地方社运人士发起了全新的“后院革命或街区革命”，他们的新口号是“全球化思考，本地化行动”。

社区社运人士明白，他们面对的很多问题并非来自自家后院，而是由外部强大的经济力量决定的。其中一个议题就是公路建设。1960 年代期间，城市规划者试图通过修建高速公路将日益发展的郊区与市中心连接起来。郊区的白人居民为这样的规划叫好，承包商和市政厅也盘算着利润和就业机会，但沿线其他种族的工人和少数族裔日渐担心，因为这样的规划通常会拆除他们的老社区。在 60 年代的后 5 年，巴尔的摩和费城发生了两场著名的较量。在巴尔的摩，市议会规划了一条穿过城市东南部的六车道公路，致使世代居住在该地区的约 10 万居民被迫搬迁。社运人士成立了反对道路建设东南委员会（SCAR），他们通过将社区的一部分列入国家历史名胜名录，成功阻止了施工。在费城，商会与市、州公路部门联合提出了修建八车道跨城高速公路计划，这项工程将毁掉南街，基本上把黑人居民与新城市中心隔离开来，同时还将使 5 000 人搬离他们的老社区。黑人社区组织者乔治·杜克斯戏称这个项目是费城的“梅森-迪克森线”[①]，他与爱丽丝·利普斯科姆、罗伯特·休格曼联手合作，成立了一个公民联盟，通过动员民众予以支持，阻拦了建设。

后院起义扩展开来，1970 年春天，社运人士就众多议题举行了抗议，并在全国各地的市政厅外游行，包括芝加哥。和当时的大多数城市一样，芝加哥也存在污染问题，主要是由燃烧烟煤的电力公司“联邦爱迪生”造成的。专栏作家麦克·罗伊科请资深社运人士索尔·阿林斯基为不断加剧的污染做点什么，于是，阿林斯基让这位记者写了一篇专栏文章，文章登出后读者纷纷来信。市长戴利否认存在污染问题，阿林斯基反驳说：“他到底是用什么呼吸的，耳朵吗？”阿林斯基举行了一场会议，与会人员五花八门——科学家、嬉皮士、工人、学生、家庭主妇。他们决定在该公司的电价听证会上进行抗议，但大多数人被警卫拦在门外，于是他们成立了“公民行动计划”（CAP）。担任联合主席的保罗·布斯和伦纳德·杜比神父多年来一直参与社会运动，前者是学生争取民主协会的创始人之一，后者参与了民权运动，而且，他们都读过阿林斯基关于组织工作的经典之作《激进者手册》（*Rules for Radicals*）。“公民行动计划”要求当地政府强制该公司减少硫排放、降低电价，并要求市议会通过一项清洁空气条例。春季期间，社运人士开始施压。50 名女性来到该公司办公室，向总裁提出了要

① 美国南北战争中的南北分界线。——译者

求，并散发传单让消费者拖延支付电费账单。1 000 人在市长办公室外进行了示威，另一些人则运用了“代理权力量”，这是阿林斯基提出的一个做法，即购买该企业股票，这样他们就可以参加董事会的年会。在那次大会上，杜比神父领着一群年长者走上中间过道，有些人唱起了《星条旗永不落》。一名老太太跳起了铃鼓舞，作家斯特兹·特克尔领着其他 800 人不断高喊：“让我们呼吸！”《太阳时报》报道说：“年轻人把它弄得像民权或反战集会，中年人像在开工会会议，老年人像是夕阳红集体旅游。没有一个人……像是在开大型企业年会。”①

到夏天时，“公民行动计划”的诉求全数得到满足，一些社运人士开始更加积极地参与这种形式的赋权运动，即组织社区活动，它注定会成为 1970 年代初日益扩大的运动中最重要的方面之一。运动越来越关注消费者与环境问题，“公民行动计划”的下一个目标是当地美国钢铁公司的污染物排放和纳税问题。社运人士开始向企业施压，让他们重新思考“社会责任”这个古老的理念。企业的权力应该有多大？是个人与社区的权利，还是私人和企业的权利更重要？什么是合法的企业行为？最终，社运人士质问商界：“谁才应该拥有权力？”

杜比神父认为，“人民的权力”应该更大，这是拉尔夫·纳德多年来一直在推广的理念。作为哈佛法学院的年轻毕业生，纳德在 1960 年代初搬到华盛顿特区，自封为美国消费者的守护人。《任何速度都不安全》一书是有关雪佛兰科尔威尔汽车的，他在书中抨击了通用汽车公司，引发了有关汽车安全性能的大讨论，并最终制定了大量的汽车法规，安全带也因此诞生。纳德招募学生做实习生，搞“突然袭击”，让这些学生去调查、对政客施压，因此，国会只好通过了《诚信借款法案》和《公平包装及标签法案》，由总统约翰逊签署生效。这就是开端。“我的工作就是把问题公布于

---

① 费城的情况出自 *Architectural Forum*，Oct. 1971，pp. 38－45；Derek Shearer 在 *Ramparts*，Oct. 1973，pp. 12－16 的文章，还可参考 Boyte，*Backyard Revolution*，57－59，and Sanford Horwitt，*Let Them Call Me Rebel: Saul Alinsky-His Life and Legacy*（New York，1992），531-32。

众，迫使人们正视它们，”纳德在1969年时表示，“人们反对技术使用的贵族特权化，要求民主化。”《时代》周刊称他为“美国最难对付的顾客”，他推动了一场被“尴尬地命名为‘消费主义’”的运动，而当他呼吁更多学生参与时，学生的反响十分强烈。仅得克萨斯的法学院，就有700人向他申请1970年夏季去做突袭者，这份工作为期10周，薪资在500美元到1 000美元之间。

要跟体制斗，消费者维权人士说，随后他们以各种方式展开了斗争。社运人士对他们认为薪酬过低、实行歧视、剥削消费者的众多公司采取了经济施压，例如静坐、抗议和抵制，这些公司包括嘉露葡萄酒、宝丽来、李维斯、法拉服装、美国电话电报公司、库尔斯啤酒、可口可乐和菲利普·莫里斯烟草公司。在地方上，他们常常采取直接行动。例如，在明尼阿波利斯，学生和社区领袖去一家名为“红色谷仓”的速食汉堡连锁店抗议。该公司在整个区域都是老旧砖砌建筑的丁奇镇买了一栋房子，然后将它拆了，开始建一家汽车餐厅，其外形看起来就像一个巨大的红色塑料谷仓。在1970年春天的骚乱中，社运人士占领了此处，并宣布这里是“人民公园”，骚乱过后，“红色谷仓”放弃了它的计划，附近的麦当劳连锁店最后也将原本的黄色塑料外墙改成了棕色砖墙结构。

这场消费者运动融合了广义运动中的许多方面——少数族群及女性权利、战争，还有对环境的关注。社运人士团结起来支持消费主义，因为他们认为，就业歧视、军工生产和污染是病态商业体制的症状。商业是贪婪的，它将女性和少数族群的报酬与就业机会维持在低位，同时从制造炸弹中获利；它没有责任感，将垃圾倒进溪流之中。自由新闻社谴责了国防承包商通用汽车公司，称这家公司“向空气里排放的烟雾、尘土和有毒物质，比国内任何其他行业或公司都多”。母亲争取和平组织的一位成员控诉称，标准石油公司支持战争，是为了得到东南亚的油田租借权；《普通女性》杂志称，这家公司泵出的“烟雾在加州足以致命”，他们的石油在太平洋泄漏，因此犯有“油污帝国主义”罪。同时，记者也一直在报道陆军使用的名为橙剂的化学喷雾，称它破坏了越南的植被。

随着婴儿潮一代从大学和法学院陆续毕业，运动继续扩大。《福布斯》称进入商界工作的 1970 年毕业生为“穿灰色法兰绒西服的反叛者”——这批新一代的见习生不仅对利润感兴趣，也关心企业的社会责任和“生活质量”。年轻的律师们成立了“宪法权益中心”等组织，而拉尔夫·纳德在校园成立了公共利益研究小组，数百名法学院学生走上法庭提起诉讼，他们通常会和“共同事业”“环境行动”“地球之友”等新组织展开合作。社运人士要求从青年市场中获利的企业要公开反战，并以传单建议读者从美国银行等企业中撤出资金，以此向金融机构宣战。他们成立了企业责任行动小组和监察组织，例如“商人争取公共利益”“经济重点委员会”和“企业责任计划”。示威者来到企业总部，散发印有讽刺公司的口号的传单，比如“在通用电气，利润是最重要的产品”，在售卖塑胶枪的地方商店外抗议，质问：“给圣诞节准备的战争玩具？”

当年春天，社运人士对商界提出了数不清的诉求，《福布斯》因此发表社论说，要想在未来获利，就必须倾听生态主义者和年轻消费者的声音。《商业周刊》称：“公司管理者再也不能在私人企业的围墙后过着与世隔绝的日子了，再也不能只关心商品生产然后获利了。如今，顽强的示威者和执着的消费者坚持要为少数族群的权利和环境等世俗议题做点贡献。”①

当然，自从核放射沉降物污染出现以及蕾切尔·卡森的《寂静的春天》在 1962 年出版以来，环境就一直是 60 年代的热门话题。美国政府医疗总监认为肺癌与吸烟有关，同时，洛杉矶的烟雾警报让环境问题成了新闻热点。对此，约翰逊总统和民主党国会通过了数量惊人的空气和水质量

---

① 纳德的相关内容出自 *Time*, 12 Dec. 1969, pp. 89-98; *Liberated News Service*, 19 Nov. 1970; SPP: 19a, *The Common Woman*, 18 March 1971; *Forbes*, 15 Sept. 1970, p. 46, and 15 May 1970, p. 60; *Business Week*, 7 March 1970, p. 106; and see Terry Anderson, "The New American Revolution: The Movement and Business," in Farber, ed., *The Sixties*, 175-205。

法案，还通过了《荒野法案》(Wilderness Act)。

当然，尼克松有不同的议程，但在校园和公社里，环境问题一直备受关注。1969 年，加州圣巴巴拉的一条石油钻探线发生断裂。在两个星期里，裂口不停地朝海洋喷射石油，形成了大面积的浮油区，最终污染了200 英里的重要海岸线。社运人士成立了“抽取石油”(GOO）组织，10 万民众签署了请愿书，要求停止圣巴巴拉的石油钻探。第二年，路易斯安那附近的雪佛龙公司油井起火，火势失控，造成美国历史上最严重的石油泄漏事故。就在内政部长指控该公司违反了 347 条钻探条例时，一艘油轮在佛罗里达附近发生泄漏，浮油在整个坦帕湾蔓延开来。与此同时，克利夫兰多个当局宣布，凯霍加河上有太多油污和化学污染物，存在“火灾隐患”，俄亥俄官员则称，由于多家公司和多个自治市每天要排放 1 100 万磅氯化物和硫酸盐，导致伊利湖“几乎成了死水”。“如果你掉进去了，”当地人开玩笑说，“你不会淹死，你会腐烂。”1970 年 1 月，《新闻周刊》用一则长篇封面故事《惨遭蹂躏的环境》宣传了这场运动，称“生态时代的黎明已经到来”。

绿色力量也崛起了。“我们不曾忘记越南和黑人的问题，”伯克利学生露丝安・科文说，“越南本身就是个巨大的环境问题。我们希望所有人都能过上更好的生活，我们谈论的是全人类的生存。”伯克利的学生成立了生态行动组织，其成员人数猛增，遍布国内各校。年轻人开始用经济增长和消费的那套信念谴责美国的“丢弃文化”。“经济增长就是上帝”，一名学生表示，另一人补充道：“我不想再听科学家之间寻求解决方案的对话。这是政治问题，我们要走上街头。”他们做到了。西北大学的学生举办了一场环境宣教活动，吸引了 1 万人参加，麻省理工、哈佛和布兰迪斯的学生要求对水质进行更严格的控制，并在州议会大楼外游行。伯克利和斯坦福的学生发动了“拯救湾区”运动，得克萨斯大学的学生提起了近 60 项诉讼，控告他们的大学污染了一条小溪。“现在，即将到来的‘生态灾难’是学生抗议的焦点，”《商业周刊》在 1970 年春天报道称，“美国校园是世界上最热衷于谈论生活质量议题的地方。"①

当年春天的民意调查显示，美国人最关心的国内问题是环境问题，在他们参加 60 年代规模最大的示威——"地球日"时，这一点变得更为明显。威斯康星州参议员盖洛德·纳尔逊和加州众议员皮特·麦克洛斯基曾提议，让民众举行一场"暂停"运动来讨论环境问题，丹尼斯·艾伦·海耶斯成了此次活动的全国协调员，这名年轻人早前曾搭便车环游世界。成千上万学生响应号召，他们在校园里策划旨在唤起人们生态意识的项目。4 月 22 日，学生和嬉皮士、工人和专业人士、城市居民和郊区居民在上百个公园、2 000 所大学及 1 万所高中内举行集会。印第安纳大学的合校女生分发了避孕药，路易斯维尔的高中生则挤进一个礼堂里以展示人口过剩问题，保罗·埃尔利希的畅销书《人口爆炸》唤起了世人对这个问题的关注。手工艺、音乐和灵修是加州大学戴维斯分校的主题，与此同时，加州理工大学举行了生态展销会，明尼苏达大学开展了生命庆典周。康涅狄格大学的护理系学生清理了学校附近的一处池塘，女童子军划着独木舟打捞波多马克河里的垃圾。在图尔萨大学，学生们开展了"污染之路"徒步活动，在密歇根大学，一些学生砸烂了一辆福特车，抗议汽车尾气排放问题。在麦迪逊，学生们散发传单，倡导回收利用、使用可回收瓶和生物可降解洗涤剂。在佛蒙特，几千人在"环保日"当天沿路捡拾垃圾，而加州的"幸存行走者"则从萨克拉门托游行到洛杉矶。圣路易斯的黑人办了街头剧场，将糟糕的垃圾收集和有毒含铅涂料引发的问题搬上了戏剧舞台，数百名纽约人带着扫帚和簸箕打扫了中央公园。在湾区，市民们参加了伯克利环境宣讲会，或去地球重生庆典活动植树。媒体纷纷发表文章，例如，地下报刊《生存》提出建议，教读者如何"重新安排你的当务之急"，《小姐》发表了《清除地球污染的 40 种方法》，得克萨斯大学登了一篇发表日期为

① *LAT*, 31 Jan. and 2 Feb. 1969; *Newsweek*, 16 June 1969, p. 60; 伊利湖的相关内容出自 *Saturday Review*, 20 Sept. 1969, pp. 19–21; *NYT*, 1 April 1970; *Newsweek*, 26 Jan. 1970, p. 35; 学生的相关内容出自 *Business Week*, 7 Feb. 1970, 还可参考 *NYT*, 30 Nov. 1969。

1990 年的讽刺文章，题为《有毒烟雾侵袭休斯敦：6 000 人死亡》。

“那天是‘地球日’，”《纽约时报》报道，“和母亲节一样，没有公职人员会反对它。”确实，在“地球日”前后的几个月里，国会通过了更多的清洁空气与水质的法案，并要求政府发布环境影响报告。各州紧随其后，许多州长签署法案，成立州环境保护机构。公司承诺给工厂采购污染控制设备，设置环境部门，亨利·福特二世呼吁生产“真正零排放的汽车”。4 月 22 日，5 000 人在华盛顿纪念碑附近跟着皮特·西格和菲尔·奥克斯唱歌，约 2 500 人在内政部外游行，或高呼“停用石油”，或唱着“我们想说的就是，给地球一个机会”。许多社运人士佩戴了新的徽章：绿色和平标志。

到周末时，已有约 2 000 万人参加了活动，这场庆典似乎标志着伍德斯托克国度的蓬勃发展。“地球日”散发出一种安详柔和的光芒，重新点燃了第二波浪潮的希望。“假如这场志在净化空气、水质和土壤的运动失败——不论原因是什么——它将再次摧毁年轻人的信仰和理想，”新闻工作者穆里·兰森说，“我不敢想象我们的校园会出现多么严重的幻灭和悲观情绪。”

一星期后，尼克松总统突然用他的“诺曼底登陆”扑灭了“地球日”的光芒。4 月 30 日，他宣布，南越共和国军和美军部队将跨越边境，进入柬埔寨。尼克松称，自《日内瓦公约》签署以来，美国的政策“一直恪守并尊重柬埔寨人民的中立立场”。北越人却没有这么做，因为他们设立了司令部和补给基地。尼克松称“这并不是入侵柬埔寨”，他表示，这次行动并没有扩大战事。他还说，相反，这次进攻是摧毁敌人基地和补给的必要行动，将加快美国撤军和越南化的进程。尼克松说，他宁愿只做一任总统，也不愿看到“美国沦为二流国家”，让“这个国家接受 190 年光辉历史上的首次战败”。美国必须以意志和勇气坚持到底。“假如在紧要关头，世上最强大的美利坚合众国表现得像个可怜无助的巨人，那么极权主义和无政府主义的势力就将威胁到全世界的自由国家和自由制度。”

尼克松的侵略行动重新点燃了当年春天阴燃的反战运动。毕竟，国会已经通过了抽签征兵制，这就意味着，所有年满 19 岁的男性都将无差别地面临入伍。总统正在减少征兵人数，也已经宣布要再撤军 15 万，与此同时他在继续和北越进行谈判。而且，经过 5 年的战争，许多社运人士厌倦了游行，他们开始转向其他事业，或投入反主流文化中。但在 60 年代的所有事件中，入侵柬埔寨对六十年代人起到了最大的激励作用，促使他们走出宿舍，走上街头。大部分人都觉得遭到了背叛。尼克松曾向学生保证，他不会通过入侵南越的邻国来扩大战争，还声称他正在逐步结束战争，但后来他还是把战争扩大到了柬埔寨。“这和他们在小学里教我们的那套反共屁话是一样的，”地下报刊《老实人报》表示，“我们不会再买账了。”

总统发表完演讲几分钟后，费城和纽约的社运人士就走上了街头，第二天，东至马里兰大学、西至加州大学洛杉矶分校的学生开始在校园示威。总统称示威者是“毁了学校的流浪汉”，随后，更多学生参与其中，一些人呼吁发起全国性罢课，另一些人则主张在华盛顿进行一次大规模的示威。许多国会议员都非常愤怒，一些人开始谈论“迫在眉睫的宪法危机”。这次侵略也离间了许多当权派的人，200 多名国务院官员和员工辞职以示抗议，同时，数百名联邦雇员举着这样的横幅游行：“联邦流浪汉反对战争”。罢课蔓延到全国 60 所大学——然后又蔓延到城市。社运人士在纳什维尔和芝加哥的联邦大楼前举行集会，1 000 名学生阻断了辛辛那提市中心的交通。大部分集会都很和平，但马里兰大学、俄亥俄州大和斯坦福爆发了暴力事件。

接着，是肯特州立大学。5 月 4 日，俄亥俄州国民警卫队朝约有 200 名学生的人群开了 60 多枪，致 9 人受伤，4 人死亡。

“我的天，他们要杀了我们！”一名合校女生大喊，鲜血从伤处流了下来。5 月被鲜血染红。这个国家突然出现了 1776 年以来最激烈的革命氛围。在“骇人的 10 秒钟里”，《时代》周刊报道称，平日里的宁静校园变成了“一个血迹斑斑的象征，象征着起义学生对尼克松政府与东南亚战争的反抗”。

我们对抗他们。学生，还有数量惊人的学校管理人员，满腔义愤。约 35 名大学校长呼吁从柬埔寨撤兵，225 名学生会主席呼吁弹劾尼克松总统。肯特州立大学事件发生一周后，350 所大学的学生进行罢课、抗议，导致 500 个校园停摆，其中 50 所学校一直处于关闭状态，直到该学期结束。抗议活动如此普遍，以至于通讯社开始报道那些没有发生示威的学校。

沮丧变为愤怒，最终导致暴力事件的爆发。24 所大学的学生与警察发生了冲突，甚至在亚拉巴马大学、东密歇根大学、新墨西哥大学和南卡罗来纳大学等比较平静的校园也发生了冲突。30 多所大学的学生攻击并毁坏了预备役军官训练营大楼，其中有伯克利、内布拉斯加、弗吉尼亚、凯斯西储、中密歇根，甚至还有德波乌和圣诺博等高校。当局报告了近 200 起可能发生的爆炸及纵火事件，其中一半发生在学校，另外 36 起的袭击目标是企业或政府大楼。在坦普尔大学，学生砸碎了军用卡车的窗户。在布法罗，2 000 人阻断交通，砸碎了当地银行的窗户，与此同时，麦迪逊和艾奥瓦城的社运人士砸碎了临街店铺的窗户。美国银行最后上报，加州分行共发生了 24 起纵火案及爆炸袭击。俄亥俄、密歇根、肯塔基和南卡罗来纳的州长表示，他们的大学正处于紧急状态，16 个州的州长动用国民警卫队来控制 20 所大学内的暴动。换句话说——政府被迫动用军队占领校园，镇压本国年轻人的起义。

接着，是杰克逊州立大学。就在街头火焰阴燃之时，密西西比的白人州警朝黑人学生开了火，向一幢学生宿舍楼射出 300 发子弹，造成 12 人受伤，2 名在房间窗口观望的合校女生死亡。在怒斥种族主义的呼喊声中，学生们再次揭竿而起，在 50 所大学校园进行了示威。

疲惫不堪的学生跌跌撞撞地走回家，却发现大多数民众坚决反对的不是杀戮，而是他们这些示威反对美国对外政策的人。众多温和派和保守派学生对自己无法去上课感到愤怒，大多数家长赞同这一点。民意调查显示，大多数人支持入侵柬埔寨，此时他们认为，校园示威是国内的最大问题。

四分之三的人反对对政府的抗议，他们甚至支持限制《人权法案》所保障的基本自由。一名肯特州立大学学生的母亲表示："要是把那些学生都枪毙就好了。"她的儿子大惊，答道："妈妈！你是在说我！"她回答："要是你们全被干掉，这个国家会更好。"

1970 年 5 月的几起悲剧事件终结了运动和 60 年代的又一篇章。

入侵柬埔寨对解决越南问题并没有什么帮助。几周前，敌人就从安插在西贡政府的间谍那里得知了进攻的消息，已经撤走了。美军部队缴获补给后就撤退了，几个月后，敌人再次控制了这片区域：又是一次"汉堡高地"事件。

这次入侵对国内的影响更大。几乎没有人能继续保持中立了。保守派一致支持他们的总统，支持他对法律与秩序的呼吁。纽约市的建筑工人攻击了反战学生，导致 70 人受伤，一名观察者说："他们从示威者中穿过的样子，就像是谢尔曼在横扫亚特兰大①。"杨百翰的学生和 2 万名圣路易斯的市民一样，举行集会支持战争，坚定的共和党人亦称，三军统帅拥有"无畏的个人勇气"。在肯特州立大学，大陪审团起诉的不是向手无寸铁的人群开枪的国民警卫队，而是 24 名教职人员和学生，并称士兵开枪是出于自卫。尼克松政府支持的一项法案规定在总统附近"大声威胁或辱骂"是非法行为。更重要的是，政府还扩大了打击运动的秘密行动的范围，他们不仅给 FBI 和 CIA 的探员下达命令，还命令美国武装部队、国家安全局和税务局进行额外的窃听、监视，散播虚假信息，甚至命令他们"秘密进入"，这是入室盗窃的委婉说法。1970 年，尼克松政府已经走上了通往"水门"的长路。

要么左要么右。"这场危机的根源在于美国社会的分裂，其分裂程度之深不亚于内战以来的任何一次，"调查此次动乱的总统委员会报告说，

---

① 南北战争中毁灭亚特兰大的一场战役，发生在 1864 年 5 月，指挥者谢尔曼将军是北方军队中的名将。——译者

“如果这种趋势继续下去，如果这种理解危机持续，那么，这个国家的存续就危险了。如果一个国家到了被迫对自己的年轻人使用战争武器的地步，那么它便在混乱边缘了。”

从政客到部长再到大学校长，开明的当权派纷纷谴责了这些事件。“这真是疯了。”参议员爱德华·肯尼迪说。青年民主党宣称“尼克松-阿格纽搞独裁”，同时，参议院以毫无争议的投票结果废除了《东京湾决议案》。威斯康星大学校长办公室称：“我们明确反对美国参与东南亚事务以及杀害50多万名亚洲平民的行为。我们也反对对合法异见日益加剧的打压，反对由此导致的迫害黑豹党和左派领袖的行为，以及肯特州大大屠杀事件。”

大多数大学生心惊胆战。哈里斯校园民意调查显示，柬埔寨事件后，民意出现了重大转变。自称保守派的学生比例下降了一半，跌至15%，自由派的人数则翻了一番，超过了40%，激进派的比例达到了这一时期的最高点，为11%。约80%的学生认为必须制定新的法律来限制总统发动战争的权力，60%的人认为这个国家已经成了一个“极端高压的社会，异见毫无容身之地”。

这次入侵和随后发生的悲剧是压垮骆驼的最后一根稻草，彻底消除了运动中对总统残留的最后一丝疑惑——尼克松就是敌人。这是一个奥威尔式的政府，《明尼苏达日报》写道，“更多战争即更少战争，更少和平即更多和平，战事升级即和平举措……自由即压制，批判即表扬，异见即赞同”。《老鼠》称他为“超级猪”，其他地下报刊则把他名字中的“x”换成了纳粹万字符。对社运人士而言，“狡猾的迪克”会不择手段地镇压异见和青年文化。“美国神经错乱了，杀害自己的孩子，颜面已然无存，”迈克尔·罗斯曼写道，“它试图像以前那样加强控制，试图假装1950年代又回来了，安稳又熟悉，每个人都各司其职。”①

---

① SAVF: box 52, U. W. activities, chronological file folder, president's Declaration of Suspension of Classes, 8 May 1970; *Minnesota Daily*, 11 May 1970; Rossman, *New Age Blues*, 47.

人们急速地背离主流，勉强的笑容下涌动的是对权威的仇恨——家庭和友情破裂了。社运人士明白自己并不能影响尼克松政府，他们面前有三种选择：转入地下并采用一切必要手段与当权派作斗争，退出主流社会去做自己的事，或者把精力转到其他事业上。一小部分人选择了第一种，这是一个自杀式选择。更多的人选择了第二种，因为它可以减轻痛苦，带来个人解放。绝大多数人选择了第三种，即赋权运动，也有人将个人问题与政治问题混在了一起。

就这样，运动渐渐生出了新的流向。第二波浪潮汹涌而来，海水剧烈翻滚着，在赋权和解放的主题上涌向顶峰——在 1970 年代初，这些主题渐渐改变了美国白人男性的面貌。

第七章 通往新美国的运动

60年代见证了新文化的萌芽。70年代将目睹它在枝头绽放。

——《耶稣再临》，1970年

新美国革命已经开始。

——《星期六评论》，1971年

肯特州立大学悲剧发生的当月，社运人士米歇尔·古德曼与朋友从数百份地下报刊中挑出大量文章，拼接之后加以出版。“大阴谋”公社的成员将他们的书命名为《通往新美国的运动：一场漫长革命的开端》（*The Movement Toward a New America: The Beginnings of a Long Revolution*）。

当然，这场运动自格林斯伯勒事件起就已开始。第一波浪潮在1968年时发展到了高潮，当时，保罗·布斯写道：“我们是美国新左派中的年轻人，受教于60年代的社会运动，现在正尝试界定一种合适的政治思想体系，帮助我们实现建设新美国的抱负。”肯特州立大学事件发生2年后，这种抱负似乎即将实现，因为在1970年代初，第二波浪潮涌向顶峰，然后崩裂，拍打着美国体制的基岩，形成了自20世纪初进步时代以来从未见过的文化和政治漩涡。

在那些年里，大部分民众都意识到“有些事正在发生”，古德曼这样写道，“它在向深处发展，比我们知道的还要深。有人称之为革命。有时又显得太轻易了。……然而它仍然存在”。地下报刊的记者用各种措辞来指代这种现象——伍德斯托克国度、水瓶座时代、另类社会、新觉醒、新意识、新国度——许多读者都盼望着新美国的到来。“60年代见证了新文化的萌芽，”社运人士在《耶稣再临》上写道，“70 年代将目睹它在枝头绽放。”当权派评论员也感受到了变革之风。“一场革命即将来临。”教授查尔斯·莱希表示，他称这场革命为《绿化美国》。学生们购买了这本书，与此同时，哥伦比亚大学的校长估计，有一半的大学生属于“一种疏离主流的文化……它正在飞速壮大”。评论员格雷沙姆·赛克斯称“70 年代很可能会让 60 年代看起来像一场野餐”，埃米特·约翰·休斯写道，60 年代的政治已从“新边疆走向新革命”。《时代》周刊称其为青年大骚动，即使战争立即结束，它也将继续，《星期六评论》在讨论运动对体制的冲击时总结说：“新美国革命已经开始。”①

在 1970 年代初，千变万化的行动主义是迈向新美国运动的一个典型例证。它们的主题是政治赋权和个人解放——但除此之外，运动几乎没有什么焦点。第二波浪潮引发了一系列的示威和抗议，但除了少数还在为妇女解放和反战举行的全国性游行外，大多数行动互不相关，它们针对的通常都是本地事务。运动四分五裂，使得社会行动主义更加难以描述，但它也随着参与者转而关注其他问题而扩散开来，并在几乎所有层面和所有机构中与当权派对抗，包括大学甚至高中、教会、商界、军队，以及从市政厅到白宫的各类政府机构。

与此同时，六十年代人继续发展他们的反主流文化，这为新美国定下了基调。肯特州立大学事件发生后，文化革命如火如荼，因为这一事件再次提醒年轻人，主流社会已经腐化，他们应该投身于反主流文化。1970 年，政府报告说，边防人员收缴了大量的大麻和哈希什，已有 12 万人因为持有、售卖这些毒品被捕，他们还估计约有 800 万到 1 200 万的吸毒者——所有这些数据都创下了纪录。在接下来的 2 年中，数千名年轻专业人士创办了“反机构”，例如法务集体、日托合作社和免费学校。医疗专

① SHSW: Paul Booth papers, box 1, “A New Left Manifesto,” 28 Jan. 1968, p. 1; Sykes, *The Nation*, 19 April 1971, p. 490; Hughes, *NYT Magazine*, 4 April 1971, p. 24; *Time*, 17 Aug. 1970, p. 35; *Saturday Review*, 24 July 1971, p. 32.

业人士在全国近350家免费卫生所做起了志愿工作，社运人士则在多数大学附近开起了另类食品店，从“纽黑文食品合作社”到圣保罗的“绿草杂货店”，从丹佛的“共同市场”到弗雷斯诺的“我们的店”，范围如此之广，数量如此之多。每年约有5万人在免费大学上课，而每天阅读《真实报》或在WBCN上收听地下电台的年轻波士顿人更多。还有许多人去参加了旨在创建新美国的研讨会。“我们花了5天时间参加讲习班，与参会人员共度愉快时光。”堂·佩奥特就1971年在麦迪逊举行的新国度大会写道。大约800人学到了有关自卫、令人窒息的性别角色以及美国的污染和越南的橙剂等内容。

还有成千上万人涌向了公社。《时代》周刊估计1970年全国有2 000个公社，美联社称“运动在1971年已达到极大规模”，当时有3 000家公社，大概300万社员。“我们在试着创造一种全新的文化，”纽黑文的一名怪胎说，“它有自己的经济体系和价值观。”①

随着年轻的居民从大西洋一路嬉戏玩闹到亚得里亚海，新美国日渐壮大。夏天时，推广者在亚特兰大和波特兰以及两地之间的许多地区举办了摇滚音乐节：伊利诺伊的卡本戴尔，北卡罗来纳的爱情谷，密歇根的雁湖。1973年7月，约60万人在纽约州的沃特金斯格伦参加了史上规模最大的音乐节，他们观看了“乐队”“奥尔曼兄弟”和感恩至死乐队的演出，此时“感恩至死”已有了大量的粉丝——死头党（DEADHEADS）。“你们能感觉到吗，到处都是爱。”奥尔曼兄弟唱道，那时，伍德斯托克国度的事已经传到其他国家，嬉皮士在澳大利亚、加拿大、英国、法国、德国、日本、瑞典甚至南越开起了音乐节。当一些美国音乐节变得难以管束时，州和社区就禁办了音乐节，于是，音乐怪胎们创办了五花八门的小型演出——布鲁斯、蓝草、民谣、爵士和古典音乐会——另一些人则和市政官

① Bent: *The Second Coming*, April 1971; Associated Press, *The World in 1971*, 123; and see Case and Taylor, *Co-ops*, *Communes & Collectives*, 4, 20, 67, 91.

员合作，把音乐节制度化，使之成为公共事务，例如密尔沃基的“夏日音乐节”。在这期间，200 万年轻人搭便车寻找美国，还有数十万人或待在米高诺斯的海滩上，或搭便车从伊斯坦布尔到伦敦，从阿拉巴哈德到萨格勒布，也有人开着自己的“马拉喀什特快”①。

开明的城市因怪胎和少数族裔创造的嬉皮文化复兴运动而充满了异国情调。街头艺术轰轰烈烈，这个国家五颜六色。奇卡诺人在高中学校创作壁画，在建筑物上画“火墙”。黑人男性留起非洲爆炸头，女性则特意穿起了颜色鲜艳的非洲服饰。年轻男性剃掉头发，身穿长袍，在街角边敲铃鼓边唱“奎师那，奎师那，哈瑞奎师那”。嬉皮资本家涌上街头，开起商店：阳光透过雕花玻璃照进店里，包着头巾、穿着喇叭裤的手工艺人正在售卖珠宝、喇叭裤和皮革。身穿破烂背带工装裤的公社成员在合作社卖全麦面包，在农夫市集出售有机蔬菜。特立独行的怪胎们像旗帜一样在美国各地飘扬、缭绕、舞动。留着马尾辫的木匠带着油漆和木料进入衰败的社区，开始建城市宅基地。留长发的人在公园里吹泡泡、扔飞盘。成群的年轻男女在海边和嬉皮谷里裸泳。

一个新美国或者说某种新东西正在兴起。“我的学生谈起 60 年代时”，一位教授在 20 多年后说，“他们指的其实是 1970 年代初”，事实就是如此。1968 年芝加哥大会之前主流媒体上的青年照片与肯特州立大学事件 2 年后的青年照片截然不同——这就是第二波浪潮，它看上去、听起来都很不寻常，因为大量的婴儿潮一代至少看上去怪胎气质十足，与他们的前辈相去甚远。

反主流文化信仰和行为正在渗入主流社会，稀释或污染着传统的美国价值观。1971 年，大麻与药物滥用全国委员会让老一辈人和任命该委员会

① Marrakech Express，格雷厄姆·纳什的一首歌的歌名，首唱是在 1969 年的伍德斯托克音乐节上。这首歌的灵感源于纳什 1966 年在摩洛哥度假的经历，当时他乘火车从卡萨布兰卡去马拉喀什，觉得头等车厢太无趣，于是去了其他车厢，被那里的“鸭子、猪和鸡”迷住了。歌中充满了对旅行和未来的憧憬，对情感和场景的生动描绘。——译者

的尼克松总统大吃一惊，因为他们建议停止起诉因私用而持有大麻的行为，而安娜堡、伯克利和麦迪逊等地市政府已在这么做了。相当多的年长者抛开束缚，参加示威，质疑自己的国家并开始思考新的价值观。电影《哈罗德与慕德》传达了这样的讯息："你想做就可以做。"这部电影让人更加确信,"年龄"与出生日期不相干。还有许多美国人抛弃了标准的着装方式。朴素的纯白T恤过了时，几乎所有人都戴起了徽章，有和平标志、十字架等等，还有人胸前印着宣言，如"地球母亲"、"继续前进"、"大头菜力量（Swede Power）"等等。1972年，一名观察者注意到：

> 所有人突然都变得不像自己了：证券经纪人穿得好像要去非洲游猎；社会学家变得像长发飞车党，非主流摩托车手；英文教授看上去像码头工人；商人像马戏团的驯兽师；会计师像杰西·詹姆斯；祖母们穿起套装，年轻女孩穿起奶奶裙。还有一些人则把自己打扮成农民、房屋油漆工、电话线接线工、美国印第安人、吉卜赛人、潘乔·维拉式的枪手或是老照片里的人。是谁在办假面舞会？这场变装派对在哪里开？

办派对的正是这场运动。①反主流文化的扩张就是一种解放形式——一个色彩斑斓、自由的新美国，许多女性参与其中，她们解放自己、以行动争取政治赋权。女性主义者再次融合了第二波浪潮的双重主题，1970年8月26日，这种联合强势地在妇女争取平等罢工行动中亮相。

全国妇女组织宣布将进行一场全国妇女动员活动，以纪念第十九修正案通过50周年，社运人士敦促全国妇女关掉打字机，拔下电话总机线，放下拖把，直到公司的男老板保证所有的岗位都向女性雇员开放——并且同

① TA：R. J. O. Adams comments，17 Oct. 1987；这名观察者是Sonya Rudikoff，出自*Commentary* (July 1972)：62。

工同酬。其他的目标还包括拥有平等的教育机会、设立儿童保育中心和按需堕胎。从激进的女同性恋到温和的女商人，全国妇女组织与所有女性主义组织结成了一个大型联盟，试图向世人证明“我们有多强大”。

女性力量已经到来。带着“罢工正火时不要熨衣服”的标语，数千人抵制上班，闯进办公室，她们把孩子放在丈夫的办公桌边，在主街上举行女性主义者半个世纪以来的首场大型示威活动。约 5 000 人游行至波士顿公园，几千人游行至旧金山的联合广场，华盛顿特区也有同等数量的人在游行，她们要求通过《平权修正案》。“我们一定会胜利。”洛杉矶的人们唱道，此外，当几百人在丹佛和巴尔的摩游行时，另一些人在西雅图的市长办公室外举行了开放日活动，还有一些人在迈阿密举办了一场模拟砸咖啡杯的花园派对。在五角大楼，秘书们把胸罩、束腰和粉色内裤装满了一个垃圾桶，抗议把女性当作玩物。在芝加哥，她们在拒绝女性入内的餐厅进行了静坐，在印第安纳波利斯，她们上演了一场名为《男性自尊》（*Male Ego*）的街头表演。不过，最大的一场示威发生在纽约市。成千上万人加入了贝蒂·弗里丹的队伍，她们沿着第五大道行进，贝蒂的两边分别是一名身着蓝色牛仔服的年轻激进派和 82 岁的多萝茜·凯尼恩，50 年前，多萝茜为了争取自己的投票权，曾在同一条路上进行过示威。祖母、母亲和女儿三代人手牵着手。丈夫们把孩子扛在肩头。一个名为“男性争取女性权益组织”的团体和“老年女性解放”组织、“高中女性联盟”肩并肩地游行。有些人在散发传单——“你和你的婚姻”——另一些人举着横幅：“妇女罢工，为了和平——和平等”。她们没有服从警察的命令留在人行道上，而是挤到了大街上。女性雇员在办公室的窗边向她们挥手，社运人士大喊：“来加入我们吧，姐妹们！”

“它让所有女性都觉得自己很美丽，”一名游行者写道，“它让我觉得自己有 10 英尺高。”当凯特·米利特在纽约向近 4 万人宣布“今天是一场新运动的开始”时，它传递的信息非常明确。的确如此，因为总的来说，这场罢工取得了巨大的成功。《纽约时报》称，解放运动是一场“严肃的革命”，提议通过《平权修正案》的“时代已经到来”。《洛杉矶时报》认为平等已迟到多时，国会也如此认为。众议院已经20年没有就《平权修正案》举行过听证会，现在它突然开始讨论该法案。这次罢工让全国妇女组织作为首屈一指的女性主义组织站到了聚光灯下，3年后，其成员遍布700个地方社区和校园组织，人数猛增至4万。

当然，也有人强烈抵制此次活动，尤其是那些更年长、更保守的美国人。在罢工期间，不少纽约男性嘲笑游行者是“不穿胸罩的叛徒”，还举起了标语牌“立刻招募女兵”。一名洛杉矶男子举着标语牌，要求“废除第十九修正案”，另一人大喊：“男人在家是国王，我们希望妻子是皇后而不是伙伴。”一名年长的众议员试图阻止议会讨论这项“愚蠢的修正案”，西弗吉尼亚的一名参议员称罢工者是“一小撮不穿胸罩的笨蛋”。许多保守的女性和家庭主妇同意这个说法。全国妇女委员会的索尔·沙里夫人认为，女性主义者的意图并不合法，因为“并不像她们说的那样存在对女性的歧视。……她们之中有太多无趣的人。我在想她们是否身心健全”。全国女商人与职业妇女俱乐部联合会的露西尔·施里弗拒绝参加罢工。“我们要端庄娴静，”她说，“我们不爱出风头，也不举标语。”罢工让其他传统主义者十分震惊。“我不明白这些女人在想什么，”房地产经纪人波西·卡朋特说，“我喜欢别人看到我妩媚动人的样子，也喜欢男人向我吹口哨。”作家海伦·安德林公开宣扬“对女性气质的歌颂”，劝女性穿上最女性化的服饰，在床边服侍丈夫用早餐，以此感念自己的性别。另有数千名保守人士加入了名为“女性幸福”（HOW）或“女性反女性主义者”（FAF）组织，后者告诉自己的成员：“如果你丈夫想出去……那就别做女性反女性主义者组织的工作。放下工作陪你丈夫出去。”① 菲莉斯·施拉夫利有个更大的目标，成立了名为“阻止《平权修正案》通过”组织。

---

① *NYT*, 23 March, 9 and 27 Aug. 1970; *WP*, 27 Aug. 1970; *Newsweek*, 24 Aug. 1970, p. 15; 10英尺高的话出自 Friedan, *It Changed My Life*, 146–51; 回应出自 *NYT*, 26 and 27 Aug., 28 Sept. 1970, and *Time*, 31 Aug. 1970, pp. 20–21。

由于妇女解放运动在改变这场运动的同时也改变着传统的角色分配，因此这次罢工也惹怒了许多男性社运人士。“这是一段难熬的日子。”苏西·卡普洛写道，许多年轻的女性主义者对男性社运人士感到愤怒——让她们愤怒的还有那些叫她们“甜心”的杂货铺店员和吹口哨的建筑工人。卡普洛宣布，现在应该变得坚定、自信，让他们“滚开，或者假如你够勇敢，就用膝盖对着要害顶过去”。男性讨厌被人叫“性别歧视者”和“沙文猪”，讨厌这样的女性主义横幅：“今晚不要做饭——今天饿老鼠一顿”。雷蒙德·蒙戈写道，在某个集会上，他“同意她们的大多数观点，但当‘自由女性’组织一边大喊‘压迫者’之类的话一边把我赶出房间时，我觉得自己特别像一个不受学生非暴力调解委员会欢迎的白人自由派”。男性开始疑惑自己是否该给约会对象创造女性解放的机会，或者这样做是否会显得居高临下，此时，性别角色已经变得模棱两可，充满了不确定因素。

1970 年代初是一段尴尬的调整期，但许多男性明白了其中的道理。保罗·波特提到，解放运动让他无法回避，并教会他“更加自觉地意识到自己的沙文主义做派”。明尼苏达大学《日报》的编委会成员大多是男性，他们指出，虽然女性主义“吸引了一部分狂热分子、怪人和仇视男性者，但她们言辞背后的目标对男女都有益”，麦迪逊国防联盟的男性写道，为了构建一场“人民的解放运动”，应该重新审视所有的关系。①解放的定义正在扩大，不久，它将涵盖自我实现的所有方面。

与此同时，没有哪个话题比女性解放更受举国关注的了。例如，在罢工当年，《洛杉矶时报》对这个话题的报道量是前一年的 50 倍。媒体也不再开玩笑，而是认真地审视女性议题——堕胎、歧视、机会、性别主义。

越来越多的女性主义者开始讨论新话题，例如双性恋、女同性恋、色

---

① 卡普洛的文字出自 Koedt, ed., *Radical Feminism*, 36–41; Mungo, *Famous Long Ago*, 58; Potter, *A Name for Ourselves*, 171; *Minnesota Daily*, 14 April 1970; SAVF: box 53, Madison Defense League people's release, Nov. 1971。

情文学、强奸和被殖民的女性。虽然她们都支持平等，但学生和激进派通常会要求解放，而年长的职业女性则主张权利。随着各种组织的发展，从“无政府女性主义”组织到“老年女性解放”组织，再到“女性武装自卫”组织，矛盾自然就爆发了。言辞变得激烈起来。“妇女革命运动必须……摧毁男性主导的权力结构的所有残余，包括国家本身。”一个团体如此宣称，而黑豹党的一些女性成员坚决认为废除堕胎法是一项“针对黑人的种族灭绝政策”，女同性恋公社“复仇女神”呼吁脱离异性恋社会。激烈的争论、内讧和大会上中途退席变得极为常见，以至于纽约的一个女性主义团体在其散发的传单上要求“停止使用男性化的策略”，并呼吁“治愈我们的分裂综合征”。女性主义者写了大量有关这些冲突的书。从短期来看，它们伤感情，令友情破裂，然而从长远来看，它们对女性运动的影响非常小，因为虽然温和派和激进派听上去意见不一，但正如一名历史学家所总结的那样，“她们观点的重叠部分相当多”。那是因为，女性主义者能聚焦于一个共同的目标——歧视。①

社运人士通过提起一系列诉讼来对抗美国各类机构中的歧视现象。《美国新闻》在 1971 年发表报道：“最新的校园运动：女性平权”。妇女平等行动联盟的律师以性别歧视为由，起诉了 350 所大学，其中包括加州、佛罗里达州、新泽西州和纽约州等州的全部大学系统——以及国内所有的医学院和法学院。全国妇女组织对所有公立学校提起了集体诉讼，理由是他们在薪资、升职及产期福利方面存在歧视。女性主义者投诉了 1 300 家接受联邦资金的大型企业，要求它们制定平等就业的目标和时间表，她们还起诉了众多公司——南太平洋铁路公司、通用汽车、高露洁棕榄、马丁-玛丽埃塔公司、利比-欧文斯公司、美国航空和西北航空，以及美国劳联-产联（AFL-CIO）的陶瓷工人工会。

① *LAT* survey by Monica B. Morris in *Sociology and Social Research* (July 1975): 526-43; SAVF: box 57, Women for the Inclusion of Sexual Expression flyers; 历史学家的结论出自 Wandersee, *On the Move*, 42。

在这一整年中，解放运动不断扩大，新的参与者拓宽了出击的范围。女兵们在基地成立了互助小组和“陆军妇女军团反战组织”，修女们也组织了活动，2 000 人参加了在克利夫兰举行的会议。艾伯塔斯·马格努斯·麦格拉思修女说：“天父说这是一个神职人员的教会。我说这是一个男性的教会。……教会法不允许女人公开表达对上帝的信仰——孩子和低能儿也不行。”浸礼会、圣公会、犹太教、路德教和长老会的女教徒开始提出诉求，质疑源于夏娃的罪恶观念，反对将上帝称作“天父”。当牧师说“上帝保佑你”时，女性主义者则回答：“谢谢，她会的。”当年 7 月，50 万工人宣布对美国最大的女性雇主——美国电话电报公司举行罢工抗议。这次罢工表明，运动正在大举进入普通民众的生活。美国电话电报公司旗下的“贝尔系统”有超过一半的雇员都是女性，然而，同样的工作，女性的工资却低于男性，也无法进入管理层和技术岗，99.9%的接线员都是女性。一名接线员说，工会“也许是时候多开展一些妇女解放运动了”，麦迪逊的女性主义者印制传单，寻求各方支持，她们表示，在威斯康星贝尔公司，“女人只能干最无聊的工作，拿低于标准的工资，还被人当成小孩和奴隶。……贝尔大妈①就是个贱货！”

还有一些女性挑战了州法。她们成立了全国堕胎权利行动联盟（NARAL），她们还与名为“人口零增长”的新团体一起向立法机关施压，要求他们开始审查堕胎法。“当我们谈论女性权利的时候，”一名社运人士说，“我们就有了得到这个世界上所有权利的能力……但是，假如我们对自己的身体没有所有权，假如我们不能控制发生在自己身上的事，假如那些让我们意外怀孕或者通过欺骗、武力让我们怀孕的人能改变我们的整个人生，那么这些权利就是个屁。”在安娜堡发生一系列强奸案后，社运人士成立了妇女救护中心，并开始倡议修订法律，作为其“对强奸开战”行动的一部分。少数女议员在众议院就女性议题提出了数量空前的法案，而另

① Ma Bell，贝尔系统的俗称。——译者

一些女性主义者警告政治领袖，必须在1972年解决她们的问题。如果两个传统政党不解决，那么就让女性主义政党和她们的总统"候选人"——女议员雪莉·奇瑟姆①来解决。②

尼克松政府抵制女性解放运动，甚至还任命了一名从没做过专业工作的家庭主妇到平等就业机会委员会任职，但女性主义浪潮的威力太强大了——在罢工后不到一年的时间里，女性社运人士就已经取得了惊人的胜利。政府开始执行《民权法案第七章》，并在对哈佛大学、芝加哥大学、密歇根大学和宾夕法尼亚大学等40所高校进行调查的同时，取消了给大学的助学金和合同。政府不再宣传"男性""女性"职位，开始雇用女性从事从公园管理到安保的所有工作。卫生部、教育部和社会福利部承诺将任命更多的女性担任高级职位，联邦通信委员会对广播行业的歧视指控做出了回应，比如琼·亨特所指控的，"上一个出名的女DJ还是东京玫瑰③"。联邦通信委员会将女性纳入平等就业规则的适用范围，在电台广播与电视行业开设了新的工作岗位，与此同时，麦迪逊大道的领导们开始思考他们的广告是否存在性别歧视问题。最高法院一致判定，第十四修正案所保障的"平等"适用于女性公民。当美国参议院开始讨论《平权修正案》时，众议院女议员玛莎·格里菲斯则设法让该法案进入投票阶段，结果，众议院以354票对23票的绝对优势通过了该法案。州立法机关开始讨论放宽堕胎法，到1970年底，已有17个州通过了堕胎改革法案。《新闻周刊》、高露洁棕榄、NBC等各类公司签署了承诺平等就业机会的协议，美国汽车工人联合会改变了政策，并宣布他们将鼎力支持女性的平等权利。新教教会讨论了女性在会众中的角色，还有一些教会制定了开明的政策，桑德拉·

---

① 美国历史上第一位参与总统竞选的黑人，同时亦是民主党首位竞争总统候选人提名的女性。——译者

② 工会相关的内容请参考 *NYT*, 15 July 1971；Ross：New American Movement 有关贝尔大妈的传单；身体的相关发言出自 Luker, *Abortion and the Politics of Motherhood*, 97，还可参考 Komisar, *New Feminism*, chap. 17。

③ Tokyo Rose，指东京广播电台的女播音员。二战时期，日军令她们以英语向美军广播，摧毁对方的心理防线。——译者

艾森伯格成了费城希伯来神学院的首位女性拉比学生。全国各地的大学和职业学校都重新审视了自己的政策。为达到同酬，威斯康星大学给 600 名女性员工补发了 50 万美元。与此同时，缅因大学、欧柏林学院和其他院校废除了他们关于任用亲属的规定，允许夫妻在同一部门工作。圣地亚哥州立大学在 1970 年设立了首个女性研究项目，到 70 年代末，已有 500 所大学开始教授这类课程。大学改变了健康中心的服务项目，将妇科检查和避孕指导纳入其中。过去是男校的达特茅斯学院、圣母大学和普林斯顿大学开始招收女生。耶鲁也开始招收女生，而且还让女性入选董事会，这是该校自 1701 年建校以来的首次。

1970 年代初是女性主义的复兴时期。第一部以职业女性为主题的情景喜剧《玛丽·泰勒·摩尔秀》于 1970 年播出，不到 2 年，摩尔身后又出现了两位独特的女性角色"慕德"和"罗达"。这一主题思想也出现在无线电波中。海伦·雷迪的《我是女人》冲上歌曲排行榜榜首，卡罗尔·金的《挂毯》(*Tapestry*) 成了 70 年代的畅销专辑，霍莉·尼尔唱起了女性主义民谣，芝加哥女性解放摇滚乐队则用"宣传摇滚"(agit-rock) 让女性主义的声音更加高亢。女性主义者出版了发人深思的畅销书：英格丽德·本吉斯的《性感地带的战斗》(*Combat in the Erogenous Zone*)，凯特·米利特的《性政治》(*Sexual Politics*)，舒拉米斯·费尔斯通的《性辩证法》(*The Dialectic of Sex*)，杰梅茵·格里尔的《女太监》(*The Female Eunuch*)，还有流行小说，例如丽塔·梅·布朗的《红果丛林》(*Rubyfruit Jungle*)，艾丽卡·容的《怕飞》(*Fear of Flying*)，以及西尔维娅·普拉斯的《钟形罩》(*The Bell Jar*)。新一代的女性学者出版了振奋人心的学术著作，有《南方淑女：从神坛到政治》(*The Southern Lady: From Pedestal to Politics*)，也有《女性主义的重生》(*The Rebirth of Feminism*)，还有一些人出版了数百种新刊物，如《女性：一份解放杂志》《女士》，后者是一份"属于女性，如实谈论女性"的杂志，很快就达到了 20 万的发行量。波士顿女性健康图书协会出版了《我们的身体，我们自己》，向以男性为主导的医疗体制发起挑战，这本书成了畅销书，并被翻译成了 11 种语言。

显然，在 1970 年代早期，女性主义者震撼、挑战了男性主导的美国。共和国建立以来，性别角色一直由男性定义。女性社运人士现在大喊，停止吧！“女性主义运动的全部意义，”薇薇安·戈尼克写道，“就在于每个女性都应该认识到，女性可以选择任何措辞来真诚地定义自己，这是女性主义信仰的主旨和荣耀所在。”①

这场罢工再次引得全国人民去思考美国女性的社会地位，三天后，东洛杉矶的奇卡诺人唤起了市民对墨西哥裔美国人困境的关注。

“全国奇卡诺人要求终止”组织旨在通过抗议西裔在越战中的高死亡率，证明棕色赋权运动正在与反战运动融为一体。奇卡诺人和黑人一样，认为他们在征兵问题上受到了歧视，或者如加州大学洛杉矶分校前学生会主席、征兵抵制者罗萨利奥·穆尼奥斯所说，征兵制度之所以会让他们像“过漏斗似的被送到”战场上，是因为他们很穷，而且还有一种特殊的负担，即要证明他们忠于美国。他们在越南的死伤率比该少数族裔在美国总人口中的占比高 50%。穆尼奥斯、“棕色贝雷帽”的大卫·桑切斯、“软木塞”·冈萨雷斯和恺撒·查维斯组织了游行，意在终结战争并敦促奇卡诺人抵制征兵，为国内的社会公正而斗争。

8 月 29 日是个暖和的晴朗日子。约 2 万人出现在了示威现场，有老人也有小孩，他们沿着惠蒂尔大道游行，前往拉古纳公园的演讲台。在他们排队进入公园时，一家卖酒的商店里发生了意外，一些口渴的示威者想在那里买或者偷苏打水和啤酒。该组织的管理人员去现场安抚情绪，就在这时，约 50 名警察下了车，抽出警棍，快步走向商店和公园。人们正在听演讲者发言，据在场人士说，警察宣布整场集会为非法活动，命令人们离开公园，然后开始向人群发射催泪瓦斯：场面随即混乱起来。母亲们抱起孩

---

① *U. S. News & World Report*, 13 Dec. 1971, pp. 79–81; *Newsweek*, 26 April 1971, pp. 61–62, and 17 May 1971, pp. 99–102; Gornick, *Essays in Feminism* (New York, 1978), 71.

子跑，父亲们冲向打斗现场。群情激愤。警察追着游行者满街跑，示威者砸碎了沿街商店的窗玻璃。不到两个小时，楼房已在一片火海之中，几十处火势失控。抗议者、警察和居民发生交火。警察逮捕了 100 多人，其中包括某辆卡车里配备来复枪的 30 人以及冈萨雷斯，他因涉嫌抢劫而被立案。更关键的是，警察打伤 70 多名西裔美国人，打死 2 人，其中包括鲁本·萨拉萨尔。

萨拉萨尔是《洛杉矶时报》的一名颇受欢迎的专栏作家，常为墨西哥裔美国人的权利发声，他当时正在一间酒馆里喝啤酒，一名警察怀疑里面发生了凶杀，并朝屋内发射了一枚催泪弹，结果击中了这名记者的头部。警察声称这是一个悲剧性的错误，但许多本地居民认为萨拉萨尔是被谋杀的，因为他一直在批评警察的暴行。很快他就成了人们心中的殉道者，尤其是在地方检察官拒绝起诉对他的死负有责任的警察后。向来保守的《时代》周刊谴责了这一决定，墨西哥裔美国人社区被触怒了，称该判决“再次证明了司法系统颠倒黑白”。联合拉丁裔美国公民协会的查尔斯·查维斯说：“法律与秩序并不是正义的代名词，而是仅代表了维护当权派利益所需的暴力。”

与往常一样，警察的行为没能抑制运动的发展，它激励了更多西裔美国人成为社运人士，去挑战欧裔当权派。罗萨利奥·穆尼奥斯写道，在洛杉矶的社区里，“奇卡诺人生活在一种类似极权主义的环境中”：

> 我们的行为不过是对当权者制造的异常状况的一种正常回应。东洛杉矶每月会发生 10 到 20 起警察暴力事件，这让我们再一次看到了自己在整个社会中的价值，但这个社会似乎并不关心这一点。我们迫切希望能成为这个社会的一分子，但你们那强悍的哨兵一再把流着血的我们赶走。我们现在要直接反抗这些哨兵。

那年秋天，奇卡诺人继续在东洛杉矶进行示威，以致发生了更多的暴力事件。1971 年 1 月，警察向一群愤怒的人开枪，致使 35 人受伤，1 人死亡，由此掀起了新一轮的游行。在那一年中，至少有 4 场游行演变成了暴动，一个自称奇卡诺解放阵营的团体宣称对一系列炸弹袭击负责。冲突持续了数月，许多社运人士回望过去时心中都充满苦涩，称西语区内并没有取得实质性的进步，而西裔美国人中的保守人士则称示威者是“一群没有人情味的发了疯的激进分子”。理查德·马丁内兹哀叹道：“有时候我觉得，扒开灰烬，只会冒出更多的灰烬。”很多人亦有同感。①

也许是吧，但在浴血街头后，奇卡诺人也变得更自豪、团结，政治上更加觉醒并最终实现了赋权。受到骚乱的影响，艺术家查理·菲利克斯和朱迪·巴卡将当地的帮派成员组织成设计师和画家小分队，他们很快就画起了描绘墨西哥及阿兹特克传说的壁画，当时街头艺术在洛杉矶风靡一时，还迅速蔓延到了湾区和全国各地。西南部的奇卡诺人向政治体制以及他们支持多年的政党——民主党发起了挑战。“我们一直都是政治的娼妓，”一人表示，“也可能是处女！我们拿什么证明自己的无偿付出呢？什么都拿不出！所以现在我们要说，不能再这样下去了。”在洛杉矶，西裔美国人组织了起来，支持他们自己的政治社运人士竞选县官员，同时，他们和黑人结成联盟，结果促成自由派黑人汤姆·布莱德利当选市长。在得克萨斯，何塞·安格尔·古铁雷斯组建了人种联合党，帮人们进行选民登记，还赢得了克里斯特尔城学校董事会的控制权。他开设了双语课程，采用与奇卡诺文化紧密相关的教材，并且聘请了更多西裔美国教师。该党还赢得了市议会中的席位和市长竞选，得克萨斯州南部以及科罗拉多州、加州许多县内的奇卡诺人因此受到鼓舞，他们开始参与本地的政治进程，推举候选人。由于西裔美国人增强了他们的政治力量，改变了体制，人种联合党开始从民

① *LAT*, 30 Aug., 16 and 22 Oct. 1970, and see Edward J. Escobar, "The Dialectics of Repression: The Los Angeles Police Department and the Chicano Movement, 1968–1971," *Journal of American History* (March 1993): 1483–1514, and Morales, *Ando Sangrando*, chaps. 7 and 8; 穆尼奥斯及其他人的信件出自 *LAT*, 23 Jan. 1971；马丁内兹的话出自 *Castro*, *Chicano Power*, 138–41。

主党那里拉来选票。数百人在休斯敦举行游行，要求政府在西语区内铺设街道，改善下水道设施并修建公园。刚在他们帮助下赢得选举的白人市长宣称，这样的公共服务“不是要求，而是早就应该落实的必要项目”。

“人们必须认识到并明白，”阿尔曼多·伦登写道，“西南部正在发生革命，它带着西班牙口音。”它还有许多其他口音，因为这场争取政治赋权的运动向所有少数族群提出了一个关键问题：衡量进展的标准是融入主流白人文化的程度，还是与之分开的程度？在第二波浪潮期间，许多少数族群都讨论了这个问题。“在过去那么长的时间里，我们一直在试着成为美国人，”一名波多黎各女性说，“渐渐遗忘了自己的根、文化和价值观。”这场讨论充满了弦外之音，它直面当权派，提出了文化优越性的议题。拉斐尔·古兹曼教授力推一种新的多元主义，它意味着“社会不会强迫少数族群进入既定的盎格鲁-撒克逊模式，每个群体都应该在为整个社会做出贡献的同时自由发展自己的文化”。①这场运动给新美国提出了新的问题，在接下来的一代人中，这些问题将引发公众对文化多样性及多元文化主义的讨论。

与白人当权派对抗常常会引发争执和暴力，在 1970 年 11 月大选前的几个月里，这种情况再次出现。在当年的第三季度，各当局报告了 500 多起针对政府人员的袭击，据说是奇卡诺人和黑人武装派所为，共造成 20 多名警察死亡。在底特律，100 名警察和 15 名黑人殴斗了 9 个小时，导致 2 名警察死亡。在伊利诺伊州开罗，武装派某晚三次袭击一家警局。“今晚在开罗发生的，”市长说，“是一场公开的武装暴乱。”在加州，带武器的黑人突袭了圣拉斐尔法院和监狱，试图释放囚犯。他们劫持了人质后爆发了枪战，导致 2 名囚犯、他们的 1 名同谋及 1 名高级法院法官死亡。联邦政府下令逮捕家喻户晓的黑人共产主义社运人士兼女性主义者安吉拉·戴维

① Steiner, *La Raza*, 200; *Houston Chronicle*, 2 May 1971; Rendon, *Chicano Manifesto*, 3; 古兹曼的观点出自 *Time*, 4 July 1969, p. 21。

斯，但她当时并不在现场。官方指控她买了霰弹枪用于逃跑。根据加州法律，为杀人案提供武器的同谋者可能与开枪者同罪。FBI 在全国各地张贴了印有戴维斯正面照的海报。罪名：谋杀。一个月后，政府人员在纽约抓住了她。

“释放安吉拉！”社运人士高呼，与此同时，一些白人武装派搞起了炸弹威胁。官方通报了数千次威胁及 140 多次爆炸事件。秋季学期期间，波士顿大学被迫清空教室及宿舍楼 80 次，激进派在罗格斯大学制造的威胁超过了 175 次，几乎每天都在扰乱学校的正常运作。校园里很少发生爆炸事件，但只要来 1 起就足以产生持久的影响，威斯康星大学就发生了这样的事。8 月 24 日清晨，以德怀特·阿姆斯特朗和卡尔·阿姆斯特朗为首的 4 名武装派分子用炸弹袭击了陆军数学研究中心。卡尔在芝加哥民主党大会期间成了激进派，成为麦卡锡的支持者。早些时候，威斯康星的社运人士认为，该中心的研究员在开展秘密军事项目，据说这些项目在为美国驻越南武装部队提供帮助，因此成了他们的攻击目标。“为了把战争带回国内，”卡尔回忆说，“我们必须削弱战争机器。”他们做到了，在一辆偷来的货车里他们装了近 1 吨炸药，然后把车停在了中心所在的大楼附近，凌晨 4 点前，他们点燃了一根 7 分钟烧完的引线。

30 英里外的地方都能听到爆炸声。好几个街区的窗玻璃都被震碎了。这座六层建筑被毁，其中一面被炸没了，墙体坍塌，造成了美国历史上最严重的人为破坏。货车被炸成了碎片，部分残骸飞到了 3 个街区外的某栋八层楼房的顶上。人员伤亡更惨：3 人受伤，1 人死亡，死者是一名博士后研究员，留下了妻子和 3 个小孩。

这起爆炸案震惊了麦迪逊，也震惊了全美。死亡迫使人们思考激进言论引发的后果。一些激进派可能认为通过损毁军队财产或者砸碎临街店铺的窗玻璃来扰乱商业，从而把战争引到国内的做法是一种英雄行为，但无辜人员的伤亡该怎么解释？一些武装派扰乱校园内数千名学生的讨论、讲座和活动，又该作何解释？温和派提出了这些问题，而对激进分子日益增长的不满在那年诸如宾州州立大学"负责任大学学生委员会"、伯克利的"非暴力行动党"、"哥伦比亚大学学生"组织或加州大学洛杉矶分校的"托马斯·杰斐逊俱乐部"等团体的胜选中表现得很明显，他们提出了"要对话不要谩骂"的口号。

为了听取学生的意见，一组记者在当年秋季学期期间走访了多所大学。他们发现，对柬埔寨的入侵重新燃起了学生们为自由派候选人工作的兴趣，而且，大多数学生都认同大学是压制人性的。此外，大学生还觉得安吉拉·戴维斯等人由社运人士变为逃亡者，是因为受到了压迫，他们应当得到支持甚至帮助。但记者们也发现，炸弹袭击事件"正在让大批激进派和许多青年大学生与主流人群渐行渐远……也降低了发生重大政治变革的几率"。底特律的激进派哈维·奥弗辛斯基表示："炸掉 CIA 大楼并不会让部队被撤回国。……炸弹袭击是自杀式行为，除了会带来镇压，不会带来任何改变。"①

情况确实如此。虽然共和党人威廉·斯克兰顿领导的学生动乱校园委员会报告说，学生示威的主要起因是总统的对越政策，但是，政府迅速驳斥了这份报告并继续发动攻势。威斯康星炸弹袭击事件发生后，总统彻底改变了自己的立场，他呼吁联邦政府干预大学事务，并要求再派 1 000 名 FBI 探员去调查校园骚乱。为了在 11 月的选举中提高共和党的支持率，尼克松来到了堪萨斯州立大学。他请求总体比较保守的该校学生助他赢得公正的和平，这样就可以"避免美国战败，否则将引发另一场战争"。他呼吁人们终结恐怖主义行动，谴责"少数暴力激进分子、扔石块和满嘴污言秽语的人"，这些人并不是为了持久的和平，而是要"毁掉美国"。在观众的掌声中，他指责软弱的大学管理人员没有直面这些学生。后来，司法部

① 暴力事件相关的内容出自 *U.S. News & World Report*, 9 Nov. 1970, p. 52, *NYT*, 17 Aug. and 15 Oct. 1970；阿姆斯特朗的相关内容请参考 *Milwaukee Journal*, 18 and 25 May 1986, and Bates, *Rads*, 153–306；观点出自 *NYT*, 14 Dec. 1970, and *Saturday Review*, 20 Feb. 1971, p. 22。

长米切尔也加入了这一讨伐，他说学生和“这些管理教育机构的蠢货”完全不了解国内的问题，也不了解越南，他的妻子补充道，自由派教育者是“所有麻烦的源头”，他们“正在毁掉我们的国家”。

秋季的政治活动沦为一场不堪的对骂。尼克松和阿格纽每到一站都会遭遇社运人士的奚落、嘲弄和粗口。在佛蒙特的布林顿，示威者向副总统扔垃圾，而在加州的圣何塞，1 000 名高喊口号的年轻人朝总统的豪车投掷石块、瓶子和鸡蛋，一块石头差点砸中总统。这样的行为落入了政府设好的圈套中，因为发言人就此将批评的矛头从他们的政策转移到了大学生和学校管理者身上。总统称圣何塞事件是“不守规矩的暴徒才会干的，它展现了美国最糟糕的一面”。阿格纽把国内问题怪罪到“激进自由派”头上，他还表示，校园里“一小撮高智商的小恶霸”正在把“政治暴力病毒”传染给其他学生。他说，共和党人即法律与秩序，民主党人即放任与暴力。当民主党人抱怨他们的竞选活动没有解决真正的问题时，尼克松宣布“是时候划清界限了”。阿格纽的做法更加直接，他敦促蓝领民主党人给共和党投票，以示自己的爱国精神。至于抗议者，他说，“是时候把那种垃圾清出我们的社会了”。

政府的竞选活动失败了。尽管民众对校园动乱感到担忧，对示威活动感到沮丧，但民意调查显示，在各地的国会选举中，除了重要的地方事宜外，战争仍是当年秋天最重要的议题，其次是近来人们对于经济的担忧。从州层面来看，共和党人连连受挫，丢掉了 11 个州长职位，保守的佐治亚州选出了承诺将实现平权的温和派民主党人吉米·卡特。从全国层面来看，共和党人败给了 8 名民主党参议员中的 7 人，这些人曾被共和党称为“极端分子”——呼吁和平的候选人，另外，保守派在参议院仅赢得了 2 个席位，而反战自由派轻松连任。在众议院，24 名呼吁和平的候选人赢得了选举，5 人落选。民主党人拿下了 9 个席位，其中一人是来自纽约的女性主义者贝拉·埃布扎格，她是妇女和平罢工组织的创始人之一，另一人是来自伯克利的黑人武装派成员罗纳德·德勒姆斯，他们组成了一个更倾向自由和反战的众议院。尽管选举结果并不明朗，但民众似乎已经厌倦了战争，他们希望政府能着手处理国内问题。

然而，政府却加强了对运动的打击力度，这次选举的两个月后，他们明目张胆地动手了。1971 年 1 月，《纽约时报》报道，有 1 000 名美国陆军探员正在代号为“美国大陆情报”的行动中使用电脑收集平民的姓名。该报指出，这项行动虽然是约翰逊开启的，大幅度扩展的人却是尼克松。国会启动了调查，在听证会期间，五角大楼的官员承认军方拥有 2 500 万美国人的卷宗。此事曝光后，有人匿名将 FBI 文件寄给了多家报社，社运人士闯进宾夕法尼亚州麦地那城的 FBI 办公室，窃取了档案。其中的记录显示，局长胡佛曾下令监视学生与和平团体，其中包括全国各所大学的黑人组织，因为他们“对国家的稳定和安全构成了明确的威胁”。另有备忘录披露，该机构编制了大量公民的档案，其中有些人并没有犯罪记录，例如“地球日”上的生态主义者们，一名批评过该机构处理某起劫机事件方式的飞行员，以及一名计划带自己的队伍前往苏联访问的童子军领袖。至于那些有名的社运人士，FBI 收集了成箱的材料，有关汤姆·海登的文件就有 1.7 万页，他们还监听了密歇根社运团体白豹党的电话。FBI 敦促其探员与运动参与者面谈并出言恐吓，因为“这样将放大这个圈子普遍存在的无端恐惧，还将让他们进一步明白，每个信箱后面都有一名 FBI 探员”。

这场监视的覆盖范围远比一般人了解的要广，国会的许多人对此忧心忡忡，他们要求政府做出解释，并扬言要通过立法限制这种做法。司法部长米切尔表示，政府有窃听异见团体的“天然权力”，无需法庭命令。司法部助理部长威廉·伦奎斯特明确表示，他反对对政府权力进行任何限制，因为“行政部门的自律”就能禁绝非法活动。民主党参议员麦戈文、艾德蒙·马斯基以及共和党参议员查尔斯·马蒂亚斯都不同意，他们呼吁加强控制，以防权力滥用。众议院多数党领袖哈尔·伯格斯要求 76 岁的胡佛辞职，并谴责他监听国会议员的电话以及使用“希特勒的盖世太保那套”。政府喊冤叫屈，要求道歉，众议院的共和党领袖杰拉德·福特为胡佛辩护。但伯格斯称自己遭到了胡佛的监视，米切尔指责他“鲁莽、残忍地伤害了一个一心为国的美国人”。司法部副部长克莱迪恩斯特补充道，伯格斯“不是有病，就是神志不清”。

这些指责让政府在1971年春季处于防御姿态。国会开始调查FBI，不久后，他们主张给FBI局长的任期设个期限，与此同时，运动团体起诉政府。关于白豹党，联邦法院驳回了米切尔有关窃听的立场观点，指出《宪法》中“没有一处白纸黑字”地支持司法部的立场。①

对越政策也让政府饱受诟病。自从入侵柬埔寨以来，人们对战争的支持日渐衰微。到11月选举期时，60%的人支持撤军——即使那意味着南越的土崩瓦解，一半的人希望立即将美军部队撤回国。当了2年的总统后，尼克松身上赢得体面和平的压力与日俱增，于是他一边宣布撤回更多士兵，一边悄悄升级轰炸行动。最终，美国在东南亚投下的炸弹吨数是二战时期所有战区用量的3倍。2月，政府宣布，南越陆军正在入侵老挝。其目的是切断胡志明小道，阻止补给从北部南下，同时证明越南化的效果，即南越共和国军可以单枪匹马打败北越陆军。第一周里，行动似乎非常成功，但接着情况变得不妙。北越陆军部队发动进攻，南越共和国军撤退，迫使美军用B-52轰炸机轰炸老挝。美军直升机运来了精力充沛的士兵和补给，但在第三周，他们就溃不成军了。在南越共和国军全军覆没前，直升机撤走了残余部队。北越军队回去并重新控制了那里：又一个汉堡高地。

阴谋暴露无遗。尽管副总统抨击了所有批评这次入侵者，因为他们称入侵“是一场让美国承认有罪的运动”，最终将“毁掉我们这个国家”，但大多数民众都明白，南越共和国军就算有独立作战的一天，也是很多年后的事。老兵想知道他们的弟弟会不会被征召入伍，父母则担心他们年幼的儿子。这次入侵理所当然地引发了抗议。约5万人聚集到华盛顿，地下气象员声称他们为摧毁国会大厦洗手间的炸弹袭击负责。另有社运人士开始

① *NYT*, 18 Jan., 8, 10, and 25 March, 2, 6, 7, and 9 April 1971.

策划在 4 月进行一场大型示威。

一些越南老兵披露了骇人的秘闻，让政府的处境变得更糟。1969 年秋，美莱村事件曝光，随后卡利中尉接受调查和审判，自那以后，有关美军在越南的所作所为一直流传着令人不安的谣言。1970 年 12 月，晚间新闻播报了卡利受审的情况，一群社运人士在华盛顿开起了他们所谓的“战争罪听证会”。30 名老兵出庭作证，当月，另一名老兵菲利普·巴尔博尼在一篇文章中公开了一系列采访，文章名为《所有越南老兵都知道的事：美莱村事件并不是个例》。作者指出：“似乎所有人都希望他们的过去能被人知晓。他们感到不安、愤怒。”2 月，越南老兵反战组织开展了自己的“冬日士兵调查”。130 多名老兵为之作证。他们一个接着一个来到摄像机前：

五级技术兵内森·黑尔　……我的工作是获取信息。这意味着我可以利用任何手段获取信息。……我可以对他们动刀子——我从没朝任何人开过枪——不过部队以外的人在场时别打他们。比如说来访的军官或者红十字会的人。我自己用过棍子、来复枪托、手枪、小刀。……

一等兵查尔斯·斯蒂芬斯　……他们不相信我们上报的杀敌人数。所以我们不得不把被杀的人的右耳都割下来作为证明。

下士斯科特·卡米尔　……有一次我看到，我们的一个狙击手打中了一个女人。我们走到她面前时，她向我们要水喝。中尉说要杀了她。于是他撕开她的衣服，他们捅了她的两只乳房，把她的腿掰成一字形，然后往她的阴道里塞了一把 E 铲，就是工兵铲，她仍然要水喝。然后他们把铲子拿出来，换上了一根树枝，然后开枪把她打死了。

主持人　你们队里的人……他们是不是认为自己可以对越南人做任何事？

下士卡米尔　……你朝人开枪时，不会觉得自己是在杀一个人。他们就是东南亚佬或者共产党，打死就打死了。

可怕的故事被和盘托出——强奸、殴打、致残、低空扫射、用化学物质毁坏植被、扔凝固汽油弹、清点杀敌人数、自由开火区、把俘虏扔出直升机，据说，“往飞机上装犯人的时候不用数人头，待他们摔落在地时再数”。

到了4月，老兵开始在华盛顿游行，他们称之为“杜威峡谷三号行动”。杜威峡谷的第一次行动发生在1969年2月美国海军陆战队秘密入侵老挝时，持续了一周。第二次行动发生在最近这次入侵老挝的第一周。现在是第三次行动，他们将会“对国会区域进行有限入侵”，时长一周。4月19日星期一，1 000名老兵游行到阿灵顿国家公墓，有些人坐着轮椅，有些人拄着拐杖，站在队列最前方的是在越战中失去儿子的母亲们。公墓的工作人员拒绝让他们进入，于是，示威者游行到国会大厦。越南老兵反战组织的扬·克拉姆提出了他们的诉求，要求立即结束战争，并对武装部队进行大刀阔斧的改革。接着，他们在国家广场上建起了营地。

他们来时十分和平，战士们没有什么暴力举动，但司法部的回应却是申请法庭强制令，驱散营地人群。政府曾试图揭穿这些老兵的故事，骂这些人是骗子，从来没在越南打过仗。保守派称他们是叛徒、不爱国的懦夫。“孩子，”美国革命女儿会的成员对一名老兵说，“我觉得你做的事对部队不好。”“女士，”他回答，“我们就是部队。”法庭批准了强制令，但到了驱逐人群的时候，政府退缩了。或许官员们还记得1932年那起引发众怒的事件，当时，胡佛总统下令将“补偿金大军”中失业的一战老兵赶出首都。不管是出于什么原因，尼克松政府并没有让警察执行强制驱逐令，警察也没有逮捕任何人。“扎营？”一个警察说，“我没看到有人扎营。”老兵们在华盛顿四处奔走，他们在国会大厦外办起了街头剧场，游行到五角大楼并要求警方以“战争罪”逮捕自己，他们还来到最高法院，要求法官裁定这场战争是否合宪。其他社运人士和同情老兵的政治家也来到国家广场，加入了老兵的队伍，歌手和音乐剧《毛发》的演员有时也会在广场上为他们演出。

到了星期五，这场示威迎来了高潮。约 800 名愤怒的老兵给出了他们的郑重声明——把自己的奖章和绶带扔在了国会大厦的台阶上。有一人扔了 1 枚铜星勋章、1 枚银星勋章和 9 枚紫心勋章。另一人称自己的勋章是“谋杀荣誉徽章”，随后，有人宣称，“我们不想再打仗了，但假如非要打，我们就占领这些台阶。”“说得对！”人群大喊着回应，“说得对！”罗恩·费里齐解释说，假如他参加了这次示威，他的父母就再也不想见到他了，而他的妻子

> 说她会和我离婚……因为她想把我的勋章留给我们的儿子。……我并不为这些勋章感到骄傲。我之所以能得到它们，是因为我曾经的所作所为，但现在我觉得那些事并不光彩。我在越南待了一年，我们连队的政策是不放过任何俘虏。一整年下来，我们从没留过一个活口。我们会在直升机上开枪干掉他们，降落之后再搜他们身上有没有地图或者值钱的东西，然后走人。如果人死了且是越南人，那他就是越共。

参议院内，外交事务委员会正在举行听证会，年轻的老兵的激愤之情溢于言表。“我们没有逃避征兵，”迈克·米利根说，“没有人会怀疑一个在越战中被炸掉双腿的人的真诚。现在我们终于把战争带回了国内。”① 下身瘫痪的罗伯特·穆勒补充道：“我很难受，因为我把自己百分百地献给

---

① 巴尔博尼的相关内容出自 *New Republic*, 19 Dec. 1970, pp. 13-15；冬日士兵听证会的转录稿出自 *Congressional Record*, 6-7 April 1971，老兵的声明出自 Kerry, *New Soldier*, *WP*, 24 April 1971, and WAW, *The Winter Soldier Investigations: An Inquiry into American War Crimes* (Boston, 1972)。还可参考 WAW 和 Winterfilm 拍摄的电影，“Winter Soldier”（1972），and Elliott L. Meyrowitz and Kenneth J. Campbell, “Vietnam Veteran and War Crimes Hearings,” and William F. Crandell, “They Moved the Town: Organizing Vietnam Veterans Against the War,” in Small and Hoover, eds., *Give Peace a Chance*, 129-54。

了国家，他们却利用了我。”中尉约翰·凯利把枪口对准了尼克松政府：

……这届政府让我们名誉扫地。他们试图和我们断绝关系，否认我们为这个国家做出的牺牲。在盲目和恐惧中，他们竭力否认我们是老兵，竭力否认我们在越南打过仗。我们不需要他们的证词。我们身上的伤疤、残肢断腿就足以为他人、为我们自己作证。我们希望仁慈的上帝能轻易地抹去我们在越南服役的记忆，就像这届政府轻易地抹去有关我们的记忆一样。但既然他们拒不承认他们的所作所为，那么，结果只会让我们比以往任何时候都更加清楚、更加坚定地执行最后一项任务——找出并彻底摧毁这场野蛮战争的最后一丝残余，抚慰我们自己的心，战胜过去 10 年来操纵这个国家的仇恨和恐惧。……

民众不想听这些。越南让人太痛苦了。沉默的大多数试过换频道，关电视，让坏消息传不进来，但他们再也无法忽视源源不断被揭露的真相。早些时候，法律系学生、反战社运人士汤姆·哈金带着一支国会代表团来到南越，他发现，阮文绍政权把几千名本国百姓当成政治犯，关进了竹制小围栏里，这种监狱也叫“虎笼”。《生活》杂志登出了令人发指的照片，但这仅仅是个开始，到 1971 年春天，坏消息接踵而至。“还要有更多的暴行吗？”《新闻周刊》问，与此同时，《时代》周刊报道说：“某身家 4 000 万美元的腐败财团四处扩张，其触角已经伸到了美国军事援助越南司令部-研究观察团的总部。”《美国新闻》称“大兵军纪败坏”。民众得知，美军部队一直在老挝、柬埔寨秘密作战，甚至越境进入北越。由参战老兵组成的陪审团判卡利中尉犯有谋杀罪，因为他至少杀害了 22 名村民。陆军承认，南越的药物滥用问题泛滥，在过去 3 年里，药物用量增加了 6 倍，有一半的士兵在吸食大麻。五角大楼承认，战区存在“士兵杀害军官”的现象。士兵们调转枪口，杀死了那些过于积极、强迫他们参加战斗的指挥官。这类事件的数量在过去一年里翻了一倍，已发生 200 多起。许多指挥官认为不能再信任自己的士兵，他们开始限制炸药和来复枪的使用权。军方最后承认，杀害军官的现象致使约 600 人遭到谋杀，80%为军官，另外，他们无法解释另外 1 500 人的死亡原因——军队因越战而发生内讧。①

美国士兵回到国内后将不再在军中服役。再入伍的人数降到了历史最低点，预备役军官训练营的注册人数暴跌，而因道德、宗教或其他信仰原因申请拒服兵役者的数量飙升至历史最高点：1971 年时超过了 6 万人。当年，政府报告称有 1.5 万人拒绝入伍，10 万人没有参与体检，各地征兵局共遭到了 190 次袭击。

就这样，社运人士再次跟政府对上了，这一次是在 4 月 24 日。50 万人现身华盛顿声援老兵，而旧金山则有 12.5 万人，论规模，分别是首都的第二大集会和西海岸的第一大集会。从商人到工会成员，从神职人员到退伍军人，从民主党人到共和党人，几乎各行各业的美国人都在要求和平。示威者要求尼克松为美国结束战争“定个日期”。有些人希望定在 7 月 4 日，有些人主张定在 12 月 31 日。和平运动不断扩大，深入美国腹地，与此同时，南方基督教领袖会议的牧师拉尔夫·阿伯纳西、国会议员贝拉·埃布扎格和中尉约翰·凯利在华盛顿发表了演讲，菲尔·奥克斯再次唱起《我再也不去前线了》。

这次示威非常平静、祥和，而且大多数社运人士都回了家。不过，大约有 3 万人留在了首都，并在波多马克公园扎营。他们自称“五一部落”，组织者瑞尼·戴维斯表示，5 月 3 日星期一时，他们将采取一种全新的非暴力直接行动，迫使政府签署“人民和平协定”，称：“美国政府若不停止越南战争，我们就将停止美国政府的运转。”

尼克松先发制人。星期天黎明时分，联邦官员来到营地，逮捕了几百人。“五一部落”迅速重组，并于星期一在市中心集合，他们设置路障，

① *Life*, 17 July 1970, pp. 26–29; *Newsweek*, 22 Mar. 1971 p. 26; *Time*, 8 Mar. 1971, p. 19; *U. S. News & World Report*, 7 June 1971, p. 16; *NYT*, 21 April 1971.

放掉轮胎的气，暂时阻断了交通。

政府为此大动干戈：华盛顿警察和1万名士兵迅速攻下市中心，占领了联邦大楼。这些士兵身穿作战服，许多人配备机关枪，他们在街上巡逻时，直升机在头顶盘旋。警察发射了催泪瓦斯，追赶所有看起来像抗议者的人。街上零星地爆发了小规模冲突，导致150名社运人士受伤。但更常见的情况是，官方人员展开了大规模抓捕，约7 000人被捕——这是美国历史上单日抓捕人数最高的一次。星期二，“五一部落”大军在司法大楼外游行，抗议这种恶劣的处理方式，但游行再次招来了大规模抓捕，被捕的还有一些倒霉的购物者，乱穿马路的人，甚至还有联邦雇员。截至当晚，共有1.2万人被监禁在华盛顿露天体育场和肯尼迪体育场附近的一个训练场。

政府采取了强硬的手段。司法部长米切尔敦促社区用这样的手段对付示威者，他将示威者比作“希特勒的褐衫党”，后来又指责说，他们中有些人“有共产主义倾向或相关背景”并得到了“共产党方面”的资助。总统不会容忍批评越南政策的人，他对助手们说：“我们会把他们送到该去的地方。我们绝不会改变立场，要狠狠踩住他们碾……击溃他们，毫不留情。”很明显，在尼克松眼中，异见者就是敌人，就是越共，他在国内的先发制人跟他入侵缅甸和老挝是一回事。为了维持政府的正常运作，美国总统不得不采取严厉的措施，雇用了1万多名士兵和警察，对所有留长发的人实施围捕，然后把他们投进被社运人士斥为集中营的地方。尼克松随后不得不向民众保证，美国“不是警察国家，也不会变成警察国家”。FBI逮捕并拘留了瑞尼·戴维斯，保释金为2.5万美元，指控他犯有密谋罪，但大部分示威者从没受到任何指控。在接下来的审判中，社运人士忙得团团转，不停支付法庭费用，但1.2万人中只有63人获罪，最后，一场集体诉讼迫使纳税人为每个被误捕的人支付了1万美元。①

---

① 尼克松的相关内容出自 Colson, *Born Again* (Old Tappan, N. J., 1976), 45; *NYT*, 4, 11, and 14 May, 11 June 1971; and see DeBenedetti, *An American Ordeal*, 298-311, and Zaroulis and Sullivan, *Who Spoke Up?*, 345-67。

当然,“五一部落”并没有让政府停止运作，但他们的尝试表明，部分运动参与者想要创建一个和平新美国的态度十分诚恳。另一些已被征召入伍的人也是如此，大兵中的社运人士加大了对当权派另一支柱——美国武装部队——的攻击。

五一抗议发生两周后，大兵社运人士举行了一次示威，他们戏称其为“武装闹剧日”(Armed Farces Day)。数百名现役军人在近 20 个基地里举行了游行和反战集会，这些基地包括布利斯堡、刘易斯堡、胡德堡和布拉格堡，他们现在称布拉格堡（Fort Bragg）为弗拉格堡（Fort Fragg）①。在圣地亚哥，美国海军“星座号”航空母舰上有 1 500 名海员签署了请愿书，要求舰长允许反战演员简·方达上船表演《去他的陆军》，舰长拒绝后，约 4 000 人参加了她在市内举行的集会。

运动渗入了军队中。几乎在所有的美国军事基地里，大兵的行动主义和反战情绪都很明显——不论是在国内国外，还是在公海上。大兵地下报刊的数量激增。国防部报告说，至少有 250 种这样的报纸在基地里出版，其中一些刊物的发行量已达 5 000 份，德国、日本、韩国和越南的军舰及军事设施里的社运人士也出版了几十种这样的报刊。

而且，军中许多人的外貌或其行为举止已不再像军人。黑人士兵不再剃平头，而是留起了非洲爆炸头。他们经常拒绝执行命令，并要求军方允许他们竞选所有职位，解雇种族歧视的军官。在战区，一些士兵行黑人力量的礼，还有许多人挂着嬉皮士那种彩色长念珠（love beads）并佩戴和平标志，当然了，他们还抽大麻。虽然应征入伍的嬉皮士把头发剪成了大兵的样式，但那并没有改变他们的行为。“星座号”航空母舰上的怪胎海员搞了个“花生酱阴谋”来扰乱日常程序。他们给舰长打了整整三天的电话，导致通讯线路占线，并要求“每餐都该供应花生酱”。潜艇供应船“亨特利号”上的海员出版了名为《亨特利痔疮》的地下刊物，它告诉军

① Fragg 是俚语，在军中是指士兵蓄意杀死军官的行为。——译者

官们："我们的任务是让你们的屁股疼得如坐针毡。"服役于美国空军的嬉皮士决定在所有任务上尽可能地多花时间，"让强大的空军机器慢下来"，他们甚至要求在理发问题上再次征求意见。在得克萨斯的布利斯堡，当陆军雇用两名士兵来监视反战大兵时，密探们在基地组建了大兵争取和平组织的分会，并用军资来填补他们的花用。当半数受监视的士兵当了逃兵，且有两名探员以道德、宗教或其他信仰原因申请拒服兵役时，军官们意识到出问题了。不过，由于其中一名探员称自己"不断嗑药产生幻觉"，听到了"天主声音"，看到了"童谣"，因此在准许他们退伍时军方高层如释重负。实际上，这名男子是因病退伍，因为他声称"有人给我的大脑注射了 LSD"。

1971 年，在与军方的对峙中，运动取得了胜利。由于这是一场不得民心的战争，是否荣誉退伍不再决定年轻男性的未来。因此，大兵中的社运人士抛下职责，拒绝执行命令。当年，随着逃兵人数以惊人速度增加，大约有 2.5 万人意外退伍：那一年，每 100 名士兵中就有 17 人擅离职守，7 人当了逃兵，这些数字在军队史上都是最高的。实际上，这场战争中有 50 多万名士兵逃离了部队——这也是史无前例的。而那些留下来的人，纪律方面一落千丈。军方的一项调查发现，半数以上的士兵要么参与过贩毒，要么有过异议和抗命行为。军官们成立了"关切的军官运动"组织（Concerned Officers Movement），出版了《常识》（*COMmom Sense*），该组织甚至在五角大楼有个小型分会。随着总统把更多的作战任务从陆地转移到空中与海上，一些海员在军舰上闹事，不少飞行员拒绝执行飞行任务。海军报告了近 500 起发生在军舰上的纵火、蓄意破坏及非法毁坏事件，与此同时，"珊瑚海号"航空母舰上的 1 000 名海员请求国会出面叫停前往越南的巡航。第二年，这类"航母起义"的范围扩大了，"小鹰号""奥里斯卡尼号""提康德罗加号""美利坚号"及"进取号"上的海员或签署请愿书，或扰乱军事行动。"突击者号"和"佛瑞斯特号"上的蓄意破坏事件让这两艘航母无法照计划离港，与此同时，飞行员和空军士兵越来越关心他们在轰炸行动中的作用，并公开质疑这场战争。上尉迈克尔·海克已完成 175 次飞行任务，他拒绝再飞，因为“一个人必须首先对自己负责”。在越南，士兵们签署请愿书，加入越南老兵反战组织，甚至还在 1971 年举行了反战游行。7 月 4 日，1 000 多名大兵在朱莱举行和平集会，他们称这是“陆军史上最大的大麻派对”。士兵们痛恨战争，一名老兵预测：“假如尼克松不赶紧把大兵们撤回国，他们就会自己想办法回去。”

军方高层很清楚这一点。“陆军的声望降到了有史以来的最低点，”布拉格堡的司令官说，“从来没有哪一场战争这般不得民心，而且它已经造成了一定的后果。”退休上校罗伯特·海纳尔从战区回来后，在《武装部队杂志》上发表了一篇惊人的揭露文章，称：“除少数特例外，美国武装部队的士气、纪律和战斗能力已经跌到了本世纪最低最差的水平和状态，很可能也是美国历史上的最低点。”海纳尔在报告中说，吸食毒品后的士兵意志消沉，几乎要叛变。“无论从哪个角度看，”他总结道，“目前留在越南的部队都濒临崩溃。”海军陆战队少校 H. L. 西伊认同这一观点，他表示：“在海军陆战队史上，从没有哪个时期的战队队长像今天这样面对这么多问题。”越南和越南化正在扼杀美国武装部队。①

运动令军方四面楚歌，接着在 6 月，媒体又对越南战争进行了猛烈抨击；《纽约时报》和《华盛顿邮报》开始发表战争秘史，即《五角大楼文件》。1967 年，国防部长麦克纳马拉组建了一支有 40 名研究员的团队，以调查美国最初是如何卷进这场战争的。在士兵还在为国卖命的时候，此举本身就是一种令人难以置信的招供。丹尼尔·埃尔斯伯格是其中一名研究员，他将文件复印后送到了《纽约时报》，该报与《华盛顿邮报》随后开

① SPP, serials: *Navy Times Are Changin'*, June 1971; *Fat Albert's Death Ship Times*, 30 Nov. 1972; 总体情况出自 *The Observer* (London), 18 April 1971; 海纳尔的文章出自 *Armed Forces Journal*, 7 June 1971, pp. 30–31; 西伊的观点出自 *Marine Corps Gazette*, Sept. 1971, pp. 27–32; and see *Newsweek*, 24 May 1971, pp. 21–23, Terry Anderson, "The GI Movement and the Response from the Brass," and David Cortright, "GI Resistance During the Vietnam War," in Small and Hoover, eds., *Give Peace a Choice*, 93–128。

始公布这些文件。司法部如芒在背，他们以涉及“国家利益”为由发了限制令，阻止发表文件。《纽约时报》将此事告上最高法院，辩称政府无法证明限制令的合法性。法院以 6 比 3 的结果支持了他们的观点，并准许其继续公开。

《新闻周刊》称这段秘史“令人深感不安”，因为它披露了前几任国家领袖的谬见和骗局，尤其是肯尼迪政府和约翰逊政府。这些文件让美国人看到了一场被隐瞒的战争——针对北越的秘密军事行动和对老挝的轰炸任务，而这些行动都被与官方声明相悖的政府备忘录所否认：1963 年肯尼迪获悉并批准了导致吴廷琰政府发生武装政变的阴谋；第二年，CIA 报告说，他们认为多米诺骨牌理论并不适用于亚洲；在越南的情报专家已然告知约翰逊，反西贡政权的起义主要是当地自发行为，并非受河内方面指使；政府清楚空袭并没有让敌人服软，而是令他们更强硬；西贡的各个政权既不自由，也不民主，它们通常都受制于华盛顿。这些文件揭露了约翰逊为何没有向国会议员及民众透露“猪湾袭击”的全部细节，以及 1965 年他如何向公众隐瞒自己扩大了美国对战争的介入。显而易见，就像社运人士一直说的那样——民选官员在战争问题上对选民撒了谎。

在大多数美国人的心里和脑海中，越南战争是在 1971 年上半年结束的。《五角大楼文件》揭露的骗局和谎言、对美国军队的爆料、南越共和国军在老挝的失败以及西贡阮文绍政府的性质，均暴露了战争的黑暗面，解决了萦绕在人们心头的疑问。这样的情况不再值得为之付出代价。3 月至 6 月的民意调查显示，只有 15%的人希望战争继续，近 60%的人认为美国的介入是“不道德的”，70%以上的人认为这场战争是个“错误”并支持撤兵。持反对意见的人数达到了最高点，而总统的支持率也跌到了第一个任期内的最低点。他的“公信力”问题越来越逼近 1968 年时约翰逊的情况，形势十分不妙。甚至连少数仍在支持此事的保守派也把他们的立场表述为支持总统的政策而非战争，有些从前的支持者则干脆放弃了多年来的努力。“所有人都烦透了这场战争。”一名保守派人士说，共和党参议员休·斯科特告诉国防部长梅尔文·莱德："你在这儿找不到任何鹰派的人。鹰派在这件事上已不再是鹰派。我们觉得参议院应该去告诉总统，我们得摆脱这场该死的战争。"商人们抱怨战争损害了商业利益，使得雇员到处惹乱子。工会说它助长了通货膨胀，损害了工人的权益。制定外交政策的当权派告诫说，战争不再加强而在削弱我们的信誉，让我们失去盟友。至于普通公民，大多数人都会支持专栏作家阿瑟·霍普的观点，后者承认，听到南越共和国军在老挝失败后，他的反应是"很好。说完这句，我才意识到一个令人难堪的事实：现在我在反对自己的国家。……我不支持敌人。我觉得他们比我们强不了多少。我才不关心谁赢了这场战争。但我厌恶自己的国家在越南的所作所为，所以在情感上而且常常是非理性状态下，我希望它失败"①。

美国正走向失败，但尼克松不愿承认这一点。他进退两难。他曾向美国人和南越承诺实现"体面的和平"，但这个概念对两国的意味是不同的。美国人想退出，而南越政府需要我们留下。然而，巨大的反战情绪意味着政府几乎孤立无援。基辛格一直在承受继续撤兵并在巴黎与敌方和谈的压力。6 月时战区仍有 24 万名士兵，因此，总统宣布要在年底前撤回 10 万人。政府也使出了绝招：恐吓。官方声称，假如美国撤军，敌人就会胜利并血洗南越。更令人信服的一种说法是，政府宣布，在敌人归还所有美国战俘前，美国不会完全撤军。同时，尼克松私下里向阮文绍保证，美国永远不会放弃他们之间的盟友关系，他还与苏联及其老对手中国秘密联系，希望给北越施压，限制其在南方的攻势。

正当政府为这场不得人心的战争绞尽脑汁时，反战运动自然而然地销声匿迹了。4 月 24 日举行了最后一场全国性的大型反战示威活动。校园内参加反战抗议的人有所减少。一名记者对 40 所大学进行了调查，结果发

---

① *NYT*, 8 April 1971；斯科特的话出自 *Newsweek*, 19 April 1971, p. 27；霍普的话出自 *San Francisco Chronicle* and DeBenedetti, *An American Ordeal*, 299。

现，“虽然学生还是一如既往地单纯地反对战争和尼克松政府”，但第二波浪潮中的社运人士不再热衷于大规模的示威，特别是在那些经历了多年动荡的大学里。许多学生认为（或者希望）越南化会奏效，士兵们正在返家，征兵人数和美国的伤亡人数正在减少，而且他们拥护抽签征兵制的公平。另一些学生则更加愤世嫉俗，他们指出仍有20万人留在战区，每周都有数不清的越南人在大规模轰炸中丧生。然而，社运人士承认，他们已经厌倦了游行——而且感觉无能为力。“问题在于，”一名组织者说，“学生们觉得自己和校方彻底地疏离了，校方从来没有倾听过他们的想法，现在也不会听。”

这一判断是正确的。一年后的1972年春天，尼克松下令在北越的海防港口布置地雷，并加大轰炸力度，因此引发了纽约、旧金山和洛杉矶的零星抗议活动，但华盛顿没有发生大规模占领运动。虽然一些冲突的意义重大，但参加示威的学生变少了。在阿尔伯克基，州长不得不宣布进入紧急状态，以平息新墨西哥大学发生的暴动，明尼苏达大学的官员首次被迫叫国民警卫队来占领校园。俄亥俄州立大学和威斯康星大学报警称其财产遭到损坏，哥伦比亚大学的校长称这是“我经历过的最粗暴的”抗议。值得注意的是，国家媒体无视了这些示威，因为它们不再是“新闻”。一位报纸编辑表示，由于战争“规模正在缩小……这些事很难再上头版了”。①

1971年间，反战运动逐渐平息，但从另一个角度来看，这种行动主义已不再必要。直到1968年，呼吁和平还被大多数人视作不爱国的行为，而现在则是爱国的表现。毕竟，总统正在试着结束战争，6月，约40名参议员投票支持《麦戈文-哈特菲尔德修正案》，希望能让尼克松确定全面撤军的日期。虽然这一方案并没有赢得大多数人的支持，但“现在就要和平”的理念已经成了国家利益的一部分。唯一的问题就是：“什么时候？”从

---

① Kissinger, *White House Years* (Boston, 1979), 976, 984，还可参考 Small, *Johnson*, *Nixon and the Doves*, 210-24；调查和学生的相关内容出自 *NYT*, 22 April 1971；哥大的情况出自 McGill, *Year of the Monkey*, 200-201；规模缩小的情况出自 *NYT*, 20 Oct. 1971。

全国范围来看，政治中心转移了；从前的支持者因为这场无止境的冲突而心灰意冷，他们最终选择了运动所主张的立场。反战运动已经过时，随着它的日渐衰落，第二波浪潮仍继续沿着尼克松当选后出现的主题前进。许多社运人士抛开国家事务，转而投身于个人的自我实现及地方政治事务，在对抗当权派的同时扩大了赋权运动。

有组织的宗教活动是当权派的一大支柱。1970 年代初，六十年代人不仅逃离军队——人数创下历史之最——还逃离主流宗教派别。民意调查显示，四分之一的调查对象要么拒绝信仰父母那辈的宗教，要么什么都不选，与此同时，教会信众的数量暴跌，尤其是在大学校园里。

运动的宗教大潮有许多支流，它们在 1960 年代一直涌动不息。基督教和犹太教的神职人员一直站在民权抗争的最前线，也是反战运动的重要组成部分。同时，许多天主教徒讨论起了激进神学，它认为，神父更应该像耶稣那样为游离于主流之外的人、穷人及流浪者做事。对许多神职社运人士而言，保持“忠诚”即保持“虔诚”，而做一个虔诚的人，通常就意味着要根据良知直接行动，一般无须考虑教阶制度和美国法律。因此，芝加哥的伦纳德·杜比神父、密尔沃基的詹姆斯·格鲁皮神父、丹尼尔·伯利根神父和菲利普·伯利根神父等社运人士为争取社会公正而抗议——这往往会激怒长老，遭到他们的反对。早在 1967 年时，《美国新闻》就报道了“美国教会中的骚乱”，那时参与运动的神父遭到逮捕。丹尼尔·伯利根因参与反战活动被长老放逐到了南美洲任职，结果引发民众的强烈抗议，要求他回国。新教教徒有自己的麻烦，在 60 年代期间，许多保守的教派仍在教会内实行种族隔离制度，谴责反主流文化，支持美国的对越政策。葛培理牧师并没有批评战事，还常到尼克松的白宫做客，在那里说抗议者正试图“摧毁这个国家”。

许多人感到自己被主流宗教异化了，而一场另类宗教运动正在蓬勃发展。“朋友，上帝让我从黑暗走向了光明，”一名过去服用快速丸的怪胎说，“这就是我所知道的一切，这就是我想知道的一切。”这股新的宗教潮流在 1971 年间发展得如此之快，以至于《时代》周刊和《新闻周刊》以封面故事报道此事，前者称：“新的反叛者呼喊：耶稣即将降临！”该杂志指出：“这一代人有了惊人的进步，过去他们一直被指责沉迷于性、毒品和暴力或者逃避现实。但是现在，他们信奉西方人类历史上恒久不衰的纯洁、无私和兄弟情谊的象征，他们身怀五旬节教派式的激情，与他人分享他们的新愿景。”

耶稣怪胎，也被称为耶稣子民、街头基督徒、上帝小队、上帝之子或正派子民，他们正忙着建设自己的新美国，这是一个以 1 世纪时的基督教或原始基督教为根基的新美国。他们在全国范围内成立了数百个小型公社，仅加州就有 200 个，他们还经营起了咖啡馆，例如斯波坎的“我是”、格林威治村的“言之道”及西雅图的“地下墓穴”。他们把圣安东尼奥的一家脱衣舞厅改成了夜总会，快乐噪音（Joyful Noise）和猩红桥梁（Crimson Bridge）等摇滚乐队会在那里表演基督摇滚乐。音乐人把消息散了出去，结果 8 000 人参加了斯坦福的“甜蜜耶稣摇滚音乐会”，而其他人则去看了音乐剧《福音》和《耶稣基督超级巨星》，买了 600 万本尼基·科鲁兹的《十字架与弹簧刀》。他们开通了 24 小时热线，出版了约 50 种地下报纸，其中有少量发行的新奥尔良报纸《油与酒》，也有每期要印 40 万份的《好莱坞自由报》。基督教商人出售 T 恤、海报、徽章和保险杠贴纸：“笑一个，上帝爱你”。社运人士采用了一种显示耶稣力量的致意方式——举起一只手臂，握拳，食指指向天空。他们用传统方式来传播这一信息。在休斯敦，他们举行了培灵会，当一个年轻牧师喊出“朋友，你太棒了”，1. 1 万人宣称自己是耶稣的信徒。在加州的科罗纳戴尔马尔，他们举行了一场大型洗礼，黄昏时分人们唱着主祷文结束了活动。在芝加哥的格兰特公园，一名布道者带领 1 000 名皈依者为耶稣欢呼，接着，人群游行穿过卢普区，他们递给警察一盒毒品，并且大喊：“警察，我们爱你们！耶稣爱你们！”这让警察大吃一惊。

这场基督教复兴运动侵入校园。1971 年，穿着得体、梳妆整齐的福音派“正派子民”活跃在全美 450 多所校园中，他们的组织有青年生活、校园生活、领航者、基督青年归主协会和基督运动员团契等。最大的两个组织是学园传道会和校际基督团契。学园传道会在代托纳比奇举行了“阳光行动”，这是他们的“耶稣基督革命”的一部分，他们还成立了一支名为哈米吉多顿的民谣摇滚乐队。约 1. 2 万人参加了学园传道会在伊利诺伊大学举行的布道会，该组织还吸引了 7. 5 万人前往达拉斯的棉花杯体育场参加活动，他们将此次活动称为“原教旨主义的伍德斯托克”。

这场宗教运动的形式五花八门。拉比阿瑟・格林在波士顿附近成立了犹太教沙洛姆团契，年轻的犹太人在那里参与犹太教团体运动，这类团契拒绝接受传统意义上的权威和基本信仰，注重实验性的礼拜、公社生活和政治行动。一些天主教徒带着狂热加入了天主教五旬节运动和天主教神恩复兴运动。在祷告会上，他们大喊大叫，满地打滚，甚至念叨着谁也听不懂的话，激情四射地做着礼拜。约 1 400 人在 1970 年参加了圣母大学举行的全国大会，到 1973 年时这一数字飙升至 2 万人。在密歇根大学，几百人加入了上帝之道社团，到 70 年代中期，约 3 万人在罗马接受了教皇的祝福。

尽管批评者抱怨耶稣革命是“在精神上赶时髦”或是一种“异教”，但这群年轻人并没有听进去。宗教社运人士正在创建另一场伟大的美国复兴运动。“我所知道的就是年轻人开始皈依耶稣，”一名福音派牧师说，“我担心古板传统的教会会将这些年轻人拒之门外，从而错过我们生命中最名副其实的复兴。”① 与从前的奋兴运动一样，这场运动是对传统宗教的挑战。实际上，这场运动呼唤新时代、新美国的到来，或者用他们的话说，那是“新思想”，在这样的状态下，60 年代破灭的梦想可以在 70 年代实现。

---

① *Time*, 21 June 1971, pp. 56–63；请参考 James A. Sleeper and Alan Mintz, eds., *The New Jews* (New York, 1971), 24–33, and Porter and Dreier, *Jewish Radicalism*, 149–67；天主教神恩的相关内容出自 Glock and Bellah, *New Religious Consciousness*, chap. 8。

然而，对其他社运人士而言，新美国没那么个人化，而且越来越政治化，一些人开始积极参与日渐壮大的旨在对抗商业机构的消费者运动。“接下来衰落的会是大公司吗？”一名大学教师问。当大公司雇用大学毕业的社运人士时，一些商业观察者开始预测商界内部即将发生叛乱，而 1971 年，这种预测显然正在变成现实。《财富》杂志指出，新来的实习生身上“显现出了青年人热切关注的事宜”，例如“个性、开放、人文主义、关切和变革”。

有关商业，许多社运人士都持类似的粗略看法：资本主义等于贪婪，大型企业太过强劲，跨国公司拥护帝国主义。这样的说辞吓坏了商人，他们的刊物立刻开始谴责整场运动。但其实，大多数大学生对资本主义的看法都相当矛盾，绝大多数人——某项调查中占 85%——认为企业有权赢利，这显然表明只有一小部分激进派想要摧毁私营企业的自由经营制度。[①]与从前的平民主义-进步时代以及 30 年代的改革者一样，六十年代人同样谴责“遥控经济”，因为这种经济模式拒绝让工人和公民参与制定影响就业和社区的决策。《休伦港宣言》在后文中倡导建立“一种更先进、更有人情味的资本主义制度”。

为了引发改革，社运人士使用了“代理人力量”。索尔·阿林斯基呼吁该运动的参与者和自由主义基金会、教会以及各大学买入企业股票，然后投票选举他们的代理人，以迫使企业追求社会性目标。社运人士在众多企业的股东年会上进行示威，包括通用电气、美国联合碳化物公司、美国电话电报公司、哥伦比亚广播公司，并主办了“购入霍尼韦尔股票”活动。他们买了大约 40 股，称这是进入明尼阿波利斯总部股东大会的入场券。大约 3 000 人聚集在那里，警察只允许一部分人进入会场，停车场里的示威者则举行了一次“人民股东大会”。场内，主席宣布会议开始，他

① 教师的话出自 *Harvard Business Review* (Jan. -Feb. 1970): 49-61; *Fortune*, March 1971, pp. 100-104; Yankelovich, *New Morality*, 68, 128。

快速处理了所有的官方事务，不到 10 分钟就因异见者的抗议而宣布休会。菲利普·W. 摩尔制订了企业责任计划，购买了通用汽车公司的股票，并要求该公司向他提供其他持股百万的股东的姓名，这样他就可以寻求这些股东的帮助，以迫使通用汽车公司在董事会里安排 3 名支持社会性政策和反污染政策的“公众董事”。学生们采取了这些策略，并要求他们的大学抛售国防承包商、污染企业及在南非有商业活动的企业的股票。

一些雇员通过奚落他们的老板参与到了运动中。随着公司开始雇用六十年代人，一些年轻的员工成立了一些“地下企业”组织。黑人力量之宝丽来工人革命运动要求公司停止在南非的商业活动，他们还散发传单，称“宝丽来在 60 秒内就能把黑人关进监狱”。激进派工人通过印刷地下报纸嘲讽公司的政策，例如《美国电话电报公司快报》、大都会人寿保险公司的《大都会人》及加州标准石油公司的《困窘石油人》。《困窘石油人》的编辑是“猩红色的粗黑麦面包”，他“在办公时间用公司的 IBM 打字机一边写一边……开着大音量收听 KSAN 电台”，与所有企业地下报刊一样，该报旨在提高“现代苦工的意识”、讽刺管理层、嘲讽企业的伪善，例如，标准石油声称自己关心环境，却极力反对加州的清洁海岸线法案。

1971 年间，校园里出现了消费者社运人士，甚至在职场中也有这类人出现。几十所大学的学生志愿为拉尔夫·纳德的公共利益研究小组工作，他们研究本地的商界问题，比较价格，检查污染情况。纳德还主张提升“雇员力量”，并在“吹哨人大会”上宣传了这个想法。他鼓励员工成为“出于道义而拒绝服从命令的职场人”，拒绝执行他们认为非法、不道德的任务，并披露企业老板的腐败、不道德行为，即消费者社运人士所谓的“职务犯罪”。①

① Ross: Honeywell Project papers, flyers; SPP, serials: *Stranded Oiler*, Sept. and Oct. 1971; *The Nation*, 13 Sept. 1971, pp. 206-212; and see Ralph Nader et al., eds., *Whistle Blowing: The Report of the Conference on Professional Responsibility* (New York, 1972), *The Consumer and Corporate Accountability* (New York, 1973), and Terry Anderson, "The New American Revolution: The Movement and Business," in Farber, ed., *The Sixties*, 175-205.

1971年的经济状况也为消费者行动主义添了一把火。战时开支导致通货膨胀，促使许多家庭主妇成为社运人士。当芝加哥的珠儿食品商店上调肉价时，“公民行动计划”组织要求该连锁超市的总裁在其中一家商店的收款处与社运人士会面，解释调价原因。总裁拒绝了，于是家庭主妇们走进一家珠儿商店，把购物车装满了肉，推到收款处，但拒绝付款，除非总裁出来讨论价格问题。社运人士在商店外抗议，他们挥舞着标语——“为更低的肉价鸣笛”——街上顿时到处都是嘈杂的汽车噪音，所谓的肉类抵制就此开始。

电力公司的涨价行为使得更多民众投身行动主义。约1 500人在北卡罗来纳州费耶特维尔游行，与此同时，在该州某县，三分之二的居民签署了请愿书并呈交州长。在费城，1.5万人签名承诺拒付水电煤账单，而在纽约，爱迪生联合电气公司召开董事会会议时遭遇了声势浩大的抗议人群，人们举着这样的横幅：“爱迪生联合电气在抢我们的钱——我们会疯狂反击”。

那时，运动参与者对美国的商业方式提出了质疑，此事令当权派非常担忧。在第二波浪潮期间，民众对所有机构都丧失了信心，与此同时，民意调查发现，那些对企业领导层有信心并认同“企业尽力在利润和公众利益之间保持适当平衡”的人占比暴跌了50%。1971年，大通曼哈顿银行的大卫·洛克菲勒告诉一群商人：“毫不夸张地说，美国商界正面临自30年代以来公众最严重的不满。人们抨击我们苛待员工、诓骗消费者、破坏环境、让年轻一代失望。”①

市政厅也面临着公众的不满，这种不满在1970年代初出现，当时有一场运动被人称为后院革命、新本地主义或社区造反。“我们试着回归到真实的日常事物，”黑人力量的前倡导者比尔·汤普森回忆说，“我们把关注的焦点从越南和柬埔寨转移到了社区。”汤普森成为反对保险费上涨运动的一名组织

① “公民行动计划”的相关内容出自 *Ramparts*, Oct. 1973, p. 15, and see Boyte, *Backyard Rebellion*, 80–92; David Vogel, *Fluctuating Fortunes: The Political Power of Business in America* (New York, 1989), 53–58; 洛克菲勒的话出自 *LAT*, 3 Jan. 1971。

者，并最终帮助成立了“马萨诸塞公平份额”组织（Massachusetts Fair Share），与此同时，托比·墨菲特与其他社运人士一起成立了多个联盟，最终成立了“康涅狄格公民行动团体”。学生争取民主协会的前全国秘书长李·韦伯反对公共事业公司上调费率，他还常与伯纳德·桑德斯及新兴的自由联盟党合作，后者在支持佛蒙特州的进步事业。玛莎·巴罗从参加反战游行转去在明尼阿波利斯组织老年人参加都市长者联盟，而伯克利的社运人士迈克尔·罗斯曼则开始了创办免费大学、改革公立学校的运动。曾参与“自由之夏”的女性主义者希瑟·布斯在芝加哥成立了中西部地区学院，她还与学生争取民主协会的前社运人士斯蒂夫·马克斯一起培训未来的社区组织者，并与“公民行动计划”紧密合作。从中西部地区学院毕业的艾伦·卡西迪去了波士顿，帮助成立了首批职业女性组织之一——“朝九晚五”，与此同时，埃内斯托·科尔特斯把工作移交给塞萨尔·查维斯，自己则回到圣安东尼奥，通过发展社区公共服务组织来改变该城的政治局势。艾拉·马加齐纳曾在布朗大学为课程改革而斗争并如愿以偿，后来他搬到了马萨诸塞州的布罗克顿，在那里和一些人成立了食品合作社、租客权益组织和一家修缮破旧房屋的非营利公司。韦德·拉特克不再从事征兵咨询和福利权利的组织工作，他去了小石城，试着整合那里的许多新兴团体，最终形成了一个名为社区组织即刻改革联合会（ACORN）的组织。联合会很快就有了 20 名工作人员，几乎都是 60 年代的社运人士，例如曾在西北大学附近开过食品合作社的约翰·比姆、“新美国运动”的前工作人员斯蒂夫·凯斯特，还有伯克利妇女健康集体的创始人之一朱迪·罗森克兰茨。“几乎每周我们都会听说又有人在建新组织了，”伯特·德莱乌回忆说，“福利权利组织者、民权社运人士以及各种各样的左派人士——我们正在全国各地的社区实现这一目标。60 年代时，我们已经打伤了这头巨大的国家猛兽，我们坚信我们会在 70 年代彻底打败它！”

虽然协调者在如何对抗市政厅和组织社区居民方面存在分歧，但大多数人都尽力避免 1960 年代的华而不实之语和意识形态。假如当时真有什么意识形态，那么它应该是一种混合体，既包含美国旧的人民主权理念，用当代的说法就是参与式民主，也包含小人物应该站起来被人当回事的平民主义理念。社区社运人士很务实。由于意识到社会变革是一个漫长的过程，他们在抨击当权派、要求参与制定影响自己生活的决策时，一次只专注一个目标。一方面，少数族裔与白人合作，努力改善他们的社区，另一方面，他们动员“人民”，克服种族及性别问题。最终的目标就是赋权，这是美国所有改革年代的共同之处，“社区组织即刻改革联合会”的口号极好地阐明了这个目标：“人民当家做主。”①

这个理念开始蔓延开来。“我们曾目睹了年轻人所做的事，”一名中年居民表示，“我们也决定参加抗议。”越来越多的民众成了社运人士。他们着手处理了常见的城市问题，例如供水和污水处理、学校和公园、租客权益和公共事业费率、福利和公共住房，他们还提出了新问题：谁在控制警方？谁在导致本地的污染问题，谁该支付清洁费用？谁制定了区划政策？

社运人士证明了你**可以**对抗市政厅。1970 年代初，在全国范围内进行的数百场有关城市高速公路规划的抗争中，“公民参与”得到了彰显。在洛杉矶，退休的拉尔夫·基斯动员成立了“高速公路斗士”组织，并与全国有色人种进步协会、塞拉俱乐部及美国环保协会结盟，共同起诉州公路部门，将世纪高速公路的修建推迟了一个十年。“高速公路起义”还阻止了贝弗利山、马利布的公路修建计划，以及波士顿、纽约、孟菲斯、新奥尔良、旧金山的道路修建计划。在托莱多，某匈牙利社区的居民阻止了一项从其社区中穿过的道路建设计划，圣路易斯的社运人士打败了扬言要拆掉一个名叫希尔（The Hill）的意大利居民区的官员。由于市长理查德·戴利支持在芝加哥修建穿城快速公路，市民们发动了一场大型教育运动，印制了 50 万张传单声援反对该项目的州长竞选人，后者最终当选。“我们和

---

① 汤普森的相关内容出自 Boyte, *Backyard Revolution*, 33–34；马加齐纳的相关内容出自 *NYT*, 26 Feb. 1993；德莱乌的回忆出自 Delgado, *Organizing the Movement*, 13, and see chap. 2；ACORN in *Working Papers for a New Society*, Summer 1975, pp. 13–20。

市、州、联邦政府较量，”乔伊斯·齐克回忆说，“我们赢了。……这场仗并不轻松，中间有许多起起落落……但它让我们很多人有了去解决其他问题的勇气。”

他们做到了，还有一个问题是抵押贷款歧视——在银行认为是高风险的地区，其传统做法是避免发放房屋抵押贷款和房屋修缮贷款，保险公司不会在那里卖保险，房产公司也不会在那里开展业务。结果自然是社区环境越来越差，白人迁往郊区，城市日渐衰败，而这反过来又会导致拆迁和城市改造。建筑公司、房产中介、贷款机构和大多数政客都支持这种模式，他们张口闭口都是就业和利润。1971 年，盖尔·钦科塔和西区联盟的人决定终结他们在芝加哥某些区域遭受的抵押贷款歧视。她与 600 名社运人士在市议会外游行，但没有结果，于是 1 200 人去当地的住房和城市发展部办公室外示威。他们要求开展调查，而在当年年底，该部门便以歧视性商业行为对房产经纪人、建筑检查员甚至本部官员提起了 70 项联邦指控。接着，雅尼娜·施通普和一些人向当地银行发起了攻击。当居民们听说这家银行打算搬到郊区，并且其近 70%的存款都来自这个社区却只花 15%投资于此时，她带着 150 人举行了一场“银行抗议”。几十个孩子拿着硬币到银行兑换现金，父母们则拿出 1 美元开立新账户，还有一些人购买 1 美元的汇票，银行因此陷入了瘫痪，这种状况一直持续到该行行长同意出来谈判。最终，银行不仅决定继续留在该地，还同意在该地区投资 300 万美元。

地方上取得的胜利，规模虽小，意义却重大，促使更多民众参与到运动中，巴尔的摩东南部的情况就是如此。1971 年，为防止社区情况恶化，1 000 多名居民参加了一场会议，并成立了“巴尔的摩东南社区组织”（SECO）。该组织彰显了自第一波浪潮以来运动规模的扩张程度，因为它代表了 90 多个团体，有嬉皮士也有小商贩，有福利妈妈也有工会男性，有教会也有少年棒球联盟。“我们知道，我们必须强硬、好斗。”前民权社运人士芭芭拉·米库斯基说。推着婴儿车的母亲们挡住卡车的去路，不让它们进入居民区街道。一场轮椅游行阻止了唯一一所公立看护中心的停业，一场示威让图书馆得以继续开放。市政厅的抗议活动使得官员不允许将住宅分割成出租单位，给政府施压后，他们有了一家卫生合作社、两所公立学校和一个青年项目，此外针对抵押贷款歧视进行的调查使他们与银行达成了和解。

人民正在夺回民主，参与各项事务。“国家政客们和我们完全脱节，”米库斯基称，“他们甚至开始相信他们创造出的关于我们的迷思。我们不是沉默的大多数，我们的声音正变得越来越响。”到了1972年选举年，国家政客们开始倾听他们的声音。那一年，西区联盟在芝加哥主办了一场全国住房大会，吸引了近40个州的2 000名社区代表。与会政治家包括市长戴利以及民主党总统竞选人乔治·麦戈文。代表们建了一个联络网，即“全国人民行动”组织，由盖尔·钦科塔领导，他们还提议通过联邦立法，规定贷款机构要公开发放房贷的地区信息，以阻止抵押贷款歧视的发生。

后院造反也让人重新产生了强烈的社区自豪感。一个是街头艺术，另一个是历史文物保护运动，而且变得风靡一时。从佐治亚州的萨瓦那到得克萨斯州的格兰伯里，再到加州的拉格兰奇，各地民众都参与到运动中，对旧建筑进行翻修而不是拆除。美国人回家了，环顾四周后参与了进来。格兰伯里的玛丽·卢·沃特金斯说：“这个国家经历了一段疏离的没有归宿的时期，我们中有许多人都在试着重建我们对地方的情感。”①

老年人正在恢复自豪感。1970年10月，《新闻周刊》指出：“越来越多的老年团体逐渐加入到国内日益壮大的示威者队伍中，努力宣传他们的诉求。”该杂志表示，实际上，老年“民众最近开始在全国各地组织起来，形成了最新的施压群体——长者力量，并亮相于美国的政治舞台”。

---

① See Robert Fisher, *Let the People Decide: Neighborhood Organizing in America* (Boston, 1984), chap. 5；世纪高速公路的相关内容出自 *LAT*, 10 Oct. 1993；VD：episode 5 中乔伊斯·齐克相关的内容；米库斯基的发言出自 *America*, 26 Dec. 1970, pp. 558-63；芝加哥、巴尔的摩及文物保护的相关内容出自 Steward Dill McBride, “A Nation of Neighborhoods” series, *Christian Science Monitor*, 9 Sept., 14 Oct, 4 Nov. 1977。

媒体迅速给这场运动贴上了“灰色力量”的标签，老年群体与其他社运人士自然而然地结成了联盟。虽然老年人有社会保障和医疗保险，但 65 岁以上的人占四分之一，一半的少数族裔老年人生活贫困，而且在当时，和其他年龄段的群体不同的是，这个比例还在增长。此外，太多民众认为凡是退休者能力都已“耗尽”，是无用之人。“老人和年轻人有三个共同点，”美国退休人员协会的一名官员说，“他们都没钱，没权，没身份。”和许多黑人、棕色人种、红色人种及女性一样，一些白发苍苍的美国人也感受到了不公，并开始挑战中年白人主导的当权派。

这场运动正在变得与年龄无关。“我们想给老年人一种全新的力量感和价值感。”玛吉·库恩说。她和 5 名被迫退休的朋友成立了一个被媒体戏称为灰豹党的组织。“我们没有组织架构分明的分会，”库恩说，“我们的行动更像游击战。灰豹党的成员是组织者、推动者、催化剂——在全国层面上都是如此。”在旧金山，老年社运人士在一些自助餐馆外举行抗议，因为这些餐馆提高了所谓的老年特价午餐的价格。在迈阿密，他们针对价格过高的杂货店示威，在收费高昂的医疗诊所外静坐。在芝加哥，玛格丽特·珀森发现，她所在街区的一对老年夫妇因为不断上涨的住宅税而被迫搬离了自己的家，于是她行动起来，在“公民行动计划”内成立了长者联盟，并发起了减税运动。很快她就与当地的政客及企业老板针锋相对，她还带领一个 250 人的代表团和雅培制药的总裁讨论了仿制药的问题。在费城，600 名灰豹党人行动起来，他们举行示威，与市长会谈，希望能降低公共交通费用、优化线路、实现公交车搭乘的便捷化。这些“着实重振了他们的士气，”库恩说，“而且老年人从中得到了极大的乐趣，他们第一次真正感到自己拥有了一些权力。”

“我们是不会轻易收手的，”库恩继续说，“这是一场大规模的出击。”当时，灰色力量已经把进攻的范围从市政厅扩大到了州议会及联邦政府。在伊利诺伊，老年人在斯普林菲尔德举行集会，致使州长设置了一个专门处理老年人事务的岗位。在纽约，他们给州立法委员施压，要求废除强制退休法。在华盛顿，灰豹党人与拉尔夫·纳德联手，敦促政府调查护理中心和售卖休耕土地的欺诈行为，并改善医疗保健服务、重新考量退休法。“政治行动让老年人再次感受到了自己的价值，”全国老年公民委员会的负责人表示，“对他们来说，这是一种精神上的鼓舞。”

政客们并没有小看老年人的骄傲和力量。他们很清楚，在国内，老年人的投票比例高于其他任何年龄段群体，因此他们在 1971 年做出了回应。一直在研究老龄化问题的参议院小组道出了一个惨淡的事实：有数百万的老年人生活在贫困之中，并得出结论，“退休收入问题已到危机关头”。政治家们指定 5 月为“老年公民月”，尼克松政府还宣布，他们将召开 10 年来首场白宫老龄化研究会。会前，参议员弗兰克·丘奇提议政府不要再“畏首畏尾地小修小补”，不要再用“权宜之计”，而是要制定一项针对老龄化的全国性政策，该议题曾在 11 月的大会上讨论过。约 3 500 名代表出席了会议，政治家承诺将提高社会保障的待遇，总统则呼吁地方政府降低老年人的税费。这次大会对各州和社区起到了激励作用。一年之内，俄勒冈、佛罗里达和许多其他州开始提供特殊交通服务，降低票价，增设路线。夏威夷开办了老年日托中心。华盛顿降低了社区大学的费用，科罗拉多、弗吉尼亚和其他州开始提供“上门送餐”服务。约 20 个州成立了新的老龄化委员会，与此同时，12 个州斟酌之后通过了减免财产税的法案。“很多人觉醒了，他们开始热切关注老年人和他们的问题，”内布拉斯加的一名官员表示，“国家和地方各级也开始重新投入工作，尝试解决这些紧要问题。”①

农民们也有自己的关切，他们开始发出声音、组织活动，这种现象最终被一名记者称为“仓院激进派”，并称“……60 年代用在城市街头的抗议策略，70 年代用在了乡村道路上”。年轻的政治学家保罗·韦尔斯通在

① *Newsweek*, 12 Oct. 1970, p. 101；库恩的话出自 *Retirement Living*, Dec. 1972, pp. 32–37；*NYT*, 18 Jan. 1971；有关运动结果，请参考 *Aging*, Nov. -Dec. 1971, pp. 10–11, and *NYT*, 24 Oct. 1977。

卡尔顿大学收拢了一群学生，并在南明尼苏达成立了名为“让赖斯县更好”的组织。这些学生十分关注农村贫困问题，他们与农民、穷人合作，找到县委员，成功地令这些人在食品券和福利权利方面做出让步，几年后，韦尔斯通与其他人斗赢了几家电力公司，后者提议在北达科他和明尼苏达的农田修建国内最大的输电线项目之一。在华盛顿特区，吉姆·海托华、苏珊·德马科和其他人组织了“农业企业问责项目”，并开始调查食品加工、利润和防腐剂问题，同时推广起了有机种植的理念。农民们开始反对企业买地，反对公共事业公司把手伸向优质土地，他们也得到了俄克拉何马的弗雷德·哈里斯等平民主义参议员的支持。随着城市社运人士与消费者运动融合在一起，他们邀请农民回到城内售卖农产品，这样一来就剔除了中间人，并在东至班戈、西至西雅图的城市里重建了农民市集。

生态主义者继续抨击当权派。“治理污染的运动在地方层面流行起来”，1971 年《生活》杂志报道说，当时“全国各地的民众都忧心忡忡，他们正在发动个人及社区斗争，以控制国内不断堆积如山的垃圾”。《清洁空气法案》的 1970 年修正案允许社区实行更严格的环保标准，有了这个后盾，生态主义者向市政厅的做法抗议，对开发商施压，并大获全胜。在尤金，社运人士让市参议会限制开发速度——“为俄勒冈人拯救俄勒冈”，在博尔德，社运人士讨论了限制增长速度，还有许多城市的社运人士启动了回收利用项目。社运人士在旧金山举行集会后，参事会否决了美国钢铁公司建造大型办公楼及酒店的计划。“开发商过去实在是太贪婪了，”一名参事表示，“全国人民都认为自己得做点什么来阻止这种混乱的扩张。”

运动已经上升到了州层面。在新泽西，生态主义者保护湿地，使其免遭开发的破坏，他们还阻止了佛罗里达州大沼泽地机场的建设。“我们正在加大力度限制商业开发，”佛罗里达州州长说，“我们要确保我们不是单纯地为发展而发展。”西弗吉尼亚州州长撤销了露天矿的开发许可，特拉华州州长签署了法令，限制在沿海地区发展可能引发污染的工业。在蒙大拿州和亚利桑那州辽阔的地带上，当地人与生态主义者联手限制露天采矿，得克萨斯州与华盛顿州的当地居民还迫使本地冶炼厂达到了污染排放标准。这场运动甚至深入了沙漠地带。在加州的莫哈维沙漠，巴斯托市人阻止了煤电厂的修建，一名官员评论道："我们不是反对工业，我们只是不想让煤炭污染了我们的空气。"生态运动不断壮大，频繁地挑战商界，以至于《福布斯》在1971年时总结说："如今，建发电厂、喷气式机场、露天矿和度假村几乎必然会遭到强烈抗议。……其意图非常明确：宜人的环境至少和产业扩张同样重要。或许比后者更重要。"

这些社运人士的目标是提升"生活质量"，这一想法影响和激励了更多民众。玛格丽特·珀森和其他许多人在成为社运人士时已是高龄"退休"人员。盖尔·钦科塔是6个孩子的母亲。雅尼娜·施通普是一名卡车司机的妻子，有4个孩子。一名记者说："过去曾抱歉'我只是个家庭主妇'的女性已经……参与到了社区事务中，现在她们阻止公路建设，担任学校董事会董事，和银行行长谈判，策划市镇广场的重建。"人们对自己的生活有了更多的控制权，他们正在创造一个他们认为更人性化的社会，即新美国。①

到1972年，这场运动已经变成了万花筒般的社会行动主义——互不相关，没有中心，而且往往是地方性的——这使得记者很难为国家媒体进行研究和总结。相反，媒体称60年代的剧变已经结束、死亡：安息吧。然而，社会行动主义并没有消亡，而是再次发生了转向，摆在它面前的是一些旧问题和更多的新问题。"我一直听人说，自民权运动和越南战争过后，一切都消亡了，再也没有可为的大事业了。但那不过是一种迷思，"盖尔·钦科塔说，"现在正在进行的是一场始于60年代的社区运动，它不像所有人都走上街头时那么引人注目，但它正在各城市各州平稳地发展壮大。"

一些观察者认为钦科塔的说法是对的。1970年代中期，他们开始通过

---

①"仓院激进派"的相关内容出自 *Minneapolis Tribune*, 23 Nov. 1977; *Life*. 5 March 1971, pp. 30-34; *Forbes*, 15 June 1971, pp. 22-30; 记者麦克布莱德的话出自 *Christian Science Monitor*, 18 Nov. 1977。

出版书籍、发表文章，来修正“60 年代已死”的迷思。“如今，美国正在进行一场社会改革运动，它既没有领袖，也没有政党。”斯蒂芬·施莱辛格在著作《新改革者》(*The New Reformer*) 中写道。记者斯图尔德·迪尔·麦克布莱德认同这种说法，他说，“一个由‘长发人’和‘顽固保守派’、黑人和白人、年轻人和老年人组成的多彩联盟”正在直面当权派。①社运人士创造的新本土主义正在“横扫美国各地的社区。这是一场声势浩大的公民运动，它要求将政治和经济权力归还地方。……社区已经成了‘70 年代的政坛’”。

当然，70 年代还有其他政治要务，而第二波浪潮的终结始于 1972 年的选举。

对许多社运人士而言，那场选举在 1968 年芝加哥大会结束的第二天就开始了。那次惨败后，许多曾参加尤金·麦卡锡和鲍比·肯尼迪竞选活动的政党改革者或“新民主党人”要求修改下次大会的代表遴选制度，以增加青年、少数族裔和女性代表的人数。自上个世纪以来，许多党内规则就未曾修改过，也就是说一些州的民主党并不进行初选，有两个南方州由州长负责挑选所有代表，有 10 个州没有成文的规定。因此，在大多数情况下，民主党（及共和党）代表组成了一个白人男性俱乐部。

针对增加代表的要求，新民主党人提议成立一个委员会。党内积极分子同意了，并委任乔治·麦戈文为主席，而他任命了一群年轻的社运人士。伊莱·西格尔刚从法学院毕业，1968 年做过麦卡锡竞选的志愿者，肯·博德也是，后者最后和罗伯特·纳尔逊一道成了麦戈文参议员的助手。这些人将该委员会视作讨伐民主党当权派的运动力量，多年来，民主党当权派一直在暗中达成协议，拒绝让大西洋城出现黑人代表，他们把国

---

① 钦科塔的话出自 Boyte, *Backyard Revolution*, 33, and see chap. 1；麦克布莱德的回顾出自 *Christian Science Monitor*, 9 Sept-Dec. 1977, and see Schlesinger, *New Reformers*, xi. also see *NYT* articles on gray power Oct. and Nov. 1977; *Mother Jones*, Feb-March 1976, pp. 18–28; Robert Cassidy, *Livable Cities* (New York, 1980), chap. 1, and Fred R. Harris, *Now Is the Time* (New York, 1971), chap. 1。

家带入了一场灾难性的战争之中，并在芝加哥街头殴打社运人士。该委员会举行了长达数月的听证会，并跟 500 名证人面谈，其中大部分是女性、少数族裔和地方政党组织者。接着，委员会干事写了一份报告，倡议实行更开放的程序，举行更多的初选，从根本上说，这是在呼吁加强参与式民主。一名学者称，其结果是一场“悄无声息的革命”，是美国历史上代表选举制最重大的变革。

在这场悄无声息的革命中，运动开始改变民主党，这一点在 1970 年大选的初选中变得很明显。社运人士自愿为新民主党候选人提供支持，各候选人在加州、密歇根州、俄亥俄州、宾夕法尼亚州和威斯康星州的州长初选中获胜，令党内积极分子感到意外。其他的进步人士在曼哈顿、伯克利、丹佛和牛顿-剑桥区赢得了国会初选。新民主党人也开始影响党内预选会议。例如，在俄克拉何马城，一位反战的党主席让社运人士涌去他召开的大会，他们写下的政纲支持堕胎、减轻针对大麻的处罚，还设定了彻底撤离越南的日期。华盛顿的社运人士也做了相同的事，而且他们还提出了更高的要求，呼吁将铁路国有化、中止导弹制造，而密歇根的新民主党人则在州政纲里增加了无条件赦免逃避征兵者的条款，甚至还有向北越赔款的内容。

1971 年 1 月，即选举结束两个月后，乔治·麦戈文宣布他将争夺民主党总统候选人提名。意识到美国正处在痛苦的错乱之中的他承诺要“找到一条走出荒野的路”，让“那些曾孕育我们的原则重回美国”。这一声明比通常发声明的时间早了一年，最终他有了几个竞争对手。纽约市市长约翰·林赛看起来很有感染力，他的许多看法都与运动相同，但他很难组织起一场令人信服的竞选活动，国会议员雪莉·奇瑟姆也是如此，因为当时人们不确定大多数国民是否会给一位黑人女性投票，她曾在黑人党团会议上非常直率地对男议员说：“你们这群人中只有我有胆量去竞选总统。”州长乔治·华莱士表示，这一次他将以民主党人的身份参加竞选，并开始竭力拉拢党内的保守势力。参议员休伯特·汉弗莱得到了当权派民主党人的支持，最后他表明了自己的意图："假如我在 1968 年时当选，我们现在早就摆脱那场战争了。"不过，最强劲的竞争者是缅因州参议员艾德蒙·马斯基，他是 1968 年的副总统候选人。他与麦戈文一样迫切希望结束战争，而且是出了名的真诚。和麦戈文不一样的是，马斯基是一名温和派，他能和党内所有派系的人共事。因此，在 1972 年初，这位缅因州参议员已经得到了一大批选民的支持，哈里斯民意调查显示，虽然他在有望当选的候选人中位列最后，但他和总统尼克松一样受欢迎。马斯基的竞选活动以信任为根基，"可信的马斯基"是他的竞选口号，而且他将打败"狡猾的迪克"，但在接下来的几个月里，他几乎没有提到具体的提案，以至于选民说："我相信马斯基，但有什么用？"

公民们知道麦戈文对这些问题所持的立场，其中最重要的仍是种族和战争，而这两个问题现在被诸如校车和配额以及体面的和平之类的说法掩盖了。麦戈文在大学里演讲的次数比其他竞选人都要多，因此吸引了大批人群，争取到了年轻人的选票，而且由于《宪法》第二十六修正案将即将到来的全国大选的投票年龄降至 18 岁，所以青年投票者的数量增加了。他支持利用校车计划来实现校内的种族融合，认为这是"彻底扭转百年来种族隔离的一种方式"。他告诉少数族裔，他将制定指导方针，根据他们在人口中的数量按比例地雇用他们担任政府职务。总的来说，他支持堕胎，并且因其对战争事务最直言不讳的批评而名声大噪。这名二战时期的轰炸机飞行员说话很直白，称越南战争是"一场道德上和政治上的灾难——这场可怕的癌症正在蚕食美国的灵魂"。1969 年，麦戈文曾在"暂停"运动中发言，第二年，他在参议院提出了一项"结束战争"的决议，该决议将为美国从越战抽身设定一个日期。他质问同僚："让 5 万美国年轻人去送死，这个议事厅里的每位参议员都脱不了干系。参议院到处都是血腥味。"这项决议被否决了，但麦戈文没有灰心，他继续抨击战争，最后他说，假如自己当选，他将在"90 天或更短的时间内"把士兵带回国，并结束战争。

这样的声明让麦戈文在运动中大受欢迎。“麦戈文竞选活动的主题理所当然地得到了人们的认可——那也是运动的主题，”记者西奥多·怀特写道，“他的首要目标就是夺取运动的控制权，控制当下随波逐流的男性力量和女性力量。”麦戈文开始工作，他召集了一支竞选团队，其领导者是罗伯特·肯尼迪的前发言人弗兰克·曼凯维奇，负责管理的是年轻的丹佛律师盖瑞·哈特，曾是肯尼迪竞选活动的志愿者。历史学家理查德·韦德和民权社运人士莫里斯·迪斯律师是他们的顾问，还有一些人最后也参与到这一事业中。尤金·博科尼 1968 年时是麦卡锡竞选的志愿者，他领导了威斯康星和马萨诸塞的竞选活动。演员雪莉·麦克雷恩和华伦·比提通过跟詹姆斯·泰勒、卡罗尔·金、西蒙与加芬克尔、迪翁·沃里克、彼得、保罗和玛丽组合等音乐人办了慈善音乐会，为竞选活动筹集了资金。早在新罕布什尔初选前，竞选活动就已开始了，来自东北各地大学的学生自愿加入了怀特所说的“移动的游击队。……这支队伍有一个打动人心的理念，那就是政治能带来和平，构建正义社会”。

1972 年的新罕布什尔竞选活动没能像 4 年前尤金·麦卡锡所做的那样牵动全国人民的心弦——再没有竞选活动能做到这一点。而且，国内的分裂程度已经达到了历史最高点，随着犬儒主义成为全国性弊病，希望和热情逐渐消失。但志愿者和学生仍守在电话机房接听电话、挨家挨户地敲门，动员人们投票。民意调查员曾预测，马斯基将在邻州赢得 60% 的选票，但当他没有获得大多数选票，仅以 8 个点的微弱优势打败了来自南达科他的麦戈文时，专家们宣布麦戈文已经取得了精神上的胜利。接下来是威斯康星，麦戈文在那里轻松获胜，马萨诸塞也是如此，马斯基被淘汰出局，这表明民主党没有中间派。刚左记者亨特·S. 汤普森写道，这些初选表明，这次“选战很快就会演变成一场内战，这是右翼元老和左翼一帮年轻的门外汉之间一场持久的生死之战”。汉弗莱来势汹汹，他赢得了俄亥俄的选举，也为在加州的胜出铆足了劲。汉弗莱召集了欠他人情的人，与此同时，1 万名麦戈文的志愿者在选区穿街走巷，挨家挨户地按门铃拉选票。麦戈文险胜。接着，他又在纽约和新泽西取得胜利，接连的胜利使他成为最强的候选人，也使他获得了汤普森所谓的“令人费解的联盟的支持：一个由和平怪胎、顽固保守派、农民和电影明星，连同城市里的黑人、农村的奇卡诺人和‘青年投票者’组成的古怪混合体”。这位参议员后来提到，他之所以会成功，全靠他那“积极性很高的草根大军”。①

草根对上当权派是 1972 年竞选活动的主题，而尼克松选择了后者，他拿出总统做派，凌驾于政治之上，以世界政治家的身份不断登上新闻头条。早前，总统曾派亨利·基辛格前往巴黎进行和平谈判，但北越对此并不感兴趣，他们拖延美国的撤军，以便在南越发动常规进攻。为了给河内施压，美国政府和中国、苏联进行了秘密会谈。2 月，总统飞往北京，此举震惊了全世界。尼克松曾是一个以打击共产主义和“红色中国”为己任的政治家，但是现在他却笑容满面小心翼翼地和毛泽东主席握了手。鉴于美中尚未建立外交关系，这次会议本身意义重大，两国很快开始了贸易往来，同时开始讨论建交。然而除此之外，他并没有取得什么成果。中美两国同意缓解亚洲的紧张局势，却忽视了越南问题。“我们在这里待了一个星期，”总统在离开时说，“这是改变世界的一个星期。”

但对北越来说不是。一个月后，北越发动了一次常规战，这是春节攻势后的第一场大型进攻。在复活节攻势期间，他们突袭了南越，这是对越南化的又一次考验。当时南越境内只剩下 6 万美国士兵，他们在报告中称遭遇了一场大溃败，南越共和国军乱成一团。几个星期内，敌人就威胁到了西贡政权的存续。对此，尼克松下令再次大规模升级空中战事，B-52 轰炸机将敌军阵地和北越夷为平地。总统命令基辛格去吓唬一下北越人：

---

① White, *The Making of the President: 1972* (New York, 1973); 44-47, 101, chaps. 2 and 5; Byron E. Shafer, *Quiet Revolution: The Struggle for the Democratic Party and the Shaping of Post-Reform Politics* (New York, 1983), 4, 还可参考其结论; Thompson, *Fear and Loathing*, 278-79, 382; Norman Mailer, *St. George and the Godfather* (New York, 1972), 62-70, 130-31, 168-83, 211-17; McGovern, *Grassroots: The Autobiography of George McGovern* (New York, 1977), 128-249, 174 (italics added); 还可参考 Jonathan Schell, *The Time of Illusion* (New York, 1975), chaps. 4 and 5。

“你告诉那帮狗娘养的，总统是个疯子，而且你们也不知道该怎么对付他。一旦连任成功，我就会狂轰滥炸。”尼克松令局势更加岌岌可危。他命令军队在海防港布下地雷，炸掉通往中国的铁路线，从而阻断了对河内的贸易。“那是尼克松总统生涯里最辉煌的时刻之一。”基辛格写道，总统告诉女儿，如果他的计划不能奏效，那么“美国将不再是受人尊敬的大国”。接着，尼克松和基辛格去了莫斯科。他们就战略武器进行了协商，并继续努力缓和与大国之间的紧张关系，同时，美国建议苏联向北越施压，使其停止在南方的战争。①

社运人士开始了零散的抗议活动，结果导致2 000多人被捕，其中包括阿默斯特学院和史密斯学院的校长。到1972年春天，和平运动已成主流，民主党当权派对尼克松升级战事的做法进行了猛烈抨击。“总统违反了国际法”，来自纽约的国会议员艾德·科赫表示，而艾奥瓦的参议员哈罗德·休斯称这是一场悲剧，参议员爱德华·肯尼迪认为这是愚蠢之举，是不祥之兆。总统候选人也发表了重要的意见，参议员马斯基警告道，尼克松是在冒着“与苏联和中国正面对抗的风险，严重危害美国的国家安全”。汉弗莱表示，这次行动“充满了不可预测的危险”，麦戈文则说得更加难听：“新近的这次升级鲁莽、多余、不切实际，是在挑起第三次世界大战。”

当然，乔治·华莱士有不同的看法，但就在这位候选人强调自己的保守立场时，一名刺客向他开了枪，致使他身受重伤，他的竞选团队也因此被重挫。华莱士的不幸就是尼克松的好运，因为在当前的选举中，总统只有一个对手。不会再有第三党去争夺南方和保守派的全力支持。甚至在民主党人召集全国代表大会之前，这场选举就已经演变成现状和新美国之间

---

① Kissinger, *White House Years* (Boston, 1979), 1179; Nixon, *RN: The Memoirs of Richard Nixon* (New York, 1978), 586–95, 602–3; Seymour Hersh, *The Price of Power: Kissinger in the Nixon White House* (New York, 1983), 568; and see Stephen Ambrose, *Nixon: The Triumph of a Politician*, 1962–1972 (New York, 1989), 538, 592, and chap. 23.

的较量了。

7 月，麦戈文的草根大军来到大会现场，开始为民主党政纲忙活。“迈阿密不会发生任何暴动，”观察者本·瓦滕贝格说，“因为那些在芝加哥参加暴动的人现在成了政纲委员会的成员。”的确如此。该州的党派采用了新规则并选出了代表，而参加大会的人已不再是原先那些来自工会、大学和城市核心组织里的白人男性。相反，新民主党人成了参会者。参会代表中有一半是教授、教师和家庭主妇，80%的人从来没有参加过大会。会上有东部的学生、中西部的农民、大平原的美洲原住民、西南部的奇卡诺人、南方腹地的非裔美国人以及来自各地自称为“女士”的女性。芬妮·卢·哈默代表密西西比，她支持来自得克萨斯的被寄予厚望的副总统候选人弗朗西丝·“姐姐”·法伦索尔德，与此同时，代表伊利诺伊州参会的不是市长理查德·戴利，而是杰西·杰克逊。纽约的工会成员比其他州都要多，但其代表团中只有 3 名男性工人，却有 9 名与同性恋解放阵营有关的人。同样来自纽约州的代表还有女国会议员贝拉·埃布扎格、《女士》的编辑格洛丽亚·斯泰纳姆以及贝蒂·弗里丹。更引人注目的是来自加州的团队，其中有长发的年轻男性、短发的女性，还有众多的亚洲人、西裔美国人和非裔美国人。在这个州，少数族裔占总人口不到 30%，但在这个由雪莉·麦克雷恩和两名年轻黑人威利·布朗、伊冯娜·布雷思韦特领导的代表团中，他们的人数却占了近 40%。和 1968 年相比，1972 年大会中女性代表的占比增加了 2 倍，达到近 40%，黑人占比增加了 2 倍，达到 15%，30 岁以下者的占比从 2%飙升至 20%以上。“去年的极端保守分子（bourbon）和婆娘们（broads）在哪里？”诺曼·梅勒问，“是的，民主党的所有权力结构都变了。”

就挑选代表的问题与汉弗莱阵营进行了一番激烈斗争后，麦戈文赢得了候选人提名，也就是说运动赢得了民主党的支持。工会领袖、城里的老板、白人和许多温和派黑人都恨这个新政党。一名黑人工会成员说，杰西·杰克逊“也没法把吸血鬼领到血库去”。美国劳联—产联的领导乔治·米尼称这些代表是“嬉皮士、女性解放者、同性恋、怪人和逃避兵役者”，专栏作家麦克·罗伊科写道：“每个想通过抛弃白人来改革芝加哥民主党的人，大概都会为了减肥而朝自己的胃开枪。”不久，民意调查显示，主流民主党人破天荒地倒戈支持尼克松总统了。

下个月的共和党大会与之形成了强烈对比。显然，当时存在两种美国人：左派和右派。尼克松支持那些满足于现状的人。约翰·韦恩来到迈阿密，去那里的还有吉米·斯图尔特、帕特·布恩和弗兰克·辛纳屈，以及“黑色力量”的代表小萨米·戴维斯，他在唱完《迪克西》后拥抱了总统。共和党的代表都是职业政治家，有众议员、参议员、州长，超过80%的人曾是官员。他们大多是来自郊区和乡村俱乐部的年长白人。记者怀特数了一下，整个团队中只有三人留胡子，没人留长发，至于加州代表团，他们“像是从诺曼·洛克威尔的画里走出来的——端庄、丰满的俱乐部女会员、戴夹鼻眼镜的银发男人……那些年轻男士像是刚跟田径队一起训练过似的，个个好像刚洗过澡，还打着领带，看起来精神抖擞”。会上没有太多可讨论的东西，因为没人真的反对总统。尼克松站在台上用双臂比划了一个代表胜利的V，就在这时，“支持总统青年选民组织”的数百名成员大喊道：“再当4年！再当4年！”

但那并不容易，因为社运人士开始抗议他连任。“欢迎来到弗拉明戈公园，”一份传单上写道，“这是人民解放区，这里有革命生活、组织活动和非暴力直接行动。在这里，我们将努力曝光、对抗、打败尼克松政府的压迫。”最终有3 000多人在这个5英亩的公园里扎营，他们坐在树荫下，抽大麻，听音乐。他们沿“胡志明小道”搭起了帐篷。自由同志会、耶稣怪胎会、迈阿密女性联盟、人民大麻公园、学生争取民主协会、雅皮士和齐皮士[①]高呼：“让齐皮回归雅皮！”齐皮士宣布设立“亚美利加耻辱日”，“耶稣再临”呼喊：“穿齐皮士T恤的耶稣将降临世上，身上背着写

① Zippies，雅皮士中更激进的分支。——译者

有葛培理的十字架，带领游行队伍前往礼堂。”在大会礼堂里，齐皮士承诺发起“小便抗议”、焚烧国旗活动、提供 20 英尺长大麻卷烟的免费大麻集会，还有供应吉露牌果冻的诵唵大会。一些人办起了街头剧场。穿着越南服饰的女怪胎手拿开膛破肚的布偶，唱着丧歌。年轻男性发起了“呕吐抗议”，呕吐是因为“尼克松让我们恶心”。公园那边，一名原教旨主义牧师反复吟诵着“耶稣已经降临”，而耶稣怪胎会的成员试图说服武装派加入基督大军。一名赤裸上身的年轻女性爬上了灯杆，另一些人则手挽手赤身裸体地在棕榈树下散步。约 1 200 名越南老兵反战组织的成员来到公园扎营，还设置了层层守卫的防线。迈阿密女性联盟成立了女性反强奸小队（WARS），在公园内巡逻，以防骚扰事件发生。她们宣称：“一股反对美帝国的清风正在吹来。”

当一队队示威者走上街头，试图扰乱大会、拖延总统的就职演说时，这个帝国再次站稳了脚跟。一些武装派试图利用阻塞交通的方式来阻止代表们集合。一些人划破轮胎，丢掷石块，一些人躺在轿车前或打砸豪华轿车，嘴里大喊着“战犯！”。这样的行为促使和平主义者谴责了武装派，并引发了一场激烈的争论。警方开始反击。他们发射了能令人停止攻击行为的胡椒喷雾，逮捕了 900 名被呛得流泪的武装派。

60 年代行将就木。1968 年的芝加哥事件不能再重演了——一次已足够——同样，进军五角大楼、伍德斯托克也只会发生一次，六十年代人只有那一次将政治和文化元素恰当地融入历史事件中。武装派称会有 1 万人来到迈阿密，结果只来了三分之一。许多社运人士在为麦戈文工作，有些人惧怕暴力，有些人在思索：“意义何在？”除了越南老兵外，社运人士毫无组织，亨特·汤普森写道：“就是一群嗑昏了头的街头疯子和尖叫的少年颓废派，他们唯一的成就就是让公众抗议的整个传统蒙羞。”前雅皮士艾比·霍夫曼和杰瑞·鲁宾当时是运动刊物的记者；年轻的齐皮士说，老雅皮士已经年过三十，退休了，无关紧要了。还有谁是要紧的呢？“未能在大会上制造出混乱，”《美国新闻》称，“表明反战抗议的力量正在衰退。”

而且，当权派已经从60年代吸取了教训。警长允许这些年轻人扎营，给他们提供帐篷和医药，并命令他的属下对示威者人性化。警方在大会礼堂周围用巴士设置了路障，一辆接着一辆，当暴力事件发生时，他们有效地使用了大量的胡椒瓦斯。共和党人把大会地址从气候宜人、距旧金山湾区高校所在地不过咫尺之遥的圣地亚哥改到了迈阿密，尽可能远离社运人士的大学，而且8月的天气热得人受不了。此外，尼克松政府还试图让唯一可能得到媒体关注和公众支持的越南老兵反战组织陷入停滞。在大会开始前，司法部传唤了24名越南老兵反战组织的协调员，告他们“密谋引发混乱”，大陪审团将这些人困在了离迈阿密500英里远的地方。

尽管如此，在宣布提名的当天，越南老兵反战组织发动了一场非同寻常的示威活动。“这是我们最后一次一道巡逻，”前海军陆战队队员罗恩·科维克写道，“这是一场战争，我们再次成了士兵，就像从前那样毫不松懈，我们这群迷惘的一代穿着破旧的丛林军靴、抽着大麻从全国各地赶来，就是要告诉尼克松一两件事。我们清楚，这一次我们要对抗的是真正的敌人——是那些拿我们的性命获利的人。”1 200人缓缓游行至代表们入住的枫丹白露酒店。他们打着手语静静地游行，一些人坐着轮椅、拄着拐杖，大多数人穿着作战服，戴着头盔，穿着靴子，有些人拿着塑料来复枪，许多人佩戴和平标志。这群共和党的街头人士一言不发——没有嘲讽，什么都不做。他们来到酒店，全体稍息，继续一言不发，仿佛在说：看看我们吧，美国，我们是你残疾的儿子。500名武装警察挡在他们和酒店之间。所有人一动不动。亨特·汤普森指出：“自1964年冬天以来，我一直带着沮丧定期报道反战示威活动，我从没见过警察这么害怕。”警察绝不可能去攻击沉默的老兵，因为这并不是标准操作流程。最终，一名排长拿起扩音器说：“我们要进去。”

这些老兵要攻占共和党大会所在的酒店吗？警察队伍中出现了令人毛骨悚然的沉默和焦躁不安的举动。老兵们寸步不让。国会议员皮特·麦克洛斯基是一名反战的共和党人，他从酒店里出来，快速穿过警察队伍来到老兵面前。不，老兵们告诉他，他们是心平气和来到这里的——不会有暴力。但是他们确实希望发表一些演讲，他们也如愿了。麦克洛斯基同意放一些老兵进去参加尼克松的获提名演说。

当晚，科维克、罗伯特·穆勒和比尔·威曼都坐着轮椅，停在中间过道的后方，离讲台很远。尼克松在“再当 4 年”的呼声中现身，老兵们举起了标语：停止战争。一名男子迅速将它扯下来并大喊道：“你们这帮烦人的共产党狗杂种。”人群不断为总统欢呼，老兵们也声嘶力竭地喊着：“停止轰炸，停止战争！”警卫们迅速抓住他们的轮椅，把他们拖向门口。一名男子冲到科维克面前朝他脸上吐口水，大喊：“叛徒！”

是叛徒还是爱国者？多年以前，人们就轻松地界定了这些词，从那以后，美国就变得更不解了。“我把我身体的四分之三都献给了美国，”科维克对一名新闻记者说，“我得到了什么？吐在脸上的口水！……除了回家，我还能做什么？我当时坐在轮椅里发抖，然后哭了起来。”①

随着最后一支巡逻队打道回府，理查德·尼克松开始了他的竞选之旅。选举的结果是毫无疑问的。民意调查显示，投票者对尼克松和麦戈文的支持率通常是 2 比 1。民主党唯一的希望就是让民众相信尼克松不值得信任，而在一次离奇的事件后，麦戈文有了一丝胜利的可能：位于水门大厦的民主党国家总部被人闯入。6 月，一名保安抓住了 5 名男子，当时他们显然是闯入民主党的办公室行窃。其中两人的笔记本上记有电话号码，经查实号码的归属地是白宫和 E. 霍华德·亨特，后者为总统连任委员会工作（CREEP）。尼克松否认知情，称这是狂热分子搞的政治恶作剧，他私底下在白宫说：“共和党委员会试图窃听民主党总部这种事，我认为不会在这个国家掀起轩然大波。”当年秋天，麦戈文猛烈抨击，每次演讲都会提及“水门事件”，但大多数公民认为尼克松的否认言之有理。三分之

---

① SAVF：box 60，Youth International Party folder，Zippie flyer；Thompson，*Fear and Loathing*，385–92；Kovic，*Born on the Fourth of July*，170–84；and see Harper's，Nov. 1972，pp. 60–68；*U. S. News & World Report*，4 Sept. 1972，pp. 21–22；*NYT*，22–25 Aug. 1972.

二的人认为这一事件“只是政治把戏”，80%的人认为没有理由转而支持麦戈文。民众认为，不管怎么样，尼克松都会赢。美国总统为什么要知道在“水门大厦”搞砸的非法闯入呢？

麦戈文的竞选团队从来没有获得足够的支持来带领新民主党人入主白宫。虽然这名参议员在左派的支持下获得了提名，但是为了赢得选举，他不得不回到政治中心，而他的努力并没有明显的效果。由于不支持民主党政纲中的堕胎议题，他激怒了许多女性主义者，他说这一议题应该让各州自行决定。当他声称美国需要“在泰国和海上——布置军力”时，许多和平主义者都很反感，因为那听起来太像保卫东南亚的又一个乏味的托辞了。而且，在许多国内政治家拒绝做他的竞选搭档后，麦戈文选了来自密苏里的温和派参议员托马斯·伊格尔顿。伊格尔顿曾因抑郁症三度入院，但他并没有将此事告诉麦戈文，而当这个健康问题曝光后，总统候选人表示他“1 000%”地支持自己的竞选搭档。然而，民意调查显示，伊格尔顿是个大麻烦，于是1 000瞬间变成了0。麦戈文改弦更张，选了肯尼迪家族的亲戚、前和平工作队的负责人萨金特·施赖弗。这一转变引发了人们对麦戈文人品的质疑，令其与支持者产生隔阂，这些已经与当权派疏远的支持者现在将这位反战候选人视为投机分子，认为他不过是又一个政客。

“伊格尔顿事件彻底摧毁了我在1972年当选总统的可能。”麦戈文后来写道，但他从未有过当选的可能。麦戈文是主要政党提名过的最偏向自由派的候选人，他的观点反映了运动的价值观和理念，然而由于运动一直是少数公民的运动，麦戈文注定不会成功。大会上，他的竞选大军大摇大摆地走向话筒，将竞选理念传送进美国人的起居室，使主流社会大为震惊。女性要求解放、平等和堕胎权。男同性恋者呼吁终结针对同性恋的一切歧视行为，甚至要求拥有结婚的权利。这位候选人表示，他赞成“大麻合法化”，这引来了一些希望他能决定合法化的年轻人的支持，而单单提到毒品就足以激怒大多数家长了。他说，如果当选，他会考虑赦免抵制征兵的人，这一言论受到了几十万名异见者的欢迎，但也惹毛了数百万老兵。他还将削减 40%的国防支出并改革福利制度，每年为男子、女子和孩子每人提供 1 000 美元，即人口津贴（Demogrant）。他主张大幅提高企业和遗产税的税率。他支持校车计划，而当时 60%的白人公民是反对的，底特律某个郊区以 14 比 1 的投票结果反对这项计划。他抨击美国的对外政策是帝国主义的，因为它支持任何“独裁者、毒贩和匪徒”，在战争问题上，他言辞激烈，称：“尼克松对印度支那的轰炸政策是自希特勒在德国做出灭绝犹太人的事以来最野蛮的国家行为。”虽然这样的声明让很多社运人士激动，但也惹恼了数百万人，他们认为这么说是不爱国的，他们不希望自己的国家被比作纳粹德国，也不想因为越南而受到诘难。许多民主党人在了解选民的情绪后，都拒绝支持该党候选人。正如州长吉米・卡特所说，麦戈文的观点“完全不被大多数投票者所接受”。

共和党人了解到了这一点，发起了他们的攻击，称麦戈文是“3A 候选人：迷幻药（acid）、堕胎（abortion）及大赦（amnesty）”；称他的草根大军是“一小撮激进分子和极端分子”，他们会抛弃“西贡的战俘和朋友……严重削弱我们的陆军、海军和空军”，美国会因此“乞求着爬向谈判桌”。共和党的政纲是反 60 年代的，称“那是一个噩梦般的时代，自由美国的火炬几乎熄灭在暴力和抗议的风暴中”。尼克松声称他支持恢复法律与秩序，支持建立街区学校，支持校内祷告会，反对堕胎。他积极争取反弹的白人的选票，敦促国会否决《公平住房法案》的执行条例，并扩充《投票权法案》。这名共和党人反对政府按照少数族裔在社会中所占的人口比例对其进行雇用，称这是“定额雇用”，他的南方策略是反对校车计划，减缓学校种族融合的速度，这一策略不仅在南方起了作用，而且还得到了郊区的大力支持。尼克松政府恳求最高法院推迟密西西比废除学校种族隔离的时间。“尼克松在做的就是我所提倡的事，”乔治・华莱士说，“但是他说我不适合做总统。”

尼克松把重点放在了他的“新美国革命”上。由于当时几乎所有人都在讨论某种形式的革命，所以，总统宣布他的目标是还“权力于人民”。

为实现这一目标，他将与各州建立财政收入共享制度，重组联邦政府并改革福利制度。他还表示，他将缓和与苏联和中国之间的关系，结束战争，并宣布将再次从越南撤军。虽然尼克松在1968年竞选总统时已经告诉选民他将体面地赢得和平，而且任谁都不该二次投票给一个没有结束战争的总统，但是在1972年时这一信息的意味却大不相同。现在，他是和平的最佳希望，选民们也认同这一点。民意调查发现，三分之二的公民认为尼克松在结束战争方面会比麦戈文做得更好。接着，距离选举还有12天时，亨利·基辛格从巴黎回到了美国，他表示“和平就在眼前”，这一声明登上了世界各地的头条新闻。当然，和平并非近在咫尺，这个声明只是一个竞选噱头。南越和北越都没有同意美国的条款，美国花了数月时间向西贡施压，并对河内进行了整场战争中最为猛烈的轰炸，这才迫使各方在圣诞期间签署了《巴黎和平协约》，而它很快变成了一纸空文。①尽管如此，基辛格的声明正是美国人多年来想要听到的。于是，美国人再次选择了希望。

尼克松取得了一边倒的胜利。自由派飞地支持麦戈文，这位反战候选人在校园里的表现很不错，他在诸如安娜堡、伯克利、麦迪逊、艾奥瓦城等大学城赢得了大多数选票，而且还获得了近90%的少数族裔的选票。尼克松则在其他领域大获全胜。绝大多数女性投票支持他，因为妇女解放仍旧只是一场运动而非投票箱内的政治现实。这位共和党人拿下了三分之二的白人男性的选票，70%的南方选票，甚至还拿下了大部分蓝领与工会成员的选票。白人选民认同尼克松关于民权的观点，当时的民权已经成了一个延期的梦想。尼克松拿下了49个州，但他没有后援。共和党人在国会并没有取得成功，他们在众议院只获得了12个席位，仍旧是那里不足为惧的少数派，在参议院也是如此，他们失去了参议院2个席位。在余下的总统

① 尼克松有关“水门事件”的发言出自 *Newsweek*, 31 May 1993, p. 17; McGovern, *Grassroots*, 191; 华莱士的话出自 Fred R. Harris, *Now Is the Time*, 25; 有关南越的承诺出自 Nguyen Tien Hung and Jerrold L. Schecter, *The Palace File* (New York, 1986), and Bruce Oudes, ed., *From: The President Richard Nixon's Secret Files* (New York, 1989)。

任期中，尼克松一直在和温和派及自由派民主党人较量。他们将切断战争的所有资金，并开始对政府进行调查。最后，参议院司法委员会将在“水门事件”上重创总统。

这次选举也显出了民众的疏离。1960 年有近 64%的选民投了票，1968 年投票率保持在 60%以上，但到了 1972 年，只有 55%的人花时间去投票，这一令人不安的趋势将延续 4 个大选季。年轻人投票的并不多。政治让许多潜在的麦戈文支持者失去了兴趣，他们开玩笑说：“做爱的时候别换丁丁（Dick）：72 年投给迪克・尼克松（Dick Nixon）。”此外，上百万民众来到投票站票选众议员、参议员和州长，但他们没为任何一名总统候选人投票。因此，与其说这次选举是尼克松的胜利，不如说是这场新美国运动的旗手乔治・麦戈文的失败。

对部分社运人士，特别是那些多年来奋战在抗议前沿的人来说，选举对这场运动的否定令人沮丧。早在 1970 年秋天，激进派格雷格・卡尔维特和卡罗尔・尼曼曾抱怨说，新左派已经“一败涂地”，无法将“无耻的美国变成美丽的美国”，保・伯林翰在后来回忆过往时认为这些为数不多的成就似乎平淡无奇：“我们曾立志阻止战争，结果创办了合作社；我们曾着手把总统拉下马，却选出了一位市长；我们曾计划改变美国，结果却降低了公共事业费率。对我们这些经历过 60 年代历史洪流的人来说，这些事带给我们的感觉不过是寻常。”那些奋斗良久的人自然会怀疑、质疑，往往还会感到失望。“社会运动最终失败了，至少许多全身心投入的参与者是这样认为的，”历史学家克莱伯恩・卡森写道，“激进派和革命者已经意识到，纵观历史，即使是最成功的运动也会产生无法实现的抱负。”①

然而，在麦戈文看来，被提名就是一种成功。从 4 名黑人学生在格林斯伯勒点咖啡到现在不过 12 年，一个主要政党已经被彻底改变。那次失败

① Calvert and Neiman, *A Disrupted History*, x；伯林翰的观点出自 *Mother Jones*, Feb. -March 1976, p. 28；克莱伯恩・卡森的文字出自 Charles W. Eagles, ed., *The Civil Rights Movement in America* (Jackson, Miss., 1986), 19.

之后，该党自然又回到了政治体中心，但与此同时，新民主党人赢得了数次选举。那一年，选民把佐治亚州的安德鲁·扬和得克萨斯州的芭芭拉·乔丹送进了众议院，到70年代中期，已经有约200名社运人士当选州、市和地方官员。最后，他们中的许多人都成了名人，例如佐治亚州的约翰·刘易斯和朱利安·邦德、科罗拉多州的山姆·布朗和盖瑞·哈特、加州的威利·布朗和汤姆·海登、得克萨斯州的吉姆·海托华、内布拉斯加州的鲍勃·克里、马萨诸塞州的约翰·凯利、康涅狄格州的托比·墨菲特以及马里兰州的芭芭拉·米库斯基，还有许多人，例如麦迪逊市市长保罗·索格林和奥斯汀市市长杰夫·弗里德曼，华盛顿特区议会成员马里恩·巴里和伯克利议会成员洛尼·汉考克，底特律市法官贾斯汀·拉维茨和得克萨斯州扎瓦拉县法官何塞·安格尔·古铁雷斯。此外，代表选举制度的改革意味着4年后，一位名不见经传的南方州州长可以走遍东北部，在小城镇中停下车与人握手并说“相信我”，吉米·卡特会获得总统候选人提名并入主白宫。社运人士已经把政治带出了密室，一路走来，他们已经证明了没有必要进行革命——这个共和国仍旧是林肯口中“最后最佳的希望”，因为它有变革的能力。

1970年代早期，随着社运人士取得重大胜利，随着新美国开始兴起，这种能力逐渐显露出来。有关环境问题，国会通过了严格的空气质量和水质法修正案，更重要的是，颁布了《国家环境政策法》，它要求政府机构提交公共项目环境影响报告，并成立了环境保护局，这是美国政府有史以来设立的最大的监管机构。到1972年，国会通过了禁止使用DDT的《农药控制法》并提出了《濒危物种法》。《新闻周刊》称：“进入生态时代2年来，令人惊讶的是，我们已经做了这么多。”《商业周刊》指出，消费主义的情况也是如此，“州与地方消费主义者的态度日益激进”，致使50个城市及半数州成立了消费者保护办公室。

1972年，女性也取得了惊人的胜利。约50年前首次在国会提出的《平权修正案》于当年3月以84比8的压倒性优势在参议院获得通过，并送交各州批准。到这年末，已有 22 个州批准了这一修正案，大多数专家预测该法案会取得胜利，许多州都在采用他们自己的《平权修正案》。联邦政府通过了《高等教育法第九条》，严禁任何公立大学的课程及活动中存在歧视行为，为女性选修包括体育在内的所有课程打开了大门。而另一项国会法案规定，在公立高校，校方开除怀孕女生是非法行为。《平等就业机会法案》加强了平等就业机会委员会的执法权，1963 年《同工同酬法》的修正案禁止在联邦政府支持的项目中存在性别歧视，还扩大了平等就业机会委员会的管辖范围，地方政府机构和教育机构都被纳入其中。众议员贝拉・埃布扎格称 1972 年是个“分水岭”，乔・弗里曼称这一年是立法的“丰收年”，“远远超出了美国历史上所通过的相关法案的总量”。

同样具有重大意义的是，女性主义律师在最高法院打赢了一些备受瞩目的案件。自 1971 年起，最高法院开始废除一些法律，其数量众多，原因是这些法律在失业保险、产假、社会保险福利和军人抚养补助金等方面歧视女性。接着在 1973 年 1 月，最高法院对“罗诉韦德案”的判决震惊了全国，法院裁定得克萨斯州的一项法律违宪，该法规定除挽救孕妇生命外的堕胎行为是犯罪。最高法院判定该法律存在歧视性，而且宪法赋予的隐私权包括女性终止妊娠的决定。此后不久，最高法院废除了对可进行堕胎手术的场所的限制，堕胎诊所应运而生。

1970 年代是女性解放的十年。和少数群体相比，女性解放运动的变革相对较快，可能是因为女性对那些掌权者——白人男性——有更大的影响力，或者因为女性解放似乎是那个时代的一个合理的结局。露丝・罗森回忆说：“整个 60 年代，我们都在努力想象如何活出不一样的人生，如何改变世界。女性运动从民权运动、新左派和反战运动那里学到了很多——但我们把女性运动带回了家。我们把它带进了厨房，我们把它带进了卧室，我们把它带进了人们生活中最个人最私密的方面。在家里，我们很难否认它的存在，也很难忽略那些问题。”

此外，我们也很难忽略那些为他们心中的新美国愿景而奔走呼号的社运人士。男同性恋者在至少 10 个城市成功地制定了同性恋权利条例，包括明尼阿波利斯和华盛顿，而且，经过多年在美国精神病学协会会议外抗议示威，该组织同意不再把同性恋列为一种疾病。身体残疾的公民也组织了起来，对此，国会通过了一项民权法案，即 1973 年《康复法案》，该法案后来规定，所有残疾儿童都必须在限制最少的环境中接受免费的、适当的公共教育。灰色力量群体甚至更为成功。国会通过了保护私人养老金计划的法律，开始为老年人服务项目提供资金，严禁对 70 岁以下的员工执行强制退休，过去 65 岁是上限。加州、宾夕法尼亚州、新泽西州、伊利诺伊州、蒙大拿州和另外一些州免除了老年人的州所得税，规定他们享有更低的公共事业费率，还通过了仿制药法案或养老院法规，并试行医生到病人家中出诊的政策。70 年代中期，《纽约时报》指出："老年人的立法记录几乎比其他所有群体都好。"新泽西的一名女性补充道："人人都有父母。那些立法者看着那些老人时，他们都有愧疚感。你怎么能对自己的母亲说不呢？"

地方政客也无法拒绝最近来敲市政厅大门的民众。后院造反重新燃起了人们对平民主义和民主行动的信心。社运人士对发展提出了质疑，城市官员倾听了有关分区规划的要求，联邦政府通过了《房屋抵押公开法》，打击了抵押贷款的歧视现象。在整个十年中，数百万人参加了街区组织。全球化思考，本地化行动。仅在纽约市，社运人士就成立了几千个街区俱乐部，到了 70 年代末，美国国内已经有 8 000 个社区组织。在此期间，地方组织者一直都在争取对环境的控制权——东有新罕布什尔的蛤壳联盟（Clamshell Alliance），西有北加州的鲍鱼联盟（Abalone Alliance），他们与核电企业的斗争东至锡布鲁克，西至阿布洛峡谷。虽然在冷战文化时期与社会上的权力精英对抗会受到怀疑，但这场运动已经使社会行动主义合法化了，无论是对社运人士还是对公民来说，它都是"正常行为"。正如汤姆·海登所说，"1960 年代的激进主义已经变成了 1970 年代的常识"。

实际上，行动主义已经变得如此平常，以至于保守的公民都接纳了它。相较于南方的抗争、校园规章制度和东南亚的某场战争，社区组织触及的问题对大多数个人和家庭产生了更为直接的影响。大多数公民都没有穿军装的儿子，没有为解放而游行的女儿，也没有反叛的大学生。但他们确实对在隔壁建公共住房，或者为了所谓的种族融合让孩子乘校车到城镇另一头的贫民区学校去上学有自己的看法。乔治·华莱士已在整个 60 年代里触动了民众的这根弦，而白人的反弹也在支持尼克松、巩固共和党统治的同时扩大了规模。为了维持现状，为了保护种族社区和白人郊区，保守派人士的组织活动走进了街区俱乐部。在波士顿，信天主教的爱尔兰裔与意大利裔公民成立了“恢复我们被剥夺的权利”组织（ROAR），还开展了 ABC 运动：反堕胎（anti-abortion）、反校车（anti-busing）和反共产主义（anti-Communism）。颇为讽刺的是，受这场运动的启发，大众参与到社会事务中，促成了新右派的崛起。①

整个 70 年代期间，当女性主义者为《平权修正案》而游行时，社会行动主义在地方和州一级继续发展，但 1973 年发生的事——伤膝谷事件——清楚地表明，该运动已经在全国范围内走向消亡。2 月，约 300 名美国印第安运动组织成员占领了南达科他州一个名为伤膝谷的小村庄，1890 年美国骑兵在最后一次征服美洲原住民的战斗中，曾在此地屠杀了数百名苏族人。武装派劫持了 11 名人质，洗劫了贸易站，封锁了教堂。一名社运人士称这是“一场解放斗争，一个新国度即将诞生”。记者们匆匆赶赴现场，电视台工作人员从纽约、伦敦和东京赶来，美国印第安运动组织向全世界宣布了它的诉求：调查联邦政府签订但未履行的条约；立即改善居留地的生活条件；承认他们对自己的事务拥有“主权”，包括印第安民族应该自治的想法。美国印第安运动组织在前一年 11 月就提出了这些要求，当时其成员在身上涂上他们打仗前要涂的颜料，占领了华盛顿的印第

① *Newsweek*, 12 June 1972, pp. 46–55; *Business Week*, 26 Feb. 1972, p. 86; 罗森的回忆出自 “Berkeley in the ’60s,” episode 3; 老年人的相关内容出自 *NYT*, 28 Nov. 1977; 海登与 ROAR 的相关内容出自 Fisher, *Let the People Decide*, 126, 141–43。

安事务局办公室。那一次，他们扰乱了印第安事务局的工作，并故意破坏了那里的公共设施；这一次，他们全副武装，准备与白人决战到底。他们一边与记者交谈，一边向试图接近他们的联邦法警开枪。“我们已经拿下了整个伤膝谷，”罗素·米恩斯称，“我们定会坚守到底，人在谷在。”

这场包围战持续了数周，并演变为一场长期斗争，再次暴露了激进派和温和派社运人士之间的分歧。武装派的罗素·米恩斯和丹尼斯·班克斯指控奥格拉拉苏族人居留地存在贪污问题，并主张部落主席、温和派的理查德·威尔逊辞职，他们称其为混血儿、苹果、印第安事务局的傀儡。威尔逊拒绝了，指责美国印第安运动组织是局外人，干预了地方部落的事务。由于印第安部落之间的摩擦加剧，与政府的和谈破裂，最后通牒发出后，双方开始零星地交火。在交火第七周，武装派朝一架直升机射击，伤及一名空军元帅，官方加大火力后，双方宣布停火。最终，政府同意给武装派提供食物和药物，但此举激怒了威尔逊，他召集了一群奥格拉拉人，试图封锁道路，阻拦运输。美国印第安运动组织的人开始悄悄逃离该居留地，其中包括进行巡回演讲的丹尼斯·班克斯和在洛杉矶被捕的罗素·米恩斯。伤膝谷失去了意义。“这里是街头剧场。”一名政府官员说。70 天后，《新闻周刊》总结道：“伤膝谷事件在上周逐渐平息，留下的是一个支离破碎、满目疮痍的村庄，两名印第安人死亡，一名 FBI 探员瘫痪，至于取得了什么成就普遍无法定论。”①

与伤膝谷事件同期发生的另一事件标志着 60 年代的结束。尼克松政府签署了《巴黎和平协约》，美国终止了对南越事务的干预，撤出了剩余的军队。评论家们自然会将 1890 年的大屠杀与发生在越南的事进行比较——美国士兵焚烧村庄，虐待囚犯，屠杀妇女和儿童，将当地居民赶尽杀绝。官员们还从军事角度描述了 1973 年发生在南达科他州的战斗。印第安人设

① SAVF：box 59，Wounded Knee flyer and communiques；*WP*，1 Mar. 1973；*Time*，12 Mar. 1973，p. 21；*Newsweek*，9 April and 21 May 1973，pp. 38，31-32；and see *The Nation*，25 June 1973，pp. 806-9.

立了一个非军事区，当局设立了一个指挥所，并任命了停火观察员。陆军开着装甲运兵车把部队运来运去，空军则驾驶幽灵战机低空飞行执行侦察任务。交火：曳光弹壳呼啸着冲进黑暗。当印第安人从伤膝谷中撤出并向政府投降时，美军战俘也从越南回国了：战斗，和战争，都结束了。

出人意料的是，伤膝谷事件几乎没有引发社会行动主义。和 3 年前的恶魔岛事件不同，其他部落成员并没有赶到现场。虽然后来美洲原住民从联邦政府那里得到了一些让步，包括他们在居留地的很多自决权，但在 1973 年，红色力量似乎正在衰退。学生行动主义也是如此。虽然调查显示，大学生将美洲原住民和同性恋者列为美国最受压迫的群体，但他们并没有给予源源不断的支持，没有进行大规模的游行，也没有巴士车队前往伤膝谷。

这场运动并没有"终点"：没有发表公告，没有最后的通知，没有结束的钟声。六十年代人已经毕业了。民意调查显示，年轻一代的学生更为温和，不太倾向于抗议，对他们而言，歧视问题并没有如环境、消费者保护和女性平权那般紧迫。学生们正在远离 60 年代的议题，走向自我实现。"我见过的学生更多是在讨论个人问题，"欧柏林学院的校长说，"他们渴望过上更优质的生活。"

1970 年代正在成为"我的十年"。湾区的一名社会学家指出："在 1970 年代早期，筋疲力尽的社运人士几乎就和筋疲力尽的吸毒者一样常见。"因此，许多社运人士"已经转向克制的政治，或者彻底退出了政界"，他们的第一要务已经变成"我要理清思绪"。在经历过一个混乱的年代后，许多人重新评估、重新思考了他们的生活，并开始追求自身的幸福。成千上万人离开城市，到乡村去真正地照料自己的园子，食品合作社的数量激增。另一些人则考虑起了自己的身体状况，开始慢跑或者做更能增进健康的运动，同时，这十年也成了性解放的代名词。数百万人开始个人反思，在人类潜能运动中寻求认知和成长，他们采取了各式各样的方法：阿里卡训练、魂灵投射、生物反馈、艾哈德研讨训练、格式塔、哈瑞奎师那、人本主义心理学、按摩、心理控制术、原始治疗法、洛夫治疗法、科学论派、敏感性训练、苏菲主义、太极、超验冥想、瑜伽、禅修。苏菲派有句谚语："了解自己的人即了解神的人。"许多人都找到了自己的神，这十年最终成为宗教觉醒的时代，众多个体一同获得了"重生"。汤姆·海登告诉一群学生："宗教和革命之间正在进行一场争夺人心的竞赛，我担心我们正在输给神秘主义。"①

运动的衰退是符合逻辑的。第二波浪潮的焦点——战争——在 1973 年结束，社运人士大卫·米克斯纳说，这意味着运动将"向 1 000 个不同的方向分裂"。军人的复员转业及越来越高的失业率使经济摇摇欲坠，这也助推了运动的消亡。接着，石油输出国组织在当年实施石油禁运，突然之间，民众不得不在加油站排起长队。石油价格很快翻了一番，最终增长了 3 倍，致使通胀率飙升至极高水平，工人被解雇，他们从装配线上被辞退，成为失业人群，最终导致了大萧条以来最为严重的经济衰退。生产活动中断，然后停滞不前，民众学到了一个新的经济术语：滞涨。此外，大规模涌入大学的婴儿潮一代正走向衰老。美国国民的平均年龄开始上升，同时，随着无数战后婴儿潮时期出生的人正从大学毕业，找工作的人数达到了创纪录的水平。此外，不仅拥有学位的白人男性步入了职业生涯，走上职场的少数族群和女性的人数也是美国有史以来最多的。国家陷入了衰退，许多社运人士——经历了十年的抗争后筋疲力尽，惧怕尼克松政府的打压，也因意识形态上的长期斗争和组织间的纷争而感到沮丧——自然而然地远离了民众抗议，转而关心个人利益和就业问题。最终，运动走上了下坡路，因为社运人士已经改变了美国。60 年代已经结束，因为和 1960 年代相比，此时要抗议的问题少了太多。社运人士已将虚伪之事暴露出来，

---

① 观点出自 Yankelovich, *New Morality*, 74, and *NYT*, 18 Feb. 1973；欧柏林校长的话出自 *NYT*, 24 Oct. 1971；社会学家的话出自 Stephen A. Kent, "Slogan Chanters to Mantra Chanters," *Sociological Analysis*, 49 (1988): 104–118；有关人类潜能运动，请参考 Glock and Bellah, *New Religious Consciousness*, 93–115；Hayden in Stickney, *Streets*, *Actions*, *Alternatives*, *Raps*, 36。

而且他们已经胜了。杰克·温伯格回顾那个年代时总结道："我们已尽自己所能把事情做到了极致。"①

这一代人明白运动和 60 年代已经结束，他们歌唱这场运动的终结，如《音乐逝去的那一天》《加州旅馆》，还有《最后的华尔兹》。杰克逊·布朗唱得最为动听，它讲的是《伪装者》（*The Pretender*）的故事，一个出卖了自己的嬉皮价值观、希望和爱的年轻男人：

我要做一个快乐的傻子
为法定货币而奋斗
广告瞄准
消费者的心和灵魂
相信一切可能的谎言
相信那些钱能买到的东西
以为真爱会是个有力的竞争者
你在吗?
为这个伪装者祈祷吧
他出发时是那样年轻坚定
到头来却屈服了

当然，并不是人人都屈服了，但在 70 年代早期的某个时候，第二波浪潮冲上了沙滩，受当地潮汐和流沙的影响，它开始退去，留下了一个经历过沧海桑田的国家。

① 米克斯纳的话及运动的失败出自 *NYT*, 18 Feb. 1973，还可参考 Peter F. Drucker 在 *Harper's*, July 1971, pp. 35–39 上的文章；温伯格的话出自 "*Berkeley in the '60s*," episode 3。

遗产：沧海桑田

只是经历了沧海桑田，
成了富丽奇异之物。

——莎士比亚，《暴风雨》

这是多么漫长奇特的旅程啊。

——感恩至死，《继续下去》

“有一天，当我们回顾这段往事，也许会一笑置之，”社运人士杰西·科恩布卢特在 1968 年写道，“但也可能不会。”无论什么情况，六十年代人肯定无法忘记那些时光，正如唐·亨利在 1980 年代提醒他们的那样：

今天在路上，我看到一辆凯迪拉克上
  贴着“死头”(DEADHEAD)
我脑海里有个声音轻轻说：“不要
  回头看。你永远不能回头看。”
我原以为自己知道什么是爱
我究竟知道什么？
那些日子一去不返
我应该就此放手但是——

但是……要一个婴儿潮一代就此放手是多么困难，要总结这个改变了那么多美国人人生的时代是多么困难。书写任何近代的遗产都充满了危险。设想一下：假如这一章写在吉米·卡特或罗纳德·里根或比尔·克林顿当选之后，对这场运动的评价会有多大的不同？或者设想一下：美国人对 60 年代的评价会有何不同？保守人士普遍讨厌那个年代的动荡不安、极端行为和“宽容”。他们可能会同意乔治·威尔的说法，他在 1990 年代抨击道：“还有哪个年代和 60 年代一样，出现过这种在政治上毫无效果的激进主义？……60 年代已死。而且死得很及时。”自由派往往不喜欢过激行为和暴力行为，但他们认为许多变革最后都有益于国家，并将其称为进步时代。当时的大学生现在已经成了家长，他们回忆起的可能是一个充满激情、挑战、希望、失望、新价值观的时代，他们或许会同意托德·吉特林的说法：“阐释，反思，拒绝想当然，任思维驰骋——那种使命感是我最爱的 60 年代精神的一部分。”少数族群可能会认同罗杰·威尔金斯的说法，当被问及对 60 年代的看法时，他简单地回答说：“非常棒。那个年代解放了我的同胞。”曾经的嬉皮士可能会和卡尔·戈特利布一起窃笑——“那些记得 60 年代的人都不在那儿”——或者他们会眨眨眼说，“嗑飞了”。

无论人们如何看待 60 年代，这个动荡的时代都瓦解了冷战文化，而且这个国家经历了沧海桑田——政治、社会、文化和对外政策都发生了重大变化。那个时代的遗产值得另写一部书来讲述，它将详细讨论美国历史上的最新趋势，因此，它的争议性将不亚于 60 年代“是好是坏”的热烈争论，或者不亚于有关种族、性别和平等的学术争论。鉴于此书无法写在这里，本章将对运动和 60 年代的遗产进行些许概括。①

对于所有观看了 1976 年在纽约召开的民主党全国代表大会的人，60 年代的政治遗产是显而易见的。来自休斯敦的非裔女议员芭芭拉·乔丹发表了激动人心的开幕致辞，洛杉矶的黑人市长汤姆·布莱德利和新墨西哥的奇卡诺人州长杰瑞·阿波达卡被选为大会的联合主席。来自新墨西哥的

---

① Kornbluth, *Notes from the New Underground*, xv；威尔的发言出自 *Newsweek*, 25 March 1991, pp. 65-66；Gitlin, *The Sixties*, 7；VD：Wilkins interview, 2 June 1989。对遗产的其他看法，请参考 Maurice Isserman and Michael Kazin in Steve Fraser and Gary Gerstle, eds., *The Rise and Fall of the New Deal Order, 1930-1980* (Princeton, N. J., 1989), chap. 8, and Morgan, *The 60s Experience*, chap. 7。

奇卡诺女性主义者格蕾丝·奥利瓦雷斯提出把福利改革加入政纲中。恺撒·查维斯为年轻的加州州长杰瑞·布朗发表了提名演讲，同样来自该州的代表还有汤姆·海登。最终获得提名的是来自佐治亚的吉米·卡特，他的提名代表着吉姆·克劳法的终结——在 11 月的选举中，南方的白人和黑人首次为同一候选人投票，这也是自内战前以来首次把来自南方腹地的候选人送上了总统的位子。

200 周年庆那一年也揭示了新左派对美国的影响，尽管那些社运人士自 1968 年大选以来一直在抱怨他们没能带来一场“革命”和一个新美国。1962 年，他们在《休伦港宣言》中为美国制定了一条路线，它谴责种族偏见、反共妄想症、民众自满情绪、企业无责任感以及远程遥控的政府和受权力精英控制的经济。这些社运人士没能激起大多数人的兴趣，因而无法为减少贫困、改革福利制度或限制军工复合体的发展做出长期的努力。尽管如此，他们还是成功地扼杀了冷战政治文化。美国人从此不再生活在一个惧怕改变、怀疑异见的社会里。社运人士埋葬了麦卡锡主义，游行示威已经成了家常便饭。权威受到质疑、审查，由此改变了官方的行为。政府部门接受公众的监督，社运人士改变了警察的策略，抗议者不再挨打，警察受教育程度提高，更能融入民众。他们接受了群体控制方面的培训，同时也在努力改善与社区内所有人的关系。由于政治社运人士的存在，赋权便成了理所当然的事。

新左派对民主党产生了影响。1896 年，威廉·詹宁斯·布赖恩借鉴了人民党 1892 年的政纲，从而将民主党转变为改革党派。80 年后，民主党人做了同样的事，他们欣然接受了《休伦港宣言》中的理念。自此以后，民主党倡导民权，宣扬个人自由，侧重环境保护，强调企业责任，并秉持强调人权的对外政策。此外，1960 年代的政治社运人士撬开了民主的大门，在杰克逊时期和进步时代，这一点是由早期改革者通过扩大投票权的适用范围实现的。这一次，这场运动从多年来一直在闭门协商政治事务的白人男性手中夺取了政治控制权。社运人士复兴了以前的进步思想：你可以反对市政厅，而社运人士保·伯林翰在 1976 年说的话在之后几年中仍然适用："过去一个十年的社会动乱催生的某种东西从根本上改变了美国政治的措辞……改变是可能的，也是必要的。"

这场运动激发各类公民去表达他们的民主权利，去要求变革，这其中也包括保守派。反弹最初是对为争取民权而游行的黑人以及提出诉求的学生做出的回应。这场抗争提出了种族融合与平等就业权利的议题，导致白人向郊区迁移，并引发了"反向歧视"的指控。因为种族议题，许多白人男性工人抛弃了曾经支持和代表他们的民主党，成为投票给共和党的保守派。反主流文化和女性运动震惊了一些民众，使他们加入了抵制的队伍：菲莉斯·施拉夫利和她领导的"阻止《平权修正案》通过"的运动，阿妮塔·布莱恩特和她领导的反对性解放的运动，还有一群是出现在《700 俱乐部》《赞美上帝俱乐部》和《旧时光福音时间》里的电视福音布道者——这些保守派的人气在"里根革命"的首个执政期内达到了巅峰。

罗纳德·里根在 1980 年的胜选并没有颠覆 1960 年代取得的成果，美国不会再回到 1950 年代了。虽然这位总统非常受欢迎，但大多数公民并不赞许他对传统社会角色的呼吁，也不支持他的环境观念、冷战外交政策以及他试图废除民权立法、挫败《平权修正案》的行为。①

实际上，1980 年代仍在沿用 60 年代的政治价值观，而自 60 年代以来的一个中心主题就是包容。从那时开始，每一场初选每一次大会都有能体现全体美国人意志的代表。吉米·卡特在他的政府里任命的女性和少数族裔比以往任何一位总统都多，而到 1984 年时，民权社运人士杰西·杰克逊成立了"彩虹联盟"，并且在争夺民主党总统候选人的提名。同年，女众议员杰拉尔丁·菲拉罗接受了该党的副总统候选人提名。1980 年代期间的共和党总统任命了西裔、非裔及女性进入他们的内阁和最高法院。比尔·

① See Isserman and Kazin in Fraser and Gerstle, *Rise and Fall of the New Deal Order*, chap. 8, and see Louis Harris, *Inside America* (New York, 1987) for opinion in the 1980s.

克林顿身为六十年代人的一员，许下承诺并任命了一个“看起来更美国”的内阁。白人男性独自控制国家政体的漫长时代已经结束。

美国成了一个多元文化的国家——这是抗争的一项遗产。对少数族群而言，60 年代是一场法律革命和政治革命。在短短几年内，少数族裔扭转了几个世纪以来法律上的劣等地位和遭歧视的处境，获得了宪法保障的权利——对任何社会来说，这都是一项惊人的成就。由约翰逊总统提议、国会通过了《1964 年民权法案》《1965 年投票权法案》和《1968 年公平住房权利法案》。在最高法院的支持下，美国对公共设施进行了种族融合，取消了所有的投票限制，并接受了这样一种观念，即被控犯罪的男女应该由同龄人组成的陪审团来审判。1960 年代废除了名为吉姆·克劳法的法律制度，在那之后，民众见证了各种族人民参加选举的史无前例的场面，还目睹了少数族裔政治力量的崛起，他们有的在白人占主导的城市当上了市长、警长，有的当上了州长，还有的进了国会、内阁乃至最高法院。另外，在黑人力量倡导者的激励下，一种文化自豪感蓬勃发展，并蔓延至西裔、原住民及其他种族群体中，他们都接受了赋权运动。联邦政府通过制定法律禁止企业与机构的歧视行为，以及强制推行双语投票和双语教育，回应了少数族群的诉求。最终，这场抗争挑战了欧裔白人统治的美国，其结果是给了“美国人”全新的定义。

这场抗争还削弱了刻板印象和种族主义。早在 1975 年，当内阁成员厄尔·布茨开了一个种族玩笑并被迫辞职时，这一点就非常明显了。自那时起，一位被数百万人憎恨、遭总统怀疑、被 FBI 骚扰、遭人刺杀的黑人领袖——小马丁·路德·金——成了国民偶像。国会把他的生日定为联邦假日，把他放在了与华盛顿、杰斐逊和林肯一样的高度。此后，无数的民意调查显示，辱骂和刻板印象式的种族主义已经减少了，尤其是在年轻人中。可以将 1960 年代前后的白人种族信念拿来做个对比。几百年来人们一直秉持的态度已经发生了巨大的变化，变得更加宽容。假如没有这场抗争，就不会有今天讲述少数族群的电视节目和电影，此外，今天的教科书也是史上最为包容的教科书。1990 年代的民意调查显示，四分之三的白人和四分之一的黑人认为，自 1960 年代以来，种族关系已经有了改善，三分之二的人认为国家取得了重大进步。“还有进步的空间，”黑人餐厅老板 W. A. 马西斯在 1994 年时这样评价密西西比的种族关系，“但已经比过去好了 99%。”

少数族群争得了宪法赋予的权利——却没有获得平等。为了解决数百年来的歧视问题，约翰逊总统设立了社会性项目，大力推行平权措施。金主张通过《经济权利法案》，它将给人们带来更合理的受教育与就业机会：“确保人民拥有投票权或公共设施使用权并没有让国家付出任何代价，但现在我们正在处理的问题会让美国付出一些代价。”奴隶制和歧视现象已经持续了好几百年，但选民支持这些项目才不过几年时间。接着，1970 年代出现了经济衰退，就业机会和受教育机会骤减。大多数人选出的代表都反对特殊项目，不愿强制执行法律，他们的事业就是宣扬这一谬见，即国内的雇用要基于联邦政府规定的配额。平权举措、平等就业政策和助学贷款的确帮助一些少数族群上了大学，并找到了好工作，但总体来说，这些项目对广大的贫困人口及未受教育的人口，甚至职业人士来说，几乎没有影响。1970 年，非裔律师约占 1%，到 1990 年时这个数字升到了 3%，医学领域的从业人员占比在这期间从 2%升到了 3%，大学教授的占比原为 3%，1990 年时甚至还没达到 5%。在这 20 年间，越来越多的白人向郊区搬迁，导致城市里形成了更大的贫民区，学校与居民区也重新恢复了种族隔离。黑人的失业率依旧是白人的 2 倍，贫困率是他们的 3 倍。至少有一半的黑人儿童在贫困中长大。此外，少数族群青少年生育、吸毒成瘾及暴力犯罪的比率也在直线上升。抗争结束 20 多年后，入狱的年轻黑人男性数量与上大学的一样多。1992 年，这些令人沮丧的数据背后隐藏的绝望情绪在洛杉矶中南部爆发了。“这些暴动是一种有力的提醒，它让人们想起了被剥夺者的怒火。”《新闻周刊》在《忽视的代价》(*The Price of Neglect*) 一文中写道。而且，法庭卷宗显示，少数族群的年轻人与白人犯下同样的罪时，他们所受的惩罚仍比白人严苛，这不禁让人思索，美国的法律制度什么时候才能真正遵从最高法院大楼上刻的那句不分肤色的口号：“法律之下，人人平等。”

1963 年，约翰·肯尼迪呼吁美国通过平权法案。他望向镜头，对电视机前以白人为主的观众发问：“我们中有谁会愿意改变自己的肤色？”虽然现在美国国内的种族敏感度比以往任何时候都要高，但肯尼迪的问题仍然具有现实意义。种族问题仍然很重要。杰西·杰克逊说，“在美国，身为黑人所带来的双重意识负担”仍然存在，“你是其中的一分子但你又不是。……仿佛为了变得平等，我们几乎不得不变得更加优秀”。当首位拿下温网冠军的非裔美国人阿瑟·阿什因输血感染艾滋病而奄奄一息时，这种负担个体化了。从各个方面来看，这位网球冠军、美国戴维斯杯比赛团队的队长都是个成功人物。临死之前，有人问他，这场疾病是不是他人生中最沉重的负担。阿什想了想，然后说，不，“身为黑人是我一生中最大的负担。……这一点毫无疑问。在美国身为少数族群就是最沉重的负担。即使是现在，我仍然觉得周身捆绑着额外的重量”。①

这场抗争所取得的成果被种族问题蒙上了一层阴影，但学生行动主义对美国大学造成的影响更加显著。60 年代的学生提出了一些根本问题：谁在控制大学？学生有什么权利？大学应该学哪些课程？社会行动主义扰乱并改变了校园生活，在大多数大学内，代行家长职责、军营式的宿舍生活以及校方管教、学生被管教的硬性规定一去不复返了。霍山学院社运人士朱莉·范坎普 1969 年所说的话在今天依然有效：“哥伦比亚大学事件之后，许多管理者幡然醒悟，他们也意识到，许多学生的不满是有道理的。所以现在当我们要求改变的时候，我们面对的不再是一堵石墙，它更像是一块

① Mathis in *NYT*, 3 Jan. 1994; opinion in *NYT*, 4 April 1993, and see Andrew Hacker, *Two Nations: Black and White*, *Separate*, *Hostile*, *Unequal* (New York, 1992), 67–106, and Burns, *Social Movements of the 1960s*, chap. 4; *Newsweek*, 11 May 1992, p. 54; 杰克逊的话出自 Sitkoff, *Struggle for Black Equality*, 210, 225; 阿什的话出自 *People*, 8 June 1992, p. 44。

床垫。”校方变灵活了，学生有了更多选择，而每当有道德议题时，社会行动主义就会现身，1980 年代发生的反种族隔离运动就是明证。

此外，参加各种力量运动的学生挑战了以欧洲男性文明为基础的教育，促使校方开设了有关非裔美国人、奇卡诺人、美洲原住民、犹太人和女性研究的新课程，并由此引发了一场辩论。“关于 60 年代，现在有种很流行的说法，即虽然那时确实存在过分的行为，但也因此产生了很多好的结果，”教授艾伦·布卢姆在 1987 年写道，“但是，就大学而言，我完全没看到那段时期有什么积极的影响，对它们来说那是一场彻头彻尾的灾难。”① 保守派抱怨人们似乎总在没完没了地争论什么是政治正确的，什么是政治不正确的。然而，也有人指出，这场辩论表明，运动提高了人们对语言的敏感度，他们还指出，社运人士迫使人们的教育经历发生了改变，从而使多元文化的美国在新话题上有了新的学术研究。无论如何，60 年代的学生直面教育体制，使得他们在校园里拥有了前所未有的个人自由以及从未如此广泛的大学课程。

反战运动的遗产也陷入了争辩的泥潭。1975 年，北越坦克开进西贡时，美国人渐渐沉湎于憎恨、玩世不恭之中，竭力想忘掉这场漫长的噩梦。他们绝望、抗拒。“美国没有输掉这场仗，”休伯特·汉弗莱在 1975 年表示，“输的是南越人。”短短几年内，新保守派就已另辟蹊径。里根总统在 1982 年称，实际上，这场战争是一项“崇高的事业”，而在几年后，理查德·尼克松重新解释了自己的政策：“1973 年 1 月 27 日，国务卿威廉·罗杰斯签署《巴黎和平协约》时，我们就已经打赢了越南战争。我们已经实现了为之而战的一个政治目标：南越人民将拥有自行决定政治未来的权利。”他和许多保守派声称，美国之所以输掉了这场战争，是因为软弱无能的自由派迫使政府停止对南越的援助。我们的军队被懦弱的国会议员从

① 范坎普的话出自 *National Observer*, 20 Jan. 1969, p. 4; Bloom, *The Closing of the American Mind* (New York, 1987), 320。

背后捅了一刀，这种想法在每次战败后都会流行起来，这一次，是被无数“兰博”影片和“越战先锋”影片中的演员迅速流传开来。尽管这些演员和几乎所有年轻的保守派都避开了去越南服役，但他们的观点受到了许多人的热烈欢迎，比如那些想找个责备对象的人，还有那些渴望接受另一种民族主义迷思而不是残酷事实的人。但实际上，到1970年时，有三分之二的公民希望能从南越撤兵，即使南越会因此被北方吞并，到1973年最后一批美国士兵回国时，这个数字已经升到了80%。国会只是代表了选民的意见。此外，柬埔寨入侵发生后，美国驻越军队里已经没有兰博这类人物了。“到70年代时，”将军诺曼·施瓦茨科普夫回忆说，“战争已经结束了。……所有人都想离开。”确实如此，军队内部的反战活动已经失控。国内的美国人不想再继续这场冲突，战区的大兵也不愿意冒生命危险。最后，连沉默的大多数都认为越南战争并不是一项崇高的事业，而是一项失败的事业。“听到战争结束的消息，没人感到遗憾，”杰瑞·鲁宾写道，“更令人惊讶的是甚至没人问：‘谁赢了？’根本没人在乎。”

不过，民众非常关心未来的对外政策，因为越战教会了他们两件事：第一，美国并不是无敌的，从这个意义上说，越南人杀死了约翰·韦恩式的人物。第二，总统和指导制定对外政策的智囊团并不可信。虽然美国人曾经支持总统发动短期军事行动，但他们一直对干涉外国领土的行为表示怀疑。甚至在苏联解体前，民众就已经抛弃了1950年代那种遏制政策和多米诺骨牌理论。尽管罗纳德·里根很受欢迎，但三分之二的公民反对他推翻尼加拉瓜桑地诺政府的企图，以及他在萨尔瓦多只派驻55名美军顾问的行为。乔治·布什理解民众的情绪，他承诺，解放科威特的**联合**干预“不是另一场越战”，他们将尽快撤回美军部队，结束“沙漠风暴”行动。

反战运动本身并没有终止美国对越南事务的干涉，但它确实让公民不再拥护冷战，它催生了公众的对立，并让社会聚焦于此，还对约翰逊总统和尼克松总统产生了影响。不管怎么说，约翰逊辞了职，尼克松从越南撤了兵，这样的做法与他们各自的个性格格不入，而且假如没有反战运动，这样的事也绝不会发生。抗议者还促使公民对美国的对外政策提出质疑，因此，60 年代了结了帝王式总统制。自那以后，在民众质问——为什么？美国必须参与其中吗，这符合国家利益吗？——之前，总统无权命令美军部队在国外作战。的确，行动迅速的“沙漠风暴”之战很受欢迎。此次行动经国会批准，还获得了国际社会的支持，它本身就是运动的产物。但人们不禁要问，假如这次沙漠之战被迫重新启用征兵制度并持续 3 年，也就是越南战争的三分之一长，那么会有多少社会行动主义和反主流文化行为重现社会。从这个层面来看，反战运动取得了胜利，正如历史学家乔治·赫林所说：“军方的习惯看法是，美国赢了每一场仗，却输了这场战争。可以说，反战运动输了每一场仗，但最终在这场战争中赢了——一场为美国人的思想尤其是灵魂而战的战争。”

这场运动还收获了一支新的武装部队。抵抗运动曝光了征兵制度的歧视性，也曝光了一场不得人心的战争，尼克松因此不得不废除这一制度，实行抽签征兵制，最终建立起一支志愿武装部队，将年轻男性从冷战文化的主要事务——2 年的兵役中解放了出来。大学校园里不再强制进行预备役军官的训练。由于大兵在军队内的抵抗，军方要员剔除了多项“米老鼠式法规”①，建起了一支更为灵活、极其专业的美国军队。旧军队焕然一新。②

这场运动改变了美国的其他一些机构。今天的许多宗教派别更关心社会弊病，在社区内更为活跃，种族融合度更高，同时，非传统信仰的数量得到了增长，且被广为接受。至于企业，60 年代的社运人士提出了一些老问题：个人与集体的权利，或者说私人与企业的权利，哪一个更重要？什么是合法的企业行为？通过挑战现有体制，这场运动促使企业重新承担起社会责任。自此以后，企业提高了在社区的知名度，并且其广告往往竭力

① 泛指那些有损人格的粗暴法规。——译者

② Nixon, *No More Vietnams* (New York, 1985), 97; and see Jeffrey P. Kimball, “The Stab-in-the-Back Legend and the Vietnam War,” *Armed Forces and Society*, Spring 1988, pp. 433 – 57; “Schwartzkopf in Vietnam,” CBS program, 30 June 1993; Rubin, *Do It!*, 139; Small, *Johnson, Nixon, and the Doves*, conclusion; TA: Herring speech, 4 May 1990.

让大众相信他们是有环保意识的好公民。旧公司和一些新企业的高管开始参与进步政治，包括班杰利公司（Ben and Jerry's）、营运资产公司（Working Assets）。最后，公司改变了他们的雇用模式。在商业实践中，给予求职者平等的雇佣机会是一项根本性的改革，它影响了许多职业，而据某商业杂志说，给少数族裔和女性提供的新岗位“显然是针对社会抗议做出的回应”。

如今体制内女性员工的数量达到了有史以来的最高峰——这是女性运动的遗产。在女性主义新浪潮开始时，《妇女家庭杂志》的编辑约翰·马克·卡特发表了一份令人惊讶的声明：“关键是：现在是1970年。所有民族和男女两性都可以自由地重新审视自己的角色。他们可以自由地发展自己身上发展不充分的地方，在受阻碍的地方自由地前进，按照自己的意愿去寻找尊严和自我实现。”在当时，这样的声明看起来非常激进，现在看来已成理所当然。自那时起，“女性的地位”就是她自己的决定。电视上播放琼·克利弗[①]的日子一去不复返了。情景喜剧刻画了无数个职业女性，这样的节目既有《希尔街的布鲁斯》（*Hill Street Blues*），也有《风云女郎》（*Murphy Brown*）。女主角可以和男主角一样复杂。女性主义者直面性别歧视，促使男性重新思考自己的观点，并在此过程中促成了男性的解放。男性拥有了选择权，他们可以选择成为供养人、决策者，留在家里带孩子，也可以选择一直单身。性别角色已经发生了转变，正如1980年代的民意调查显示的那样，大部分民众认为男女应该平分家务劳动和育儿工作。女性主义者也改变了家庭模式。1950年代时，约70%的家庭属于传统家庭：爸爸挣钱养家，妈妈是妻子、母亲和操持家务的人。到1990年时，仅有15%的家庭符合上述描述。参加工作的女性比以往任何时候都要多，而且，虽然经济状况是迫使她们走出家门进入职场的关键原因，但当代的民意调查显示，大部分女性都希望拥有婚姻、孩子和事业。这自然会让家庭关系变

① 美国50年代电视剧《离婚家庭》中的角色，是个典型的家庭主妇，常作为那个时代的理想家庭主妇形象。——译者

得紧张。自 1970 年以来，离婚率已经翻了一番，不过，另有观点称，人们不再觉得自己有义务在没有爱的婚姻中度过一生。“现在看来，”民意调查员路易斯·哈里斯在 1987 年指出，“美国正在见证女性在家庭单位中的基本角色发生根本性甚至革命性的变化。”当然，性别角色还没有完全消失，不过，由于这场运动，美国已经成为一个更加中性化的社会，它对这些角色的看法比以往任何时候、比任何国家都更加灵活。

社运人士还成功获得了法律和政治权力。虽然女性主义者没能让《平权修正案》获得批准，但她们利用民权法案废除了具有歧视性的州及联邦法律。1970 年代期间，大多数州修改了离婚法，确立了共同财产和无过错离婚的观念，并且认可女性在婚姻中是完整平等的伴侣，而不是从属于丈夫。女性还彻底改变了美国政治。1970 年前，很少有女性当选，但到 1990 年时，女性已成为市长、州长、众议员、参议员以及最高法院法官。妇女争取平等罢工行动 20 年后，得克萨斯选出了一位女州长兼参议员，加州选出了两位女参议员，而在英国、加拿大、挪威、波兰、土耳其等国家，女性已经成为首相。等到女性成为总统的时候，很少有人会关心这个问题：“你会给一位女性投票吗？”

女性主义者解放了各行各业。女性向各州、大学和企业提起诉讼，她们取得了重大胜利，获得了工作机会。几乎所有的州和数百个地方政府已将同工同酬的概念合法化，从那时起，男女收入差距就在缓慢缩小。虽然批评家们指责存在“玻璃天花板”，大多数高层职位依旧由白人男性把持，但女性主义者还是冲开了机会的大门。将女性挡在大学和专业学院之外的配额制度被废除了，而且，显然，女性——而非少数族群——是平权行动和平等就业机会的主要受益人。在大学与专业学院的职位任命上，在应聘工作的过程中，她们是白人男性的竞争对手。1970 年至 1990 年间，女性律师、教授、医师和企业经理的占比从约 5%上升到了三分之一。最高法院法官鲁斯·巴德·金斯伯格指出：“1963 年我刚开始教法律的时候，学生花名册上很少有女生，100 多人的班级里不超过四五个。……那个年代的法学院课本上随处都有诸如‘土地就像女人一样，是用来占有的’这样的表述。……从那时起，我们目睹了相当大的变化。女性不再被拒于门外，她们再也不是这个行业里的罕见物种。”

这里要论证的并不是女性运动实现了彻底的平等，这种情况只会出现在乌托邦世界。实际上，正如女性主义学者指出的那样，总的来说，解放对中产阶级的白人女性有所帮助，但是对穷人的影响要小得多，而且，它还助长了贫困的女性化，因为在新的法律之下，丈夫们更容易抛弃家庭。生活在贫困之中的单身妈妈的数量激增。解放运动以来，女性承担得更多了，她们常要肩负起家庭和工作的双重负担，还要听媒体谈论所谓独立的负担。①

尽管如此，社运人士还是暴露了长久以来被禁止谈论的私人问题——堕胎、骚扰、乱伦、女同性恋、强奸、殴打妻儿——迫使大众对其进行讨论，从而形成了一个更加开放的社会。他们挑战了传统的教育系统，让课堂与课本变得更具表现力，他们还启发了女性作家，使得国内出现了大批新鲜的激动人心的文学作品和学术研究成果。而且，在相对较短的时间内，女性主义者彻底改变了女性的法律地位，同时还改变了存续几百年的男女关系，让他们有了更多的自由去定义自己的人生。由于女性主义者的努力，女性拥有了更多前所未有的机会、平等和自由。“它改变了我的生活。”贝蒂·弗里丹简明扼要地写道。女性运动带来的改变如此深刻，接受面如此之广，以至于让许多老一辈社运人士愤怒于当今的年轻女性经常把自己的权利视作理所当然，必须提醒她们牢记母亲们从前的处境。女性解放是60年代最成功的社会运动，也是美国历史上最成功的社会运动。

女性主义者改变了“传统价值观”的含义，这也是反主流文化的遗产。自从首批嬉皮士走上海特-阿什伯里的街道，批评家就对他们口诛笔伐，把一切都怪罪到他们头上，从美国家庭的衰落，到毒品和性病的流行，

① *Business and Society Review* (Winter 1975—76): 5-10; *Ladies' Home Journal*, Aug. 1970, p. 63; Harris, *Inside America*, 87, 94, 96—100; 金斯伯格的话出自 *NYT*, 27 June 1993; and see Susan Faludi, *Backlash: The Undeclared War Against American Women* (New York, 1991)。

再到艾滋病的蔓延。性、毒品和摇滚。自那时起，对大多数公民来说，“嬉皮士”这个词就类似于1950年代的“共产主义者”，谁都不受欢迎。怪胎们填补了美式消遣的空白：寻找替罪羊。毫无疑问，他们的一部分价值观和行为确实对解决社会问题有所帮助。但这一话题需要用一本全面公正的专著来论述，而不是一个简单的章节，也不是另一篇论文。

反主流文化首先颠覆了冷战文化，然后在其他运动的帮助下，极大地改变了冷战文化。从大萧条走出来的老一辈人为未来存钱，为家庭工作，他们规行矩步，安分守己。反主流文化质疑了这一模式，它鼓励人们去尝试，促使几百万人思考或重新思考他们的人生。一名中年记者这样描写他2年来走访公社的情形：“我的路线遍布全国，我去过大城市的中心地带，去过边远的森林和荒野，也爬过许多高山。它还带我——有时候我会觉得很惊讶很痛苦——远离外在的线路图，走进自身意识里的未知领域，在那里，我第一次解开了恐惧、偏见和渴望缠成的乱麻。”

反主流文化催生了一种伴随婴儿潮一代而存在的价值体系。1980年代后期，彼得·哈特研究协会验证了丹尼尔·扬克洛维奇集团在1970年代早期所做的调查。1960年代发生的事，尤其是民权斗争、妇女解放和战争，以一种意在言外的方式改变了约3 000万人的道德观念。约1 600万人还表示，反主流文化是个人发生改变的原因。在某些层面上参与过运动的人与他们的父母有所不同。这些六十年代人更不信任专家、领袖、政客以及教会、政府和军方等机构。他们更为灵活、自省和宽容，尤其是在种族、居住方式和个人行为方面。他们更乐于谈论自己的情感，更有同情心，性生活也更加开放。女性认为自己和男性一样有权获得性满足，有关婚前性行为的观念革新也证明了这一点：双重标准已经入土了。①即使是在保守的

---

① Atcheson, *Bearded Lady*, 4; Yankelovich, *New Morality*, chap. 2, and VD: Madelyn Hochstein interview, 2 June 1989；彼得·哈特的相关内容出自 *Rolling Stone*, 7 April and 5 May 1988, and see VD: episode 6；有关宽容，请参考 James A. Davis in *American Journal of Sociology* (Nov. 1975): 491–513, and Morton M. Hunt, *Sexual Behavior in the 1970s* (Chicago, 1974)。

1980 年代，跨种族婚姻、男女同性恋伴侣以及单身男女同居的数量也有了急剧的增长。同居以及其他另类的居住方式十分常见。做个“正常人”不再是行为上的强制性要求，而是可以：做你自己。六十年代人对自我实现和主宰自己的生活更感兴趣，他们经常质疑权威，并专注于自己的事：让一切顺其自然。

此后，大多数反主流文化的价值观已经成为陈词滥调，但仍然影响着人们的行为。美国人的着装和行为比以往任何时候都更随意，而且日常饮食中包含了种类丰富的健康食品，正如企业在包装上宣扬的那样，“不添加人工香精及防腐剂”。各州已经废除了禁止成年人自愿进行多种性行为的法律，并减轻了对个人吸食毒品的惩罚。法庭因为半盎司大麻就判提摩西·利里多年监禁的日子已经一去不复返，大麻仍旧是国内最常见的非法毒品。正如一大批中年慢跑者、远足者、游泳者、摇滚明星和那些按照 1950 年代的标准看行为不得体的人所证明的那样，年轻不一定由年龄来定义。其结果是，共和国进入了有史以来个人最为自由的年代——事实上，由于太过自由，以至于此后的年轻人就没什么可抗议的了，一些人在面对众多选择时十分茫然。詹姆斯·赖斯顿这样描写 1985 年毕业的学生：“除了自由，没有什么能让他们感到困惑。”此时的美国是有史以来最为自由的国度。

最有可能的是，在接下来一段时间里，60 年代仍将是六十年代人行动和思维方式的标杆，就像他们的父母深受大萧条和二战的影响一样。尽管媒体铺天盖地地宣称又有某个前嬉皮士或者激进派幡然醒悟，接受了华尔街的某个职位，但民意调查显示，六十年代人仍在以他们的方式继续生活。1970 年代时曾有记者问迈克尔·罗斯曼，激进派“长大之后”会怎么样，后者试着给他们解释过。“我要怎样才能告诉他们，”他说，“那是一个过程，而不是一个状态？”1990 年代，波纳丁·多恩补充说：“你一直在输，怎么可能会赢。你要么好好做他们刻板印象里激进的 60 年代的人，要么你就背叛了自己。”大多数人都没有背叛，这一点在大学校友联谊上得到了证明。“没有回头路可走。”来自密歇根的校友茱莉亚·里格利说。在哥大起义 20 周年纪念日上，莫里斯·迪克斯坦指出，校友们没有描述自己在法律界、医学界或者银行业的职业生涯，而是“谈论成为劳工组织者、和平活动家或者成为争取堕胎权和同性恋解放的活动家”。在麦迪逊，一名社会学教授调查了 300 名前民权社运人士，他发现，大多数人都成了教师、律师、作家和顾问：“没有人投票支持尼克松。有两人将票投给了里根。”研究表明，抗议一代对民权、平等、政治和生活方式的看法依旧非常独特，《新闻周刊》称这种现象为“水瓶座时代的老龄化”。①

60 年代之后，各类运动都已衰落。这是很自然的事，因为社运人士已经成功地带来了翻天覆地的变化，塑造了一个不同的美国。和杰克逊时代、进步时代及 1930 年代的前辈一样，60 年代的社运人士之所以被激怒，也是因为开国元勋的崇高理想与令许多公民失望的现实之间的落差。对此，他们抗议，提出质疑。第一波浪潮要求黑人公民的权利，学生的权利，还质疑了他们在一场遥远又未经宣战的战争中的义务。他们促使美国人民去认清自我。第二波浪潮扩充了议题的内容，将所有少数族群和女性议题包含在内，并拓宽了对当权派进行抨击的领域。从此，解放和赋权成了美国多元文化社会结构与政治结构的主线。社运人士通过反抗现状引发了一场辩论，此后这场辩论便在国会、法庭、市政厅、董事会会议室、街头甚至是卧室中展开。这场辩论有关政治也有关个人，它提出了这个民主国家的核心问题：“美国”的意义是什么？就像从前的改革者一样，促使人们重新评估这个问题也是本书最关键的意义所在。

---

① Rossman, *On Learning and Social Change*, 26；多恩的话出自 *NYT*, 18 Nov. 1993；密歇根的情况出自 *The Nation*, 31 Oct. 1987, pp. 480–81；迪克斯坦的话出自 *NYT Magazine*, 15 May 1988, p. 32；该社会学家为 Gerald Marwell，内容出自 *On Wisconsin*, Nov. -Dec. 1993, p. 19；还可参考 M. Kent Jennings, “Residues of 3 Movement: The Aging of the American Protest Generation,” *American Political Science Review* (June 1987): 367—81, and Whalen and Flacks, *Beyond the Barricades*; *Newsweek*, 30 March 1987, pp. 56–58。

有关资料与注释的说明

虽然这本书在形式上是虚构的，却严格按照史实进行书写。所有的故事都是切实发生过的真事。这一切始于一年前的今天。

——爱德华·艾比，《扳手党》，1975 年

这是一段有关社会行动主义的历史。因此，我的研究一直针对的是未使用过的运动资料，而非美国政府的官方文件。在研究总统文件、发布研究结果方面，研究者们已经完成了一项令人钦佩的工作，然而，他们却忽视了运动方面的资料。那些手稿的数量——地下报刊、采访文字稿、组织文件、传单和海报——使之前社会行动主义时代的手稿相形见绌，因为在这十年里，人们第一次用上了胶版印刷、复印机和电脑。麦迪逊的威斯康星州历史协会与伯克利的班克罗夫特图书馆收藏了数量最多的、保存最完好的资料。我在麦迪逊仔细查看了“社会行动”档案柜里的所有内容，里面包含了 60 多箱文件，我还在班克罗夫特待了数月。在这两个资料存放处，研究者可以阅读地下文件和全国各地的组织、校园及合作农场主办的报纸，既节约了时间又节省了钱。

此外还有许多地方收藏了重要的资料合集，其中大部分我都简略地参观过，比如密歇根安娜堡的本特利图书馆，西雅图华盛顿大学的苏塞罗图书馆，劳伦斯的堪萨斯大学图书馆，明尼阿波利斯的明尼苏达大学档案馆，密歇根东兰辛的州立图书馆，纽约大学的塔米门特图书馆以及芝加哥历史协会图书馆。宾夕法尼亚斯沃斯莫尔的斯沃斯莫尔大学和平资料馆收藏了全国反战组织的大量文件，雷德克里夫大学的施莱辛格图书馆内藏有女性运动的重要手稿。奥斯汀的林登·贝恩斯·约翰逊图书馆收藏了总统文件、

政府文件和口述史，亚特兰大的小马丁·路德·金争取非暴力改变社会中心藏有与民权抗争相关的材料。

我做了约 80 次采访，它们被保存在“越南一代”（Vietnam Generation）或得克萨斯农工大学档案馆口述史合集的军事系列中：请参考特里·H. 安德森的 *A Guide to the Oral History Collection of Texas A&M University*（College Station，1988，updated 1994）。我的个人收藏中还有一些不对外开放的采访记录。我还使用了不同方向公司为 PBS 的 6 小时系列节目《理解六十年代》（*Making Sense of the Sixties*）做的大量视频采访，它们存放于缅因州卡姆登镇的公司办公室内。

在注释中为只出现过一次的尾注、著作提供了完整的引文信息。对于多次参考的著作则提供了简短的尾注，完整信息请见精选参考文献。部分受访人要求我做匿名处理，因此一些引用并没有附上记录文件。

社运人士并不是专业记者，他们的地下出版物常常不包含诸如日期、卷册号、期刊号等标准信息。运动方面的资料里还充斥着印刷与拼写上的错误，我并没有以“原文如此”来增加读者的负担，而是在保留原汁原味的同时修改了细小的语法和拼写错误。

虽然我已经查阅了数百份在 1965 年至 1973 年间出版的地下报刊，但我总是选择引用最容易查阅的源头资料。贝灵巧公司的“地下报刊微缩胶卷合集”中包含了约 500 种报刊，如无特殊说明，引用的地下报刊都可以在贝灵巧公司的微缩胶卷合集中找到。

精选参考文献

有关1950年代至1970年代这段时期的著作足以塞满一整座图书馆。在理查德·迪恩·伯恩斯与米尔顿·莱滕贝格于1984年出版的书目指南 *The Wars in Vietnam, Cambodia, and Laos, 1945—1982* 中，仅有关越南战争的内容就占了300页。历史学家已经就社会行动主义的各个方面写下了精彩的著作，同时，社运人士撰写了论文、回忆录、亲历者史或者接受了采访，并在各种选集中出版。完整列出参考文献将大大拉长本书的篇幅，也会给最善良的编辑和最富有的出版方带来沉重的负担，因此，以下列出的是经过精选的与运动相关的书单。其他资料来源已在注释中标注。

Abbott, Sidney, and Barbara Love. *Sappho Was a Right-On Woman*. New York: Stein and Day, 1973.

Abernathy, Ralph David. *And the Walls Came Tumbling Down: An Autobiography*. New York: HarperPerennial, 1990.

Acuna, Rodolfo. *Occupied America: A History of Chicanos*. New York: Harper & Row, 1981.

Adam, Barry D. *The Rise of a Gay and Lesbian Movement*. Boston: Twayne, 1987.

Adelson, Adam M. *SDS*. New York: Scribners, 1972.

Albert, Judith Clavir, and Edward Albert Stewart. *The Sixty Papers: Documents of a Rebellious Decade*. New York: Praeger, 1984.

Alinsky, Saul D. *Rules for Radicals*. New York: Random House, 1971.

Allen, Pamela. *Free Space: A Perspective on the Small Group in Women's Liberation*. New York: Times Change Press, 1970.

Alpert, Jane. *Growing Up Underground*. New York: Morrow, 1981.

Anders, Jentri. *Beyond Counterculture: The Community of Manteel*. Pullman: Washington State Univ. Press, 1990.

Atcheson, Richard. *The Bearded Lady: Going on the Commune Trip and Beyond*. New York:

John Day, 1971.

Bacciocca, Edward Jr. *The New Left in America: Reform to Revolution, 1956 to 1970.* Stanford, Calif. : Hoover Institution, 1974.

Bambara, Toni Cade. *The Black Woman: An Anthology.* New York: Mentor, 1970.

Baskir, Lawrence M. and Willaim A. Strauss. *Chance and Circumstance: The Draft, the War, and the Vietnam Generation.* New York: Knopf, 1978.

Bates, Tom. *RADS: The 1970 Bombing of the Army Math Research Center at the University of Wisconsin and Its Aftermath.* New York: HarperCollins, 1992.

Belfrage, Sally. *Freedom Summer.* Charlottesville: Univ. of Virginia Press, 1990 ed.

Berke, Joseph, ed. *Counter Culture.* London: Peter Owen, 1969.

Berrigan, Daniel. *The Dark Night of Resistance.* Garden City, N. Y. : Doubleday, 1971.

Birmingham, John, ed. *Our Time Is Now: Notes from the High School Underground.* New York: Praeger, 1970.

Blum, John Morton. *Years of Discord: American Politics and Society, 1961–1974.* New York: Norton, 1991.

Bond, Julian. *A Time to Speak, a Time to Act: The Movement in Politics.* New York: Simon & Schuster, 1972.

Boskin, Joseph, and Robert A. *Rosenstone, eds. Seasons of Rebellion: Protest and Radicalism in Recent America.* New York: Holt, Rinehart, and Winston, 1972.

Boyd, Malcolm, ed. *The Underground Church.* New York: Penguin, 1969.

Boyte, Harry C. *The Backyard Revolution.* Philadelphia: Temple Univ. Press, 1980.

——, and Frank Riessman, eds. *The New Populism: The Politics of Empowerment.* Philadelphia: Temple Univ. Press, 1986.

Branch, Taylor. *Parting the Waters: America in the King Years, 1954–63.* New York: Simon & Schuster, 1988.

Breines, Wini. *Community and Organization in the New Left, 1962 – 1968: The Great Refusal. New Brunswick*, N. J. : Rutgers Univ. Press, 1989.

Brown, Elaine. *A Taste of Power: A Black Woman's Story.* New York: Pantheon, 1992.

Brown, H. Rap. *Die Nigger Die!.* New York: Dial Press, 1969.

Buhle, Paul, ed. *History and the New Left: Madison, Wisconsin, 1950–1970.* Philadelphia: Temple Univ. Press, 1990.

Bunzel, John, ed. *Political Passages: Jouneys of Change Through Two Decades 1968 – 1988.* New York: Free Press, 1988.

Burns, Stewart. *Social Movements of the 1960s: Searching for Democracy.* Boston: Twayne, 1990.

Cahn, Edgar, S. , ed. *Our Brother's Keeper: The Indian in White America.* New York: New

Community/World Publishing, 1969.

California Newsreel. "Berkeley in the '60s." 1991, video.

Calvert, Greg, and Carol Neiman. *A Disrupted History: The New Left and the New Capitalism*. New York: Random House, 1971.

Canyon Collective. *Live It! Communalism*. Canyon, Calif.: Canyon Collective, 1971.

Carawan, Guy and Candie. *Sing for Freedom: The Story of the Civil Rights Movement Through Its Songs*. Bethlehem, Pa.: Sing Out, 1990.

Carden, Maren Lockwood. *The New Feminist Movement*. New York: Russell Sage Foundation, 1974.

Carmichael, Stokely, and Charles V. Hamilton. *Black Power: The Politics of Liberation in America*. New York: Vintage, 1967.

Carroll, Peter N. *It Seemed like Nothing Happened: The Tragedy and Promise of America in the 1970s*. New York: Holt, Rinehart, and Winston, 1982.

Carson, Clayborne. *In Struggle: SNCC and the Black Awakening of the 1960s*. Cambridge: Harvard Univ. Press, 1981.

Case, John, and Rosemary C. R. Taylor, eds. *Co-ops, Communes & Collectives: Experiments in Social Change in the 1960s and 1970s*. New York: Pantheon, 1979.

Castro, Tony. *Chicano Power: The Emergence of Mexican America*. New York: Dutton, 1974.

Caute, David. *The Year of the Barricades: A Journey Through 1968*. New York: Harper & Row, 1988.

Chafe, William H. *Never Stop Running: Allard Lowenstein and the Struggle to Save American Liberalism*. New York: Basic Books, 1993.

Chalmers, David. *And the Crooked Places Made Straight: The Struggle for Social Change in the 1960s*. Baltimore: Johns Hopkins Univ. Press, 1991.

Chappell, David L. *Inside Agitators: White Southerners in the Civil Rights Movement*. Baltimore: Johns Hopkins Univ. Press, 1994.

Chestnut, J. L. Jr., and Julia Cass. *Black in Selma: The Uncommon Life of J. L. Chestnut*, Jr. New York: Farrar, Straus and Giroux, 1990.

Clecak, Peter. *America's Quest for the Ideal Self Dissent and Fulfillment in the 60s and 70s*. New York: Oxford Univ. Press, 1983.

——. *Radical Paradoxes*. New York: Harper & Row, 1973.

Cluster, Dick, ed. *They Should Have Served That Cup of Coffee*. Boston: South End Press, 1979.

Coffin, *William Sloane Jr. Once to Every Man, a Memoir*. New York: Atheneum, 1977.

Collier, Peter, and David Horowitz. *Destructive Generation: Second Thoughts About the*

60's. New York: Summit Books, 1989.

——, eds. *Second Thoughts: Former Radicals Look Back at the 60's*. Lanham, Md.: Madison Books, 1989.

Commager, Henry Steele. *The Defeat of America: Presidential Power and the National Character*. New York: Simon and Schuster, 1974.

Cortright, David. *Soldiers in Revolt: The American Military Today*. New York: Anchor/Doubleday, 1975.

Couto, Richard A. *Ain't Gonna Let Nobody Turn Me Round: The Pursuit of Racial Justice in the Rural South*. Philadelphia: Temple Univ. Press, 1991.

Cowan, Paul. *The Making of an Un-American*. New York: Delta/Dell, 1970.

Cudlipp, Edythe. *Understanding Women's Liberation*. New York: Paperback Library, 1971.

Daniels, Robert V. *Year of the Heroic Guerrilla: World Revolution and Counterrevolution in 1968*. New York: Basic Books, 1989.

Davidson, Sara. *Loose Change: Three Women of the Sixties*. New York: Pocket Books, 1977.

Davis, Angela Y. *Angela Davis-An Autobiography*. New York: Random House, 1974.

——, et al. *If They Come in the Morning: Voices of Resistance*. New York: Signet, 1971.

De Leon, David. *Everything Is Changing: Contemporary U.S. Movements in Historical Perspective*. New York: Praeger, 1988.

DeBenedetti, Charles. *The Peace Reform in American History*. Bloomington: Indiana Univ. Press, 1980.

——, and Charles Chatfield, assisting author. *An American Ordeal: The Antiwar Movement of the Vietnam War*. Syracuse, N. Y.: Syracuse Univ. Press, 1990.

Deckard, Barbara Sinclair. *The Women's Movement: Political, Socioeconomic, and Psychological Issues*. New York: Harper & Row, 1983.

Dees, Morris, with Steve Fiffer. *A Season for Justice*. New York: Scribner's, 1991.

del Renzio, Toni. *The Flower Children*. London: Solstice, 1969.

Delgado, Gary. *Organizing the Movement: The Roots and Growth of ACORN*. Philadelphia: Temple Univ. Press, 1986.

Deloria, Vine Jr. *Custer Died for Your Sins: An Indian Manifesto*. New York: Macmillan, 1969.

Dellinger, Dave. *From Yale to fail: The Life Story of a Moral Dissenter*. New York: Random House, 1993.

——. *More Power Than We Know: The People's Movement Toward Democracy*. Garden City,

N. Y.: Anchor/Doubleday, 1975.

Diamond, Stephen. *What the Trees Said: Life on a New Age Farm*. New York: Dell, 1971.

Dickstein, Morris. *Gates of Eden: American Culture in the Sixties*. New York: Basic Books, 1977.

Donner, Frank J. *The Age of Surveillance: The Aims and Methods of America's Political Intelligence System*. New York: Knopf, 1980.

——. *Protectors of Privilege: Red Squads and Police Repression in Urban America*. Berkeley: Univ. of California Press, 1990.

Drane, James. *A New American Reformation: A Study of Youth Culture and Religion*. New York: Philosophical Library, 1973.

Duberman, Martin. *Stonewall*. New York: Dutton, 1993.

Echols, Alice. *Daring to Be Bad: Radical Feminism in America, 1967–1975*. Minneapolis: Univ. of Minnesota Press, 1989.

Eisen, Jonathan, ed. *Altamont: Death of Innocence in the Woodstock Nation*. New York: Avon, 1970.

Ellison, Harlan. *The Glass Teat*. New York: Ace, 1983.

——. *The Other Glass Teat*. New York: Ace, 1983.

Enroth, Ronald M., Edward E. Ericson, Jr., and C. Breckinridge Peters. *The Jesus People: Old-Time Religion in the Age of Aquarius*. Grand Rapids, Mich.: William B. Eerdmans, 1972.

Epstein, Barbara. *Political Protest and Cultural Revolution: Nonviolent Direct Action in the 1970s and 1980s*. Berkeley: Univ. of California Press, 1991.

Evans, Sara. *Personal Politics: The Roots of Women's Liberation in the Civil Rights Movement and the New Left*. New York: Vintage, 1980.

Fairclough, Adam. *The Southern Christian Leadership Conference and Martin Luther King, Jr.* Athens: Univ. of Georgia Press, 1987.

Fairfield, Richard. *Communes U.S.A.: A Personal Tour*. New York: Penguin, 1972.

Farber, David. *Chicago '68*. Chicago: Univ. of Chicago Press, 1988.

——, ed. *The Sixties: From Memory to History*. Chapel Hill: Univ. of North Carolina Press, 1994.

Farmer, James. *Lay Bare the Heart: An Autobiography of the Civil Rights Movement*. New York: New American Library, 1985.

Farrell, Warren. *The Liberated Man*. New York: Random House, 1975.

Felton, David, ed. *Mindfuckers*. San Francisco: Straight Arrow, 1972.

Ferber, Michael, and Staughton Lynd. *The Resistance*. Boston: Beacon, 1971.

Feuer, Lewis S. *The Conflict of Generations: The Character and Significance of Student*

Movements. New York: Basic Books, 1969.

Finks, P. David. *The Radical Vision of Saul Alinsky*. New York: Paulist Press, 1984.

Firestone, Shulamith. *The Dialectic of Sex: The Case for Feminist Revolution*. New York: William Morrow, 1970.

——, and Anne Koedt, eds. *Notes from the Second Year: Women's Liberation*. New York: Radical Feminists, 1970.

Fish, John Hall. Black Power/ White Control: *The Struggle of the Woodlawn Organization*. Princeton, N. J.: Princeton Univ. Press, 1973.

Fisher, Michael P. "The Turbulent Years: The University of Kansas, 1960 – 1975." Ph. D. dissertation, Univ. of Kansas, 1979.

Flacks, Richard. *Making History: The American Left and the American Mind*. New York: Columbia Univ. Press, 1988.

Forman, James. *The Making of Black Revolutionaries*. New York: Macmillan, 1972.

Foss, Daniel. *Freak Culture: Life-style and Politics*. New York: Dutton, 1972.

Foster, Julian, and Durward Long, eds. *Protest! Student Activism in America*. New York: Morrow, 1970.

Fraser, Ronald, et al., eds. *1968: A Student Generation in Revolt*. New York: Pantheon, 1988.

Freeman, Jo. *The Politics of Women's Liberation*. New York: Longman, 1975.

——, ed. *Social Movements of the Sixties and Seventies*. New York: Longman, 1983.

——, ed. *Women: A Feminist Perspective*. Palo Alto, Calif.: Mayfield, 1975.

Friedan, Betty. *The Feminine Mystique*. New York: Norton, 1963.

——. *It Changed My Life: Writings on the Women's Movement*. New York: Random House, 1976.

Garcia, F. Chris, ed. *Chicano Politics: Readings*. New York: MSS Information, 1973.

Garcia, Ignacio M. *United We Win: The Rise and Fall of La Raza Unida Party*. Tucson: Univ. of Arizona Press, 1989.

Gardner, Hugh. *The Children of Prosperity: Thirteen Modern American Communes*. New York: St. Martin's, 1978.

Garrow, David J. *Bearing the Cross: Martin Luther King, Jr., and the Southern Christian Leadership Conference*. New York: Vintage, 1988.

——. *Protest at Selma: Martin Luther King, Jr., and the Voting Rights Act of 1965*. New Haven: Yale Univ. Press, 1978.

Gaskin, Stephen. *Haight Ashbury Flashbacks*. Berkeley, Calif.: Ronin, 1990.

Gioglio, Gerald R. *Days of Decision: An Oral History of Conscientious Objectors in the Military During the Vietnam War*. Trenton, N. J.: Broken Rifle Press, 1989.

Gitlin, Todd. *The Sixties: Years of Hope, Days of Rage*. New York: Bantam, 1987.

——. *The Whole World Is Watching: Mass Media in the Making & Unmaking of the New Left*. Berkeley: Univ. of California Press, 1980.

Glessing, Robert J. *The Underground Press in America*. Bloomington: Indiana Univ. Press, 1970.

Glock, Charles Y., and Robert N. Bellah, eds. *The New Religious Consciousness*. Berkeley: Univ. of California Press, 1976.

Goldman, Albert. *Freakshow: The Rocksoulbluesjazzsickjewblackhumorsexpoppsych Gig and Other Scenes from the Counter-culture*. New York: Atheneum, 1971.

Goldstein, Richard. *Reporting the Counterculture*. Boston: Unwin Hyman, 1989.

Gomez-Quinones, Juan. *Mexican Students Por La Raza: The Chicano Student Movement in Southern California, 1967–1977*. Santa Barbara, Calif.: Editorial La Causa, 1978.

Goodman, Mitchell, ed. *The Movement Toward a New America: The Beginnings of a Long Revolution*. Philadelphia: Pilgrim Press, 1970.

Goodwin, Richard N. *Remembering America: A Voice from the Sixties*. New York: Harper & Row, 1988.

Gosse, Van. *Where the Boys Are: Cuba, Cold War America and the Making of a New Left*. London: Verso, 1993.

Gottlieb, Annie. *Do You Believe in Magic? Bringing the Sixties Back Home*. New York: Simon & Schuster, 1987.

Graham, Hugh Davis. *The Civil Rights Ear: Origins and Development of National Policy, 1960–1972*. New York: Oxford Univ. Press, 1990.

Grele, Ronald J., and Ronald Fraser, et al. *1968: A Student Generation in Revolt*. New York: Pantheon, 1988.

Gruen, John. *The New Bohemia: The Combine Generation*. New York: Shorecrest, 1966.

Hall, Mitchell K. *Because of Their Faith: CALCAV and Religious Opposition to the Vietnam War*. New York: Columbia Univ. Press, 1990.

Halstead, Fred. *Out Now! A Participant's Account of the American Movement Against the Vietnam War*. New York: Monad Press, 1978.

Hampton, Henry, and Steve Fayer. *Voices of Freedom: An Oral History of the Civil Rights Movement from the 1950s through the 1980s*. New York: Bantam, 1990.

Harris, David. *Dreams Die Hard*. New York: St. Martin's, 1982.

——. *Goliath*. New York: Sidereal Press, 1970.

Harrison, Cynthia. *On Account of Sex: The Politics of Women's Issues, 1945–1968*. Berkeley: Univ. of California Press, 1988.

Hartmann, Susan M. *From Margin to Mainstream: American Women and Politics Since*

1960. New York: Knopf, 1989.
Hatfield, Mark O. *Not Quite So Simple*. New York: Harper & Row, 1968.
Hayden, Tom. *Reunion: A Memoir*. New York: Random House, 1988.
Hayes, Harold, ed. *Smiling Through the Apocalypse*. New York: McCall Publishing, 1969.
Heath, G. Louis, ed. *Mutiny Does Not Happen Lightly: The Literature of the American Resistance to the Vietnam War*. Metuchen, N. J.: Scarecrow Press, 1976.
Heineman, Kenneth J. *Campus Wars: The Peace Movement at American State Universities in the Vietnam Era*. New York: New York Univ. Press, 1993.
Hoffman, Abbie (Free). *Revolution for the Hell of It*. New York: Dial Press, 1968.
——. *Soon to Be a Major Motion Picture*. New York: Putnam, 1980.
——. *Steal This Book*, Worcester, Mass.: Jack Hoffman Presents, n. d.
——. *Woodstock Nation: A Talk-Rock Album*. New York: Vintage, 1969.
Hole, Judith, and Ellen Levine. *Rebirth of Feminism*. New York: Quadrangle, 1971.
Hopkins, Jerry, ed. *The Hippie Papers: Notes from the Underground Press*. New York: Signet, 1968.
Houriet, Robert. *Getting Back Together*. New York: Coward, McCann & Geoghegan, 1971.
Isserman, Maurice. *If I Had a Hammer ... The Death of the Old Left and the Birth of the New Left*. New York: Basic Books, 1987.
Jacobs, Harold, ed. *Weatherman*. New York: Ramparts, 1970.
Jacobs, Paul, and Saul Landau. *The New Radicals: A Report with Documents*. New York: Vintage, 1966.
Jay, Karla, and Allen Young, eds. *Out of the Closets: Voices of Gay Liberation*. New York: Pyramid, 1974 ed.
Jenkins, J. Craig. *The Politics of Insurgency: The Farm Worker Movement in the 1960s*. New York: Columbia Univ. Press, 1985.
Jerome, Judson. *Families of Eden: Communes and the New Anarchism*. New York: Seabury, 1974.
Jezer, Marty. *Abbie Hoffman: American Rebel*. New Brunswick, N. J.: Rutgers Univ. Press, 1992.
Joseph, Peter. *Good Times: An Oral History of America in the Nineteen Sixties*. New York: Charterhouse, 1973.
Kahn, Roger. *The Battle for Morningside Heights: Why Students Rebel*. New York: William Morrow, 1970.
Karagueuzian, Dikran. *Blow It Up! The Black Student Revolt at San Francisco State College and the Emergence of Dr. Hayakawa*. Boston: Gambit, 1971.
Katsiaficas, George. *The Imagination of the New Left: A Global Analysis of 1968*. Boston:

South End Press, 1987.

Katz, Elia. *Armed Love*. New York: Holt, Rinehart and Winston, 1971.

Keniston, Kenneth. *Radicals and Militants: An Annotated Bibliography of Empirical Research on Campus Unrest*, Lexington, Ma.: Heath, 1973.

——. *The Uncommitted: Alienated Youth in American Society*. New York: Harcourt, Brace and World, 1965.

——. *Young Radicals: Notes on Committed Youth*. New York: Harcourt, Brace and World, 1968.

Kerpelman, Larry C. *Activists and Nonactivists: A Psychological Study of American College Students*. New York: Behavioral Pubs., 1972.

Kerry, John, and the Vietnam Veterans Against the War. *The New Soldier*. New York: Collier Books, 1971.

Kessler, Lauren. *After All These Years: Sixties Ideals in a Different World*. New York: Thunder's Mouth Press, 1990.

King, Mary. *Freedom Song: A Personal Story of the 1960s Civil Rights Movement*. New York: Morrow, 1987.

Koedt, Anne, Ellen Levine, Anita Rapone, eds. *Radical Feminism*. New York: Quadrangle, 1973.

Kolkey, Jonathan M. *The New Right, 1960–1968: With Epilogue, 1969–1980*. Washington, D. C.: Univ. Press of America, 1983.

Komisar, Lucy. *The New Feminism*. New York: Franklin Watts, 1971.

——, and Ann Scott. *And Justice for All*. Chicago: National Organization for Women, 1971.

Kornbluth, Jesse, ed. *Notes from the New Underground*. New York: Viking, 1968.

Kriyananda, Swami. *Cooperative Communities: How to Start Them, and Why*, Nevada City, Calif.: Ananda, 1971.

Kuhn, Maggie, Christina Long, and Laura Quinn. *No Stone Unturned: The Life and Times of Maggie Kuhn*. New York: Ballantine, 1991.

Kunen, James Simon. *The Strawberry Statement-Notes of a College Revolutionary*. New York: Random House, 1969.

Kunstler, William. *Deep in My Heart*. New York: William Morrow, 1966.

Lader, Lawrence. *Power on the Left: American Radical Movements Since 1946*. New York: Norton, 1979.

Learner, Laurence. *The Paper Revolutionaries: The Rise of the Underground Press*. New York: Simon and Schuster, 1972.

Leary, Timothy. *Flashbacks: An Autobiography*. Los Angeles: J. P. Tarcher, 1983.

——. *The Politics of Ecstasy*. New York: Putnam, 1968.

Lee, Martin A., and Bruce Shlain. *Acid Dreams: The CIA, LSD and the Sixties Rebellion*. New York: Grove Press, 1985.

Lester, Julius. *Look Out Whitey! Black Power's Gon' Get Your Mama!*. New York: Grove Press, 1968.

Levy, Jacques E. *Cesar Chavez: Autobiography of La Causa*. New York: Norton, 1975.

Lewis, David L. *King: A Biography*. Urbana: Univ. of Illinois Press, 1978.

Lewis, George H., ed. *Side-saddle on the Golden Calf Social Structure and Popular Culture in America*. Pacific Palisades, Calif.: Goodyear, 1972.

Lewis, Roger. *Outlaws of America: The Underground Press and Its Context*. London: Penguin, 1972.

Linden-Ward, Blanche, and Carol Hurd Green. *American Women in the 1960s: Changing the Future*. New York: Twayne, 1993.

Lora, Ronald, ed. *America in the 60's: Cultural Authorities in Transition*. New York: John Wiley & Sons, 1974.

Lukas, J. Anthony. *Don't Shoot-We Are Your Children!*. New York: Random House, 1968.

Luker, Kristin. *Abortion and the Politics of Motherhood*. Berkeley: Univ. of California Press, 1984.

Lynd, Alice, ed. *We Won't Go: Personal Accounts of War Objectors*. Boston: Beacon, 1968.

Lyon, Danny. *Memories of the Southern Civil Rights Movement*. Chapel Hill: Univ. of North Carolina Press, 1992.

Lyttle, Bradford. *The Chicago Anti-Vietnam War Movement*. Chicago: Midwest Pacifist Center, 1988.

McAdam, Doug. *Freedom Summer*. New York: Oxford Univ. Press, 1988.

McCarthy, Eugene J. *The Year of the People*. Garden City, N. Y.: Doubleday, 1969.

McClellan, Grant S., ed. *American Youth in a Changing Culture*. New York: H. W. Wilson, 1972.

McCormick, Richard P. *The Black Student Protest Movement at Rutgers*. New Brunswick, N. J.: Rutgers Univ. Press, 1990.

McCourt, Kathleen. *Working-Class Women and Grass-Roots Politics*. Bloomington: Indiana Univ. Press, 1977.

McGill, William J. *The Year of the Monkey: Revolt on Campus 1968–69*. New York: McGraw-Hill, 1982.

McLaughlin, Corinne, and Gordon Davidson. *Builders of the Dawn: Community Lifestyles in a Changing World*, Walpole, N. H.: Stillpoint, 1985.

McNeill, Don, *Moving Through Here*. New York: Knopf, 1970.

MacPherson, Myra. *Long Time Passing: Vietnam and the Haunted Generation.* Garden City, N. Y.: Doubleday, 1984.

McQuaid, Kim. *The Anxious Years: America in the Vietnam-Watergate Era.* New York: Basic, 1989.

Mailer, Norman. *The Armies of the Night: History as a Novel the Novel as History.* New York: Signet, 1968.

——. *Some Honorable Men: Political Conventions 1960–1972.* Boston: Little, Brown, 1976.

Makower, Joel. *Boom! Talkin' About Our Generation.* Chicago: Tilden, 1985.

Malcolm, Henry. *Generation of Narcissus.* Boston: Little, Brown, 1971.

Marshall, Burke. *Federalism and Civil Rights.* New York: Columbia Univ. Press, 1964.

Matthiessen, Peter. *Sal Si Puedes: Cesar Chavez and the New American Revolution.* New York: Delta, 1969.

Matusow, Allen J. *The Unraveling of America: A History of Liberalism in the 1960s.* New York: Harper & Row, 1984.

Mehnert, Klaus. *Twilight of the Young: The Radical Movements of the 1960s and Their Legacy.* New York: Holt, Rinehart, Winston, 1976.

Melville, Keith. *Communes in the Counter Culture: Origins, Theories, Styles of Life.* New York: William Morrow, 1972.

Menashe, Louis, and Ronald Radosh. *Teach-ins: USA Reports, Opinions, Documents.* New York: Praeger, 1967.

Miles, Michael W. *The Radical Probe: The Logic of Student Rebellion.* New York: Atheneum, 1971.

Miller, James. "*Democracy Is in the Streets*": *From Port Huron to the Siege of Chicago.* New York: Simon and Schuster, 1987.

Miller, Timothy. *The Hippies and American Values.* Knoxville: Univ. of Tennessee Press, 1991.

Millett, Kate. *Sexual Politics.* Garden City, N. Y.: Doubleday, 1970.

Mills, Kay. *This Little Light of Mine: The Life of Fannie Lou Hamer.* New York: Dutton, 1993.

Mills, Nicolaus. *Like a Holy Crusade: Mississippi 1964—The Turning of the Civil Rights Movement in America.* Chicago: Ivan Dee, 1992.

Morales, Armando. *Ando Sangrando: A Study of Mexican American—Police Conflict.* La Puente, Calif.: Perspectiva Publications, 1972.

Morgan, Edward P. *The 60s Experience: Hard Lessons About Modern America.* Philadelphia: Temple Univ. Press, 1991.

Morgan, Robin. *Going Too Far: The Personal Chronicle of a Feminist.* New York: Random House, 1977.

——, ed. *Sisterhood Is Powerful: An Anthology of Writings from the Women's Liberation Movement*. New York: Vintage, 1970.

Morris, Aldon D. *The Origins of the Civil Rights Movement: Black Communities Organizing for Change*. New York: Free Press, 1984.

Morrison, Joan, and Robert K. Morrison. *From Camelot to Kent State: The Sixties Experience in the Words of Those Who Lived It*. New York: Times Books, 1987.

Mungo, Raymond. *Famous Long Ago: My Life and Hard Times with Liberation News Service*. Boston: Beacon, 1970.

——. *Total Loss Farm: A Year in the Life*. New York: Dutton, 1970.

Munoz, Carlos, Jr. *Youth, Identity, Power: The Chicano Movement*. New York: Verso, 1989.

Myerson, Michael. *These Are the Good Old Days: Coming of Age as a Radical in America's Late, Late Years*. New York: Grossman, 1970.

Newfield, Jack. *A Prophetic Minority*. New York: Signet, 1966.

Oates, Stephen. *Let the Trumpet Sound: The Life of Martin Luther King, Jr.* New York: New American Library, 1985.

Obst, Lynda Rosen, ed. *The Sixties: The Decade Remembered Now by the People Who Lived Them*. New York: Random House, 1977.

O'Neill, William L. *Coming Apart: An Informal History of America in the 1960's*. New York: Quadrangle, 1971.

O'Reilly, Kenneth. *"Racial Matters": The FBI's Secret File on Black America, 1960–1972*. New York: Free Press, 1989.

Peck, Abe. *Uncovering the Sixties: The Life and Times of the Underground Press*. New York: Pantheon, 1985.

Perrow, Charles. *The Radical Attack on Business*. New York: Harcourt, Brace, Jovanovich, 1972.

Perry, Helen Swick. *The Human Be-In*. New York: Basic Books, 1970.

Perry, Charles. *The Haight-Ashbury: A History*. New York: Random House, 1984.

Piven, Frances Fox, and Richard A. Cloward. *Poor People's Movements*. New York: Pantheon, 1977.

Pettitt, George A. *Prisoners of Culture*. New York: Scribner's Sons, 1970.

Porter, Jack Nusan, and Peter Dreier, eds. *Jewish Radicalism: A Selected Anthology*. New York: Grove Press, 1973.

Potter, Paul. *A Name for Ourselves*. Boston: Little, Brown, 1971.

Powers, Thomas. *Vietnam: The War at Home*. Boston: G. K. Hall, 1984.

Powledge, Fred. *Free at Last? The Civil Rights Movement and the People Who Made It*. New York: HarperPerennial, 1992.

Proudfoot, Merrill. *Diary of a Sit-In*. Urbana: Univ. of Illinois Press, 1990.

Rader, Dotson. *Blood Dues*. New York: Knopf, 1973.

Raines, Howell. *My Soul Is Rested: Movement Days in the Deep South Remembered*. New York: Penguin, 1983.

Reagon, Bernice Johnson. "Songs of the Civil Rights Movement 1955-1965: A Study in Culture History." Ph. D. dissertation, Howard University, 1975.

Reich, Charles A. *The Greening of America*. New York: Random House, 1970.

Rendon, Armando B. *Chicano Manifesto*. New York: Collier-Macmillan, 1972.

Revel, Jean-Francois. *Without Marx or Jesus*. Garden City, N. Y.: Doubleday, 1971.

Rips, Geoffrey, et al. *The Campaign Against the Underground Press*. San Francisco: City Lights, 1981.

Roberts, Ron E. *The New Communes: Coming Together in America*. Englewood Cliffs, N. J.: Prentice-Hall, 1971.

Rodnitzky, Jerome L. *Minstrels of the Dawn: The Folk-Protest Singer as a Cultural Hero*. Chicago: Nelson-Hall, 1976.

Romm, Ethel Grodzins. *The Open Conspiracy: What America's Angry Generation Is Saying*. Harrisburg, Pa.: Stackpole Books, 1970.

Rorabaugh, W. J. *Berkeley at War: The 1960s*. New York: Oxford Univ. Press, 1989.

Rossman, Michael. *New Age Blues: On the Politics of Consciousness*. New York: E. P. Dutton, 1979.

——. *The Wedding Within the War*. Garden City, N. Y.: Doubleday, 1971.

Roszak, Theodore. *The Making of the Counter-culture: Reflections on the Technocratic Society and Its Youthful Opposition*. Garden City, N. Y.: Doubleday, 1969.

Rothman, Stanley, and S. Robert Lichter. *Roots of Radicalism: Jews, Christians, and the New Left*. New York: Oxford Univ. Press, 1982.

Rothschild, Mary Aickin. *A Case of Black and White: Northern Volunteers and the Southern Freedom Summers, 1964-1965*. Westport, Conn.: Greenwood, 1982.

Rubin, Jerry. Do It! Scenarios of the Revolution. New York: Simon & Schuster, 1970.

——. *Growing (Up) at Thirty-seven*. New York: M. Evans, 1976.

Ruddick, Sara, and Pamela Daniels, eds. *Working It Out: 23 Women Writers, Artists, Scientists, and Scholars Talk About Their Lives and Work*. New York: Pantheon, 1977.

Sale, Kirkpatick. *SDS*. New York: Random House, 1973.

Sampson, Edward E., et al. *Student Activism and Protest*. San Francisco: Jossey-Bass, 1970.

Sanders, Ed. *The Family: The Story of Charles Manson's Dune Buggy Attack Battalion*. New York: E. P. Dutton, 1971.

Santelli, Robert. *Aquarius Rising: The Rock Festival Years*. New York: Dell, 1980.

Sayres, Sohnya, Anders Stephanson, Stanley Aronowitz, and Fredric Jameson, eds. *The 60s Without Apology*. Minneapolis: Univ. of Minnesota Press, 1984.

Schlesinger, Arthur M. Jr. *Robert Kennedy and His Times*. New York: Houghton Mifflin, 1978.

Schlesinger, Stephen. *The New Reformers: Forces for Change in American Politics*. New York: Houghton Mifflin, 1975.

Schultz, Bud, and Ruth Schultz. *It Did Happen Here: Recollections of Political Repression in America*. Berkeley: Univ. of California Press, 1989.

Scott, Ann, and Lucy Komisar. *And Justice for All: Federal Equal Opportunity Enforcement Effort Against Sex Discrimination*. Chicago: NOW, 1971.

Seale, Bobby. *Seize the Time: The Story of the Black Panther Party and Huey P. Newton*. New York: Random House, 1970.

Sellers, Cleveland, with Robert Terrell. *The River of No Return: The Autobiography of a Black Militant and the Life and Death of SNCC*. New York: William Morrow, 1973.

Sender, Ramon, and Alicia Bay Laurel. *Being of the Sun*. New York: Harper & Row, 1973.

Shockley, John S. *Chicano Revolt in a Texas Town*. South Bend, Ind.: Univ. of Notre Dame Press, 1974.

Simmons, J. L., and Barry Winograd. *It's Happening: A Portrait of the Scene Today*. Santa Barbara, Calif.: McNally & Loftin, 1966.

Simons, Donald L. *I Refuse: Memories of a Vietnam War Objector*. Trenton, N. J.: Broken Rifle Press, 1992.

Sinclair, John. *Guitar Army*. New York: Douglas Books, 1972.

Sitkoff, Harvard. *The Struggle for Black Equality, 1954 – 1980*. New York Hill & Wang, 1981.

Slater, Philip. *The Pursuit of Loneliness: American Culture at the Breaking Point*. Boston: Beacon, 1970.

Small, Melvin. Johnson, *Nixon, and the Doves*. New Brunswick, N. J.: Rutgers Univ. Press, 1988.

——, and William D. Hoover, eds. *Give Peace a Chance: Exploring the Vietnam Antiwar Movement*. Syracuse, N. Y.: Syracuse Univ. Press, 1992.

Smith, Curt. *Long Time Gone: The Years of Turmoil Remembered*. South Bend, Ind.: Icarus, 1982.

Smith, David, and John Luce. *Love Needs Care: A History of San Francisco's Haight-Ashbury Free Medical Clinic and Its Pioneer Role in Treating DrugAbuse Problems*. Boston: Little, Brown, 1971.

Staggenborg, Suzanne. *The Pro-Choice Movement: Organization and Activism in the Abortion Conflict*. New York: Oxford Univ. Press, 1991.

Steiner, Stan. *La Raza: The Mexican Americans*. New York: Harper Colophon, 1970.

Stern, Susan. *With the Weathermen: The Personal Journal of a Revolutionary Woman*. Garden City, N. Y.: Doubleday, 1975.

Stevens, Jay. *Storming Heaven: LSD and the American Dream*. New York: Harper & Row, 1987.

Stickney, John. *Streets, Actions, Alternatives, Raps*. New York: Putnam, 1971.

Sundancer, Elaine. *Celery Wine: The Story of a Country Commune*. Yellow Springs, Ohio: Community Publications Cooperative, 1973.

Tachiki, Amy, Eddie Wong, and Franklin Odo, eds. *Roots: An Asian American Reader*. Los Angeles: UCLA Asian American Studies Center, 1971.

Taylor, Harold. *How to Change Colleges: Notes on Radical Reform*. New York: Holt, Rinehart and Winston, 1971.

——. *Students Without Teachers: The Crisis in the University*. New York: McGraw-Hill, 1969.

Theoharis, Athan. *Spying on Americans: Political Surveillance from Hoover to the Huston Plan*. Philadelphia: Temple Univ. Press, 1978.

Thompson, Hunter S. *Fear and Loathing: On the Campaign Trail, '72*. New York: Fawcett, 1973.

——. *The Great Shark Hunt: Strange Tales from a Strange Time*. New York: Fawcett, 1979.

Thompson, Mary Lou, ed. *Voices of the New Feminism*. Boston: Beacon, 1970.

Thompson, Toby. *The '60s Report*. New York: Rawson, Wade, 1979.

Tipton, Steven M. *Getting Saved from the Sixties: Moral Meaning in Conversion and Cultural Change*. Berkeley: Univ. of California Press, 1982.

Tischler, Barbara L., ed. *Sights on the Sixties*. New Brunswick, N. J.: Rutgers Univ. Press, 1992.

Unger, Irwin. *The Movement: A History of the American New Left, 1959–1972*. New York: Harper & Row, 1974.

——, and Debi Unger. *Turning Point: 1968*. New York: Scribner's, 1988.

Urban Research Corporation. *Harvard's Student Strike: The Politics of Mass Mobilization*. Chicago: Urban Research Corporation, 1970.

——. *Student Protests 1969*. Chicago: Urban Research Corporation, 1970.

Van Deberg, William L. *New Day in Babylon: The Black Power Movement and American Culture, 1965–1975*. Chicago: Univ. of Chicago Press, 1992.

Vickers, George R. *The Formation of the New Left*. Lexington, Mass.: Heath, 1975.

Vietnam Veterans Against the War and Winterfilm Collective. *Winter Soldier*. Trenton,

N. J.: Broken Rifle Press, 1972 video.

Vigil, Maurilio. *Chicano Politics*. Washington, D. C.: Univ. Press of America, 1978.

Viorst, Milton. *Fire in the Streets*. New York: Simon & Schuster, 1980.

von Hoffman, Nicholas. *We Are the People Our Parents Warned Us Against*. Chicago: Ivan R. Dee, 1989.

Wakefield, Dan. *Supernation at Peace and War*. Boston: Little, Brown, 1968.

Wandersee, Winifred D. *On the Move: American Women in the 1970s*. Boston: Twayne, 1988.

Wei, William. *The Asian American Movement*. Philadelphia: Temple Univ. Press, 1993.

Weiner, Rex, and Deanne Stillman. *Woodstock Census: The Nationwide Survey of the Sixties Generation*. New York: Viking, 1979.

Weisbrot, Robert. *Freedom Bound: A History of America's Civil Rights Movement*. New York: Plume, 1991.

Weiss, Walter F. *America's Wandering Youth: A Sociological Study of Young Hitchhikers in the United States*. Jericho, N. Y.: Exposition Press, 1974.

Wells, Tom. *The War Within: America's Battle over Vietnam*. Berkeley: Univ. of California Press, 1994.

Wellstone, Paul David. *How the Rural Poor Got Power: Narrative of a Grassroots Organizer*. Amherst: Univ. of Massachusetts Press, 1978.

West, Guida. *The National Welfare Rights Movement: The Social Protest of Poor Women*. New York: Praeger, 1981.

Westin, Alan F., ed. *Freedom Now! The Civil-Rights Struggle in America*. New York: Basic, 1964.

Whalen, Jack, and Richard Flacks. *Beyond the Barricades: The Sixties Generation Grows Up*. Philadelphia: Temple Univ. Press, 1989.

Wilkins, Roger. *A Man's Life: An Autobiography*. New York: Simon & Schuster, 1982.

Wofford, Harris. *Of Kennedys and Kings: Making Sense of the Sixties*. New York: Farrar, Straus, Giroux, 1980.

Wolf, Deborah Coleman. *The Lesbian Community*. Berkeley: Univ. of California Press, 1979.

Wolfe, Burton H. *The Hippies*. New York: Signet, 1968.

Wolff, Miles. *How It All Began: The Greensboro Sit-Ins*. New York: Stein and Day, 1971.

Woodstone, Norma Sue. *Up Against the War*. New York: Tower, 1970.

Wynkoop, Mary Ann. "Dissent in the Heartland: The Student Protest Movement at Indiana University, Bloomington, Indiana, 1965 – 1970." Ph. D. dissertation, Indiana University, 1992.

Yablonsky, Lewis. *The Hippie Trip*. New York: Pegasus, 1968.

Yankelovich, Daniel. *The New Morality: A Profile of American Youth in the 70s*. New York: McGraw-Hill, 1974.

Yates, Gayle Graham. *What Women Want: The Ideas of the Movement*. Cambridge: Harvard Univ. Press, 1975.

Yinger, J. Milton. *Countercultures: The Promise and the Peril of a World Turned Upside Down*. New York: Free Press, 1982.

Young, Nigel. *An Infantile Disorder? The Crisis and Decline of the New Left*. Boulder, Colo.: Westview, 1977.

Zaroulis, Nancy, and Gerald Sullivan. *Who Spoke Up? American Protest Against the War in Vietnam 1963–1975*. Garden City, N. Y.: Doubleday, 1984.

Zinn, Howard. *SNCC: The New Abolitionists*. Boston: Beacon, 1965.

致　谢

本书的研究与写作耗时 8 年。在一个项目上花费如此多的时间，任何一位作者都会欠下许多人情，我想感谢那些给予我知识、学问及友谊的人。

许多人接受了我的采访，与我交换想法、书信交流，或是将他们的笔记、论文、手稿、许可或其他信息交给我，他们是 Richard Braungart，Terry DuBose，Allen Ginsberg，Kendall Coh，Alexis Greene，Madelyn Hochstein，Timothy Leary，Julian McMurrey，Jerry Rubin，Gilbert Shelton，Charles Sherrod，David Singer，Mel Small，Geoffrey Smith，Amy Swerdlow，Steve Vaughn，已故的 Abbie Hoffman，以及其他许多读过部分文章的人。

缅因州卡姆登镇不同方向公司的 David Hoffman 请我为时长 6 小时的纪录片《理解六十年代》做高级顾问，而且还公开了他那库藏丰富的录音采访档案。Ricki Green 及 Weta 工作室的工作人员将我带到华盛顿特区，为了那个项目我在那里参加了"六十年代课堂"，期间遇到了许多其他学者，并参与了另外的采访及讨论。该节目于 1991 年由美国公共广播公司在全国播出。

在得克萨斯农工大学，我的许多同事或与我共享信息，或为我提出建议，他们是 Dale Baum，Roger Beaumont，Jim Bradford，Robert Calvert，David Chapman，Joseph Dawson，John Impson，Arnold Krammer，Cozette McGaugh，Betty Miller Unterberger。有如此优秀的同事和朋友，我感到十分幸运，Mary Johnson 和她的工作人员为我提供了许多帮助，甚至还礼貌地以笑声配合我的玩笑。数百名学生对我的假设提出了异议，质疑了我的解读，并促进了新想法的形成。有一些人还给我推荐文章和书籍，还有许多人在我的现代美国史公开课上参与了采访。虽然需要提及的人太多，无法一一列举，但我还是非常感激他们。有三位本科学生表现十分出色，他们是 Heidi Knippa, Christine L. Palmer, Ryan Melton，我聘他们做我的研究助理，负责资料追踪，他们的发现令我十分惊讶。得克萨斯农工校友联盟协会慷慨地资助了为期一学期的教师发展假。

许多学者和一些前社运人士阅读过的一些章节或我的一些文章，也都被收录到了这份手稿中。Julia Kirk Blackwelder, Robert Divine, James Gilbert, Maurice Isserman, John Lenihan, and Douglas Miller 就我对冷战时期的观点发表了评论。Albert Broussard 对我有关人权抗争及其遗产的写作作了分析。Kenneth Heineman 和 Steve Maizlish 审阅了有关学生运动的章节，Michael Rossman 则对校园事件，特别是言论自由运动发表了广泛的评论。Staughton Lynd 阅读了有关 60 年代中期反战活动的内容，并就他参与的事件纠正了我的理解。David Farber 仔细研究了有关 1968 年的章节，并质疑了我对嬉皮资本主义提出的假设。Elsie Kerstm 和 Chester Dunning 对有关反主流文化的章节提出了疑问，并分享了他们的许多经验。有关美国和越南的内容，George Herring 读了许多稿，并且指点我去阅读额外的资料。Sara Alpern 和 Mary King 审阅了 1950 年代至女性解放期间妇女地位变化的文章，无论是在细微之处还是在实质内容上，她们都提出了修改意见。Maria-Cristina Garcia 也阅读了有关女性解放的内容，她就奇卡诺运动提出了宝贵的建议。这些慷慨赐教的人大都阅读了我的《前言》和《遗产》章节，提出了数不尽的修改意见。书中的任何错误都由我承担，并由我负责解释，同时也非常感谢这些学者和朋友，是他们提升了这本书的质量。

还有许多其他人用自己的方式提供了帮助。1980 年代中期，Sheldon Meyer 在牛津大学听取了一位相对年轻的历史学家的观点，在他多年的支持下，最终助我签订了一份激励人心的合同；Stephanie Sakson 进行了细致缜密的编辑工作；Karen Wolny 和 Andrew Albanese 制作出了一本赏心悦目的图书。Richard S. Kirkendall 阅读了大部分原稿，提出了珍贵的建议，并给我以鼓励。他和 Robert H. Ferrell 以及 David Pletcher 一道在印第安纳大学将一名充满热情的学生培养成了一名历史学家。Merle Curti 和已故的 Chuck DeBenedetti 与我讨论问题，交流思想，并为我带来了灵感和友谊。David Ogden 自 1980 年起就是我的最佳伙伴，这简直令人难以置信。他还傻到和我一起打网球，打球的时候我教他如何优美地挥动球拍，他教我如何使用双关语，以及怎么在喝啤酒时互相扯谎。

我的兄弟 Steve 和 Jeff 跟我分享了他们对于那个年代的看法，并为我加油鼓劲。JD 也回忆起了许多往事，然后仔细阅读了整本书稿，我的母亲 Emily 和父亲 Howard 也是这样做的，他们让我想起了老一辈人的坚定信念。我的伴侣 Nancy Rose Eder 读了书中的每句话，和我讨论了每一个想法，并对每个章节做出了评论。出于这一痛苦的过程，她要求我提到她所有亲戚的名字、她的家乡以及拉布拉多犬。我答应了，然后食言了。最后说一句，她还是有幽默感的。

Terry H. Anderson
The Movement and the Sixties: Protest in America From Greensboro to Wounded Knee

图字 09－2021－148 号

图书在版编目（CIP）数据

美国 1960 年代／（美）特里·H. 安德森（Terry H. Anderson）著；宋琳译. -- 上海：上海译文出版社，2025. 4. --（历史学堂）. -- ISBN 978－7－5327－9752－3

Ⅰ. K712. 507

中国国家版本馆 CIP 数据核字第 2025BG1494 号

美国 1960 年代
［美］特里·H. 安德森 著　宋　琳 译　徐玉梅 校
责任编辑/钟　瑾　装帧设计/柴昊洲

上海译文出版社有限公司出版、发行
网址：www. yiwen. com. cn
201101　上海市闵行区号景路 159 弄 B 座
上海颛辉印刷厂有限公司印刷

开本 890×1240　1/32　印张 18. 25　插页 2　字数 455，000
2025 年 4 月第 1 版　2025 年 4 月第 1 次印刷
印数：0，001—6，000 册

ISBN 978－7－5327－9752－3
定价：88. 00 元

THE MOVEMENT AND THE SIXTIES
Protest in America From Greensboro
to Wounded Knee